藏書

王陽明全集

珍藏版

捌

李楠 主编

民主与建设出版社

目　录

十二

【原文】

九川问曰："伊川说到'体用一原，显微无间'处，门人已说是泄天机[①]。先生'致知'之说，莫亦泄天机太甚否？"

先生曰："圣人已指以示人，只为后人掩匿，我发明耳，何故说泄？此是人人自有的，觉来甚不打紧一般。然与不用实功人说，亦甚轻忽，可惜彼此无益。与实用功而不得其要者，提撕之，甚沛然得力。"

又曰："知来本无知，觉来本无觉，然不知则遂沦埋。"

·注 释

①"伊川"三句：语出《河南程氏外书》卷

十二:“和靖尝以《易传序》请问，曰:‘至微者，理也。至著者，象也。体用一源，显微无间。莫不泄露天机否?’伊川曰:‘如此分明说破，犹自人不解语。’”

【译文】

九川问:“当程颐先生说到‘体用一源，显微无间’的时候，这个弟子就已经说他是泄露天机了。那先生‘致知’的学说，岂不是泄露了太多的天机了吗?”

先生说:“圣人早就已经把致良知的学说告诉世人了，只是被后人遮蔽了，我只不过是让它重新显现出来罢了，怎么能说是泄露天机呢?良知是人人生来就具有的，只是觉察到了也觉得无关紧要。但如果我和那些不切实用功的人说这个，他们也只会轻视这个，这样对彼此都没有什么好处。如果和那些切实用功但还把握不住要领的人谈‘致知’，他们就会感到受益匪浅。”

先生又说："知道了原本不知道的，觉察到了原本没有觉察到的。但是如果不知道，良知就随时会被淹埋。"

十三

【原文】

先生曰："大凡朋友，须箴规指摘处少、诱掖奖劝意多，方是。"

后又戒九川云："与朋友论学，须委曲谦下，宽以居之[1]。"

·注 释……………………………………………………

①宽以居之：意为以宽厚的态度待人接物。语出《周易·乾卦·文言》："君子学以聚之，问以辩之，宽以居之，仁以行之。"

【译文】

先生又说："大凡朋友们相处，应该少一些规劝指摘、多一些奖励鼓舞，这样才对。"

后来先生又训诫九川说："与朋友讨论学问，应当委婉谦让，宽厚待人。"

十四

【原文】

九川卧病虔州。

先生云："病物亦难格，觉得如何？"

对曰："功夫甚难。"

先生曰："常快活，便是功夫。"

【译文】

九川在虔州病倒了。

先生说："疾病作为一个'物'，很难去'格'，你觉得呢？"

九川说："这个功夫实在很难。"

先生说："常常有快活的心态，那就是功夫。"

十五

【原文】

九川问："自省念虑，或涉邪妄，或预料理天下事，思到极处，井井有味，便缱绻难屏。觉得早则易，觉迟则难，用力克治，愈觉扞格。惟稍迁念他事，则随两忘。如此廓清亦似无害。"

先生曰："何须如此，只要在良知上著功夫。"

九川曰："正谓那一时不知。"

先生曰："我这里自有功夫，何缘得他来？只为尔功夫断了，便蔽其知。既断了，则继续旧功便是，何必如此？"

九川曰："直是难鏖。虽知，丢他不去。"

先生曰："须是勇。用功久，自有勇，故曰'是集义所生者'[①]。胜得容易，便是大贤。"

九川问:“此功夫却于心上体验明白,只解书不通。”

先生曰:“只要解心。心明白,书自然融会。若心上不通,只要书上文义通,却自生意见。”

·注 释

①是集义所生者:意为浩然正气是积累正义行为所产生的。语出《孟子·公孙丑上》:“其为气也,至大至刚……配义与道……是集义所生者,非义袭而取之也。”

【译文】

九川问:“我反省了自己的各种思虑,有时会涉及邪念妄想,有时又会想到治理天下的大事。思考到最高状态的时候,会津津有味,到了难以摒弃的地步。这种情况发现得早,克服还比较容易,发觉晚了就会难以克制了。如果一定要刻意去克制,就更会觉得格格不入了。只有稍微把心思转移到其他事情上，才会把它忘掉。这样来理清思虑，也好像没什么坏处。”

先生说：“何苦这样，你只要在良知上下功夫就好了。”

九川说：“我说的就是还不懂得致良知时的情况。”

先生说：“自己本身就会有致良知的功夫，怎会有不知道良知的情况呢？只是因为你的功夫间断了，蒙蔽了你的良知。既然有了间断，那么继续原来的功夫就好了，何必这样？”

九川说：“那几乎就像是一场恶战，虽然明白了，但还是避免不了。”

先生说：“那必须有勇气。用功久了，自然有勇气了。因此孟子说‘是集义所生者’。能够轻易胜利，那就是大圣大贤的人了。”

九川问：“这功夫需要在心里才能体会明白，只在文句上解释是不够的。”

先生说：“只用在心上体会。心里明白了，文句自然能贯通体会到了。否则，仅仅通晓了书上的文句，反倒会生出自己错误的见识。”

十六

【原文】

有一属官，因久听讲先生之学，曰：“此学甚好，只是簿书讼狱繁难，不得为学。”

先生闻之曰：“我何尝教尔离了簿书讼狱，悬空去讲学？尔既有官司之事，便从官司的事上为学，才是真‘格物’。如问一词讼，不可因其应付无状，起个怒心；不可因他言语圆转，生个喜心；不可恶其嘱托，加意治之；不可因其请求，屈意从之；不可因自己事务烦冗，随意苟且断之；不可因旁人谮毁罗织，随人意思处之。这许多意思皆私，只尔自知，须精细省察克治，惟恐此心有一毫偏倚，枉人是非。这便是‘格物’‘致知’。簿书讼狱之间，无非实学。若离了事物为学，却是着空。”

【译文】

有一位下属官员，因为听了先生讲学很长时间，便问："先生的学说非常精彩，只是我要处理的文件、案件特别繁杂，因此不能好好做学问。"

先生听了之后说："我何曾教你离开文件案件去空谈学问呢？你既然有公事需要去处理，就在公事上做学问，这才是真正做到了'格物'。比如，你问讼词的时候，不可以因为对方的回答很无礼而恼怒；不可以因为对方言语圆滑周密而高兴；不可以因为厌恶对方的说情而故意整治；不可以因为对方的哀求就有意宽容他；不能因为自己事务繁忙就随意结案；不可以因为旁人的诋毁诽谤就顺从别人的意愿去处理。这些念头都是私欲，只有你自己知道，需要你精细地反省克治，唯恐因为心中有一丝一毫偏颇，便冤枉了别人的是非，这就是'格物''致知'。处理文件与审理案件之中，无一不是切实的学问。如果离开了具体的事物去做学问，就会成了空中楼阁。”

十七

【原文】

虔州将归，有诗别先生云：“良知何事系多闻？妙合当时已种根。好恶从之为圣学，将迎无处是乾元[①]。”

先生曰：“若未来讲此学，不知说‘好恶从之’从个甚么。”

敷英[②]在座曰：“诚然。尝读先生《大学古本序》，不知所说何事。及来听讲许时，乃稍知大意。”

·注 释

①乾元：指万物产生的根源。语出《周易·乾卦·彖传》：“大哉乾元，万物资始。”

②敷英：阳明弟子，其余不详。

【译文】

九川快回家了，便写了一首诗向先生告别：“良知何事系多闻？妙合当时已种根。好恶从之为圣学，将迎无处是乾元。”

先生说：“如果你没有来过这里探讨学问，就会不知道‘好恶从之’到底从的是什么了。”

在旁坐着的敷英说：“是呀。我曾经读了先生的《大学古本序》，全然不明白说的是什么。等来到这里，听了一段时间后，才稍稍明白了大致含义。”

十八

【原文】

于中、国裳辈同侍食。

先生曰：“凡饮食只是要养我身，食了要消化。若徒蓄积在肚里，便成痞了，如何长得肌肤？后世学者博闻多识，留滞胸中，皆伤食之病也。”

【译文】

于中、国裳等人一同陪先生吃饭。

先生说："但凡吃饭，只是为了滋养我的身体，吃了需要消化。如果仅仅是把食物都积蓄在肚子里，就成了痞病，这怎么能长身体呢？后世的学者博学多识，把学问都滞留在肚子里，都是患了痞病。"

十九

【原文】

先生曰："圣人亦是'学知'，众人亦是'生知'。"

问曰："何如？"

曰："这良知人人皆有。圣人只是保全无些障蔽，兢兢业业，亹亹翼翼，自然不息，便也是学。只是生的分数多，所谓之'生知安行'。众人自孩提

之童，莫不完具此知，只是障蔽多，然本体之知，自难泯息，虽问学克治，也只凭他。只是学的分数多，所以谓之‘学知利行’。”

【译文】

先生说：“圣人也是‘学而知之’，普通人也是‘生而知之’。”

九川问：“怎么解释？”

先生答说；“良知人人都有。圣人只是保全了良知，让它们不受蒙蔽，兢兢业业，勤勤恳恳，良知自然不会停止，所以这也是学习。只是‘生而知之’的成分很多，所以便以为圣人是‘生知安行’的了。一般人从孩提时候开始，就全都具备了这种良知，只是后来私欲的遮蔽太多了，然而本体的良知自然是很难泯灭的，即便是学习克制，也都只是在依靠良知罢了。只是他们‘学而知之’的成分多，所以说他们是‘学知利行’。”

黄直①录

一

【原文】

黄以方问："先生格致之说，随时格物以致其知，则知是一节之知，非全体之知也。何以到得'溥博如天，渊泉如渊'②地位？"

先生曰："人心是天、渊。心之本体，无所不该，原是一个天。只为私欲障碍，则天之本体失了。心之理无穷尽，原是一个渊，只为私欲窒塞，则渊之本体失了。如今念念致良知，将此障碍窒塞一齐去尽，则本体已复，便是天、渊了。"

乃指天以示之曰："比如面前见天，是昭昭之天；四外见天，也只是昭昭之天，只为许多房子墙壁遮蔽，便不见天之全体，若撤去房子墙壁，总是一个天矣。不可道眼前天是昭昭之天，外面又不是昭昭之天也。于此便见一节之知即全体之知，全体之知即一节之知，总是一个本体。"

·注 释

①黄直：字以方，江西金溪人，进士，王阳明弟子。曾以抗疏论救下狱，出狱后安贫乐道。

②溥博如天，渊泉如渊：语出《中庸》："夫焉有所倚？肫肫其仁，渊渊其渊，浩浩其天！"

【译文】

黄以方问先生："关于先生'格物致知'的学说，是随时格物来致良知，那么这个良知就只是良知的一部分，而不是良知的全体，这怎么能够达到'溥博如天，渊泉如渊'的地步呢？"

先生说："人心是天，是深渊。心的本体，无所不包，原本就是一个天，只是因为被私欲蒙蔽，天的本来面目就迷失了。心中的理是无穷无尽的，原本就是一个深渊，只因为被私欲的阻塞，深渊的本来面目也就迷失了。如今心心念念都是致良知，将这些蒙蔽、阻塞都全部除去，那样本体才能恢复，就又是天和深渊了。"

先生指着天告诉他说："比如现在面前的天，是光明晴朗的天。而四方之外的天，也会是光明晴朗的天，只是被许多房子和墙壁遮挡住了，就不能看到天的全部，如果撤去了房子和墙壁，总还是那一个天。不能说在我们面前的天就是光明晴朗的天，而外面的天就不是光明晴朗的。由此可见，部分的良知便是全体的良知，而全体的良知也就是部分的良知，都是同一个本体罢了。"

二

【原文】

先生曰："圣贤非无功业气节，但其循着这天理，则便是道。不可以事功气节名矣。"

"'发愤忘食'[1]是圣人之志如此，真无有已时；'乐以忘忧'是圣人之道如此，真无有戚时。恐不必云得不得也[2]。"

·注　释

①发愤忘食：语出《论语·述而》。

②恐不必云得不得也：语出朱熹《论语集注》。

【译文】

先生说："圣贤不是没有功业和气节，只是他们能够遵循这个天理，这就是道。圣贤不可凭着功业气节求名声。"

先生说："'发愤忘食'，因为圣人的志向本来就是这样，真的没有尽头；'乐以忘忧'，也因为圣人的道本来就是这样，真的不会有悲伤的时候。不必说什么'得'和'不得'的。"

三

【原文】

先生曰："我辈'致知'，只是各随分限所及。今日良知见在如此，只随今日所知扩充到底；明日良知又有开悟，便从明日所知扩充到底。如此方是'精一'功夫。与人论学，亦须随人分限所及。如树有这些萌芽，只把这些水去灌溉，萌芽再长，便又加水，自拱把以至合抱，灌溉之功皆是随其分限所及。若些小萌芽，有一桶水在，尽要倾上，便浸坏他了。"

【译文】

先生说："我们这些人做致良知的功夫，也只是各自随自己的能力尽力而为。今天认识良知到了这个地步，便根据今天的认识延伸到底；等明日良知又有新的领悟，那么就根据明日的认识延伸到底。这样才是'精一'的功夫。和别人探讨学问，也需要根据对方的能力所及。就像是树苗，萌芽的时候，只能用一点水去浇灌。等到再长一点，就再加大适当的水量，等树长到了两手合抱或者两臂合抱，浇的水量都需根据树的发育情况来定。如果只是些刚萌芽的小树苗，就把一桶水全都倒上去，就会把它们淹死了。"

四

【原文】

问知行合一。

先生曰："此须识我立言宗旨。今人学问，只因知行分作两件，故有一念发动，虽是不善，然却未曾行，便不去禁止。我今说个知行合一，正要人晓得一念发动处便即是行了。发动处有不善，就将这不善的念克倒了，须要彻根彻底，不使那一念不善潜伏在胸中。此是我立言宗旨。"

【译文】

有人问知行合一。

先生说："这必须知道我的立论的主旨。如今人们做学问，因为把知与行分而为二，所以虽然有不善的念头萌发，如果还没有不善的行动，便不去禁止。我如今提出'知行合一'的论说，就是要让人们晓得只需有念头的萌发了，那就相当于做了。不善的念头萌动了，就把这个不善的念头克制住，必须要彻底地连根拔起，不让它潜留在心里。这就是我立论的主旨。"

五

【原文】

“圣人无所不知，只是知个天理；无所不能，只是能个天理。圣人本体明白，故事事知个天理所在，便去尽个天理。不是本体明后，却于天下事物都便知得，便做得来也。天下事物，如名物度数、草木鸟兽之类，不胜其烦，圣人须是本体明了，亦何缘能尽知得？但不必知的，圣人自不消求知；其所当知的，圣人自能问人，如‘子入太庙每事问’①之类。先儒谓‘虽知亦问，敬谨之至’②，此说不可通。圣人于礼乐名物不必尽知，然他知得一个天理，便自有许多节文度数出来。不知能问，亦即是天理节文所在。”

·注　释……………………………………………

①子入太庙每事问：语出《论语·八佾》。

②“虽知”二句：语出朱熹《论语集注》引伊和靖之语：“礼者，敬而已矣。虽知亦问，谨之至也。”

【译文】

先生又说：“圣人无所不知，也只是知道一个天理；圣人无所不能，也只是能做到一个天理。圣人的本体清澈明白，所以事事都知道它的天理所在，只去尽一个天理就行了。而不是在本体变得清澈明白之后，才知道了天下的事物，才能做到。天下的事物，比如名物度数、草木鸟兽等等，不计其数，圣人即使是本体明澈了，也不可能什么都知道。但凡是那些不需要知道的，圣人自然不必去弄明白；而那些应当知道的，圣人自然就能够去向别人询问，就像‘子入太庙每事问’这种。先儒们说‘孔子虽然知道了还问，真是非常恭敬谨慎了’，此种说法不全对。圣人对于礼乐名物，不必全都懂得，然而他知道一个天理，就自然会明白许多规矩礼节。不知道便问，也是规矩法度的其中一个。”

六

【原文】

问：“先生尝谓‘善恶只是一物’。善恶两端，如冰炭相反，如同谓只一物？”

先生曰：“至善者，心之本体。本体上才过当些子，便是恶了。不是有一个善，却又有一个恶来相对也。故善恶只是一物。”

直因闻先生之说，则知程子所谓“善固性也，恶亦不可不谓之性”①。又曰：“善恶皆天理，谓之恶者本非恶，但于本性上过与不及之间耳”②。其说皆无可疑。

·注　释

①“善固性也”二句：程颢语，语出《河南程氏遗书》卷一。

②“善恶皆天理”三句：程颢语，语出《河南程氏遗书》卷二：“天下善恶皆天理，谓之恶者本非恶，但或过或不及，便如此。”意为善与恶都是天理，所谓的恶，本身并不是恶，只是对于天理来说，表现得过分或不足罢了。

【译文】

黄直问：“先生曾说‘善恶只是一个事物’。善和恶，就像冰和炭一样互相对立，怎么能把它们一同说成是一个事物呢？”

先生说：“最高境界的善，就是心的本体。本体上刚有一点过错，便成了恶了。而并非有了一个善，又还有一个恶来和它相对应，所以善恶是一个事物。”

因为听了先生的学说，黄直终于明白了程颢先生所说：“善固性也，恶亦不可不谓之性。”“善恶皆天理，谓之恶者本非恶，但于本性上过与不及之间耳。”之后黄直对这些话就不再有疑惑了。

七

【原文】

先生尝谓："人但得好善如好好色，恶恶如恶恶臭，便是圣人。"

直初时闻之，觉甚易，后体验得来，此个功夫着实是难。如一念虽知好善恶恶，然不知不觉，又夹杂去了。才有夹杂，便不是好善如好好色、恶恶如恶恶臭的心。善能实实的好，是无念不善矣；恶能实实的恶，是无念及恶矣。如何不是圣人？故圣人之学，只是一诚而已。

【译文】

先生曾说："人但凡能够做到喜欢善良像喜爱美色、厌恶恶行像讨厌恶臭，那便称得上是圣人了。"

黄直最初听到的时候，觉得应该很容易，可是之后亲身体验，才发现这个功夫实在很难的。虽然念头里知道应该好善恶恶，但是不知不觉地，就会有私意掺杂进去。而一旦掺杂了私欲，就不再是那颗能够喜好善行像喜好美色那样、厌恶恶行那样厌恶恶息那样的心。对善行能够实实在在地喜好，那么不会有念头是不善的了；如果厌恶恶行能够实实在在地厌恶，也就没有什么念头会关系到恶了。这怎么不是圣人呢？所以圣人的学问，也只是一个诚罢了。

八

【原文】

问《修道说》言，“率性之谓道”属圣人分上事，“修道之谓教”属贤人分上事。

先生曰：“众人亦‘率性’也，但‘率性’在圣人分上较多，故‘率性之谓道’属圣人事。圣人亦‘修道’也，但‘修道’在贤人分上多，故‘修道之谓教’属贤人事。”

又曰："《中庸》一书，大抵皆是说'修道'的事，故后面凡说君子，说颜渊，说子路，皆是能'修道'的；说小人，说贤、知、愚、不肖，说庶民，皆是不能'修道'的；其他言舜、文、周公、仲尼至诚至圣之类，则又圣人之自能'修道'者也。"

【译文】

有人问："您的《修道说》说，'率性之谓道'是圣人分内的事，'修道之谓教'则是贤人分内的事。"

先生说："一般人也是'率性'的，只是'率性'在圣人身上表现得要多一些，所以说'率性之谓道'属于圣人的事。圣人也'修道'，只是'修道'在贤人身上表现得要较多些，所以说'修道之谓教'是贤人的事。"

先生又说："《中庸》这部经典，大多说的是'修道'。所以之后凡是讲君子，讲颜回，讲子路，都是能够‘修道’的；而讲到小人，讲贤者、智者、愚者、不肖者，讲庶民，都是不能够‘修道’的；而其他说舜、文王、周公、孔子等至诚至圣的人，则又是能够自然‘修道’的了。”

九

【原文】

问：“儒者到三更时分，扫荡胸中思虑，空空静静，与释氏之静只一般。两下皆不用，此时何所分别？”

先生曰：“动静只是一个。那三更时分空空静静的，只是存天理，即是如今应事接物的心；如今应事接物的心，亦是循此天理，便是那三更时分空空静静的心。故动静只是一个，分别不得。知得动静合一，释氏毫厘差处亦自莫掩矣。”

【译文】

有人问先生："儒生到了三更时分的时候，清除了心中的思虑，空灵虚静，就跟佛教的静一样。静时，儒佛两家的学说都不再应事接物，发挥作用，那这个时候他们两家有什么区别呢？"

先生说："动与静是一回事。三更时分时的空灵虚静，只要心同样在存养天理，也就是像现在这样应接事物；而现在正在应接事物的心，也只是遵循天理，也同样是三更时分那空空寂寂的心。因此，动静是一回事，不能分开。知晓了动静合一的道理，佛教同儒家的细微区别自然也会显现了。"

十

【原文】

门人在座，有动止甚矜持者。先生曰："人若矜持太过，终是有弊。"

曰："矜持太过，如何有弊？"

曰："人只有许多精神，若专在容貌上用功，则于中心照管不及者多矣。"

有太直率者。先生曰："如今讲此学，却外面全不检束，又分心与事为二矣。"

【译文】

在座的众弟子们里，有一个举止行动都十分地矜持的人。先生说："人如果太过矜持，始终也是一个弊端。"

黄直问："过于矜持，为什么会有弊端？"

先生说："人只有这么多的精力，如果专注在外在上用功，就往往照管不到内心了。"

门人中又有过于直率的人。先生说："现在在讲'致良知'的学说，而你在外形上全然不加检点，又是把心与事分而为二了。"

十一

【原文】

门人作文送友行，问先生曰："作文字不免费思，作了后又一二日常记在怀。"

曰："文字思索亦无害，但作了常记在怀，则为文所累，心中有一物矣。此则未可也。"

又作诗送人。先生看诗毕，谓曰："凡作文字要随我分限所及。若说得太过了，亦非'修辞立诚'[1]矣。"

·注释

①修辞立诚：意为修饰言辞以诚信为本。语出《周易·乾卦·文言》："修辞立其诚，所以居业也。"

【译文】

一个门生写了一篇文章给朋友送行，便问先生：

"写文章不免要花费心思，而且写完之后的一两天还时常把它记在心上。"

先生说："花费心思写文章并没有害处。但是你写完了之后还常记挂在心里，就被这文章牵累，在心里存了一件事情，这并不好。"

又有人写诗送人。先生看了诗之后评价说："凡是作诗写文章，要根据自己的才智尽力而为，如果说得太过，也就不是'修辞立诚'了。"

十二

【原文】

"文公'格物'之说，只是少头脑。如所谓'察之于念虑之微'，此一句不该与'求之文字之中'、'验之于事为之著'、'索之讲论之际'混作一例看[①]，是无轻重也。"

·注 释

①“所谓”四句：语出朱熹《大学或问》，这是朱熹格物学说包括的四个方面。

【译文】

先生说：“朱熹先生‘格物’的学说，只是缺乏一个主旨。正如他所说‘察之于念虑之微’，这句不应该与‘求之文字之中’‘验之于事为之著’‘索之讲论之际’混杂成一个例子来看待，这是不分轻重的表现！”

十三

【原文】

问“有所忿懥①”一条。

先生曰：“忿懥几件，人心怎能无得？只是不可‘有所’耳。凡人忿懥，着了一分意思，便怒得过

当，非廓然大公之体了。故有所忿懥，便不得其正也。如今于凡忿懥等件，只是个物来顺应，不要着一分意思，便心体廓然大公，得其本体之正了。且如出外见人相斗，其不是的，我心亦怒；然虽怒，却此心廓然，不曾动些子气。如今怒人亦得如此，方才是正。”

·注 释

①有所忿懥（zhì）：语出《大学》：“身有所忿懥，则不得其正；有所恐惧，则不得其正；有所好乐，则不得其正；有所忧患，则不得其正。”

【译文】

有人向先生请教《大学》里“有所忿懥”这一句话。

先生说：“忿懥的几种情绪，例如仇怒、恐惧、好乐、忧患，人心里怎么可能会没有呢？只是不应该有罢了。一个人觉得忿懥的时候，加上一份着意，就会忿懥得过度，这样就没有了心胸廓然大公的本体了。因此，当有忿懥的情绪的时候，心就不能达到中正。所以对于忿懥等几种情绪，只要顺其自然，不要过分在意，心体就自然能够廓然大公，从而达到中正平和。现在如果我外出看到别人在互相打斗，对于不对的那方，我心中也会很忿懥；然而我虽然感觉到忿懥，但我的心却是坦然的，不生过多的气。现在对别人生气时，也该这样，那才能中正平和。”

十四

【原文】

先生尝言：“佛氏不着相[1]，其实着了相。吾儒着相，其实不着相。”

请问。

曰：“佛怕父子累，却逃了父子；怕君臣累，却逃了君臣；怕夫妇累，却逃了夫妇。都是为个君臣、

父子、夫妇着了相，便须逃避。如吾儒，有个父子，还他以仁；有个君臣，还他以义；有个夫妇，还他以别。何曾着父子、君臣、夫妇的相？”

·注 释

①着相：执着于事物的外在形式。相，佛教名词，相对“性”而言。佛教把一切事物的外观、形象、状态称之为“相”。

【译文】

先生曾说：“佛家提倡不执着于‘相’，而实际上却是执著于‘相’的。而儒家虽然提倡执着于‘相’，但实际上是不执着于‘相’的。”

学生因此请教先生。

先生说：“佛教恐怕为父子关系牵累，便逃离了父子亲情；害怕为君臣关系牵累，便逃脱了君臣道义；害怕为夫妻关系牵累，便逃脱了夫妻情分。这都是因为执着于君臣、父子、夫妻的‘相’，才需要逃脱它们。而我们儒家学说，有正常的父子关系的，便顺势产生了仁爱之说；有正常的君臣关系的，就产生了忠义之说；有正常的夫妻关系的，便产生了礼节之说。像这样，又何曾执着过父子、君臣、夫妻的‘相’呢？”

黄修易[1]录

一

【原文】

黄修易问："心无恶念时，此心空空荡荡，不知亦须存个善念否？"

先生曰："既去恶念，便是善念，便复心之本体矣。譬如日光被云来遮蔽，云去光已复矣。若恶念既去，又要存个善念，即是日光之中添燃一灯。"

·注 释……………………………………

①黄修易：字勉叔，王阳明弟子。余不详。

【译文】

黄修易问先生："心里没有恶念的时候，心里空荡荡的，不知道是否也需要存养一个善念呢？"

先生说："既然已经把恶念清除了，余下的便全是善念了，便恢复了心的本体了。就好比是太阳的光线被云遮蔽了，等云散去之后，太阳光便回来了。假若恶念已经去除了，又还要存一个善念在心里，那就是在太阳光下又添了一盏灯。"

二

【原文】

问："近来用功，亦颇觉妄念不生，但腔子里黑窣窣的，不知如何打得光明？"

先生曰："初下手用功，如何腔子里便得光明？譬如奔流浊水，才贮在缸里，初然虽定，也只是昏浊的。须俟澄定既久，自然渣滓尽去，复得清来。

汝只要在良知上用功。良知存久，黑窣窣自能光明矣。今便要责效，却是助长，不成功夫。”

【译文】

黄修易问先生：“我近来用功，也还会感觉到不再有妄念产生，但内心深处还是一团漆黑，不知道要如何才能让它得到光明？”

先生回答说：“最初用功的时候，心里怎么可能立即得到光明？譬如奔腾的浊水，才刚刚存进水缸里，虽然已经开始了沉淀，但仍旧是浑浊的。必须等到沉淀的时间长了，渣滓才能自然清除，再次变得清澈。你只需在良知上用功。良知存养的时间久了，自然懵懵懂懂的心会得以光明。现在就要去立即让它变清澈，就是拔苗助长，不能当做是功夫。”

三

【原文】

先生曰:“吾教人致良知在‘格物’上用功，却是有根本的学问。日长进一日，愈久愈觉精明。世儒教人事事物物上去寻讨，却是无根本的学问。方其壮时，虽暂能外面饰，不见有过，老则精神衰迈，终须放倒。譬如无根之树，移栽水边，虽暂时鲜好，终久要憔悴。”

【译文】

先生说:“我教学生致良知，是要在格物上用功，它才是有根基的学问。天天有所进步，时间越长就越会觉得精细聪明。后世儒生们则教别人在万事万物上去寻找，那就是没有根基的学问了。当他还少壮时，虽然能够暂时在外在上修饰一下，不让过失显现。到了老年，精力就会衰竭，最终支撑不住。就像是没有根的大树，把它移栽到水边，虽然暂时看起来生机勃勃，但最终会变得憔悴的。”

四

【原文】

问“志于道”[1]一章。

先生曰：“只‘志于道’一句，便含下面数句功夫，自住不得。譬如做此屋，‘志于道’是念念要去择地鸠[2]材，经营成个区宅。‘据德’却是经画已成，有可据矣。‘依仁’却是常常住在区宅内，更不离去。‘游艺’却是加些画采，美此区宅。艺者，理之所宜者也。如诵诗、读书、弹琴、习射之类，皆所以调习此心，使之熟于道也。苟不‘志道’而‘游艺，却如无状小子，不先去置造区宅，只管要去买画挂，做门面，不知将挂在何处？”

·注 释

①志于道：见《论语·述而》："子曰：'志于道，据于德，依于仁，游于艺。"

②鸠：鸠集，聚集。

【译文】

有人就《论语》里《志于道》一章向先生请教。

先生说："仅仅'志于道'这一句话，就已经包括了以下很多句的功夫，不能仅仅停留在志道上。譬如要建房屋，'志于道'仅仅是心心念念地去选择地基和材料，将房子建成；'据于德'便是规划已成的房屋，让它可以居住；'依于仁'就是常常住在房屋里，不再离开；'游于艺'就是在房屋里添加一些彩饰，让它变美。'艺'就是理最恰当的地方。比如诵诗、读书、弹琴、习射，等等，都是为了调习自己的心，让它精熟'道'。如果不先'志于道’，就去‘游于艺’，就会像一个糊里糊涂的小伙子，不先建造起房屋，便只管去买画装饰、做门面。不知他究竟要把画挂在什么地方！”

五

【原文】

问：“读书所以调摄此心，不可缺的。但读之之时，一种科目意思牵引而来。不知何以免此？”

先生曰：“只要良知真切，虽做举业，不为心累。纵有累，亦易觉克之而已。且如读书时，良知知得强记之心不是，即克去之；有欲速之心不是，即克去之；有夸多斗靡之心不是，即克去之。如此亦只是终日与圣贤印对，是个纯乎天理之心。任他读书，亦只是调摄此心而已，何累之有？”

曰：“虽蒙开示，奈资质庸下，实难免累。窃闻穷通有命，上智之人，恐不屑此。不屑为声利牵缠，甘心为此，徒自苦耳。欲屏弃之，又制于亲，不能

舍去，奈何？”

先生曰：“此事归辞于亲者多矣。其实只是无志。志立得时，良知千事万事只是一事。读书作文，安能累人？人自累于得失耳！”因叹曰：“此学不明，不知此处担搁了几多英雄汉！”

【译文】

有人问先生：“读书是为了调习自己的心，它必不可缺。但是，读书的时候有一种科举的思虑会随之而来。不知道怎么才能避免它？”

先生说：“只要良知是真切的，即便是为了科举考试，也不会成为心的拖累。就是成了拖累，也容易发觉并且克服它。比如在读书的时候，良知知道有了强记之心是不对的，便会立刻把它克服；求速的心情也知道是不对的，也马上把它克服；有自夸争强好胜的心，也知道是不对的，也克服掉。这样的话，成天与圣贤们的心相互印证，就是一颗纯然合乎天理的心。任凭他读书，也都只不过在调习自己的心罢了，怎会有拖累呢？”

问：“承蒙您开导，但是无奈我天资平庸，实在很难避免这种拖累。我听说‘穷通有命’。聪明的人大概会对此表示不屑，但是我为名利所牵累，甘心情愿这样，也能是独自苦恼罢了。如果想要抛弃科举，却又受制于父母，无能割舍。这到底该怎么办呢？”

先生说：“把这种事归咎到父母身上的人很多啊。而实际上只是因为自己没有志向。志向确立了的时候，千事万事，只是良知一件事。读书写文章，怎么会拖累人呢？只是人们为自己的得失所拖累罢了。”先生因此感叹道：“良知之学不昌明于天下，不知道还要耽误多少英雄在这里！”

六

【原文】

问：“‘生之谓性’①，告子亦说得是，孟子如何

非之？”

先生曰：“固是性，但告子认得一边去了，不晓得头脑。若晓得头脑，如此说亦是。孟子亦曰：‘形色，天性也。’[2]这也是指气说。”

又曰：“凡人信口说，任意行，皆说‘此是依我心性出来’，此是所谓生之谓性。然却要有过差。若晓得头脑，依吾良知上说出来，行将去，便自是停当。然良知亦只是这口说，这身行。岂能外得气，别有个去行去说？故曰：‘论性不论气不备，论气不论性不明。’[3]气亦性也，性亦气也，但须认得头脑是当。”

· 注 释

①“生之谓性”一句：事见《孟子·告子上》：“告子曰：‘生之谓性。’孟子曰：‘生之谓性也，犹白之谓白欤？’曰：‘然。’‘白羽之白也，犹白雪之白，白雪之白，犹白玉之白欤？’曰：‘然。’‘然则犬之性犹牛之性，牛之性犹人之性欤？’”这是孟子

与告子关于“性”的著名论辩之一。

②形色，天性也：语出《孟子·尽心上》。

③“论性”二句：语出《河南程氏遗书》卷六。意为只讲性不讲气，不完整；只讲气不讲性，不明晰。

【译文】

有人问：“‘生之谓性’，告子说的这句话也算不得错了，为什么孟子却要否定呢？”

先生说：“天性固然是与生俱来的，只是告子的认识有些偏颇，他只知道它看成是性，却不明白这其中的主旨所在。如果明白了主旨，这样说也能算错。孟子也曾说‘形色，天性也’。这也是针对气说的。”

先生又说：“一般人信口雌黄，恣意行动，都说这是依据自己的心性来的，这就是所谓的‘生之谓性’。但这样是会出差错的。如果懂得了主旨，凭借着良知去说去做，自然就会正确。但良知也只体现在自己用嘴说，自己身体力行。怎能离开气，另外再有一个东西去说去做呢？所以伊川先生说：‘论性不论气不备，论气不论性不明。’气就是性，性也就是气。只是首先必须妥当地认清主旨。”

七

【原文】

又曰：“诸君功夫，最不可助长。上智绝少，学者无超入圣人之理。一起一伏，一进一退，自是功夫节次。不可以我前日用得功夫了，今却不济，便要矫强做出一个没破绽的模样。这便是助长，连前些子功夫都坏了。此非小过。譬如行路的人遭一蹶跌，起来便走，不要欺人做那不曾跌倒的样子出来。诸君只要常常怀个‘遁世无闷，不见是而无闷’之心，依此良知忍耐做去，不管人非笑，不管人毁谤，不管人荣辱，任他功夫有进有退，我只是这致良知的主宰不息，久久自然有得力处。一切外事亦自能

不动。”

又曰：“人若着实用功，随人毁谤，随人欺慢，处处得益，处处是进德之资。若不用功，只是魔也，终被累倒。”

【译文】

先生又说：“诸君下功夫，千万不可拔苗助长。有着上等智慧的人是很少的，一般的学者们没有道理能够直接进入圣人的境界。一起一伏，一进一退，都是下功夫的秩序。不能够因为我前些天用了功夫，而今天没有起到作用，便硬要逞强，装出一副没有破绽的模样。这就是‘助长’，连前面下的功夫也都会被搞坏的。这并非小的过失。就好比人在走路，摔了一跤起来再走，也用不着骗人，做出一副没有跌倒过的样子来。各位只要常常怀着‘遁世无闷，不见是而无闷’的心，遵从良知，坚持做下去，无论别人是非难还是讥笑，诽谤还是诋毁，不管别人荣耀或是受辱，任凭别人功夫的进退，我只需坚持不断地致良知，久而久之，自然会感觉到有力。任何外在的事物，也自然能够做到不为所动。”

又说：“人如果切切实实地用功，任凭别人诋毁诽谤、欺负轻慢，处处都能得益，处处都是推进品德修养的动力。若不用功，别人的诽谤和侮辱就会有如魔鬼，最终会被它累垮。”

八

【原文】

先生一日出游禹穴[1]，顾田间禾，曰：“能几何时，又如此长了！”

范兆期[2]在旁曰：“此只是有根。学问能自植根，亦不患无长。”

先生曰：“人孰无根，良知即是天植灵根，自生生不息。但着了私累，把此根戕贼蔽塞，不得发生耳。”

·注 释……………………………………………………

①禹穴：即禹陵。在浙江绍兴稽山门外，传为夏禹的陵墓，为浙东著名胜迹。

②范兆期：即范引年，字兆期，号半野，王阳明学生。

【译文】

有一天先生到禹陵游览，望着田间的禾苗，说：“才多长时间，又长了这许多。”

范兆期在旁边说：“这是因为禾苗有根。做学问如果能自己种下根底，也不会担心他们不成长。”

先生说：“谁没有根呢？良知便是上天种下的灵根，自然能够生生不息。只是为私欲所牵累，将这个灵根破坏堵塞了，不能够生长出来罢了。”

九

【原文】

一友常易动气责人，先生警之曰："学须反己。若徒责人，只见得人不是，不见自己非。若能反己，方见自己有许多未尽处，奚暇责人？舜能化得象的傲，其机括只是不见象的不是。若舜只要正他的奸恶，就见得象的不是矣。象是傲人，必不肯相下，如何感化得他？"

是友感悔。

曰："你今后只不要去论人之是非。凡当责辩人时，就把做一件大己私，克去方可。"

【译文】

一个朋友常常容易生气、责备别人。先生警告他说："学习必须能够反省自己。如果光是责备别人，只能看见别人的不对，而看不到自己的错误。

如果能反身自省，就能看到自己很多不完善的地方，哪还有闲工夫来责怪其他人？舜能够化解象的傲慢，主要在于他没有去发现象不对的地方。如果舜仅仅去纠正象的奸恶，就发现他的不对之处了。象又是一个傲慢的人，肯定不愿听信他的。这样怎么可能感化他呢？”

这个朋友便感到了后悔。

先生说：“你今后只别再去谈论别人的是非。但凡你正在责备别人的时候，就把它当做自己的一大私欲加以克治。”

十

【原文】

先生曰：“凡朋友问难，纵有浅近粗疏，或露才扬己，皆是病发。当因其病而药之可也。不可便怀鄙薄之心。非君子与人为善之心矣。”

【译文】

先生说："朋友们在一起辩论时，难免有深有浅、有粗有细，或者有人急于露才、自我颂扬等等，都是毛病发作。当时便顺势对症下药是可以的，只是不可怀有鄙薄的心。这不是君子'与人为善'的心了。"

十一

【原文】

问："《易》，朱子主卜筮，程《传》主理，何如？"

先生曰："卜筮是理，理亦是卜筮。天下之理孰有大于卜筮者乎？只为后世将卜筮专主在占卦上看了，所以看得卜筮似小艺。不知今之师友问答，博学、审问、慎思、明辨、笃行之类，皆是卜筮。卜筮者，不过求决狐疑，神明吾心而已。《易》是问诸

天，人有疑，自信不及，故以《易》问天。谓人心尚有所涉，惟天不容伪耳。”

【译文】

有人问先生：“《易经》一书，朱熹先生认为它重在卜筮，而伊川先生则认为它重在阐明天理。究竟该如何看待呢？”

先生回答说：“卜筮就是理，理也就是卜筮。天下的理，哪会有比卜筮更大的呢？只是因为后代学者把卜筮算作了占卦，因此把卜筮当成了雕虫小技。他们却不知道，现在师生、朋友的问答，博学、审问、慎思、明辨、笃行等等，都是卜筮。卜筮，不过是解决疑问，使自己的心变得神明而已。《易经》是向上天请示，人们有了疑问，不足够自信，便用《易经》来问上天。人心依然还有偏私，只有上天容不得虚假。”

黄省曾①录

一

【原文】

黄勉之问："'无适也，无莫也，义之与比。'②事事要如此否？"

先生曰："固是事事要如此，须是识得个头脑乃可。义即是良知，晓得良知是个头脑，方无执着。且如受人馈送，也有今日当受的，他日不当受的。也有今日不当受的，他日当受的。你若执着了今日当受的，便一切受去。执着了今日不当受的，便一切不受去。便是适莫。便不是良知的本体。如何唤

得做义？”

·注 释

①黄省曾：字勉之，号五岳，江苏苏州人，王阳明学生，著有《会稽问道录》。

②“无适也”三句：语出《论语·里仁》。无适，无可；无莫，无不可。

【译文】

黄省曾问先生：“《论语》里说‘无适也，无莫也，义之与比’，是不是事事都要这样呢？”

先生说：“当然，只是需要懂得它的主旨才行。义，就是良知。明白良知是个主旨，才能不会有所执着。就像接受别人的馈赠，有当天应该接受而换个时间却不应接受的；也有今天不应该接受而换个时间却又可以接受的。如果你执着于今天可以接受的便一切都接受了，或者执着于今天不该接受的便一切都不接受，就成了‘适’，成了‘莫’，就不再是良知的本体了。这怎么能叫做‘义’呢？”

二

【原文】

问：“‘思无邪’①一言，如何便盖得三百篇之义？”

先生曰：“岂特三百篇？六经只此一言，便可该贯。以至穷古今天下圣贤的话，‘思无邪’一言，也可该贯。此外便有何说？此是一了百当的功夫。”

·注　释

①思无邪：语出《论语·为政》：“子曰：‘《诗》三百，一言以蔽之，曰：思无邪。’”意为思想纯正无邪念。

【译文】

问："'思无邪'三个字，怎么就能够概括《诗经》三百篇的含义呢？"

先生说："岂止是这《诗经》三百篇？六经也只需这一句话，就能够概括贯穿了。甚至古今天下所有圣贤的话，'思无邪'这句话也能够穷尽。此外，还有什么可说的呢？这是个一了百当的功夫。"

三

【原文】

问"道心""人心"。

先生曰："'率性之为道'，便是'道心'。但着些人的意思在，便是'人心'。'道心'本是无声无臭，故曰'微'；依着'人心'行去，便有许多不安稳处，故曰'惟危'。"

【译文】

有人向先生请教“道心”和“人心”。

先生说：“‘率性之谓道’，就是‘道心’。但只要有些许私欲在其中，就是‘人心’了。‘道心’本来是无声无味的，所以说‘惟微’；按照‘人心’去行动，就有了许多不安稳的地方，因此说‘惟危’。”

四

【原文】

问：“‘中人以下，不可以语上’①，愚人与之语上尚且不进，况不与之语可乎？”

先生曰：“不是圣人终不与语。圣人的心忧不得人人都做圣人。只是人的资质不同，施教不可躐等，中人以下的人，便与他说性、说命，他也不省得，也须慢慢琢磨他起来。”

·注 释……………………………………………………

①“中人”二句：语出《论语·雍也》：“子曰：‘中人以上，可以语上也；中人以下，不可以语上也。’”

【译文】

有人问先生：“孔子说‘中人以下，不可以语上’。愚笨的人，给他讲解高深的道理，尚且不会有所进步，更何况不给他说这些道理呢？”

先生说：“并非圣人们不愿给他们讲解。圣人只担心不能让人人都成为圣人。只是各人的资质会有所不同，不得不因材施教。天资在中等以下的人，即便是给他讲解‘性’‘命’的学说，他也未必能够明白。所以需要慢慢地开导启发他。”

五

【原文】

一友问："读书不记得如何？"

先生曰："只要晓得，如何要记得？要晓得已是落第二义了，只要明得自家本体。若徒要记得，便不晓得，若徒要晓得，便明不得自家的本体。"

【译文】

一个朋友问先生："书读完了之后都记不住，怎么办？"

先生说："只需理解明白就可以了，为什么一定要记得呢？而理解明白都已经是落到第二要义上了，只要使自己的本体光明就可以了。如果光是记得，未必就能明白；如果只要求明白，未必就能使自己的本体光明。"

六

【原文】

问:"'逝者如斯'[1]是说自家心性活泼泼地否?"

先生曰:"然。须要时时用致良知的功夫,方才活泼泼地,方才与他川水一般;若须臾间断,便与天地不相似。此是学问极至处,圣人也只如此。"

·注 释

①逝者如斯:语出《论语·子罕》:"子在川上,曰:'逝者如斯夫!不舍昼夜。'"

【译文】

有人问:"孔子说'逝者如斯',是不是在指自己的心性,活泼泼的?"

先生说:"是这样的。必须时时刻刻都在用致良知的功夫,才能让心性活泼泼的,才能让它和流水一般；如果有片刻的间断，就和天地不相符了。这是做学问最高的境界，圣人也只能做到这样。”

七

【原文】

问“志士仁人”[①]章。

先生曰：“只为世上人都把生身命子看得来太重，不问当死不当死，定要宛转委曲保全，以此把天理却丢去了，忍心害理，何者不为。若违了天理，便与禽兽无异，便偷生在世上百千年，也不过做了千百年的禽兽。学者要于此等处看得明白；比干、龙逄，[②]只为也看得分明，所以能成就得他的仁。”

·注　释

①志士仁人：语出《论语·卫灵公》：“子曰：‘志士仁人，无求生以害仁，有杀身以成仁。’”

②比干：殷纣王叔父。因向纣王进谏，被剖心而死。龙逄，夏末大臣，因多次直谏，被桀囚禁杀死。

【译文】

有人向先生请教《论语》里“志士仁人”那一章。

先生说：“就是因为世人都把自己的命看得太重了，不问当时是不是应当献出生命，只管委曲求全，为此，却把天理都丢弃了。忍心伤害天理，还有什么做不出来？如果违背了天理，那他就如同禽兽了，苟且偷生在世上千百年，也只不过是做了千百年的禽兽。学者们在这个地方要看得明白。比干、龙逄等，都只是因为他们看得分明了，才能够成就他们的仁。”

八

【原文】

问："叔孙武叔毁仲尼[1]，大圣人如何犹不免于毁谤？"

先生曰："毁谤自外来的虽圣人如何免得？人只贵于自修，若自己实实落落是个圣贤，纵然人都毁他，也说他不着；却若浮云掩日，如何损得日的光明。若自己是个象恭色庄、不坚不介的，纵然没一个人说他，他的恶慝[2]终须一日发露。所以孟子说'有求全之毁，有不虞之誉'[3]。毁誉在外的，安能避得？只要自修何如尔？"

·注　释

①叔孙武叔毁仲尼：事见《论语·子张》："叔孙武叔语大夫于朝曰：'子贡贤于仲尼。'"叔孙武叔，名州仇，鲁大夫。

②慝：邪恶。

③有求全之毁，有不虞之誉：语出《孟子·离娄上》：“有不虞之誉，有求全之毁。”虞，预料。

【译文】

有人问先生：“《论语》里有‘叔孙武叔毁仲尼’的记载，为什么大圣人也避免不了被诽谤？”

先生说：“诋毁、诽谤是外来的东西，虽然是圣人，也不能够避免。人贵在自我修养，假若自己确确实实是个圣贤之人，纵然别人都来诋毁他，也不会对他有影响。正如浮云遮蔽太阳，它们怎么可能对太阳的光明有所损害呢？假如他自己只是一个表面端庄，而内心却软弱的人，即使一个说他的人都没有，他的丑恶，总有一天也会表露出来的。所以孟子说‘有求全之毁，有不虞之誉’。毁誉是外来的，怎么能避免？只要有自我修养，毁誉又能怎么样呢？”

九

【原文】

刘君亮[1]要在山中静坐。

先生曰："汝若以厌外物之心去求之静，是反养成一个骄惰之气了；汝若不厌外物，复于静处涵养，却好。"

·注　释

①刘君亮：字元道，王阳明学生。

【译文】

刘君亮想要到山里去静坐。

先生说他道："如果你是用厌烦外物的心，去山里求得宁静，反倒会养成一个骄纵懒惰的脾气；如果你不是因为厌烦外物，再到静处去修养自己，却是很好的。"

十

【原文】

王汝中[1]、省曾侍坐。

先生握扇命曰："你们用扇。"

省曾起对曰："不敢。"

先生曰："圣人之学不是这等捆缚苦楚的。不是装做道学的模样。"

汝中曰："观'仲尼与曾点言志'一章略见。"

先生曰："然。以此章观之，圣人何等宽洪，包含气象。且为师者问志于群弟子，三子皆整顿以对，至于曾点，飘飘然不看那三子在眼，自去鼓起瑟来，何等狂态！及至言志，又不对师之问目，都是狂言。设在伊川，或斥骂起来了。圣人乃复称许他，何等气象！圣人教人，不是个束缚他通做一般，只如狂者便从狂处成就他，狷者便从狷处成就他，人之才气如何同得。"

· **注 释**

①王汝中：王畿（1498~1583，另说1497~1582），字汝中，别号龙谿，山阴（今浙江绍兴）人，王阳明学生。官至南京兵部郎中，讲学四十余年，传播王学，著作有《龙谿集》。

【译文】

王汝中与省曾在先生旁边侍坐。

先生手拿扇子递过来，说："你们用扇子吧。"

省曾连忙起身回答："不敢当。"

先生说："圣人的学问，并不是像你这样拘束痛苦的，也不是装出一副道学的模样。"

王汝中说："我看《论语》'仲尼与曾点言志'一节，能够大致看得出这种礼节。"

先生说："是呢，从这一章可以看出来，圣人是何等宽宏大度！当老师的人向学生提问他们的志向，前三个人都恭敬地做出了回答，可是曾点，他却悠悠然不把那三位同学放在眼里，独自弹瑟，何等狂放！等到他们谈到自己的志向时，又不直接回答先生的问题，都口出狂言。如果换作是在伊川先生的身边，恐怕早就责骂起来了。孔子却居然还赞许了他，这又是怎样的风度啊！孔子教育学生，不是死守一个模式，而是对狂放的人，便从狂放这一点上来打造他；洒脱的人，便从洒脱这一点来造就他。人的才能气质，怎么会相同呢？”

十一

【原文】

先生语陆元静曰：“元静少年亦要解《五经》，志亦好博。但圣人教人，只怕人不简易，他说的皆是简易之规，以今人好博之心观之，却似圣人教人差了。”

【译文】

先生对陆元静评价说："元静年轻时，也想注解《五经》，志向也在博学。但是，圣人教人，只怕人不简易。他说的也都是简易的办法。但是用现在的人喜好博学的心来看，好像圣人教育的方法错了。"

十二

【原文】

先生曰："孔子无不知而作，颜子有不善未尝不知，此是圣学真血脉路。"

【译文】

先生说："孔子不会写他不知道的事，颜回则对于过错没有不知道的，这就是圣学的真正脉络。"

钱德洪录

一

【原文】

何廷仁、黄正之、李侯璧、汝中、德洪侍坐。先生顾而言曰:“汝辈学问不得长进，只是未立志。”

侯璧起而对曰:“珙亦愿立志。”

先生曰:“难说不立，未是‘必为圣人之志’耳。”

对曰:“愿立‘必为圣人之志’。”

先生曰:“你真有圣人之志，良知上更无不尽。良知上留得些子别念挂带，便非‘必为圣人之

志’矣。”

洪初闻时心若未服，听说到不觉悚汗。

【译文】

何廷仁、黄正之、李侯璧、王汝中和钱德洪在先生旁边侍坐。先生环顾他们说道：“你们这些人，学问没能有所长进，原因只在于还没有立志。”

李侯璧站起来回答说：“我也愿意立下志向。”

先生说：“不敢说你没有立志，只是立的恐怕不是‘必为圣人之志’。”

李侯璧答：“那我愿意立下‘必为圣人之志’。”

先生说：“如果你真的有了成为圣人的志向，在良知上就会用尽全力。如果良知上还存留有别的私心欲念，就不再是‘必为圣人之志’了。”

钱德洪刚开始听这段话时，心里还有所不服，现在又听到这话，就已经不觉警醒流汗。

二

【原文】

先生曰:“良知是造化的精灵，这些精灵，生天生地，成鬼成神，皆从此出，真是与物无对。人若复得他完完全全，无少亏欠，自不觉手舞足蹈，不知天地间更有何乐可代!”

【译文】

先生说:“良知是造化的精灵。这些精灵，缔造了天地，生出了鬼神，真是无与伦比!如果人能够完完全全地恢复它，没有一点亏欠，自然就会手舞足蹈，天地间找不到什么快乐能够代替它。”

三

【原文】

一友静坐有见，驰问先生。

答曰：“吾昔居滁[①]时，见诸生多务知解，口耳异同，无益于得，姑教之静坐；一时窥见光景，颇收近效。久之渐有喜静厌动，流入枯槁之病，或务为玄解妙觉，动人听闻。故迩来只说‘致良知’。良知明白，随你去静处体悟也好。随你去事上磨炼也好，良知本体原是无动无静的。此便是学问头脑。我这个话头，自滁州到今，亦较过几番，只是‘致良知’三字无病。医经折肱，方能察人病理。[②]”

·注释

①滁：指滁州（今安徽滁县）。

②医经折肱：语出《左传》：“三折肱，知为良医。”意为久病可以成为良医。

【译文】

一个朋友，他在静坐的时候有了一些领悟，便马上跑过来向先生请教。

先生说：“我曾经住在滁州的时候，看到学生们注重在知识见闻上的辩论，对学问却没有帮助。因此，我便教他们静坐。刚开始的时候，他们在静坐中触及了良知的境界，短时间内很有效果。但是时间长了，有的人渐渐有了喜静厌动，陷入枯槁死灰的弊病；或者就致力于玄妙的见解，耸人听闻。因为这个原因，近来我都只说‘致良知’。良知明白了，无论你是到静处去体悟也好，或者在事情上磨炼也好，良知的本体本来就是没有动静的，这才是做学问的核心。我的这些话，从滁州到现在，我仔细琢磨过几番，只有‘致良知’三个字是没有弊病的。这就好比医生，要经历过多次折肱，才能了解人的病理。”

四

【原文】

一友问："功夫欲得此知时时接续，一切应感处反觉照管不及，若去事上周旋，又觉不见了。如何则可？"

先生曰："此只认良知未真，尚有内外之闲。我这里功夫不由人急心，认得良知头脑是当，去朴实用功，自会透彻。到此便是内外两忘，又何心事不合一。"

【译文】

一个朋友问先生："我想让'致良知'的功夫持续不会间断，但一旦应对具体的事情，又觉得照管不过来。等到去事物上周旋的时候，又觉得看不见良知了。怎么办才好呢？"

先生说："这只是你体认良知还不够真切，尚有个内外之分。我这致良知的功夫，不能心急。体认到了良知这个核心，然后在上面踏踏实实地用功，自然就能理解透彻。这样就会忘掉内外，又怎么会有心、事不统一的现象呢？”

五

【原文】

又曰：“功夫不是透得这个真机，如何得他充实光辉？若能透得时，不由你聪明知解接得来。须胸中渣滓浑化，不使有毫发沾带始得。”

【译文】

先生又说：“做功夫，如果没有透彻地理解良知的关键，怎么能使它充实光辉呢？如果想要透彻地了解，不能仅凭你自己的聪明，还须净化心中的渣滓，不让它有丝毫的污染才行。”

六

【原文】

先生曰:"'天命之谓性',命即是性。'率性之谓道',性即是道;'修道之谓教',道即是教。"

问:"如何道即是教?"

曰:"道即是良知。良知原是完完全全,是的还他是,非的还他非,是非只依着他,更无有不是处,这良知还是你的明师。"

【译文】

先生说:"'天命之谓性',命即是性。'率性之谓道',性即是道。'修道之谓教',道即是教。"

有人问:"为什么'道即是教'?"

先生回答说:"道就是良知,良知本来就是完完全全的。就像镜子一样,对的就还他个对,错的就还他个错。是非只需依照良心,就不会有不恰当的地方。这良知还是你的明师。”

七

【原文】

问：“‘不睹不闻’是说本体，‘戒慎恐惧’①是说功夫否？”

先生曰：“此处须信得本体原是‘不睹不闻’的，亦原是‘戒慎恐惧’的，‘戒慎恐惧’不曾在‘不睹不闻’上加得些子。见得真时，便谓‘戒慎恐惧’是本体，‘不睹不闻’是功夫亦得。”

·注 释

①“不睹”二句：语出《中庸》：“道也者，不可须臾离也，可离非道也。是故君子慎乎其所不睹，恐惧乎其所不闻。”

【译文】

有人问先生："《中庸》里的'不睹不闻'，是指本体而言的吗？而'戒慎恐惧'，是指功夫而言的吗？"

先生说："这里首先应当明白本体原来就是'不睹不闻'的，同样原来就是'戒慎恐惧'的。'戒慎恐惧'，它并没有在'不睹不闻'上还添加了一些什么。看得真切的时候，那也可以说'戒慎戒惧'是本体，'不睹不闻'是功夫。"

八

【原文】

问"通乎昼夜之道而知。"

先生曰："良知原是知昼知夜的。"

又问："人睡熟时，良知亦不知了。"

曰："不知，何以一叫便应？"

曰："良知常知，如何有睡熟时？"

曰："向晦宴息，此亦造化常理。夜来天地混沌，形色俱泯，人亦耳目无所睹闻，众窍俱翕，此即良知收敛凝一时。天地既开，庶物露生，人亦耳目有所睹闻，众窍俱辟，此即良知妙用发生时。可见人心与天地一体。故'上下与天地同流'①。今人不会宴息，夜来不是昏睡，即是妄思魇寐。"

曰："睡时功夫如何用？"

先生曰："知昼即知夜矣。日间良知是顺应无滞的，夜间良知即是收敛凝一的，有梦即先兆。"

又曰："良知在夜气发的方是本体，以其无物欲之杂也。学者要使事物纷扰之时，常如夜气一般，就是'通乎昼夜之道而知。"

· 注 释

①上下与天地同流：语出《孟子·尽心上》。意为君子之心与天地同为一体。

【译文】

有人问先生《易经》里的“通乎昼夜之道而知”该如何理解。

先生说：“良知本来就是知道白天和黑夜的。”

那人又问：“但是人睡熟了的时候，良知不也就不知道了吗？”

先生说：“如果不知道了，那怎么一叫就会有反应呢？”

问：“如果良知是一直知道的，又怎么会有睡熟的时候呢？”

先生说：“到了夜晚便休息，这也是造化的规律。到了晚上，天地成为一片混沌，形体、颜色都消失了，人的眼睛和耳朵也没什么可以去看、去听，七窍都关闭了，这就是良知收敛凝聚的时候。天地一旦开启，万物显露，人的眼睛耳朵能够有所见闻了，感官再恢复正常，这就是良知发生作用的时候了。由此可见，人心与天地是一体的。所以，孟子才会说‘上下与天地同流’。今天的人到了夜晚不懂得休息，不是昏睡，就是噩梦连连。”

问：“睡觉的时候应该怎么用功呢？”

先生说：“白天知道如何用功，晚上也就知道如何用功了。白天，良知是顺应通畅的，夜间，良知则是收敛凝聚的。有梦就是先兆。”

先生又说：“良知在夜晚生发出来的时候，才是它真正的本体，因为它没有物欲混杂其中。学者如果在事物纷扰的时候，像‘夜气’生发时一样，就是‘通乎昼夜之道而知’了。”

九

【原文】

先生曰：“仙家说到虚，圣人岂能虚上加得一毫实？佛氏说到无，圣人岂能无上加得一毫有？但仙家说虚从养生上来，佛氏说无从出离生死苦海上来，却于本体上加却这些子意思在，便不是他虚无的本

色了，便于本体有障碍。圣人只是还他良知的本色，更不着些子意在。良知之虚，便是天之太虚。良知之无，便是太虚之无形。日、月、风、雷、山、川、民、物，凡有貌象形色，皆在太虚无形中发用流行。未尝作得天的障碍。圣人只是顺其良知之发用，天地万物俱在我良知的发用流行中，何尝又有一物超于良知之外能作得障碍？"

【译文】

先生说："道家讲'虚'，圣人岂能在'虚'上再添加丝毫的'实'？佛家讲'无'，圣人又岂能在'无'上再增添丝毫的'有'？但是，道教说虚，是从养生的方面来说的；佛教说无，又是从脱离生死轮回的苦海上来说的。他们在本体上又着了一些养生或脱离苦海的私意，便就不再是'虚'和'无'的本来面目了，在本体上有了阻碍。圣人则仅仅是还原良知的本色，不会夹带一丝一毫的私意。良知的'虚'，就是上天的太虚；良知的'无'，就是太虚的无。日、月、风、雷、山、川、百姓、物件等等，凡是有形貌颜色的事物，都是在太虚无形中发生运动的。从未成为过天的障碍。圣人仅仅是顺应良知的作用，这样，天地万物都在自己良知的范围之内，何曾有一物是超乎良知之外，而成为障碍的呢？”

十

【原文】

或问:“释氏亦务养心，然要之不可以治天下，何也?”

先生曰:“吾儒养心未尝离却事物，只顺其天则自然就是功夫。释氏却要尽绝事物，把心看作幻相，渐入虚寂去了，与世间若无些子交涉，所以不可治天下。”

【译文】

有人问："佛家也务求养心，但它不能用来治理天下，为什么呢？"

先生说："我们儒家提倡养心，但从来都没有脱离过具体的事物，只是顺应天理自然，那就是功夫。而佛教却要全部断绝人间事物，把心看作是幻象，慢慢地便进入到虚无空寂中去了，他们与世间再没有什么联系，因此不能治理天下。"

十一

【原文】

或问异端。

先生曰："与愚夫愚妇同的，是谓同德；与愚夫愚妇异的，是谓异端。"

【译文】

有人问异端。

先生说：“与愚夫愚妇相同的，便叫同德；与愚夫愚妇不同的，就称之为异端。”

十二

【原文】

先生曰：“孟子不动心与告子不动心，所异只在毫厘间。告子只在不动心上着功，孟子便直从此心原不动处分晓。心之本体，原是不动的。只为所行有不合义，便动了。孟子不论心之动与不动，只是‘集义’。所行无不是义，此心自然无可动处。若告子只要此心不动，便是把捉此心，将他生生不息之根反阻挠了，此非徒无益，而又害之。孟子‘集义’工夫，自是养得充满，并无馁歉，自是纵横自在，活泼泼地。此便是浩然之气。”

又曰："告子病源，从性无善无不善上见来。性无善无不善，虽如此说，亦无大差。但告子执定看了，便有个无善无不善的性在内。有善有恶，又在物感上看，便有个物在外。却做两边看了，便会差。无善无不善，性原是如此。悟得及时，只此一句便尽了，更无有内外之间。告子见一个性在内，见一个物在外，便见他于性有未透彻处。"

【译文】

先生说："孟子的不动心与告子的不动心，差别只在毫厘之间。告子是在不动心上用功夫，而孟子却直接从自己的心原本不动的地方去用功。心的本体，原来就是不动的。只是因为行为有不合义理的地方，便动了。孟子不去管心动或者不动，只是'集义'。如果自己的行为无一不合乎道义，自己的心自然没有可动之处。如果像告子那样，只要求自己的心不动，就是紧扣住了自己的心，也反倒会把它生生不息的根源阻挠了，这不仅仅是徒然无用了，而且又对它有所损害。孟子‘集义’的功夫，自然可以将心修养得充沛，没有缺欠，让它自然能够纵横自在，活泼泼的。这就是所谓的‘浩然之气’。”

先生又说：“告子的病根，在于他认为性无善无不善。性无善无不善，虽然这种观点也没有大的差错，但告子偏执地把他看成呆板的了，就会有个无善无不善的性夹在其间。有善有恶，又是从外物的感受上来看，就有个物在心外了，这样就是分成两边看了，就会有差错出现。无善无不善，性本就是如此。等领悟到了这里，这一句便能说尽了，再不会有内外之分。告子看到了一个性在心里，又看到了一个物在心外，可见他对性，还有了解不诱彻的地方。”

十三

【原文】

朱本思[1]问："人有虚灵，方有良知。若草木瓦石之类，亦有良知否？"

先生曰："人的良知，就是草木瓦石的良知。若草木瓦石无人的良知，不可以为草木瓦石矣。岂惟草木瓦石为然？天地无人的良知，亦不可为天地矣。盖天地万物与人原是一体，其发窍之最精处，是人心一点灵明，风雨露雷，日月星辰，禽兽草木，山川土石，与人原是一体，故五谷禽兽之类皆可以养人，药石之类皆可以疗疾。只为同此一气，故能相通耳。"

·注 释

①朱本思：朱得之，字本思，号近斋，靖江（今属江苏）人，曾入仕，学主道家。

【译文】

朱本思问："人有虚空的灵魂，才有良知。但是像草木瓦石等等，是不是也会有良知呢？"

先生说："人的良知，就是草木瓦石的良知。如果草木瓦石没有人的良知，就不是草木瓦石了。岂止是草木瓦石是这样，天地如果没有人的良知，也不会是天地了。天地万物和人原本就是一体的。它最精妙的发窍的地方，就是人心的一点灵明。风雨露雷、日月星辰、禽兽草木、山川土石，和人原来都是一体的，因此五谷禽兽可以供养人类，而药物石针，则可以治疗疾病。只因为他们同属一气，所以能够相通。"

十四

【原文】

先生游南镇，一友指岩中花树问曰："天下无心外之物。如此花树，在深山中自开自落，于我心亦

何相关?”

先生曰:“你未看此花时，此花与汝心同归于寂。你来看此花时，则此花颜色一时明白起来。便知此花不在你的心外。”

【译文】

先生游览南镇的时候，一个朋友指着岩石里的花树问先生:“天下没有心外之物，那么，就像这棵花树，它在深山中自己盛开自己凋零，跟我们的心又有什么关系呢?”

先生说:“你没有看到这颗花树的时候，它是与你的心一同归于寂静的。而你来看这颗花的时候，这花的颜色一下子就明白起来了。由此可知，这花树并非存在在你的心外。”

十五

【原文】

问:“大人与物同体，如何《大学》又说个厚薄[1]?”

先生曰:“惟是道理自有厚薄。比如身是一体，把手足捍头目，岂是偏要薄手足?其道理合如此。禽兽与草木同是爱的，把草木去养禽兽，又忍得?人与禽兽同是爱的，宰禽兽以养亲，与供祭祀，燕[2]宾客，心又忍得?至亲与路人同是爱的，如箪食豆羹，得则生，不得则死，不能两全，宁救至亲，不救路人，心又忍得?这是道理合该如此。及至吾身与至亲，更不得分别彼此厚薄。盖以仁民爱物皆从此出，此处可忍，更无所不忍矣。《大学》所谓厚薄，是良知上自然的条理，不可逾越，此便谓之义;顺这个条理，便谓之礼;知此条理，便谓之智;终始是这个条理，便谓之信。”

·注 释

①厚薄：语出《大学》："其所厚者薄，而其所薄者厚，未之有也。"

②燕：同"宴"。

【译文】

有人问道："您认为人与物同为一体，那为何《大学》又说'所厚者薄，所薄者厚'呢？"

先生说："只因为道理本身就分厚薄，比如人的身体，它是一体的，用手脚去保护头和眼睛，难道是非要薄待手脚？理当如此而已。同样喜爱动物与草木，拿草木去饲养禽兽，于心何忍？同样热爱的人与禽兽，却宰杀了禽兽去供养父母、祭祀和招待宾客，又怎么忍心呢？至亲的人与路人也同样对他们充满仁爱，但是如果只有一箪食一豆羹，吃了便能活命，不吃便会死，无保全两个人，就会救至亲的人而不是过路的人，这又怎么可能忍心？道理本该如此而已。说到我们自身和至亲的人，更不能分清楚彼此厚薄，大概‘仁民爱物’都出自于心，从心里生发出来。这里都能忍心，就没有什么不能忍的了。《大学》里说的厚薄，是良知上自然而有顺序的，不能够逾越，这就称为‘义’；而顺应了这个条理，就叫做‘礼’；懂得这个顺序，就叫做‘智’；始终保持这个顺序，便就叫做‘信’。”

十六

【原文】

又曰：“目无体，以万物之色为体；耳无体，以万物之声为体；鼻无体，以万物之臭为体；口无体，以万物之味为体；心无体，以天地万物感应之是非为体。”

【译文】

先生又说：“眼睛没有本体，它以万物的颜色作为本体；耳朵也没有本体，它以万物的声音作为本体；鼻子也没有本体，它以万物的气味作为本体；嘴巴也没有本体，它以万物的味道作为本体；心也没有本体，它以天地万物感应到的是非作为本体。”

十七

【原文】

问“夭寿不贰”。

先生曰：“学问功夫，于一切声利嗜好，俱能脱落殆尽，尚有一种生死念头毫发挂带，便于全体有未融释处。人于生死念头，本从生身命根上带来，故不易去。若于此处见得破、透得过，此心全体方是流行无碍，方是尽性至命之学。”

【译文】

有人向先生请教“夭寿不贰”。

先生说：“做学问的功夫，能够一切声色、利益、嗜好，都能摆脱干净。但是只要还有一丝一毫在意生死的念头牵累着，便会有和本体不能结合在一起的地方。人有在意生死的念头，是生命本身带来的，所以不容易去掉。如果在这里都能看破、想透彻，心的全部本体才能自由没有阻碍，这才是尽性至命的学问。”

十八

【原文】

一友问：“欲于静坐时，将好名、好色、好货等根逐一搜寻，扫除廓清，恐是剜肉做疮否？”

先生正色曰：“这是我医人的方子，真地去得人病根。更有大本事人，过了十数年，亦还用得着。你如不用，且放起，不要作坏我的方子。”

是友愧谢。

少间曰：“此量非你事，必吾门稍知意思者为此说以误汝。”

在坐者皆悚然。

【译文】

一个朋友问先生："想在静坐的时候，把好名、好色、好财的病根一一搜寻出来，清除干净，只怕也是剜肉补疮吧？"

先生严肃地说："这是我医人的方子，真的可以清除病根的，还是有大作用的。即使过了十几年了，也还能产生效用。如果你不用，就暂且把它存起来，别随便糟蹋了我的方子。"

于是朋友满怀愧疚地道了歉。

过了一会儿，先生又说："想来也不能怪你，一定是我的门人里那些略微懂一些意思的人告诉你的，反倒耽误了你的理解。"

于是，在座的人都觉得汗颜。

十九

【原文】

一友问功夫不切。

先生曰："学问功夫，我已曾一句道尽，如何今日转说转远，都不着根？"

对曰："致良知盖闻教矣，然亦须讲明。"

先生曰："既知致良知，又何可讲明？良知本是明白，实落用功便是。不肯用功，只在语言上转说转糊涂。"

曰："正求讲明致之之功。"

先生曰："此亦须你自家求，我亦无别法可道。昔有禅师，人来问法，只把麈尾[1]提起。一日，其徒将其麈尾藏过，试他如何设法。禅师寻麈尾不见，又只空手提起。我这个良知就是设法的麈尾，舍了这个，又何可提得？"

少间，又一友请问功夫切要。

先生旁顾曰："我麈尾安在？"

一时在坐者皆跃然。

·注 释

①麈尾：拂尘。古人用麈等鹿科动物的尾毛制作拂尘。

【译文】

一个朋友向先生请教功夫不真切该怎么办。

先生说："做学问的功夫，我已经用一句话包括尽了。现在怎么越说越远，全都不着根基了呢？"

朋友说："您的致良知的学说，我们大概都已经听明白了，然而也还需要您再讲明一些。"

先生说："既然你已经知道了致良知，又还有什么可以再说明的呢？良知本来就是清楚明白的，只需切实用功就行了。如果不愿切实地用功，只会在语言上越说越糊涂。"

朋友说："正是要麻烦您把如何去做致良知的

功夫。”

先生说：“这也需要你自己去探寻，因为我也没有别的才能办法能够告诉你的。从前有一个禅师，当别人前来问法，他只会把麈尾提起来。有一天，他的学生把他的麈尾藏了，想试试他没有麈尾怎么办。禅师找不到麈尾了，便只空着手把手抬起来。我的这个良知，就是用来解释问题的麈尾，没有这个，我有什么能提起来的呢？”

不一会儿，又有一个朋友来请教功夫的要点。

先生四顾旁边的学生们说：“我的麈尾在哪儿？”

于是，在座的人都哄然而笑。

二十

【原文】

或问“至诚前知”①。

先生曰：“诚是实理，只是一个良知，实理之妙

用流行就是神，其萌动处就是幾，诚、神、幾，曰圣人。圣人不贵前知。祸福之来，虽圣人有所不免。圣人只是知幾，遇变而通耳。良知无前后，只知得见在的幾，便是一了百了。若有个前知的心，就是私心，就有趋避利害的意。邵子②必于前知，终是利害心未尽处。”

·注释

①至诚前知：语出《中庸》：“至诚之道，可以前知。国家将兴，必有祯祥；国家将亡，必有妖孽；见乎蓍龟，动乎四体。祸福将至，善，必先知之；不善，必先知之。故至诚如神。”

②邵子：邵雍（1011~1077），字尧夫，谥康节。北宋哲学家。幼随父迁共城（今河南辉县），隐居苏门山，屡授官不赴，后居洛阳，与司马光过从甚密，著有《皇极经世》等。

【译文】

有人就《中庸》里的“至诚之道可以前知”一句请教先生。

先生说：“诚，就是实理，也只是良知。实理的奇妙作用就是神；而实理萌发的地方，就是‘幾’；具备了诚、神、幾，就可以称为圣人。圣人并不重视预知未来。当祸福来临时，虽然他们是圣人，也难以避免。圣人只是明白‘幾’，遇事能够变通罢了。良知没有前后之分，只要明白现在的‘幾’，就能以一当百了。如果一定说要有‘前知’的心，那就成了私心，有趋利避害的意思。邵雍先生执着于‘前知’，恐怕还是他趋利避害的私心没有尽除的原因。”

二十一

【原文】

先生曰:“无知无不知，本体原是如此。譬如日未尝有心照物，而自无物不照，无照无不照，原是日的本体，良知本无知，今却要有知，本无不知，今却疑有不知。只是信不及耳。”

【译文】

先生说:“什么都不知道但又什么都知道，本体本来就是这样的。这就好像是太阳，它未曾有意去照耀万物，但又很自然的，没有什么东西是不被太阳照射到的。无照无不照，就是太阳的本体。良知本来什么都不知道，如今却要让它有知；本来良知是无所不知的，但现在却又怀疑它会有所不知。只是因为还不够信任良知罢了。”

二十二

【原文】

先生曰："'惟天下至圣为能聪明睿知'，旧看何等玄妙，今看来原是人人自有的。耳原是聪，目原是明，心思原是睿知。圣人只是一能之尔。能处正是良知。众人不能，只是个不致知。何等明白简易。"

【译文】

先生说："《中庸》里说'惟天下至圣为能聪明睿知'，以前看的时候觉得特别玄妙，如今再看才知道聪明睿智，原本就是每个人都具备的。耳朵原本就聪敏；眼睛原本就明亮；心思原本就睿智。圣人只是能做到一件事而已，那件能做到的事就是致良知。一般人做不到，也只是这个致良知。多么简单明了啊！"

二十三

【原文】

问："孔子所谓'远虑'①，周公'夜以继日'②，与将迎不同，何如？"

先生曰："远虑不是茫茫荡荡去思虑，只是要存这天理，天理在人心，亘古亘今，无有终始。天理即是良知，千思万虑，只是要致良知。良知愈思愈精明，若不精思，漫然随事应去，良知便粗了。若只着在事上茫茫荡荡去思，教做远虑，便不免有毁誉、得失、人欲搀入其中，就是将迎了。周公终夜以思，只是'戒慎不睹，恐惧不闻'的功夫。见得时，其气象与将迎自别。"

·注 释……………………………………………………

①远虑：语出《论语·卫灵公》："子曰：'人无远虑，必有近忧。'"

②夜以继日：语出《孟子·离娄下》："周公思兼三王，以施四事；其有不合者，仰而思之，夜以继日；幸而得之，坐以待旦。"

【译文】

有人问先生，孔子所说的"远虑"和周公说的"夜以继日"与刻意逢迎有何不同之处。

先生说："'远虑'并非指的是茫茫然地去思虑，只是要存养天理。天理在人们的心里，贯穿古今，无始无终。天理就是良知，千思万虑，只是为了致良知。良知越想就越精明，如果不精深地思考，而只是随意地去应付，良知便会变得粗浅。如果以为远虑就是在事情上不着边际地思考，就难免会有毁誉、得失、人欲等掺杂其中，就成了着意逢迎了。周公夜以继日地思考，只是'戒慎不睹，恐惧不闻'的功夫。明白了这一点，境界就自然与刻意地逢迎有区别了。"

二十四

【原文】

问："'一日克己复礼，天下归仁'①，朱子作效验说②，如何？"

先生曰："圣贤只是为己之学，重功夫不重效验。仁者以万物为体。不能一体，只是己私未忘。全得仁体，则天下皆归于吾仁，就是'八荒皆在我闼'③意。天下皆与，其仁亦在其中。如'在邦无怨，在家无怨'④，亦只是自家不怨，如'不怨天，不尤人'之意。然家邦无怨，于我亦在其中。但所重不在此。"

· 注 释

①一日克己复礼，天下归仁：语出《论语·颜渊》。

②"朱子"句：朱熹《论语集注·颜渊》："极

言其效之甚远而至大也。”

③八荒皆在我闼：宋人吕大临语，见《宋元学案》卷三十一。闼（tà），门内。

④在邦无怨，在家无怨：语出《论语·颜渊》。

【译文】

有人问：“‘一日克己复礼，天下归仁’一句，朱熹先生认为它是从效验上说的。是这样的吗？”

先生说：“圣贤只是一个克己的学问。重视自己所下的功夫而不会这么重视效验。仁者与万物同为一体。如果不能做到与万物同体，只因为自己的私欲没有完全忘记。获得了全部的仁的本体，天下便全都归入到我的仁里面了，也就是‘八荒皆在我闼’的意思。天下能做到仁，那自己的仁也就在其中了。‘在邦无怨，在家无怨’，仅仅是自己没有怨恨，就像‘不怨天，不尤人’的意思。家庭、国家都没有怨恨，自己当然也就在其中了。然而，这并不是我们该重视的地方。”

二十五

【原文】

问："孟子'巧力圣智'[1]之说，朱子云：'三子力有余而巧不足。'[2]何如？"

先生曰："三子固有力，亦有巧。巧、力实非两事，巧亦只在用力处，力而不巧，亦是徒力。三子譬如射，一能步箭，一能马箭，一能远箭。他射得到俱谓之力，中处俱可谓之巧。但步不能马，马不能远，各有所长，便是才力分限有不同处。孔子则三者皆长。然孔子之和只到得柳下惠[3]而极，清只到得伯夷而极，任只到得伊尹而极，何曾加得些子。若谓'三子力有余而巧不足'，则其力反过孔子了。巧、力只是发明圣、知之义，若识得圣，知本体是何物，便自了然。"

·注释

①巧力圣智：语出《孟子·万章下》："孟子曰：'伯夷，圣之清者也；伊尹，圣之任者也；柳下惠，圣之和者也；孔子，圣之时者也。孔子之谓集大成。集大成也者，全声而玉振之也。金声也者，始条理也；玉振之也者，终条理也。始条理者，智之事也；终条理者，圣之事也。智，譬则巧也；圣，譬则力也。由射于百步之外也，其至，不力也；其中，非不力也。'"

②"三子"句：语出朱熹《孟子集注·万章下》："三子则力有余而巧不足，是以一节虽至于圣，而智不足以及乎时中也。"三子，指伯夷、伊尹、柳下惠。

③柳下惠：即展禽，名获，字禽，春秋时鲁国大夫，食邑在柳下，以善于讲究贵族礼节著称。

【译文】

有人问："孟子主张'巧力圣智'的说法，朱熹先生说：'三子力有余而巧不足。'这样说对吗？"

先生说："伯夷、伊尹、柳下惠三个人不仅有力，而且也还有巧，巧与力实际上并非两回事。巧也只在用力的地方，有力却不巧，也只不过是徒然，白费力气。用射箭做比喻的话，他们三个人里，一个能够步行射箭，一个能够骑马射箭，一个能够远程射箭。只要他们都能射到靶子那里，便都能叫做有力；只要能正中靶心，便都能叫做巧。但是，步行射箭的不能够骑马射箭，骑马射箭的又不能远程射箭，他们三个各有所长，才力各有不同的地方。而孔子则是身兼三长，然而，孔子的'和'最多也只能达到柳下惠的水平，而'清'最多能够达到伯夷的水平，'任'也最多只能达到伊尹的水平，未曾再添加什么了。如果说'三子力有余而巧不足'，那他们的力加在一起反倒能超过孔子了。

巧、力只是为了阐明圣、智的含义。如果认识到了圣、智的本体，自然就能够明了了。”

二十六

【原文】

先生曰：“‘先天而天弗违’[1]，天即良知也。‘后天而奉天时’[2]，良知即天也。”

“良知只是个是非之心，是非只是个好恶。只好恶就尽了是非，只是非就尽了万事万变。”

又曰：“是非两字是个大规矩，巧处则存乎其人。”

“圣人之知如青天之日，贤人如浮云天日，愚人如阴霾天日。虽有昏明不同，其能辨黑白则一，虽昏黑夜里，亦影影见得黑白，就是日之余光未尽处。困学功夫，亦是从这点明处精察去耳。”

·注 释

①“先天”句：语出《周易·乾卦·文言》：“夫大人者，与天地合其德，与日月合其明，与四时合其序，与鬼神合其吉凶，先天而天弗违，后天而奉天时。”

②“后天”句：同上。

【译文】

先生说：“‘先天而天弗违’，天就是良知；‘后天而奉天时’，良知就是天。”

“良知仅是辨别是非的心，而是非仅是个好恶。明白了好恶，也就是穷尽了是非；而明白了是非，也就穷尽了万事万物的变化。”

又说：“‘是非’两个字是大规矩，而灵巧的地方就在乎于个人了。”

“圣人的良知，就像青天里的白日；而贤人的良知就像有浮云的天空里的太阳；愚人的良知则像阴霾天气里的太阳。虽然他们的明亮度不尽相同，但他们都是一样能够分辨黑白的，即使在昏暗的夜里，也能够影影绰绰地辨别出黑白来，因为太阳的余光仍旧没有完全消失。在困境中学习的功夫，也只是从这一点光明的地方去精细鉴察罢了。”

二十七

【原文】

问：“知譬日，欲譬云。云虽能蔽日，亦是天之一气合有的，欲亦莫非人心合有否？”

先生曰：“喜、怒、哀、惧、爱、恶、欲，谓之七情，七情俱是人心合有的。但要认得良知明白。比如日光，亦不可指着方所。一隙通明，皆是日光所在。虽云雾四塞，太虚中色象可辨，亦是日光不灭处。不可以云能蔽日，教天不要生云。七情顺其自然之流行，皆是良知之用，不可分别善恶，但不可有所着。七情有着，俱谓之欲，俱为良知之蔽。

然才有着时，良知亦自会觉。觉即蔽去，复其体矣。此处能勘得破，方是简易透彻功夫。”

【译文】

有人问先生：“良知就像太阳，而人的私欲就像是浮云。浮云虽然能够遮蔽太阳，然而也是气候里本就具有的。莫非人的私欲也是人心本就具有的吗？”

先生说：“喜、怒、哀、惧、爱、恶、欲，就是所谓的‘七情’。这七种感情都是人心本来就具有的，但我们需要把良知体认清楚。就比如是太阳光，也不能指定一个方向照射。只要有一丝空隙，都会是太阳光的所在之处，即使布满了乌云，只要天地间还能依稀辨别形色，也是阳光不会磨灭的表现。不能因为浮云遮蔽了太阳，就强求天空不再产生浮云。上面所说的七种情感顺其自然地运行，都是良知在发生作用，不能认为它们有善、恶的区别，更不能对它们不能太执着。如果执着于这七情，就成了‘欲’，都是良知的阻碍。然而刚开始执着的时候，良知自然能够发觉出来，发觉后便会马上清除这一阻碍，恢复它的本体。如果在这一点上能够看透，才是简易透彻的功夫。”

二十八

【原文】

问：“圣人生知安行是自然的，如何？有甚功夫？”

先生曰：“知行二字，即是功夫，但有浅深难易之殊耳。良知原是精精明明的。如欲孝亲，生知安行的，只是依此良知实落尽孝而已；学知利行的，只是时时省觉，务要依此良知尽孝而已；至于困知勉行者，蔽锢已深，虽要依此良知去孝，又为私欲所阻，是以不能，必须加人一己百、人十己千之功，方能依此良知以尽其孝。圣人虽是生知安行，然其心不敢自是，肯做困知勉行的功夫。困知勉行的却

要思量做生知安行的事，怎生成得？”

【译文】

有人问：“圣人生知安行是天生就有的，这话对吗？是否还需要别的什么功夫呢？”

先生说：“‘知’‘行’二字，就是功夫，只是这功夫有深浅难易的区别罢了。良知本来就是精明的，比如说孝敬父母，那些生知安行的人，只不过是依照自己的良知，切切实实地去尽孝而已；而那些学知利行的人，则需要时时反省察觉，努力地去依照良知去尽孝而已；至于那些困知勉行的人，他们受到的蒙蔽禁锢已经非常深，虽然需要依照良知去尽孝，但是又被私欲阻碍，因此不能够做到尽孝。这就需要他们用别人一百倍、一千倍的功夫，才能够做到依照良知去尽孝。圣人虽然是生知安行的，但他们在内心里也不敢肯定自己，所以愿意去做困知勉行的功夫。那些困知勉行的人，却时刻想着去做生知安行的事，这怎么可能成功呢？”

二十九

【原文】

问："乐是心之本体，不知遇大故，于哀哭时，此乐还在否？"

先生曰："须是大哭一番了方乐，不哭便不乐矣。虽哭，此心安处即是乐也。本体未尝有动。"

问："良知一而已。文王作彖[1]，周公系爻[2]，孔子赞《易》[3]，何以各自看理不同？"

先生曰："圣人何能拘得死格？大要出于良知同，便各为说何害？且如一园竹，只要同此枝节，便是大同。若拘定枝枝节节，都要高下大小一样，便非造化妙手矣。汝辈只要去培养良知。良知同，更不妨有异处。汝辈若不肯用功，连笋也不曾抽得，何处去论枝节？"

·注 释

①彖（tuàn）:《易传》中说明各卦基本观念的篇名。分《上彖》《下彖》两篇。

②爻（yáo）：指爻辞。说明《周易》六十四卦中各爻要义的文辞。每卦六爻，每爻有爻题和爻辞。爻题都是两个字：一个字表示爻的性质，阳爻用“九”，阴爻用“六”；另一个字表示爻的次序，自下而上，为初、二、三、四、五上。如乾卦初爻：“初九，潜龙勿用。”“初九”是爻题，“潜龙勿用”是爻辞。

③《易》：指《易传》。是对《易经》所作的各种解释。包括《彖》上下,《象》上下,《系辞》上下、《文言》《序卦》《说卦》《杂卦》十篇，亦称《十翼》。相传孔子作。据近人研究，大抵系战国或秦汉之际的作品。

【译文】

有人问先生道:“快乐才是心的本体,但是遭遇到了大的变故的时候,痛心哭泣,不知道这时本体的快乐是不是还存在?”

先生说:“必须是痛哭一番之后才会感觉快乐,如果没有哭,也就不会觉得快乐了。虽然是在哭,自己的内心却得到了安慰,这也是快乐啊。快乐的本体未曾有什么变化的。”

又问:“良知唯有一个而已。但是文王作象辞,周公作爻辞,孔子写《十翼》,为何他们看到的理都分别有所不同呢?”

先生说:“圣人岂会拘泥于死旧的模式呢?只要都同样是出自于良知,即便他们各自立说又何妨呢?就以一园翠竹打比,只要枝节相差不大,就是大同。如果一定要拘泥于每一根的枝节都一模一样,那就并非是自然的神妙造化了。你们这些人只要去培养良知。良知相同,就不妨各自间有些差异存在了。你们这些人如果不愿意用功，就连竹笋都还没有生长出来，到哪里去谈论枝节呢？”

三十

【原文】

乡人有父子讼狱，请诉于先生。侍者欲阻之，先生听之，言不终辞，其父子相抱恸哭而去。

柴鸣治入问曰：“先生何言，致伊感悔之速？”

先生曰：“我言舜是世间大不孝的子，瞽瞍是世间大慈的父。”

鸣治愕然请问。

先生曰：“舜常自以为大不孝，所以能孝；瞽瞍常自以为大慈，所以不能慈。瞽瞍只记得舜是我提孩长的，今何不曾豫悦我？不知自心已为后妻所移了，尚谓自家能慈，所以愈不能慈。舜只思父提孩我时如何爱我，今日不爱，只是我不能尽孝。日思所以不能尽孝处，所以愈能孝。及至瞽瞍底豫时，

又不过复得此心原慈的本体。所以后世称舜是个古今大孝的子，瞽瞍亦做成个慈父。”

【译文】

乡下有两父子要打官司，请先生裁决。侍从们想要阻止他们，先生听说了之后，开导的话还没有说完呢，父子两个就已经就抱头恸哭，然后相拥着离开了。

柴鸣治便进来问道：“先生的什么话让他们这么快速地感动悔悟了？”

先生说：“我跟他们说舜是世界上大不孝的儿子，而瞽瞍则是世上最慈爱的父亲。”

鸣治惊讶地问先生为什么。

先生说：“舜常常觉得自己大不孝，所以他才能尽孝；而瞽瞍常常自以为自己是很慈爱，所以他不能做到慈爱。瞽瞍只记得舜是自己从小抚养长大的，可是为什么他现在就不曾取悦过自己呢？他不明白自己的心已经被后妻改变了，仍然觉得自己是慈爱的，因此就越发不能做到对舜慈爱。而舜则只想着从小开始，父亲照顾自己的时候是如何如何地疼爱自己，可是现在却不疼爱了，恐怕是因为自己没有尽孝，所以每天都在想自己没有做到尽孝的地方，所以他就越发能尽孝了。等到瞽瞍高兴的时候，也不过是恢复了心里慈爱的本体。所以，后人都把舜当成是古今的大孝子，而认为瞽瞍则是个慈爱的父亲。”

三十一

【原文】

先生曰：“孔子有鄙夫来问，未尝先有知识以应之。其心只空空而已①。但叩他自知的是非两端，与之一剖决，鄙夫之心便已了然。鄙夫自知的是非，便是他本来天则。虽圣人聪明，如何可与增减得一毫？他只不能自信。夫子与之一剖决，便已竭尽无余了。若夫子与鄙夫言时，留得些子知识在，便是

不能竭他的良知，道体即有二了。”

·注 释

①“孔子”之句：语出《论语·子罕》：“子曰：‘吾有知乎哉？无知也。有鄙夫问于我，空空如也。我叩其两端而竭焉。’”

【译文】

先生说：“有农夫前来找先生请教，孔子也不会事先准备好了知识来回答他。孔子的内心也是空无一物的。但是他可以帮助农夫分析他心里明白的是非，替他作出一个决策，这样农夫的心便比较开朗了。农夫知道自己的是非，便是他原本就有的天然准则。虽然圣人聪明，但对这种准则也无法有丝毫的增减。只是他们不够自信，所以孔子给他们进行了剖析之后，他们心里的是非曲直就会显现无余了。如果孔子和他们说话时，还保留有一些知识在他们心里，就不能够尽显他们的良知了，而道体也就分为两处了。”

三十二

【原文】

先生曰：“‘烝烝乂，不格奸’①，本注说象已进于义，不至大为奸恶②。舜征庸后，象犹日以杀舜为事，何大奸恶如之！舜只是自进于义，以乂薰烝，不去正他奸恶。凡文过掩慝，此是恶人常态；若要指摘他是非，反去激他恶性。舜初时致得象要杀己，亦是要象好的心太急，此就是舜之过处。经过来，乃知功夫只在自己，不去责人，所以致得‘克谐’；此是舜动心忍性、增益不能处。古人言语，俱是自家经历过来，所以说得亲切，遗之后世，曲当人情。若非自家经过，如何得他许多苦心处。”

·注 释……………………………………………

①烝烝乂，不格奸：语出《尚书·尧典》：“瞽

子，父顽、母嚚、象傲，克谐以孝，烝烝乂，不格奸。瞽子，指舜。象，舜之弟。烝，进。乂（yì），治理，安定。格，至。

②“本注”二句：汉代孔安国传注说“谐，和。烝，进也。言能以至孝和谐顽象昏傲，使进进以善自治，不至于奸恶。”

【译文】

先生说：“《尚书》中的‘烝烝乂，不格奸’，孔安国的本注认为，象已经慢慢上进到了道义的境界，而不至于去做大奸大恶的事。舜被尧征召之后，象仍然整天想要把舜杀死，这是何等奸邪的事？而舜则只是学习自己修养、自我克治，不直接去纠正他的奸恶，而是用自己的克制来感化他。文过饰非，用以掩盖自己的奸恶，这是恶人们的常态；如果去指责他的是非，反倒会激发他的恶性。舜最初让象起念杀害自己，也是因为想让象变好的心意太过急切，这就是舜的过错。等事情过了之后，才明白原来功夫只在自己，不能责备别人，因此最后能有‘克谐’的结局。这就是舜‘动心忍性，增益不能’的地方。古人的言论，都是自己经历过的，所以说得特别确切。而流传到了后代，歪曲变通，仍然合乎人情。如果不是自己曾经经历过，又怎能体会到古人的苦心呢？”

三十三

【原文】

先生曰：“古乐不作久矣。今之戏子，尚与古乐意思相近。”

未达，请问。先生曰：“‘韶’之九成[1]，便是舜的一本戏子；‘武’之九变，便是武王的一本戏子。圣人一生实事，俱播在乐中，所以有德者闻之，便知他尽善尽美与尽美未尽善处。若后世作乐，只是做些词调，于民俗风化绝无关涉，何以化民善俗！今要民俗反朴还淳，取今之戏子，将妖淫词调俱去了，只取忠臣、孝子故事，使愚俗百姓人人易晓，无意中感激他良知起来，却于风化有益；然后古乐渐次可复矣。”

曰：“洪要求元声[②]不可得，恐于古乐亦难复。”

先生曰：“你说元声在何处求？”

对曰：“古人制管候气，恐是求元声之法。”

先生曰：“若要去葭灰黍粒中求元声，却如水底捞月，如何可得？元声只在你心上求。”

曰：“心如何求？”

先生曰：“古人为治，先养得人心和平，然后作乐。比如在此歌诗，你的心气和平，听者自然悦怿兴起，只此便是元声之始。《书》云‘诗言志’，志便是乐的本。‘歌永言’，歌便是作乐的本。‘声依永，律和声’，律只要和声，和声便是制律的本。何尝求之于外？”

曰：“古人制候气法，是意何取？”

先生曰：“古人具中和之体以作乐，我的中和原与天地之气相应，候天地之气，协凤凰之音，不过

去验我的气果和否。此是成律已后事，非必待此以成律也。今要候灰管，必须定至日。然至日子时恐又不准，又何处取得准来？”

·注 释……………………………………………………

①九成：九乐章。下文“九变”即九成。“韶”为舜的乐，“武”为武王的乐。

②元声：古代律制，以黄钟管发出的音为十二律所依据的基准音。故称元声。

【译文】

先生说：“古乐不流行已经很久了。现在戏曲倒有些与古乐能意思相近。”

德洪不懂，便向先生请教。先生说：“《韶》乐里的九章，都是舜的一个戏本；而《武》乐的九变，是武王的一个戏本。圣人一辈子的事迹，都被记录在戏曲当中了。所以，德行高尚的人听了，就明白他是尽善尽美的还是尽美而未尽善的。后代人写作乐曲，只作一些陈词滥调，跟教化民风全然没有关系，这怎么能用来感化百姓呢，怎么能让风俗淳善呢？现在要让民俗返璞归真，把当今的剧本里的妖淫词调都去删除掉，只利用起当中忠臣孝子的故事，让愚昧无知的百姓们都懂得其中的道理。在不知不觉中感化他们的良知，这样对风化才会有好处。同时，古乐也就逐渐恢复本来面貌了。”

德洪又说：“我连找基准音都找不到，只怕古代的音乐也很难得以复兴吧。”

先生问：“你觉得基准音应该到哪里去寻找？”

德洪回答说：“古人制测管来测量气候的变化，这应该是寻找元声的办法。”

先生说：“假若要从葭灰黍粒中寻找元声，好比就是水底捞月，这怎么能成功呢？元声只能去内心寻找。”

德洪问：“在心上如何寻找呢？”

先生说：“古人大治天下，首先需要培养人们心平气和，然后才是作礼乐教化。就像你领诵诗歌的时候，心里很平和，听的人才会自然愉快，激发起兴趣。这里只是元声的开始罢了。《尚书》说‘诗言志’，‘志’就是音乐的根本；‘歌永言’，‘歌’便是作乐的根本；‘声依永，律和声’，律只要求声音和谐，声音和谐就是制作音律的根本。又何苦要到心外去寻求呢？”

德洪又问问：“那么，古人用律管测量气候的方法，根据又在哪里呢？”

先生说：“古人具备了中和的本体之后，才去作乐。而心体的中和，原本就是与天地间的气相相符合的。候天地之气，与凤凰的鸣叫相谐，不过是为了验证我的气是不是真的中和，这是制定了音律之后的事情了，不一定要依据这个才能制定音律。如今通过律管来候气，必须确定在冬至这天，但是，当到了冬至子时，只恐又不准确，又到哪里去找标准呢？”

三十四

【原文】

先生曰："学问也要点化，但不如自家解化者，自一了百当。不然，亦点化许多不得。"

【译文】

先生说："学问也需要别人的点化，但总不像自己理解觉悟的那样一了百当，否则的话，即使别人点化再多，也没有作用。"

三十五

【原文】

"孔子气魄极大，凡帝王事业，无不一一理会，也只从那心上来。譬如大树有多少枝叶，也只是根本上用得培养功夫，故自然能如此，非是从枝叶上

用功做得根本也。学者学孔子，不在心上用功，汲汲然去学那气魄，却倒做了。”

【译文】

“孔子的气魄很大，凡是帝王的伟业，他无一不会领悟到，但也都只是从他自己的心上生发来的。就像大树，它有许多的枝叶，但也都只是从根本上培养功夫，所以能长成这样，而不是从枝叶上做的功夫。学者们向孔子学习，却不学着在心上用功，只是心急火燎地去学习他的大气魄，这是把功夫做反了嘛。”

三十六

【原文】

“人有过，多于过上用功，就是补甑[1]，其流必归于文过。”

·注 释

①甑（zēng）：古代炊具。

【译文】

“人犯了过错，大多会在那个过错上用功。这就像是补破了的饭甑，必然会有文过饰非的弊病。”

三十七

【原文】

“今人于吃饭时，虽无一事在前，其心常役役不宁，只缘此心忙惯了，所以收摄不住。”

【译文】

“现在的人即使在吃饭的时候，没有其他事情摆在眼前，他们的心仍然忧虑不止，只因为自己的心忙碌惯了，所以收都收不住。”

三十八

【原文】

“琴瑟简编，学者不可无，盖有业以居之，心就不放。”

【译文】

“琴瑟与书籍，这两者学者们缺一不可，因为有了事情做，心就不得放纵了。”

三十九

【原文】

先生叹曰：“世间知学的人，只有这些病痛打不破，就不是善与人同。”

崇一曰：“这病痛只是个好高不能忘己尔。”

【译文】

先生感叹说："世间懂得学问的人，就只有一个毛病，那就是做不到'善与人同'。"

崇一说："这个毛病实际上只是个好高骛远，不能舍己从人罢了。"

四十

【原文】

问："良知原是中和的，如何却有过、不及？"

先生曰："知得过、不及处，就是中和。"

【译文】

问："良知原本是中和的，却怎么会有过和不及的现象呢？"

先生说："知道了过和不及的地方，就是中和了。"

四十一

【原文】

"'所恶于上'是良知，'毋以使下'即是致知。"①

·注　释

①所恶于上，毋以使下：语出《大学》。意为上级的无礼让我讨厌，将心比心，我对下级不要无礼。

【译文】

先生说："《大学》里说的'所恶于上'，就是良知；'毋以使下'，就是致知。"

四十二

【原文】

先生曰："苏秦、张仪之智，也是圣人之资。后世事业文章，许多豪杰名家，只是学得仪、秦故智。仪、秦学术善揣摸人情，无一些不中人肯綮[1]，故其说不能穷。仪、秦亦是窥见得良知妙用处，但用之于不善尔。"

·注 释

①肯綮（qìng）：筋骨结合的地方，比喻要害处。

【译文】

先生说："苏秦、张仪的智谋，也是圣人的资质。后代的许多事业文章和豪杰名家，都只学到了张仪、苏秦的旧智慧。而苏秦、张仪的学术里，善于揣测人情，没有哪点不是说中了别人的要害，所以说他们的学问真是难以穷尽。张仪、苏秦也能看到良知的妙用处，只是没有把它们用在善上面。”

四十三

【原文】

或问“未发”“已发”。

先生曰：“只缘后儒将未发已发分说了。只得劈头说个无‘未发’‘已发’，使人自思得之。若说有个‘已发’‘未发’，听者依旧落在后儒见解。若真见得无未发已发，说个有未发已发，原不妨。原有个未发已发在。”

问曰：“‘未发’未尝不和。‘已发’未尝不中。譬如钟声，未扣不付谓无，即扣不付谓有。毕竟有个扣与不扣，何如？”

先生曰：“未扣时原是惊天动地。即扣时也只是寂天默地。”

【译文】

有人请教“未发”和“已发”的问题。

先生说：“只因为后世儒生们已经把‘未发’和‘已发’分开来说了，所以，我只能说个没有未发、已发，让人们自己思考明白。因为如果我说有已发、未发，听的人就还是会沦落到后世儒生们的见解当中去。如果真地明白了根本没有什么未发、已发，再说有未发、已发，那也无妨。因为原本就是有未发和已发存在的。”

又问：“未发，未尝不平和；已发，也未尝不中正。好比敲钟的声音，没有敲击的时候不能说它就不存在，而敲击了之后也不能说就有了。毕竟还是有个敲和没敲的区别。是这样的吗？”

先生说：“没有敲的时候原来也是惊天动地的，敲打了之后，也同样是寂静的天地。”

四十四

【原文】

问："古人论性，各有异同，何者乃为定论？"

先生曰："性无定体，论亦无定体，有自本体上说者，有自发用上说者，有自源头上说者，有自流弊处说者。总而言之，只是一个性，但所见有浅深尔。若执定一边，便不是了。性之本体，原是无善、无恶的，发用上也原是可以为善、可以为不善的，其流弊也原是一定善、一定恶的。譬如眼，有喜时的眼，有怒时的眼，直视就是看的眼，微视就是觑的眼。总而言之，只是这个眼。若见得怒时眼，就说未尝有喜的眼，见得看时眼，就说未尝有觑的眼，皆是执定，就知是错。孟子说性，直从源头上说来，亦是说个大概如此。荀子性恶之说[①]，是从流弊上来，也未可尽说他不是。只是见得未精耳。众人则失了心之本体。"

问："孟子从源头上说性，要人用功在源头上明彻。荀子从流弊说性，功夫只在末流上救正，便费力了。"

先生曰："然。"

·注 释

①荀子性恶之说：荀子主张性恶论，与孟子性善论相对立。《荀子·性恶》："人之性恶，其善者伪也。"

【译文】

有人问先生："古人谈论人性时，各有不同的说法，应该把哪种当成定论呢？"

先生说："人性没有固定的体，因此关于它的论述也没有定论。有从它的本体上谈论的，有从它的作用上说的，有从它的源头上谈论的，有从它的流弊上说的。总而言之，人性唯有一个，只是人们对它的见识有浅有深罢了。如果你执着在哪一个方面，就会出错。人性的本体，原来就是无善无恶的。而它的运用与流弊，也是有善有恶的。就好比眼睛，有喜悦时的眼睛；有发怒时的眼睛；直视的时候，就是在看的眼睛；偷看时，就是窥视的眼睛，等等。总而言之，还只是这一双眼睛。如果人们看见了发怒时的眼睛，就说从没有过喜悦的眼睛；看到直视时的眼睛，就说没有看到过偷窥的眼睛。这都是执着的表现，是错误的。孟子说人性，是直接从源头上来说的，也只是说了个大概；荀子'性恶'之说，则是从它的流弊上说的，也不能完全说他不对，只是不够精全罢了。但是普通人却失去了心的本体。"

问的人说道："孟子从源头上说性，要求人们在源头要弄明白；而荀子则是从流弊上说性，功夫都用在末流上，以求费力补救。"

先生说："是这样的。"

四十五

【原文】

先生曰：“用功到精处，愈著不得言语，说理愈难。若著意在精微上，全体功夫反蔽泥了。”

“杨慈湖[1]不为无见，又著在无声无臭上见了。”

·注 释

①杨慈湖：杨简（1140~1226），字敬仲，号慈湖，浙江慈溪人。陆九渊弟子，南宋哲学家，官至宝漠阁学士。

【译文】

先生说：“功夫越是到了精妙的地方，越不能用语言表达，说理就越困难。如果执意于在精妙的地方，全体的功夫反倒会被拘泥了。”

又说：“杨慈湖并非没有自己的见解，只是他又执意于无声无臭上罢了。”

四十六

【原文】

“人一日间，古今世界都经过一番，只是人不见耳。夜气清明时，无视无听，无思无作，淡然平怀，就是羲皇世界。平旦时，神清气朗，雍雍穆穆，就是尧、舜世界；日中以前，礼岩交会，气象秩然，就是三代世界。日中以后，神气渐昏，往来杂扰，就是春秋、战国世界；渐渐昏夜，万物寝息，景象寂寥，就是人消物尽世界。学者信得良知过，不为气所乱，便常做个羲皇已上人。”

【译文】

“人在一天当中，就把古今的世界都经历了一遍，只是人们没有察觉。当夜气清明的时候，没有视觉和听觉，也没有思虑与行动、心怀平定淡然，这就是羲皇的世界；而清晨的时候，神清气朗，气息明朗，庄严肃穆，就是尧、舜时代的样子；到了中午之前，人们用礼仪交往，气度井然，就是夏、商、周三代时的状况；而到了正午之后，神气渐昏，人事往来繁乱，那就是春秋战国时的世界。待到渐渐进入了昏夜，万物都安息，景象寂寥，就是人消物灭的世界了。学者只要信得过良知，不被气扰乱，就能时时都做个羲皇时代的人。”

四十七

【原文】

薛尚谦、邹谦之、马子莘、王汝止侍坐，因叹先生自征宁藩已来，天下谤议益众，请各言其故。有言先生功业势位日隆，天下忌之者日众；有言先生之学日明，故为宋儒争是非者亦日博；有言先生自南都以后，同志信从者日众，而四方排阻者日益力。

先生曰：“诸君之言，信皆有之。但吾一段自知处，诸君俱未道及耳。”

诸友请问。

先生曰：“我在南都以前，尚有些子乡愿的意思在。我今信得这良知真是真非。信手行去。更不着些覆藏。我方才做得个狂者的胸次。使天下之人都说我行不掩言也罢。”

尚谦出曰：“信得此过，方是圣人的真血脉。”

【译文】

薛侃、邹守益、马子莘、王汝止在先生身边侍坐，众人慨叹先生自打征伐平定藩王以后，天下的诋毁和非议也与日俱增，于是先生让他们各自谈一下当中的缘故。有的说，先生的功业权势日益显赫，因此天下人嫉妒的一天天变多了；也有的说先生的学说日益昌明于天下，所以替宋儒争是非对错的人也就日益变多了；有的说自打正德九年（1514）以后，志同道合的人当中相信先生学说的人越来越多，所以四方来的排阻的人也更加卖力了。

先生说："你们各位所说的原因，当然也很有可能是这样的，但我自己知道的一个方面，大家还没有提到。"

各位都向先生询问。

先生说："我在来南京以前，尚有一些当老好人的想法。但是现在，我确切地明白了良知的是非，只管去行动，再不用有什么隐藏。现在我才真正终于有了敢作敢为的胸襟。即便天下人全都说我言行不符，那也毫无关系了。"

薛侃站出来说："有这样的信念，才是圣人真正的血脉！"

四十八

【原文】

先生锻炼人处，一言之下，感人最深。

一日，王汝止出游归，先生问曰:“游何见?”对曰:“见满街人都是圣人。”先生曰:“你看满街人是圣人，满街人倒看你是圣人在。”

又一日，董萝石出游而归，见先生曰:“今日见一异事。”先生曰:“何异?”对曰:“见满街人都是圣人。”先生曰:“此亦常事耳，何足为异?”盖汝止圭角未融，萝石恍见有悟，故问同答异，皆反其言而进之。

洪与黄正之、张叔谦、汝中丙戌会试归，为先生道涂中讲学，有信有不信。先生曰:“你们拿一个圣人去与人讲学，人见圣人来，都怕走了，如何讲得行!须做得个愚夫愚妇，方可与人讲学。”洪又言今日要见人品高下最易。先生曰:“何以见之?”对曰:“先生譬如泰山在前，有不知仰者，须是无目人。”先生曰:“泰山不如平地大，平地有何可见?”先生一言翦裁，剖破终年为外好高之病，在座者莫不悚惧。

【译文】

先生点化学生的时候，往往一句话，便能感人至深。

有一天，王汝止出游回来。先生问他说：“你在外面游玩的时候看到了什么呢？”王汝止回答道：“我看到满街的人都是圣人。”先生说：“你看到满街人都是圣人的话，满街的人反过来看你也是圣人。”

又有一天，董萝石也出游回来。他见到先生便说：“我今天看到一件奇怪的事。”先生说：“什么奇怪的事？”他回答说：“我看见满街人都是圣人。”先生说：“这也只是寻常事情而已，有什么值得奇怪的？”大概王汝止的棱角还没有磨去，而董萝石却早有省悟。所以虽然他们的问题相同，先生的回答却是不同的，先生是依照他们的话来启发他们。

钱德洪、黄正之、张叔谦、王汝中丙戌年（1526）的时候参加会试回来的路上，谈到先生的学说，有人相信，有人不相信。先生说：“你们扛着一个圣人去给别人讲学，别人看到圣人来了，早就吓跑了，这还怎么讲？必须做个愚夫愚妇，才能够去给别人讲学。”

钱德洪又说，现在要看出人品的高低是很容易的。先生说：“何以见得？”

钱洪答道：“先生您就像是泰山，摆在眼前，只有那些有眼无珠的人才会不知道敬仰。”

先生说：“但是泰山又比不上平地广阔，平地怎么发现呢？”先生这一句话，说破了我们终年好高骛远的毛病，在座的人无不有所警惧。

四十九

【原文】

癸未春，邹谦之来越问学，居数日，先生送别于浮峰。是夕与希渊诸友移舟宿延寿寺，秉烛夜坐，先生慨怅不已，曰：“江涛烟柳，故人倏在百里外矣！”

一友问曰："先生何念谦之之深也？"先生曰："曾子所谓'以能问于不能，以多问于寡，有若无，实若虚，犯而不校'，若谦之者良近之矣。"

【译文】

明嘉靖二年（1523）春天，邹谦之到浙江来求学。住了几天，先生到浮峰为他送行。晚上的时候，先生与希渊等几位朋友，留宿在延寿寺，众人秉烛夜坐，先生感慨惆怅不已，说："江水滔滔，烟柳蒙蒙，谦之瞬间就到了百里之外的地方了。"

一位朋友便问："为什么先生对谦之的思念这么深切呢？"先生说："曾子说'以能问于不能，以多问于寡，有若无，实若虚，犯而不校'，这样的人，和谦之非常接近啊！"

五十

【原文】

丁亥年九月，先生起复，征思田，将命行时，德洪与汝中论学；汝中举先生教言："无善无恶是心之体，有善有恶是意之动，知善知恶是良知，为善去恶是格物。"

德洪曰："此意如何？"

汝中曰："此恐未是究竟话头。若说心体是无善无恶，意亦是无善无恶的意，知亦是无善无恶的知，物亦是无善无恶的物矣。若说意有善恶，毕竟心体还有善恶在。"

德洪曰："心体是'天命之性'，原是无善无恶的。但人有习心，意念上见有善恶在，格、致、诚、正、修，此正是复那性体功夫，若原无善恶，功夫亦不消说矣。"

是夕侍坐天泉桥，各举，请正。

先生曰："我今将行，正要你们来讲破此意。二君之见，正好相资为用，不可各执一边。我这里接人，原有此二种。利根之人，直从本原上悟入，人心本体原是明莹无滞的，原是个未发之中。利根之人一悟本体即是功夫，人己内外一齐俱透了。其次不免有习心在，本体受蔽，故且教在意念上实落为善、去恶，功夫熟后，渣滓去得尽时，本体亦明尽了。汝中之见，是我这里接利根人的。德洪之见，是我这里为其次立法的。二君相取为用，则中人上下皆可引入于道。若各执一边，跟前便有失人，便于道体各有未尽。"

既而曰："已后与朋友讲学，切不可失了我的宗旨：'无善无恶是心之体，有善有恶是意之动，知善知恶是良知，为善去恶是格物。'只依我这话头随人指点，自没病痛，此原是彻上彻下功夫。利根之人，世亦难遇。本体功夫一悟尽透，此颜子、明道所不敢承当，岂可轻易望人。人有习心，不教他在良知上实用为善、去恶功夫，只去悬空想个本体，一切

事为俱不著实，不过养成一个虚寂；此个病痛不是小小，不可不早说破。”

是日德洪、汝中俱有省。

【译文】

明嘉靖六年（1527）九月，先生重新被起用，再次奉命讨伐思恩（今广西武鸣县北）和田州（今广西田阳县北）。出征前，钱德洪和王汝中讨论先生的学问。汝中便引用先生的教诲说：“无善无恶才是心之体，而有善有恶则是意的作用，知道善恶是良知，而为善去恶则叫格物。”

德洪说：“你觉得这句话怎么样？”

汝中说：“这句话恐怕还只是个引子，没有说全。如果说心的本体是无善无恶的，那么，意也应当是无善无恶的，知也应该是无善无恶的知，物也应该是无善无恶的物。如果说意有善恶之分，那还是因为心体终究是有善恶之分存在的。”

德洪说：“心的本体是天生的性，本来就是无分善恶的。但是，人有受习性沾染的心，所以意念就有了善和恶。格物、致知、诚心、正意、修身，正是恢复心体的功夫。若果意本来就没有善恶，那么，谈功夫还有什么用呢？”

当晚，德洪和汝中在天泉桥坐在先生旁边侍坐，各人说了自己的看法，请先生来评判一下。

先生说：“现在我将要走了，正要给你们来讲明白这一点。你们两位的见解，恰好能够相互补充利用，不能够偏执于一方。我这里引导人，原本就有只有两种：资质高的人，便直接让他们从本源上去体悟，而人的本体原本就是晶莹无滞的，原本就是未发之中的。所以资质高的人，只要稍稍去体悟本心就是功夫了。人和己、内与外一齐都悟透了。而资质较差的另一种人，他们的心难免受到了沾染，本体便被蒙蔽了，因此便暂且教他们在意念上去踏实地用功。等行善去恶的功夫纯熟之后，渣滓清除干净之后，人的本体也就自然明亮清洁了。汝中的见解，是我用来开导聪慧的人的说法；而德洪的见解，则是用来教导资质较差的人的说法。如果你们两位能够互相补充借用，那么，资质中等的人就都能够被引入正途了。而如果你们两位都偏执一个方面，那么眼下就会误导别人，对圣道也不能够穷尽。”

先生接着说：“以后与朋友们一起讲学，万万不能抛弃了我的宗旨。‘无善无恶是心之体，有善有恶是意之动，知善知恶是良知，为善去恶是格物。’只要根据我这句话，因人而教，自然会没有问题的，这本来就是贯通上下的工夫。资质高的人，世上很难遇到了。能将本体功夫全都参透，这是连颜回、程颢也不敢自认的，又怎么敢随便对别人寄予这样的期望？人心受到了习性的沾染，如果不教导他在良知上切实地去下为善去恶的功夫，只去凭空想一个本体，对所有的事都不去切实地应对，只会养成虚空静寂的毛病。这个毛病可不是一件小事，所以，我不能不早跟你们说清楚。”

这一天，钱德洪和王汝中又有所省悟。

钱德洪附记

【原文】

先生初归越时，朋友踪迹尚寥落。既后四方来游者日进。癸未年已后，环先生而居者比屋。如天妃、光相诸刹，每当一室，常合食者数十人，夜无卧处，更相就席，歌声彻昏旦。南镇、禹穴、阳明洞诸山远近寺刹，徒足所到，无非同志游寓所在。先生每临讲座，前后左右环坐而听者，常不下数百人。送往迎来，月无虚日。至有在侍更岁，不能遍记其姓名者。每临别，先生常叹曰："君等虽别，不出天地间，苟同此志，吾亦可以忘形似矣。"诸生每听讲出门，未尝不跳跃称快。尝闻之同门先辈曰：

“南都以前，朋友众游者虽众，未有如在越之盛者。此虽讲学日久，信乎渐博。要亦先生之学日进。感召之机，申变无方，亦自有不同也。”

【译文】

先生刚开始回到绍兴的时候，来拜访的朋友还寥寥无几。后来，从四面八方来求学的人与日俱增。嘉靖二年（1523），与先生比邻而居的人也变多了。比如天妃、光相等古寺里，每间屋子里一起吃饭的都是几十个人，晚上都没有睡觉的地方，大家只能轮流睡觉，歌声通宵达旦。南镇、禹穴、阳明洞等等，远近的寺庙里面，只要能够走到的地方，都是志同道合的求学者在居住。先生每次来讲学，前后左右围坐的听众常常不下几百人。迎来送往，一个月当中没有一个日子是空闲的。甚至有人来这里听讲，就听了一年多，先生都不能完全记清楚他们的姓名。每次告别的时候，先生常常感叹地说：“你们虽然与我分开了，但也在这个天地之间。

如果我们有着共同的志向，我就像忘掉了你们的容貌也没有关系。”学生们每每听完讲出去的时候，没有不欢呼雀跃的。我曾听同门的长辈们说：“来南京之前，虽然问学的朋友很多，但还是没有在绍兴的时候多。这固然是因为先生讲学的时间长了，获得的信任也就更多了，但主要还是在于先生的学说与日精进，感化学生的时机和开导学生的方法，都能够应用自如，所以效果也自然有所不同了。”

黄以方录

一

【原文】

黄以方问："'博学于文'为随事学存此天理，然则谓'行有馀力，则以学文'，其说似不相合。"

先生曰："《诗》《书》六艺皆是天理之发见，文字都包在其中。考之《诗》《书》六艺，皆所以学存此天理也，不特发见于事为者方为文耳。'馀力学文'亦只'博学于文'中事。"

【译文】

黄以方（黄直）问先生："您认为'博学于文'是要在遇上的事情上面去学习存养天理，但是这与孔子所说的'行有余力，则以学文'，似乎并不一致。"

先生说："《诗》《书》等六经都是天理的表现，文字都包含在里面。仔细考究《诗》《书》等六经，它们都是为了存此天理，不仅仅表现在具体的事情上，便是文。孔子说的'余力学文'，也是'博学于文'里的一部分。"

二

【原文】

或问"学而不思"[①]二句。

曰："此亦有为而言，其实思即学也。学有所疑，便须思之。'思而不学'者，盖有此等人，只悬

空去思，要想出一个道理，却不在身心上实用其力，以学存此天理。思学作两事做，故有‘罔’与‘殆’之病。其实思只是思其所学，原非两事也。”

·注　释

①学而不思：语出《论语·为政》：“子曰：‘学而不思则罔，思而不学则殆。’”

【译文】

有人就“学而不思则罔，思而不学则殆”两句向先生请教。

先生说：“这两句话是有所指的。其实，思考就是学习，学习时有了疑问就需要思考。‘思而不学’的人也有，他们只是凭空去想，想要得出一个道理，却不在身心上切实地用功，学习存此天理。把思考和学习分而为二，所以就有‘罔’和‘殆’的弊端。其实，思也只是思考他学到的东西，原本就不是两回事。”

三

【原文】

先生曰："先儒解'格物'为格天下之物，天下之物如何格得？且谓'一草一木亦皆有理'，今如何去格？纵格得草木来，如何反来诚得自家意？我解'格'作'正'字义，'物'作'事'字义。《大学》之所谓身，即耳、目、口、鼻、四肢是也。欲修身便是要目非礼勿视，耳非礼勿听，口非礼勿言，四肢非礼勿动。要修这个身，身上如何用得功夫？心者身之主宰，目虽视，而所以视者心也；耳虽听，而所以听者心也；口与四肢虽言、动，而所以言、动者，心也。故欲'修身'在于体当自家心体，常令廓然大公，无有些子不正处。主宰一正，则发窍于目，自无非礼之视；发窍于耳，自无非礼之听；发窍于口与四肢，自无非礼之言、动。此便是'修身'在正其心。"

“然至善者，心之本体也。心之本体那有不善？如今要正心，本体上何处用得功？必就心之发动处才可着力也。心之发动不能无不善，故须就此处着力，便是在‘诚意’。如一念发在好善上，便实实落落去好善；一念发在恶恶上，便实实落落去恶恶。意之所发，既无不诚，则其本体如何有不正的？故欲正其心在‘诚意’。功夫到，‘诚意’始有着处。”

“然‘诚意’之本，又在于‘致知’也。所谓‘人虽不知而己所独知’者，此正是吾心良知处。然知得善，却不依这个良知便做去；知得不善，却不依这个良知便不去做。则这个良知更遮蔽了，是不能致知也。吾心良知既不得扩充到底，则善虽知好，不能着实好了，恶虽知恶，不能着实恶了，如何得意诚？故致知者，意诚之本也。”

“然亦不是悬空的‘致知’，‘致知’在实事上格。如意在于为善，便就这件事上去为，意在于去恶，便就这件事上去不为。去恶，固是格不正以归于正。为善，则不善正了，亦是格不正归于正也。

如此，则吾心良知无私欲蔽了，得以致其极，而意之所发，好善去恶，无有不诚矣。‘诚意’功夫实下手处在‘格物’也。若如此‘格物’，人人便做得。‘人以为尧、舜’，正在此也。”

【译文】

先生说：“程颐先生说，格物就是穷尽天下的物。天下万物怎么可能完全穷尽？只说‘一草一木亦皆有理’，现在你怎么去草木上一一地去‘格’？而且纵使格尽了草木，又怎么让它反过来‘诚’自己的意呢？我觉得‘格’就是‘正’的意思，‘物’就是‘事’的意思。《大学》里所说的‘身’，就是耳、目、口、鼻及四肢。想要‘修身’，就是要做到非礼勿视，非礼勿听，非礼勿说，非礼勿动。想要‘修身’，身上怎么能用到功夫呢？心，是身的主宰。虽然是眼睛在看，但让它看的是心；虽然是耳朵在听，但让耳朵听的是心；口与四肢虽然能说能动，但让口与四肢说和动的是心。所以，想要修身，主要在于自己的心体，让它常常廓然大公，没有不中正的地方。心一旦中正了，眼睛就自然能够非礼勿视；耳朵就能非礼勿听；口和四肢就不会有不合于礼的言行。这就是《大学》中的‘修身在于正心’。

“然而，至善就是心的本体，心的本体怎会有不善的？如今要‘正心’，本体上哪个地方哪里能用功呢？所以必须在心发动的地方用功。心的发动不可能没有不善的，所以，必须在这里用功，就是诚意。如果念头都发动在喜好善上，就切切实实地去好善；如果念头都发动在讨厌恶上，就实实在在地去除恶。意念的发生处既然是诚的，那么本体又怎么会有不中正的？所以，想要正心主要在于诚意。这样诚意才会有着落。

“然而，诚意的根本又在于致知。所谓‘人虽不知而己所独知’，这就是我的良知的所在。然而，如果知善，但不遵循良知去做，知道不善，也不遵循良知去做，那么，良知就是被蒙蔽了，就不能致知了。本心的良知既然不能扩充到底，虽然知道善是好的，但也不能切实地去做，即便知道恶是不好的，也不能切实地去除恶，这怎么去诚意呢？所以，致知，是诚意的根本。

“但是也不是凭空去致知，致知还是要在实事上格的。例如，意在行善，就要在善事上做，意在除恶上，就要不去做恶事。除恶，本就是格去不正以归于正。从善，就是不善的得到纠正了，也是格去不正以归于正。这样，本心的良知就不会被私欲蒙蔽了，就可以发挥到极致，而意的发动就是好善除恶，没有不诚的了。所以，格物就是诚意工夫着手的地方。像这样格物，人人都能够做到。《孟子》里说‘人皆可以为尧、舜’，就是这个原因。”

四

【原文】

先生曰：“众人只说格物要依晦翁，何曾把他的

说去用？我着实曾用来。初年与钱友同论做圣贤要格天下之物，如今安得这等大的力量？因指亭前竹子，令去格看。钱子早夜去穷格竹子的道理，竭其心思至于三日，便臻劳神成疾。当初说他这是精力不足，某因自去穷格，早夜不得其理。到七日，亦以劳思致疾。遂相与叹圣贤是做不得的，无他大力量去格物了。及在夷中三年，颇见得此意思，乃知天下之物本无可格者。其格物之功，只在身心上做。决然以圣人为人人可到，便自有担当了。这里意思，却要说与诸公知道。”

【译文】

先生说：“世人总以为‘格物’就要按照朱熹的观点，他们又何曾切实去拿朱熹的观点去实践过？我倒是真正地实践过的。以前我和朋友一同探讨，成为圣贤首先就要格天下之物，现在哪会有那么大的能力呢？于是我指着亭前的竹子，让他去格。朋友从早到晚去妄图穷尽竹子的道理，费尽了心思，等到第三天的时候，就因过度劳神病倒了。开始我还以为原因在于他精力不足，便亲自去穷格，从早到晚，但仍旧全然不理解竹子的理。到第七天的时候，我也卧床不起。因而我们互相慨叹道，圣贤真是做不成了，没有那么大的力量去格物。等到后来，我在贵州龙场住了三年，很有些体会，这才知道，天下之物本来就没有什么可格的。格物的功夫，只能在自己的身心上下。所以我觉得人人都能够成为圣人，这样就有了一种圣人的使命。这些道理，都应该说得大家知道。”

五

【原文】

门人有言邵端峰论童子不能‘格物’，只教以洒扫应对之说。

先生曰：“洒扫应对，就是一件物。童子良知只到此。便教去洒扫应对，就是致他这一点良知了，

又如童子知畏先生长者，此亦是他良知处。故虽嬉戏中见了先生长者，便去作揖恭敬，是他能格物以致敬师长这良知了。童子自有童子的格物致知。”

又曰：“我这里言格物，自童子以至圣人，皆是此等功夫。但圣人格物，便更熟得些子，不消费力。如此格物，虽卖柴人亦是做得，虽公卿大夫以至天子，皆是如此做。”

【译文】

学生里有人说，邵端峰主张儿童不能格物，只应该教他们洒扫应对的功夫。

先生说：“洒扫应对就是一件事，孩子的良知只有这个水平，所以教他们洒扫应对，也是致他的良知。又比如，小孩知道敬畏教师和长者，这也是他的良知的表现。所以，虽然是在嬉闹，看到了教师和长者，也会去作揖表示恭敬，这就是他的格物，致他尊敬师长的良知。小孩子自然有小孩子的格物致知。”

先生又说："我在这里说的格物，从小孩子到圣人，都是这样的功夫。但是，圣人格物就，就会更加纯熟些，不用费力。这样的格物，即卖柴的人也能做到，公卿大夫与天子，也都只能像这样做罢了。"

六

【原文】

或疑知行不合一，以"知之匪艰"[①]二句为问。

先生曰："良知自知，原是容易的。只是不能致那良知，便是'知之匪艰，行之惟艰'。"

门人问曰："知行如何得合一？且如《中庸》言'博学之'，又说个'笃行之'，分明知行是两件。"

先生曰："博学只是事事学存此天理，笃行只是学之不已之意。"

又问："《易》'学以聚之'，又言'仁以行之'，此是如何？"

先生曰:“也是如此。事事去学存此天理,则此心更无放失时,故曰:‘学以聚之。’然常常学存此天理,更无私欲间断,此即是此心不息处,故曰:‘仁以行之。’”

又问:“孔子言‘知及之,仁不能守之’,知行却是两个了。”

先生曰:“说‘及之’,已是行了。但不能常常行,已为私欲间断,便是‘仁不能守’。”

·注 释

①知之匪艰:语出《尚书·说命中》:“知之匪艰,行之惟艰。”意为懂得道理不难,难的是去实践它。

【译文】

有弟子疑心自己知行无法合一,因此向先生求问“知之匪艰、行之惟艰”两句话。

先生说:“良知自然能知,这本来是很容易的。

只是因为不能致这个良知，才会有‘知之匪艰，行之惟艰’的情况。”

有弟子问先生：“知行怎样才能合一？而且就像《中庸》里，说了一个‘博学之’，又说了一个‘笃行之’，很明显，是把知行当两件事情的。”

先生说：“博学是指事事都要学会存此天理，而笃行则仅仅是指学而不辍。”

弟子又问：“《易》里说‘学以聚之’，又说‘仁以行之’，这又是为什么呢？”

先生说：“同样的。如果事事都学习存养天理，那么这颗心就再没有放纵的时候了，所以说‘学以聚之’。但是，时刻学习存养这个天理，又没有私欲把它间断，这就是本心的生生不息，所以说‘仁以行之’。”

又问：“孔子说‘知及之，仁不能守之’，不就把知和行分而为二了吗？”

先生说：“说‘及之’，意思就是已经行了。但如果不能做到常行不止，那就是被私欲间断了，就成了‘仁不能守’。”

七

【原文】

又问：“心即理之说，程子云‘在物为理’，如何谓心即理？”

先生曰：“‘在物为理’，‘在’字上当添一‘心’字。此心在物则为理。如此心在事父则为孝，在事君则为忠之类。”

先生因谓之曰：“诸君要识得我立言宗旨。我如今说个心即理是如何，只为世人分心与理为二，故便有许多病痛。如五伯攘夷狄，尊周室，都是一个私心，便不当理。人却说他做得当理。只心有未纯，往往悦慕其所为，要来外面做得好看，却与心全不相干。分心与理为二，其流至于伯道之伪而不自知。故我说个心即理，要使知心理是一个，便来心上做功夫，不去袭义于外，便是王道之真。此我立言宗旨。”

【译文】

弟子又问：“心就是理，程颐说‘在物为理’，为什么要说心就是理呢？”

先生说：“‘在物为理’，‘在’的上面应该添加一个‘心’字。此心在物则为理。例如，心在侍奉双亲上就是孝的理，在辅佐君王身上就是忠等。”

先生又说：“大家应当明白我立论的宗旨，我现在说心就是理，用意何在呢？只是因为世人将心和理分而为二，所以出现了很多弊病。比如五霸攻击夷狄，尊崇周王室，都是私心，因此就不合乎理。人们却说他们的行为很合理，只是世人的心不纯净，往往艳羡他们的所作所为，只求外表做得漂亮，与心却完全不相干。把心和理分而为二，只会让自己陷入霸道虚伪而无法觉察。所以我说心就是理，就在心在下功夫，不要袭义于外，就是王道的真谛，也是我立论的宗旨。”

八

【原文】

又问："圣贤言语许多，如何却要打做一个？"

曰："我不是要打做一个，如曰'夫道，一而已矣'[①]。又曰'其为物不二，则其生物不测'[②]。天地圣人皆是一个，如何二得？"

·注 释

①夫道，一而已矣：语出《孟子·滕文公上》："孟子云：'世子疑吾言乎？夫道一而已矣。'"

②其为物不二，则其生物不测：意为天地的法则是至诚纯一的，所以它化育的万物无法测量。语出《中庸》："天地之道，可一言而尽也。其为物不二，则其生物不测。"

【译文】

弟子问："圣人的言论有很多，为什么要把它们概括成一句话呢？"

先生说："我并不是要把它们概括起来，只是像《孟子》所说的'夫道，一而已矣'，《中庸》里说的'其为物不二，则其生物不测'。天地圣人都是一个整本，怎么可以把它们分开呢？"

九

【原文】

"心不是一块血肉，凡知觉处便是心。如耳目之知视听，手足之知痛痒。此知便是心也。"

【译文】

"心并非指那一块血肉，凡是有知觉的地方都是心。比如耳朵眼睛懂得看或者听，而手脚懂得痛和痒。这个感觉就是心了。”

十

【原文】

以方问曰:“先生之说‘格物’,凡《中庸》之‘慎独’及‘集义’、‘博约’等说,皆为格物之事。”

先生曰:“非也。‘格物’即‘慎独’,即‘戒惧’。至于‘集义’、‘博约’,工夫只一般。不是以那数件都做格物底事。”

【译文】

黄以方问先生:“您的格物学说,是否是把《中庸》里的‘慎独’、《孟子》里的‘集义’、《论语》里的‘集义’‘博约’等学说,都概括成了格物呢?”

先生说:“不是的。‘格物’就是‘慎独’,就是‘戒惧’。而‘集义’和‘博约’,仅仅是一般的功夫，不应该把它们都当做格物。”

十一

【原文】

以方问“尊德性”[①]一条。

先生曰：“‘道问学’即所以‘尊德性’也。晦翁言‘子静[②]以尊德性诲人，某教人岂不是道问学处多了些子’，是分‘尊德性’‘道问学’作两件。且如今讲习讨论，下许多功夫，无非只是存此心，不失其德性而已。岂有尊德性只空空去尊，更不去问学？问学只是空空去问学，更与德性无关涉？如此，则不知今之所以讲习讨论者，更学何事？”

·注释

①尊德性：语出《中庸》：“故君子尊德性而问学，致广大而尽精微，极高明而道中庸。”

②子静：陆九渊的字。

【译文】

黄以方就《中庸》里的“尊德性”请教于先生。

先生说：“‘道问学’，就是所谓的‘尊德性’。朱熹说：‘子静以尊德性诲人，某教人岂不是道问学处多了些子。’他是把‘尊德性’与‘道问学’分而为二，当做两件事了。现在讲习讨论，下了许多的功夫，只非就是要存养本心，让它不会丧失自己德性罢了。哪会有尊德性却中是空洞洞地尊，不再去问学了呢？问学怎么能只是空洞地去问，而与德性再没有别的什么关涉呢？这样，不知道我们现在的讲习讨论的人，究竟学的是什么东西。”

十二

【原文】

问“至广大”二句。

曰：“‘尽精微’即所以‘致广大’也，‘道中

庸'即所以'极高明'也。盖心之本体自是广大底，人不能'尽精微'，则便为私欲所蔽，有不胜其小者矣。故能细微曲折，无所不尽，则私意不足以蔽之，自无许多障碍遮隔处，如何广大不致？"

又问："精微还是念虑之精微，事理之精微？"

曰："念虑之精微，即事理之精微也。"

【译文】

又向先生请教"致广大而尽精微，极高明而道中庸"两句话。

先生说："'尽精微'就是为了'致广大'，'道中庸'就是为了'极高明'。因为心的本体原本就是广大的，如果人不能够'尽精微'，就会连细小的地方也战胜不了私欲，被私欲所蒙蔽。因此在细微曲折的地方也全都能做到精微穷尽，那私欲就不足以蒙蔽心的本体了，自然不会有许多障碍和隔断的地方，这样心体又怎么会不广大呢？"

又问："精微是指思虑的精微，还是指事理的精微呢？”

先生说：“思虑的精微，也是事理的精微。”

十三

【原文】

先生曰：“今之论性者，纷纷异同。皆是说性，非见性也。见性者无异同之可言矣。”

【译文】

先生说：“现在讨论人性的人，都纷扰着争论异同。全都是嘴里谈性，而实际上从未见过性。见性的人根本无异同可争。”

十四

【原文】

问：“声色货利，恐良知亦不能无。”

先生曰："固然。但初学用功，却须扫除荡涤，勿使留积，则适然来遇，始不为累，自然顺而应之。良知只在声色货利上用功。能致得良知精精明明，毫发无蔽，则声色货利之交，无非天则流行矣。"

【译文】

又问："声色货利，恐怕良知里也不会没有。"

先生说："当然是这样！但是，初学者用功的时候，就不必要把这些荡涤干净，不要让它们存留在心里。这样的话，偶尔碰到也不会成为牵累，自然而然能够依循良知来应对。良知仅仅在声色货利上用功。如果能够精明地致良知，没有丝毫蒙蔽，那么，即便与声色货利交往，也都是天理的自然运行了。"

十五

【原文】

先生曰："吾与诸公讲'致知'、'格物'，日日

是此。讲一二十年，俱是如此。诸君听吾言，实去用功。见吾讲一番，自觉长进一番。否则只作一场话说，虽听之亦何用？”

【译文】

先生说：“我给各位讲致知格物的学说，天天如此。讲了十年二十年，也是如此。你们各位听了我的话之后，切切实实地去用功。然后再听我讲一次，自然会感觉有了一番长进。否则的话，只把我说的当做一次泛泛之谈，即使听了，又有什么用处呢？”

十六

【原文】

先生曰：“人之本体，常常是寂然不动的，常常是感而遂通的。‘未应不是先，已应不是后。’①”

·注释

①未应不得先，已应不是后：程颐语，语出《河南程氏遗书》卷十五。

【译文】

先生说："人的本体，一直是寂静不动的，又常常是感应相通的。正如程颐先生所说'未应不是先，已应不是后'。"

十七

【原文】

一友举佛家以手指显出问曰："众曾见否？"众曰："见之。"复以手指人袖，问曰："众还见否？"众曰："不见。"佛说还不见性。此义未明。

先生曰："手指有见有不见，尔之见性常在。人之心神只在有睹有闻上驰骋，不在不睹不闻上着实用功。盖不睹不闻是良知本体，戒慎恐惧是致良知

的工夫。学者时时刻刻学睹其所不睹，常闻其所不闻，工夫方有个实落处。久久成熟后，则不须着力，不待防检，而真性自不息矣。岂以在外者之闻见为累哉？”

【译文】

有位朋友举出了一个例子，说一位禅师把手指伸出来问：“你们大家看见了吗？”众人都说看到了。然后禅师又把手指缩到袖子里去，又问：“你们还能够看见吗？”众人都说：“看不见了。”禅师便说众人还没有见到性。这位朋友不懂得这段话的意思。

先生说：“手指有时能看到，有时看不到，但是，你悟到的性是一直都在的。人的心神只在所见所闻上驰骋，而不在看不到或听不到的东西上切实用功。但是，不见不闻才是良知的本体，戒慎恐惧则是致良知的功夫。学者时时刻刻都去寻找他看不见或听不到的本体，功夫才会有一个着落。待时间长了，功夫变得纯熟，那就不用再费力了，不用再提防检点，而真性自然也会生生不息了。岂能因为外在的见闻，而被它们牵累呢？”

十八

【原文】

问：“先儒谓‘鸢飞鱼跃’，与‘必有事焉’，同一活泼泼地。”①

先生曰：“亦是。天地间活泼泼地，无非此理，便是吾良知的流行不息。致良知便是‘必有事’的工夫。此理非惟不可离，实亦不得而离也。无往而非道，无往而非功夫。”

·注 释

①“先儒谓”句：程颢语，语出《河南程氏遗书》卷三：“‘鸢飞戾天，鱼跃于渊’，言其上下察也。此一段子思吃紧为人处，与‘必有事焉，而无

心正’之意同一活泼泼地。”程颢认为鹰飞蓝天、鱼跃深渊所体现的天地阴阳之道和人致良知的“必有事焉”一样是生动活泼的。鸢飞戾天，鱼跃于渊：语出《诗经·大雅·旱麓》。

【译文】

有人问：“程颢先生说‘鸢飞鱼跃’和‘必有事焉’，都是生机勃勃的。”

先生说：“是这样的。天地间生机勃勃，无非是这个天理，也就是我们良知的不停歇的运动变化。致良知就是‘必有事’的工夫。这个天理不仅不能够脱离，实际也脱离不了。一切皆是天理，一切都是功夫。”

十九

【原文】

先生曰：“诸公在此，务要立个必为圣人之心。

时时刻刻须是‘一棒一条痕，一掴一掌血’[1]，方能听吾说话句句得力。若茫茫荡荡度日，譬如一块死肉，打也不知得痛痒，恐终不济事，回家只寻得旧时伎俩而已。岂不惜哉？”

·注 释

①一棒一条痕，一掴一掌血：语出《朱子语类》。比喻做事要痛下决心，功夫扎实。

【译文】

先生说：“大家在这里求学，务必要先确立一个做圣人的志向。时时刻刻都要有‘一棒一条痕，一掴一掌血’的精神，这样在听我讲学的时候，才能觉得句句铿锵有力。如果只是浑浑噩噩地度日，像一块死肉一样，打也不知道痛痒，最终恐怕无济于事。回家之后还只是以往的老伎俩，那岂不是太可惜了？”

二十

【原文】

问:“近来妄念也觉少，亦觉不曾着想定要如何用功，不知此是功夫否?”

先生曰:“汝且去着实用功，便多这些着想也不妨。久久自会妥贴。若才下得些功，便说效验，何足为恃?”

【译文】

有人问:“近来我感觉虚妄的念头感觉少了，也不去想一定要怎么怎么用功，不知这是否也是功夫?”

先生说:“你只管去实实在在地用功，即便有了这些想法也无妨。等时间长了，自然就会变得妥当。如果才刚刚用了一点功夫，就想要效果，怎么可能靠得住呢?”

二十一

【原文】

一友自叹："私意萌时，分明自心知得，只是不能使他即去。"

先生曰："你萌时，这一知便是你的命根，当下即去消磨，便是立命功夫。"

【译文】

有位朋友感叹道："内心萌发了私意的时候，心里明明很清楚，只是不能够马上把它剔除掉。"

先生说："私欲萌发的时候，你能感觉到，就是你立命的功夫，而当下就能立刻把私欲消磨掉，这就是致良知的功夫。"

二十二

【原文】

“夫子说‘性相近’[①]，即孟子说‘性善’，不可专在气质上说。若说气质，如刚与柔对，如何相近得，惟性善则同耳。人生初时，善原是同的。但刚的习于善则为刚善，习于恶则为刚恶。柔的习于善则为柔善，习于恶则为柔恶，便日相远了。[②]”

·注 释

①性相近：语出《论语·阳货》：“子曰：‘性相近也，习相远也。’”

②刚善、刚恶、柔善、柔恶：此为周敦颐对善恶的分类。周氏《通书》云：“刚善，为义，为直，为断，为严毅，为干固；恶，为猛，为隘，为强梁。柔善，为顺，为巽；恶，为懦弱，为无断，为邪佞。”

【译文】

“孔子主张‘性相近’，也就是孟子所说的‘性善’，这不可以仅仅专门在气质上来谈。如果说气质，刚和柔相对，又怎会是相近的？只有性善是相同的吧。人初生的时候，善原本是一样的。但是气质刚的人在善上面容易成为刚善，而在恶上面容易成为刚恶。同样，气质柔的人受善的影响会变为柔善，受恶的影响便成为柔恶，这样，差距就越来越大了。”

二十三

【原文】

先生尝语学者曰：“心体上着不得一念留滞，就如眼着不得些子尘沙。些子能得几多？满眼便昏天黑地了。”

又曰：“这一念不但是私念，便好的念头亦着不

得些子。如眼中放些金玉屑，眼亦开不得了。”

【译文】

先生曾经对学者说：“心体上不能有一丝私念存留，就像眼里不能有一点灰尘存在。沙子能有多大多少呢？但是它能让人满眼都昏天黑地了。”

先生又说：“这个念头不只是指私念，就算是好的念头也不能存留一点。就像眼里放了一些金玉屑，眼睛也睁不开了。”

二十四

【原文】

问：“人心与物同体。如吾身原是血气流通的，所以谓之同体。若于人便异体了，禽兽草木益远矣。而何谓之同体？”

先生曰：“你只在感应之几[①]上看，岂但禽兽草木，虽天地也与我同体的，鬼神也与我同体的。”

请问。

先生曰:“你看这个天地中间,甚么是天地的心?”

对曰:“尝闻人是天地的心。”[②]

曰:“人又甚么叫做心?”

对曰:“只是一个灵明。”

“可知充天塞地中间,只有这个灵明。人只为形体自间隔了。我的灵明,便是天地鬼神的主宰。天没有我的灵明,谁去仰他高?地没有我的灵明,谁去俯他深?鬼神没有我的灵明,谁去辩他吉凶灾祥?天地鬼神万物,离却我的灵明,便没有天地鬼神万物了。我的灵明,离却天地鬼神万物,亦没有我的灵明。如此,便是一气流通的,如何与他间隔得?”

又问:“天地鬼神万物,千古见在,何没了我的灵明,便俱无了?”

曰:“今看死的人,他这些精灵游散了,他的天地鬼神万物尚在何处?”

·注 释

①感应之几：意为主体与客体之间微妙的感应。

②人是天地的心：语出《礼记·礼运》“故人者，天地之心也，五行之端也，食味、别声、被色而生者也。”

【译文】

有人跟先生说：“先生说人心与物是同为一体的。就像我的身体，原本就血气流通，所以说它是同体。但是对于别人，我就是异体了，和禽兽草木，差得就更远了。可是为什么还说是同为一体的呢？”

先生说：“你只要从感应的征兆上看，就会明白，岂止是禽兽草木，天地我也是同为一体的，鬼神也是和我一体的。”

那人又问该如何解释。

先生说："你看看，天地之间，什么东西才是天地的心呢？"

那人回答说："我曾听说人是天地的心。"

先生说："那人又把什么东西当做心？"

说："只有一个灵魂。"

先生说："由此可见，充盈天地间的，唯有这个灵魂。人为了自己的形体，把自己跟其他一切都隔离开了。我的灵魂就是天地鬼神的主宰。如果天没有我的灵魂，谁去仰望它的高大？如果地没有我的灵魂，谁去俯视它的深厚？鬼神如果没有我的灵魂，谁去分辨它的吉凶福祸？天地鬼神万物，如果离开了我的灵魂，也就没有天地鬼神万物的存在了。我的灵魂，离开了天地鬼神万物，也同样会不存在了。这些都是一气贯通的，怎么能把它们间隔开来呢？"

又问："天地鬼神万物，千古长在，为什么没有我的灵魂，它们就不存在了？"

先生说："现在你去看那些死了的人，他们的灵魂都已经游散了，他们的天地鬼神万物还在哪里呢？”

二十五

【原文】

先生起行征思、田，德洪与汝中追送严滩[1]。汝中举佛家实相幻相之说[2]。

先生曰：“有心俱是实，无心俱是幻。无心俱是实，有心俱是幻。”

汝中曰：“有心俱是实，无心俱是幻，是本体上说功夫；无心俱是实，有心俱是幻，是功夫上说本体。”

先生然其言。

洪于是时尚未了达。数年用功，始信本体功夫合一。但先生是时因问偶谈。若吾儒指点人处，不必借此立言耳。

·注 释

①严滩：西汉末年严光（子陵）隐居于浙江桐庐县富春江边的富春山，后人称此处为严子陵钓台、严滩、子陵滩。

②实相、幻相：佛教名词。实相，指宇宙间万物的实体，又名佛性、法性、真如、法身、真谛等，相当于哲学上的本质。幻相，指宇宙间万物的现象。佛教认为所有的相即万事万物的现象都是虚幻的，不真实的，只有佛性才是不变不坏、永恒不灭的真实。

【译文】

先生启程去征讨思恩、田州，钱德洪和王汝中送行送到严滩（今浙江桐庐县西）。汝中向先生请教佛教的实相和幻想的问题。

先生说："有心都是实象，无心都是幻象。无心都是实象，有心都是幻象。"

王汝中说："有心都是实相，无心都是幻象，是从本体上来谈功夫；无心都是实象，有心都是幻象，是从功夫上来说本体。"

先生对汝中的说法表示赞同。

当时，钱德洪还不是很明白，经过了多年用功，他才相信本体和功夫是一体的。但是，先生当时是因为王汝中问话而偶然论到的。若我们儒家要开导别人，也不必一定要引用它。

二十六

【原文】

尝见先生送二三耆宿门，退坐于中轩，若有忧色。

德洪趋进请问。

先生曰："顶与诸论及此学，真圆凿方枘。此道坦如道路，世儒往往自加荒塞，终身陷荆棘之场而不悔，吾不知其何说也？"

德洪退谓朋友曰："先生诲人，不择衰朽，仁人悯物之心也。"

【译文】

曾经有一次，德洪看到先生送两三位老先生出门后，回来坐在长廊里，似乎面有忧色。

德洪便上前去询问怎么个情况。

先生说："刚才我和几位老人谈至我的良知学说，真是像圆孔和方榫一样，彼此间格格不入。圣道像大路一样平坦，世俗儒生往往自己让它荒芜阻塞了，最终陷入荆棘丛中也不懂得悔改，我不知道该说些什么了！"

德洪后来对朋友们说："先生教诲他人，不管对象是否老朽，真是有一颗仁人悯物的心啊！"

二十七

【原文】

先生曰："人生大病，只是一'傲'字。为子而傲必不孝，为臣而傲必不忠，为父而傲必不慈，为友而傲必不信。故象与丹朱俱不肖①，亦只一'傲'字，便结果了此生。诸君常要体此。人心本是天然之理，精精明明，无纤介染着，只是一'无我'而已。胸中切不可'有'，'有'即傲也。古先圣人许多好处，也只是'无我'而已。'无我'自能谦，谦者众善之基，傲者众恶之魁。"

·注 释

①象：舜的弟弟，为人狂傲，常怀杀舜之心。丹朱，尧的儿子，傲慢荒淫，尧将王位禅让于舜而不传丹朱。

【译文】

先生说："人生最大的毛病就是这个傲慢。子女傲慢就必然会不孝；臣子们傲慢就必然会不忠诚；父母傲慢就必然不会慈爱；朋友傲慢就必然不守信。所以，象与丹朱都不贤明，也只是因为这个傲慢，而让他们了结了自己的一生。你们各位要常常体会这个，人心原本就是天然的理，精明纯净的，没有纤毫沾染，只是有一个'无我'罢了。心里万万不能'有我'，有了便是傲慢了。古代圣贤有许多长处，也只是'无我'罢了。'无我'自然能做到谦谨。谦谨就是众善的基础，傲慢则是众恶的源泉。"

二十八

【原文】

又曰："此道至简至易的，亦至精至微的。孔子曰：'其如示诸掌乎。'[①]且人于掌何日不见，及至问

他掌中多少文理，却便不知。即如我良知二字，一讲便明，谁不知得？若欲的见良知，却谁能见得？”

问曰：“此知恐是无方体②的，最难捉摸。”

先生曰：“良知即是《易》，‘其为道也屡迁，变动不居，周流六虚，上下无常，刚柔相易，不可为典要，惟变所适。’③此知如何捉摸得？见得透时便是圣人。”

·注 释

①其如示诸掌乎：语出《中庸》：“明乎效社之礼、禘尝之义，治国其如示诸掌乎！”又据《论语·八佾》：“或问禘之说。子曰：‘不知也。知其说者之于天下也，其如示诸所斯乎！’指其掌。”

②方体：语出《周易·系辞传上》：“故神无方而易无体。”方，方位。体，形体。

③“其为道也”七句：语出《周易·系辞下》。意为易的法则常常变迁不止，在六个爻位之间流动，或变在上，或变在下，阴变为阳，阳变为阴，

没有一定的模式，不可拘泥，只有顺应它的变化才能恰当应用。

【译文】

先生说："圣道其实极其简单易行，也极其精细微妙。孔子曾说：'其如示诸掌乎'。人的手掌，哪一天不曾看到呢？但是问他手掌上有多少纹理的时候，他就不知道了。就如同我说的这良知二字，讲了就能够明白，谁不晓得呢？但如果要他真正理解，又有谁能做到呢？"

有人便问："良知恐怕是没有方向、没有形体的，因此最难捉摸。"

先生说："良知就如《易》理：'其为道也屡迁，变动不居，周流六虚，上下无常，刚柔相易，不可为典要，惟变所适。'这良知怎么可能捉摸得到呢？只要把良知理解透了，就变成圣人了。"

二十九

【原文】

问：“孔子曰：‘回也，非助我者也。’[①]是圣人果以相助望门弟子否？”

先生曰：“亦是实话。此道本无穷尽，问难愈多，则精微愈显。圣人之言本自周遍，但有问难的人胸中窒碍，圣人被他一难，发挥得愈加精神。若颜子闻一知十[②]，胸中了然，如何得问难？故圣人亦寂然不动，无所发挥，故曰‘非助’。”

·注 释

①回也，非助我者也：语出《论语·先进》：“子曰：‘回也，非助我者也，于吾言无所不说。’”意为“孔子说：颜回不是对我有帮助的人，我的话他都欣然接受”。

②颜子闻一知十：语出《论语·公冶长》："回也，闻一以知十；赐也，闻一以知二。"

【译文】

有人问："孔子曾说：'回也，非助我者也。'圣人是真的期望他的门徒们来帮助他吗？"

先生说："这也是实话。圣道本来就是没有穷尽的，疑难质问越多，就越能显现出它的精妙来。圣人的言论原本很周全，而有问题的人则心里堆满了疑虑，圣人被他一问，就能发挥得更加精确神妙了。但是，像颜回那样，闻一知十，心里对什么都了然于胸的人，怎么会发问呢？所以圣人也只能寂然不动，没有什么发挥，因此孔子说'非助'。"

三十

【原文】

邹谦之尝语德洪曰：“舒国裳曾持一张纸，请先生写‘拱把之桐梓’一章[1]。先生悬笔为书到‘至于身而不知所以养之者’，顾而笑曰：‘国裳读书，中过状元来，岂诚不知身之所以当养？还须诵此以求警。’一时在侍诸友皆惕然。”

·注　释

①“拱把之桐梓”一章：语出《孟子·告子上》：“孟子曰：‘拱把之桐梓，人苟欲生之，皆知所以养之者。至于身，而不知所以养之者，岂爱身不若桐梓哉？弗思甚也！’”拱，两手合握。把，一只手握。身，指人自身。

【译文】

邹谦之曾对钱德洪说:“舒国裳曾经拿一张纸，请先生帮他写《孟子》里‘拱把之桐梓’一章。先生写到了‘至于身而不知所以养之者’的时候，回过头来笑着说:‘国裳读书，还中过状元来着，难道他是真的不明白怎么修身吗？只是他仍需要背诵这一章来警戒自己。’一时间，在座的各位朋友都警醒起来。”

辗转刊行钱德洪跋

【原文】

嘉靖戊子[1]冬，德洪与王汝中奔师丧至广信，讣告同门，约三年收录遗言。

继后同门各以所记见遗。洪择其切于问正者，合所私录，得若干条。居吴时[2]，将与《文录》[3]并刻矣。适以忧去，未遂。当是时也，四方讲学日众，师门宗旨既明，若无事于赘刻者，故不复萦念。

去年，同门曾子才汉[4]得洪手抄，复傍为采辑，名曰《遗言》，以刻行于荆。洪读之，觉当时采录未精，乃为删其重复，削去芜蔓，存其三分之一，名曰《传习续录》，复刻于宁国之水西精舍。

今年夏，洪来游蕲，沈君思畏[⑤]曰：“师门之教久行于四方，而独未及于蕲。蕲之士得读《遗言》，若亲炙去夫子之教。指见良知，若重睹日月之光。惟恐传习之不博，而未以重复之为繁也。请裒其所逸者增刻之。若何？”洪曰：“然。”师门致知格物之旨，开示来学，学者躬修默悟，不敢以知解承，而惟以实体得。故吾师终日言是而不惮其烦。学者终日听是而不厌其数。盖指示专一，则体悟日精，几迎于言前，神发于言外，感遇之诚也。

今吾师之没未及三纪，而格言微旨渐觉沦晦，岂非吾党身践之不力，多言有以病之耶？学者之趋不一，师门之教不宣也。乃复取逸稿，采其语之不背者，得一卷。其余影响不真，与《文录》既载者，皆削之。并易中卷为问答语，以付黄梅尹张君[⑥]增刻之。庶几读者不以知解承而惟以实体得，则无疑于是录矣。

嘉靖丙辰[⑦]夏四月，门人钱德洪拜书于蕲之崇正书院。

·注 释

①嘉靖戊子：嘉靖七年（1528）。

②居吴时：指钱德洪嘉靖十一年（1532）在苏州府学任教授时。

③《文录》：指《王文成公全书》卷四至卷八。

④曾子才汉：曾才汉，王阳明弟子，身世不详。曾于嘉靖三十四年（1555）在江陵刻印王阳明语录《遗言》。

⑤沈君思畏：名宠，号古林，字思畏，安徽宣城人。欧阳德与王畿的弟子，与谷钟秀共同创建蕲州崇正书院。

⑥黄梅尹张君：黄梅，今湖北黄梅县。张君，黄梅县令，身世不详。

⑦嘉靖丙辰：嘉靖三十五年（1556）。

【译文】

明嘉靖七年（1528）冬天，我和王汝中到广信（今江西省上饶市），去处理先生的丧事，向同门师友们发送讣告，约定三年之内收录齐全先生的遗言。

随后，同学们都把他们各自做的记录陆续寄了过来。我挑选了其中比较合乎先生思想的，加上我自己的记录，一共有若干条。在吴（今江苏省苏州市）时，我曾想把这些和《文录》一起刻印出来。但是正逢我回家守丧，所以没有成功。当时，天下讲授先生学说的人与日俱增，宗旨好像已经在天下得以昌明了，所以没有必要再作刻印，所以我也不再去考虑这件事了。

去年，曾才汉先生得到了我的手抄本，又从别的地方四处收辑，取名《遗言》，在荆州刊刻发行了。我读了《遗言》，觉得他的采录不够精准，所以就删掉了其中重复繁杂的部分，只存留了三分之一，并且命名《传习续录》，在安徽宁国的水西书院刻印了。

今年夏天，我到湖北蕲春游历，沈思畏说：“先生的学说已经在天下传播很久了，只是还没有流传到这里。蕲春的学子们读了《遗言》，就像亲自得到了先生的教诲。明白了良知，就像是重新看到了日月的光辉。他们倒并不因为其中的重复而感到累赘，只是担心《遗言》收录得不够广泛，所以要麻烦您把散失的部分搜集起来都增加进去，怎么样？”我便答应了。先生致知格物的主张，开导了学者们，让学者亲自修习，默默领悟，不敢只从知识上去理解继承先生的学说，以求获得它的实体。所以，先生终日不厌其烦地强调格物致知，而学生们也整天不厌其烦地听着。因为先生指点得专一，学生们领悟得也就更加精微了。先生还没说到呢，弟子就已经明白要讲什么了，也就是说，早就已经心领神会了，充分感觉到了教学双方的诚心。

现在先生逝世还没三纪（一纪为十二年），但他的格言和宗旨就已经慢慢暗淡了下去，这难道不是因为弟子们身体力行得不够，太多空谈造成的结果吗？弟子们不统一目标，所以先生的学说不能得以宣扬。所以我又收集了一些不完备的内容，编成一卷。而其余真伪难辨的内容和《文录》已刊刻过的，就删掉了。并且我把中卷改成了问答的形式，再交给黄梅县令张先生，让他增刻发行。希望读者不仅仅从知识的解释上来理解这本书，并且要注重在切身实践中体悟先生的学说。这样，就不会再怀疑这本书的价值了。

嘉靖三十五年（1556）夏四月，弟子钱德洪谨跋于蕲春崇正书院。

藏書

珍藏版

王陽明全集

伍

李楠 主编

民主与建设出版社

目　录

下 篇 《传习录》

卷 上

因地制宜，因时而化

“天下事虽万变，吾所以应之。”

——王阳明

这个世界瞬息万变，一个人只有顺应外界的变化而变化，用一种发展变化的眼光和思维来对待生活中的万事万物，才能因地制宜、因时随化，获得真正的自由和幸福。

王阳明在平定农民起义的过程中，始终从当地的实际情况出发，坚持因地制宜、因时而化的原则。他没有把起义农民当成打击对象，而是把杀人越货的盗贼和被迫铤而走险的贫苦民众区别开来，把首恶和胁从区别开来，把愿意改恶从善和坚持不改区别开来。具体到个人，王阳明更是谨慎从事，即使犯了罪，也要看认罪的态度来决定处罚。

为了给胁从者、愿意悔改者机会，王阳明在每次采取行动之前，都先发布告，劝谕误入迷途者改恶从善，弃旧图新。在征战过程中，他也是根据实际需要，灵活制定制敌政策。在平乱之后，是根据当地的实际情况，不是奏请皇帝批准增设县治、管关隘检查的巡查司，就是改变布局不合理的巡检司治所。

王阳明根据社会制度和风俗习惯的不同，因地、因事、因时以制宜，并没有墨守绳法。其实，任何事物的发展都会与原有的计划有所不同，当面对改变的时候，智慧之人往往能看到直中之曲和曲中之直，并不失时机地把握事物迂回发展的规律，通过迂回应变，达到既定的目标。反之，一个不善于变通的人，“一根筋”只会四处碰壁，被撞得头破血流。

孔子周游列国时，曾被围困在陈国与蔡国之间，整整十天没有饭吃，有时连野菜汤也喝不上，真是饿极了。学生子路偷来了一只煮熟的小猪，孔子不问肉的来路，拿起来就吃，子路又抢了别人的衣服换来了酒，孔子也不问酒的来路，端起来就喝。

可是，等到鲁哀公迎接他时，孔子却显出正人君子的风度，席子摆不正不坐，肉类割不正不吃。子路便问："先生为什么现在与在陈、蔡受困时不一样了呀？"孔子答道："以前我那样做是为了偷生，今天我这样做是为了讲义呀！"

孔子处理事情从容淡然的态度，原因就在于他有着因时而变、因地制宜的头脑。所以说，当遇到困难时，就要改变自己的思路和行为，因为只有变，才有通，才能克服困难，达到自己的目的。

当今社会，各种事物都是飞速发展变化着，深处其中的人如果不能审时度势，顺势而变，就很难适应社会的发展。要想做到积极应变，除了要顺应时代的潮流之外，还应当根据对手情况的变化而变化，也就是说"敌变我变"。诸葛亮"七擒孟获"

就是达到了“敌变我变”的高超境界。

诸葛亮出兵南征，平定南中叛乱，在此过程中对南中豪强首领孟获采取了攻心战策略。

一擒孟获，诸葛亮本是乘胜之师，但他却让王平打前站，故意装作不是对手，引孟获进入伏击圈，然后大军裹挟。最后又用大将赵云与魏延在峡谷中前后堵截，使孟获插翅难逃，束手就擒。

二擒孟获采用的则是套用反间计的借刀杀人之计。孟获被捉一次，变得谨慎，退到泸水以南，以泸水为屏障，准备持久坚守。诸葛亮派马岱出战，激发对方上次被俘放归将领的感恩之心，使得孟获与他们发生冲突。堡垒从内部攻破，孟获手下的将领毫不客气地将孟获绑赴蜀营。

两次被擒，仍被放回。这一回诸葛亮故意让孟获了解蜀军的粮草、军情。孟获回去之后气急败坏，急于报仇雪恨，又自以为对蜀军情况成竹在胸，便以送礼谢恩名义前来劫营，可诸葛亮早已摸透孟获的心思。孟获又一次自投罗网——三次被擒。

第四次是把好斗的孟获引入陷阱。第五次，诸葛亮采取统战之计，让孟获原来的盟友擒住孟获。

……

七擒孟获，每次用的方法与计谋都不相同，针对孟获心理与战术的变化，诸葛亮对症下药，使孟获完全在他的掌握之中。诸葛亮号称“东方智圣”，当然深谙变化的智慧，所以才能屡战屡胜，所向披靡。

我们在生活中如果也能做到随机应变、顺势而动，无疑会对我们适应生活，适应现实变化有很大的帮助。遇到困难的时候要学会因地、因时而变，及时调整自己的行动方案，不因袭守旧。因为客观的情况在不断地变化，我们必须随着客观情况的变化而不断变化。正如王阳明所说：“天下事虽万变，吾所以应之。”只有这样，我们才能克服各种困难，获得成功。

制胜战术应变化多端

“臣以为兵无常势，在因敌变化而制胜。”

——王阳明

有言“不以规矩，不成方圆”，但是社会瞬息万变，如果过于刻板、墨守成规，恐怕迟早会被社会淘汰。事实上，规则是掌握在我们自己手里的，面对具体的情况，通过变通思想采取不同的解决之道，可以帮助我们立万难之间而游刃有余。

王阳明征战胜利的一个重要因素就是善于变通，他善于根据当地的具体情形，做出具体的作战计划。

在准备进剿南宁西北部和东北部思州、田州民乱时，王阳明已经调集湖广、广西的人马，集结在广西南宁附近。但当他到当地之后发现，广西连年兵祸，官吏疲于奔命，民众饥寒交迫，如果再用兵打仗的话，不但失去民心，起义农民也会被逼得无路可走，势必拼死抵抗，这样，双方都会付出沉重的代价。王阳明立即决定放弃用兵，索性“尽撤调集防守之兵，解散而归者数万”。另外还发表榜谕，表示朝廷并不是要剿灭起义军，思州、田州二处首领看到榜谕，把自己捆绑，和大小头目数百人一起来降。

王阳明的这一举措，一方面感动了当地农民，另一方面减少了战乱造成的流血牺牲，当然其中也体现了他应对当地的形势灵活制定作战战略。

聪明睿智的人常常使自己适应变化的世界，而愚昧迟钝的人坚持要世界来适应自己。变通是天地间最大的智慧。从某种意义上讲，变通，就是寻求一种解决问题的方法。晚清大臣曾国藩就是一位善于变通又不失自己原则的人。

同治三年（1864），晚清大臣曾国藩为了消除朝廷的猜忌，正分期分批裁撤湘军之际，钦差大臣僧格林沁及其马队被捻军在湖北牵着鼻子走，接连损兵折将。清廷万般无奈，命令曾国藩率军增援湖北。朝廷的这次调遣，对湘军非常不利，所以曾国藩的态度也十分消极。其一，攻陷天京以后，清廷咄咄逼人，大有卸磨杀驴之势，曾国藩不得不避其锋芒，自剪羽翼，以释清廷之忌，为此曾国藩也满腹愁怨。其二，僧格林沁骄横刚愎、不谙韬略，向来轻视湘军。此时，曾国藩正处在十分无奈的两难之中，他只好采取拖延之法。

曾国藩十分清楚，僧格林沁大军在黄淮大地上穷追不舍，失败是注定的，只是早晚的事。因此，曾国藩按兵不动，静坐江宁，观其成败。

果然，高楼寨一战，僧格林沁全军覆没，这位皇亲国戚竟然被一个无名小辈杀死。捻军声势更加浩大，咄咄逼人。朝廷不得不再次请出曾国藩，命他督办直隶、河南、山东三省军务，所用三省八旗、绿营地方文武官员均归其节制。两江总督由江苏巡抚李鸿章署理，为曾国藩指挥的湘军、淮军筹办粮饷。这本是曾国藩预料中的事，当接到再次让他披挂出征，以解清廷于倒悬之急的命令时，他却十分惆怅。在这瞬息万变的官场中，他很难预料此行的吉凶祸福。因此，他还是采用拖延之法。

当曾国藩接到“赴山东剿捻”的旨令时，他明白清廷的着眼点是在于解燃眉之急，确保京津安全。这是清廷的一厢情愿，此时曾国藩所面临的出征困难却很大。湘军经过裁减后，曾国藩北上剿捻就不得不仰仗淮军。曾国藩心里也清楚，淮军出自李鸿章门下，要像湘军一样，做到指挥上随心所欲，是很难的。另外，在匆忙之间难以将大队人马集结起来，而且军饷供应也不能迅速筹集。

曾国藩做事向来能未雨绸缪，对于清廷只顾解燃眉之急的做法，实在难以从命。况且，朝廷处处防范，自己若继续带兵出征，不知还将惹出多少麻烦。因此，他向朝廷推辞缓行。尽管他向清廷一一陈述了不能迅速启程的原因，但又无法忽视捻军步步北进而不顾。正在其左右为难之际，李鸿章派潘鼎新率鼎军十营包括开花炮一营从海上开赴天津，然后转道赴景州、德州，堵住捻军北上之路，以护卫京师，给曾国藩的准备和出征创造了条件。这样，经过二十几天的拖延后，曾国藩才于六月十八日登舟启行，北上剿捻。

通过拖延的办法，曾国藩赢得了应付事态的时机，也避免了与朝廷上司的直接冲突，能够在骑虎难下、进退维谷之际，促使或者等待事态朝有利于自己的方向发展，于万难之间做到了游刃有余。

弘治十三年（1500），王阳明在《浰头捷音疏》中说："臣以为兵无常势，在因敌变化而制胜。今各贼犯于故常，且谓必待狼兵而后敢攻，此所以不必狼兵而可以攻之也。乃为密画方略，使数十人者各归部集，候我兵有期，则据隘遏贼。"王阳明强调军事态势不是一成不变的，应针对具体情况采取灵活变化的战术。

运用于军事上的智慧，同样可以用于为人处世上，当自己的主张与别人产生分歧时，要避免与他发生正面冲突，要善于变通，兼顾灵活性和原则性。这样，既能办好自己的事，又能处理好与别人的关系，可谓两全其美。

抓住时机，一击制胜

“虽千魔万怪眩瞀变幻于前，自当触之而碎，迎之而解，如太阳一出，而魑魅魍魉自无所逃其形矣，尚何疑虑之有，而何异同之足惑乎？”

——王阳明

王阳明在朝廷高层的掣肘下，率领没有实战经验的民兵，仅用一个多月的时间就击溃了宁王朱宸濠的数万精兵，一举粉碎其蓄谋了数十年的篡位大计就体现了其善于抓住对方脆弱地方，一击制胜的军事谋略。

1519 年，蓄谋已久的宁王朱宸濠组织了十万大军，举兵叛乱。大军顺江而下，势如破竹，准备一举拿下南京。时任赣南巡抚的王阳明知道南昌是宁王的老巢，攻打南昌宁王必然会回师救援。于是他采取围魏救赵战术，直接攻打南昌。宁王首尾无法兼顾，只好回师救援，双方大战于鄱阳湖上。期间，王阳明还下令将写有“宸濠叛逆，罪不容诛；协从人等，有手持此板，弃暗投明者，既往不咎”字样的免死牌，扔入鄱阳湖中。到最后，叛军几乎人手一块，军心哗变。大势已去，宁王仰天长叹：以我家事，何劳费心如此！就这样，一场危及江山社稷的叛乱，就被王阳明轻易化解了。

人们常说：“没有平平凡凡的成功。”一点也不错，真正的成功总是属于那些有准备的人。王阳明知道南昌对宁王的重要性，抓住其脆弱之处，一击制胜。当然，在应对挑战的过程中，要善于找到成功的突破点，这样在竞争中制胜就要简单的多了。

有一天，更赢和魏王站在一个高台之下，仰头看见天空中有鸟飞。更赢对魏王说：“请大王看看，我可以只拉弓不发箭就能把鸟射下来。”魏王不相信地说：“难道你的射术可以达到这样的水平吗？”

更羸很自信地说:“可以。”

不一会儿,一只雁从东方飞来,更羸拿起弓拉了一下空弦,那只雁应声栽落到地上。魏王惊叹道:“你射箭的本领居然可以达到这样一种地步!”更羸说:“这是一只受伤的孤雁啊!”魏王问:“先生是怎么知道的呢?”更羸回答说:“它飞得很缓慢,叫声很悲惨。根据我的经验,飞得慢,是因为旧伤疼痛;叫得惨,是因为长久失群。由于它的旧伤没有长好,一直处于一种害怕的心情中,所以一听见弓弦响,就急忙往高处飞,这就引起伤口破裂,从高空掉下来了。”

大雁虽然受了伤,脱离了雁群,但是它依然可以飞翔。内心的孤独与恐惧消磨了它前进的动力,它的伤在身体,更在内心。作为一个有经验的射手,听鸿鸣而知其伤,弹弓而落飞鸟,这是一种境界,更是一种艺术。眼中有数,心中不慌,敏锐地观察,直击对方心里的最弱点,就能出其不意地制胜。然而这种观察、分析、判断的能力,只有通过长期刻苦的学习和实践才能培养出来。

你可以羡慕更羸凭借弹弓音而落大雁的神奇举动，但你更应看到他的敏锐观察和为了这一次的射猎而经过的刻苦训练。人的一生要面对无数的挑战，每一次的挑战都是艰辛而不同的，但成功的法则是不变的，那就是了解自己，了解对手。

“知己知彼，百战不殆”，不仅为古今中外许多军事家所推崇，作为一种智慧，一种决策制胜的方略，它同样适用于生活的各个方面。面对对手，面对挑战，我们只有清楚地观察到对方的每一个细节，才能做到心中有数，采取正确的对策赢得胜利。

人生就像海浪，有起有伏。如果你想用最省力的方法击败某人，那一定要抓准时机。一旦窥伺到对方最脆弱的时刻，如生病或遭遇灾难等，你就可以一击制胜了。

不打无准备之仗

“正恐后之罪今，亦犹今之罪昔耳。”

——王阳明

凡事预则立，不预则废。《孙子兵法》中说：“凡用兵之法，驰车千驷，革车千乘，带甲十万，千里馈粮。则内外之费，宾客之用，胶漆之材，车甲之奉，日费千金，然后十万之师举矣。”关于战争成本，孙武对车马费、伙食费、医疗保险费、外交补贴等，都考虑得很清楚。战斗，需要一个强大的后勤集团做后盾。战前的准备工作，是战争所必需的，也是战争能够取得胜利的保证。正所谓“军无辎重则亡，无粮食则亡，无委积则亡”，只有解决了基本的生活问题，才有精力去作战。

王阳明戎马倥偬，他深知打仗是一场残酷的争夺，每一场战争都关乎生死、关于朝廷安危，都会消耗大量的人力和物力，因而，每每打仗，他首先是了解对手情况，不打无准备之仗。比如官军在汀漳平乱时，多次出现泄漏军事机密的情况。官军还没行动，对手已经四下逃逸；等到官军收兵，又恢复老样子。毫无疑问，是内奸所为。因此消除内奸就成为打胜仗的起码条件。另外加强当地治安、巩固后方也是战争胜利必备的要素，于是王阳明决定采用“十家牌法”，建立起组织和制度上的保证。他还组织民兵，平时保卫县城，战时可由各省兵备调遣。

打有准备之战是王阳明从来没有打过败仗的重要因素。拿破仑·希尔说过，一个善于准备的人，是离成功最近的人；一个缺乏准备的人，一定是一个差错不断的人，纵然其有超然的能力、千载难逢的机会，也不能保证获得长久的成功。

在做任何事情之前，都不要急于行动，而是要悉心准备而后再一步步水到渠成地实现目标。

准备多做一分，相应的风险就会减少一分。而没有准备的行动会让一切陷入无序，最终面临失败的局面。古罗马学者塞涅卡有这样一句话："要想利用风驰电掣的机会，不仅要做好物质上的准备，更重要的是要做好精神上的准备。"可见，准备攸关成功，但人们总是忽视它。即便有人认识到了它的重要性，也很少能长久地关注它。于是，"效率低下，差错不断"就成了人们身上与失败相关联的标签。

有人曾这样说过，事业成功的三大要素是天赋、勤奋和机遇。而准备主要是指为成功而长期进行的坚韧、扎实的知识储备和辛勤努力的劳动，以及在机遇来临时的全力拼搏和冲刺。可见，机遇固然重要，但离不开天赋和勤奋，离不开充分的准备。成功者并非天生是幸运女神的宠儿，他们大多是在经历了奋力拼搏、曲折辛酸之后才会有所收获。毛泽东曾说："不打无准备之仗，不打无把握之仗，每仗都应力求有准备，力求在敌我条件对比下有胜利的把握。"

以诚心制权术

“为政不事威刑，惟以开导人心为本。”

——王阳明

征战最主要的目的，并不是要消灭敌人的肉体，而是要使敌人心服口服。“攻心为上”，是历代兵家克敌的有力武器。《孙子兵法》中有言“上兵伐谋，其次伐交，其次伐兵，其下攻城”，虽然没有“攻心”之说，实际上包含了攻心策略。

王阳明作为人、人性、人心的研究家，当然知道攻心在战争中的重要地位。每次作战之前，王阳明都会通过发布榜谕，直攻敌对方的心扉。在榜谕上，王阳明对百姓犯错的原因进行了入情入理的分析，并阐述了宽大政策以及自己不立即进兵的原因，殷切期望误入歧途者幡然悔悟。在《王阳明全集》所辑录的一百五十篇文件中，属于榜谕性质的就有二十一篇。很多起义的百姓看到他的榜谕，自动缴械投降。

这就是战争的最高境界，真正的强者，震慑的是人的心理，而不是肉体。王阳明攻心为上，不费一兵一卒，就使对手屈服，实在为人称许。“攻心为上”的核心在于“心”，一个人如果注重内心的修行，锻造自己的气势，也能不战而胜。

古代，有一位专门训练斗鸡的名手叫纪渻子。一天，君王让他代为训练一只斗鸡，十天过后，君王询问训练情况：“进展如何？是否近日可用？”纪渻子回答道：“时机尚未成熟，它杀气腾腾，一上场即横冲直撞。”

又过了十天，君王再度询问，但纪渻子还是回答说：“不成！它只要一听到斗鸡的叫声，便马上斗志昂扬，无法控制自如。”

又过了十天，君王又来询问此事，说：“怎样了？现在该可以了吧！”纪渻子仍然摇头，说：“还不行，它只要看见斗鸡的身影，便立刻来势汹汹，火暴蛮斗。”

十天很快又过去了。君王走到纪渻子面前时，终于得到了纪渻子满意的答复：“大功告成！如今它置身竞技场，不论其他的斗鸡如何挑其怒气，煽其斗志，它都如木鸡一样，无动于衷。这就是内心充满‘德行’的证据。现在，无论什么样的斗鸡遇见它，莫不落荒而逃。”

纪渻子不愧为一个斗鸡高手，他将斗鸡培养成大智若愚的木鸡，锻造了斗鸡的内心气势，让别的斗鸡充满恐惧，不战自败。人也应该同斗鸡一样，不要稍微有点能力就四处卖弄、不可一世，轻率随便只会流露出无知的本质。自我魅力的修养要靠长时间的锻炼才能形成。

军事上讲究“攻城为下，攻心为上”，说的就是心理博弈在竞争中的重要性。一个真正的强者是不会将威严流于表面的，他震慑的是人的心理，给人一种高不可测的“距离感”，使人无法真正了解他的内心世界，认为听从他也许是最好的选择，让人不得不屈服、跟随。正是这种不声张、不傲气、捉摸不透、神秘兮兮的感觉，彰显了强者的人格魅力，让人心甘情愿地敬畏、崇拜。

内心沉稳、不怒自威才是真正的内心气势。面对激烈的竞争，我们不要急于与对手搏斗，而要注重气势的培养。急于求成不但不利于竞争，而且会让我们一败涂地。韬光养晦、引而不发，培养自己内心深沉、淡泊名利的品质，当我们的修行到了一定境界的时候，内心的威慑力就会自然而然地流露出来，不需要激烈的竞争，我们的对手便会甘拜下风，失去了反抗抵触的心理。

如今，很多企业的领导者都属于“木鸡”型，他们在团队中能产生强大的影响力。这是因为这类人平时虽然话语不多，可一旦出口则句句都很在理。所以他们说话总是“惜墨如金”，要么不说，要说一定说到点子上，并产生效果。

做一个强者、智者，不需要豪言壮语，只需要不怒自威的气势。

第十八章

畅达时不张狂，挫折时不消沉

常在静处，谁能差遣我

“当极静时，觉此心中虚无物，旁通无穷，如长空云气，流行无所止极。”

——王阳明

“非宁静而无以致远。”诸葛武侯如是说。静是什么？是泰山崩于前而色不变，是大胸襟，也是大觉悟，非丝非竹而自恬愉，非烟非茗而自清芬。

如何才能进入静的境界？王阳明给出了一种答案：不要轻易起心动念。常人之所以和圣人有分别，完全因为起心动念。因此，万事万物呈现在心中的时候，寂然无我；而当达到了寂然无我的境界时，万事万物自然也会呈现在心中。

紧张和焦灼的生活，很难让人品味到静的清芬与恬愉，甚至会渐渐浮躁起来，可是浮躁往往不利于事情的发展。因此，与其让浮躁影响我们正常的思维，不如放开胸怀，静下心来，默享生活的原味。毕竟唯有宁静的心灵，才不营营于权势显赫，不奢望金银成堆，不乞求声名鹊起，不羡慕美宅华第，因为所有的营营、奢望、乞求和羡慕，都是一厢情愿，只能加重生命的负荷，加速心灵的浮躁，而与豁达康乐无关。

谢安乃晋朝名臣。晋简文帝时，权臣桓温想要简文帝禅位给他，简文帝死后，谢安等人趁他不在京都，马上立太子做了皇帝。桓温气急败坏，于是在宁康元年（373）二月，亲率大军，杀气腾腾地回兵京师，向谢安问罪。并欲趁机扫平京城，改朝换代。眼见朝廷上下，人心惶惶，新帝司马曜也不得不下诏让吏部尚书谢安和侍中王坦之到新亭迎接桓温。

二月的京城，春寒料峭，桓温的到来更给这里增添了一派肃杀气象。桓温到来时，百官都去迎接。文武百官纷纷跪拜在道路两旁，甚至连抬头看一眼威风凛凛从眼前经过的桓温的勇气都没有，这里面也包括那些有地位有名望的朝廷重臣。但谢安除外，面对四周杀气腾腾的卫兵，他先是先作了一首咏浩浩洪流的《洛生咏》，然后才从容地说："我听说诸侯有道，就会命守卫之士在四方防御邻国的入侵。明公入朝，会见诸位大臣，哪用得着在墙壁后布置人马呢？"桓温一下子被他镇住了，于是赶忙赔笑说："正因为不得已才这样做呀！"他连忙传令撤走兵士，笼罩在大家中间的紧张气氛一下子消除了。

接下来，他又摆酒设馔，与谢安两人"欢笑移日"，在这欢笑声中，东晋朝廷总算度过了一场虚惊。

“泰山崩于面前而不惊”，如此的定力不是每个人都可以具有的。谢安曾经在桓温的手下做事，面对这个杀气腾腾的上级，要想保持镇定，不仅需要在气势上胜过他，更要在内心上胜过他。可以说，谢安能够在桓温面前安然自在，是因为他自己保持了内心的宁静，在气势上胜过了桓温。

王阳明良知的哲学思想中包含这样一层含义，即良知是生命本源的一种知觉。宁静作为一种功夫的意义就在此，它能够减去压在良知表面上的重物。宁静是一种气质、一种修养、一种境界、一种充满内涵的悠远。安之若素，沉默从容，往往要比气急败坏、声嘶力竭更显涵养和理智。

其实，真的不需太急功近利，不如将心跳放缓，随青山绿水而舞，见鱼跃鸢飞而动。水流任急境常静，花落虽频意自闲。把心常放在静处，荣辱得失，哪一样能够左右我？

不动心，不烦恼

“心之本体，原自不动。”

——王阳明

王阳明曾在平定叛乱后，看见世风日下感慨道：破山中贼易，破心中贼难。心中之贼便是“私欲”，“私欲”是一切万恶的源头。他认为一个人持有什么样的心态，就可能成为什么样的人，也就能够拥有一个什么样的人生。

世间的事，纷至沓来，只有做到不动心，才能得到真正超然物外的洒脱。王阳明认为，心的本体，原本就是不动的。心不动，即便有三千烦恼丝缠身，亦能恬静自如。这就好比同样多的事情，有人为世事所叨扰，忙得焦头烂额，有人却能泰然自若地悉数处理完毕，生活的智者总是懂得在忙碌的生活之外，存一颗闲静淡泊之心，寄寓灵魂。后者虽因忙碌而身体劳累，却因为时时有着一颗清静、洒脱而无求的心，便很容易能找到自己的快乐。

苏轼是宋代名士，既有很深的文学造诣，他的思想也兼容了儒释道三家关于生命哲理的阐释，虽如此，有时候他也不能真正领悟到心定的感觉。

苏轼被贬谪到江北瓜洲时，和金山寺的和尚佛印相交甚多，常常在一起参禅礼佛，谈经论道，成为非常好的朋友。

一天，苏轼作了一首五言诗：稽首天中天，毫光照大千；八风吹不动，端坐紫金莲。作完之后，他再三吟诵，觉得其中含义深刻，颇得禅家智慧之大成。苏轼觉得佛印看到这首诗一定会大为赞赏，于是很想立刻把这首诗交给佛印，但苦于公务缠身，只好派了一个小书童将诗稿送过江去请佛印品鉴。

书童说明来意之后将诗稿交给了佛印禅师，佛印看过之后，微微一笑，提笔在原稿的背面写了几个字，然后让书童带回。

苏轼满心欢喜地打开了信封，却先惊后怒。原来佛印只在宣纸背面写了两个字："狗屁！"苏轼既生气又不解，坐立不安，索性搁下手中的事情，吩咐书童备船再次过江。

哪知苏轼的船刚刚靠岸，却见佛印禅师已经在岸边等候多时。苏轼怒不可遏地对佛印说："和尚，你我相交甚好，为何要这般侮辱我呢？"

佛印笑吟吟地说："此话怎讲？我怎么会侮辱居士呢？"

苏轼将诗稿拿出来，指着背面的"狗屁"二字给佛印看，质问原因。

佛印接过来，指着苏轼的诗问道："居士不是自称'八风吹不动'吗？那怎么一个'屁'就过江来了呢？"

苏轼顿时明白了佛印的意思，满脸羞愧，不知如何作答。

身在人世操劳一生，却能心安身安，这着实是一件不容易实现的事。这需要我们转换对生活的态度，持一颗清静的心，不生是非分别，不起憎爱怨亲，就能够安稳如山，自在如风。

世上本无事，庸人自扰之。王阳明说人人都具有心力，大凡终日烦恼的人，实际上并不是遭遇了多大的不幸，而是自己的内心对生活的认识存在着片面性，心无力而已。真正聪明的人即使处在烦恼的环境中，也能够自己寻找快乐。

在忙碌、纷扰的生活外保持一颗清静的心，这是每一个人必须谨记在心的真理。心中有青山，就算是忙，也永远是“气定神闲的忙”。

顺境逆境都能从容

“是有意于求宁静，是以愈不宁静耳。”

——王阳明

生活充满了种种偶然与不测，很多人的心情都容易因此受到影响，使得精神无时无刻不在忐忑不安之中。而要沉着冷静地去面对，则需如王阳明所说的涤荡内心。不管是顺境，还是逆境，都要静心不动。

静心即净心。平常人想要净心的时候，往往习惯于用理性去控制，但这样做的结果可能适得其反。告诉自己“不能动心，不能动心”，这个时候心已经动了。提示自己“心不能随境转”，这个时候心已经转了。王阳明说，有意去找寻宁静，这个时候已经不宁静了。真正的净心不是特意去控制它，也不是刻意去把握它。什么时候都知道自己的心，心自然而然就不动了。心不动了，人就不会为外界的诱惑所动从而净化自身。

仰山禅师有一次请示洪恩禅师道："为什么吾人不能很快地认识自己？"

洪恩禅师回答道："我给你说个譬喻，如一室有六窗，室内有一猕猴，蹦跳不停，另有五只猕猴从东西南北窗边追逐猩猩。猩猩回应，如是六窗，俱唤俱应。六只猕猴，六只猩猩，实在很不容易很快认出哪一个是自己。"

仰山禅师听后，知道洪恩禅师是说吾人内在的六识（眼、耳、鼻、舌、身、意）和追逐外境的六尘（色、声、香、味、触、法），鼓噪繁动，彼此纠缠不息，如空中金星蜉蝣不停，如此怎能很快认识哪一个是真的自己？因此便起而礼谢道：

"适蒙和尚以譬喻开示，无不了知，但如果内在的猕猴睡觉，外境的猩猩欲与它相见，且又如何？”

洪恩禅师便下绳床，拉着仰山禅师，手舞足蹈似的说道：

“好比在田地里，防止鸟雀偷吃禾苗的果实，竖一个稻草假人，所谓‘犹如木人看花鸟，何妨万物假围绕’？”

仰山终于言下契入。

为什么人最难认清自己呢？主要是因为真心被掩盖了。就像一面镜子，布满灰尘，就不能清晰地映照出物体的形貌。真心没有显现出来，妄心就会影响人心，时时刻刻攀缘外境，心猿意马，不肯休息。

心不动才能真正认清自己，遇到顺境不动，遇到逆境也不动，不受任何外在的影响。现代人的状况大多相反，遇到顺境的时候高兴得不得了，遇到逆境的时候痛苦得不得了，这就带来许多痛苦。其实，我们遇到的任何外境都一样，如果我们能够了解这一点，就不会被六尘所诱惑，也不会被六识所蒙蔽。

实际上，顺境跟逆境不过是一体两面而已，一个是手背，一个是手心。顺境时得意忘形，逆境时失意忘形，都是不对的，换句话说，是心有所住。有所住，就被一个东西困住了，就得不到解脱。要想真正解脱，并不是去崇拜偶像，也不是迷信权威，而是要心无所住，心不为动。这样，面对任何事情，物来则应，过去不留。

外面再美的景致，也无法使我们的心得到真正的休息，反而白白浪费掉精力。王阳明启示我们，把浑浊、动荡的心澄清。不要刻意去欢喜、悲伤。就好像看一池生长于污泥中的荷花，池边的观赏者有人欢喜有人忧，可是一池的荷花却在那里，不动，不痴，也不染，荷花只是荷花。人如果也能像荷花一样，不被外物牵绊，活出真我，心便能回归寂静，生活也就不会被境遇随意差遣。

静坐静思，不被外物所扰

“日间功夫，觉纷扰，则静坐。”

——王阳明

在纷乱的社会生活中，人们常常感到不安。对此，王阳明建议学习静坐。闭上眼睛去养神。养着养着，外在的喧嚣和热闹都消失了，随即便发现了心灵内在更为美好的境界。

“独坐禅房，潇然无事，烹茶一壶，烧香一炷，看达摩面壁图。垂帘少顷，不觉心静神清，气柔息定，蒙蒙然如混沌境界，意者揖达摩与之乘槎而见麻姑也。”这是《小窗幽记》给人们阐述的一个幽静、美妙的意境：独自坐在禅房中，清爽而无事，煮一壶茶，燃一炷香，欣赏达摩面壁图。将眼睛闭上一会儿，不知不觉中，心变得十分平静，神智也十分清静，气息柔和而稳定。这种感觉，仿佛回到了最初的混沌境界，就像拜见达摩祖师，和他一同乘着木筏渡水，见到了麻姑一般。

人只有心静下来的时候，才能够观照到自己的本来面目。就好像波浪迭起的时候，我们无法看到水底的情况；只有当水平波静的时候，我们才能看到清澈的水底。所以，静坐是人们放下心外一切的有效方法。

静坐是指放松入静，排除杂念，呼吸自然，一切的一切主要是为了让一个人变得安静，变得能感觉到自己的存在，然后一直变到忘我之境。静坐可以让一个人的身体保持内外的平衡，也利于提升自己的心灵境界。一个人若能在嘈杂中感悟宁静，也就达到了人生快乐的极高境界。

有四个人聚在一块进行一项“不说话”的训练，以此考验自己的定力。四个人当中，有三个人的定力较高，只有一个人定力较弱。由于是在晚上，要时常为灯添油，所以四人商量过后，点灯的工作就由定力最弱的那个人负责。

“不说话”开始后，四个人就围绕着那盏灯静坐。几个小时过去了，四个人都默不作声。

油灯中的油越燃越少，眼看就要枯竭了，负责管灯的那个人，见状大为着急。此时，突然吹来一阵风，灯火被风吹得左摇右晃，几乎就要灭了。

管灯的人实在忍不住了，他大叫说：“糟糕！火快熄灭了。”

其他三个人，原来都闭目静坐，始终没说话，听到管灯的那个人的喊叫声，有一个人立刻斥责他说：“你叫什么！我们在做‘不说话’，不能开口说话。”

又有一个人闻声大怒，他骂第二个人说：“你不也说话了吗？太不像样了。”

第四个人始终沉默静坐。可是过了一会儿，他就睁眼傲视其他三个人说：“只有我没说话。”

到达心灵的宁静境界实属不易，如果还要在宁静的境界里感悟人生的奔腾则是难上加难。因为外物的嘈杂难敌内心的安宁，但是环境的安宁却不容易让人兴奋。当人们被静谧所吞没的时候，是兴奋不起来的，因此在宁静中让自己的内心变得活力四射就显得更难得。

人当心如止水，但是止水并不是死水，所谓静止只是相对的状态，人生往往是宁静里波涛汹涌，那些最平淡的事情里面往往酝酿着最为激烈的革命。一个人如能做到在宁静中感悟奔腾，就证明已到达了心灵的至高境界。

静虑息欲致良知，这个办法是王阳明说知行合一时提出的办法，当人们万分疲惫的时候，只需静坐下来，闭上眼睛，打开心眼去看你内心存在的那个世界，疲劳也就渐渐消退，祥和空灵的境界随之而来。

身处喧嚣尘世，我们也要独自静处在禅房之中，清静无为，摆脱了尘世的喧扰，焚烧上一炷好香，烹煮上一壶清茶，慢慢地品味着妙道的清香。然后面对着达摩祖师坐禅，静坐闭目，心自澄明，朦胧中和达摩祖师相会，共话禅意，哪里还记得这俗世的烦恼呢？

心清净，便悠然自得

“固然。但初学用功，却须扫除荡涤，勿使留积，则适然来遇，始不为累，自然顺而应之。”

——王阳明

人类在任何时代都需要一颗清净心。也就是远离烦恼的迷惘，有了清净心，遇到失意之事能治之以忍，遇到快心之事能视之以淡，遇到荣宠之事能置之以让，遇到怨恨之事能安之以忍，遇到烦乱之事能处之以静，遇到忧悲之事能平之以稳。

王阳明说：“扫除荡涤，勿使留积，则适然来遇，始不为累，自然顺而应之。”排除杂念，不为外物所累，追求心灵的自由。王阳明强调的是一种心灵的模式，拥有一颗清净的心，摆脱外界环境的干扰，完全沉浸、专注于当下所做的事情当中，用整个身心来解决所面临的问题，而不是纠缠于自我。

俗语说："世上无难事，只怕有心人。"人若是专心致志，任何难题都能较好地解决，而深入研究问题的起因、经过、结果以及相关的问题，则能做到"触类旁通"，解决了此问题便能解决与此相通的问题。反之，倘若三心二意，被外物所扰，再聪明的人也不能掌握真正的技术，不能学会更多的知识。

从前，有个名叫弈秋的人，他的棋艺水平闻名全国。每隔两年，弈秋大师都招收两名徒弟，这一次，他的徒弟是两个年轻小伙子，一个叫东木，一个叫西木。

弈秋讲棋有个习惯，总是闭着眼睛讲解，用手摸着棋子出招，并不监督徒弟们学习的态度，全凭他们的自觉来掌握棋艺。

开始时，东木和西木都能够全神贯注地听老师讲课，有时，两个人还时不时打断弈秋的讲解，提出各种疑问。晚上回到住宿的地方，两人往往兴致未尽，在院子中互相切磋棋艺，其水平不相上下，进步很快。

一年后，东木和西木回家看望。经过一片林子时，他们恰好看到一个英俊的猎人，拉弓搭箭，一下子射落一只正在高飞的鸿雁。这情景深深地吸引了西木，给他留下难忘的印象。回到老师身边，东木和西木学棋的态度有所不同了。东木学棋的兴致越来越浓，西木却感到整天学棋太枯燥了。东木听老师讲解棋谱时，专心致志，用心去领会老师说的每一句话；西木呢，他对猎鸟更感兴趣，总惦记着，鸿雁是不是正在天上飞呢，有时，他还隐隐约约地听到了鸿雁的叫声，眼前不时浮现猎人射雁的英姿。

又一年过去了，东木和西木学艺期满。弈秋让二位徒弟对弈，检验他们的棋艺。结果呢，当然是东木棋高一筹，把西木“杀”得落花流水。

弈秋大师看完两位徒弟的棋局，感慨地说：“初学时，我闭目教棋时听你们两人的回答，我认为你们同样的聪明；后来，我闭目教棋时只听到东木一个人的回答，西木的心已经飞走了，所以我明白东木才是我真正的徒弟。”

清净心能够提高人的人生境界。清净之心就是一粒小小的种子，虽然外表看来微不足道，但其中蕴涵着最伟大的力量，凭借这种力量，人能够实现非常大的提升。

诸葛亮 54 岁时写给他 8 岁儿子诸葛瞻的《诫子书》中说：“非淡泊无以明志，非宁静无以致远。”意思是一个人在社会中生活，若淡泊名利等身外之物，便可以真正明确自己的志向，若心无旁骛地投入某项你所钟爱的事业中，便可以实现远大的目标。这是诸葛亮一生的真实写照，亦是我们后人谨遵的警句名言。

为世俗名利所困扰，就算成功了，得到的也只是物质丰裕的快感，缺少“闲居无事可评论，一炷清香自得闻”的那派悠然，按照王阳明所说的，我们若做一件事物，沉下心来好好地投入，研究它、发展它，把功名等泛泛之事都抛之脑后，终有一天，会收获兴致，还有成功。

在紧张忙碌的日子里，拿出许多小小的空闲为自己净心，片刻的净心会带来片刻的安宁，无数个片刻积累起来，人就获得了一份悠然自得的心情，整个身心也就能达到和谐的状态。

按心兵不动，如止水从容

“我不看花时，花与我心同寂。我看花时，花的颜色一时明白起来，便知此花不在我心之外。”

——王阳明

我们每个人的心中都难免有理性和情绪上的斗争和争讼。这种“心、意、识”自讼的状态就叫做“心兵”。普通人心中随时都在打内战，如果妄念不生，止水澄波，心兵永息，自然天下太平。

“我不看花时，花与我心同寂。我看花时，花的颜色一时明白起来，便知此花不在我心之外。”这句话被奉为王阳明的经典话语。王阳明认为外物之所以存在是因为心的存在。所以在面对人生中的诸多沉浮时，我们大可不必左右摇摆之，而是要以一种从容淡定的心情去对待之，并借此来修炼自己的心灵，达到不动心的境界，以获得一个悠然自在的人生。

从容淡定，是一种活法，一番境界。有一则有趣的笑话，下雨了，大家都匆匆忙忙往前跑，唯有一人神态悠然，在雨中踱步，旁边大步流星跑过的人十分不解："你怎么不快跑？"此人缓缓答道："急什么，前面不也在下雨吗？"。

当人们在面临风雨匆忙奔跑之时，那个淡然安定欣赏雨景的人，正是深谙从容的生活智慧。在现代都市竞争的人性丛林中，从容淡定是一种难以达到的大境界，别人都在杞人忧天、慌不择路，只有他镇定从容。正如一首耳熟能详的歌中唱得那样："曾经在幽幽暗暗反反复复中追问，才知道平平淡淡从从容容才是真。"

黄帝做了19年天子，诏令通行天下，听说广成子居住在崆峒山上，特意前往拜见他。

黄帝见到广成子后说："我听说先生已经通晓至道，冒昧地请教至道的精华。我一心想获取天地的灵气，用来帮助五谷生长，用来养育百姓。我又希望能主宰阴阳，从而使众多生灵遂心地成长，对此我将怎么办？"

广成子回答说："你所想问的，是万事万物的根本；你所想主宰的，是万事万物的残留。自从你治理天下，天上的云气不等到聚集就下起雨来，地上的草木不等到枯黄就飘落凋零，太阳和月亮的光亮也渐渐地晦暗下来。然而谗谄的小人心地是那么褊狭和恶劣，又怎么能够谈论大道！"

黄帝听了这一席话便退了回来，弃置朝政，筑起清心寂智的静室，铺着洁白的茅草，谢绝交往独居三个月，再次前往求教。

广成子头朝南躺着，黄帝则顺着下方，双膝着地匍匐向前，叩头着地行了大礼后问道："听说先生已经通晓至道，冒昧地请教，修养自身怎么样才能活得长久？"

广成子急速地挺身而起，说："问得好啊！来，我告诉给你至道。至道的精髓，幽深邈远；至道的至极，晦暗沉寂。什么也不看什么也不听，持守精神保持宁静，形体自然顺应正道。一定要保持宁寂和清静，不要使身形疲累劳苦，不要使精神动荡恍惚，这样就可以长生。眼睛什么也没看见，耳朵什么也没听到，内心什么也不知晓，这样你的精神定能持守你的形体，形体也就长生。小心谨慎地摒除一切思虑，封闭起对外的一切感官，智巧太盛定然招致败亡。我帮助你达到最光明的境地，直达那阳气的本原。我帮助你进入幽深渺远的大门，直达那阴气的本原。天和地都各有主宰，阴和阳都各有府藏，谨慎地守护你的身形，万物将会自然地成长。我持守着浑一的大道而又处于阴阳二气调谐的境界，所以我修身至今已经1200百年，而我的身形还从不曾有过衰老。"

黄帝再次行了大礼叩头至地说："先生真可说是跟自然混而为一了！"

广成子主要说的是怎样才能求得道，我们却可以从中体悟到“静”的作用，每个人想要得到幸福，都要保持自己心灵的平静，按住心兵不动。

王维诗云：

人闲桂花落，夜静春山空。

月出惊山鸟，时鸣春涧中。

诗描写的不仅是美丽的自然，也是诗人生命的美。如果一个人在喧闹的都市中，仍保持一颗清静无为的心，就能像王维那样体验到生命中蕴含着的花落、月出、鸟鸣的美丽，就能拥有一个诗意的幸福人生。

从容不动心，能够让你在车马喧嚣之中多一分理性，在名利劳形之中多一分清醒，在奔波挣扎中多一分尊严，在困顿坎坷中多一分主动。从容是一种处世泰然，是一种宠辱不惊；从容是以一颗平常心接受着现实的凝重、琐碎、磨难甚至屈辱。

王阳明一再讲“心外无物”“心外无理”，他声称心是万物的主宰，一切都源于“心”，心是可以灵活多变的，你需要学会掌控。所以，任何时候都不要让心兵慌乱，只需一种从容的淡定，一切便会豁然开朗。

第十九章

入世心做事，出世心做人

随性生活，顺其自然

“有根方生，无根便死。”

——王阳明

每个人都有天然的生命，每个人的身体形貌都是独立的，各有独自的精神。“人之貌有与也”，这句话告诉我们一个深刻的道理，人的相貌是相对的，外形不能妨碍我们精神生命独立的人格，每个人都要有自己生命的价值，人活着要顺其自然，不要受任何外界环境的影响。

少年时代的王阳明，耳濡目染的是经书、科考和功名。读书而金榜题名，是进身的黄金之路，也是成为封建贵族和进入权力中心的唯一道路。

然而具有戏剧性的是，癸丑年他参加科考落选，许多他父亲的同僚和赏识他的人来安慰他，宰相李西涯跟他开玩笑说："汝今岁不第，来科必为状元，试作来科状元赋。"还在扬才露己阶段的王阳明遂"悬笔立就"。诸老皆惊呼"天才！天才！"后来有忌妒他才华的人说："此子如果取上第，目中不会有我辈矣。"来年即丙辰科会试，果然因有人忌妒而名落孙山。

王阳明科考的落败，原因就在他违背了自己既入乎其中又超乎其外的章法，用力太猛，适得其反，这对于功名心还极强的他来说是深感挫败的。然而他一想，这才是真正需要格的物，要顺应自然的常态，加强自己心的修炼。

一切都是最好的安排，自然就是生命的方式。有时候，过于倚重外物与环境会让你充满烦恼，得不到快乐的往往不是别人，正是你自己。

一个人被烦恼缠身，于是四处寻找解脱烦恼的秘诀。有一天，这个人来到一个山脚下，看见在一片绿草丛中有一位牧童骑在牛背上，吹着横笛，逍遥自在。他走上前去问道："你看起来很快活，能教给我解脱烦恼的方法吗？"牧童说："骑在牛背上，笛子一吹，什么烦恼也没有了。"他试了试，却无济于事。于是，他又开始继续寻找。

不久，他来到一个山洞里，看见有一个老人独坐在洞中，面带满足的微笑。他深深鞠了一个躬，向老人说明来意。老人问道："这么说你是来寻求解脱的？"他说："是的！恳请不吝赐教。"老人笑着问："有谁捆住你了吗？""没有。""既然没有人捆住你，何谈解脱呢？"他蓦然醒悟。

我们又何尝不是像这个人一样四处寻找解脱的途径？殊不知，并没有谁捆住你的手脚，真正难以摆脱的是困于心中的那个瓶颈。打破心中的瓶颈，清除掉心中的垃圾，你就可以在属于自己的天空中自由翱翔。人之所以不快乐，就是因为活得不够单纯。其实，不要去刻意追求什么，不要向生命索取什么，不要为了什么去给自己设置障碍，简单而自然，本身就是一种幸福。

一个农民从洪水中救起了他的妻子，他的孩子却被淹死了。事后，人们议论纷纷。有人说他做得对，因为孩子可以再生一个，妻子却不能死而复活。有人说他做错了，因为妻子可以另娶一个，孩子却没法死而复活。

有一个秀才听说了此事，也感到疑惑不解，他就去问农民。农民告诉他，他救人时什么也没去想。洪水袭来，妻子在他身边，他抓起妻子就往山坡游。待返回时，孩子已被洪水冲走了。

这个农民的处事方式自然是一种最睿智的生活方式，如果他进行一番抉择的话，事情的结果会是怎样呢？洪水袭来，妻子和孩子被卷进旋涡，片刻之间就会失去性命。

随着年龄、阅历的增长，人心会越来越复杂。

其实生活通常都很简单，只是人们用自己的心让它变得扑朔迷离。保持自然的生活方式，不因外在的影响而痛苦抉择，便会懂得生命简单的快乐。人生中，许多时候，我们并没有机会和时间进行抉择，你只需遵循生命自然的方式，随性生活便好。王阳明曾提出过一个“俟命”的生死态度，“俟命”就是任命。但在王阳明看来所谓的任命和随性，并不是随便，而是顺其自然，不躁进、不过度、不强求；是把握机缘，不悲观、不慌乱、不忘形。

既然天赐予了人们这样的形体和生命，也赐予了人们自由生活的权力，不要忘记，自然永远比人更包容，不能包容人的，是人自己。

从心所欲不逾矩

“志于道德者，功名不足累其心；志于功名者，富贵不足以累其心。”

——王阳明

从正德六年（1511年）起，由于王阳明在江西庐陵施政成绩卓著，他由司主事升到员外郎、郎中、南京鸿胪寺卿、都察院左佥都御史、都察院右都御史、巡抚两广、南京兵部尚书、封新健伯。加上他的文治武功，可以说是声名显赫。尤其是在平定宁王叛乱之后，震惊朝野上下。但是王阳明不但毫无升迁之后的欣喜，反而一次又一次地上书，或者恳求辞官；或者借体弱多病，恳请归里修养；或者恳求回乡探望亲人，离开政界。

真正的智者永远知道自己需要什么和不需要什么，不会为了看似光鲜的声誉而明争暗斗。王阳明就是这样一个人，七次擢升，他六次要求辞官，虽然不被皇帝批准，但是他始终知道自己要的是什么。

曾有人说：“石火光中争长竞短，几何光阴？蜗牛角上较雌论雄，多大世界？”人生就像用铁击石所发出的火光一闪即逝，在这短暂的光阴中何苦为争名夺利而浪费时间？人类在宇宙中生存的空间就像蜗牛角一样狭小，在这般有限的空间里又能争得多大的世界呢？

齐庄公的时候，有个勇士名叫宾卑聚。一天夜里，他梦见一个壮士，身材魁梧，头戴白色绢帽，帽上坠着红色的丝穗，外穿耀眼的红色麻布盛装，内穿棉布做的衣服，脚穿一双崭新的白色缎鞋，身上挂着一个黑色的剑囊。这个威武的大汉走到宾卑聚面前，大声地呵斥他，还朝他脸上吐唾沫。

宾卑聚一下子惊醒了，发现原来是个梦。尽管这样，他依然耿耿于怀。

第二天天一亮，宾卑聚就把他的朋友们都请来，向他们讲述了前一天晚上做的梦。然后他对朋友们说："我自幼崇尚勇敢，60年来从没受过任何欺凌侮辱。可是昨天夜里，我在梦中受到如此侮辱，心中实在愤懑。我定要找到那个敢于在梦中骂我，并向我吐唾沫的人。假若在三天之内找到他，就报这仇；如果三天之内找不到他，我就没脸面活在世上。"

此后每天早晨，宾卑聚就带着他的朋友们一起站在行人过往频繁的道上，寻找梦中的壮士。可是，三天过去了，他们始终没有看到类似的壮士。宾卑聚气馁地回到家中，长叹一声，拔剑自刎。

梦如镜花，转瞬即逝，皆是不现实的东西。古人常说："智勇多困于所溺。"人如果沉浸在虚幻的事物当中，对一切不现实的东西抱有奢望或想法，仿佛是动物被困于囹圄，无法脱困，最终只会使自己疑心重重，害苦自己。这个故事清楚地说明，梦终是梦，人不可以追求或追究那种离自己太远的东西，应该看到眼前此刻现实的事物，保持一颗淡然的心态，才能领悟生活的真谛。而那所有称谓也都不过是一个名号，徒有表面光鲜而已。

王阳明有一个关于敬畏与洒脱的理论，现实世界总是不圆满的，这个时候需要理想来填充；而理想并非空挂着，必须要落实到现实中去。在理想与现实中，人们开始追求和实践。为了不被这个过程当中名利所扰，则需要达到敬畏和洒脱的境界，内在的敬畏，外在的洒脱，也就是对“从心所欲不逾矩”的注脚。身在名利场，却不为名利所累。

虚名是人心灵上的大包袱，让人没有一刻轻松，让人失去自我，让人失掉别人的尊重与承认，更危险的是贪慕虚名可能会成为对手的机会，到时受到的伤害有多惨重，却是无可估量的。所以，除去虚名便能除去不必要的负担，任何时候，我们都要保持对自我的清醒认识。

以出世心境，做入世事业

“我亦爱山仍恋官。”

——王阳明

心学作为心性儒学，最不同于其他儒学者，在于其强调生命活泼的灵明体验。看似与佛学的心法修教十分相似，但佛学只求出世，而心学用出世之心做入世之事。正是儒学所说的“内圣外王”。纵观王阳明的一生，平国安邦、著书立说、驰骋骑射，全无中国文人的懦弱单薄。他动静兼入极致，顿悟深远，知行合一，于平凡中体现伟大，以入世中明见其出世的心境。

王阳明的“有”，是“大无大有”，先无我才能真有我，因此他对万事既不排斥也不沉溺。比如在王阳明的诗歌中，我们可以看到他“我亦爱山也爱官”。他既有强烈的建功立业的欲望，更想着他的“第一等事”成为圣贤。成化三年，因为王华的岳父去世，王阳明也随之回到老家。他白天跟随大家一起学习，晚上还自己品读经史子集。他的亲戚朋友看到他如此精进，都纷纷慨叹，后来总结出“彼已游心举业外矣，吾辈不及也！”这也是老子说的“外其身而身存，后其身而身先”。

王阳明一生都得力于这种入乎其内出乎其外的章法。老子说：“我愚人之心也哉，沌沌兮。”“愚”，并非真笨，而是故意表现出来的。“沌沌”，不是糊涂，而是如水汇流，随世而转，自己内心却清楚明了。

俗人有俗人的生活目的，道人悟道人的生命情调。就道家来讲，人生是没有目的的，即佛家所说“随缘而遇”，以及儒家所说“随遇而安”。随缘而遇的同时还要坚持个性，不受任何限制。身做人世事，心在尘缘外。唐朝李泌便为世人演绎了一段出世心境入世行的处世佳话，他睿智的处世态度充分显现了一位政治家、宗教家的高超智慧。该仕则仕，该隐则隐，无为之为，无可无不可。

李泌一生中多次因各种原因离开朝廷。玄宗天宝年间，当时隐居南岳嵩山的李泌上书玄宗，议论时政，颇受重视，遭到杨国忠的嫉恨，毁谤李泌以《感遇诗》讽喻朝政，李泌被送往蕲春郡安置，他索性“潜遁名山，以习隐自适”。自从肃宗灵武即位时起，李泌就一直在肃宗身边，为平叛出谋划策，虽未身担要职，却“权逾宰相”，招来了权臣崔圆、李辅国的猜忌。收复京师后，为了躲避随时都可能发生的灾祸，也由于叛乱消弭、大局已定，李泌便功成身退，进衡山修道。代宗刚一即位，又将李泌召至京师，任命他为翰林学士，使其破戒入俗，李泌顺其自然，当时的权相元载将其视为朝中潜在的威胁，寻找名目再次将李泌逐出。后来，元载被诛，李泌又被召回，却再一次受到重臣常衮的排斥，再次离京。建中年间，泾原兵变，身处危难的德宗又把李泌招至身边。

李泌屡蹶屡起、屹立不倒的原因，在于其恰当的处世方法和豁达的心态，其行入世，其心出世，所以社稷有难时，义不容辞，视为理所当然；国难平定后，全身而退，没有丝毫留恋。李泌已达到了顺应外物、无我无己的境界，正如儒家所说“用之则行，舍之则藏”，“行”则建功立业，“藏”则修身养性，出世入世都充实而平静。李泌所处的时代，战乱频仍，朝廷内外倾轧混乱，若要明哲保身，必须避免卷入争权夺利的斗争之中。心系社稷，远离权力，无视名利，谦退处世，顺其自然，乃李泌的处世要诀。

李泌有一阙《长歌行》:“天覆吾，地载吾，天地生吾有意无。不然绝粒升天衢，不然鸣珂游帝都。焉能不贵复不去，空作昂藏一丈夫。一丈夫兮一丈夫，千生气志是良图。请君看取百年事，业就扁舟泛五湖。”这既是他本人一生的写照，也是他对于后人的忠告。

用出世的心做入世的事，不是每个人都能做到的。怎样才算是出世之心呢？

古时候有一位智者，学识渊博，德高望重，他有一个小徒弟，天资聪颖，却总是怨天尤人。这天，徒弟又开始不停地抱怨，智者对他说：“去取一些盐来。”徒弟不知师傅何意，疑惑不解地跑到厨房取了一罐盐。师傅让徒弟把盐倒进一碗水里，命他喝下去，徒弟不情愿地喝了一口，苦涩难耐，师傅问：“味道如何？”徒弟皱了皱眉头，说：“又苦又涩。”师傅笑了笑，让徒弟又拿了一罐盐和自己一起前往湖边。师傅让徒弟把盐撒进湖水里，然后对徒弟说：“掬一捧湖水喝吧。”徒弟喝了口湖水，师傅问：“味道如何？”徒弟说：“清爽无比。”师傅又问：“尝到苦涩之味了吗？”徒弟摇摇头。师傅语重心长地对他说：“人生中的许多事情如同这罐盐，放入一碗水中，你尝到的是苦涩的滋味，放入一湖水中，你尝到的却是满口甘爽。让自己的心变成湖水，自然尝不到人生的苦涩。”

做人做事都应如此，莫让心境局限在一个狭小的空间，心如大海，便可达到出世的境界。老子说：“万物并作，吾以观复。”于他，无欲无为的出世和“治大国若烹小鲜”的入世巧妙地结合在一起。

一个人成不成功除了外界给予个人的条件外，还和个人的心态有关。就像王阳明一样，他可以“每日宴坐草庵中”，也可以“我亦爱山仍恋官”。出世和入世很大程度上都取决于个人的心态。

人人都想追求幸福并成就一番事业，在人生的路途上肯定要遭遇很多的挫折和苦难，这个时候就必须要静其心，淡泊名利，学会选择与放弃，学会以出世心境，做入世事业。

同流世俗不合污，周旋尘境不流俗

“此心光明，亦复何言。”

——王阳明

王阳明临死前说：“此心光明，亦复何言。”回顾他的一生，少年时起便立下大志，勤读诗书。初入仕途被人陷害，贬谪龙场三年，吃尽了人间苦楚，身心都大受打击，却也在此悟道，受用一生。而后频频得志，名震天下，桃李满布天下。王阳明的一生是波折与荣誉共生，他认为自己这一生不愧对百姓，不愧对国家，了无遗憾。

王阳明能够如此从容不迫地面对死亡，是因为他这一生并没有与世同流合污，而是在辛勤地付出，为百姓和国家鞠躬尽瘁。

古语道："处治世宜方，处乱世宜圆，处叔季之世当方圆并用；待善人宜宽，待恶人宜严，待庸众之人当宽严互存。"处在太平盛世，待人接物应严正刚直，处天下纷争的乱世，待人接物应随机应变、圆滑老练，处在国家行将衰亡的末世，待人接物要方圆并济、交相使用；对待善良的人，态度应当宽厚；对待邪恶的人，态度应当严厉；对待一般平民百姓，态度应当宽厚和严厉并用。

当我们处于一个污浊的环境中时，如果能保持"万花丛中过，片叶不沾身"的操守，便不需急于撇清自己与这个世界的关系。这也是方圆之道。

所谓方圆，古人早有诸多论述。老子的理想道德是自然，是天地，是天圆地方；孔子的理想道德是中庸，是适度，是不偏不倚。这种观念作用于人际，便能促成一种更加和谐的平衡。当然，前提是在浊世里不管外有多"圆"，都要守住内心的"方"，守住自己道德的底线。

其实，我们之所以不赞成"众人皆醉我独醒"

式的清高，是因为没有一个人能够彻底脱离这个世界，即便是浮萍，也需要一汪任其漂泊的流水，更何况没有几个人从心底里愿意做那无所束缚却也无所依靠的浮萍。

孙叔敖原来是位隐士，被人推荐给楚庄王，三个月后做了令尹（宰相）。他善于教化引导人民，因而使楚国上下和睦，国家安宁。有位孤丘老人很关心孙叔敖，特意登门拜访，问他："高贵的人往往有三怨，你知道吗？"孙叔敖问："您说的三怨是指什么呢？"孤丘老人说："爵位高的人，别人嫉妒他；官职高的人，君王讨厌他；俸禄优厚的人，会招来怨恨。"孙叔敖笑着说："我的爵位越高，我的心胸越谦卑；我的官职越大，我的欲望越小；我的俸禄越优厚，我对别人的施舍就越普遍。我用这样的办法来避免三怨，可以吗？"孤丘老人感到很满意，于是走了。

孙叔敖按照自己说的做了，避免了不少麻烦，但也并非是一帆风顺，他曾几次被免职，又几次被复职。有个叫肩吾的隐士对此很不理解，就登门拜访孙叔敖，问他："你三次担任令尹，也没有感到荣耀；你三次离开令尹之位，也没有露出忧色。我开始对此感到疑惑，现在看你的气色又是如此平和，你的心里到底是怎样的呢？"孙叔敖回答说："我哪里是有什么过人的地方啊？我认为官职爵禄的到来是不可推却的，离开是不可阻止的。得到和失去都不取决于我自己，因此才没有觉得荣耀或忧愁。况且我也不知道官职爵禄应该落在别人身上呢，还是应该落在我的身上。落在别人身上，那么我就不应该有，与我无关；落在我身上，那么别人就不应该有，与别人无关。我的追求是随顺自然，悠闲自得，哪里有工夫顾得上什么人间的贵贱呢？"肩吾对他的话很钦佩。

孙叔敖没有被免职和复职的风波扰乱心绪，而是物来则应，物去不留的淡然心境。为人处世，我们确实需要一颗方正的心。有圆无方，则谓之太柔，太柔之人缺筋骨，乏魄力，少大志，在生活中难以有大作为；但若有方无圆，则性情太刚，太刚则易折。

“众人皆浊我独清，众人皆醉我独醒”自有其清高自傲，但很多时候常常只能换来屈原式的含恨离世或是文人式的抑郁不得志。与之相较，同流世俗不合污，周旋尘境不流俗或许才是更加明智的选择。这也是王阳明的处世之道。

在现实生活中经常愤世嫉俗，牢骚满腹，自命不凡却又处处碰壁，遇挫折缺少变通，很容易歇斯底里，自暴自弃，把自己推向极端。所以，方圆结合才是处世之道，只要保持了内心的高贵与正直，外在的束缚有时候反而不是那么重要。

三分能力，七分责任

“仁心长存焉。”

——王阳明

责任，是一种天赋的使命。每个人来到这个世上，都需要承担责任，没有责任的人生是空虚的，不敢承担责任的人是脆弱的，人生是一连串的责任累积。为人的一生，要对自己负责，要对父母负责，要对子女负责，要对工作负责，要对社会和国家负责。没有责任的人生是空虚的，不敢承担责任的人生是脆弱的。

敢于承担责任，才能获得别人的尊敬和信任，获得人生的成就感和自豪感。在王阳明一家由余姚搬到绍兴时，王阳明隐居在洞中，他按照道家的方法进行修炼和静养，并想彻底远离红尘。但是后来想到家中的祖母和父亲，以及自己尚且没有孩子，考虑到这些责任，他便没有做那样的决定。在洞中悟道的时候，他还顿悟出子女思念父母是小孩时候就有的，如果子女连父母都不想了，势必会灭绝种族和人性的。

责任就是一种的使命，每个人都有责任感，每个人都会不辱使命而努力。责任能激发人的潜能，也能唤醒人的良知。给人责任，也就是给了信任和真诚；有责任，也就成就了尊严和使命。

唐朝天宝十四载，“安史之乱”爆发。当时郭子仪被任命为朔方节度使，攻陷河东地区的战略重地静边军城，斩杀胡兵7000多，是“安史之乱”后唐朝首次大捷。日后，郭子仪大败史思明，又率兵攻入东都洛阳，陈兵于天津桥南，士庶欢呼，后又收复长安，因军功卓著，郭子仪加封司徒，封代国公。

看到郭子仪一步步晋身显位，大太监鱼朝恩怕于己不利，于是不断进谗言于唐肃宗，说郭子仪意欲谋反，唐肃宗听后，虽然不太相信，但还是削夺了郭子仪的兵权，让他担任位高权微的官职。郭子仪欣然接受，没有任何怨言。听到这一消息，很多郭子仪的朋友和部下纷纷为之不平，要上朝面圣，澄清事实，诛杀鱼朝恩。

郭子仪摇摇头，对他们说道："现今国家危难之际，各路敌军尚未剿灭，如果这个时候，朝廷因为我的事，相互猜疑倾轧，这不是给了敌人可乘之机吗？外患未平而国家动乱，那我的罪过可就大了。我这么做，无非是不想让国家再出现无谓的争斗，一致平叛，这样我大唐才有希望。"

郭子仪之所以成为被后人景仰的一代名将，很重要的一点就在于他不以个人沉浮而争执抱怨，他知道在国家危难之际，唯有内部团结，才能力挽狂澜，才能消除毫无意义的争斗，才能一致对外。这也正是郭子仪不以自身利益为主，有顾全大局的责任心的体现。

嘉靖六年，朝廷命王阳明前往广西处理军事叛乱时，他的身体状况其实已经不允许再奔波于外，他上书无果之后，毅然担起身上的责任，即刻启程去赴任，一年后王阳明便因病去世。在王阳明看来，人生是一连串责任的累积。每个人都被生命询问存活的意义，而只有他自己用生命才能回答这个问题，这个答案就是“责任”。因此，“能够负责”是人类存在最重要的本质。

责任的力量是无与伦比的，是责任使落叶归根，是责任使乌鸦反哺，是责任促使运动场上的英雄为了祖国而拼尽全力……就算拥有再大的能力，如果没有责任也成不了大事。所以无论是罪恶还是污秽，一旦遭遇责任这样的主题，都会如阴暗角落里的螨类，在阳光中无处可逃。

生命不在拥有，而在有用

“终年碌碌，至于老死，竟不知成就了个甚么，可哀也已！”

——王阳明

王阳明一生都在探求“格物致知”“知行合一”“致良知”“心即理”“人皆可成圣人”等，他热心布道，痴迷讲学研讨。他认为，不讲学，圣学不明，因而他也成为当时天下最“多言”的人。他通过讲学、研讨、撰写诗文、通信等方式，广为传播文化，培养和造就了一大批文化精英。

每个人活着都有自己的意义，如何扩大自己的价值，达到更高的人生境界，王阳明的布道是方法之一。可是对于生活在繁华都市中的人，每天都为了生计而奔忙，很容易被各种各样的物欲迷住了眼睛。在他们的眼里只有来往的车流、上司和周围人群的嘴脸、各式各样的楼层，有点时间休息时，也只是对着电视或者电脑。他们的心中根本没有周围的绿色植物、天空中不断游走的流云、夜晚灿烂的星光和月色，他们的心仅仅局限于都市中的那一个小小的片断。在这种狭窄的心灵空间生活久了，怎能获得成功和幸福的感受？怎能不心生疾病呢？

一个人要想使自己达到一种很高的境界，必须把自己的心域拉到无限远，不能局限于眼前所得，要思考生的意义。生命不在拥有，而在有用。我们活在这个世界上不是为活着而活着，而是应怎样去生活。时间的意义不是让人们去衡量日夜的循环，也不是让人们记录自己的皱纹和衰老。它不是空洞的滴嗒声，不是浑浑噩噩地吃饭和睡觉，而是在时间的长河中，找到了度日的信念，获得心灵上的满足。

对于人类来说，生命本身实质是没有内涵的，它需要人在时间里进行实践，然后才能确立自己的内涵，从而赋予其意义。

有个修鞋匠每天都要经过不同的城镇，给不同的人修补不同的鞋子。有时候他会遭遇狂风暴雨，阻塞去路，有时候挣不上多少钱，饥肠辘辘，但是他的身影从来没有在人们的视线中消失过，每当太阳升起的时候，他都会准时的将双脚踏在这片宽阔的土地上。

修鞋匠已经修了十几年的鞋，所经手的有高档货，也有廉价货，有礼貌的顾客也有故意刁难的市井无赖，但是这么多年以来，这个修鞋匠无论遇到什么样的事情，都认认真真地完成他的工作，他以此为乐，生活虽然过得很清贫，但是他依然很快乐。

每当有人向他谈起："嗨，伙计，你用不着这样，修鞋嘛，能穿就行了，用不着那么认真。"这样的话时。这个修鞋匠总是这样说："那样我无法面对自己，生活也就没意思了，你说，我怎么能快乐呢？"

“你一定能活得很长寿。”大家都这样说。

“谢谢，我的朋友，其实，我也这么认为。”修鞋匠憨憨地笑着。

人们常说这人懂生活，那人懂生活，由这个故事看出，其实这个平凡的修鞋匠就是一个懂得生活的人。他明白为何而生，为何而活，所以执着于一切的世事变化，一切的生活点滴，活得有意义，从而更加笃定人生需要憧憬，更需要眼下的所为。

王阳明虽有超越生死的观点，但是对于生命他一直都很珍惜。在他看来，评判生死要从生死价值的角度出发，死要死得其所，死得有价值，换句话说就是要活得有意义。

人们常说“这是在数着日子过喽”“现如今只有吃喝等死了”……说这种话的人为什么不去找一些有意义的事做呢？殊不知，真正对有意义的事投入热情的人，是不会在意时间的流逝的。

人的一生可能燃烧也可能腐朽，但愿每一次回忆时，我们的内心都不会感到愧疚。

前生不要怕，后生不要悔

“人于生死念头，本从生身命根上带来，故不易去。若于此处见得破，透得过，此心全体方是流行无碍，方是尽性至命之学。”

——王阳明

每个人心中都有渴望和梦想，有些人终其一生的努力，也未必能得到成功的回报。然而，他们却无憾无悔于生命。因为他们从未慵懒过，他们一直在执着追求心中的所爱。往前走，不要怕；回头看，不后悔。人生所追求的不过是无憾无惧而已。

王阳明被贬至贵州龙场，龙场在贵州西北的荒凉之地，当地居住的都是少数民族，王阳明非常不适应当地的生活。再加上当时刘瑾一直都在派人追杀王阳明，要不是王阳明使了个金蝉脱壳之计，估计早死了，然而刘瑾还是不会轻易放过他。这时的王阳明认为，得失荣辱都不在乎，都可以置之度外，只有这生死问题还没有参透，于是他就做了个石棺，躺在里面，发誓说：我就等待命运的安排吧！于是王阳明看透了生死，既然参透了生死的意义，从而面对前面的路能泰然处之，无畏无惧。

王阳明的心学还秉承着“仁者与万物一体”论而来。以天下为己任，事事皆关我心，“我”是“主人翁”，天下兴亡匹夫有责，等等，强调小我统一于大我的历史责任感，基于这种责任感而产生的历史前进是踏实稳重的。

30年前，一个年轻人离开故乡，准备开创一片自己的天地。他动身的第一站，是去拜访本族的族长，请求指点。老族长正在练字，他听说本族有位后辈开始踏上人生的旅途，就写了三个字：不要怕。然后抬起头来，望着年轻人说：“孩子，人生的秘诀只有六个字，今天先告诉你三个，供你半生受用。”30年后，这个从前的年轻人已是人到中年，有了一些成就，也添了很多伤心事。归程漫漫，到了家乡，他又去拜访那位族长。他到了族长家里，才知道老人家几年前已经去世，家人取出一个密封的信封对他说：“这是族长生前留给你的，他说有一天你会再来。”还乡的游子这才想起来，30年前他在这里听到人生的一半秘诀，拆开信封，里面赫然又是三个大字：不要悔。

故事中的六个字点透人生。当年的“不要怕”激励了年轻人勇敢地去追求自己的理想和生活，历尽艰辛，只要能坚持就要不断努力，也唯有这样的勇气才能支持年轻的心，“走遍天下都不怕”。凭借这样“尽人事”的努力，当年轻人走过了人生的坎坎坷坷，经历了酸甜苦辣，明白了原来成功的背后五味杂陈时，老族长又告诉他：“不要悔。”每一步都是财富，坦然地接受生命的馈赠，“得之我幸，失之我命”，所有的日子都值得用心度过。

年轻的时候不要怕，长大了之后不要悔。在生活中，我们路过也错过，像一条条画在人生轨道上的平行线，交叉，并行，走一段或者走一生。在我们年少的时候，我们不知道什么才是需要努力的，初生牛犊，凭借的只是最初的勇敢。假如这个时候缩手缩脚，就很难有所成就。等到我们阅尽人生，才能渐渐体会到人生中的遗憾与失落，许多不完美的心事和往事都渐渐浮现在心头。这个时候，最需要拥有的是一颗无怨无悔的心。我们要不断地告诉自己：走过的都是路，唱过的都是歌，所有的经历都只是一种结果。

儒家对于生命的态度即是所谓的“乐天知命”，人顺从“命”的同时还要实现上天赋予自己的使命，这才算尽了人事，面对死亡时也就心安理得。王阳明对于生死的态度也是沿袭了儒家的这种思想，他说死无所怕，如若真有所不甘，也是生时未完成人生的使命，死才会有所遗憾。既然生时没有尽人事，那么死时再来悔恨也是无济于事，此时便要学会坦然地面对。

人生在世，每个人都想要了无遗憾地度过今生，每个人都想让自己所做的事永远都是正确的，从而实现自己的预期。但这只能是一种美好的幻想，人不可能不做错事，不可能不走弯路。做了错事，走了弯路之后，能有一种积极的反省，也是一件好事，至少可以让我们今后的人生之路走得更稳健、更从容。因为反思，所以深刻；因为憧憬，所以希望。在过去和未来的交织下，才有把握当下、不怕不惧、不喜不悔的人生。

不要怕，是说不要害怕明天的风雨；不要悔，是说不要后悔错过的霓虹。只要我们好好把握现在，珍惜此刻的拥有，找到活在当下的勇敢和执着，就一定可以收获美好的人生。

人生犹如不系舟

“只为世上人都把生身命子看得来太重，不问当死不当死，定要宛转委曲保全，以此把天理却丢去了。”

——王阳明

《易经》是关于天道、地道、人道、社会之道大一统的学问。在贬谪在龙场时，王阳明挣扎在死亡线上，他除了钻研儒家学说来找寻出路外，还研究《易经》。

起初在读《易经》的时候，他感觉到并没有什么收获，一切都无所指也不知所指。但是渐渐地，他顿悟到一种像大水冲决堤坝奔腾无阻挡的感觉，这个时候的他心境平淡，满怀喜悦，又充满希望和生机。这样一种感悟也告诉他不可过于执着，要以平静的心态对待挫折乃至失败。

人有悲欢离合，月有阴晴圆缺。真正幸福的人生，难以圆满。有苦有乐的人生其实是充实的，有成有败的人生是合理的，有得有失的人生是公平的，有生有死的人生是自然的。

“岂无平生志，拘牵不自由。一朝归渭上，泛如不系舟。”白居易曾在《适意》中这样表达过自己对自由生命的向往之情。自古以来，失意的文人墨客常常寄情于山水之间，希望能在游玩嬉戏的清逸洒脱中陶冶性情，驱除烦恼。王阳明也曾寄情山水间，直抒其内心之块垒。

真正幸福的人生，本来就有缺陷，在追求完美人生的同时，要能够认清人生实相。人生实相，就如这只飘摇的生命之舟，无所牵系，却有各种承载。

一只飘摇的生命之舟，从时空的长河中缓缓驶来。

舟中有一个刚刚诞生的生命，他不会说、不会笑、不会跳、不会闹，也不会思考，他只是沉睡着，远处传来一个声音："你从何处来？要到何处去？"

刚诞生的小生命重复道："我从何处来？要到何处去？"

生命之舟在时空的长河中默默前行。忽然，又传来一个声音："等一等！我们想与你一同旅行，请载我们同去！"随着声音传来的方向看去，只见痛苦与欢乐、爱与恨、善与恶、得与失、成功与失败、聪明与愚钝，手拉着手游向生命之舟。

痛苦从左边上了船，欢乐从右边上了船；爱从左边上了船，恨从右边上了船……待这些人生的伴侣们进到了船舱，这只飘摇的生命之舟顿时沉重了许多，舱中的气氛顿时活跃了，哭声和笑声接连从舟中传出来。

忽然，又一个喊声传来："等一等，等一等，还有我们。"众人寻声望去，只见清醒与糊涂、路人与朋友双双携手游来。清醒从左边上了船，糊涂却迟迟不肯上去。路人从左边上了船，朋友也迟迟不肯上去。

“喂！怎么回事？朋友！糊涂！你们快上来呀！”一个声音招呼着他们。“不！除非糊涂先上去，我才会上去！否则，生命是容不下我的！”朋友说。“不！我也不想上去，我知道我是不受欢迎的！”糊涂说。“请上船吧，糊涂！你知道你在我的一生中多么重要吗？我要得到朋友，首先要得到你，我要成就一番事业，没有你是万万不行的。”船中的生命呼唤着。

于是，糊涂犹犹豫豫地上了船，朋友紧跟着也上去了。飘摇的生命之舟，在时空长河中满载着前行。

这时，后面又传来了呼唤声：“等一等我，别忘了我！我一直在追随着你哪！”这是死亡的呼喊。

在死亡的追赶下，生命之舟一路向前。显然它不肯为死亡停留，不知是装作没有听见死亡的呼喊，还是不愿听见死亡的声音，但无论如何，死亡依然紧紧地跟在它的后面，寸步不离。这只飘摇的生命之舟，必须满载着痛苦与欢乐、爱与恨、善与恶、得与失、成功与失败、聪明与愚钝，在人生的得意与失意间破浪前行。

凭山临海不系舟，山水系不住生命之舟，个人的心愿意志也系不住，它有着自我的轨迹，我们只能将其圆满，却不能彻底改变。若想在这茫茫旅途中获得真实的幸福，唯有认清并接受生命中必然存在的缺陷。

王阳明年少时他的母亲郑氏就去世了。当时他还在京城，听到噩耗的时候他几乎痛不欲生。母亲的离世以及父亲的新家，对王阳明来说都是一种嘲弄，他开始反思这些外在的物质与他的关系，他开始探寻生死的意义。

他感觉到生死就像隔着一张纸，但是生死的真相到底是什么呢，他还不能明了。在经历了种种生命历程之后，他明白了支撑人生体系的就是生命的意识。这种生命意识告诉他要注重养生之道。人活在这个世界上是顺着生命的自然之势来的；年龄大了，到了要死的时候，也是顺着自然之势去的。

向死而生，死如再生。死亡是我们所不能掌控的，也是无法避免的。人终归都要走向死亡，人死如灯灭，该熄灭的时候自然会熄灭。但灯灭了，并非什么都没有了。曾经的光还在我们心中闪烁，灯的意义正在于燃烧的过程。

死亡是生命的升华，面向死亡而生存，是一种超然旷达的生命观。人生犹如不系舟，既然我们无法决定我们的生死，那不如就随缘看，泰然接受，好好把握住当下的生命。

繁华过后总是空

“自视听言动，以至富贵贫贱、患难死生，皆事变也。事变亦只在人情里。”

——王阳明

印度诗人泰戈尔有诗句：“生如夏花般绚烂，死如秋叶般静美。”人生是一个从绚烂归于平淡的过程。生，便如夏花，极尽绽放，不停地追求。因为来日方长，便钟爱艳丽与繁华，喜欢一切新鲜刺激的事物，肆意挥洒生命的画笔，将人生填得满满的；死，便如秋叶，退掉了浓郁的色彩，安安静静，寂然飘落。因为时日无多，所以明白一切都不过是空，生命的脆弱时刻伴随，思想于是远离了喧嚣，尽归于平淡之中。

王阳明曾因为有功多次被提升，但他又屡次辞官。于他心中，这些权势金钱经繁华过后都是空，他痴迷于“致良知”“格物致知”“知行合一”以及超脱生死之境。

繁华过后总是空。生命的奥秘在哪里呢？在于向死而生，获得恬淡平和、视死如归的心态，这种心态能够让人卸下生命和心灵的重负，一直生活在别样的期待和无所畏惧的轻松愉快中。

生死随缘，因为这是我们无法改变的事情。向死而生，死如再生，面对生死，我们不如泰然接受，好好把握当下的生命才是最重要的。

子夏问曰：“‘巧笑倩兮，美目盼兮，素以为绚兮。’何谓也？”子曰：“绘事后素。”子夏问孔子，诗经中这三句话到底说些什么，当然子夏并不是不懂，他的意思是这三句话形容得过分了，所以问孔子这是什么意思。孔子告诉他“绘事后素”，绘画完成以后才显出素色的可贵。

子谓卫公子荆，“善居室。始有，曰：‘苟合矣。’少有，曰：‘苟完矣。’富有，曰：‘苟美矣。’”

孔子在卫国看到一个世家公子荆，此人对于生活的态度、思想观念和修养，孔子都十分推崇。以修缮房屋这件事为例，刚刚开始可住时，他便说，将就可以住了，不必要求过高吧！后来又扩修一点，他就说，已经相当完备了，比以前好多了，不必再奢求了！后来又继续扩修，他又说，够了！够了！太好了。

国学大师南怀瑾先生读了这段事迹时曾说，这两个场景以现在人生哲学的观念来说，就是一个人由绚烂归于平淡。就艺术的观点来说，好比一幅画，整个画面填得满满的，多半没有艺术的价值；又如布置一间房子，一定要留适当的空间，也就是这个道理。一个人不要过分沉迷于绚烂，平平淡淡才是真。

人生来双手空空，却要让其双拳紧握；等到死去时，却要让其双手摊开，偏不让其带走财富和名声……不明白这个道理，人就很难对许多东西看淡，很容易为外物所累。

王阳明的致良知，正是为了参透人生最大的问题——“生死”。一个悟了道的人，在心灵完全不为外物所滞的境界下，领略到与万物一体的真实性，这时才能真正地参透生死的奥秘，也才能如王阳明那样在病危时坦然微笑着说：“此心光明，亦复何言！”

人生短暂，我们来不及感慨，仿佛马上就走到了生命的尽头。真正属于自己的快乐在于简约的内心，如果自己不能完完全全、真真实实地生活，反而陷入物质欲望为我们设下的圈套中，便很难享受到人生的乐趣。世间繁华就像童话里的红舞鞋，漂亮、妖艳而充满诱惑，一旦穿上，便再也舍不得脱下来，只能疯狂地转动舞步，即使内心充满疲惫和厌倦。当生命的舞会到达终点，脱下红舞鞋时赫然发现，一路的风光和掌声结束后，留下的只有说不出的空虚和疲惫，除此之外，别无他物。

繁华过后总是空。最美的生活从来不是最繁华的生活。很多人不断追求所谓的舒适，最后才发现，真正的舒适在于内心。人生若烟火，绚烂过后便归于平淡，一颗通透的心才是最值得追求的，在恬淡与豁达中才能感到生命的甜美。

下篇

《传习录》

《传习录》由王阳明弟子所记，是王阳明问答语录和论学书信的简集，包含了王阳明的主要观点，是儒家一部具有代表性的哲学著作。

卷上主要阐释知行合一、心外无物等观点，经由王阳明亲自审阅。卷中收集了八篇王阳明亲笔写的书信，除了回答有关知行合一、格物说等问题之外，还讲了王学的内容、意义以及宗旨。另还附有两篇阐释王阳明教育观点的短文。卷下主要是说致良知，虽未经本人审阅，但较为具体地说了王阳明晚年的思想。其中最引人注目的是记载了王阳明提出的四句教“无善无恶是心之体，有善有恶是意之动，知善知恶是良知，为善去恶是格物”。它不仅是王阳明一生学问的精义，还完善了王学的体系。

卷上

徐爱[1]录

【原文】

先生于《大学》“格物”诸说，悉以旧本为正，盖先儒[2]所谓误本者也。爱始闻而骇，既而疑，已而殚精竭思，参互错综，以质于先生，然后知先生之说若水之寒，若火之热，断断乎“百世以俟圣人而不惑”者也[3]。先生明睿天授，然和乐坦易，不事边幅。人见其少时豪迈不羁，又尝泛滥于词章，出入二氏之学，骤闻是说，皆目以为立异好奇，漫不省究。不知先生居夷三载[4]，处困养静，精一之功[5]固已超入圣域，粹然大中至正之归矣。

爱朝夕炙门下，但见先生之道，即之若易而仰之愈高，见之若粗而探之愈精，就之若近而造之愈益无穷。十余年来，竟未能窥其藩篱。世之君子，或与先生仅交一面，或犹未闻其謦欬，或先怀忽易忿激之心，而遽欲于立谈之间，传闻之说，臆断悬度。如之何其可得也？从游之士，闻先生之教，往往得一而遗二，见其牝牡骊黄，而弃其所谓千里者。故爱备录平日之所闻，私以示夫同志，相与考正之，庶无负先生之教云。

门人徐爱书

·注　释

①徐爱（1488~1518）：字曰仁，号横山，浙

江余杭人，是王阳明最得意，也是第一位门生。王阳明的妹夫，有“王门颜回”之称，曾任工部郎中。下文的“爱”即徐爱的自称。

②先儒：指程颢、程颐和朱熹。

③“断断乎”句：意为等到百代以后圣人出世也不会有疑惑。语出《礼记·中庸》。

④居夷三载：正德元年（1506），王阳明因上疏抗辩，获罪下狱，后贬谪到贵州龙场（今修文县）前后三年。龙场当时尚未开化，所以称“夷”。

⑤精一之功：为精纯的功夫的意思。语出《尚书·大禹谟》“人心惟危，道心惟危，惟精惟一，允执厥中。”

【译文】

王阳明先生对于《大学》当中“格物”等观点，全以郑玄作注、孔颖达作疏的《礼记·大学》为准，即朱熹等大儒们认为是误本的那一版本。开始听说时我感到十分惊讶并且对先生的学说抱有怀疑。后来，我用尽心力，综合起来后进行参照对比，再向先生本人请教。最后我才明白先生的学说像水之寒冷，又像火之热烈。正如《中庸》中所说的，后世出现的圣人也不会怀疑它的正确。先生的睿智与生俱来，并且他为人和蔼、坦荡、平易近人、不修边幅。人们只知道先生年轻时豪迈不羁，曾经热衷于诗词文章的修习，受过佛、道两家学说的熏陶，乍一听到他的学说，都把它视为标新立异、荒诞不经的言论，不再深加探究。孰知先生在贬居贵州的三年当中，经历了艰难困苦的环境，修身静虑，精纯的功夫已经超凡入圣，进入了绝妙的境界，归入中正之旨。

我日夜在先生门下修习，聆听他的教诲，认为先生的学说刚接触时会感觉浅易，而越是深入研究越觉得十分高深。表面粗疏，但认真探究就越发感到精妙。接近时好像浅近，但深造时就觉得无穷无尽。修习十几年来，我自己觉得还没能窥探到它的边缘。当下的学者，有的与先生仅仅有过一面之缘，从没有听过先生的学说，一开始就先入为主地怀着轻视、偏激的心理，还没有仔细交谈便根据传闻草率地妄加揣度，做下了臆断。这样怎么可能真正理解先生的学说呢？跟随先生的学生们，听了先生的教诲，也是大都遗漏得多而学到的少。就好比相马的时候，仅仅看到了马的性别、颜色等表面情况，却漏掉了识别千里马的关键特征。因此，我把先生平日里的教诲尽悉记录了下来，给同学们传阅，然后共同考核订正，以免辜负先生的谆谆教诲。

学生徐爱记

一

【原文】

爱问："'在亲民'，朱子谓当作'新民'，后章'作新民'之文似亦有据。先生以为宜从旧本作'亲民’，亦有所据否？”

先生曰：“‘作新民’之‘新’，是自新之民，与‘在新民’之‘新’不同，此岂足为据？‘作’字却与‘亲’字相对，然非‘亲’字义。下面‘治国平天下’处，皆于‘新’字无发明。如云‘君子贤其贤而亲其亲，小人乐其乐而利其利’，‘如保赤子’，‘民之所好好之，民之所恶恶之，此之谓民之父母’之类①，皆是‘亲’字意。‘亲民’犹《孟子》‘亲亲仁民’②之谓，‘亲之’即‘仁之’也。‘百姓不亲’，舜使契为司徒，‘敬敷五教’③，所以亲之也。《尧典》‘克明峻德’便是‘明明德’④，‘以亲九族’至‘平章’、‘协和’⑤，便是‘亲民’，便是‘明明德于天下’。又如孔子言‘修己以安百姓’⑥，‘修己’便是‘明明德’，‘安百姓’便是‘亲民’。说‘亲民’便是兼教养意，说‘新民’便觉偏了。”

· 注　释

①“如云”之后所引之语皆出自《大学》。

②亲亲仁民：语出《孟子·尽心上》“亲亲而仁民，仁民而爱物。”

③“舜使契”二句：舜，传说中的五帝之一。契，商族的始祖，帝喾之子，曾助禹治水有功，被舜封为司徒，掌管教化之职。敷，布、施。五教，五种伦理道德，即父义、母慈、兄友、弟恭、子孝。

④“《尧典》”句：克明俊德，语出《尚书·尧典》：“克明俊德，以亲九族。”俊，通“峻”，高大。明明德，语出《大学》，意为弘扬善良的德行。

⑤“以亲”句：语出《尚书·尧典》：“克明俊德，以亲九族。九族既睦，平章百姓。百姓昭明，协和万邦，黎民于变时雍。”

⑥修己以安百姓：语出《论语·宪问》：“修己以安百姓，尧舜其犹病诸！”

【译文】

徐爱问：“《大学》中‘在亲民’一词，朱熹认为应当写作‘新民’，并且后面的文章有‘作新民’的词句，可以作为他的凭证。先生却认为应当依照旧本作‘亲民’，您这样认为也有什么依据吗？”

先生说：“‘作新民’的‘新’，意思是自新之民，自我更新，与‘在新民’中的‘新’含义不尽相同，怎么能用这作为依据呢？‘作’和‘亲’相对应，但不是‘亲’的意思。下面所讲的‘治国’‘平天下’等地方，都没有对‘新’字发表阐述。如：‘君子贤其贤而亲其亲，小人乐其乐而利其利’‘如保赤子’‘民之所好好之，民之所恶恶之，此之谓民之父母’等等，这些都有‘亲’的意思。‘亲民’就像《孟子》中的‘亲亲仁民’所说，‘亲之’也就是‘仁之’，对他们‘亲’也就是对他们‘仁’。百姓缺少亲情，舜命契担任司徒，‘敬敷五教’，教化百姓父子有亲、君臣有义、夫妇有别、长幼有序、朋友有信，使他们相互亲近。《尧典》中说的‘克明峻德’就是‘明明德’‘以亲九族’到‘平章’‘协和’就是‘亲民’，就是‘明明德于天下’。又比如孔子所说‘修己以安百姓’一句，‘修己’就是‘明明德’‘安百姓’就是‘亲民’。说‘亲民’就兼有教化和养育两个意思，朱熹说成‘新民’，意思就显得偏僻而狭窄了。”

二

【原文】

爱问：“‘知止而后有定’，朱子以为‘事事物物皆有定理’[①]，似与先生之说相戾？”

先生曰：“于事事物物上求至善，却是义外[②]也。至善是心之本体，只是‘明明德’到至精至一处便是，然亦未尝离却事物。本注[③]所谓‘尽夫天理之极，而无一毫人欲之私’者得之。”

·注 释

①知止而后有定：语出《大学》。事事物物皆有定理：这是朱熹对“知止而后有定”的解释。语

出朱熹《大学·或问》:“能知所止，则方寸之间，事事物物皆有定理矣。”

②义外：语出《孟子·告子上》:“告子曰：‘食、色，性也；仁，内也，非外也。义，外也，非内也。’”孟子反对告子义在心外的观点，认为仁和义都在人心之中。

③本注：即朱熹《大学章句》第一章注，“明明德新民，皆当止于至善之地而不迁。盖必其有以尽夫天理之极，而无一毫人欲之私也。”

【译文】

徐爱问:“《大学》中的‘知止而后有定’，朱熹认为是说事物都有特定的道理，这好像和您的学说有抵触。”

先生说:“要在具体的万事万物上寻求至善，就是把‘义’当做是外在的东西了。至善是心的本体，只需‘明明德’达到了精一的程度，那便是至善了。显然这并没有脱离客观事物。那种像朱熹在

《大学章句》中所说的穷尽天理，而心中没有丝毫私欲的人，就能够达到这种至善的境界。”

三

【原文】

爱问：“至善只求诸心，恐于天下事理有不能尽？”

先生曰：“心即理[①]也，天下又有心外之事、心外之理乎？”

爱曰：“如事父之孝，事君之忠，交友之信，治民之仁，其间有许多理在。恐亦不可不察。”

先生叹曰：“此说之蔽久矣。岂一语所能悟？今姑就所问者言之。且如事父，不成去父上求个孝的理；事君，不成去君上求个忠的理；交友、治民，不成去友上、民上求个信与仁的理。都只在此心，心即理也。此心无私欲之蔽，即是天理，不须外面添一分。以此纯乎天理之心，发之事父便是孝，发之事君便是忠，发之交友治民便是信与仁。只在此心去人欲、存天理上用功便是。”

爱曰：“闻先生如此说，爱已觉有省悟处。但旧说缠于胸中，尚有未脱然者。如事父一事，其间温清定省[2]之类，有许多节目。不亦须讲求否？”

先生曰：“如何不讲求？只是有个头脑。只是就此心去人欲存天理上讲求。就如讲求冬温，也只是要尽此心之孝，恐怕有一毫人欲间杂。讲求夏清，也只是要尽此心之孝，恐怕有一毫人欲间杂。只是讲求得此心。此心若无人欲，纯是天理，是个诚于孝亲的心，冬时自然思量父母的寒，便自要去求个温的道理。夏时自然思量父母的热，便自要去求个清的道理。这都是那诚孝的心发出来的条件。却是须有这诚孝的心，然后有这条件发出来。譬之树木，这诚孝的心便是根。许多条件便枝叶。须先有根，然后有枝叶。不是先寻了枝叶，然后去种根。《礼记》言‘孝子之有深爱者，必有和气。有和气者，必有愉色。有愉色者，必有婉容。’[3]须是有个深爱

做根，便自然如此。”

·注 释

①心即理：王阳明学说的核心命题。

②温凊定省：语出《礼记·曲礼上》。温，冬天让父母温暖；凊（qìng），夏天让父母凉快；定，夜里让父母睡得安稳；省，早上向父母问安。

③“孝子”句：语出《礼记·祭义》。

【译文】

徐爱问：“世上有万事万物的道理，而只在心里去追求至善的境界，恐怕难以去探究完吧？”

先生说：“心就是理，难道天下有什么事物和道理是在人心之外的吗？”

徐爱说：“比如侍奉父亲的孝道，辅佐君王的忠心，结交朋友的诚信，治理百姓的仁义等等，这当中有很多的道理存在，恐怕也不能不去考察的。”

先生慨叹说：“这不是一句话就能解释清楚的，

因为此种说法蒙蔽人们很长时间了。哪能凭一句话两句话就使人们醒悟呢？现在姑且就你问的这些来说说。侍奉父亲，不能从你父亲身上找个孝的理；辅助君王，不能从君主身上找个忠的理；结交朋友、治理百姓，也不能从朋友身上、百姓身上探寻到信和仁的道理。这些孝、忠、信、仁的道理都只存在于人的心中，所以说心就是理。当人心还没有被个人私欲所蒙蔽，那不需要从外面添加一丝一毫，人的内心就是天理。凭着这种合乎天理的心，用心侍奉父亲便是孝，用心辅佐君王便是忠，用心交友、治民便是信和仁。只需要用功去除心中的私欲、存养天理就行了。”

徐爱说：“听了先生的教诲，我已经觉得有些明白了。但是以前的学说还在我的心里面，让我有纠结不清的地方。譬如说侍奉父亲这件事，有让父亲冬暖夏凉、白天请安、晚上请定等等许多细节，这些不需要讲求吗？”

先生说：“怎么不讲求呢？只是有个核心，就是先要摒除私欲，保存天理，然后在这上面去讲求。就比如讲求父母冬天暖和，不过是要尽一尽自己单纯的孝心，唯恐有点滴的私心杂念存在其中；讲求父母夏天凉快，也只是想尽尽孝心，唯恐有丝毫私欲夹杂其中，为的只是讲求这份心而已。自己的心如果没有任何私欲，纯属天理，是一颗虔诚孝敬的心，那到了自然会冬天记挂父母的寒冷，夏天记挂父母的暑热，也就自然会讲求‘冬温’‘夏清’的道理。这些具体的事情，都是人那颗虔诚孝敬的心发出来。只有存在这颗虔诚孝顺的心，然后才有具体的事发生。以树木作比喻，虔诚孝顺的心是树根，具体的事情就是树的枝叶。绝对不是先找到枝叶，然后才去种树根，而必须是先有树根然后有枝叶。《礼记》有言：‘深爱父母的孝子，对待双亲一定很和气；有和气的态度，定会有愉悦的气色；有了愉悦的气色，人就会有美好的表情了。’所以有一颗深爱的心做树根，就自然而然会有“冬温”“夏清”等一系列细节了。”

四

【原文】

郑朝朔[1]问："至善亦须有从事物上求者？"

先生曰："至善只是此心纯乎天理之极便是，更于事物上怎生求？且试说几件看。"

朝朔曰："且如事亲，如何而为温凊之节，如何而为奉养之宜，须求个是当，方是至善。所以有学问思辨[2]之功。"

先生曰："若只是温凊之节、奉养之宜，可一日二日讲之而尽，用得甚学问思辨？惟于温凊时，也只要此心纯乎天理之极；奉养时，也只要此心纯乎天理之极。此则非有学问思辨之功，将不免于毫厘千里之缪。所以虽在圣人，犹加'精一'之训。若只是那些仪节求得是当，便谓至善，即如今扮戏子，扮得许多温凊奉养的礼节是当，亦可谓之至善矣！"

爱于是日又有省。

·注 释

①郑朝朔：名一初，广东揭阳人，官至监察御史。王阳明任吏部主事时，朝朔为御史，曾向阳明问学。

②学问思辨：语出《中庸》："博学之，审问之，慎思之，明辨之，笃行之。"

【译文】

郑朝朔问："至善也需要从具体的事物上探求吗？"

先生说："只要使自己的心达到纯然天理的状态，那就是至善，在事物上怎么探求呢？你暂且举几个例子出来谈一谈。"

朝朔说："以孝顺父母为例，怎样合理地进行防寒降暑适度，怎样做到得当地侍奉，都必须处理得恰到好处，找一个合适的标准才是算是至善。所以我觉得这里面就有了一个学习、询问、思考、辨别的功夫。”

先生说：“如果只是防寒降暑、奉养适宜的问题，一两天就可以学习完，根本无须什么学问思辨的功夫。在这些问题上，只要讲求自己的心达到至纯天理的境界。要做到自己的心至纯天理，就必须有学问思辨的功夫了，否则将难免差之毫厘、谬之千里。所以，即便是圣人，仍要有‘精一’的规范。如果只讲求把那些礼节琐事完成适当，就认为是至善，那现在的演员在台上，他们恰当表演了许多对父母奉养得当的礼节，那他们也可以看作是至善了。”

这一天，徐爱又明白了许多。

五

【原文】

爱因未会先生知行合一之训，与宗贤[1]、惟贤[2]往复辩论，未能决。以问于先生。

先生曰："试举看。"

爱曰："如今人尽有知得父当孝、兄当弟者，却不能孝不能弟，便是知与行分明是两件。"

先生曰："此已被私欲隔断，不是知行的本体了。未有知而不行者，知而不行只是未知。圣贤教人知行，正是要复那本体，不是着你只恁的便罢。故《大学》指个真知行与人看，说'如好好色，如恶恶臭'③。见好色属知，好好色属行。只见那好色时已自好了，不是见了后又立个心去好；闻恶臭属知，恶恶臭属行。只闻那恶臭时已自恶了，不是闻了后别立个心去恶。如鼻塞人虽见恶臭在前，鼻中不曾闻得，便亦不甚恶，亦只是不曾知臭。就如称某人知孝、某人知弟。必是其人已曾行孝、行弟，方可称他知孝、知弟。不成只是晓得说些孝、弟的话，便可称为知孝、知弟？又如知痛，必已自痛了方知痛；知寒，必已自寒了；知饥，必已自饥了。知行如何分得开？此便是知行的本体，不曾有私意隔断的。圣人教人必要是如此，方可谓之知。不然，只是不曾知，此却是何等紧切着实的功夫！如今苦苦定要说知行做两个是什么意？某要说做一个是什么意？若不知立言宗旨，只管说一个两个，亦有甚用？”

爱曰：“古人说知行做两个，亦是要人见个分晓一行做知的功夫，一行做行的功夫，即功夫始有下落。”

先生曰“此却失了古人宗旨也。某尝说，知是行的主意，行是知的功夫；知是行之始，行是知之成。若会得时，只说一个知，已自有行在；只说一个行，已自有知在。古人所以既说一个知，又说一个行者，只为世间有一种人，懵懵懂懂的任意去做，全不解思惟省察，也只是个冥行妄作，所以必说个知，方才行得是。又有一种人，茫茫荡荡，悬空去思索，全不肯着实躬行，也只是个揣摸影响，所以必说一个行，方才知得真。此是古人不得已补偏救弊的说话，若见得这个意时，即一言而足。今人却就将知行分作两件去做，以为必先知了然后能行。

我如今且去讲习讨论做知的功夫，待知得真了，方去做行的功夫，故遂终身不行，亦遂终身不知。此不是小病痛，其来已非一日矣。某今说个知行合一，正是对病的药，又不是某凿空杜撰。知行本体原是如此。今若知得宗旨时，即说两个亦不妨，亦只是一个；若不会宗旨，便说一个，亦济得甚事？只是闲说话。”

·注 释

①宗贤：黄绾（1477~1551），字宗贤，号久庵，浙江黄岩人。官至礼部尚书，王阳明的学生。

②惟贤：顾应祥（1483~1565），字惟贤，号箬溪，浙江长兴人。官至兵部侍郎，王阳明的学生。

③如好好色，如恶恶臭：语出《大学》：“所谓诚其意者，毋自欺也。如恶恶臭，如好好色，此之谓自谦。”

【译文】

徐爱因为还没有领会先生知行合一的教导，和宗贤、惟贤反复争辩后，仍旧不能了然于胸，于是请教先生。

先生说："举个例子说说你的看法。"

徐爱说："现在孝顺父母、尊敬兄长的道理，人人都明白，但事实上却没有办法完全做到，由此可见，知与行分明是两件事。"

先生说："这并不是知行的本来面目，因为私欲已经隔断了这种人的知行。没有知而不行的，知而不行是因为没有真知。圣贤们教育人们知行，并不是简单地教人们如何认识、如何实践，其目的是要恢复知行的本体。因此，《大学》举出了一个真正知行的例子，说'如好好色，如恶恶臭'，意即喜爱美色，厌恶腐臭。懂得美色是知，喜欢美色是行。人们在看见美色的时候就自然喜欢上了，并不是看见美色之后才立马生个心去喜欢；闻到腐臭是知，厌恶腐臭是行，人也是一闻到腐臭就自然厌恶了，并非闻到之后而又另生出个心去讨厌它。如果那个人鼻子不通，那就算是看到腐臭的东西摆在面前，他的鼻子闻不到，也不会太厌恶，因为根本没有认识到臭。再比如，我们说某人知道孝顺父母、尊敬兄长，一定是这个人已经做了一些孝顺、尊敬的行为，才可以说他知道孝顺、尊敬的道理。难不成，只因为他会说些孝顺、尊敬的话，我们就认为他孝顺、尊敬吗？再如，一个人知道痛，一定是自己已经经历了或者正在经历痛，才知道痛；知寒、知饥，一定是已经经历了寒冷和饥饿。由此可见，知行如何能够分得开？这些例子就是知与行的本体，还不曾被私欲隔开的。圣人一定是这样教育学生，才能算作知。不然就并非真知，可见这是多么紧要切实的功夫呀！现在硬要将知行分开算作两件事情，有什么意思呢？而我要把知行看作一个整体，又有什么意思呢？如果这番话的宗旨都不知道，只管在这里争论知与行是一件事还是两件事，又有什么用处呢？”

徐爱说：“古人把知行分成两回事，也只是为了让人们能够有一个分别，好弄明白。一边对知下功夫，一边对实践下功夫，这样才能更好地落到实处。”

先生说：“但是，这样说反而丢失了古人的本意了。我曾经说过，知是行的宗旨，行是知的实践；知是行的开始，行是知的成果。如果领会了这一点，就应该明白，只说一个知，已经自然有行存在；只说一个行，知也自然存在了，知行一同存在。古人之所以将行与知分开，说一个知又说一个行，是因为社会上有一种人，他们完全不会认真思考观察，只是懵懵懂懂地随意做事情，一个劲胡行妄作，因此必须跟他讲‘知’的道理，他才能够清醒地做事。还有一种人，不切实际，漫天空想，又完全不愿意有所行动，只是靠主观猜测、捕风捉影，因此必须教他‘行’的道理，这样他才能正确地知。古人为了补偏救弊不得已才将知行分开说的，如果真正领会了其中的含义，只要一个知或行就够了。今人非要将知行分开，以为必须要先认识才能实践。自己先去讨论如何做到知，等到真正知了才去做行的功夫，最后终身无法实践，也终身一无所知。这个问题由来已久，不再是一个小毛病。现在我提出知行合一，就是对症下药。而且这并非我凭空杜撰，知行的本体原本是这样的。如果我们把知行合一的宗旨掌握了，即使将知行分开说，两者仍然是一回事，是一个整体；如果没领会知行合一的宗旨，即便说二者是一回事，那又何济于事呢？不过是说些无用的话而已。”

六

【原文】

爱问：“昨闻先生‘止至善’[1]之教，已觉功夫有用力处，但与朱子‘格物’之训[2]，思之终不能合。”

先生曰:"'格物'是'止至善'之功,既知'至善',即知'格物'矣。"

爱曰:"昨以先生之教,推之'格物'之说,似亦见得大略。但朱子之训,其于《书》之'精一',《论语》之'博约'[3],《孟子》之'尽心知性',皆有所证据,以是未能释然。"

先生曰:"子夏笃信圣人。曾子反求诸己。[4]笃信固亦是,然不如反求之切。今既不得于心,安可狃于旧闻,不求是当?就如朱子亦尊信程子,至其不得于心处,亦何尝苟从?'精一''博约''尽心',本自与吾说吻合,但未之思耳。朱子'格物'之训,未免牵合附会,非其本旨。'精'是'一'之功,'博'是'约'之功。曰仁既明知行合一之说,此可一言而喻。'尽心知性知天',是'生知安行'事;'存心养性事天',是'学知利行'事;'夭寿不贰,修身以俟',是'困知勉行'事。[5]朱子错训'格物'。只为倒看了此意,以'尽心知性'为'物格知至',要初学便去做'生知安行'事。如何做得?"

爱问："'尽心知性'何以为'生知安行'？"

先生曰："性是心之体，天是性之原，尽心即是尽性。惟天下至诚为能尽其性，知天地之化育。⑥'存心'者，心有未尽也。'知天'，如知州、知县之'知'，是自己分上事，已与天为一。'事天'，如子之事父、臣之事君，须是恭敬奉承，然后能无失，尚与天为二。此便是圣贤之别。至于'夭寿不贰'其心，乃是教学者一心为善，不可以穷通夭寿之故，便把为善的心变动了，只去修身以俟命。见得穷通寿夭有个命在，我亦不必以此动心。'事天'虽与天为二，已自见得个天在面前；'俟命'便是未曾见面，在此等候相似。此便是初学立心之始，有个困勉的意在。今却倒做了，所以使学者无下手处。"

爱曰："昨闻先生之教。亦影影见得功夫须是如此。今闻此说，益无可疑。爱昨晓思，格物的'物'字，即是'事'字。皆从心上说。"

先生曰："然。身之主宰便是心。心之所发便是意。意之本体便是知。意之所在便是物。如意在于事亲，即事亲便是一物。意在于事君，即事君便是一物。意在于仁民爱物，即仁民爱物便是一物。意在于视听言动，即视听言动便是一物。所以某说无心外之理，无心外之物。《中庸》言‘不诚无物’，《大学》‘明明德’之功，只是个‘诚意’‘诚意’之功，只是个‘格物’。”

先生又曰：“‘格物’如孟子‘大人格君心’[7]之‘格’，是去其心之不正，以全其本体之正。但意念所在，即要去其不正以全其正，即无时无处不是‘存天理’，即是‘穷理’。‘天理’即是明德。‘穷理’即是‘明明德’。”

又曰：“知是心之本体，心自然会知。见父自然知孝，见兄自然知弟，见孺子[8]入井自然知恻隐。此便是良知，不假外求。若良知之发，更无私意障碍。即所谓‘充其恻隐之心，而仁不可胜用矣’。然在常人不能无私意障碍，所以须用‘致知’‘格物’之功，胜私复理。即心之良知更无障碍，得以充塞流行，便是致其知，知致则意诚。”

·注释

①“止至善”句：达到最高的境界。语出《礼记·大学》。

②朱子‘格物’之训：语出朱熹《大学章句》。

③博约：语出《论语·雍也》。

④子夏：姓卜，名商，孔子的学生。曾子：名参，字子舆，孔子的学生。

⑤“尽心知性知天”“存心养性事天”“夭寿不贰，修身以俟”：语出《孟子·尽心上》。

⑥“惟天下”句：语出《中庸》。

⑦大人格君心：语出《孟子·离娄上》：“惟大人惟能格君心之非。”格，正、纠正。

⑧孺子：幼童。

【译文】

徐爱问：“昨天听先生讲‘止至善’，觉得有了用功的方向，但细想起来总觉得和朱熹‘格物’的观点有不一样的地方。”

先生说：“‘格物’是为‘止至善’下的功夫，既然明白了‘至善’，也就明白了‘格物’。”

徐爱说：“昨天用先生的学说来推究朱熹的‘格物’学说，大致上理解了。但是朱熹的观点有许多依据，例如《尚书》中的‘精一’，《论语》中的‘博约’，《孟子》中的‘尽心知性’，因而对您的学说我才不能坦然接受。”

先生说：“子夏十分相信圣人的言论，相反曾子则选择相信自己。相信圣人固然不错，但远不如自己反省探求来得深入。在心里还没有弄清楚的时候，你怎么可以选择因循守旧，而不自己想办法去探究正确的答案呢？朱熹同样尊崇和相信程颢，但是当他心里不明白的时候，又何曾盲目信从？‘精一’‘博约’‘尽心’，这些与我的学说本来是相互吻合的，只是你还没有想明白罢了。至于朱熹‘格物’的观点，未免有些牵强附会，并不是真正‘格物’的宗旨。求精是达到根本的功夫，博览多学是达到简洁的功夫。既然你已经明白了知行合一的道理，一句话就可以把它说清楚了。‘尽心知性知天’是‘生知安行’的人能够做的事；‘存心养性事天’是‘学知利行’的人能够做的事；‘夭寿不贰，修身以俟’是‘困知勉行’的人能够做得事。朱熹会错误地解释‘格物’，是因为他颠倒了前后的因果关系，认为‘尽心知性’就是‘格物知至’，要求初学者去做‘生知安行’的事，怎么可能会做得来呢？”

徐爱问：“‘尽心知性’怎么会是‘生知安行’者才能够做的事呢？”

先生说：“心的本体是人的本性，天理是人性的本源，因而把人的本心尽力发扬就是把人性彻底地发挥。《中庸》说过：‘只有天下最真诚的人才能把人性发挥彻底，领悟到天地万物的变化发展’。所谓‘存心’，反过来是说还没有做到‘尽心’。‘知天’中的‘知’就像知州、知府中的‘知’，知州、知府的‘知’，意即治理州、县是他们分内的事，两者合而为一体。所以‘知天’也就是说人知晓天理，与天合为一体。‘事天’，就好像儿子对待父亲、大臣侍奉君王，需要毕恭毕敬地小心奉承，不要有所闪失，‘事天’也就是仍然还没有与天合二为一。圣人区别于贤人就在这里。至于‘夭寿不贰’其心，是指教育学生一心向善，不管处境好坏、寿命长短，绝不动摇行善的心，而只去修养身体，听天由命。当看到穷困通达、寿命长短都是由上天注定的，自己也不必因此而动摇了行善的心。‘事天’，虽然心与天没有合而为一，是两回事，但是自己已经看清楚天命就在面前了；‘俟命’就是还不曾与天命相近，只在此等候它的到来。这就是初学者开始确立志向的时候，有困而知之，努力自勉的意思。而今朱熹却把这样一个循序渐进的过程颠倒了，让初学的人感到无从下手。”

徐爱说：“昨天听先生的教诲，也隐隐约约觉得应该这样下功夫。今天又听了您的解释，更加没有什么怀疑了。我昨天早上想，‘格物’的‘物’字，就是‘事’字的意思，都是从心上来讲的。”

先生说：“对了。身体的主宰就是心，心发出来的就是意念，意念的本源就是感知，意念存在于事物之上。比如意念在侍奉双亲之上，那么侍奉双亲就是一件事物；意念在辅佐国君上，那么辅佐国君就是一件事；意念在仁爱百姓、爱护万物上，那么关心百姓、爱护万物就是一件事；意念在看、听、说、动上，那么看、听、说、动就是一件事。所以我说：‘没有天理存在于心外，也没有事物存在于心外。’《中庸》中说：‘心不诚就没有万事万物’、《大学》中说‘弘扬崇高德行’的功夫就是要心诚，而心诚的功夫就是‘格物’，探究事物的原理。”

先生又说：“‘格物’的‘格’就像孟子所说‘大人格君心’中的‘格’，指去掉内心的邪术，从而使全体的纯正得以保持。一旦有意念萌生，就要去掉其中的邪念，时时处处都存养天理，就是穷尽天理。‘天理’就是‘明德’，崇高德行。‘穷尽天理’就是‘明明德’，弘扬崇高德行。”

先生又说："心自然会感知，因为知是心的本体。见到父亲自然而然会有孝敬之心，见到兄长也自然知道尊敬，见到小孩落井恻隐之心会自然产生。这就是良知，全凭本心，不需要从心外的东西求得。如果良知出现，也没有私心杂念阻碍，就会像孟子所说的'充分发挥恻隐之心，那么仁爱的感情就会取之不尽用之不竭'。但是一般人都会有私心阻碍，所以就需要用'致知'、'格物'的功夫，克服私心、恢复天理。心体的良知再没有什么障碍，充满心田，就会自如地发挥，充分地发扬流传，这就是'致知'。良知得到了，思想也就能够真诚专一。"

七

【原文】

爱问："先生以'博文'为'约礼'功夫①，深思之未能得，略请开示。"

先生曰："'礼'字即是'理'字。'理'之发见可见者谓之'文'，'文'之隐微不可见者谓之'理'，只是一物。'约礼'只是要此心纯是一个天理。要此心纯是天理，须就'理'之发见处用功。如发见于事亲时，就在事亲上学存此天理；发见于事君时，就在事君上学存此天理；发见于处富贵贫贱时，就在处富贵贫贱上学存此天理；发见于处患难、夷狄时，就在处患难、夷狄上学存此天理。至于作止、语默，无处不然，随他发见处，即就那上面学个存天理。这便是'博学之于文'，便是'约礼'的功夫。'博文'即是'惟精'。'约礼'即是'惟一'。"

·注 释

①博文、约礼：语出《论语·雍也》："君子博学于文，约之以礼，亦可以弗畔矣夫！"畔，通"叛"。

【译文】

徐爱问："先生将'博文'当做是'约礼'的功夫，对此我加以深思但还不是很明白，因此向先生请教，请您帮我讲一讲。"

先生说："'礼'即是'理'，'理'表现出来就是'文'，'文'中隐藏看不见的就是'理'，'礼''理'其实是一回事。所谓'约礼'便是让心精纯地符合天理。而要做到让心纯然符合天理，就须要把功夫下在'理'表现出来的地方。比如表现在侍奉双亲上，就要在侍奉双亲上学着存养天理；表现在侍奉君王上，就要在侍奉君王上学着存养天理；表现在身处富贵贫贱上时，就在富贵贫贱上学着存养天理；表现在身陷患难夷狄时，就在患难夷狄的处境中学习存养天理。至于是行动还是静止、说话还是沉默，随时随地都不能忘了存养天理，无不如此。这就是'博学之于文'，在'文'中求'博'，也就是'约礼'的功夫。'博文'就是

'惟精'，就是要在万事万物上广泛地学习存养天理，而目的就是求得至精至纯。'约礼'就是'惟一'，就是用礼来约束人与天理的统一，而天理只有一个。"

八

【原文】

爱问："'道心常为一心之主，而人心每听命'①，以先生'精一'之训推之，此语似有弊。"

先生曰："然。心一也，未杂于人谓之道心，杂以人伪谓之人心。人心之得其正者即道心，道心之失其正者即人心，初非有二心也。程子谓：'人心即人欲，道心即天理。'②语若分析，而意实得之。今曰'道心为主而人心听命'，是二心也。'天理''人欲'不并立，安有'天理'为主，'人欲'又从而听命者？"

· **注 释**

①道心、人心：语出《尚书·大禹谟》:“人心惟危，道心惟微。”朱熹《中庸章句·序》云:“必使道心常为一身之主宰，而人心每听命焉。”道心，指合乎天理的心；人心，指私欲之心。

②人心即人欲，道心即天理：语出《河南程氏遗书》:“人心，私欲也；道心，正心也。”

【译文】

徐爱问:“拿先生对‘精一’的理解来推敲朱熹的‘道心常为一身之主，而人心每听命’，这句话似乎有弊病。”

先生说:“对。心只有一个。‘道心’是指没有染上私心杂念的心，被私欲限制了的便称之为人心。同样，如果人心能够去除私欲也可成为道心，道心失去了纯正便变成了人心，原本就并不是说有两个心。程颐说:‘人心即人欲，道心即天理。’这句话看似把人心和道心分开成两个，但实际上是把

二者当做一体。而朱熹说‘道心为主而人心听命’，这样就把心一分为二成为两个并存的概念了。‘天理’‘人欲’根本上�是不可能并存的，又怎会有‘天理’为主，‘人欲’服从‘天理’的道理呢？”

九

【原文】

爱问文中子、韩退之。①

先生曰：“退之，文人之雄耳。文中子，贤儒也。后人徒以文词之故，推尊退之，其实退之去文中子远甚。”

爱问：“何以有拟经之失？”

先生曰：“拟经恐未可尽非。且说后世儒者著述之意，与拟经如何？”

爱曰：“世儒著述，近名之意不无，然期以明道；拟经纯若为名。”

先生曰：“著述以明道，亦何所效法？”

曰:“孔子删述《六经》[②],以明道也。”

先生曰:“然则拟经独非效法孔子乎?”

爱曰:“著述即于道有所发明,拟经似徒拟其迹,恐于道无补。”

先生曰:“子以明道者,使其反朴还淳而见诸行事之实乎,抑将美其言辞而徒以哓哓于世也?天下之大乱,由虚文胜而实行衰也。使道明于天下则《六经》不必述,删述《六经》,孔子不得已也。自伏羲画卦至于文王、周公,其间言《易》如《连山》《归藏》[③]之属,纷纷籍籍,不知其几,《易》道大乱。孔子以天下好文之风日盛,知其说之将无纪极,于是取文王、周公之说而赞之,以为惟此为得其宗。于是纷纷之说尽废,而天下之言《易》者始一。《书》《诗》《礼》《乐》《春秋》皆然。《书》自《典》《谟》[④]以后,《诗》自《二南》[⑤]以降,如《九丘》《八索》[⑥],一切淫哇逸荡之词,盖不知其几千百篇。《礼》《乐》之名物度数,至是亦不可胜穷,孔子皆删削而述正之,然后其说始废。如《书》《诗》《礼》

《乐》中，孔子何尝加一语？今之《礼记》诸说，皆后儒附会而成，已非孔子之旧。至于《春秋》，虽称孔子作之，其实皆鲁史旧文；所谓‘笔’者，笔其书，所谓‘削’者，削其繁，是有减无增。孔子述《六经》，惧繁文之乱天下，惟简之而不得，使天下务去其文以求其实，非以文教之也。《春秋》以后繁文益盛，天下益乱。始皇焚书得罪，是出于私意，又不合焚《六经》，若当时志在明道，其诸反经叛理之说悉取而焚之，亦正暗合删述之意。自秦汉以降，文又日盛，若欲尽去之，断不能去，只宜取法孔子，录其近是者而表章之，则其诸怪悖之说亦宜渐渐自废。不知文中子当时拟经之意如何，某切深有取于其事，以为圣人复起不能易也。天下所以不治，只因文盛实衰，人出已见，新奇相高，以眩俗取誉，徒以乱天下之聪明，涂天下之耳目，使天下靡然，争务修饰文词以求知于世，而不复知有敦本尚实、反朴还淳之行。是皆著述者有以启之。”

·注释

①文中子：王通（584~618），字仲淹，隋朝绛州龙门（今山西河津）人。曾仿《春秋》《论语》著《元经》《中说》等，主张儒、佛、道三教合一，以儒为主。韩退之：韩愈（768~824），字退之，唐朝河阳（今河南孟州市）人，倡导儒学，排斥佛、道。著有《昌黎先生集》。

②孔子删述《六经》：孔子晚年编修删改《诗经》《尚书》《礼记》《乐经》《易经》和《春秋》六种经典，即后世所谓《六经》。

③《连山》《归藏》：《连山》相传为夏朝的《易》，《归藏》相传为商朝的《易》，后都失传。

④《典》《谟》：指《尚书》中的《尧典》《舜典》《大禹谟》《皋陶谟》和《益稷谟》，共称为二典三谟。谟，计谋、谋略。

⑤《二南》：即《诗经》中的《周南》《召南》两篇。

⑥《九丘》《八索》：远古时代的书名。孔安国《古文尚书序》："八卦之说，谓之《八索》；九州之志，谓之《九丘》。"

【译文】

徐爱问先生对王通和韩愈两个人的看法。

先生说："韩愈是文人学士中出类拔萃的人，王通则是贤明鸿儒。因为文章诗词的缘故，后人相对更加推崇韩愈，但实际上韩愈比王通差很远。"

徐爱问："那么如何解释王通仿作经书这种过失呢？"

先生说："也不能够全盘否定仿作经书的事。后世儒生们著书立说、阐经述曲的用意和仿作经书有什么不同呢？"

徐爱说："后世儒生们著书讲经虽不无邀名之嫌，有追求名声的私心，但其主要目的还是在于阐明圣道，仿作经书纯粹是为了个人的名利。"

先生说："为了阐明圣道而著书讲经，效仿的是谁呢？”

徐爱说：“孔子删改过《六经》以阐明圣道，效仿的是他。”

先生说：“那么仿作经书不也是效法孔子吗？”

徐爱说：“著书论经会使圣经有所发挥，并让之通晓，但仿作经书似乎只是模仿圣人的学说，对圣道恐怕并没有什么好处。”

先生说：“那你认为阐明圣道，是使天理返璞归真，使之付之于实事呢，还是利用华美的言辞招摇过市呢？之所以会天下大乱，就是因为虚文兴盛而缺少实践。假如圣道大白于天下，那么《六经》也不必删改了。孔子也是不得已而删改《六经》。从伏羲画八卦到周文王、周公，期间解释过《易经》的有《连山》《归藏》等，林林总总，数不胜数。使得《易经》的圣道弄得极其混乱。孔子觉得天下喜好文藻的风气每日剧增，知道《易经》将会被歪曲，于是倡导文王、周公的学说，把他们的学说视为《易经》的正宗。从此其他的学说都被废止，天下对于《易经》的阐述得以统一。《书》《诗》《礼》《乐》《春秋》也都是这样统一的。《书》自《典》《谟》以后，《诗》自《周南》《召南》以后，像《九丘》《八索》等，所有淫秽逸荡的词句共有成百上千篇。《礼》《乐》中的名物制度也是数不胜数。孔子做出了正确的阐释，把之前一一删除，废止了其他乱七八糟的学说。《书》《诗》《礼》《乐》等书中，孔子删除时并没有增加过自己的言论。如今《礼记》中的众多阐述，并非孔子删改的原本，大都是后世儒生的附会。至于《春秋》，虽然后人认为作者是孔子，但实际上是鲁国旧史书中的文字，只是经过孔子的整理削述。摘录原文、去掉繁杂，只有减少而无增加。孔子把《六经》删减到不能再减了，以免纷华浮逸的文辞扰乱天下人心，使天下人从此抛弃华丽的文饰注重文章的实质，而不是用虚逸淫荡的文辞来教化天下。《春秋》以后，各种华而不实的文辞日益兴盛，天下大乱。秦始皇焚书留下千古罪名，是因为他这样做是出于控制天下的私心，把《六经》也焚毁了。如果当时他旨在阐明圣道，将那些离经叛道的学说悉数焚毁，就会暗合了孔子删改《六经》的本意。自秦汉之后，繁文又一天天兴盛起来，如果想要除尽此风是不可能的，因此只能效法孔子，摘录那些接近真理的阐释加以宣传表彰，那些怪理悖论也就会慢慢地自行消亡了。虽然我不知道王通当初仿作经书的本意何在，但我深切地体会到，他的做法是有可取之处的。我想即使圣人复活，是不会阻止他的。天下纷乱的原因，正在于盛行浮华的文风，求实之风却日渐衰败。人们标新立异，各出己见，为了取得功名不惜哗众取宠，扰乱天下人的思绪，混淆大家的视听。使得天下人争着崇尚虚文浮词，在社会上争名夺利，忘记敦厚实在、返璞归真的品性。这些都是那些阐述经典的人所开启的。”

十

【原文】

爱曰:“著述亦有不可缺者，如《春秋》一经，若无《左传》，恐亦难晓。”

先生曰:“《春秋》必待《传》[1]而后明，是歇后谜语矣，圣人何苦为此艰深隐晦之词？《左传》多是鲁史旧文，若《春秋》须此而后明，孔子何必削之?”

爱曰:“伊川亦云:‘《传》是案,《经》是断。’如书弑某君，伐某国，若不明其事，恐亦难断。”

先生曰:“伊川此言恐亦是相沿世儒之说，未得圣人作经之意。如书‘弑君’，即弑君便是罪，何必更问其弑君之详？征伐当自天子出[2]，书‘伐国’，即伐国便是罪，何必更问其伐国之详？圣人述《六经》，只是要正人心，只是要存天理去人欲，于存天理去人欲之事，则尝言之，或因人请问，各随分量而说，亦不肯多道，恐人专求之言语，故曰‘予欲无言’。若是一切纵人欲、灭天理的事，又安肯详以示人？是长乱导奸也。故孟子云：‘仲尼之门，无道桓、文之事者。是以后世无传焉。’此便是孔门家法。世儒只讲得一个伯者的学问，所以要知得许多阴谋诡计，纯是一片功利的心，与圣人作经的意思正相反，如何思量得通！”因叹曰：“此非达天德[③]者，未易与言此也！”

又曰：“孔子云：‘吾犹及史之阙文也。’[④]孟子云：‘尽信书，不如无书。吾于武成取二三策而已。’[⑤]孔子删书，于唐虞夏四五百年间，不过数篇。岂更无一事，而所述止此？圣人之意可知矣。圣人只是要删去繁文，后儒却只要添上。”

·注 释……………………………………………

①《传》：指解释《春秋》的三传《左传》《公羊传》《穀梁传》。

②征伐当自天子出：语出《论语·季氏》：“孔

子曰：天下有道，则礼乐伐自天子出；天下无道，则礼乐伐自诸侯出。”

③天德：与天同德，意为道德极其高尚。语出《中庸》：“苟不固聪明圣知达天德者，其孰能知之。”

④吾犹及史之阙文也：语出《论语·卫灵公》：“吾犹及史之阙文也，有马者借人乘之。今亡矣夫！”

⑤尽信书，不如无书。吾于《武成》，取二三策而已：语出《孟子·尽心下》。《武成》为《尚书》中篇名，记载武王灭商后，与大臣商量怎样治理商地等。

【译文】

徐爱说：“后世文人的一些著书阐述也是必要的，以《春秋》为例，假如没有《左传》作为它的注解，后人恐怕难以读懂。”

先生说：“如果必须有《左传》为《春秋》注解，众人才会明晓，那岂不是像歇后语一样了。圣人为什么要写如此隐晦难懂的文章呢？《左传》的文章大多来自鲁国旧史书，如果《春秋》必须有《左传》作注才能看得明白，那么孔子又何苦费神将鲁史删改为《春秋》呢？”

徐爱说：“程颐先生也曾说过：‘《传》是案，《经》是断。’比如《春秋》中记载弑某君、伐某国，如果不明白整件事的来龙去脉，恐怕对这件事也难以判断。”

先生说：“程颐先生说这句话，恐怕也是沿袭了世俗儒生的说法，而没有明白圣人作这些经书的本意。既然《春秋》记载了‘弑君’，就是说弑君本身就是大罪，他杀害国君的细节又何足多言？征讨本就应该由天子授权，书中写伐国，那伐国本来就是犯罪，便无须多言伐国的详细情况。圣人阐述《六经》，只是为了正人心，存天理、去人欲。关于这些，孔子也是在有人请教的情况下才因人因时酌情作些解说，但也绝不会说太多，害怕人们会拘泥于辞藻。因此他对子贡说‘我不想说什么了’。圣人绝不肯把一些放纵私欲、毁灭天理的事详细地告诉人们，因为那会助长混乱、引导奸邪的。所以孟子说：‘仲尼之门，无道桓、文之事者。’这是孔门的家法。后世儒生只研究霸道的学问，所以他们就要懂得许多阴谋诡计，这纯粹是功利之心，与圣人作出经书的目的正好相反，怎么可能理解《春秋》一书呢？”说到这里，先生慨叹道：“如果不是通达天理的人，和他们也很难谈到这个！”

先生又说：“孔子说：‘我还遇到过史书里有疑点的地方。’孟子说：‘全然相信《尚书》，倒不如没有《尚书》。《武成》这篇文章里我只取两三节罢了。’孔子删改《尚书》，即使是尧、舜、夏朝四五百年的历史，也存留不过仅有的几篇。难道再没有一件事可写了吗？但他就阐述了仅有的这几篇，圣人的用意显而易见了。实际上圣人是要去繁就简，但是后世儒生却硬要往里添加繁文。”

十一

【原文】

爱曰："圣人作经，只是要去人欲，存天理。如五伯以下事，圣人不欲详以示人，则诚然矣，至如尧舜以前事，如何略不少见？"

先生曰："羲黄之世，其事阔疏，传之者鲜矣。此亦可以想见，其时全是淳庞朴素，略无文采的气象，此便是太古之治，非后世可及。"

爱曰："如《三坟》[1]之类，亦有传者，孔子何以删之？"

先生曰："纵有传者，亦于世变渐非所宜。风气益开，文采日盛，至于周末，虽欲变以夏商之俗，已不可挽，况唐虞乎？又况羲黄之世乎？然其治不同，其道则一。孔子于尧舜则祖述之，于文武则宪章之。[2]文武之法即是尧舜之道，但因时致治，其设施政令已自不同。即夏商事业施之于周，已有不合，故‘周公思兼三王，其有不合，仰而思之，夜以继日’③，况太古之治，岂复能行？斯固圣人之所可略也。”

又曰：“专事无为，不能如三王之因时致治，而必欲行以太古之俗，即是佛老的学术；因时致治，不能如三王之一本于道，而以功利之心行之，即是伯者以下事业。后世儒者许多讲来讲去，只是讲得个伯术。”

又曰：“唐虞以上之治，后世不可复也，略之可也。三代④以下之治，后世不可法也，削之可也。惟三代之治可行，然而世之论三代者，不明其本而徒事其末，则亦不可复矣。”

·注 释

①《三坟》：相传为伏羲、神农、黄帝之书。

②祖述、宪章：借为效法、遵循前人的行为或学说。

③“周公”四句：语出《孟子·离娄下》：“周公思兼三王，以施四事。其有不合者，仰而思之，夜以继日；幸而得之，坐以待旦。”

④三代：夏、商、周谓之三代。

【译文】

徐爱说：“孔子作《六经》，目的是要去人欲，存天理。因此孔子不想将春秋五霸之后的事详细地展示给世人，这是自然的。但尧舜以前的事，为什么也略而不论呢？”

先生说：“一来，伏羲、黄帝，时代已经久远，事迹零散，可以想象，流传下来的很少。而且那时世风淳朴，不会有注重行式、喜好华文的风气，这就是太古时期的社会状况，是后世不能相比的。”

徐爱说：“也有流传下来《三坟》之类的书，但是孔子为什么把它们都删掉了呢？”

先生说：“那些书即使有些流传下来，会因时代的变化逐渐不合时宜。社会风气日益开放，文采日渐兴盛，世道沧桑，周朝末年的时候，要恢复夏商时期的淳朴风俗，已经不可能了，何况尧舜时的世风呢？太古时期的伏羲、黄帝的世风就更不可能挽回了。各国治理国家的具体方法尽管各不相同，他们遵循的天道准则都是一样的。孔子效法尧、舜和周文王、周武王。周文王、周武王实行的制度其实也就是尧、舜时的法则。但是他们都因时施政，因此制度政令会有所分别。夏、商的制度政令在周朝施行，就已经是不合时宜的了。所以周公对大禹、商汤及文王的制度吸收并举的同时，遇到有不合适的地方，就会反复琢磨、经过深思熟虑。更何况太古时的制度政令，更不可能再直接沿用？这些本然就是孔子可以略而不举的。”

先生又说：“固执地想要恢复施行太古时的典章制度，只一味提倡采取无为而治的政策措施，而不能像三王那样因时施治，是佛教和老庄学派所宣扬的观点。春秋五霸以后的因时施治，不像三王一样遵循圣道，用道来一以贯之，而是存有功利之心来施政。后世儒生讲了很多，不过讲了些施行霸道之术而已。”

先生又说：“后世不能再恢复唐尧、虞舜以前的治世了，因此可以删略。夏、商、周三代以后的治理方法，后世不能纯然效法，也可以删略。只有三代的治国方法是效法推行的，但是后世人们研究三代，并没有弄清楚其本质，而仅仅是探讨一些细枝末节，所以三代之治也不能恢复了！”

十二

【原文】

爱曰：“先儒论《六经》，以《春秋》为史。史专记事，恐与《五经》[①]事体终或稍异。”

先生曰：“以事言谓之史，以道言谓之经。事即道，道即事。《春秋》亦经，《五经》亦史。《易》是包牺氏之史，《书》是尧舜以下史，《礼》《乐》是三代史。其事同，其道同，安有所谓异！”

又曰："《五经》亦只是史，史以明善恶、示训戒。善可为训者，特存其迹以示法。恶可为戒者，存其戒而削其事以杜奸。"

爱曰："存其迹以示法，亦是存天理之本然，削其事以杜奸，亦是遏人欲于将萌否？"

先生曰："圣人作经，固无非是此意，然又不必泥着文句。"

爱又问："恶可为戒者，存其戒而削其事以杜奸，何独于《诗》而不删郑卫？先儒谓'恶者可以惩创人之逸志'[②]，然否？"

先生曰："《诗》非孔门之旧本矣。孔子云：'放郑声，郑声淫。'[③]又曰：'恶郑声之乱雅乐也。'[④]'郑卫之音，亡国之音也。'[⑤]此是孔门家法。孔子所定三百篇，皆所谓雅乐，皆可奏之郊庙，奏之乡党，皆所以宣畅和平，涵泳德性，移风易俗，安得有此？是长淫导奸矣。此必秦火之后，世儒附会，以足三百篇之数。盖淫泆之词，世俗多所喜传，如今闾巷皆然。'恶者可以惩创人之逸志'，是求其

说而不得，从而为之辞。”

·注 释

①《五经》：指《诗》《书》《礼》《易》《春秋》，六经中《乐》已佚失，故称五经。

②恶者可以惩创人之逸志：语出朱熹《论语集注·为政篇》，意为记录历史上丑恶的事可以惩戒人们贪求安逸的思想。

③放郑声，郑声淫：意为禁绝郑国的音乐，郑国的音乐淫靡放荡。语出《论语·卫灵公》。

④恶郑声之乱雅乐也：意为厌恶郑国的音乐扰乱了高雅的音乐。语出《论语·阳货》。

⑤郑卫之音，亡国之音也：意为郑国、卫国的音乐淫靡放荡，足以亡国。语出《礼记·乐记》。

【译文】

徐爱说：“朱熹论述《六经》时，把《春秋》算作史书一类。史书是专门记载具体的历史事件的，这恐怕和《五经》的体例宗旨有点差别。”

先生说：“记事的角度看是史书，载道的角度看是经典。事实是天理的表现，所以天理就是事实。因此《春秋》也是经典，其余四经也可以看作是史书。《易》是伏羲氏时的史书，《尚书》是尧、舜之后的史书，《礼》《乐》是夏、商、周三代时的史书。它们记载的事件是相类的，所遵循的天理也一样，差异从何而来呢？”

先生又说：“《五经》也是史。明辨善恶、总结历史经验教训是史书的作用。善行可以供后世效法，因此特意保存具体而又典型的善事。而用来训诫的恶事，则保留可以警戒世人的部分而略去具体的恶行，以此杜绝后世模仿。”

徐爱说：“保存善行供后人效法，是存天理的根本；而省略恶行以防止后世模仿，是为了把人的私欲遏止在萌芽状态吗？”

先生说：“孔子作六经的本意无非就是这样，但读者要掌握其宗旨，而不是拘泥于文章中的词句。”

徐爱问;“用来训诫的恶事，保留可以警戒世人的部分而略去具体的恶行，以杜绝后世模仿。那为何不删除《诗经》中的《郑风》《卫风》呢？真地像朱熹所说，‘记录历史上丑恶的事可以惩戒人们贪图安逸的思想’？”

先生说：“现在的《诗经》并非孔子所删定的旧本了。孔子曾说过：‘不放郑国的音乐，郑国的音乐放荡淫靡。’又说：‘讨厌郑国的音乐扰乱了高雅的音乐。’‘郑国和卫国的音乐是亡国的音乐。’这是孔门的家法。孔子所删定的《诗经》三百篇，都是纯正雅典的音乐，在祭祀天地祖先的场合和乡村中都可以演奏，能起到宣扬和平、涵养德行、移风易俗的作用，郑国和卫国的音乐怎么可能掺杂其中呢？这些只能助长淫乱，导致奸邪。想必是在秦始皇焚书之后，后世儒生为了凑足三百篇，穿凿附会而成。大概俗人多喜欢传唱淫逸之词，现在的大街小巷也还是这样。朱熹无法正确解释这种情况，不得已而说‘记录恶事可以惩戒人们贪图安逸的思想’。”

徐爱跋

【原文】

爱因旧说汩没，始闻先生之教，实是骇愕不定，无入头处。其后闻之既久，渐知反身实践，然后始信先生之学为孔门嫡传，舍是皆旁蹊小径、断港绝河矣。如说“格物”是“诚意”①的功夫，“明善”是“诚身”的功夫②，“穷理”是“尽性”的功夫，“道问学”是“尊德性”的功夫③，“博文”是“约礼”的功夫，“惟精”是“惟一”的功夫，诸如此类，始皆落落难合，其后思之既久，不觉手舞足蹈。

· **注 释**

①诚意：语出《大学》："欲诚其意者，先致其知。致知在格物。"

②明善、诚身：明善，意为明察事理，了解什么是善。诚身，意为使自己的行为符合天理准则。语出《中庸》。

③道问学、尊德性：道问学，意为虚心学习，探究事理。尊德性，意为遵从道德规范。语出《中庸》。

【译文】

徐爱因为沉溺于程朱旧学中，受到程朱理学的影响较深，所以刚开始受到先生的教诲时，实在有点不知所云，寻不出头绪来。后来长时间得到先生的教诲，才渐渐回过头来，并笃行实践，由此开始相信先生的学说才是孔门的真传，其余都是旁门左道。比如先生所说的"格物"是"诚意"的功夫，"明善"是"诚身"的功夫，"穷理"是"尽性"的功夫，“道问学”是“尊德性”的功夫，“博文”是“约礼”的功夫，“惟精”是“惟一”的功夫。诸如此类的思想，刚开始实在难以理解，后来思考的时间久了，也就领会了其中意思，高兴得手舞足蹈。

陆澄录

一

【原文】

陆澄[①]问：“主一之功，如读书则一心在读书上，接客则一心在接客上，可以为主一乎？”

先生曰：“好色则一心在好色上，好货则一心在好货上，可以为主一乎？是所谓逐物，非主一也。主一是专主一个天理。”

·注 释

①陆澄：字原静，又字清伯，浙江吴兴人。官至刑部主事，王阳明的学生。

【译文】

陆澄问："关于专一的功夫：比方读书，便一心一意地读书；接待客人，便专心地接待客人；这样可以叫做'主一'吗？"

先生说："好色就一心全在好色上，喜欢财物就一味去追求财物，难道这也可以算作专一吗？这只是追逐物欲，而并非专一。'主一'是指对于天理圣道的专心。"

二

【原文】

问立志。

先生曰："只念念要存天理，即是立志。能不忘乎此，久则自然心中凝聚，犹道家所谓'结圣胎'[①]也。此天理之念常存，驯至于美大圣神[②]，亦只从此一念存养扩充去耳。"

·注 释

①结圣胎：圣胎是道教修炼所成的内功，是修道成仙的基础。

②美大圣神：指人道德完善的几种境界。语出《孟子·尽心下》："可欲之为善，有诸己之谓信，充实之谓美，充实之有光辉之谓大，大而化之之谓圣，圣而不可知之之谓神。"驯，逐渐。

【译文】

陆澄询问关于立志的问题。

先生说："立志就是时刻不忘存天理。能够不把存天理忘记了，久而久之心自然就会凝聚天理，就像道家所说的'结圣胎'。存天理的念想时常记挂在心里，逐步达到精美、宏大、神圣的境界，就是不断保存这一意念、并发扬开来的结果。"

三

【原文】

“日间功夫，觉纷扰，则静坐；觉懒看书，则且看书。是亦因病而药。”

【译文】

先生说：“在白天学习，觉得被外界繁乱打扰，就学习静坐；觉得懒于看书，就去看书。这也是对症下药。”

四

【原文】

“处朋友，务相下则得益，相上则损。”

【译文】

“同朋友相交，一定要相互谦让，就会获得好处，而相互攀比，互争高低则只会受损。”

五

【原文】

孟源[1]有自是好名之病，先生屡责之。一日警责方已，一友自陈日来功夫请正。源从旁曰：“此方是寻着源旧时家当。”

先生曰：“尔病又发。”源色变，议拟欲有所辨。

先生曰：“尔病又发！”因喻之曰：“此是汝一生大病根。譬如方丈地内种此一大树，雨露之滋，土脉之力，只滋养得这个大根，四傍纵要种些嘉谷，上面被此树叶遮覆，下面被此树根盘结，如何生长得成？须用伐去此树，纤根无留，方可种植嘉种，不然任汝耕耘培壅，只是滋养得此根。”

·注 释

①孟源：字伯生，滁州（今安徽滁县）人，王阳明的学生。

【译文】

自以为是、喜好虚名是孟源一直以来的缺点，为此先生曾多次批评他。一天，先生刚刚才批评了他，一个朋友来向先生陈述自己近日来所学，并请求先生加以指正。孟源在旁边说：“你的这些所学只是找着了我以前的那些老家当。”

先生说：“你又犯毛病了！”孟源顿时脸色一变，想要为自己辩解。

先生说：“你又犯毛病了！这是你一生的大病根。就好比一丈方圆的地里种着一棵大树，滋润的雨露，肥力的土壤，只能养着这棵树根。若在四周种上些优良的种子，大树的树叶会把其遮挡住，下面还会被树根盘结，它们怎么能够长活呢？所以必须将这棵树连根拔起，这个地方才能够再种植优良的种子。否则，任凭你努力耕耘和栽培，也只能仅仅滋养了那个树根。”

六

【原文】

问：“后世著述之多，恐亦有乱正学。”

先生曰：“人心天理浑然，圣贤笔之书，如写真传神，不过示人以形状大略，使之因此而讨求其真耳；其精神意气，言笑动止，固有所不能传也。后世著述，是又将圣人所画摹仿誊写，而妄自分析加增以逞其技，其失真愈远矣。”

【译文】

陆澄问：“后世学者们的著述过多，恐怕也会扰乱正宗的儒学。”

先生说：“人心和天理是一体的，圣贤写在书上，就像给人画像，不过把一个基本的轮廓展示出来，使人可以据此寻到画像的本人；至于人的精神气质、言谈举止，确实不能全然表现出来。后世的著述，是模仿抄写圣人所画，并且妄自加以分析评判，添枝加叶，以此来炫耀自己的文才技艺，所以离圣人想要传达的实质就越来越远了。”

七

【原文】

问：“圣人应变不穷，莫亦是预先讲求否？”

先生曰：“如何讲求得许多？圣人之心如明镜，只是一个明，则随感而应，无物不照，未有已往之形尚在，未照之形先具者。若后世所讲，却是如此，是以与圣人之学大背。周公制礼作乐以文天下，皆圣人所能为，尧舜何不尽为之而待于周公？孔子删述《六经》以诏万世，亦圣人所能为，周公何不先为之，而有待于孔子？是知圣人遇此时，方有此事。只怕镜不明，不怕物来不能照。讲求事变亦是照时

事，然学者却须先有个明的功夫。学者惟患此心之未能明，不患事变之不能尽。”

曰：“然则所谓‘冲漠无朕，而万象森然已具’[①]者，其言何如？”

曰：“是说本自好，只不善看，亦便有病痛。”

·注 释

①冲漠无朕，而万象森然已具：程颐语，出自《河南程氏遗书》。意为在宇宙还是一片混沌时，万事万物的理已经在冥冥之中存在了。

【译文】

陆澄问：“圣人能够根据情况随时应变，莫非这也是事先就预备好了的吗？”

先生说：“怎么能预先准备得那么多呢？圣人的心像是一面明镜，只需它十分明亮，就没有什么东西是不能反映的，能够随着感触而应付自如。镜子里不会有先前所照见的东西存留，也不可能有没有照过的东西事先出现在镜子上。如果后人是这样认为的，那就与圣人的学说大不相同了。周公为教化世人制定礼乐，这是圣人们都能做的事，那么尧舜二帝为何不先行亲自制定而要等周公来做呢？孔子删定《六经》以昭明后人，也是圣人们都能做的事，周公为什么不先行亲自删定而等孔子来做呢？所以说圣人只有处于恰当的时代，才会有恰当的作为。就怕镜子不够明亮，无法照出镜前的东西。根据情况随机应变就像是用镜子，学者们所需只是先下功夫使自己这面镜子保持明亮。学者只应担心自己不能心如明镜，而不须担心自己明镜般的心不能应付发展的变化。”

陆澄说：“那么程颐先生所说的‘宇宙间混顿无物时，就已经有万物之理在冥冥之中存在了’，这句话如何解释呢？”

先生说：“这句话本身正确，只是世人不能正确理解，也就有了毛病。”

八

【原文】

“义理无定在，无穷尽。吾与子言，不可以少有所得而遂谓止此也，再言之十年，二十年，五十年，未有止也。”

他日又曰：“圣如尧舜，然尧舜之上善无尽；恶如桀纣，然桀纣之下恶无尽。使桀纣未死，恶宁止此乎？使善有尽时，文王何以‘望道而未之见’①？”

·注　释

①望道而未见之：语出《孟子·离娄下》。

【译文】

“义理不会有固定不变的所在，它根本无法穷尽。所以我跟你讲学，你稍有收获，就停滞不前，是不对的。即使再学习十年、二十年、五十年，也不能停止。”

一天，先生又说：“尧、舜二帝已经十分圣明了，但在尧舜之上，善还远没有穷尽；恶人最多做到桀纣了，但在桀纣之下，还有无穷无尽的恶。而且即使桀纣还未死，残恶在他们这儿就到了尽头了吗？假如善会有穷尽之时，周文王何会感叹道‘始终追求天理却依旧没有遇到过天理’呢？”

九

【原文】

问：“静时亦觉意思好，才遇事便不同，如何？”

先生曰：“是徒知静养，而不用克己功夫也。如此，临事便要倾倒。人须在事上磨，方立得住，方能‘静亦定，动亦定’①。”

· 注　释

①静亦定，动亦定：语出《河南程氏遗书》。

【译文】

陆澄问："静养的时候也感觉自己的想法很清晰，可是遇到具体的事情就不能再依据自己的思路去做，为什么？"

先生说："这是你只懂得静心修养，却不下功夫来克制自己的原因。这样的话，遇到具体的事情就会觉得思路不稳。人必须在遇到事情的时候磨炼自己，才能稳，才能'静亦定，动亦定'。"

十

【原文】

问上达[1]功夫。

先生曰："后儒教人，才涉精微，便谓'上达'

未当学，且说‘下学’[2]，是分‘下学’‘上达’为二也。夫目可得见、耳可得闻、口可得言、心可得思者，皆‘下学’也。目不可得见、耳不可得闻、口不可得言、心不可得思者，‘上达’也。如木之栽培灌溉，是‘下学’也，至于日夜之所息[3]，条达畅茂，乃是‘上达’，人安能预其力哉？故凡可用功、可告语者皆‘下学’，‘上达’只在‘下学’里。凡圣人所说，虽极精微，俱是‘下学’。学者只从‘下学’里用功，自然‘上达’去，不必别寻个‘上达’的功夫。”

· **注 释**

①上达：意为参悟天理。语出《论语·宪问》：“君子上达，小人下达。”

②下学：意为关于事物的基本知识和思想方法。语出《论语·宪问》：“不怨天，不尤人。下学而上达。知我者其天乎？”

③日夜之所息：语出《孟子·告子上》。

【译文】

陆澄求教参悟天理的功夫。

先生说："后世儒生教人，才涉及精微之处，便说不应当学参悟天理的功夫，只学一些简单的基础知识和思想方法，于是将'上达'和'下学'分开了。那眼睛看得见、耳朵听得到、嘴巴说得出、心里想得到的，都是'下学'；而那些用眼睛看不到、耳朵听不到、嘴巴说不出、心里想不到的，就是'上达'。比如说树木的栽种灌溉，都是属于'下学'，至于树木的生长休息、树枝繁茂，就是'上达'，不会被人力干预。所以凡是那些能够用功学到、用言语告知的，都只是'下学'，'上达'只存在于'下学'当中。凡是圣人谈到的虽然极其精微，但也只是'下学'而已。学者只需在'下学'的功夫里用功，自然而然就能到达到'上达'的功夫，而不必要在别的地方去寻'上达'的功夫。"

十一

【原文】

问："'惟精''惟一'是如何用功？"

先生曰："'惟一'是'惟精'主意，'惟精'是'惟一'功夫，非'惟精'之外复有'惟一'也。'精'字从'米'，姑以米譬之。要得此米纯然洁白，便是'惟一'意，然非加舂簸筛拣'惟精'之功，则不能纯然洁白也。舂簸筛拣是'惟精'之功，然亦不过要此米到纯然洁白而已。博学、审问、慎思、明辨、笃行者，皆所以为'惟精'而求'惟一'也。他如'博文'者即'约礼'之功，'格物致知'者即'诚意'之功，'道问学'即'尊德性'之功，'明善'即'诚身'之功，无二说也。"

【译文】

陆澄问："如何在'惟精''惟一'上下功夫？"

先生说：“‘惟一’是‘惟精’的目的，‘惟精’是‘惟一’的功夫，‘惟一’并不是在‘惟精’之外的。‘精’是‘米’字旁，就用米来作比喻。‘惟一’是要让大米纯然洁白，但是如果稻谷不经过舂簸筛拣等，大米就不可能纯然洁白。舂簸筛拣好比是‘惟精’的功夫，其目的是让大米洁白。博学、审问、慎思、明辨、笃行等，也皆是‘惟精’而求得‘惟一’罢了。另外，‘博文’是‘约礼’的功夫，‘格物致知’是‘诚意’的功夫，‘道问学’是‘尊德性’的功夫，‘明善’是‘诚身’的功夫，也都是这个意思。”

十二

【原文】

“知者行之始，行者知之成。圣学只一个功夫，知行不可分作两事。”

【译文】

先生说："认识是实践的起点，实践是认识的成果。圣人的学问只是一个功夫，认识和实践不能当做两回事。"

十三

【原文】

"漆雕开[①]曰：'吾斯之未能信。'[②]夫子说之。子路使子羔为费宰[③]，子曰：'贼夫人之子。'[④]曾点[⑤]言志，夫子许之。圣人之意可见矣。"

·注 释……………………………………………

①漆雕开：鲁国人，字子若，孔子的学生。

②吾斯之未能信：语出《论语·公治长》："子使漆雕开仕。对曰：'吾斯之未能信。'子说。"

③子路：仲由（公元前542~公元前480年），鲁国卞（今山东泗水）人，姓仲，名由，字子路，

又字季路，孔子的学生。子羔：齐国人，姓高，名柴，孔子的学生。

④贼夫人之子：意为危害人家的孩子。语出《论语·先进》。

⑤曾点：曾皙，鲁国人，孔子的学生。

【译文】

先生说："漆雕开对孔子说：'对于做官，我没有自信。'孔子听了这话，心里很高兴。子路让子羔在费地担任地方官员，孔子说：'陷害别人的孩子。'曾点对孔子讲自己的志向，孔子表示赞许。由此可以看出孔子的心意。"

十四

【原文】

问："宁静存心时，可为'未发之中'①否？"

先生曰："今人存心，只定得气。当其宁静时亦只是气宁静，不可以为‘未发之中’。”

曰：“‘未’便是‘中’，莫亦是求‘中’功夫？”

曰：“只要去人欲存天理，方是功夫。静时念念去人欲存天理，动时念念去人欲存天理，不管宁静不宁静。若靠那宁静，不惟渐有喜静厌动之弊，中间许多病痛只是潜伏在，终不能绝去，遇事依旧滋长。以循理为主，何尝不宁静？以宁静为主，未必能循理。”

·注 释

①未发之中：语出《中庸》：“喜怒哀乐之未发谓之中。”意为喜怒哀乐尚在内心，没有表现出来，理学认为这种状态的情绪纯真无伪，最符合‘理’。

【译文】

陆澄问：“当一个人静处以存心养性时，可以看作是‘未发之中’吗？”

先生说：“如今人们存心养性，仅仅是定气养神。宁静下来的时候也只有气得到了安定，全然不能算作是‘未发之中’。”

陆澄说：“‘未发之中’就是‘中’，这难道不也是寻求‘中’的功夫吗？”

先生说：“只有去人欲存天理，方能算功夫。不管是宁静时还是行动时，时时都想着去人欲存天理。假若仅仅在宁静时存天理，不但会渐渐养成喜静厌动的弊病，而且会有许多的毛病隐藏在心里，遇事便会滋长起来，终究很难断绝清除。心中时时遵循天理，怎么可能得不到宁静呢？单单追求宁静不一定能够遵循天理。”

十五

【原文】

问：“孔门言志[①]，由、求[②]任政事，公西赤[③]任礼乐，多少实用！及曾皙说来，却似耍的事，圣人却许他，是意何如？”

曰："三子是有意必[4]，有意必便偏著一边，能此未必能彼。曾点这意思却无意必，便是'素其位而行，不愿乎其外，素夷狄行乎夷狄，素患难行乎患难，无入而不自得'[5]矣。三子所谓'汝器也'[6]，曾点便有'不器'[7]意。然三子之才，各卓然成章，非若世之空言无实者，故夫子亦皆许之。"

·注 释

①孔门言志：语出《论语·先进》。讲的是孔子和他的学生谈论志向的故事。

②由、求：由，仲由，即子路；求，冉求，字子由。孔子的学生。

③公西赤：姓公西，名赤，字子华。孔子的学生。

④意必：语出《论语·子罕》："子绝四：毋意、毋必、毋固、毋我。"意，即主观猜测。必，即武断绝对。

⑤"素其位"五句：语出《中庸》。素其位，

安于现在的地位、条件。

⑥汝器也：语出《论语·公冶长》。器，即器具，特定的器具有特定的才能。

⑦不器：语出《论语·为政》："君子不器。"意为不是一般的器具，具有多种才能。

【译文】

陆澄问："孔子的门徒们谈论他们的志向，子由和冉求想要担任政事，公西赤想要从事礼乐教化，多少有些经世致用的意思。但曾皙说起来像要着玩一样，孔子反而赞许他，是什么意思呢？"

先生说："前面三人的志向都带着点主观的揣测、武断而又绝对，带有这样的倾向，便会偏执于一方面，能做这件事未必能做那件。曾皙的志向没有此种倾向，只不过是'在自己的条件下行事，身处夷狄，就做夷狄能做的事；身处患难，就做患难中能做的事，无论在哪都能依据情势，怡然自得'了。前面三人是孔子所说在单方面有才能的人，而曾皙是孔子所说的在多个方面有才能的人。然而他们三人，各自才能卓著，而不是世间那些只讲讲而不实行的人，所以孔子也会赞许他们。”

十六

【原文】

问：“知识不长进，如何？”

先生曰：“为学须有本原，须从本原上用力，渐渐‘盈科而进’①。仙家说婴儿亦善譬。婴儿在母腹时只是纯气，有何知识？出胎后，方始能啼，既而后能笑，又既而后能识认其父母兄弟，又既而后能立、能行、能持、能负，卒乃天下之事无不可能。皆是精气日足，则筋力日强，聪明日开。不是出胎日便讲求推寻得来，故须有个本原。圣人到‘位天地育万物’，也只从‘喜怒哀乐未发之中’上养来。后儒不明格物之说，见圣人无不知，无不能，便欲于初下手时讲求得尽，岂有此理！”

又曰：“立志用功，如种树然。方其根芽，犹未有干，及其有干，尚未有枝，枝而后叶，叶而后花、实。初种根时，只管栽培灌溉，勿作枝想，勿作叶想，勿作花想，勿作实想。悬想何益？但不忘栽培之功，怕没有枝叶花实！”

·注 释……………………………………………………

①盈科而进：语出《孟子·离娄下》。比喻循序渐进。

【译文】

陆澄问：“知识没有长进，该怎么办？”

先生说：“做学问首先须有一个根基，然后从根基上面下功夫，慢慢地循序渐进。道家学说用婴儿作比，说得很精辟。婴儿在母亲的肚子里还未成形时只是一团气，完全什么都没有。待他出生后，方才能够啼哭，之后能够笑，然后认识父母兄弟，既而可以站立、行走、背、拿，最后世上的事情已经无所不能。因为婴儿的精气日益充足，筋骨也越来越有力气，头脑则越来越聪明。婴儿并非出生便具备了各种能力，所以须要有个根基。圣人也是从涵养起喜怒哀乐各种情绪没有表现出来的时候慢慢培养起来，才能够立足于天地之间让万物随其本性生长。后代的儒生们不懂得格物的学说，却觉得圣人看起来无所不知、无所不能，于是妄想一开始就把学问讲求完，真是岂有此理！”

先生又说：“立下志向用功夫做学问，就好比种树。开始发芽时没有树干，长出树干时没有树枝，长了树枝后才长叶子，叶子长好后才开花、最后结果。种上树根的时候，不要事先想着生枝、长叶、开花、结果，只管培土灌溉。因为空想也是无益。只要不忘尽心培土灌溉，怎怕没有枝、叶、花、果？”

十七

【原文】

问："看书不能明，如何？"

先生曰："此只是在文义上穿求，故不明。如此，又不如为旧时学问。他到看得多，解得去，只是他为学虽极解得明晓，亦终身无得。须于心体上用功，凡明不得，行不去，须反在自心上体当，即可通。盖四书[①]五经，不过说这心体，这心体即所谓'道'，心体明即是道明，更无二。此是为学头脑处。"

·注 释……………………………………

①四书：宋代理学家朱熹把《大学》《中庸》《论语》《孟子》合起来，编为《四书》，作为儒学的基本经典。

【译文】

陆澄问："读书时看不懂含义，怎么办呢？"

先生说："读不懂主要是因为你只求明白字面上的含义，钻牛角尖。这样的话，倒不如专门去做程朱的学问。他们做学问极其清楚明白，看得多，而且解得通。但也只是终生没有收获。做学问必须在自己的心上苦下功夫，凡是看不明白、想不通的，回到自己的内心仔细体会，这样就能明白了。《四书》《五经》所阐述的不过是个心体，这个心体就是所谓的'天理'，体明就是道明，再没有别的。这才是读书做学问的关键。"

十八

【原文】

"'虚灵不昧，众理具而万事出。'[1]心外无理，心外无事。"

或问："晦庵先生曰，'人之所以为学者，心与

理而已。’此语如何？”

曰：“心即性，性即理，下一‘与’字，恐未免为二，此在学者善观之。”

或曰：“人皆有是心，心即理，何以有为善，有为不善？”

先生曰：“恶人之心，失其本体。”

· 注 释

①“虚灵”两句：语出朱熹《大学章句》。

【译文】

“‘让心空灵明澈而不愚昧，就会具备了各种道理，万事万物也从这里显现。’在人心之外再无天理，也无事物。”

有人问：“朱熹先生说过：‘人之所以为学者，心与理而已。’这句话说得对吗？”

先生说：“心就是性，性就是理，‘心’和‘理’之间掺入一个‘与’字，恐怕会将‘心’‘理’分开。这就要求学者善于观察和体会。”

有人说：“人人都同样有心，而心就是天理，那为什么有的人善良，而有的却不善良呢？”

先生说：“恶人的心早已经丧失了它的本体。”

十九

【原文】

问：“‘析之有以极其精而不乱，然后合之有以尽其大而无余’[①]，此言如何？”

先生曰：“恐亦未尽。此理岂容分析？又何须凑合得？圣人说‘精一’自是尽。”

“省察是有事时存养，存养是无事时省察。”

·注 释

①“析之”句：语出朱熹《大学或问》“析之极精不乱，说条目功夫；然后合之尽大无余，说明明德于天下。”

【译文】

陆澄问："朱熹说'分析天理可以使它显得精干而不混乱，综合天理便可使其包罗万象，各个方面都无从遗落'，这话对吗？"

先生说："恐怕并不全对。天理怎么可以分割开来加以分析？又何必需要综合？圣人所说'精一'就已经把它说尽了。"

先生说："省察是在具体的事情上存养天理，而存养天理就是在无事时反省体察天理。"

二十

【原文】

澄尝问象山[1]在人情事变上做功夫之说。

先生曰："除了人情事变，则无事矣。喜怒哀乐非人情乎？自视听言动，以至富贵贫贱患难死生，皆事变也。事变亦只在人情里，其要只在'致中和[2]'，'致中和'只在'谨独'[3]。"

·注 释

①象山：陆九渊（1139~1193），字子静，自号存斋，江西抚州人。曾讲学于象山，学者称象山先生。

②中和：语出《中庸》。中，天下的根本。和，天下的大道。

③谨独：即慎独，意为一个人独处也要严格要求自己，言行思想要符合道德规范。

【译文】

关于陆九渊在人情事变上下功夫的学说，陆澄曾向先生请教。

先生说："除了人情事变，世界上也再没有别的事了。喜怒哀乐不是人情吗？从看、听、说、做再到富贵、贫贱、患难、死生，都是'事变'。而事变都只在人情里体现，它的关键是要做到'中正平和'，而'中正平和'的关键就在于'慎独'。"

二十一

【原文】

澄问:“仁、义、礼、智之名，因已发而有?”

曰:“然。”

他日，澄曰:“恻隐①、羞恶、辞让、是非，是性之表德邪?”

曰:“仁、义、礼、智也是表德。性一而已，自其形体也谓之天，主宰也谓之帝，流行也谓之命，赋于人也谓之性，主于身也谓之心。心之发也，遇父便谓之孝，遇君便谓之忠，自此以往，名至于无穷，只一性而已。犹人一而已，对父谓之子，对子谓之父，自此以往，至于无穷，只一人而已。人只要在性上用功，看得一性字分明，即万理灿然。”

·注 释

①“恻隐”句：语出《孟子·公孙丑》。

【译文】

陆澄问："仁、义、礼、智的名称，是人的心性发挥出来之后有的吗？"

先生说："是。"

又一天，陆澄问："恻隐、羞恶、辞让、是非等等，这些善良或邪恶的情感也是心性展示出来的吗？"

先生说："仁、义、礼、智是善良的心性。心性只有一个，从它外在形式上叫做'天'，从它主宰万事万物的角度就叫做'帝'，而从它的流传变化就叫做'命'，它赋予人时称作'性'，主宰人的身体时称作'心'，但实际上心性只有唯一的一个。心性体现的时候，善待父母便叫孝，忠于国君就叫忠，以此类推，虽然它的名称数不胜数，但心性也只有一个而已。就好比一个人，他拥有的称呼也是无穷无尽的，相对于父亲他是儿子，对于儿子他又是父亲，以此类推，虽然它的称呼数不胜数，但实际上这只是同一个人而已。所以人只需用功把心性参悟透彻，世上的一切道理就会清楚明白了。”

二十二

【原文】

一日，论为学功夫。

先生曰：“教人为学，不可执一偏。初学时心猿意马，拴缚不定，其所思虑，多是人欲一边，故且教之静坐息思虑。久之，俟其心意稍定，只悬空静守，如槁木死灰[1]亦无用，须教他省察克治。省察克治之功，则无时而可间，如去盗贼，须有个扫除廓清之意。无事时，将好色、好货、好名等私欲逐一追究搜寻出来，定要拔去病根，永不复起，方始为快。常如猫之捕鼠，一眼看着，一耳听着，才有一念萌动，即与克去，斩钉截铁，不可姑容，与他方便，不可窝藏，不可放他出路，方是真实用功，方能扫除廓清。到得无私可克，自有端拱时在。虽曰‘何思何虑’，非初学时事。初学必须思省察克

治，即是思诚，只思一个天理。到得天理纯全，便是‘何思何虑’矣。”

·注 释

①槁木死灰：语出《庄子·齐物论》：“形固可使如槁木，而心固可使如死灰乎？”

【译文】

有一天，大家讨论为学的功夫。

先生说：“教人如何做学问，绝不能偏执一个方法。初学者心猿意马，心中考虑的多是个人私欲而不能够集中精力，因此，姑且可以教他学习静坐，安定思绪，平息心中私欲。久而久之，当他的心思渐渐安定，如果还一味让他像槁木死灰一般悬空静坐，也没有什么作用。在这个时刻就须教他做反省体察克制私欲。这种功夫是不能间断的，就像铲除盗贼，要有彻底清除的决心。没有事的时候，一定要把好色、贪财、慕名等私欲逐一搜出来，然后将其连根拔起，使它永不复发，才觉痛快。平时则要像猫捉老鼠，一边用眼睛看着，一边用耳朵听着，有丝毫的私心杂念萌动的时候，就要立即斩钉截铁地把它克服掉，绝不能姑息纵容，让它有放松的机会，不包藏它，更不能让他有生路，如此才能尽扫心中的私欲，这才是真功夫。到了心中再无私欲需要克除，就可以轻轻松松地做端坐拱手状。虽然也是什么都不想，但却不是初学者能做到。初学时必须专注思考省察克治，也就是想如何使意念专诚，只思考一个天理。到了天理纯正圆满的境界，就真正是‘何思何虑’了。”

二十三

【原文】

澄问：“有人夜怕鬼者，奈何？”

先生曰：“只是平日不能‘集义’[①]而心有所慊，故怕。若素行合于神明，何怕之有？”

子莘[2]曰："正直之鬼不须怕，恐邪鬼不管人善恶，故未免怕。"

先生曰："岂有邪鬼能迷正人乎！只此一怕即是心邪。故有迷之者，非鬼迷也，心自迷耳。如人好色即是色鬼迷，好货即是货鬼迷，怒所不当怒是怒鬼迷，惧所不当惧是惧鬼迷也。"

·注 释

①集义：意思是经常积累善心。语出《论语·公孙丑上》。

②子莘：马明衡，字子莘，福建莆田人。官至御史，王阳明最早的福建弟子。

【译文】

陆澄问："夜里怕鬼的人该怎么办？"

先生说："因为平日里不积累善心，因此心中有疑惑，才会怕鬼。如果平时的行为合乎神明，有什么害怕的呢？"

子莘说：“不须怕正直的鬼，只是邪恶的鬼会无视善恶，而伤害人，所以未免有些害怕。”

先生说：“难道有邪鬼能够迷惑正直人的吗？有怕的心理，就是此人心术不正的表现。是人的心把自己迷惑了，而并非是鬼迷惑了人。就像人好色，便是色鬼迷；贪财，就是贪财鬼迷；不应当发怒的地方发怒了，就是被怒鬼迷；害怕不该怕的，就是被怕鬼迷。”

二十四

【原文】

“定者，心之本体，天理也。动静，所遇之时也。”

【译文】

“定，恒定平静，是心的本体，也就是天理。动和静的变化，是天理在不同环境下的具体表现。”

二十五

【原文】

澄问《学》、《庸》同异。

先生曰："子思[1]括《大学》一书之义，为《中庸》首章。"

·注 释

①子思：孔子的孙子。相传为曾子的学生，继承和发扬了孔子的中庸思想。

【译文】

陆澄向先生请教《大学》《中庸》两本书的异同。

先生说："子思总结了《大学》一书的宗旨，并以此写了《中庸》的第一章。"

二十六

【原文】

问："孔子正名[1]。先儒说：'上告天子，下告方伯，废辄立郢。'此意如何？"

先生曰："恐难如此。岂有一人致敬尽礼，待我而为政，我就先去废他，岂人情天理！孔子既肯与辄为政，必已是他能倾心委国而听。圣人盛德至诚，必已感化卫辄，使知无父之不可以为人，必将痛哭奔走，往迎其父。父子之爱本于天性，辄能悔痛真切如此，蒯聩岂不感动底豫？蒯聩既还，辄乃致国请戮。聩已见化于子，又有夫子至诚调和其间，当亦决不肯受，仍以命辄。群臣百姓又必欲得辄为君。辄乃自暴其罪恶，请于天子，告于方伯诸侯，而必欲致国于父。聩与群臣百姓亦皆表辄悔悟仁孝之美，请于天子，告于方伯诸侯，必欲得辄而为之君。于是集命于辄，使之复君卫国。辄不得已，乃如后世

上皇故事，率群臣百姓尊瞶为太公，备物致养，而始退复其位焉。则君君、臣臣、父父、子子[2]，名正言顺，一举而可为政于天下矣。孔子正名，或是如此。”

·注 释

①正名：使名分恰当。语出《论语·子路》："子路曰：'卫君待子而为政，子将奚先？'子曰：'必也正名乎！'"孔子认为，为政治国必须先有恰当的名分，做到"君君、臣臣、父父、子子"，严格遵守等级秩序。

②"君君"句：语出《论语·颜渊》："齐景公问政于孔子。孔子对曰：'君君、臣臣、父父、子子。'"意思是君臣父子都要遵守各自的行为规范。

【译文】

陆澄问："孔子正名。朱熹说孔子是'上要告知天子，下需告知诸侯，废除公子辄而拥立公子郢'。

是吗？”

先生说：“恐怕不是这样解释。哪有别人对我恭敬有礼，让我执掌政权，我却要先把他废除的道理？显然不符合人情天理。一定是全心全意地听从孔子的教诲，并把国家委托给他，孔子才会愿意帮助辄治理国家。卫辄已经为孔子的品德高尚，心灵至诚感化了，明白不孝顺父亲就不算是一个真正的人。所以卫辄定会痛哭着亲自跑去把他父亲迎接回来。卫辄能如此真切地痛改前非，蒯聩怎会不被他彻底感动，更何况父子之爱本来就是人的天性？把父亲接回来之后，卫辄想要把政权交还给父亲，并请求父亲让他以死谢罪。蒯聩被儿子的行为彻底感化了，并且又有孔子在当中诚恳调解，他是绝不会再接治理国家这副担子，反而命令辄继续治理国家。蒯聩与众大臣百姓们也都表彰辄仁孝的美德，于是请示天子，昭告诸侯，一定要卫辄担任国君。他们一起请求辄，让他担任卫国的国君。卫辄不得已，便像后世帝王那样，率领众大臣和全国百姓尊奉父亲为太上皇，然后，辄才恢复了他的国君之位。这样君像君、臣像臣、父像父、子像子，各人恪守自己的身份，名正言顺，天下便一举可治了。孔子所谓正名，或许就是如此吧！”

二十七

【原文】

澄在鸿胪寺仓居[①]，忽家信至，言儿病危，澄心甚忧闷，不能堪。

先生曰：“此时正宜用功，若此时放过，闲时讲学何用？人正要在此等时磨炼。父之爱子，自是至情，然天理亦自有个中和处，过即是私意。人于此处多认做天理当忧，则一向忧苦，不知已是‘有所忧患不得其正’[②]。大抵七情所感，多只是过，少不及者。才过，便非心之本体，必须调停适中始得。就如父母之丧，人子岂不欲一哭便死，方快于心？然却曰‘毁不灭性’[③]，非圣人强制之也，天理本体

自有分限，不可过也。人但要识得心体，自然增减分毫不得。”

·注 释

①鸿胪寺：掌管赞导相礼的衙门。王阳明于正德九年（1514）升任南京鸿胪寺卿，许多弟子随他前往。仓居，在衙舍居住。

②有所忧患不得其正：语出《大学》。

③毁不灭性：意思是孝子哀伤不能伤害性命。语出《孝经·丧亲》。

【译文】

陆澄在南京鸿胪寺的衙门里居住的时候，突然接到儿子病危的家信，顿感忧郁，无法忍受。

先生说：“这是修身养性的好时机，如果此时不用功，平日里无事时讲求学问有什么用呢？这时候的人就应该磨炼自己。父亲关爱儿子，是符合天理的最深切的情感，但是天理也要有中正的度，超过这个限度就成了私欲。大多人在这时依照天理应当心有忧伤，于是一味悲伤痛苦，而不知自己已是‘有所忧患不得其正’。一般来讲，七情六欲一旦出现，大多有点过分，很少有不足的。然而只要过分，便不再是心的本体，所以一定要调节，直至适中才可。比如父母去世，作为人子，哪有不想一下子哭死以能化解心中的悲痛的？然而圣人说过：‘毁不灭性’。这并非圣人要强行规定，而是因为天理本身便有限度，凡事不能过分。人只要真正认识了心体，自然不会增减分毫。”

二十八

【原文】

“不可谓‘未发之中’常人俱有。盖‘体用一源’[①]，有是体即有是用，有‘未发之中’即有‘发而皆中节之和’。今人未能‘有发而皆中节之和’，须知是他‘未发之中’亦未能全得。”

· 注 释

①体用一源：语出《伊川易传·序》：“至微者，理也；至著者，象也。体用一源，显微无间。”意为体与用同出于一个源头即易，它们虽然有或者显著或者微妙的差异，却是紧密结合、不可分割的。

【译文】

先生说：“不能说一般人都能保持‘情感没有表达出来时中正的态度’。因为‘本体和运用是同一个源’，它们虽然有显著或者微妙的差异，却是紧密结合，不可分割的。有这样的体才会有这样的用。有‘情感未发时的中正’，就会有‘情感发出来符合中正的平和’。如今人们应该知道是因为他‘情感未发时的中正状态’还没能完全得到的缘故，才没能做到‘情感发出来符合中正的平和’。”

二十九

【原文】

“《易》之辞是‘初九，潜龙勿用’[1]六字，《易》之象是初画，《易》之变是值其画，《易》之占是用其辞。”[2]

·注 释

①初九，潜龙勿用：《易经》乾卦的初九爻爻辞，象征潜伏的龙，不能发挥作用。初九，指乾卦从下数第一爻，亦称初画。易经中用九代表阳爻，用六代表阴爻。

②辞、象、变、占：《易经·系辞上》：“《易》有圣人之道四焉：以言者尚其辞，以动者尚其变，以制器者尚其象，以卜筮者尚其占。”象，即用卦爻等符号比拟自然界和社会的形态与变化。

【译文】

先生说："《易经》乾卦的初九爻爻辞是'初九，潜龙勿用'六个字，《易经》的卦象是初九爻，《易经》的变化是出现新爻，《易经》的占卜用的是卦辞和爻辞。"

三十

【原文】

"'夜气'[①]是就常人说。学者能用功，则日间有事无事，皆是此气翕聚发生处。圣人则不消说'夜气'。"

·注　释

①夜气：人在夜里产生的清明和善的心气或精神状态。语出《孟子·告子上》。

【译文】

先生说："存养'夜气'是对普通人而言的。学者修养功夫，便会不论白天有没有事情，心中也都是清明和善的心气聚敛的地方。因此圣人不会讲究'夜气'。"

三十一

【原文】

澄问"操存舍亡"①章。

曰："'出入无时，莫知其向'，此虽就常人心说，学者亦须是知得心之本体亦元是如此，则操存功夫始没病痛。不可便谓出为亡，入为存。若论本体，元是无出无入的。若论出入，则其思虑运用是出，然主宰常昭昭在此，何出之有？既无所出，何入之有？程子所谓'腔子'②，亦只是天理而已。虽终日应酬而不出天理，即是在腔子里；若出天理，斯谓之放，斯谓之亡。"

又曰："出入亦只是动静，动静无端，岂有向邪？"

·注　释

①操存舍亡：语出《孟子·告子上》："孔子曰：'操则存，舍则亡，出入无时，莫知其乡，惟心之谓欤？'"操，指保持人的善良本心。乡，通"向"，即方向。

②腔子：指胸腔。语出《河南程氏遗书》："心要在腔子里。"

【译文】

陆澄就《孟子》中"操存舍亡"一章向先生求教。

先生说："'心的离开或回归没有规律可循，不知道它的方向'，虽然这是就一般人的心说的，学者应当明白心的本体原本也只是如此，那么操存功夫才不会出现问题。不能简单地认定出即是亡，入就是存。如果就心的本体来说，原本就是没有什么出和入的。如果要谈论到出入，那么人的思考就是出，然而人的主宰明明就在心里面，哪有什么出呢？既然没有出，何入之有？程颐所说的‘心腔’，也只不过是天理。即使一天到晚不停地应酬，也不会超出天理，就是在心腔里。一旦会超出天理，就是所谓的放，所谓的亡。”

先生又说：“心的出入只是运动和静止而已，运动和静止无常，怎会有什么方向？”

三十二

【原文】

王嘉秀[1]问：“佛以出离生死诱人入道，仙以长生久视[2]诱人入道，其心亦不是要人做不好，究其极至，亦是见得圣人上一截[3]，然非入道正路。如今仕者，有由科，有由贡，有由传奉，一般做到大官，毕竟非入仕正路，君子不由也。仙佛到极处与儒者

略同，但有了上一截，遗了下一截，终不似圣人之全。然其上一截同者，不可诬也。后世儒者又只得圣人下一截，分裂失真，流而为记诵、词章、功利、训诂，亦卒不免为异端。是四家者终身劳苦，于身心无分毫益，视彼仙佛之徒清心寡欲，超然于世累之外者，反若有所不及矣。今学者不必先排仙佛，且当笃志为圣人之学。圣人之学明则仙佛自泯，不然则此之所学，恐彼或有不屑，而反欲其俯就，不亦难乎！鄙见如此，先生以为何如？”

先生曰：“所论大略亦是。但谓上一截、下一截，亦是人见偏了如此。若论圣人大中至正之道，彻上彻下，只是一贯，更有甚上一截、下一截？‘一阴一阳之谓道’，但‘仁者见之便谓之仁，智者见之便谓之智，百姓又日用而不知，故君子之道鲜矣。’仁智岂可不谓之道？但见得偏了便有弊病。”

·注　释

①王嘉秀：字实夫，王阳明的学生，好谈

佛道。

②长生久视：指长生不老。语出《老子》：“有国之母，可以长久，是谓之深根固柢，长生久视之道。”

③上一截：指上达。下文中‘下一截’指下学。当时一般把孔子的学问分为两部分，即上下两截。上一截谈性与道，下一截讲治国平天下。王阳明不同意这种看法。

【译文】

王嘉秀问：“佛教诱惑人信奉佛教用超脱生死轮回的说法，而道教诱惑人信奉道教则用长生不老的说法，其本意并非引诱人去做不好的事。然而归根结底，只是看到了圣人的上一截，然而并不是进入圣道的正路。如今做官的人，有的通过科举入仕，有的通过乡里举荐，有的继承前辈爵位、大官荫庇，同样做了大官。但毕竟不是仕途正道，正人君子是不会随波逐流的。道、佛到了最高境界，和儒家大体相同。但是他们只注意到了上一截，而忽略了下一截，终究不像圣道那么全面。然而不可否认，他们的上一截和儒家的是相同的。后世的儒生们又只学到了圣道的下半截，使圣道分裂而丧失了其本原，沦为仅剩下记诵、功利、训诂，最后难免变成异端邪说。与那些修道、信佛，一生清心寡欲，超脱了俗世纷扰的人相比，记诵、功利、训诂四家的人，反倒一生劳苦，身心也无所裨益。如今的学者应当做的更应该是专心致志于圣人的学说，不必事先先排斥道、佛。待到圣人的学说得到彰明，道、佛也就会自然泯灭了。否则的话，儒生所学不但很难让他们俯首称臣，恐怕反过来还要为道、佛所不屑。此乃我的见解，先生觉得如何？”

先生说：“你的论说大体上是正确的。但是你所说的将圣道分为上一截、下一截，也是一般人的理解，有失偏颇。圣道广大中正，上下连贯在一起，哪会有什么上一截、下一截？《易经》说‘一阴一阳谓之道’，但是‘仁者见仁，智者见智，百姓对于日常生活中的道并不知晓，所以君子所推崇的圣道并非人人明白。仁慈、智慧也是道，但理解片面了就会有毛病。”

三十三

【原文】

“蓍[1]固是《易》，龟亦是《易》。”

·注 释

①蓍：一种草。蓍草茎，古代常用来占卜。

【译文】

先生说：“用蓍草占卜是《易经》，用龟甲占卜也是《易经》。”

三十四

【原文】

问："孔子谓武王未尽善[1]，恐亦有不满意？"

先生曰："在武王自合如此。"

曰："使文王未没，毕竟如何？"

曰："文王在时，天下三分已有其二[2]，若到武王伐商之时，文王若在，或者不致兴兵，必然这一分亦来归了。文王只善处纣，使不得纵恶而已。"

·注 释

①孔子谓武王未尽善：语出《论语·八佾》。孔子认为武王用武力得到天下不是最好的方法。

②"天下三分"句：语出《论语·泰伯》："三分天下有其二，以服事殷。周之德，其可谓至德也已矣。"意为当时三分之二的诸侯国已归顺周，而周文王仍恪守臣节，尊奉殷朝。

【译文】

陆澄问："孔子说周武王没有做到尽善，孔子可能对武王有不满意的地方吧？"

先生说："周武王自己来看的话，就应该那样做。"

陆澄说："如果文王没有死，那会有是什么样的结果呢？"

先生说："文王在世的时候，已经拥有了天下的三分之二。假如周文王在武王伐纣的时候还没有死，也许就不至于动用兵卒，而剩下那三分之一也会自然归顺。文王只需妥善处理与商纣的关系，使纣不再纵恶，就可以了。"

藏書

珍藏版

王陽明全集

李楠 主编

陆

民主与建设出版社

目　录

三十五

【原文】

惟乾[1]问孟于言“执中无权犹执一”[2]。

先生曰：“中只是天理，只是易，随时变易，如何执得？须是因时制宜，难预先定一个规矩在。如后世儒者，要将道理一一说得无罅漏，立定个格式，此正是执一。”

·注 释

①惟乾：冀元亨，字惟乾，武陵（今湖南常德）人，王阳明的弟子。

②执中无权犹执一：意为坚持中庸虽然正确，但如果不知因时制宜，加以权变，那就是偏执。语出《孟子·尽心上》。执中，即坚持中庸之道。无权，不知道灵活权变。执一，固执而不灵活。

【译文】

惟乾向先生请教孟子所说“执中无权犹执一”一句的含义。

先生说：“中庸就是天理，就是易。随着时间而发生变化，怎么能‘执’而不变呢？所以很难事先确定一个标准，必须因时制宜。后代的儒生们，为了想把道理阐述得没有缺漏，就去定一个个固定的模式，这正是所谓的偏执了。”

三十六

【原文】

唐诩[1]问：“立志是常存个善念，要为善去恶否？”

曰：“善念存时即是天理，此念即善，更思何善？此念非恶，更去何恶？此念如树之根芽，立志者长立此善念而已。‘从心所欲不逾矩’[2]，只是志到熟处。”

· **注 释**

①唐诩：江西人，王阳明的弟子。

②“从心”句：意为心与天理已合二为一，不管做什么都不会背离规矩。语出《论语·为政》。

【译文】

唐诩问：“立志就是心中一直存一个善念，就是行善去恶吗？”

先生说：“善念存于心间，就是天理。这个念头就是善，还需要想其他别的善吗？这个念头并不是恶，还哪有恶去除呢？这个意念就好像树的根和芽，立志的人就是永远确立这个善念罢了。只有等到立志已经十分纯熟，成为习惯时方可做到孔子所说‘从心所欲不逾矩’。”

三十七

【原文】

“精神、道德、言动，大率收敛为主，发散是不得已，天、地、人、物皆然。”

【译文】

先生说：“精神、道德、言语、行动，大多以收敛为主，向外发散开来是不得已而为之。天、地、人、物都是这样。”

三十八

【原文】

问：“文中子是如何人？”

先生曰：“文中子庶几‘具体而微’[①]，惜其早死。”

问："如何却有续经之非？"

曰："续经亦未可尽非。"

请问。

良久曰："更觉'良工心独苦'②。"

·注　释

①具体而微：意为已经具备了圣人的基本条件，只是某些方面稍微逊色。语出《孟子·公孙丑上》。

②良工心独苦：语出杜甫《题李尊师松树障子歌》。意为优秀的工匠匠心独运，却因此而常受到庸人们的非议，可是跟一般俗人又无法沟通，所以很苦闷。

【译文】

陆澄问："文中子是怎样的一个人？"

先生说："文中子是一个孟子所说'几乎具备圣人条件，只是某方面稍有不足'的人，只可惜他很早就死了。”

陆澄问：“可是他怎么会犯仿造经典的错误呢？”

先生说：“续经的行为也不全是错误的。”

陆澄问先生为什么。

过了很久，先生才叹道：“现在我越发能够体会到‘良工心独苦’这句话的含义了。”

三十九

【原文】

“许鲁斋[①]谓儒者以治生为先之说亦误人。”

·注 释

①许鲁斋：名衡，字仲平，号鲁斋，怀州河内（今河南沁阳）人。元代大儒，力倡程朱理学，为理学在北方的传播贡献很大。他曾说过：学者治生最为先务。

【译文】

先生说："许鲁斋认为儒生以谋生为重，这种说法很误人子弟。"

四十

【原文】

问仙家元气、元神、元精。

先生曰："只是一件，流行为气，凝聚为精，妙用为神。"

【译文】

陆澄向先生请教道家所说的元气、元神、元精。

先生说："这三者是同一回事，运行就是气，凝聚起来就成精，巧妙运用便是神。"

四十一

【原文】

“喜、怒、哀、乐本体自是中和的，才自家着些意思，便过不及，便是私。”

【译文】

先生说：“喜怒哀乐，其本体自然就是中正平和的，只是人本身有一些别的意念，就会过度或不足，便成了私欲。”

四十二

【原文】

问：“哭则不歌”[①]。

先生曰：“圣人心体自然如此。”

·注 释

①哭则不歌：语出《论语·述而》："子于是日哭，则不歌。"意为孔子哭过后，当天就不再唱歌。

【译文】

陆澄问："哭过之后不再歌唱是什么意思。"

先生说："圣人的心体原本就是这样的。"

四十三

【原文】

"克己须要扫除廓清，一毫不存方是；有一毫在，则众恶相引而来。"

【译文】

先生说："克己一定要彻底，应该不留存一丝一毫；有一毫的私念存在，那么众多的恶行便会接踵而至。"

四十四

【原文】

问《律吕新书》[①]。

先生曰:“学者当务为急，算得此数熟，亦恐未有用，必须心中先具礼乐之本方可。且如其书说多用管以候气[②]，然至冬至那一刻时，管灰之飞或有先后，须臾之间，焉知那管正值冬至之刻?须自心中先晓得冬至之刻始得，此便有不通处。学者须先从礼乐本原上用功。”

·注 释

①《律吕新书》：南宋蔡元定著，上卷《律吕本源》，下卷《律吕辨证》。

②候气：测量阴阳之气的变化。古人用黄钟律管测定节气变化，把芦苇之灰放进律管里，冬至来时，阳气上升，管中的灰就会飞扬。

【译文】

陆澄询问先生对《律吕新书》怎么看。

先生说："学者即使把确定乐律的方法算得再熟悉，恐怕也没有什么作用。学者应该把在心中确定礼乐作为当务之急。而且《律吕新书》多用律管查看阴阳二气的变化。但是冬至到了的那一刻，律管中的灰飞扬的时间会有先后，区别只在顷刻之间，哪能确定哪一根律管代表的是冬至来临的那一刻呢？必须在心里已经知道冬至到的时刻才行。这就有说不通的地方了。所以学者应该先从学习礼乐上用功。"

四十五

【原文】

曰仁[1]云："心犹镜也。圣人心如明镜，常人心如昏镜。近世格物之说如以镜照物，照上用功，不知镜尚昏在，何能照？先生之格物如磨镜而使之明，

磨上用功，明了后亦未尝废照。”

·注 释

①曰仁：徐爱的字。

【译文】

徐爱说："人心就像是镜子。圣人的心像明亮的镜子，而普通人的心像黯淡的镜子。近代朱熹的格物学说就像是用镜子照事物，但只会在照上用功，不晓得镜子本身还仍旧是黯淡的，这怎么可能会照清楚呢？先生的格物学说就像是在打磨镜子，使它变得明亮，把功夫下在打磨镜子上，镜子明亮后就不会影响照亮事物。"

四十六

【原文】

问道之精粗。

先生曰："道无精粗，人之所见有精粗。如这一间房，人初进来只见一个大规模如此；处久，便柱壁之类一一看得明白；再久，如柱上有些文藻细细都看出来，然只是一间房。"

【译文】

陆澄向先生请教道的精深和粗浅。

先生说："只是人们认识到的圣道才有精粗之分，圣道本身并没有精粗的区分。就好比一间房子，人们刚进来的时候，只看一个大概的轮廓而已；住久了，房间里的柱子墙壁也能一一看清楚；时间再长一些，人就会把柱子的花纹等都看得明明白白。但实际上房子还是只是同样的一个房子。"

四十七

【原文】

先生曰："诸公近见时少疑问，何也？人不用

功，莫不自以为已知为学，只循而行之是矣。殊不知私欲日生，如地上尘，一日不扫便又有一层。着实用功便见道无终穷，愈探愈深，必使精白，无一毫不彻方可。”

【译文】

先生说：“最近见面，为什么你们都很少提问题呢？人如果不努力，就会自以为已经懂得怎样做学问了，只需循着已知的方法做就行了。哪里知道私欲就好像地上的灰尘，会日日滋长，一天不去打扫就又积多一层。真正踏实用功的人认为圣道是不能够穷尽的，越探究越深奥，一定要做到精通明白，尽然透彻了才行。”

四十八

【原文】

问：“知至然后可以言诚意。今天理人欲知之未

尽，如何用得克己功夫？”

先生曰：“人若真实切己用功不已，则于此心天理之精微日见一日，私欲之细微亦日见一日。若不用克己功夫，终日只是说话而已，天理终不自见，私欲亦终不自见。如人走路一般，走得一段，方认得一段，走到歧路处，有疑便问，问了又走，方渐能到得欲到之处。今人于已知之天理不肯存，已知之人欲不肯去，且只管愁不能尽知，只管闲讲，何益之有？且待克得自己无私可克，方愁不能尽知，亦未迟在。”

【译文】

陆澄问：“《大学》说：‘完全知道后才可以说诚意。’但是在还没有完全弄明白天理私欲的时候，如何去下克制自己私欲的功夫呢？”

先生说：“假若一个人真正地坚持不懈用功修炼，那么他会一天比一天深刻地认识到天理的精妙细微和私欲的细微。如果没有下功夫克制私欲，每天只是说一说而已，最终就认识不到天理和私欲。就像人走路，走一段才能看清楚前面一段。到了岔路口，有了疑惑就不耻下问，问明白再走，这样才能渐渐走到目的地。如今人们即使已经认识到了天理也不愿存养，已经认识到了私欲却不愿意去克制，仅仅在原地发愁是不能够把天理认识完全的，一味空谈有什么用呢？暂且先克制自己到再没有私欲的境界，再去发愁不能完全认识天理和私欲，那也不迟。”

四十九

【原文】

问：“道一而已[1]，古人论道往往不同，求之亦有要乎？”

先生曰：“道无方体[2]，不可执著，却拘滞于文义上求道，远矣。如今人只说天，其实何尝见天？谓日、月、风、雷即天，不可；谓人、物、草、木不是天，亦不可。道即是天，若识得时，何莫而非

道？人但各以其一隅之见认定，以为道止如此，所以不同。若解向里寻求，见得自己心体，即无时无处不是此道，亘古亘今，无终无始，更有甚同异？心即道，道即天，知心则知道、知天。”

又曰：“诸君要实见此道，须从自己心上体认，不假外求，始得。”

·注 释

①道一而已：语出《孟子·滕文公上》：“夫道，一而已矣。”

②道无方体：语出《易经·系辞上》：“故神无方而易无体。”神，指道变化神妙。方，方向。体，具体形态。

【译文】

陆澄问：“只有一个道，但是古人论道往往不一样，难道求道也有关键的地方吗？”

先生说：“圣道没有具体的方向和形态，所以不能执着。拘泥在文字含义上求道，反而与圣道背道而驰了。现在人们只谈论天，其实他们又何曾认识真正的天？将日、月、风、雷认定为天是不对的；而把人、物、草、木不认定是天也是不正确的。道就是天，如果认识到了这一点，那么天下有什么不是道？人们把自己的一隅之见当做道，以为道仅仅是这样罢了，所以各人对道的理解自有不同。如果懂得在自己的内心上寻求，看见自己的本心，那么从古至今，无终无始，时时处处都是道，哪里会有什么异同？心即道，道即天。认识到了本心就认识了道和天。”

先生又说：“你们真想认识到这个道，就必须从自己的本心上去认识，不要借助外物才行。”

五十

【原文】

问：“名物度数，亦须先讲求否？”

先生曰："人只要成就自家心体，则用在其中。如养得心体果有未发之中，自然有发而中节之和，自然无施不可。苟无是心，虽预先讲得世上许多名物度数，与己原不相干，只是装缀，临时自行不去。亦不是将名物度数全然不理，只要'知所先后，则近道'[1]。"

又曰："人要随才成就，才是其所能为。如夔[2]之乐，稷[3]之种，是他资性合下便如此。成就之者，亦只是要他心体纯乎天理。其运用处皆从天理上发来，然后谓之才。到得纯乎天理处，亦能'不器'，使夔、稷易艺而为，当亦能之。"

又曰："如'素富贵，行乎富贵。素患难，行乎患难'，皆是'不器'。此惟养得心体正者能之。"

·注　释

①知所先后，则近道：语出《大学》："物有本末，事有终始。知所先后，则近道矣。"

②夔：传说是舜的乐官。

③稷：周人的先祖，尧舜时主管农事的官。

【译文】

陆澄问："一个物体的称呼、数量和用处也必须先探究清楚吗？"

先生说："人只要能够存养、顺从自己的心体，那么，发挥运用就已经包含在其中。如果存养心体已经有了未发之中，自然有发便能中下平和，自然无所不可了。如果没有存养心体到未发之中的境界，即使预先懂得世上许多事物的名称、数量和用处，也和本身的心体毫无干系，只是算作装饰，面临事情都无法应对。当然名物度数的知识并非全然无用，只是'知道了做事情的先后，就离圣道很近了'。"

先生又说："一个人所能做到的就要顺从自己的才能作出成就。就像夔擅长音乐，后稷精于庄稼的种植，他们的天性适合从事这样的工作。成就一个人，也就是要让他的心体纯然合乎天理。他做事都是顺从天理，然后后世才会把他当做有才能的人。心体达到纯然合乎天理的时候，就会成为‘不器’之才。如果交换夔和稷所从事的事业，他们同样也会做得到。”

先生又说：“《中庸》中说的‘处于富贵，就做富贵时能做的事。处于患难，就做患难中能做的事’，都是‘不器’的意思。这些都只有那些存养心体达到纯正的人才能做到。”

五十一

【原文】

“与其为数顷无源之塘水，不若为数尺有源之井水，生意不穷。”

时先生在塘边坐，傍有井，故以之喻学云。

【译文】

先生说：“与其造一个数顷宽却没有水源的池

塘，还不如挖一口数尺深但会有水源的井，这样才会生机不尽。”

当时，先生刚好坐在池塘边，旁边有一口井，所以他就用这个来比喻治学。

五十二

【原文】

问：“世道日降，太古时气象如何复见得？”

先生曰：“一日便是一元[①]。人平旦时起坐，未与物接，此心清明景象，便如在伏羲时游一般。”

·注 释

①一元：宋朝邵雍说天地从形成到毁灭的一个周期叫做一元，共有 129600 年。见邵雍《皇极经世·观物篇一》。

【译文】

陆澄问：“如今世风日下，怎样才能重现太古时期的淳朴民风呢？”

先生说：“一天就是一元。清晨醒来的时候坐起身，还没有接触任何事物，这个时候心中的清明景象，就像游历在伏羲所处的时代。”

五十三

【原文】

问：“心要逐物，如何则可？”

先生曰：“人君端拱清穆，六卿分职，天下乃治。心统五官，亦要如此。今眼要视时，心便逐在色上；耳要听时，心便逐在声上。如人君要选官时，便自去坐在吏部；要调军时，便自去坐在兵部。如此，岂惟失却君体，六卿亦皆不得其职！”

【译文】

陆澄问：“心要追逐外物，怎么办才好？”

先生说：“国君端身拱手，庄重肃穆，而六卿各司其职，天下才能大治。人心要统领五官，也需要如此。眼睛看的时候，心就追逐在颜色上；耳朵听的时候，心就追逐在声音上。如果国君选拔官吏的时候，要亲自去吏部；调动大军的时候，要亲自去兵部。像这样的话，哪里只是国君的身份丧失，官员们也不能好好履行属于自己的职责了。”

五十四

【原文】

“善念发而知之，而充之；恶念发而知之，而遏之。知与充与遏者，志也，天聪明也。圣人只有此，学者当存此。”

【译文】

先生说：“认识到善念萌发便发展扩充它；认识到恶念萌发就努力遏止它。扩充善念、遏止恶念是心志的体现，也是上天赋予人的聪明才智。圣人是拥有这种聪明才智，而学者则应当存养这种聪明才智。”

五十五

【原文】

澄曰：“好色、好利、好名等心，固是私欲，如闲思杂虑，如何亦谓之私欲？”

先生曰：“毕竟从好色、好利、好名等根上起，自寻其根便见。如汝心中决知是无有做劫盗的思虑，何也？以汝元无是心也。汝若于货、色、名、利等心，一切皆如不做劫盗之心一般，都消灭了，光光只是心之本体，看有甚闲思虑？此便是‘寂然不动’，便是‘未发之中’，便是‘廓然大公’，自然‘感而遂通’[①]，自然‘发而中节’，自然‘物来顺应’[②]。”

·注 释

①寂然不动，感而遂通：语出《易经·系辞上》："寂然不动，感而遂通天下之故。"意为易本身是宁静不动的，有人来问吉凶，易便会与天下之事相通，显示出吉凶祸福来。

②廓然大公，物来顺应：语出程颢《答横渠先生定性书》："君子之学，莫若廓然大公，物来而顺应。"意为心胸宽广，大公无私，遇到事情时能坦然自如地应对。

【译文】

陆澄问："好色、贪财、重视名利等，固然属于私欲，但是那些闲杂的心思，为什么也叫做私欲呢？"

先生说："归根结底也是好色、贪财、重视名利滋生了这些闲思杂念，你自己从本源上寻找就会发现。例如，你心里自信绝对不会产生偷、抢、盗、劫的念头，为什么呢？你本心就没有那样的心思。如果你对色、财、名、利等这些心思，都像不做贼的心思一样，在心底一干二净了，完完全全只剩下心的本体，怎还会有什么闲思杂念？这就是所谓的‘寂然不动’，就是‘未发之中’，就是‘廓然大公’，这样，人心自然会‘感而遂通’，自然可以‘发而中节’，自然也能够‘物来顺应’。”

五十六

【原文】

问“志至气次”[1]。

先生曰：“志之所至，气亦至焉之谓，非极至、次贰之谓。‘持其志’，则养气在其中。‘无暴其气’，则亦持其志矣。孟子救告子[2]之偏，故如此夹持说。”

·注 释

①志至气次：语出《孟子·公孙丑上》：“夫志，气之帅也；气，体之充也。夫志至焉，气次焉；

故曰：‘持其志，无暴其气。’”意为孟子说：“所谓志向，是意气的统帅；意气，充满身体之内。志向为首要，意气还在其次。所以说：‘把握住思想意志，不要随便意气用事。’”

②告子：名不害，战国人。与孟轲同时，他提出性无善恶论，并有“生之谓性”，“食色，性也”的论点，与孟子性善论相对立。所以有“孟子救告子之偏”说。

【译文】

陆澄请教“志至气次”的问题。

先生说：“它的意思是说志向到哪里，气也跟随着到达，而不是朱熹说的，先要以立志为主，才能够接着存养意气。‘坚定志向’，那么存养意所就包含在其中了。‘不意气用事’，也就是坚定了志向。孟子是为了纠正告子的错误理解，才这样把‘志’‘气’一分为二来说。”

五十七

【原文】

问："先儒曰，'圣人之道必降而自卑，贤人之言则引而自高。'如何？"

先生曰："不然。如此却乃伪也。圣人如天，无往而非天。三光[1]之上天也，九地之下亦天也，天何尝有降而自卑？此所谓'大而化之'[2]也。贤人如山岳，守其高而已。然百仞者不能引而为千仞，千仞者不能引而为万仞。是贤人未尝引而自高也，引而自高则伪矣。"

·注　释

①三光：日、月、星辰。

②大而化之：语出《孟子·尽心下》："充实而有光辉之谓大，大而化之之谓圣。"意为内心充满善而且光明正大地表现出来便叫"大"，"大"又能

融会贯通便叫“圣”。

【译文】

陆澄问：“程颐先生说：‘圣人论道是朴素谦卑，而贤人不一样，是自我抬高。’这样说是什么意思？”

先生说：“不是这样。如果是这样的话就显得虚伪、做作了。圣人像天一样，而宇宙间无处不是天。日月星辰之上是天，九泉之下也是天，天什么时候会自降身份到卑微的地位呢？这就是所谓的‘大而化之’吧。而贤人像高山大岳，他们只需坚守着自己的高度罢了。但是百仞高的山不能自拔为千仞，千仞高的山不能自拔为万仞。所以贤人从没有抬高过自己，如果抬高了自己就是虚假了。”

五十八

【原文】

问：“伊川谓‘不当于喜怒哀乐未发之前求中。’

延平[1]却教学者看未发之前气象。何如？”

先生曰：“皆是也。伊川恐人于未发前讨个中，把中做一物看，如吾向所谓认气定时做中，故令只于涵养省察上用功。延平恐人未便有下手处，故令人时时刻刻求未发前气象，使人正目而视惟此，倾耳而听惟此，即是‘戒慎不睹，恐惧不闻’[2]的功夫。皆古人不得已诱人之言也。”

·注　释

①延平：姓李，名侗，字愿中，世称延平先生，南剑州剑浦（今福建南平）人。程颐三传弟子，朱熹曾从游其门下。

②戒慎不睹，恐惧不闻：语出《中庸》“是故君子戒慎乎其所不睹，恐惧乎其所不闻。莫见乎隐，莫显乎微。故君子慎其独也。”意为君子在别人看不到听不到的情况下也不忘时时检点、警戒自己。

【译文】

陆澄问："程颐先生教学生说'不应该在喜怒哀乐没有表现出来之前求中和的状态'。而延平先生教育学生要注意观察感情没有发泄出来之前的各种情形。他们的这些说法对吗？"

先生说："都是对的。程颐先生是把中正看作一件事物，因为怕人们会在感情未发之前追求所谓中正平和。就像我一向把'气定'当做中正平和那样，所以只让人们在涵养省察上下功夫。而延平先生则怕初学者找不到入门的地方，所以让他们时时刻刻观察感情未发之前的各种现象，使人集中所有精力看、听未发前的状况，这就是所谓的'戒慎不睹，恐惧不闻'的功夫。这些都是古人为了诱导学生存养天理迫不得已才说的话。"

五十九

【原文】

澄问："喜、怒、哀、乐之'中''和'，其全

体常人固不能有。如一件小事当喜怒者，平时无有喜怒之心，至其临时，亦能‘中节’，亦可谓之‘中’‘和’乎？”

先生曰：“在一时之事，固亦可谓之‘中’‘和’，然未可谓之‘大本’‘达道’[①]。人性皆善，‘中’‘和’是人人原有的，岂可谓无？但常人之心既有所昏蔽，则其本体虽亦时时发见，终是暂明暂灭，非其全体大用[②]矣。无所不‘中’，然后谓之‘大本’；无所不‘和’，然后谓之‘达道’。惟天下之至诚，然后能立天下之‘大本’。”

曰：“澄于‘中’字之义尚未明。”

曰：“此须自心体认出来，非言语所能喻。‘中’只是天理。”

曰：“何者为天理？”

曰：“去得人欲，便识天理。”

曰：“天理何以谓之‘中’？”

曰：“无所偏倚。”

曰：“无所偏倚是何等气象？”

曰："如明镜然，全体莹彻，略无纤尘染著。"

曰："偏倚是有所染著，如著在好色、好利、好名等项上，方见得偏倚。若未发时，美色、名、利皆未相著，何以便知其有所偏倚？"

曰："虽未相著，然平日好色、好利、好名之心原未尝无。既未尝无，即谓之有；既谓之有，则亦不可谓无偏倚。譬之病疟之人，虽有时不发，而病根原不曾除，则亦不得谓之无病之人矣。须是平日好色、好利、好名等项一应私心，扫除荡涤，无复纤毫留滞，而此心全体廓然，纯是天理，方可谓之喜、怒、哀、乐'未发之中'，方是天下之'大本'。"

·注 释

①大本、达道：语出《中庸》："喜怒哀乐之未发，谓之中；发而皆中节，谓之和。中也者，天下之大本也；和也者，天下之达道也。"

②全体大用：语出朱熹《大学》补传："是以

《大学》始教……至于用力之久，而一旦豁然贯通焉，则众物之表里精粗无不利，而吾心之全体大用无不明矣。”

【译文】

陆澄问：“喜、怒、哀、乐等发挥出来的中正平和，一般人是不可能具有它的全体。如果平时心中没有喜怒，当一件应该高兴或者愤怒的小事情发生时，也能表现出来中正平和，这难道也可以称为‘中正’‘平和’吗？”

先生说：“在一个时间或一件事情上，固然也能叫做‘中正’‘平和’。但是还没有达到大本、达道的境界。就像人的本性都是善良的，‘中正’‘平和’原本也是人人都有的，怎么能说没有或者说不是呢？但是一般人的心会有些昏蔽，他们的本性虽然经常会出现，但始终是断断续续、时隐时现，并非心的全体作用。无时无处不‘中正’，才能称之为‘大本’；无时无刻不‘平和’，才能称作

‘达道’。只有天下最真诚的人，才能确立天下的大本。”

陆澄说：“我还没有明白‘中’字的含义。”

先生说：“‘中’就是天理。这必须用自己的本心才能领会，并非言语能够阐释清楚的。”

陆澄问：“什么是天理？”

先生说：“剔除私欲，就能认识天理。”

陆澄问：“为什么把天理叫做‘中’呢？”

先生说：“因为它不偏不倚。”

陆澄说：“不偏不倚是怎样的一种状态呢？”

先生说：“可以比作一面明镜，一尘不染，通体透彻。”

陆澄说：“那么偏倚就是有所玷污了，比如说好色、追逐名利，我们可以看得出来。但是如果在感情未发，而追逐名利等特点还没有表现出来的时候，我们怎么才可以知道他是有所偏倚的呢？”

先生说：“虽然没有表现，但平日好色、好名、好利的念头是存在的。有了这些念头，就不能说他是没有偏倚。比如说患有疟疾的人，即使在不会发作的时候，病根也还不曾被根除，那么就不能说他没有病。所以必须把平时好色、好名、好利的心思彻底清除，不剩丝毫，此心才是至精至纯的，合乎天理，才称得上是喜、怒、哀、乐未发时的中正，这才是天下的大本。”

六十

【原文】

问：“‘颜子没而圣学亡’[①]，此语不能无疑。”

先生曰：“见圣道之全者惟颜子，观‘喟然一叹’[②]可见。其谓‘夫子循循然善诱人，博我以文，约我以礼’，是见破后如此说。博文、约礼如何是善诱人？学者须思之。道之全体，圣人亦难以语人，须是学者自修自悟。颜子‘虽欲从之，末由也已’，即文王‘望道未见’意。望道未见乃是真见。颜子没而圣学之正派遂不尽传矣。”

·注 释

①颜子没而圣学亡：语出《阳明全书·送甘泉序》。颜子，姓颜名回，字子渊。春秋鲁国人，孔子最得意的学生。

②喟然一叹：语出《论语·子罕》。

【译文】

陆澄问："先生说'颜回死了之后孔子的学说就逐渐衰弱'，这句话让人听后觉得惊疑。"

先生说："孔子的门徒当中完全领悟了他的学说的人只有颜回，从颜回的'喟然一叹'可以看出来。'孔夫子循循善诱，用渊博的知识教导我，用合乎礼节的思想来约束我'是在他彻底领悟之后这样说的。渊博的知识、合乎的礼节怎么能够善于引导人呢？学者应当深思。圣道的全部，圣人也很难用语言向别人表达，必须学者亲自修养领悟。颜回说'虽然我想追求天理，但是一直没有找到路径'，也就是周文王所说‘远远望着却没有真正见到’的意思。‘望道未见’才是真正的领悟了天理。所以随着颜回的死，正宗的孔子学说就没有完全流传下来。”

六十一

【原文】

问：“身之主为心，心之灵明是知，知之发动是意，意之所着为物。是如此否？”

先生曰：“亦是。”

【译文】

陆澄问：“身的主宰是心，心的灵明是认识，认识的起因是意念，意念的载体是事物。这么说对吗？”

先生说：“可以这么说。”

六十二

【原文】

“只存得此心常见在，便是学。过去未来事，思之何益？徒放心耳！”

“言语无序，亦足以见心之不存。”

【译文】

先生说：“学习就是时时存养本心。过去和未来的事情，想了有什么用？徒然丧失了本心而已！”

先生说：“讲起话来语无伦次，也能够看出他并没有存养本心。”

六十三

【原文】

尚谦[①]问孟子之“不动心”与告子异[②]。

先生曰："告子是硬把捉着此心，要他不动；孟子却是集义到自然不动。"

又曰："心之本体，原自不动。心之本体即是性，性即是理。性元不动，理元不动。集义是复其心之本体。"

·注 释

①尚谦：薛侃，字尚谦，号中离，广东揭阳人，王阳明的弟子。

②孟子之"不动心"与告子异：语出《孟子·公孙丑上》。

【译文】

尚谦向先生请教孟子和告子所认为的"不动心"有什么差别。

先生说："告子的观点是人为地把持着心，让它不动；而孟子的观点是把道义集中到心中，使它自然不动。"

先生又说："心的本体本来就是不动的。因为心的本体是性，性就是理。人的性原本是不动的，理也是原本不动的。所以聚集道义只不过是恢复人心的本体。"

六十四

【原文】

"万象森然时，亦冲漠无朕；冲漠无朕，即万象森然。冲漠无朕[1]者，'一'之父；万象森然者，'精'之母。'一'中有'精'，'精'中有'一'。"

"心外无物，如吾心发一念孝亲，即孝亲便是物。"

·注 释

①冲漠无朕：是一种寂然无我的境界。

【译文】

先生说："万事万物呈现在心中的时候，就是寂然无我；而当达到了寂然无我的境界时，万事万物也会呈现在心中。冲漠无朕是‘惟一’的父亲；万象森然是‘惟精’的母亲。‘惟精’中有‘惟一’，而‘惟一’中有‘惟精’。”

先生说：“心外无物，就好像我的心中产生了孝敬父母的意念，那么孝敬父母就是事物。”

六十五

【原文】

先生曰：“今为吾所谓格物之学者，尚多流于口耳。况为口耳之学者，能反于此乎？天理人欲，其精微必时时用力省察克治，方日渐有见。如今一说话之间，虽口讲天理，不知心中倏忽之间已有多少私欲！盖有窃发而不知者，虽用力察之尚不易见，况徒口讲而可得尽知乎？今只管讲天理来顿放著不循，讲人欲来顿放著不去，岂格物致知之学？后世之学，其极至只做得个‘义袭而取’①的功夫。”

·注 释

①义袭而取：语出《孟子·公孙丑上》：“是集义所生者，非义袭而取之也。”

【译文】

先生说：“现在跟我一样做格物学说的人，大多数还停留在口耳相传上。更何况那些只喜欢空谈的人，难道能够与此相反吗？必须时刻反省，学习克制，才能在存天理去人欲等精微之处渐渐有所收获。现在人们说话的时候，虽然口里在谈论着天理，却不知在那时刻已有多少私欲在心中萌生出来了！潜滋暗长的私欲，就算是用功体察也很难发现，认识，何况光是在嘴上说说，怎么能够得以完全认识呢？现在只知道用嘴讲天理而不懂得去遵循，谈论私欲又不加以克制，这难道是所谓格物致知的学说吗？后世的学问，顶多只能算是个‘用偶尔符合天理的行为赢得好名声’的功夫罢了。”

六十六

【原文】

问格物。

先生曰："格者，正也，正其不正以归于正也。"

问："'知止'者，知至善只在吾心，元不在外也，而后志定。"

曰："然。"

【译文】

陆澄请教有关格物的学说。

先生说："格，就是纠正。纠正不正确的使它归于正确。"

陆澄问："'知止'，就是明白至善原本不在心之外，而只存在于我们心中，而后志向才能安定。"

先生说："是的。"

六十七

【原文】

问："格物于动处用功否？"

先生曰："格物无间动静，静亦物也。孟子谓'必有事焉'①，是动静皆有事。"

·注 释

①必有事焉：语出《孟子·公孙丑上》："必有事焉而勿正，心勿忘，勿助长也。"这句话的意思是，任何时候都一定要培养（浩然之气），不要有特定的目的，不要忘记、也不要违背客观规律去助长它。

【译文】

陆澄问："格物是指在有所行动的时候用功吗？"

先生说："格物没有动、静之分，静的时候也是有事物存在的。孟子说'必有事焉'，就是说不管动、静都要用功。"

六十八

【原文】

"功夫难处，全在格物致知上，此即诚意之事。意既诚，大段心亦自正，身亦自修。但正心、修身功夫亦各有用力处。修身是已发边，正心是未发边。心正则中，身修则和。"

【译文】

先生说："最难的功夫就是格物致知，这也就是之所以必须意诚的原因。意念真诚，基本上心就能自然中正，身自然也能得到修养。但是正心、修身的功夫也各有侧重点。修身是在感情发出之后，正心则是在感情未发之时。心正就是中正，修身就是平和。"

六十九

【原文】

“自‘格物’‘致知’至‘平天下’[①]，只是一个‘明明德’。虽‘亲民’亦‘明德’事也。‘明德’是此心之德，即是仁。‘仁者以天地万物为一体’，使有一物失所，便是吾仁有未尽处。”

·注 释

①‘格物’‘致知’至‘平天下’：语出《大学》，王阳明认为《大学》中的八条目即格物、致知、诚意、正心、修身、齐家、治国、平天下，都可归结为“明明德”，与程朱理学的解释不同。

【译文】

先生说：“从‘格物’、‘致知’到‘平天下’，都是‘明明德’。‘亲民’也是‘明明德’的事情。‘明德’也就是本心的善，就是仁爱。‘仁者以天地万物为一体’，假使对一件事物感觉到失去，也就说明心中的仁德还有不完善的地方。”

七十

【原文】

“只说‘明明德’而不说‘亲民’，便似老、佛。”

【译文】

先生说：“只谈论‘明明德’而不兼论‘亲民’的事，就会类似佛、道两家的学说。”

七十一

【原文】

“至善者性也，性元无一毫之恶，故曰至善。止之，是复其本然而已。”

【译文】

先生说：“至善是人的本性，本性原本是没有丝毫恶的，所以叫做至善。止至善，就是恢复天性之本然而已。”

七十二

【原文】

问：“知至善即吾性，吾性具吾心，吾心乃至善所止之地，则不为向时之纷然外求而志定矣。定则

不扰而静，静而不妄动则安，安则一心一意只在此处，千思万想务求必得此至善，是能虑而得矣。①如此说是否？”

先生曰：“大略亦是。”

·注　释

①这段话是用王阳明的观点解释《大学》中的几句话：“知止而后有定，定而后能静，静而后能安，安而后能虑，虑而后能得。”

【译文】

陆澄问：“至善是人的本性，人的本性包含在人的心中，人的本心是至善所在的地方，所以不需要胡乱地去心外找寻志向的安定。志向安定，心就不会纷纷扰扰，平静且不乱动就能够心安，心安就能一心一意专注于至善。‘虑而后能得’就是一定要费尽心思寻求到至善。这样说对吗？”

先生说：“大概是这样的。”

七十三

【原文】

问："程子云：'仁者以天地万物为一体。'何墨氏兼爱[1]，反不得谓之仁？"

先生曰："此亦甚难言，须是诸君自体认出来始得。仁是造化生生不息之理，虽弥漫周遍，无处不是，然其流行发生亦只有个渐，所以生生不息。如冬至一阳生，必自一阳生而后渐渐至于六阳[2]；若无一阳之生，岂有六阳？阴亦然。惟有渐，所以便有个发端处；惟其有个发端处，所以生；惟其生，所以不息。譬之木，其始抽芽，便是木之生意发端处，抽芽然后发干，发干然后生枝生叶，然后是生生不息。若无芽，何以有干有枝叶？能抽芽，必是下面有个根在。有根方生，无根便死。无根何从抽芽？父子、兄弟之爱，便是人心生意发端处，如木之抽芽，自此而仁民，而爱物，便是发干生枝生叶。墨

氏兼爱无差等，将自家父子、兄弟与途人一般看，便自没了发端处。不抽芽，便知得他无根，便不是生生不息，安得谓之仁？孝弟为仁之本，却是仁理从里面发生出来。”

·注 释

①墨氏兼爱：墨翟（约前468~前376，或说约前478?~前392?)，春秋战国之际思想家，墨家学派的创始人，后世称为墨子。鲁国人，曾为宋国大夫。兼爱是墨子政治思想和伦理思想的核心，以为天下之所以有众暴寡、强凌弱的现象，根源在于人们不能兼相爱，提倡天下人相爱互利，反对儒家的亲亲主张。

②渐渐至于六阳：汉代易学家孟喜用《周易》中六阳卦分别代表夏历十一月至第二年四月，用六阴卦分别代表夏历五月至十月，显示阴阳的消长，决定四季寒暑的变化。

【译文】

陆澄问："程颐先生说：'仁爱的人把天地万物和自己融为一体，视为一个整体。'那为什么墨子主张兼爱，却不被认为是仁爱呢？"

先生说："一言难尽。你们必须自己去体会才能够明白的。仁爱是孕育万事万物生生不息的天理，尽管它存在于天地之间，无所不在，但它的运行也有个循序渐进的过程，才会生生不息。比如冬至的时候一阳初生，一定是会慢慢地从一阳发展变化到六阳。如果没有一阳产生，怎么会有六阳呢？阴也是这样。只因为它是一个渐变的过程，所以就会有个发端点；因为有了这个发端点，才会有生命；有生命才会生生不息。好比树木，萌芽就是树木生命的开端，之后长出树干，树干长出后再生出枝条和叶子，生生不息。没有萌芽这个开端，哪来树干、枝叶？而能够长出树芽来，就一定是下面一个树根在支撑。没有根就会死掉，有树根才能生长。父子、兄弟之间的爱，就是人心意念的发端，就像是树木的芽。有了这个才会仁爱百姓，爱惜万物，好比生发出来的枝条和叶子。墨子的兼爱学说，没有区别‘爱’，将自己的父子、兄弟、路人等同看待，这就是没有了发端。由此可以看出他的兼爱是没有根据的，不能够生生不息地流传，这样怎么能称得上是仁爱呢？仁理就是从孝顺父亲、尊重兄长这个仁爱的根本中生发出来的。”

七十四

【原文】

问：“延平云，‘当理而无私心’①。‘当理’与‘无私心’，如何分别？”

先生曰：“心即理也。无私心即是当理，未当理便是私心。若析心与理言之，恐亦未善。”

又问:“释氏于世间一切情欲之私都不染着，似无私心；但外弃人伦，却似未当理。”

曰:“亦只是一统事，都只是成就他一个私己的心。”

·注 释

①当理而无私心：李侗语，语出《延平答问》。指既合天理又没有私心。

【译文】

陆澄问:“延平先生说，‘合乎天理又没有私心’。那么，怎么区别这个合乎天理和没有私心呢?”

先生说:“心就是理。没有私心就是符合天理，不符合天理就是有私心。如果将心和理分开来讲，是不妥当的。”

陆澄又问:“佛家不沾染人世间的一切私欲，看上去像没有私心。但是佛家把人伦也抛弃了，这好像又不符合天理了。”

先生说：“佛家和世人其实是一回事，都是为了成全他自己的私心而已。”

薛侃录

一

【原文】

侃问："持志如心痛，一心在痛上，安有工夫说闲话、管闲事？"

先生曰："初学功夫如此用亦好，但要使知'出入无时，莫知其向'，心之神明原是如此，功夫方有着落。若只死死守着，恐于功夫上又发病。"

【译文】

薛侃问："秉持志向的时候好像犯了心痛，一心只在痛上面，哪还有时间去说其他闲话、管其他闲事呢？”

先生说：“初学下功夫时用这样的方法也好，但是自己要明白心灵的神明原本就是‘出入本没有什么固定的时间，也就不知道它的去向’，只有这样才能让所下的功夫有着落。如果只是死死坚守志向，恐怕会在下功夫上出差错。”

二

【原文】

侃问：“专涵养而不务讲求，将认欲作理，则如之何？”

先生曰：“人须是知学。讲求亦只是涵养，不讲求只是涵养之志不切。”

曰：“何谓知学？”

曰：“且道为何而学，学个甚？”

曰：“尝闻先生教，学是学存天理。心之本体即

是天理，体认天理只要自心地无私意。”

曰：“如此则只须克去私意便是，又愁甚理欲不明？”

曰：“正恐这些私意认不真。”

曰：“总是志未切。志切，目视、耳听皆在此，安有认不真的道理？‘是非之心，人皆有之’①，不假外求。讲求亦只是体当自心所见，不成去心外别有个见！”

·注释

①是非之心，人皆有之：语出《孟子·公孙丑上》：“恻隐之心，仁之端也；善恶之心，义之端也；辞让之心，礼之端也；是非之心，智之端也。人之有是四端也，犹其有四体也。”

【译文】

薛侃问：“专注于德行的涵养而不讲求学问上的研究，如果把私欲认作天理，那怎么办呢？”

先生说："人必须先懂得学习。讲习求学也是为了德行的涵养，而不讲习求学只因为存养天性的志向不坚定。"

薛侃说："怎么样算是知道学习？"

先生说："你姑且谈一谈为什么要学习？又该学习些什么？"

薛侃说："曾经听先生教诲，学习就是学习存天理。心的本体就是天理，所以只要自己的内心没有私念，就能体察认识天理。"

先生说："这样的话只要克制自己把私欲去除就够了，还担心什么不明白天理、私欲呢？"

薛侃说："害怕的正是认不清这些私欲。"

先生说："这还是志向不够坚定。如果志向坚定的话，眼睛、耳朵只会集中在这上面，哪会有认不清私欲的道理？'是非之心，人皆有之'，不需从外面去寻求。讲习求学也只是体察自己的内心所见到的东西，难不成还可以去心外另寻他见？"

三

【原文】

先生问在坐之友:“比来功夫何似?”

一友举虚明意思[1]。先生曰:“此是说光景。”

一友叙今昔异同。先生曰:“此是说效验。”

二友惘然,请是。

先生曰:“吾辈今日用功,只是要为善之心真切。此心真切,见善即迁,有过即改[2],方是真切功夫。如此,则人欲日消,天理日有。若只管求光景、说效验,却是助长外驰病痛,不是功夫。”

·注 释

①虚明意思:由静坐而产生的超觉体验,恍若海市蜃楼,故曰“光景”。

②见善即迁,有过即改:语出《周易·益卦》:

“君子以见善则迁，有过即改。”

【译文】

先生问在座的朋友们：“近来功夫如何？”

一个朋友说了一些自己因为静坐而产生的幻觉。先生说：“你这说的是些呈现在表面的现象而已。”

一位朋友讲述了现在和过去的异同。先生说：“你这说的是做功夫的效果。”

两位朋友不知所以，向先生请教。

先生说：“我们现在下功夫只是为了让善心更加真切。这个求善的心真切，见了善就要自然会靠近，有了错误会马上改正，这才达到了真切的功夫。如此下来私欲便会逐日不见，天理也就日益明朗。如果只管寻求表面现象和效果，反倒是助长了向外寻天理的弊端，并非达到真正的功夫。”

四

【原文】

朋友观书，多有摘议晦庵者。

先生曰：“是有心求异，即不是。吾说与晦庵时有不同者，为入门下手处有毫厘千里[1]之分，不得不辩。然吾之心与晦庵之心未尝异也。若其余文义解得明当处，如何动得一字？”

·注 释

①毫厘千里：语出《论语·经解》：“《易》曰：‘君子慎始，差若毫厘，谬以千里。’”

【译文】

朋友们看书的时候，会有经常指责和批评朱熹的人。

先生说：“如果是刻意表现出不同，这是不对的。我的学说和朱熹常有不同，是因为在入门功夫上有差别，所以不能不辩论清楚。然而，我和朱熹未曾有过不同的心。就拿朱熹解释文义来说，清晰明确的地方，怎么能有一个字被我改动呢？”

五

【原文】

希渊[①]问：“圣人可学而至，然伯夷、伊尹于孔子才力终不同，其同谓之圣者安在？”

先生曰：“圣人之所以为圣，只是其心纯乎天理而无人欲之杂，犹精金之所以为精，但以其成色足而无铜铅之杂也。人到纯乎天理方是圣，金到足色方是精。然圣人之才力亦有大小不同，犹金之分两有轻重。尧、舜犹万镒[②]。文王孔子犹九千镒，禹、汤、武王犹七八千镒，伯夷、伊尹犹四五千镒。才力不同而纯乎天理则同，皆可谓之圣人，犹分两虽不同，而足色则同，皆可谓之精金。以五千镒者而入于万镒之中，其足色同也；以夷、尹而厕之尧、孔之间，其纯乎天理同也。盖所以为精金者，在足色而不在分两；所以为圣者，在纯乎天理而不在才力也。故虽凡人，而肯为学，使此心纯乎天理，则亦可为圣人，犹一两之金，此之万镒，分两虽悬绝，而其到足色处可以无愧。故曰‘人皆可以为尧、舜’③者以此。学者学圣人，不过是去人欲而存天理耳，犹炼金而求其足色。金之成色，所争不多，则煅炼之功省，而功易成，成色愈下则煅炼愈难。人之气质清浊粹驳，有中人以上、中人以下，其于道有生知安行、学知利行，其下者必须人一己百、人十己千④，及其成功则一。

“后世不知作圣之本是纯乎天理，专去知识才能上求圣人，以为圣人无所不知，无所不能，我须是将圣人许多知识才能逐一理会始得。故不务去天理上看功夫，徒弊精竭力，从册子上钻研、名物上考索、形迹上比拟。知识愈广而人欲愈滋，才力愈多而天理愈蔽。正如见人有万镒精金，不务煅炼成色，

求无愧于彼之精纯，而乃妄希分两，务同彼之万镒，锡铅铜铁杂然而投，分两愈增而成色愈下，既其梢末，无复有金矣。”

时曰仁在旁，曰：“先生此喻，足以破世儒支离之惑，大有功于后学。”

先生又曰：“吾辈用功，只求日减，不求日增。减得一分人欲，便是复得一分天理，何等轻快脱洒，何等简易！”

·注 释

①希渊：蔡宗兖，字希渊，号我斋，山阴（今浙江绍兴）人，王阳明的得意弟子。

②镒：古代重量单位，一镒合二十两，一说为二十四两。

③人皆可以为尧、舜：语出《孟子·告子下》：“曹交问曰：‘人皆可以为尧、舜，有诸？’孟子曰：‘然。’”

④人一已百、人十已千：语出《中庸》：“人一

能之，己百之；人十能之，己千之。果能此道矣，虽愚必明，虽柔必强。”

【译文】

蔡希渊问：“圣人的境界通过学习固然能够达到，但是伯夷、伊尹和孔子比较起来，他们的才能是有所不同的，但孟子统称他们为圣人，这是为什么呢？”

先生说：“圣人能够叫做圣人，是因为他们有一颗纯然合乎天理而没有丝毫人欲掺杂其中的心。就像纯金之所以是纯金，也只是因为它没有掺杂任何铜、铅等杂质，成色很足。人纯然合乎天理才是圣人，成色饱足的金才是纯金。圣人的才力有大小之分就好比金的分量有轻重。尧、舜就好比是万镒的纯金，文王、孔子好比是九千镒，禹、汤、武王像七八千镒的纯金，伯夷、伊尹则像四五千镒的纯金。他们的心都是同样纯然合乎天理的，虽然才力不尽相同，也都可以算作是圣人。就好像是金，只要在成色十足，即使分量不同，也都可以算作纯金了。把五千镒的纯金溶入万镒的纯金里面，成色还是一样的；把伯夷、伊尹安置在唐尧、孔子当中，他们的心都同样合乎天理。所以纯金的界定，是因为成色而非分量；圣人的界定，也是因为他们的心合乎天理而非因为他们的才智。因此，即便是普通人，只要愿意做学问，让他们的心纯然合乎天理，是同样能够成为圣人的。就像是一两重的金子，相比于万镒重的金子，虽然分量相差很远，但在成色上，是不会有差的。因此，孟子才说‘人皆可以为尧、舜’。学者学习圣人，不过是去人欲、存天理罢了，好比炼金求成色充足。金的成色相差不多的时候，就可以省下许多功夫，炼成纯金比较容易。成色越差，冶炼也就越难。人的气质也会有清有浊，有中等以上、中等以下的差别，对于圣道，有的人生来就知道并且自然就能去实践，有的人则需通过学习才知道并实践，这样的人，就必须用别人百倍的努力，等到最后，取得的成就还是一样的。

“后世的人只专门在知识、才能上努力学习做圣人，认为圣人是无所不知，无所不能的，自己只需要把圣人的知识才能一一学会就行了。哪里知道做圣人的根本在于让心合乎天理。他们不从天理上下功夫，而是费尽精力钻研书本上、考寻名物、推理形迹。这样，知识越渊博的人私欲越是滋长，才能越高，天理反而越被遮蔽。这就像看见别人拥有万镒的纯金，自己只妄想在分量上赶超别人，把锡、铅、铜、铁等杂质都掺杂进金子里去，却不肯冶炼自己的成色。虽然增加了分量，成色却更加低下，到最后，有的就不是真金了。”

这时在一旁的徐爱说道：“先生的这个比喻，足以解决世儒们学问支离破碎的困惑，对学生们大有裨益。”

先生又说：“我们用功，只求日减，不求日增。能减去一份私欲，就会得到一份天理，这样是多么轻快洒脱，多么简单啊！”

六

【原文】

士德[①]问曰：“格物之说，如先生所教，明白简易，人人见得。文公[②]聪明绝世，于此反有未审，何也？”

先生曰：“文公精神气魄大，是他早年合下便要继往开来，故一向只就考索著述上用功。若先切己自修，自然不暇及此。到得德盛后，果忧道之不明。如孔子退修六籍，删繁就简，开示来学，亦大段不费甚考索。文公早岁便著许多书，晚年方悔是倒做了。”

士德曰：“晚年之悔，如谓‘向来定本之悟’，又谓‘虽读得书，何益于吾事’，又谓‘此与守书籍，泥言语，全无交涉’[③]，是他到此方悔从前用功之错，方去切己自修矣。”

曰：“然。此是文公不可及处。他力量大，一

悔便转。可惜不久即去世，平日许多错处皆不及改正。”

·注 释

①士德：杨骥，字士德，王阳明的学生。

②文公：朱熹死后谥“文”，故称。

③“向来定本之误”句、“虽读得书”句、“此与守书籍”句：均出自《朱子晚年定论》中所录朱熹强调内心觉悟的书信。

【译文】

杨骥问：“按照先生教导的，格物的学说简易明了，人人都能学得到。而朱熹先生聪明盖世，反而没有弄明白格物的学说，这是何故？”

先生说：“朱熹先生的精神气魄宏伟，早年就已经下定决心要继往开来，所以一直只在考据著书上用功。如果他早年先在自己身上认真修养，自然就没有时间去考据著书了。等到德行很高时，他果然担心儒道不行。就学习孔子，删述《六经》，去繁就简，启示后世学者，也就无须费工夫去考证了。早年朱熹写了许多书，晚年才悔悟，这是颠倒了功夫。”

杨骥说：“朱熹晚年的悔悟，就像他说的‘最初确定根本的错误’，他又说‘虽读了很多书，对于我又有什么好处呢’，又说‘这和死死守住书本，拘泥于言语，完全没有任何关系’，到了这个时候他才开始悔悟从前的功夫用错了，应当从自身修养天性开始。”

先生说：“对。这就是朱熹同别人不同的地方。他气魄大，一旦悔悟就能够马上能转过来。可惜不久他就去世了，一些错误的地方都没来得及改正。”

七

【原文】

侃去花间草，因曰：“天地间何善难培，恶

难去？”

先生曰：“未培未去耳。”少间，曰：“此等看善恶，皆从躯壳起念，便会错。”

侃未达。

曰：“天地生意，花草一般。何曾有善恶之分？子欲观花，则以花为善，以草为恶。如欲用草时，复以草为善矣。此等善恶，皆由汝心好恶所生，故知是错。”

曰：“然则无善无恶[1]乎？”

曰：“无善无恶者理之静，有善有恶者气之动。不动于气即无善无恶，是谓至善。”

曰：“佛氏亦无善无恶，何以异？”

曰：“佛氏著在无善无恶上，便一切都不管，不可以治天下。圣人无善无恶，只是‘无有作好’，‘无有作恶’，不动于气。然‘遵王之道’，‘会其有极’，[2]便自一循天理，便有个裁成辅相[3]。”

曰：“草既非恶，即草不宜去矣。”

曰“如此却是佛、老意见。草若是碍，何妨

汝去？”

曰：“如此又是作好作恶。”

曰：“不作好恶，非是全无好恶，却是无知觉的人。谓之不作者，只是好恶一循于理，不去又着一分意思。如此，即是不曾好恶一般。”

曰：“去草如何是一循于理，不看意思？”

曰：“草有妨碍，理亦宜去，去之而已；偶未即去，亦不累心。若着了一分意思，即心体便有贻累，便有许多动气处。”

曰：“然则善恶全不在物？”

曰“只在汝心。循理便是善，动气便是恶。”

曰：“毕竟物无善恶？”

曰：“在心如此，在物亦然。世儒惟不知此，舍心逐物，将格物之学看错了，终日驰求于外，只做得个‘义袭而取’，终身行不著，习不察。”

曰：“‘如好好色，如恶恶臭’，则如何？”

曰：“此正是一循于理，是天理合如此，本无私意作好作恶。”

曰："如好好色，如恶恶臭。安得非意？"

曰："却是诚意，不是私意。诚意只是循天理。虽是循天理，亦看不得一分意。故有所忿懥、好乐，则不得其正。须是廓然大公，方是心之本体。知此，即知未发之中。"

伯生④曰："先生云：'草有妨碍，理亦宜去。'缘何又是躯壳起念？"

曰："此须汝心自体当。汝要去草，是甚么心？周茂叔⑤窗前草不除，是什么心？"

·注 释

①无善无恶：语出《坛经·行由第一》："惠能云：'不思善，不思恶。正与应时，那个是明上座本来面目。'"

②"无有作好"等句：语出《尚书·洪范》。无有作好、无有作恶，意为没有自私的好恶。遵王之道，意为遵行王道、公道。会其有极，意为会归于法度、准则。

③裁成辅相：语出《周易·泰卦·象传》。裁成，意为剪裁成适用的样子。辅相，意为辅助、帮助。

④伯生：孟源，字伯生，王阳明弟子。

⑤周茂叔：周敦颐（1017~1073），字茂叔，湖南道州营道（今道县）人。宋明理学创始人，程颢、程颐的老师。

【译文】

薛侃在锄花间杂草时，顺势问道："为什么天地间的善很难栽培，恶很难除去呢？"

先生说："因为人们还没有去培养善或者除去恶。"过了一会儿，先生又说："像你这样从表面上去看待善恶，就会出错。"

薛侃没有理解。

先生又说："天地中一团生气，就像花草的生长，何曾有什么善恶之分？你想要赏花，便把花当做善，把花间的草作为恶。但是当你需要草的时候，你又会反过来把草当做善。这样的善恶之分，都是由你心中的喜好或讨厌生发出来的。所以说是错误的。”

薛侃说：“这样说来，善恶之间没有分别了吗？”

先生说：“无善无恶是天理的静止状态，而有善有恶是气的动态产生的。不因气而动，自然无善无恶了，这就是至善。”

薛侃说：“佛教也有无善无恶的说法，与先生所说有何区别呢？”

先生说：“佛教执着于无善无恶，便其余一切都置之不理，所以不能够治理天下。圣人讲的无善无恶，只是不刻意为善，不刻意为恶，不为气所动。这样，‘遵循王道’，自然会归于法度天理。也就自然能‘裁成天地之道，辅助天地之宜’。”

薛侃说：“既然草并不是恶，那么就不应该把草去掉了。”

先生说：“这样又是佛、道两家的主张了。既然草成了障碍，把它除掉又何妨呢？”

薛侃说：“这样不又是在为善为恶了吗？”

先生说：“不从私欲上为善为恶，并非全无好恶的区分，若是全无好恶之分，岂不成了没有知觉的人了。所谓不刻意为善为恶，只是说好恶须要遵循天理，不夹杂丝毫私心杂念。这样，就和不曾有好恶一样了。”

薛侃说：“除草时怎样才能遵循天理，不带私欲呢？”

先生说：“草对你有妨碍，依照天理就应当除去，除去就是了；偶尔有没有及时除去的，也勿记挂心中。如果你有了一分记挂，心就会为它所累，便会有许多为气所动的地方了。”

薛侃说：“那么善恶全然不在事物之上了？”

先生说：“善恶只存在于你心中。遵循天理就是善，动气就是恶。”

薛侃说：“那么事物到底有没有善恶之分？”

先生说：“在心上是如此，在物也是如此。后世儒生们往往不明白这个道理，而舍弃本心去追求心外之物，把格物的学问搞错了，成天在心外寻求，最终只能做到‘义袭而取’，终身‘行不著，习不察’。”

薛侃说：“那么‘如好好色，如恶恶臭’这句话，应当如何理解呢？”

先生说：“这正是一直遵循天理，天理本该如此，它本来没有私意去为善为恶。”

薛侃说：“但是喜好美色，厌恶恶臭，怎会没有私意在其中呢？”

先生说：“这是诚意，而非私欲。诚意只是遵循天理。虽然遵循天理，也不能掺杂丝毫私欲。因此，有一丝怨愤或喜乐，心就不能保持中正平和。豁然无私，才是心的本体。明白了这个，就明白‘未发之中’了。”

孟源说：“先生说：‘草对你有妨碍，依照天理就应当除去。’为什么说这是从表面上产生的私念呢？”

先生说："这需要你自己的心去体会。你想除掉草，是什么心思？周敦颐不拔掉窗前的草，又是怀着什么心思？"

八

【原文】

先生谓学者曰："为学须得个头脑，功夫方有着落。纵未能无间，如舟之有舵，一提便醒。不然，虽从事于学，只做个'义袭而取'，只是'行不著，习不察'，非大本、达道也。"

又曰："见得时，横说竖说皆是。若于此处通，彼处不通，只是未见得。"

【译文】

先生对学生说："做学问一定要有个宗旨，这样学问才有着落。虽然在其间不可能没有间断，但就像船有了舵，一提便明白了。不然的话，虽然是在做学问，也只能做个‘义袭而取’，只会‘行不著，习不察’，并非学习的主干大道。”

先生又说：“有了宗旨，不管怎样说都是正确的。如果只是这里明白了，别处又不明白，那只是因为没有宗旨。”

九

【原文】

或问：“为学以亲故，不免业举之累。”

先生曰：“以亲之故而业举为累于学，则治田以养其亲者，亦有累于学乎？先正云：‘惟患夺志。’①但恐为学之志不真切耳。”

·注 释

①惟患夺志：程颐语，语出《河南程氏外书》：“故科举之事，不患妨功，惟患夺志。”意为不怕科学耽误、妨碍学习，只怕因科举丧失了为学的

志向。

【译文】

有人问："做学问只是为了父母的缘故，难免会被科举拖累。"

先生说："为了父母参加科举考试会妨碍学习，那么，为了侍奉父母去种田，也会妨碍学习吗？程颐先生说：'惟患夺志。'怕只怕学习的志向不够坚定。"

十

【原文】

崇一[①]问："寻常意思多忙，有事固忙，无事亦忙，何也？"

先生曰："天地气机，元无一息之停。然有个主宰，故不先不后，不急不缓，虽千变万化而主宰常定，人得此而生。若主宰定时，与天运一般不

息，虽酬酢万变，常是从容自在，所谓‘天君泰然，百体从令’②。若无主宰，便只是这气奔放，如何不忙？”

·注 释

①崇一：欧阳德（1495~1554），字崇一，号南野，江西泰和人，王阳明的弟子。

②天君泰然，百体从令：语出宋代范浚《香溪集》。

【译文】

欧阳崇一问：“平时里大多情况下思想意念都很忙乱，有事的时候固然会忙，但是没事的时候也忙，这是为什么呢？”

先生说：“天地间的气息，原来就没有一刻停止过。但它有一个主宰，即使千变万化，也会不先不后，不急不缓，因为主宰是恒定不变的。人就凭着这个主宰生存。如果人的主宰安定，即使像天地一样运行不止，日理万机，也能常常保持从容自在，所谓‘天君泰然，百体从令’。如果没有主宰，便会任由气奔腾放纵，怎么能不忙乱呢？”

十一

【原文】

先生曰:“为学大病在好名。”

侃曰:“从前岁自谓此病已轻，此来精察，乃知全未。岂必务外为人？只闻誉而喜，闻毁而闷，即是此病发来。”

曰:“最是。名与实对，务实之心重一分，则务名之心轻一分；全是务实之心，即全无务名之心。若务实之心如饥之求食、渴之求饮，安得更有功夫好名！”

又曰:“‘疾没世而名不称’[①]，‘称’字去声读，亦‘声闻过情，君子耻之’[②]之意。实不称名，生犹可补，没则无及矣。‘四十五十而无闻’[③]，是不闻

道，非无声闻也。孔子云：‘是闻也，非达也。’[4]安肯以此忘人！”

·注 释

①疾没世而名不称：语出《论语·卫灵公》：“子曰：‘君子疾没世而名不称焉。’”此句有二解，一为，到去世时名字不为人称道，君子引以为憾；二为，到去世时名声与自己的实际不相符，君子引以为憾。王阳明从第二种解释。

②声闻过情，君子耻之：语出《孟子·离娄下》：“故声闻过情，君子耻之。”意为盛名之下，其实难副，君子以此为耻。

③四十五十而无闻：语出《论语·子罕》。

④是闻也，非达也：语出《论语·颜渊》。意为是有名声，而不是有作为。

【译文】

先生说：“治学最大的弊病是好名。”

薛侃说：“从去年以来，我自以为我的这个毛病已经有所减轻，但近来仔细体会观察，才知道完全不是这样。难道好名只是想从别人那求得好的名声吗？只要听到赞誉便欣喜，听到诋毁便郁郁不乐，也是因为有好名的毛病。”

先生说：“正是这样。名和实相互对应，多一分务实的心，就会少一分求名的心；心全在务实上，便没有求名的心思了。我们知道饿了会到处寻找食物，渴了会找水，如果务实的心也是如此哪里还有时间去好名？”

先生又说：“孔子所说的‘疾没世而名不称’，这‘称’应该读第四声，就是‘名声超过了实情，君子感到羞耻’的意思。现实和名声不符，在活着的时候还能够挽回，死了就再也不行了。‘四十五十而无闻’中的‘闻’是没有听闻道，而不是没有名声。孔子说：‘是闻也，非达也。’他怎么会凭名气来看待别人呢？”

十二

【原文】

侃多悔。

先生曰："悔悟是去病之药，然以改之为贵。若留滞于中，则又因药发病。"

【译文】

薛侃时常会事后后悔。

先生说："悔悟是去除毛病的良药，但能让人有错便改才是它的效用之所在。如果仅仅将悔恨留滞在心里，就会因为用药而添病。"

十三

【原文】

德章[①]曰："闻先生以精金喻圣，以分量喻圣人之分量，以锻炼喻学者之功，最为深切。惟谓尧、舜为万镒，孔子为九千镒，疑未安。”

先生曰：“此又是躯壳上起念，故替圣人争分两。若不从躯壳上起念，即尧、舜万镒不为多，孔子九千镒不为少。尧、舜万镒只是孔子的，孔子九千镒只是尧、舜的，原无彼我。所以谓之圣，只论‘精一’，不论多寡。只要此心纯乎天理处同，便同谓之圣。若是力量气魄，如何尽同得？后儒只在分两上较量，所以流入功利。若除去了比较分两的心，各人尽着自己力量精神，只在此心纯天理上用功，即人人自有，个个圆成，便能大以成大，小以成小，不假外慕，无不具足[2]。此便是实实落落明善诚身的事。

“后儒不明圣学，不知就自己心地良知良能[3]上体认扩充，却去求知其所不知，求能其所不能，一味只是希高慕大，不知自己是桀、纣心地，动辄要做尧、舜事业，如何做得？终年碌碌，至于老死，竟不知成就了个什么，可哀也已！”

·注释

①德章：姓刘，王阳明的学生。

②具足：佛教名词，指佛教比丘和比丘尼所受戒律，与沙弥和沙弥尼所受十戒相比，戒品具足，故称具足戒。这里是完备的意思。

③良知良能：语出《孟子·尽心上》："孟子曰：'人之所以不学而能者，其良能也；所不虑而知者，其良知也。'"

【译文】

德章说："我听先生曾用纯金来比喻圣人，而以金的分量比喻圣人才力的大小，金的提炼比喻学者所下的修养功夫，很是深刻准确。只是您说尧、舜好比万镒重的金子，而只把孔子比作九千镒的金子，可能不太恰当。"

先生说："你之所以会为圣人们争分量，是因为只在表面形式上着想了。如果不是从表面上着想，那么把尧、舜比作万镒的纯金不会觉得多，而把孔子比作九千镒的纯金也不觉得少。尧、舜的万镒也是孔子的，孔子的九千镒也是尧、舜的，原本没有你我之别。把他们称为圣人，是只考虑他们的质是否达到了‘精一’的境界，而不在于他们才力的大小。只要他们的心同样合乎天理，便一样把他们叫做圣人。谈到才智气魄，怎么可能会全然相同呢？后世儒生们只懂得在才力的大小上斤斤计较，所以才会陷入功利的泥潭当中。如果能够把这种计较才能大小的私心去除掉，各人只尽自己所能在存天理这方面下功夫，就会人人自然有所成就，功德圆满，能力大的人做出大成就，能力小的就做出小成就，不需要凭借外力就能完美纯粹。这就是实实在在、明善诚身的事情。

“后世儒生们不懂得圣人的学说，不知道扩充自己本心的知识和能力，以此追求那些没有认识的事情和不具备的能力，一味好高骛远，爱慕虚荣，不知道自己的心是桀、纣的心，怎么能动不动就要去做尧、舜的事业？直到终老死去，也只是终年碌碌无为，不知道究竟得了什么成就，真是可悲呀！”

十四

【原文】

侃问：“先儒以心之静为体，心之动为用，如何？”

先生曰：“心不可以动静为体用。动静，时也。即体而言用在体，即用而言体在用，是谓‘体用一源’。若说静可以见其体，动可以见其用，却不妨。”

【译文】

薛侃问：“先代儒生们认为静是心的本体，动是心的应用，这话对吗？”

先生说：“心不能够把动静当做它的本体和应用。动静只是在时间方面来说的，只是暂时的。就本体而言，用在体；就作用而言，体在用。这就是所谓的‘体用一源’。倘若说静时能够见到心的本体，动时能够见到心的作用，却也无妨。”

十五

【原文】

问：“上智，下愚，如何不可移[①]？”

先生曰：“不是不可移，只是不肯移。”

·注　释

①上智，下愚，不可移：语出《论语·阳货》：“子曰：‘唯上智与下愚不移。’”一般认为孔子所说的不移是不可移。

【译文】

薛侃问：“智慧和笨愚，为什么不能改变？”

先生说：“不是不可改变，只是不愿意改变而已。”

十六

【原文】

问“子夏门人问交”①章。

先生曰：“子夏是言小子之交，子张②是言成人之交。若善用之，亦俱是。”

·注 释

①子夏门人问交：语出《论语·子张》。子夏，姓卜，名商，字子夏，春秋时晋国人，孔子的弟子。

②子张：姓颛孙，名师，字子张，春秋时陈国阳城人，孔子的弟子。

【译文】

薛侃请教先生“子夏门人问交”一章。

先生说：“子夏说的是孩童间的交往，子张说的是大人间的交往。如果懂得应用，他们都是正确的。”

十七

【原文】

子仁[1]问：“‘学而时习之，不亦说乎？’[2]先儒以学为‘效先觉之所为’[3]，如何？”

先生曰：“‘学’是学去人欲、存天理。从事于去人欲、存天理，则自正诸先觉，考诸古训，自下许多问辨、思索、存省、克治功夫。然不过欲去此心之人欲、存吾心之天理耳。若曰‘效先觉之所为’，则只说得学中一件事，亦似专求诸外了。‘时习’者，‘坐如尸’，非专习坐也，坐时习此心也；‘立如斋’[4]，非专习立也，立时习此心也。‘说’是‘理义之说我心’[5]之‘说’，人心本自说理义，如目本说色，耳本说声。惟为人欲所蔽所累，始有不说。今人欲日去，则理义日洽浃。安得不说？”

·注释

①子仁：冯恩，字子仁，号南江，王阳明的弟子。

②学而时习之，不亦说乎：语出《论语·学而》。

③效先觉之所为：语出朱熹《论语集注》："学之为言效也。人性皆善，而觉有先后。后觉者，必效先觉之所为，乃可以明善而复其初也。"

④坐如尸、立如斋：语出《礼记·曲礼》。坐如尸，意为像祭礼中受祭者一样端正地坐；立如斋，指谦恭地站立。

⑤理义之说我心：语出《孟子·告子上》："谓理也，义也，圣人先得我心之所同然耳。故理义之悦我心，犹刍豢之悦我口。"意为天理使我高兴。

【译文】

子仁问："'学而时习之，不亦说乎'里的'学'，朱熹认为是'效仿先觉的行为'，他这种说法对吗？”

先生说：“‘学’是指学习去人欲、存天理。一直在去人欲、存天理，那么自然会求正于先觉，考求于古训，自然会努力问辨、思考、存养、克制。然而终究也只是去人欲、存天理的功夫罢了。如果只说是‘效法先觉者的行为’，就只说到了学习中的一件事，似乎是专门在心之外求取了。‘时习’时‘坐如尸’，并非专门练习端坐，而是说在端坐的时候修养身心；‘立如斋’，也并非专门练习站立，而是在站立的时候去学着修习自己的心。‘说’是‘理义之说我心’中的‘说’，是我心高兴的意思。人心原本就会因学习天理而高兴，就像是眼睛喜欢颜色，耳朵喜欢声音一样。只是因为私欲牵累了本心，才会不因天理而愉快。现在私欲一天天地去除，天理就会一天天滋养人心，怎么会不高兴呢？”

十八

【原文】

国英[1]问:“曾子三省[2]虽切。恐是未闻一贯[3]时功夫?”

先生曰:“一贯是夫子见曾子未得用功之要，故告之。学者果能忠恕上用功，岂不是一贯?‘一’如树之根本，‘贯’如树之枝叶。未种根，何枝叶之可得?体用一源，体未立，用安从生?谓‘曾子于其用处，盖已随事精察而力行之。但未知其体之一’。此恐未尽。”

·注 释

①国英：姓陈，名桀，字国英，福建莆田人，王阳明的学生。

②三省：语出《论语·学而》:“曾子曰:‘吾日三省吾身：为人谋而不忠乎?为朋友交而不信乎?

传不习乎?'" 曾子，即曾参，字子舆，鲁国人，孔子的弟子。

③一贯：即一以贯之。语出《论语·里仁》。

【译文】

国英问："曾子'吾日三省吾身'，虽然真切，但恐怕他还没有到'一以贯之'的境界。"

先生说："孔子见曾子还没有领会到用功的要领，所以才告诉他'一以贯之'的道理。学者要是真能在忠恕上用功，岂不就是'一以贯之'吗？'一'就像是树的根，'贯'就像是树的枝叶。没有树根，枝叶从哪里来？体和用同源，不存在体的时候，用从何而来？'朱熹说'曾子运用心，已经可以精确体察事情并且付诸实践了，只是他还不知道心的本体和作用是一体的'。这样说可能不全面吧。"

十九

【原文】

黄诚甫[1]问“汝与回也，孰愈”[2]章。

先生曰：“子贡[3]多学而识，在闻见上用功，颜子在心地上用功，故圣人问以启之。而子贡所对又只在知见上，故圣人叹惜之，非许之也。”

·注 释

①黄诚甫：名宗贤，字诚甫，号致斋，宁波人，王阳明的学生。

②汝与回也，孰愈：语出《论语·公冶长》。

③子贡：姓端木，名赐，字子贡，亦作子赣，春秋卫国人，孔子的弟子。能言善辩，长于经商。

【译文】

黄诚甫向先生请教“汝与回也，孰愈”这

一章。

先生说："子贡知识渊博，把功夫用在见闻上。颜回在内心里下功夫，所以孔子用子贡这一问题来启发他。但是子贡只在知识见闻上作了回答，所以孔子对此表示叹惜，而不是称赞他。"

二十

【原文】

"颜子不迁怒，不贰过①，亦是有'未发之中'始能。"

·注　释

①颜子不迁怒，不贰过：语出《论语·雍也》。意为颜回不迁怒于别人，同样的错误不会犯两次。

【译文】

先生说："颜回不迁怒于别人，不会两次犯同样的错，也只有'未发之中'的人能做到这样。"

二十一

【原文】

"种树者必培其根，种德者必养其心。欲树之长，必于始生时删其繁枝；欲德之盛，必于始学时去夫外好。如外好诗文，则精神日渐漏泄在诗文上去。凡百外好皆然。"

又曰："我此论学，是无中生有的功夫。诸公须要信得及，只是立志。学者一念为善之志，如树之种，但勿助勿忘，只管培植将去，自然日夜滋长，生气日完，枝叶日茂。树初生时，便抽繁枝，亦须刊落，然后根干能大。初学时亦然，故立志贵专一。"

【译文】

先生说:“种树的人定会先栽培树根，培养德行的人定会先存养心性。想让树长高，一定会在开始的时候修剪掉多余的树枝;想让品德高尚，一定会在初学的时候除去对外物的爱好。比如爱好诗文，那么精神就会逐渐倾注到诗文上去。其余的爱好也都是这样。”

先生接着说:“我这次讲学，讲的是无中生有的功夫。你们如果要相信，首先就要立志。学者的一点行善的念头，就好比种树，不拔苗助长，也不要把它忘记，只管去培育它，生长可任由它，这样自然会生机勃勃，枝叶也会日渐茂盛。树木刚开始生长的时候发出来的多余的枝，必须修剪，这样树的根和干才能粗壮。刚开始治学的时候也是这样，所以贵在立志专一。”

二十二

【原文】

因论先生之门，某人在涵养上用功，某人在识见上用功。

先生曰：“专涵养者，日见其不足；专识见者，日见其有余。日不足者日有余矣，日有余者日不足矣。”

【译文】

谈及先生的弟子，发现某人把功力下在修养身心上，某人则在知识见闻上用功。

先生说：“专于身心修养的，会每天都看到自己的不足；专在知识见闻上用功的，会一天比一天觉得自己懂的东西多到有余。每天觉得自己不足的人，最终会一天比一天提高。而每天感到自己知识有余的人，会一天比一天不足。”

二十三

【原文】

梁日乎[1]问："居敬、穷理是两事[2]，先生以为一事，何如？"

先生曰："天地间只有此一事，安有两事？若论万殊，'礼仪三百，威仪三千'[3]，又何止两？公且道居敬是如何？穷理是如何？"

曰："居敬是存养功夫，穷理是穷事物之理。"

曰："存养个甚？"

曰："是存养此心之天理。"

曰："如此，亦只是穷理矣。"

曰："且道如何穷事物之理？"

曰："如事亲便要穷孝之理，事君便要穷忠之理。"

曰："忠与孝之理在君、亲身上？在自己心上？若在自己心上，亦只是穷此心之理矣。且道如何是敬？”

曰：“只是主一。”

曰：“如何是主一？”

曰：“如读书便一心在读书上，接事便一心在接事上。”

曰：“如此，则饮酒便一心在饮酒上，好色便一心在好色上，却是逐物，成甚居敬功夫！”

日孚请问。

曰：“一者，天理。主一是一心在天理上。若只知主一，不知一即是理，有事时便是逐物，无事时便是着空。惟其有事无事，一心皆在天理上用功，所以居敬亦即是穷理。就穷理专一处说，便谓之居敬；就居敬精密处说，便谓之穷理。却不是居敬了，别有个心穷理；穷理时，别有个心居敬。名虽不同，功夫只是一事，就如《易》言‘敬以直内，义以方外’④。敬即是无事时义，义即是有事时敬，两句合说一件。如孔子言‘修己以敬’⑤，即不须言义。孟子言‘集义’，即不须言敬。会得时，横说竖说，功夫总是一般。若泥文逐句，不识本领，即支离决裂，功夫都无下落。”

问：“穷理何以即是尽性？”

曰：“心之体，性也，性即理也。穷仁之理，真要仁极仁；穷义之理，真要义极义。仁、义只是吾性。故穷理即是尽性。如孟子说‘充其恻隐之心，至仁不可胜用’，这便是穷理功夫。”

日孚曰：“先儒谓‘一草一木亦皆有理，不可不察’，何如？”

先生曰：“‘夫我则不暇⑥。’公且先去理会自己性情，须能尽人之性，然后能尽物之性。”

日孚悚然有悟。

·注 释

①梁日孚：梁焯，字日孚，广东南海人。王阳明的弟子。

②居敬、穷理是两事：语出朱熹《朱子语类》：“学者工夫，唯在居敬、穷理二事，此二事互相发，

能穷理，则居敬功夫益进；能居敬，则穷理工夫日益密。”居敬，居心恭敬；穷理，通晓事物之理。

③礼仪三百，威仪三千：语出《中庸》：“礼仪三百，威仪三千，待其人而后行。”

④敬以直内，义以方外：意为内心恭敬而正直，待人接物则要行为合乎正义。语出《周易·坤卦·文言》。

⑤修己以敬：意为以恭敬的心情修养身性。语出《论语·宪问》。

⑥夫我则不暇：意为没有时间做与修道无关的事情。语出《论语·宪问》。

【译文】

梁日孚问：“程朱学派把‘居敬’与‘穷理’当做两回事，而先生却把它们看成一件事，这是为什么呢？”

先生说：“天地间仅仅就只有一件事，怎么会有两件事？如果谈到事物的千差万别，那么‘礼仪三百，威仪三千’，又何止这两件事？你暂且说说你认为的居敬是什么？穷理是什么？”

梁日孚说：“居敬是存养内心的功夫，穷理是穷尽事物的道理。”

先生说：“存养什么？”

梁日孚说：“存养自己心中的天理。”

先生说：“这样的话，也只是穷理罢了。”

先生接着说：“再谈一谈如何去穷尽事物的道理？”

梁日孚说：“例如，侍奉父母就要穷尽孝道，供奉国君就要穷尽忠的道理。”

先生说：“是在国君、父母的身上有忠和孝的道理，还是在自己的心里？如果是在自己心里，那也只是要穷尽这种忠孝之心的道理。你再谈谈什么是敬吧。”

梁日孚说：“敬就是主一。”

先生问：“什么是主一呢？”

梁日孚说：“例如，读书便专心在读书上，碰到事情就便一心在处理事情上。”

先生说：“照这种说法，喝酒便一心在喝酒上，好色就一心在好色上，也是所谓主一了。但这些只是在追逐物欲，算什么居敬的功夫呢？”

梁日孚向先生请教如何做到主一。

先生说：“我们所说的一就是天理，主一即一心一意在天理上。如果只知道主一，却不知道一就是天理，那么碰到事情就会追逐物欲，没有事情就会着意于虚空。只有全心都在天理之上下功夫，不管有没有碰到事情，这样居敬也是穷理。就穷理的专一而言，穷理就是居敬；就居敬的精密而言，居敬就是穷理。并非居敬后，又有一个心去穷理；穷理时，又有一个心去居敬。名称虽然不同，功夫其实像《易经》中说的‘敬以直内，义以方外’，都只是一回事。无事时敬就是义，有事时义就是敬，说的是同一回事。正如孔子所说‘修己以敬’，就不必再说义了；孟子说‘集义’，就不必再说敬了。体会到了这个以后，横说竖说，功夫都是一样的。

如果执着于文句，不了解根本，只会弄得支离破碎，使功夫都没有着落。”

梁日孚问：“为什么穷理就是尽性呢？”

先生说：“天性是心的本体，天性就是理。穷尽仁的道理，直到仁成为至仁；穷尽义的道理，直到义成为至义。仁与义，都是天性，所以穷理就是尽性。正如孟子所说‘充其恻隐之心，至仁不可胜用’，就是穷理的功夫。”

梁日孚说：“先儒说‘一草一木亦皆有理，不可不察’，这句话怎么样？”

先生说：“孔子说‘夫我则不暇’。您姑且先去修养自己的品性情操，只需穷尽了人之本性，然后就能够穷尽万物的本性。”

梁日孚因此警醒而有所感悟。

二十四

【原文】

惟乾问：“知如何是心之本体？”

先生曰:“知是理之灵处。就其主宰处说便谓之心,就其禀赋处说便谓之性。孩提之童,无不知爱其亲,无不知敬其兄[1],只是这个灵能不为私欲遮隔,充拓得尽,便完完是他本体,便与天地合德。自圣人以下,不能无蔽,故须格物以致其知。”

·注 释

①“孩提”三句:语出《孟子·尽心上》:“孩提之童,无不知爱其亲者,及其长也,无不知敬其兄也。”孩提,指儿童。

【译文】

惟乾问:“为什么知是心的本体?”

先生说:“知是天理的灵妙之处。就它的主宰处来说,叫做心;从它的先天禀赋来说,叫做性。儿童还是小孩的时候,都懂得爱自己的父母、尊敬自己的兄长。只要这种天性不因为私欲而隔断,得到充分发挥,便完完全全是心的本体,就和天理合德了。圣人之下的普通人，没有不被私欲所蒙蔽的，所以需要格物来获取知识。”

二十五

【原文】

守衡问：“大学功夫只是诚意，诚意功夫只是格物，修、齐、治、平，只诚意尽矣，又有正心之功，‘有所忿、懥、好、乐，则不得其正’，何也？”

先生曰：“此要自思得之。知此则知未发之中矣。”

守衡再三请。

曰：“为学功夫有浅深，初时若不着实用意去好善恶恶，如何能为善去恶？这着实用意便是诚意。然不知心之本体原无一物，一向着意去好善恶恶，便又多了这分意思，便不是廓然大公。《书》所谓‘无有作好作恶’，方是本体。所以说‘有所忿懥好乐，则不得其正’。正心只是诚意功夫里面体当自家

心体，常要鉴空衡平①，这便是未发之中。”

·注 释

①鉴空衡平：语出朱熹《大学或问》：“人之一心，湛然虚明，如鉴之空，如衡之平，以为一身之主者，固其真体之本然。”鉴，镜子。衡，秤杆。此语以镜之空、秤之平比喻心体的清明中正。

【译文】

守衡问：“《大学》中的功夫讲的是诚意，而诚意的功夫是格物，修身、齐家、治国、平天下，诚意到达就足够了。可是《大学》中又还有正心的功夫，说‘如果有愤恨喜乐，心就不能中正’，这是为什么？”

先生说：“这需要你自己思考才能明白。知道了这个你就懂得未发之中了。”

守衡再三地请教先生。

先生说：“治学的功夫有深浅的区别，开头如果不用心去好善憎恶，如何能做到为善除恶呢？这里的用心就是诚意。但是如果不明白心的本体原本就是纯净无物的，一直执着地去刻意好善憎恶，便又会多了一份执着刻意，便不是廓然大公了。《尚书》中说‘不故意去伪善作恶’，才是心的本体。所以说，‘有所忿懥好乐，心就不能中正’。正心就是要经常使心像镜子一样空明，像秤杆一样平衡，从诚意功夫上体察它。这便是未发之中了。”

二十六

【原文】

正之[①]问曰：“戒惧是己所不知时功夫，慎独是己所独知时功夫，此说如何？”

先生曰：“只是一个功夫，无事时固是独知，有事时亦是独知。人若不知于此独知之地用力，只在人所共知处用功，便是作伪，便是‘见君子而后厌然’[②]。此独知处便是诚的萌芽。此处不论善念恶

念，更无虚假，一是百是，一错百错。正是王霸、义利、诚伪、善恶界头。于此一立立定，便是端本澄源，便是立诚。古人许多诚身的功夫，精神命脉，全体只在此处，真是莫见莫显，无时无处，无终无始，只是此个功夫。今若又分戒惧为己所不知，即功夫便支离，亦有间断。既戒惧即是知。己若不知，是谁戒惧？如此见解，便要流入断灭禅定。”

曰：“不论善念恶念，更无虚假，则独知之地，更无无念时邪？”

曰：“戒惧亦是念。戒惧之念，无时可息。若戒惧之心稍有不存，不是昏聩，便已流入恶念。自朝至暮，自少至老，若要无念，即是己不知，此除是昏睡，除是槁木死灰。”

·注 释

①正之：黄弘纲（1492~1561），字正之，号洛村，江西人，官至刑部主事，王阳明的学生。

②见君子而后厌然：意为见到君子后掩饰自己

的恶行。语出《大学》:“小人闲居为不善，无所不至，见君子而后厌然，掩其不善而著其善。”

【译文】

正之问:“戒惧是自己不知晓时的功夫，慎独是自己一个人思考时的功夫，这种说法您怎么看?”

先生说:“都只不过是一个功夫，没有遇到事情时固然是一个人知晓，遇到事情的时候也应当独立思考。人们如果只知道在人人都懂的地方用功，而不知道在应该独立思考的地方用功，便是做假，就好像是《大学》中所说的‘见君子而后厌然’。在独立思考的地方下功夫便是诚意的萌芽。这里没有一丝虚假的地方，不管是善念还是恶念，一对百对，一错百错。这就是王道与霸道、义与利、真诚与虚伪、善与恶的区别所在。能在此立住脚跟，便是正本清源，便是坚定诚意。古人许多诚身的功夫，精神命脉，全都只在这个地方，真是无处不显，无时不在，贯穿始终，只是这个功夫而已。现在又把‘戒惧’分出来，认为是自己不知道的功夫，就会使功夫支离破碎，中间也会有断隔。如果自己并不知道，那是谁在戒惧呢？戒惧也是自己知道知的功夫。这类见解，会沦入佛教的断灭禅定中去。”

正之说：“不管善念恶念，都没有虚假，那么，自己独处时，就没有念的时候了吗？”

先生说：“戒惧也是念。戒惧的念头，从来不会停止，如果不存在戒惧的念头，人就会变得糊涂，就会被恶念侵袭。从早上到晚上，从年少到老时，若是没有意念，就相当于没有知觉。这样，不是在昏睡中，就是形同槁木，心如死灰。”

二十七

【原文】

志道[1]问：“荀子云‘养心莫善于诚’[2]，先儒非之，何也？”

先生曰："此亦未可便以为非。'诚'字有以功夫说者。诚是心之本体，求复其本体，便是思诚的功夫。明道说'以诚敬存之'[③]，亦是此意。《大学》：'欲正其心，先诚其意。'荀子之言固多病，然不可一例吹毛求疵。大凡看人言语，若先有个意见，便有过当处。'为富不仁'之言，孟子有取于阳虎[④]，此便见圣贤大公之心。"

·注　释

①志道：姓管，字登之，号东溟，江苏太仓人，王阳明门人耿定的弟子。

②养心莫善于诚：意为养心最好的办法是思诚。语出《荀子·不苟》。

③以诚敬存之：语出《河南程氏遗书》："学者须先识仁。仁者浑然与物同体，义礼知信，皆仁也。识得此理，以诚敬存之而已。不须防检，不须穷索。"

④孟子有取于阳虎：指孟子在谈话中引用阳虎

的话。语出《孟子·滕文公上》:“阳虎曰:‘为富不仁矣,为仁不富矣。’”阳虎,春秋晚期鲁国人,正卿季氏的家臣,曾挟持季氏专政鲁国,后因失败而流亡。

【译文】

志道问:“荀子说‘养心莫善于诚’,程颐先生否定了他的说法,为什么呢?”

先生说:“也不能就认为这句话是错的。‘诚’字有从功夫上来说的。诚是心的本体,想要恢复心的本体,就是思诚的功夫。程颢先生说:‘以诚敬养之’,也是这个意思。《大学》中也有‘欲正其心,先诚其意’。荀子的话虽然有很多毛病,但也不能对他一味地吹毛求疵。如果看待别人的学说,事先有偏见存在,就会有不妥的地方。‘为富不仁’这句话,是孟子引用的阳虎的原话,可见圣贤大公的心。”

二十八

【原文】

萧惠[1]问："己私难克，奈何？"

先生曰："将汝己私来替汝克[2]。"

又曰："人须有为己之心，方能克己，能克己，方能成己。"

萧惠曰："惠亦颇有为己之心，不知缘何不能克己？"

先生曰："且说汝有为己之心是如何？"

惠良久曰："惠亦一心要做好人，便自谓颇有为己之心。今思之，看来亦只是为得个躯壳的己，不曾为个真己。"

先生曰："真己何曾离着躯壳？恐汝连那躯壳的己也不曾为。且道汝所谓躯壳的己，岂不是耳、目、口、鼻、四肢？"

惠曰："正是为此。目便要色，耳便要声，口便要味，四肢便要逸乐，所以不能克。”

先生曰：“‘美色令人目盲，美声令人耳聋，美味令人口爽，驰骋田猎令人发狂。’[3]这都是害汝耳、目、口、鼻、四肢的，岂得是为汝耳、目、口、鼻、四肢？若为着耳、目、口、鼻、四肢时，便须思量耳如何听，目如何视，口如何言，四肢如何动。必须非礼勿视、听、言、动[4]，方才成得个耳、目、口、鼻、四肢，这个才是为著耳、目、口、鼻、四肢。汝今终日向外驰求，为名、为利，这都是为着躯壳外面的物事。汝若为着耳、目、口、鼻、四肢，要非礼勿视、听、言、动时，岂是汝之耳、目、口、鼻、四肢自能勿视、听、言、动？须由汝心。这视、听、言、动皆是汝心。汝心之动发窍于目，汝心之听发窍于耳，汝心之言发窍于口，汝心之动发窍于四肢。若无汝心，便无耳、目、口、鼻、四肢。所谓汝心，亦不专是那一团血肉。若是那一团血肉，如今已死的人，那一团血肉还在，缘何不能视、听、言、动？所谓汝心，却是那能视、听、言、动的，这个便是性，便是天理。有这个性，才能生这性之生理，便谓之仁。这性之生理，发在目便会视，发在耳便会听，发在口便会言，发在四肢便会动，都只是那天理发生，以其主宰一身，故谓之心。这心之本体，原只是个天理，原无非礼。这个便是汝之真己，这个真己是躯壳的主宰。若无真己，便无躯壳。真是有之即生，无之即死。汝若真为那个躯壳的己，必须用着这个真己，便须常常保守着这个真己的本体，戒慎不睹，恐惧不闻，惟恐亏损了他一些。才有一毫非礼萌动，便如刀割，如针刺，忍耐不过，必须去了刀，拔了针。这才是有为己之心，方能克己。汝今正是认贼作子，缘何却说有为己之心不能克己？”

· 注 释

①萧惠：王阳明的弟子，生平不详。

②替汝克：据《景德传灯录》记载，禅宗二祖神光师从达摩老祖之初，曾对达摩说：“我心未安，

请师安心。”达摩说：“将心来，与汝安。”

③“美色令人目盲”四句：语出《老子》：“五色令人目盲，五音令人耳聋，五味令人口爽，驰骋畋猎令人发狂。”意为过度的感官享受有损人的健康。爽，败坏，在此指味觉有失误。

④非礼勿视、听、言、动：语出《论语·颜渊》“子曰：‘非礼勿视，非礼勿听，非礼勿言，非礼勿动。’”

【译文】

萧惠问：“自己的私欲难以除去，该拿它怎么办？”

先生说：“说出你的私欲来，我帮你把它除去。”接着说：“人需有为自己考虑的心才能够克制自己，能够克制自己，才能让自己有所成就。”

萧惠说：“我也很有为自己着想的心，但是不知为何总是不能克制自己，除去私欲？”

先生说：“暂且说说你的为自己着想的心是什么

样的？”

萧惠过了很久才说：“我一心想要成为好人，就自以为很有为自己着想的心。现在看来，我并非为真正的自己着想，而只是为自己的空躯壳着想。”

先生说：“真正的自己何时会离开人的躯壳？恐怕你为自己的躯壳都不曾着想过。你所说的自己的躯壳，岂不就是指耳朵、眼睛、嘴巴、鼻子、四肢吗？”

萧惠说：“正是这些。眼睛需要美色，耳朵需要声音，嘴巴需要美味，四肢需要安逸，这些私欲无法克制。”

先生说：“美色会让人眼睛盲目，美声会使人耳朵发溃，美味会败坏人的口味，骑马狩猎则会使人发狂。这些都是损害你的耳目口鼻和四肢的，哪里是为了它们着想？如果真是为耳目口鼻和四肢着想，就应该考虑耳朵该怎么听，眼睛该怎么看，嘴巴该吃什么，四肢该怎么运动。必须‘非礼勿视，非礼勿听，非礼勿言，非礼勿动’，才能满足耳目口鼻和四肢的需要，才真正是为了自己的耳目口鼻和四肢着想。如今，你成天向外去寻求名、利，这些只是为了你躯体外面的东西。如果你只是为了耳目口鼻和四肢，便不看、不听、不说、不做违背礼仪的事情，难道你的耳目口鼻和四肢会自动不看、不听、不说、不做吗？必须是你的心决定。你的心用眼睛看，用耳朵听，用嘴巴说，用四肢运动而已。如果没有你的心，也就没有你的耳目口鼻和四肢。但是你的心，也不单指身体里的那一团血肉。如果单单是指那一团血肉，死去的人也还有那一团血肉在，为何他们却不能看、听、说、动呢？你的心，指的是那颗能指挥你看、听、说、动的心，就是天性，也就是天理。有了这个性，才有了这性生生不息的道理，也就是仁。这性的生生之理，在眼睛上表现出来就是看，在耳朵上表现出来就是听，在嘴巴上表现就是说，在四肢上表现就是运动，这些都只不过是天理发生作用。因为天理主宰着全部的身体，所以叫做心。这心的本体，原本只是一个天理，原本就不会违背天理。这就是你的真实的自己，这个真实的自己是躯壳的主宰。如果没有真正的自己，躯体也不存在。有了真实的自己就有了生命，没有真实的自己就会死掉。你如果真的为了自己的躯壳，就必须用这个真正的自己，时时刻刻都坚守这个自己的本体。做到戒慎于不视，恐惧于不闻，害怕对这个真我的本体有一丝损伤。违背礼仪的意念稍有萌动，就会像刀割针刺，自己不能忍受。必须去了刀、拔了针。这样才算是有为自己着想的心，才能克制私欲。你现在正是认贼为子，为什么要说成是有了替自己着想的心，却不能够克制自己呢？”

二十九

【原文】

有一学者病目，戚戚甚忧，先生曰：“尔乃贵目贱心。”

【译文】

有一个学者患了眼病，忧虑难当，先生说：“你这是珍视眼睛，轻视本心。”

三十

【原文】

萧惠好仙、释。

先生警之曰：“吾亦自幼笃志二氏，自谓既有所得，谓儒者为不足学。其后居夷三载，见得圣人之学若是其简易广大，始自叹悔错用了三十年气

力。大抵二氏之学，其妙与圣人只有毫厘之间。汝今所学，乃其土苴，辄自信自好若此，真鸱鸮窃腐鼠耳。”

惠请问二氏之妙。

先生曰：“向汝说圣人之学简易广大，汝却不问我悟的，只问我悔的。”

惠惭谢，请问圣人之学。

先生曰：“汝今只是了人事问，待汝辨个真要求为圣人的心，来与汝说。”

惠再三请。

先生曰：“已与汝一句道尽，汝尚自不会！”

【译文】

萧惠喜好佛教和道教。

先生告诫他说：“我也自幼深信在佛、道两教的学说，自以为颇有收获，觉得儒家学说根本就不值得学习。但在后来我在贵州的龙场待了三年，发现孔子的学问是如此的简易博大，这个时候才开始感叹，后悔枉花了自己三十年的功夫和时间。大致上来说，佛道两家的精妙之处和圣人的学说只有毫厘之差。你现在学习到的不过是佛道两家的糟粕，就已经自信、自我欣赏到这种地步，有点像猫头鹰逮到了一只腐鼠一样。”

萧惠便向先生请教先生佛道两家的精华所在。

先生说：“我刚跟你说了，圣人的学说简易广大，你却不问我领悟到的圣学，只问我觉得后悔的部分。”

萧惠惭愧地道了歉，并且再请教圣人的学说。

先生说：“你现在只是为了敷衍了事才问我的，等你真正有了求圣的心的时候，我再来告诉你。”

萧惠又再三请教先生。

先生说：“已经用一句话全都告诉过你了，你自己还不明白！”

三十一

【原文】

刘观时[1]问："'未发之中'是如何？"

先生曰："汝但戒慎不睹，恐惧不闻，养得此心纯是天理，便自然见。"

观时请略示气象。

先生曰："哑子吃苦瓜，与你说不得。你要知此苦，还须你自吃。"

时曰仁在傍，曰："如此才是真知，即是行矣。"

一时在座诸友皆有省。

·注　释

①刘观时：湖南常德人，王阳明的弟子。

【译文】

刘观时问："'未发之中'指的是什么？"

先生说："你只要戒慎不睹，恐惧不闻，存养本心纯然为天理，就自然能领会到。"

刘观时请先生大概讲一下"未发之中"的表象。

先生说："哑巴吃苦瓜，跟你说不出。如果你想要品味这种苦味，还须你自己去吃才行。"

这时徐爱在旁边，说："真正的认识就只这样的，同时也是实践。"

顿时在座的人都有所领悟。

三十二

【原文】

萧惠问死生之道。

先生曰："知昼夜即知死生。"

问昼夜之道。

曰："知昼则知夜。"

曰：“昼亦有所不知乎？”

先生曰：“汝能知昼？懵懵而兴，蠢蠢而食，行不着，习不察，终日昏昏，只是梦昼。惟‘息有养，瞬有存’①，此心惺惺明明，天理无一息间断，才是能知昼。这便是天德，便是通乎昼夜之道而知②，更有甚么死生？”

·注 释

①息有养，瞬有存：意为瞬息之间都不要间断存养的功夫。语出张载《张子全书》。

②“通乎”句：意为通晓了昼夜阴阳的变化规律就会明白天地宇宙的运动规律。语出《易经·系辞上》。

【译文】

萧惠向先生请教生死的道理。

先生说：“知道昼夜，就知道了生死。”

萧惠又请教昼夜的道理。

先生说：“懂得了白天，就懂得了黑夜。”

萧惠说：“还有人会不懂得白天吗？”

先生说：“你能知道白昼吗？迷迷糊糊地起床，傻傻地吃饭，不明白为什么开始，习惯后也不知道为什么会是这样，全天的昏昏沉沉，只是像在做白日梦。只有时时不忘存养的功夫，使心变得清醒明白，天理也没有片刻的中断，才能算是知道白天了。这就是天理，就是通晓了白天夜晚的道理，还会有什么生死之事弄不明白的呢？”

三十三

【原文】

马子莘[1]问：“‘修道之教’，旧说谓圣人品节吾性之固有[2]，以为法于天下，若礼、乐、刑、政之属。此意如何？”

先生曰：“道即性即命。本是完完全全，增减不

得，不假修饰的。何须要圣人品节？却是不完全的物件。礼、乐、刑、政是治天下之法，固亦可谓之教，但不是子思本旨。若如先儒之说，下面由教入道的，缘何舍了圣人礼、乐、刑、政之教，别说出一段‘戒慎恐惧’功夫？却是圣人之敢为虚设矣。”

子莘请问。

先生曰：“子思性、道、教皆从本原上说。天命于人，则命便谓之性；率性而行，则性便谓之道；修道而学，则道便谓之教。率性是‘诚者’事。所谓‘自诚明，谓之性’也。修道是‘诚之者’事。所谓‘自明诚，谓之教’③也。圣人率性而行即是道。圣人以下未能率性，于道未免有过不及，故须修道。修道则贤知者不得而过，愚不肖者不得而不及，都要循着这个道，则道便是个教。此‘教’字与‘天道至教’④‘风雨霜露，无非教也’⑤之‘教’同。‘修道’字与‘修道以仁’⑥同。人能修道，然后能不违于道，以复其性之本体，则亦是圣人率性之道矣。下面‘戒慎恐惧’便是修道的功夫，‘中

和’便是复其性之本体。如《易》所谓‘穷理尽性以至于命’[7]，‘中和’‘位育’，便是尽性至命。”

·注释

①马子莘：马明衡，字子莘，福建莆田人，官至御史，王阳明的弟子。

②“旧说”句：指朱熹对“修道之教”的解释。语出朱熹《中庸集注》：“修，品节之也。性道虽同，而气禀或异，故不能无过、不及之差。圣人因人物之所当行者而品节之，以为法于天下，则谓之教，若礼、乐、刑、政之属也。”品节之，按素质而加以评价，并规定什么是人应该做的。

③自明诚，谓之性；自明诚，谓之教：意为由于天生具有道德觉悟而有道德认识，这是圣人本性所固有的，是尽心知性；由于有了道德认识而产生道德觉悟，是贤人受教化的结果，是存心养性。语出《中庸》：“自明诚，谓之性。自明诚，谓之教。诚则明矣，明则诚矣。”

④天道至教：意为天道就是至高无上的教化。语出《礼记·礼器》："天道圣教，圣人至德。"

⑤风雨霜露，无非教也：意为天象的变化都是教化。语出《礼记·孔子闲居》。

⑥修道以仁：意为修养道德要依靠仁。语出《中庸》。

⑦"穷理"句：意为《周易》可以穷究推理、通晓人性、渗透天命。语出《易经·说卦传》。

【译文】

马子莘问："按着往日朱熹的说法，'修道之教'，是圣人按照我们人性中固有的道作出评价和规定，以此让天下人效仿，就像礼、乐、刑、政等。这样认识对吗？"

先生说："道就是性，就是命。原本就是完完整整，不能够有所增减，也无须修饰的。何需圣人来评价而节制？只有那些不完整的事物才需要评价和规定。礼、乐、刑、政是治理天下的法则，固然也可以叫做教，但并非子思所说的本意。按照朱熹先生的说法，那些中下资质的人通过教化领悟圣道，为何另外说出一段‘戒慎恐惧’的功夫来，而舍弃了圣人的礼、乐、刑、政等教化？难道只是把圣人的教化当做一种摆设了吗？”

子莘继续向先生请教。

先生说：“子思的性、道、教都是从本质上说的。天命体现在人身上，那么命就叫做性；跟随着人性去行动，那么性就叫做道；修养圣道而去学习，那么道就叫做教。率性而为，是‘诚意’的人做的事，就是《中庸》中所谓的‘自明诚，谓之性’。修养圣道也是那些‘诚意’的人的事，就是《中庸》中所谓的‘自明诚，谓之教’。圣人按照自己的天性行动就是修养圣道。而普通人不能完全依照自己的天性行动，在圣道上未免会有过分或欠缺的地方，因此必须修养圣道。贤明的人修养圣道就不会做过分，才智愚钝的人也不会有欠缺。这里的圣道便是教的意思。这个‘教’与‘天道至教'‘风雨霜露，无非教也'中的‘教'意思相同。‘修道'与‘修道以仁'中的‘修道'也相同。人能修养圣道，而后不违背圣道，以恢复天性的本体，也就同于圣人遵照天性行动。后面所说‘戒慎恐惧'就是修道的功夫，‘中和'就是恢复天性的本体。正如《易经》所说‘穷理尽性以至于命'，‘中和'‘位育'，就是尽性，充分发挥天性，全然照天命行事。"

三十四

【原文】

黄诚甫问："先儒以孔子告颜渊为邦[1]之问，是立万世常行之道[2]，如何？"

先生曰："颜子具体圣人，其于为邦的大本大原都已完备。夫子平日知之已深，到此都不必言，只就制度文为上说。此等处亦不可忽略。须要是如此方尽善。又不可因自己本领是当了，便于防范上疏

阔，须是要‘放郑声，远佞人’。盖颜子是个克己向里、德上用心的人，孔子恐其外面末节或有疏略，故就他不足处帮补说。若在他人，须告以‘为政在人，取人以身，修身以道，修道以仁’，‘达道’，‘九经’及‘诚身’许多功夫，方始做得。这个方是万世常行之道。不然只去行了夏时，乘了殷辂，服了周冕，作了《韶》《武》，天下便治得？后人但见颜子是孔门第一人，又问个为邦，便把做天大事看了。”

·注 释

①孔子告颜渊为邦：典出《论语·卫灵公》：“颜渊问为邦。子曰：‘行夏之时，乘殷之辂，服周之冕，乐则《韶》《武》。放郑声，远佞人，郑声淫，佞人殆。’”朱熹认为，孔子所言，是从先王之礼中总结出来的万世常行之道。

②万世常行之道：朱熹《论语集注》引程颐言：“盖三代之制，皆因时损益。及其久也，不能无弊。

周衰，圣人不作。故孔子斟酌先王之礼，立万世常行之道，发此以为之兆尔。”

【译文】

黄诚甫问：“朱熹把孔子教导颜回治国的方法当做是后代万世治国的根本原则，这个看法对吗？”

先生说：“颜回领悟了孔子学说的大概，几乎具备了圣人的条件。他对治国的方针策略都已经掌握。平日里孔子对他了解很深，所以这些方面没有必要多说，只需在典章制度上谈一谈。因为这方面也不能忽略。必须讲到这些才能是算完善。不能因为自己的本领已经到了恰当的地方，便疏忽了防范克制，仍须‘杜绝郑国的靡靡之音，远离奉承的小人’。颜回可能是一个在内心严于律己、注意在德行上用功的人，孔子只怕他忽略了外面的细枝末节，所以就在他容易疏忽的地方加以补充。如果是对其他人，孔子定会教他，‘为政在人，取人以道，修身以道，修道以仁’，‘达道’‘九经’以及‘诚身’等才能治理好国家。因为这些才是万代常行的治国原则。要不然只是去推行夏朝历法，乘坐商朝辂车，穿上周朝服饰，听了《韶》《武》等礼乐，天下怎么可能就会治理好？后人们只看到了颜回是孔子的第一门生，又问了个治国安邦的问题，便把孔子的这个回答当做天大的准则看待了。”

三十五

【原文】

蔡希渊问：“文公《大学》新本，先‘格致’而后‘诚意’功夫，似与首章次第相合。[①]若如先生从旧本之说，即‘诚意’反在‘格致’之前，于此尚未释然。”

先生曰：“《大学》功夫即是‘明明德’，‘明明德’只是个‘诚意’，‘诚意’的功夫只是‘格物’‘致知’。若以‘诚意’为主，去用‘格物致知’

的功夫，即功夫始有下落。即为善去恶，无非是‘诚意’的事。如新本先去穷格事物之理，即茫茫荡荡，都无着落处，须用添个‘敬’字，方才牵扯得向身心上来，然终是没根源。若须用添个‘敬’字，缘何孔门倒将一个最紧要的字落了，直待千余年后要人来补出？正谓以‘诚意’为主，即不须添‘敬’字。所以提出个‘诚意’来说，正是学问的大头脑处。于此不察，真所谓毫厘之差，千里之缪。大抵《中庸》功夫只是‘诚身’，‘诚身’之极便是‘至诚’；《大学》功夫只是‘诚意’，‘诚意’之极便是‘至善’。功夫总是一般。今说这里补个‘敬’字，那里补个‘诚’字，未免画蛇添足。”

·注 释

①“《大学》新本”三句：朱熹所著《大学章句》中，“诚意”在“格物致知”之后。

【译文】

蔡希渊问："朱熹修订的《大学》新本，将'格物致知'放在'诚意'功夫的前面，这似乎和《大学》第一章里的次序相符。但是先生遵从旧本的观点，反而将'诚意'放在'格物致知'的前面，所以，对于这点我还不完全理解。"

先生说："《大学》的功夫就是'明明德'，'明明德'只是一个'诚意'，而'诚意'的功夫也只是'格物''致知'。以'诚意'为中心，去下'格物致知'的功夫，这样功夫才会有着落。行善去恶也无非是'诚意'的功夫。如果像朱熹先生新本中所说，先去推究事物的道理，功夫就会茫茫荡荡，都没有落脚的地方，必须添加一个'敬'字，才能联系到身心上来，然而这始终是缺乏根源的。如果是需要添加一个'敬'字的，那么为什么孔子的门生们把这么一个关键的字遗漏了，直等到千年之后才让后人补充出来呢？这刚好可以说明'诚意'乃是根本，不需要添加什么'敬'字。提出一个'诚意’来说，才是学问的关键。如果这点没有了解透彻，就真地会差之毫厘，失之千里了。整体说来，《中庸》里讲的功夫就是‘诚身’，而‘至诚’是‘诚身’的最高境界;《大学》的功夫就是‘诚意’，而‘诚意’的最高境界就是‘至善’。这些功夫都是一样的。现在说这里需要加个‘敬’字，那里需要补个‘诚’字，就未免会画蛇添足。”

卷 中

钱德洪序

【原文】

德洪曰：昔南元善[①]刻《传习录》于越，凡二册。下册摘录先师手书，凡八篇。其答徐成之[②]二书，吾师自谓："天下是朱非陆，论定既久，一旦反之为难，二书姑为调停两可之说，便人自思得之。"[③]故元善录为下册之首者，意亦以是欤！今朱、陆之辨明于天下久矣。洪刻先师《文录》，置二书于《外集》者，示未全也，故今不复录。

其余指知行之本体，莫详于答人论学[4]与答周道通、陆清伯、欧阳崇一四书。而谓格物为学者用力日可见之地，莫详于答罗整庵[5]一书。平生冒天下之非诋推陷，万死一生，遑遑然不忘讲学，惟恐吾人不闻斯道，流于功利机智，以日堕于夷狄禽兽，而不觉其一体同物之心，譊譊终身，至于毙而后已。此孔、孟以来贤圣苦心，虽门人子弟未足以慰其情也。是情也，莫详于答聂文蔚[6]之第一书。此皆仍元善所录之旧。而揭"必有事焉"即"致良知"功夫，明白简切，使人言下即得入手，此又莫详于答文蔚之第二书，故增录之。

元善当时汹汹，乃能以身明斯道，卒至遭奸被斥，油油然惟以此生得闻斯学为庆，而绝无有纤芥忿郁不平之气。斯录之刻，人见其有功于同志甚大，而不知其处时之甚艰也。今所去取，裁之时义则然，非忍有所加损于其间也。

·注释

①南元善（1487~1541）：名大吉，字元善，号瑞泉，陕西渭南人。官至户部郎中、知府，王阳明的学生，曾刊刻《传习录》。因支持王学被罢官后，归陕讲学，致力于王学的传播。

②徐成之：人名，余不详。

③“吾师自谓”两句：语出《王阳明全集》卷二十一《答徐成之》。南宋淳熙二年（1175），在信州（今江西上饶）鹅湖寺，朱熹与陆九渊进行了一次学术辩论，陆讥朱为支离，朱讥陆为空渺。朱陆门户之争历数百年，阳明之前，朱派一直占上风。

④答人论学：即《答顾东桥书》。顾东桥，字华玉，号东桥，江苏江宁人，进士，官至南京刑部尚书，王阳明友人。少有才，功诗文。

⑤罗整庵：名钦顺，字允升，号整庵，江西泰和人，进士，官至南京吏部尚书，后辞官归家，潜心学问。早年笃信佛学，后崇举儒学，著有《困知记》等。

⑥聂文蔚：名豹，字文蔚，号双江，江西永丰人，进士，官至太子太保，曾会晤王阳明，后以王门子弟自称，著有《困辩录》等。

【译文】

德洪说：过去，南元善在浙江绍兴刻录《传习录》，共上下两册，下册是先生的八封书信。其中《答徐成之》有两篇，我们先生自己说："世人褒朱熹而贬陆九渊的定论已经许久了，一旦要把这种定论推翻过来十分困难，这两封信可以说是能够调停两家的说法，使得人们思考，从而得出准确的结果。"所以下册的开头就是这两封信，南元善的用意也是这个！到今天，人们对于朱、陆两家的争辩已经很熟悉了。我对先生的《文录》进行刻录的时候，在《外集》中放了这两封书信，意图是想表明书信并不能完全反映先生的观点，所以在这里便没有再收录了。

其余，谈到知行的本体，没有比《答顾东桥

书》与《答周道通》《答陆清伯》《答欧阳崇一》这四封书信更详尽的了。而论述格物应为学者日常所做的功夫，最详细的是《答罗整庵》这封信。先生平生冒着世人的否定、诋毁和诬陷，万死一生，虽遑然无定，但仍时刻不忘讲学，只怕我们这些人不懂得他的学说，而流于为追逐功名利禄而巧用心智，最后有一天堕落到和夷狄禽兽一般，而不能发现先生一辈子都在兢兢业业追求与天地万物同心，至死方休。这也是孔、孟以来圣贤们的苦心，虽然门人弟子并不能够宽慰他们的至情。这种至情，在《答聂文蔚》的一信中写得最详尽。这些都是南元善以前刻录过的信。而详尽揭示孟子所说的"必有事焉"就是"致良知"的信，则莫过于先生的《答聂文蔚》的第二封信，它明白简易，使人听了就能入门，所以我也把它增录了进来。

南元善当时激昂慷慨，能够以身犯险，讲授阳明学说，以至遭到奸邪排斥，但他仍旧欣然因平生能学到王阳明先生的学说而庆幸，在心中全没有丝毫郁闷不平。他刻录《传习录》，世人只看见了这本书对大家有很大的作用，而不知道他当时处境的艰难。现在我对传习录进行增删，并非忍心对他的刻录有所损害，而只是出于对于目前情况的考虑。

答顾东桥书

一

【原文】

来书云："近时学者，务外遗内，博而寡要。故先生特倡'诚意'一义[1]，针砭膏肓，诚大惠也！"

吾子洞见时弊如此矣，亦将同以救之乎？然则鄙人之心，吾子固已一句道尽，复何言哉？复何言哉！若"诚意"之说，自是圣门教人用功第一义，但近世学者乃作第二义看，故稍与提掇紧要出来，非鄙人所能特倡也。

·注 释

①“故先生”一句：王阳明早期曾强调“诚意”的重要性，他所著的《大学古本序》第一句就是“《大学》之要，诚意而已也矣”。

【译文】

来信写道：“近代的学者，注重外在的知识积累而忽视了内在本心的存养，知识广博却遗漏了关键所在。所以先生特意提倡‘诚意’，以针砭时弊，这实在是很大的恩德呀！”

你对时弊洞若观火，那你又打算如何去拯救呢？我的思想观点，你的几句话都已经把它说明白了，我能再说什么？我能说什么呢！‘诚意’的学说，原本是孔门教人用功的第一要义，但近代学者却把它当做次要看待，所以并非是我本人的首倡，我只是稍稍把它的重要性提示出来。

二

【原文】

来书云:“但恐立说太高,用功太捷,后生师传,影响谬误,未免坠于佛氏明心见性①、定慧顿悟②之机,无怪闻者见疑。”

区区格、致、诚、正之说,是就学者本心日用事为间,体究践履,实地用功,是多少次第、多少积累在!正与空虚顿悟之说相反。闻者本无求为圣人之志,又未尝讲究其详,遂以见疑,亦无足怪。若吾子之高明,自当一语之下便了然矣,乃亦谓“立说太高,用功太捷”,何邪?

·注 释

①明心见性:佛教禅宗的主张,意为让自己心底清澈明亮,待看见自己的真性,就可以成佛,而无须于文字上抠求。

②定慧顿悟：定慧，佛教的修养功夫，指禅定与智慧。出去心中的杂念为定，明了事物的道理为慧。顿悟，意为突然之间明白了困惑已久的佛理，一悟成佛。与儒家的“困知”相对。

【译文】

你来信说：“担心先生的学说立论太高，而学生们用功时又过于简单，难免会产生谬误，就容易陷入佛教中的明心见性、定慧顿悟，这就难怪世人会对先生的学说产生怀疑。”

这些格物、致知、诚意、正心的学说，是就学者的本心而言，学者的本心需在日常事务中体察、探究、实践、落实，实实在在用功，这期间分很多阶段、也有很多积累！它和佛教的定慧顿悟的说法正好相反。听到我的学说的人自己可能没有圣人的志向，加上又没有详细研究过我的学说，所以有些疑惑，也不足为怪。但是凭你的聪明，对我的学说应该是一点就明，为什么也要说“立说太高，用功太捷”呢？

三

【原文】

来书云："所喻知行并进，不宜分别前后，即《中庸》'尊德性而道问学'之功交养互发，内外本末一以贯之之道。然功夫次第，不能无先后之差，如知食乃食，知汤乃饮，知衣乃服，知路乃行。未有不见是物先有是事。此亦毫厘倏忽之间，非谓截然有等，今日知之而明日乃行也。"

既云"交养互发，内外本末一以贯之"，则知行并进之说无复可疑矣。又云"功夫次第，不能无先后之差"，无乃自相矛盾已乎？"知食乃食"等说，此尤明白易见。但吾子为近闻[①]障蔽，自不察耳。夫人必有欲食之心，然后知食，欲食之心即是意，即是行之始矣。食味之美恶，必待入口而后知，岂有不待入口而已先知食味之美恶者邪？必有欲行之心，然后知路，欲行之心即是意，即是行之始矣。路

岐之险夷，必待身亲履历而后知，岂有不待身亲履历而已先知路岐之险夷者邪？“知汤乃饮，知衣乃服”，以此例之，皆无可疑。若如吾子之喻，是乃所谓“不见是物而先有是事”者矣。吾子又谓“此亦毫厘倏忽之间，非谓截然有等，今日知之而明日乃行也”，是亦察之尚有未精。然就如吾子之说，则知行之为合一并进，亦自断无可疑矣。

·注 释

①近闻：指朱熹的知先行后的观点。

【译文】

你来信说：“你说知行应该同时进行，不应该区分先后，也就是《中庸》中的‘尊德行而道问学’，两种功夫互相存养，互相促进，内外本末，不能分割，只能一以贯之。但是修行功夫不可能没有先后阶段的区别，就像知道是食物才吃，知道是汤水才喝，知道是衣服才穿，知道是路才在上面走。不可能还没见到是什么东西就先行事的。当然，在先后的顺序间也只是瞬间，并非有截然的区分，不会是今天知道了这件事，明天才去行事。”

你既然已经说“交养互发，内外本末一以贯之”了，就应知道知行并举的说法，根本就不用再去怀疑了。你还说“功夫次第，不能无先后之差”，这不是已经自相矛盾吗？“知食乃食”等说法，尤其明白易见。但是你被朱熹先生的观点所蒙蔽，自己还没有察觉而已。人一定是先有想吃东西的心，之后才会去认识食物，想吃食物的心就是意，也是行动的开端。而食物味道的好坏，必须等到入口才能知道，难道在还没有进口之前就会预先知道食物味道的好坏的吗？必定是先有走路的想法，之后才会去认识路，想走路的心就是意，也就是走路的开端。而路途的坦荡或是险峻，也须等亲自去经历过之后才会知道，难道在还没有亲自走过就预先已经知道路途是坦荡或险峻的吗？“知汤乃饮，知衣乃服”，也跟吃食、行路一样，没有什么可以怀疑的。

如果像你所说的，就是所谓的“不见是物而先有事”了。你又说“此亦毫厘倏忽之间，非谓截然有等，今日知之而明日乃行也”，也只是因为你洞察得还不够精确罢了。但是，即使像你所说的那样，知行并举也是完全没有什么可以怀疑的了。

四

【原文】

来书云：“真知即所以为行，不行不足谓之知。此为学者吃紧立教，俾务躬行则可。若真谓行即是知，恐其专求本心，遂遗物理，必有暗而不达之处，抑岂圣门知行并进之成法哉？”

知之真切笃实处即是行，行之明觉精察处即是知。知行功夫本不可离，只为后世学者分作两截用功，先却知行本体，故有合一并进之说。真知即所以为行，不行不足谓之知。即如来书所云“知食乃食”等说可见，前已略言之矣。此虽吃紧救弊而发，

然知行之体本来如是，非以己意抑扬其间，姑为是说，以苟一时之效者也。

专求本心，遂遗物理，此盖失其本心者也。夫物理不外于吾心，外吾心而求物理，无物理矣；遗物理而求吾心，吾心又何物邪？心之体，性也，性即理也。故有孝亲之心即有孝之理，无孝亲之心即无孝之理矣；有忠君之心，即有忠之理，无忠君之心，即无忠之理矣。理岂外于吾心邪？晦庵谓“人之所以为学者，心与理而已，心虽主乎一身而实管乎天下之理，理虽散在万事而实不外乎一人之心”，是其一分一合之间，而未免已启学者心、理为二之弊。此后世所以有“专求本心遂遗物理”之患。正由不知心即理耳。夫外心以求物理，是以有暗而不达之处，此告子义外之说[①]，孟子所以谓之不知义也。心一而已，以其全体恻怛而言谓之仁，以其得宜而言谓之义，以其条理而言谓之理。不可外心以求仁，不可外心以求义，独可外心以求理乎？外心以求理，此知、行之所以二也。求理于吾心，此圣门知行合一之教，吾子又何疑乎？

·注 释

①告子义外之说：语出《孟子·告子上》："告子曰：'仁，内也，非外也；义，外也，非内也。'"孟子的评论见《孟子·公孙丑上》："我故曰：'告子未尝知义，以其外之也。'"

【译文】

你来信道："真正的理论是能够指导实践的，而不实践就不足以称为认识。向学者指出的切实的方法，让学者们务必躬身实行，这样说是可以的。但是如果真的把实践当做认识，恐怕人们只会专门追求存养本心，而遗漏了万物之理，也肯定会有偏颇不通的地方，难道这是圣学关于知行并举的方法吗？"

认知确切之后付诸行动就是实践，行事实践之后明确的体察就是认识。知行的功夫本来不能分离，只是后世学者要把它们分开作为两部分来用功，反而丢失了知行的本体，所以之后才会有知行并举的说法。真识是能够指导实践的，不实践就不足以称为认识。像你的信中所说“知食乃食”等，已经能够明白了，前面也已经大略说过了。这虽然是因为拯救时弊才说出来的，但是知行的本体就是这样的，并非是我为了追求一时的效用，而按照自己有所褒贬的意思提出来的。

专门追求存养本心，便抛弃了万物之理，大概这是失去本心的一种表现。万物之理并不存在于心外，在心外探求万物之理，就是没有万物之理；遗漏万物之理而追求存养自己的本心，那么本心又是何物呢？心的本体就是性，性即是理。所以拥有孝心就是有孝顺父母的道理，没有孝心也不存在孝顺父母的道理了；有忠心就有侍奉君王的道理，没有忠心也就没有侍奉君王的道理了。理难道是在我们的本心之外的吗？朱熹先生说“人之所以为学者，心与理而已，心虽主乎一身而实管乎天下之理，理虽散在万事而实不外乎一人之心”，像他这样把心和理先分开之后再结合起来，未免就会产生让学者们把心与理分开看待的弊端。后人有“专求本心，遂遗物理”的忧患，就是因为他们不明白心就是理。在心外寻求万物之理，实际上是告子的“义外”观点，会有偏颇不通的地方，孟子也因此批判告子不懂得义。心，唯有一个，就它对所有人的恻隐而言就是“仁”，就它的合理而言就是“义”，就它的条理清晰而言就是“理”。不能在心外求仁、也不能在心外求义，难道就独独可以在心外求理吗？在心外求理，是把知行当做两件事了。在我们的心里寻求理，这才是圣学知行合一的教诲，你还有什么可以怀疑的呢？

五

【原文】

来书云：“所释《大学》古本，谓致其本体之

知，此固孟子尽心之旨。朱子亦以虚灵知觉为此心之量[①]。然尽心由于知性，致知在于格物。”

“尽心由于知性，致知在于格物”，此语然矣。然而推本吾子之意，则其所以为是语者，尚有未明也。朱子以“尽心、知性、知天”为格物、致知，以“存心、养性、事天”为诚意、正心、修身，以“夭寿不贰，修身以俟”为知至、仁尽，圣人之事。若鄙人之见，则与朱子正相反矣。夫“尽心、知性、知天”者，生知安行，圣人之事也；“存心、养性、事天”者，学知利行，贤人之事也；“夭寿不贰，修身以俟”者，困知勉行，学者之事也。岂可专以“尽心知性”为知，“存心养性”为行乎？吾子骤闻此言，必又以为大骇矣。然其间实无可疑者，一为吾子言之。

夫心之体，性也；性之原，天也。能尽其心，是能尽其性矣。《中庸》云：“惟天下至诚。为能尽其性。”又云：“知天地之化育，质诸鬼神而无疑，知天也。”此惟圣人而后能然。故曰：此“生知安行”，圣人之事也。存其心者，未能尽其心者也，故须加存之之功；必存之既久，不待于存而自无不存，然后可以进而言尽。盖“知天”之“知”，如“知州”、“知县”之知。知州则一州之事皆已事也，知县则一县之事皆已事也，是与天为一者也。“事天”则如子之事父，臣之事君，犹与天为二也。天之所以命于我者，心也，性也，吾但存之而不敢失，养之而不敢害，如“父母全而生之，子全而归之”②者也。故曰：此“学知利行”，贤人之事也。至于“夭寿不贰”，则与存其心者又有间矣。存其心者虽未能尽其心，固已一心于为善，时有不存则存之而已。今使之“夭寿不贰”，是犹以夭寿二其心者也。犹以夭寿二其心，是其为善之心犹未能一也，存之尚有所未可，而何尽之可云乎？今且使之不以夭寿二其为善之心，若曰死生夭寿皆有定命，吾但一心于为善，修吾之身以俟天命而已，是其平日尚未知有天命也。事天虽与天为二，然已真知天命之所在，但惟恭敬奉承之而已耳。若俟之云者，则尚未能真知天命之所在，犹有所俟者也，故曰：所以立命。立者“创立”之“立”，如“立德”“立言”“立功”“立名”之类[3]。凡言“立”者，皆是昔未尝有而今始建立之谓，孔子所谓“不知命，无以为君子”者也。故曰：此“困知勉行”，学者之事也。

今以“尽心、知性、知天”为格物致知，使初学之士尚未能不二其心者，而遽责之以圣人生知安行之事，如捕风捉影，茫然莫知所措其心，几何而不至于“率天下而路[4]”也？今世致知格物之弊，亦居然可见矣。吾子所谓“务外遗内，博而寡要”者，无乃亦是过欤？此学问最紧要处，于此而差，将无往而不差矣。此鄙人之所以冒天下之非笑，忘其身之陷于罪戮，呶呶其言，其不容已者也。

·注 释……………………………………………

①“朱子”句：语出《中庸章句序》：“心之虚灵知觉，一而已。”

②父母全而生之，子全而归之：语出《礼

记·祭仪》:“父母全而生之,子全而归之,可谓孝。”意为父母把子女完好地生下来,子女要好好地保全身体发肤,等到死时完完整整地归还给父母,这才是孝。

③“立德”句:语出《左传·襄公二十四年》。讲做人的几种境界。

④率天下而路:语出《孟子·滕文公上》:“且一人之身,而百功之所为备。如必自为而后用之,是率天下而路也。”意为对一个人来说,各种功匠的产品对他都是不可缺少的,如果每件东西都要自己制造出来才能用,这是率领天下的人疲于奔命。

【译文】

一

你来信说:“先生注释的《大学》旧本提到对心的本体的认识是致知,孟子‘尽心’的宗旨与此时相同的。而朱熹先生也用虚灵知觉当做是心的本体。但是因为认识的天性才会尽心,致知要依靠格物。”

“尽心由于知性，致知在于格物”，这话是正确的。但是我看你说这话，大概是因为还有不明白的地方。朱熹先生把“尽心、知性、知天”当做是格物、致知，把“存心、养性、事天”当做是诚意、正心、修身，而把“夭寿不贰，修身以俟”当做是认识的最高境界、仁爱的顶峰，是圣人做的事。但在我看来，正好相反了。未“尽心、知性、知天”，即所谓的天生就知道，天生就能够实践，是圣人才能够做得到的；而“存心、养性、事天”，学习就能够知道，并且顺利实践，是贤人能够做到的事；“夭寿不贰，修身以俟”，获得知识很艰难，实践起来也很勉强，便是学者们的事。怎么能简单地把“尽心知性”当做为知，而把“存心养性”当做行呢？你听到我这话，一定又会为此非常惊奇了。然而这实在是没有什么可以怀疑的，我一一给你解释。

心的本体就是性；人的本原就是理。能尽其心，就是能够尽其天性。《中庸》中说：“只有天下最真诚的人，才能够充分发挥他的天性。”又说：“知道万物的生化孕育，崇拜鬼神，而没有产生疑问，这是知天。”只有圣人才能做到这些，所以我说：“生知安行”只有圣人才能做得到。存养本心，说明还不能够做到尽心，还必须加上个存养的功夫；存养心性很久之后，到了不需要特地去存养而时刻都在存养的境界，才能进一步到达尽心的境界。“知天”中的“知”，就像“知州”“知府”中的“知”意思一样，知州、知县把管理一州、一县当做是自己的事情，“知天”，就是与天合而为一体。“事天”则像儿子孝顺父亲，大臣侍奉君王，还没有达到与天合而为一的地步。上天给予我们的，是心、是性，我们只需存起它而不丢失，修养它而不损害，就像“父母全而生之，子全而归之”一样。所以我说：这种“学知利行”，是贤人做的事。至于“夭寿不贰”，则和存养本心的人又还有些差距。存养本心的人虽然没有尽心，但本来就已经是一心为善，失去了本心的时候再存养它就行了。现今要求人不论夭寿始终如一，这依然是将夭寿一分为二。仍旧将夭寿一分为二，因为寿命的长短而分心，是因为他为善之心还不能始终如一，尚且不可能存养它，尽心更从何说起呢？现在暂且让人们不再因为生命的长短而改变向善的心，好比说生死夭寿都有定数，我们只需一心向善，修养我的身心来等待天命的安排，主要是因为他平日还不知道有天命呢。事天虽然是将天与人分而为二，但已经知道恭恭敬敬地去承受天命了。那些等待天命降临的人，是还没有真正认识到天命存在于何处，仍旧只是在等待天命，所以孟子说："所以立命。""立"，即"创立"的"立"，就像"立德""立言""立功""立名"中的"立"。凡是说到"立"，都是指以前从未有过而如今开始建立的意思，也就是孔子所说"不知命，无以为君子"的人。所以说：这种"困知勉行"，属于学者的事情。

现在把"尽心、知性、知天"当做格物、致知，当初学者尚不能做到一心一意时，就拿他不能像圣人那样天生就认识和实践来指责，这简直是无中生有，让人摸不着头脑，使得人们疲于奔命。如今世上格物、致知的弊病已经明显可见了。你说注重外在的学习，而忽略掉内心的存养，博学但又没有学到要领，这不也是它的弊病之一吗？在做学问最关键的地方出了差错，就会无处不出差错了。这也是我之所以冒着天下人的否定、嘲笑，不顾身陷罗网，仍喋喋不休的原因。

六

【原文】

来书云："闻语学者，乃谓'即物穷理[1]之说亦是玩物丧志'，又取其'厌繁就约''涵养本原'数说标示学者，指为晚年定论[2]，此亦恐非。"

朱子所谓格物云者，在即物而穷其理也。即物穷理是就事事物物上求其所谓定理者也，是以吾心而求理于事事物物之中，析心与理为二矣。夫求理于事事物物者，如求孝之理于其亲之谓也。求孝之理于其亲，则孝之理其果在于吾之心邪？抑果在于亲之身邪？假而果在于亲之身，则亲没之后，吾心遂无孝之理欤？见孺子之入井，必有恻隐之理，是恻隐之理果在于孺子之身欤？抑在于吾心之良知欤？其或不可以从之于井欤？其或可以手而援之欤？是皆所谓理也。是果在于孺子之身欤？抑果出于吾心之良知欤？以是例之，万事万物之理莫不皆然，是可以知析心与理为二之非矣。夫析心与理而为二，此告子义外之说，孟子之所深辟也。“务外遗内，博而寡要”，吾子既已知之矣，是果何谓而然哉？谓之玩物丧志，尚犹以为不可欤？

若鄙人所谓致知格物者，致吾心之良知于事事物物也。吾心之良知即所谓天理也，致吾心良知之天理于事事物物，则事事物物皆得其理矣。致吾心之良知者，致知也。事事物物皆得其理者，格物也。是合心与理而为一者也。合心与理而为一，则凡区

区前之所云，与朱子晚年之论，皆可以不言而喻矣。

·注 释……………………………………………………

①即物穷理：意为通过接触事物来研究事物的道理。语出朱熹《大学章句》：“所谓致知在格物者，言欲致吾之知，在即物而穷其理也。”

②晚年定论：王阳明作《朱子晚年定论》，收录朱熹一些包含“厌繁就约”、“涵养本原”等论点的书信，认为朱熹晚年改变了观点，与陆九渊的观点接近。此说遭到后世的非议。

【译文】

你来信说：“听说您教导学生‘即物穷理就是玩物丧志’，还拿了朱熹晚年一些关于‘厌繁就约’、‘涵养本原’等学说的书信给学生参看，我认为这可能有些不对。”

朱熹所说的格物，是指在事物上去穷究万物之理。即用心在万事万物上探求到它们所谓的原本的理，这样就将心和理分而为二了。在万事万物上探求道理，就和在父母身上寻求孝敬是一个道理。在父母的身上寻求孝敬的道理，那么这个孝敬的道理到底是在父母的身上，还是在我们的心中呢？如果是在父母身上，那么当父母逝世之后，我们就不需要孝敬，心中就没有孝敬的道理了吗？遇见小孩子掉到水井里，肯定会产生恻隐之心，那么这个道理是在孩子身上还是在我们自己的心上呢？或许不能跟着孩子跳入井中，或许可以伸手援救小孩，这都是所说的理。以此类推，万事万物的道理无一不是如此，由此就能够知道将心与理分而为二是错误的了。把心与理分而为二，就是孟子曾深刻批判过的告子的“义外”学说了。“务外遗内，博而寡要”，既然你已经知道这不对，那为何还要这样说呢？我说它是玩物丧志，难道你认为不可以吗？

像我所说的格物致知，是将我们心里面的良知应用到万事万物上去。我们心中的良知就是天理，把我们心中良知应用到万事万物上，万事万物就都能得到天理了。求得我们内心中的良知就是致知的功夫。而万事万物都得到天理便是格物的功夫。这才是把心与理合而为一。把心与理合而为一，那么我前面所说的，还有我对于朱熹先生晚年学说的说法，便都能够不言而喻了。

七

【原文】

来书云："人之心体，本无不明，而气拘物蔽，鲜有不昏。非学、问、思、辨以明天下之理，则善恶之机、真妄之辨不能自觉，任情恣意，其害有不可胜言者矣。"

此段大略似是而非。盖承沿旧说之弊，不可以不辨也。夫学、问、思、辨、行皆所以为学，未有学而不行者也。如言学孝，则必服劳奉养，躬行孝道，然后谓之学。岂徒悬空口耳讲说，而遂可以谓之学孝乎？学射则必张弓挟矢，引满中的；学书则必伸纸执笔，操觚染翰[1]。尽天下之学，无有不行而可以言学者，则学之始固已即是行矣。笃者，敦实笃厚之意。已行矣，而敦笃其行，不息其功之谓尔。盖学之不能以无疑，则有问，问即学也，即行也；又不能无疑，则有思，思即学也，即行也；又不能无疑，则有辨，辨即学也，即行也。辨既明矣，思既慎矣，问既审矣，学既能矣，又从而不息其功焉，斯之谓笃行，非谓学问思辨之后而始措之于行也。是故以求能其事而言谓之学，以求解其惑而言谓之问，以求通其说而言谓之思，以求精其察而言谓之辨，以求履其实而言谓之行。盖析其功而言则有五，合其事而言则一而已。此区区心、理合一之体，知、行并进之功，所以异于后世之说者，正在于是。

今吾子特举学、问、思、辨以穷天下之理，而不及笃行，是专以学、问、思、辨为知，而谓穷理为无行也已。天下岂有不行而学者邪？岂有不行而遂可谓之穷理者邪？明道云："只穷理，便尽性至命。”故必仁极仁而后谓之能穷仁之理，义极义而后谓之能穷义之理。仁极仁则尽仁之性矣，义极义则尽义之性矣。学至于穷理至矣，而尚未措之于行，天下宁有是邪？是故知不行之不可以为学，则知不行之不可以为穷理矣；知不行之不可以为穷理，则知知行之合一并进，而不可以分为两节事矣。

夫万事万物之理不外于吾心，而必曰穷天下之理，是殆以吾心之良知为未足，而必外求于天下之广，以裨补增益之。是犹析心与理而为二也。夫学、问、思、辨、笃行之功，虽其困勉至于人一己百[2]，而扩充之极至于尽性知天，亦不过致吾心之良知而已。良知之外，岂复有加于毫末乎？今必曰穷天下之理，而不知反求诸其心，则凡所谓善恶之机、真妄之辨者，舍吾心之良知，亦将何所致其体察乎？吾子所谓‘气拘物蔽’者，拘此蔽此而已。今欲去此之蔽，不知致力于此，而欲以外求，是犹目之不明者，不务服药调理以治其目，而徒伥伥然求明于其外，明岂可以自外而得哉？任情恣意之害，亦以

不能精察天理于此心之良知而已。此诚毫厘千里之谬者，不容于不辨。吾子毋谓其论之太刻也。

·注 释

①操觚染翰：意为提笔作文。觚，古人书写时用的竹筒。翰，笔。

②人一己百：语出《中庸》："人一能之己百之，人十能之己千之。果能此道矣，虽愚必明，虽柔必强。"

【译文】

来信说："人的心体原本没有不清明的，但受到了气的拘束和物欲的蒙蔽，就很少有不模糊的。如果不通过学习、询问、思考、辨析来明晰天下的道理，那么就不能自然觉察善恶的原因、真假的区别，而纵情恣意，会产生不可言尽的危害。"

你的这段话，大体上是似是而非的。大概是沿袭了朱熹学说的弊端，我不能不把它分辨清楚。

学、问、思、辨、行，都是所谓的学，从不会有习而不行的。比如说学“孝”，必须辛苦地服侍奉养父母，亲自实践孝道，才能称之为在学习孝道。难道仅仅是悬口空言，就能够说他在学习孝道吗？学习射箭就必须自己张弓拉箭，拉满弓以命中目标；学习书法就必须执笔添墨。所有天下的学习，没有能够不实践就算作学习的，因而学习的开始，本身就已经是实践了。笃，敦实笃厚的意思。已经去“行”了，就是指敦实笃厚地行，而且是切实地连续地下功夫。学习不可能没有疑问，便需要问，询问就是学习，就是行；之后又不会没有疑惑了，所以便需要思，思考就是学习，就是行；思考了还有疑问，便需要辨，辨析也是学习，也是行。辨析明白了，思考谨慎了，询问也很清楚了，学习也有收获了，加上不断地努力，这才叫笃行，而并非是在学问思辨之后，才开始去实践。所以学习是指追求做某事的能力，询问是指解除疑惑，思是指通达自己的学问，辨是指精密地审察，行就是具体地实践。从分析它们的功用的角度可以分成这五个方面，但是把它们综合起来则实际上只有一个。我的心、理合一成为本体，知、行并举的方法，之所以不同于朱熹先生的学说，原因就是在这个地方。

现在你特别举出学、问、思、辨来穷尽天下之道，却不提及切身实践。这样做，是专门把学、问、思、辨看成知，又不把穷理当做行。天下哪有不行而学的道理？哪有不行便可以叫做穷理的道理？程颢先生说："只穷理，便尽性至命。"所以必须行仁达到仁的最高境界，才能说是穷尽了仁爱的道理，在行义达到了义的最高境界，才能说是穷尽了义的道理。达到最高境界，就充分发挥了天性。学习也是这样，它达到了穷尽事理的最高境界，却还没有在行的方面下手，天下哪有这样的事情呢？所以知而不行就不是学习，知而不行就不能够穷尽事物的道理；知道了不去行便无法穷尽事物的道理，就知道知行必须合一，不能够把他们分开做两件事。

万事万物的道理并不在我们心外，如果一定要说穷尽天下之理，可能是因为心中的良知还不足够，而必须向天下众多事物中寻求道理，以求弥补增加。这仍旧是把心与理分而为二了。学、问、思、辨、行的功夫，那些天资愚笨的人付出了相对于别人而言百倍的努力，最后到了极点能够充分发挥天性而知道天命，这也不过是我们心里的良知到达最高境界，得到圆满而已。难道良知之外还需再有一丝一毫其他东西吗？现在一定要执着于穷尽天下之理，却不懂得反过来向我们的内心寻求。舍弃我们心中的良知，那些善恶的原因、真假的区别，将怎么去体察辨明呢？你说'气拘物蔽'，是受了这些说法的拘束和影响。现在想要改正这一弊端，但不在本心上用功，却要往心外寻求。就好像得眼疾的人，不吃药调理、治疗，只是徒劳地去外面寻找光明，光明难道是能从眼睛之外求得的吗？不能从我们的内心上去探究天理，就会有任意放纵的危险。这些确实是差之毫厘，谬以千里的事情，不能不去进行详细的分辨。你不要认为我讲得太严厉，太苛刻了。

八

【原文】

来书云："教人以致知、明德，而戒其即物穷理，试使昏暗之士深居端坐，不闻教告，遂能至于知致而德明乎？纵令静而有觉，稍悟本性，则亦定慧无用之见，果能知古今、达事变而致用于天下国家之实否乎？其曰'知者意之体，物者意之用'，'格物如格君心之非之格'。语虽超悟独得，不踵陈见，抑恐于道未相吻合？"

区区论致知格物，正所以穷理，未尝戒人穷理，使之深居端坐而一无所事也。若谓即物穷理，如前所云务外而遗内者，则有所不可耳。昏暗之士，果能随事随物精察此心之天理，以致其本然之良知，则"虽愚必明，虽柔必强"。大本立而达道行，九经[①]之属可一以贯之而无遗矣，尚何患其无致用之实乎？彼顽空虚静之徒，正惟不能随事随物精察此心之天理，以致其本然之良知，而遗弃伦理，寂灭虚无以为常，是以“要之不可以治家国天下”。孰谓圣人穷理尽性之学，而亦有是弊哉？

心者，身之主也，而心之虚灵明觉，即所谓本然之良知也。其虚灵明觉之良知应感而动者，谓之意。有知而后有意，无知则无意矣。知非意之体乎？意之所用必有其物，物即事也。如意用于事亲，既事亲为一物；意用于治民，即治民为一物；意用于读书，即读书为一物；意用于听讼，即听讼为一物。凡意之所用，无有无物者。有是意即有是物，无是意即无是物矣，物非意之用乎？

“格”字之义，有以“至”字之训者，如“格于文祖”[②]、“有苗来格”[③]，是以“至”训得也。然“格于文祖”，必纯孝诚敬，幽明之间无一不得其理，而后谓之“格”。有苗之顽，实以文德诞敷而后“格”，则亦兼有“正”字之义在其间，未可专以“至”字尽之也。如“格其非心”“大臣格君心之非”

之类，是则一皆“正其不正以归于正”之义，而不可以“至”字为训矣。且《大学》“格物”之训，又安知其不以“正”字为训，而必以“至”字为义乎？如以“至”字为义者，必曰“穷至事物之理”，而后其说始通。是其用功之要全在一“穷”字，用力之地全在一“理”字也。若上去一“穷”、下去一“理”字，而直曰“致知在至物”，其可通乎？夫“穷理尽性”，圣人之成训，见于《系辞》者也。苟格物之说而果即穷理之义，则圣人何不直曰“致知在穷理”，而必为此转折不完之语，以启后世之弊邪？

盖《大学》“格物”之说，自与《系辞》“穷理”大旨虽同，而微有分辨。穷理者，兼格、致、诚、正而为功也。故言穷理则格、致、诚、正之功皆在其中，言格物则必兼举致知、诚意、正心，而后其功始备而密。今偏举格物而遂谓之穷理，此所以专以穷理属知，而谓格物未常有行，非惟不得格物之旨，并穷理之义而失之矣。此后世之学所以析知、

行为先后两截，日以支离决裂，而圣学益以残晦者，其端实始于此。吾子盖亦未免承沿积习，则见以为于道未相吻合，不为过矣。

·注 释

①九经：语出《中庸》："凡为天下国家有九经，曰：修身也，尊贤也，亲亲也，敬大臣也，子庶民也，来百功也，柔远人也，怀诸侯也。"

②格于文祖：语出《尚书·舜典》："归，格于艺典。"注曰："归，告至文祖之庙。艺，文也。"格，至、到。文祖，尧的庙。

③有苗来格：意为有苗族人到来。语出《尚书·大禹谟》："七旬，有苗格。"

【译文】

你来信道："先生教人致知、明德，却又阻止他们即物就理，从事物上寻求天理。假若让懵懂昏沉的人深居端坐，不听教导和劝诫，就能够达到有了知识，德行清明的境界吗？纵然他们静坐时有所觉悟，对本性稍有领悟，那也是定慧之类的佛家的无用见识，难道果真可以通晓古今、通达事变，对治理国家有实际作用吗？你说‘知者意之体，物者意之用’‘格物如格君心之非之格’。这些话虽然显得高超而独到，不墨守陈见，但恐怕和圣道不大吻合吧？”

我所讲的格物致知，正是为了穷尽事物，我未曾禁止人们穷尽事理，让他们深居静坐，无所事事。如果把即物穷理讲成是前面所说的重视外在知识，忽略内心修养，那也是错误的。糊涂的人，如果能够在万物之上精察心中的天理，发现原有的良知，那么即使愚蠢也定能变得聪明，即使柔弱定能变得刚强。最后就能够行达道、立大本，九经之类的书也能一以贯之没有纰漏，难道还需担心他会没有经世致用的实际才干吗？那些只谈空虚寂静的佛、道弟子，恰恰是不能在万事万物上精察心中的天理，发现其心中本有的良知，以致抛弃人间伦常，把寂灭虚无当做是正常现象，所以他们才不能够齐家、治国、平天下。谁说圣人穷理尽性的学说也会这样的弊病呢？

身体的主宰是心，心的虚灵明觉就是人原本的良知。虚灵明觉的良知因感应发生作用，就是意念。有识即是有意，无识即无意。怎么能说认识不是意念的本体？意念的运用，一定会有相应的东西，就是事。如果意念在侍奉双亲上起作用，那么，侍奉双亲便是一件事；意念在治理百姓上起作用，治理百姓便是一件事；意念在读书上起作用，那么读书就是一件事；意念在听讼上起作用，听讼也就是一件事。只要是意念起作用的地方，就有事物存在。有这个意就有这个物，没有这个意也就没有这个物，事物难道不是意念的运用吗？

“格”的含义，有用“至”字来训释的，如“格于文祖”“有苗来格”里的“格”，都是“至”来解释的。然而“格于文祖”，必定诚心诚意地纯然至孝，对于人间和阴间的道理都无一不晓，之后才能叫做“格”。苗族人十分顽固，只有通过礼乐把他们教化之后才能“格”，所以这个“格”也有“正”的意思，不能够仅仅用“至”字就能完全解释它的含义。如“格其非心”“大臣格君心之非”中的“格”，都是“纠正不正以达到正”的意思，不能用“至”字来训释。那么《大学》中“格物”的解释，怎么知道它不是用“正”字而须用“至”字来解释呢？如果用“至”字来训释，就必须用“穷至事物之理”才说得通。用功的要领全在一个“穷”字，用功的对象全在一个“理”字上。如果在前面把“穷”字去掉，后面把“理”字去掉，而直接说成“致知在至物”，这说得通吗？“穷理尽性”是圣人既定的教诲，在《易经》里已经有了记载。如果格物的含义真的就是穷理，那么圣人为什么不直接说“致知在穷理”，却一定要让语意有了转折且不完整，说这种话，造成后世的弊病呢？

《大学》里的“格物”和《易经》里的“穷理”，意思只有一些细微的区别，含义基本上是一样的。穷理里包括格物、致知、诚意、正心等功夫。所以谈到穷理，格物、致知、诚意、正心等功夫就已经都包含在其中了。谈到格物，就必然一同有致知、诚意、正心，这样，格物的功夫才能够是完整的。现在说到格物便说成是穷理，就只是把穷理当做了一种认识，而不认为格物里还包括实践了。这样，不但没有把握到格物的宗旨，就连穷理的本义也是一并丢掉了的。这就是后世的学者们，把认识、实践分而为二，并且让它日益支离破碎，圣学日渐残缺晦涩的原因所在。你承袭旧来的观点也在所难免，而觉得我的学说与圣道不符，这也不算什么。

九

【原文】

来书云：“谓致知之功，将如何为温凊、如何为奉养即是诚意，非别有所谓格物，此亦恐非。”

此乃吾子自以己意揣度鄙见而为是说，非鄙人之所以告吾子者矣。若果如吾子之言，宁复有可通乎？盖鄙人之见，则谓：意欲温凊、意欲奉养者，所谓意也，而未可谓之诚意；必实行其温凊奉养之意，务求自慊而无自欺，然后谓之诚意。知如何而为温凊之节、知如何而为奉养之宜者，所谓知也，而未可谓之致知；必致其知如何为温凊之节者之知，而实以之温凊，致其知如何为奉养之宜者之知，而实以之奉养，然后谓之致知。温凊之事，奉养之事，所谓物也，而未可谓之格物；必其于温凊之事也，一如其良知之所知当如何为温凊之节者而为之，无一毫之不尽，于奉养之事也，一如其良知之所知当如何为奉养之宜者而为之，无一毫之不尽，然后谓之格物。温凊之物格，然后知温凊之良知始致；奉养之物格，然后知奉养之良知始致。

故曰："物格而后知至。"[①]致其知温凊之良知，而后温凊之意始诚；致其知奉养之良知，而后奉养之意始诚。故曰"知至而后意诚"。此区区诚意、致

知、格物之说盖如此。吾子更熟思之，将亦无可疑者矣。

·注　释

①物格而后知至：语出《大学》："物格而后知至，知至而后意诚，意诚而后心正，心正而后身修，身修而后家齐，家齐而后国治，国治而后天下平。"

【译文】

你信中说："先生您所说的致知的功夫，是要保证父母的冬暖夏凉，怎样去奉养父母的诚意，而并非另有个什么格物，我想这恐怕不对吧。"

你按照自己的想法来揣度我的观点才这样说的，并不是我这样跟你说过。如果真像你说的那样，难道还有能讲得通的地方吗？我的看法是这样的：想让父母冬暖夏凉、想要侍奉父母，这只是所谓的意，而并不能把它当做诚意；一定是要笃行了让父母冬暖夏凉、侍奉他们的愿望，务必是自己在做的时候感到满意，没有违心，这样才能叫做诚意。知道如何让父母冬暖夏凉的礼节、知道怎样适宜地侍奉父母，只是所谓的知，而不能说已经是致知；必须知道了，并且切实完成所知道的礼节，才能称做致知。使父母冬暖夏凉的事，对父母奉养适宜的事，都只能算作是事物，而不能算作是格物；在父母冬暖夏凉和侍奉适宜的事情上，必须遵循自己的良知去做，而没有丝毫不到的地方，才叫做格物。父母冬暖夏凉的物“格”了，使父母冬暖夏凉的良知才是“致”了；奉养父母适宜的物“格”了，很好地侍奉父母的良知才算是“致”了。

所以《大学》里说：“物格而后知至。”有了让父母冬暖夏凉的良知，才能产生使父母冬暖夏凉的真诚的意念；有了适宜奉养的良知，才能产生奉养适宜的真诚的意念。所以《大学》说“知至而后意诚”。我说的诚意、致知、格物的学说大概就是这样。你再好好思考一下这个问题，也就没有什么可以怀疑的了。

十

【原文】

来书云:“道之大端易于明白,所谓‘良知良能,愚夫愚妇可与及者’[①]。至于节目时变之详,毫厘千里之谬,必待学而后知。今语孝于温清定省,孰不知之?至于舜之不告而娶,武之不葬而兴师,养志、养口[②],小杖、大杖[③],割股[④]、庐墓[⑤]等事,处常处变、过与不及之间,必须讨论是非,以为制事之本。然后心体无蔽,临事无失。”

“道之大端易于明白”,此语诚然。顾后之学者忽其易于明白者而弗由,而求其难于明白者以为学,此其所以“道在迩而求诸远,事在易而求诸难”[⑥]也。孟子云:“夫道若大路然,岂难知哉?人病不由耳。”良知良能,愚夫愚妇与圣人同。但惟圣人能致其良知,而愚夫愚妇不能致,此圣愚之所由分也。

“节目时变”，圣人夫岂不知，但不专以此为学。而其所谓学者，正惟致其真知，以精审此心之天理，而与后世之学不同耳。吾子未暇真知之致，而汲汲焉顾是之忧，此正求其难于明白者以为学之蔽也。夫良知之于节目时变，犹规矩尺度之于方圆长短也。节目时变之不可预定，犹方圆长短之不可胜穷也。故规矩诚立，则不可欺以方圆，而天下之方圆不可胜用矣；尺度诚陈，则不可欺以长短，而天下之长短不可胜用矣；良知诚致，则不可欺以节目时变，而天下之节目时变不可胜应矣。毫厘千里之谬，不于吾心真知一念之微而察之，亦将何所用其学乎？是不以规矩而欲定天下之方圆，不以尺哽而欲尽天下之长短。吾见其乖张谬戾，日劳而无成也已。

吾子谓“语孝于温凊定省，孰不知之”，然而能致其知者鲜矣。若谓粗知温凊定省之仪节，而遂谓之能致其知，则凡知君之当仁者，皆可谓之能致其仁之知；知臣之当忠者，皆可谓之能致其忠之知，则天下孰非致知者邪？以是而言可以知，“致知”之必在于行，而不行之不可以为“致知”也，明矣。知行合一之体，不益较然矣乎？

夫舜之不告而娶，岂舜之前已有不告而娶者为之准则，故舜得以考之何典、问诸何人而为此邪？抑亦求诸其心一念之良知，权轻重之宜，不得已而为此邪？武之不葬而兴师，岂武之前已有不葬而兴师者为之准则，故武得以考之何典、问诸何人，而为此邪？抑亦求诸其心一念之良知，权轻重之宜，不得已而为此邪？使舜之心而非诚于为无后⑦，武之心而非诚于为救民，则其不告而娶与不葬而兴师，乃不孝不忠之大者。而后之人不务致其良知，以精察义理于此心感应酬酢之间，顾欲悬空讨论此等变常之事，执之以为制事之本，以求临事之无失，其亦远矣。其余数端，皆可类推，则古人致知之学从可知矣。

·注 释……………………………………………………

①愚夫愚妇可与及者：语出《中庸》：“君子之

道费而稳。夫妇之愚，可以与知焉；及其至也，虽圣人亦有所不知焉。”

②养志、养口：典出《孟子·离娄上》。

③小杖、大杖：典出《孔子家语·六本》。曾子在瓜地锄草时，锄掉了瓜苗。其父大怒，用大杖将其打昏在地。曾子醒来后，先向父亲请安，又回到屋里弹琴，使父亲知道自己安然无恙。孔子知道后很生气，教育曾子应像大舜侍奉父亲那样，父亲用小杖打时则坦然承受，用大杖打时就逃跑，以免使自己身体受伤，使父亲背上不义的罪名。

④割股：春秋时期，晋文公重耳流亡时，介子推曾割大腿上的肉给文公吃。后以割股治疗父母之病为至孝。

⑤庐墓：古时，父母亡故后，孝子在墓旁搭建草棚，一般要住三年，以表达对父母的哀思怀念之情。

⑥“道在迩”二句：语出《孟子·离娄上》。

⑦为无后：语出《孟子·离娄上》：“不孝有三，

无后为大。舜不告而娶，为无后也，君子以为犹告也。”

【译文】

你来信写道：“圣道的宗旨很容易明白，就像先生说的‘良知良能，愚夫愚妇可与及者’。至于具体的细节，随着时间的变化，往往差之毫厘，谬以千里，这需要学习之后才能明白。谈论孝道就是温凊定省这些礼节，现在谁不明白？至于舜不请示父母就娶妻，武王还没有安葬文王便兴师伐纣，曾子养志而曾元养口，小杖承受而大杖逃跑，割股疗亲，为亲人守墓三年等事情，可能正常、可能不正常，这是处于过分与不足之间。必须讨论个是非曲直，作为处事的原则。然后人的心体没有遮蔽，这样临事才能没有过失。”

“圣道的宗旨很容易明白”，这句话是对的。只是后世的学者们往往忽略那些简单明白的道理不去遵循，却去追求那些很难明白的东西，这正是“道在迩而求诸远，事在易而求诸难”。孟子说：“圣道像大路一样，难道很难明白吗？人们的毛病在于不去遵循罢了。”愚夫愚妇和圣人是同样拥有良知良能的。只是圣人能够意识并保存自己的良知，而愚夫愚妇则不能，这就是二者的区别。

“节目时变”，圣人对此岂有不知的，只是不一味地在这上面做文章罢了。圣人的学问，与后世所说的学问不同，它只是意识并保存自己的良知，以精确体察心中的天理。你不去保存自己的良知，而是念念不忘这些细节，这正是将那些难于理解的东西当做学问的弊病了。良知对于随着时间变化的具体细节，就像规矩尺度对于方圆长短一样。方圆长短的变化是无穷无尽的，具体细节随时间变化也不能够事先预测。因此，规矩尺度一旦确立，那么方圆长短就能够一目了然了，而天下的方圆长短也就用不完了。确实已经达到了致良知的境界，那么具体细节随时间的变化也就一览无余，天下不断变化的细节就能应付自如了。差之毫厘，谬以千里，不在我们本心的良知上的细微处去体察，那你怎么去应用你所学的东西呢？这是不依照规矩尺度想去确定天下的方圆长短。这种狂妄的说法，只会每天徒劳而一无所成。

你说“语孝于温凊定省，孰不知之”，然而真正知道的人很少。如果说简单地知道一些温凊定省的礼节，便能认为他已经做到了致孝的良知。那么凡是那些知道应当仁爱百姓的国君，都能认为他能够致仁爱的良知；凡是知道应当忠诚的臣子，都能认为他能致忠诚的良知，那么天下哪个不是能够致良知的人呢？由此便明显可见，“致知”必须实践，没有实践便不能够称他能够“致知”。这样知行合一的概念，不是更加清楚了吗？

舜不告知父母而娶妻，难道是在舜之前便已经有了不告而娶的准则，所以舜能够考证某部经典，或者询问于某人才这样做的吗？还是他依照心中的良知，权衡利弊轻重，不得已才这样做？周武王没有安葬文王便兴师伐纣，难道是武王之前便已经有了不葬而兴师的准则，所以武王能够考证某部经典，或者询问某人才这样做的吗？抑或是他依照自己心中的良知，权衡利弊，不得已才这样做？如果舜并非担心没有后代，武王并非急于拯救百姓，那么，舜不禀报父母而娶妻，武王不葬文王而兴师，便是最大的不孝和不忠。后世的人不努力致其良知，不在处理事情上精细地体察天理，只顾空口谈论这中间时常变化的事物，并执着于此作为处理事情的准则，以求得遇事时没有过失，这也差得太远了。其余几件事也能够依此类推，那么古人致良知的学问就可以明白了。

十一

【原文】

来书云：“谓《大学》格物之说，专求本心，犹可牵合。至于《六经》《四书》所载‘多闻多见’[①]‘前言往行’[②]‘好古敏求’[③]‘博学审

问’‘温故知新’‘博学详说’④‘好问好察’⑤，是皆明白求于事为之际，资于论说之间者，用功节目固不容紊矣。”

格物之义，前已详悉，牵合之疑，想已不俟复解矣。至于“多闻多见”，乃孔子因子张之务外好高，徒欲以多闻多见为学，而不能求诸其心，以阙疑殆，此其言行所以不免于尤悔，而所谓见闻者，适以资其务外好高而已。盖所以救子张多闻多见之病，而非以是教之为学也。夫子尝曰：“盖有不知而作之者，我无是也。”⑥是犹孟子“是非之心人皆有之”之义也。此言正所以明德性之良知，非由于闻见耳。若曰“多闻，择其善者而从之，多见而识之”，则是专求诸见闻之末，而已落在第二义矣，故曰“知之次也”。夫以见闻之知为次，则所谓知之上者果安所指乎？是可以窥圣门致知用力之地矣。夫子谓子贡曰：“赐也，汝以予为多学而识之者欤？非也，予一以贯之。”使诚在于多学而识，则夫子胡乃谬为是说以欺子贡者邪？一以贯之，非致其良知而何？《易》曰：“君子多识前言往行以畜其德。”夫以畜其德为心，则凡多识前言往行者，孰非畜德之事？此正知行合一之功矣。

“好古敏求”者，好古人之学，而敏求此心之理耳。心即理也，学者学此心也，求者求此心也。孟子云：“学问之道无他，求其放心而已矣。”非若后世广记博诵古人之言词以为好古，而汲汲然惟以求功名利达之具于外者也。“博学审问”，前言已尽。“温故知新”，朱子亦以温故属之尊德性矣。德性岂可以外求哉？惟夫知新必由于温故，而温故乃所以知新，则亦可以验知行之非两节矣。“博学而详说之”者，将“以反说约也”。若无反约之云，则“博学详说”者果何事邪？舜之“好问好察”，惟以用中而致其精一于道心耳。道心者，良知之谓也。君子之学，何尝离去事为而废论说？但其从事于事为论说者，要皆知行合一之功，正所以致其本心之良知，而非若世之徒事口耳谈说以为知者，分知行为两事，而果有节目先后之可言也。

·注 释

①多闻多见：意为通过多闻多见增长知识。语出《论语·为政》。

②前言往行：语出《周易·大畜》卦辞："君子以多识前言往行，以畜其德。"意为君子应该多了解古代前贤的言行，以积蓄自己的德性。

③好古敏求：意为喜欢古学而勉力追求。语出《论语·述而》。

④博学详说：语出《孟子·离娄下》："博学而详说之，将以反说约也。"意为广泛地学习并详细地解说，等到融会贯通之后，再回头来简略地叙述其精髓大义。

⑤好问好察：意为喜欢请教别人，并且喜欢体察人们日常生活中的言谈，以便能了解民意。语出《中庸》。

⑥"盖有"二句：语出《论语·述而》："子曰：'盖有不知而作之者，我无是也。多闻，择其善者而从之；多见而识之，知之次也。'"

【译文】

你来信中说："说《大学》里格物的学说，唯指寻求本心，还勉强说得通。至于《六经》《四书》记载的'多闻多见''前言往行''好古敏求''博学审问''温故知新''博学详说''好问好察'等等，都是指在处事和辩论之中得到的，用功的内容和次序是不能弄乱和改变的。"

格物的含义，之前我都已经详细地谈过，你仍觉牵强，想必也不需要我再多加解释了。至于"多闻多见"，是孔子针对子张说的。子张好高骛远，只以多闻多见当做学问，而不能认真存养本心，所以心存疑惑，语言和行为里便难免有埋怨和悔恨，而他所谓的见闻，又恰恰滋长了他好高骛远的心性。所以孔子大概是为了纠正他多闻多见的毛病，而并非把多闻多见当做做学问。孔子曾说："盖有不知而作之者，我无是也。"就像孟子所说的"是非之心人皆有之"意思差不多。这话正好说明明德行的良知并不是从见闻中来的。孔子所说的"多闻，择其善者而从之，多见而识之”，则是专门从见闻的细枝末节中探求，是第二位的事情罢了，所以他又说“知之次也”。把见闻的知识当做是次要的学问，那么学问之首是指什么呢？从此处，对圣人致知用功的地方我们可以完全窥见了。孔子对子贡说：“赐也，汝以予为多学而识之者欤？非也，予一以贯之。”如果果真在于多闻多见，那么孔子为何说这种话来欺骗子贡呢？一以贯之，不是致良知是什么？《易经》中说：“君子多识前言往行以畜其德。”以积蓄德性为主，而更多地了解前人言行的人，不也是在做积蓄德性的事吗？这正是知行合一的功夫。

“好古求敏”，就是热衷于古人的学说并且勤奋敏捷地探求心中的理。心即是理，学习就是学习本心，探求就是探求本心。孟子说：“学问之道无他，求其放心而已矣。”好古并不是像后世那样，广泛地背诵记忆古人的言辞，心中却念念不忘追求功名利禄等外在的东西。“博学审问”，前面也提及过。

“温故知新”，朱熹也把它当做是尊德性的范畴。德性难道能从心外求得吗？知新必经由温故，温故才可知新，这又可作为知行并非两回事的有力证据。“博学而详说之”，是为了再返回至简约，如果不是为了返回至简约，那么“博学详说”到底是什么呢？舜好问好察，仅仅是中正平和地达到至精至纯合乎道心的境界。道心就是良知。君子的学问，什么时候离开过实践、废弃过辩说呢？但是实践和辩说的时候，都要知道知行合一的功夫，这正是致其本心的良知，而不是像后世学者那样只在口耳里空谈便当做认识了，把知行分而为二，才会产生用功有先后区分的说法。

十二

【原文】

来书云:“杨、墨之为仁义[1],乡原[2]之乱忠信,尧、舜、子之之禅让[3],汤、武、楚项之放伐[4],周公、莽、操之摄辅[5],谩无印证,又焉适从?且于古今事变、礼乐名物未尝考识,使国家欲兴明堂,建辟雍,制历律,草封禅,又将何所致其用乎?故《论语》曰‘生而知之’者,‘义理耳。若夫礼乐,名物,古今事变,亦必待学而后有以验其行事之实’。此则可谓定论矣。”

所喻杨、墨、乡原、尧、舜、子之、汤、武、楚项、周公、莽、操之辨,与前舜、武之论,大略可以类推。古今事变之疑,前于良知之说已有规矩尺度之喻,当亦无俟多赘矣。

至于明堂、辟雍诸事,似尚未容于无言者。然其说甚长，姑就吾子之言而取正焉，则吾子之惑将亦可以少释矣。夫明堂、辟雍之制，始见于《吕氏》之《月令》、汉儒之训疏。六经、四书之中，未尝详及也。岂吕氏、汉儒之知，乃贤于三代之贤圣乎？齐宣之时，明堂尚有未毁，则幽、厉之世，周之明堂皆无恙也。尧、舜茅茨土阶，明堂之制未必备，而不害其为治。幽、厉之明堂，固犹文、武、成、康之旧，而无救于其乱。何邪？岂能以不忍人之心，而行不忍人之政，则虽茅茨土阶，固亦明堂也；以幽、厉之心，而行幽、厉之政，则虽明堂，亦暴政所自出之地邪？武帝肇讲于汉，而武后盛作于唐[6]，其治乱何如邪？天子之学曰辟雍，诸侯之学曰泮宫[7]，皆象地形而为之名耳。然三代之学，其要皆所以明人伦，非以辟不辟，泮不泮为重轻也。

·注 释

①杨、墨之为仁义：杨，即杨朱，字子居，又称阳生，战国时魏人，主张为我，近似于义。墨，

即墨翟，战国时鲁人，墨家的创始人，提倡兼爱、非攻，反对儒家“爱有差等”，近似于仁。

②乡原：指不讲原则、八面玲珑的好好先生。

③尧、舜、子之之禅让：古代部落首领的职位传贤不传子，尧禅让于舜，舜禅让于禹。子之为战国时燕王哙的相国，后哙让位于子之，事见《史记·燕召公世家》。

④汤、武、楚项之放伐：商汤放逐夏桀于南巢，周武王讨伐商纣于牧野，项羽杀义帝而自立为西楚霸王。

⑤周公、莽、操之摄辅：周公在周成王年幼时摄政，待成王成年后还政于成王，为后世典范，事见《史记·周本纪》。王莽以外戚居大司马，杀汉平帝，立孺子婴，自摄其政，后篡位，改国号新，事见《汉书·王莽传》。曹操讨伐董卓，迎立汉献帝，自任丞相，挟天子以令诸侯，其子曹丕废献帝，建魏国，事见《三国志·魏志》。

⑥武帝肇讲于汉，而武后盛作于唐：汉武帝时

曾与大臣们议论立明堂之事，武则天曾毁乾元殿而立明堂。

⑦泮宫：西周时诸侯设立的学校。

【译文】

你来信说："杨朱、墨子的仁与义，乡原的破坏忠信，尧、舜、子之的禅让，商汤、周武王、项羽的放逐与杀戮，周公、王莽、曹操的摄政，这些事情都无从考证，我们将从何去听信呢？而且对于古今事变、礼乐名物还未考察识别，假如国家想要兴建明堂、建立学校、制定历律、操办封禅大典，又将发挥什么作用呢？所以《论语》中说'生而知之者''义理耳，若夫礼乐，名物，古今事变，亦必待学而后有以验其行事之实也'。这世可以被当做定论了。"

你提到的杨朱、墨翟、乡原、尧、舜、子之、商汤、武王、项羽、周公、王莽、曹操等人之间的区别，就跟前面所说的舜和武王的情况大致相同，可以类推。古今事变的问题，前面在谈到良知的学说时，已经有了规矩尺度作为比喻，因此也无须多说了。

至于兴建明堂、建立学校等事，似乎不谈一谈还不行。但是说来话长，姑且就你提到的这些事情来加以辨析吧，你的困惑也能够稍微减少一点。明堂、学校的制度，最早在《吕氏春秋》的《月令》篇和汉代儒生的注释中出现，六经、四书里没有详细提到。难道吕不韦、汉代儒生的知识比三代圣贤的知识还要好吗？齐宣王时期，明堂尚且存留有未被毁掉的，那么幽王、厉王时，周王朝的明堂都应该是安然无恙的。尧舜时以茅草盖屋，以土为台阶，明堂之制还没有完备，但并不妨碍他们治理天下。幽王、厉王时的明堂，沿袭了文王、武王、成王、康王时期的旧制，但对于乱世也无补于世。为什么呢？这不是正好可以说明，能用怜恤他人的仁德之心来实施怜恤他人的仁政，即使是茅屋和土台阶，也仍旧是明堂；用幽王、厉王的心来行幽王、厉王的暴政，虽然有明堂的设立，也不过是他们施行暴政的地方。汉武帝重新探讨过立明堂的事，武则天也曾大建明堂，他们治理天下的情况又是怎样的呢？天子的学校叫辟雍，诸侯的学校叫泮宫，都以地形来命名。然而夏商周三代时的学校，都是以教育伦理纲常为主要目的，而不是看它的外表像不像璧环，或者它是不是建造在水边。

十三

【原文】

孔子云："人而不仁，如礼何？人而不仁，如乐何？"制礼作乐，必具中和之德，声为律而身为度[①]者，然后可以语此。若夫器数之末，乐工之事，祝史之守。故曾子曰："君子所贵乎道者三……笾豆之事，则有司存也。"[②]尧"命羲、和，钦若昊天，历象日月星辰"，其重在于"敬授人时"也。[③]舜"在璇玑玉衡"，其重在于"以齐七政"[④]也。是皆汲汲然以仁民之心而行其养民之政。治历明时之本，固在于此也。羲、和历数之学，皋、契未必能之也，禹、稷未必能之也；“尧、舜之知而不遍物”，虽尧、舜亦未必能之也。然至于今，循羲、和之法而世修之，虽曲知小慧之人，星术浅陋之士，亦能推步占候[5]而无所忒。则是后世曲知小慧之人反贤于禹、稷、尧、舜者邪？

封禅之说，尤为不经，是乃后世佞人谀士所以求媚于其上，倡为夸侈以荡君心而靡国费。盖欺天罔人，无耻之大者，君子之所不道，司马相如之所以见讥于天下后世也。吾子乃以是为儒者所宜学，殆亦未之思邪？

夫圣人之所以为圣者，以其生而知之也。而释《论语》者曰：“生而知之者，义理耳。若夫礼乐名物、古今事变，亦必待学而后有以验其行事之实。”夫礼乐名物之类，果有关于作圣之功也，而圣人亦必待学而后能知焉，则是圣人亦不可以谓之生知矣。谓圣人为生知者，专指义理而言，而不以礼乐名物

之类。则是礼乐名物之类无关于作圣之功矣。圣人之所以谓之生知者，专指义理而不以礼乐名物之类，则是学而知之者亦惟当学知此义理而已，困而知之者亦惟当困知此义理而已。今学者之学圣人，于圣人之所能知者，未能学而知之，而顾汲汲焉求知圣人之所不能知者以为学，无乃失其所以希圣之方欤？凡此皆就吾子之听惑者而稍为之分释，未及乎拔本塞源[6]之论也。

·注释

①声为律而身为度：意为大禹是标准的完人，他的声音是音律的标准，身长是尺度的标准。语出《史记·夏本纪》。

②"君子所贵"三句：语出《论语·泰伯》："曾子言曰：'君子所贵乎道者三：动容貌，斯远暴慢矣；正颜色，斯近信矣；出辞气，斯远鄙倍矣。笾豆之事，则有司存。'"笾为竹制器皿，豆为木制器皿，笾豆之事指祭祀礼仪中的具体小事。存，此

指掌管、安排。

③“命羲、和”四句：意为尧命令羲氏与和氏，恭敬谨慎地遵循上天的意旨行事，观察推算日月星辰的运行情况，目的是制定和颁行历法。语出《尚书·尧典》。

④“在璇玑玉衡”二句：语出《尚书·舜典》“在璇玑玉衡，以齐七政。”意为舜观测北斗星的运行，以排列七件政事。天璇、天玑、玉衡，北斗七星中的三颗。七政，指日、月、金、木、水、火、土。《尚书·大传》则认为“七政者，谓春、夏、秋、冬、天文、地理、人道”。

⑤推步占候：推算历法，占卜天象。推步，推算天文历法。占候，观察天象变化以测吉凶。

⑥拔本塞源：意为拔除树根，堵塞水源，比喻从根本上破坏。语出《左传·昭公九年》。

【译文】

孔子说：“人而不仁，如礼何？人而不仁，如乐何？”制定礼乐，必须具备中和的品德，他的声音能够作为音律、身高可以作为尺度，然后才有能力制定礼乐。至于器具等细节，那是乐功和祝史们的工作。所以曾子说：“君子所贵乎道者三……笾豆之事则有司存也。”尧“命羲、和，钦若昊天，历象日月星辰”，他的目的在于“敬授人时”；舜“在璇玑玉衡”，他的目的在于“以齐七政”。他们都念念不忘地用仁爱百姓之心推行养育百姓的仁政。制定历法、掌握时令，根本目的还是在于此。羲氏、和氏的历法和数学的学问，皋陶和契不一定能比得上，大禹和后稷也未必能比得上；正如孟子所说“尧、舜之知而不遍物”，即使尧、舜也未必全知全能。然而发展到现在，后人世世代代遵循羲、和二人的方法，即使是一知半解有点小聪明的人，星术浅薄的相士，也能够推算历法、占卜天象，不出差错。难道是一知半解稍有智慧的人反倒会比大禹、后稷、尧、舜还要贤德吗？

封禅之说，更是荒诞不经，全是后世奸佞、阿谀奉承的小人用这种方法向皇帝献媚，夸大其词，鼓荡君心，浪费国家财物。都是欺天骗人，无耻之极的，君子是不屑谈论的，这也就是司马相如之所以为天下后人所耻笑的原因。而你却以为这是儒生们应该学习的，恐怕也是没有经过深思熟虑吧？

圣人之所以是圣人，全因他们“生而知之”。然而朱熹在解释《论语》时说：“‘生而知之’者，义理耳。若夫礼乐名物、古今事变，亦必待学而后有以验其行事之实。”礼乐名物等功夫，果真和圣人有关，圣人也须学习之后才能知晓，那么圣人也不能称得上是生而知之了。称圣人生而知之，是专门就义理而言的，并不是指礼乐名物这些东西，礼乐名物这些和成为圣人无关。之所以说圣人是生而知之的，专指义理而并非礼乐名物，学而知之的人，也应该只是学这个义理罢了；困而知之的人，也应该只是在困难中学这个义理罢了。现在的学者学习圣人，对于圣人所知道的不去好好学习，却反过来念念不忘地去学习圣人所不知道的作为学问，这难道不是将成为圣人的方向迷失了吗？我说的这些都是针对你感到困惑的地方稍加解释，还没有在拔去病根，堵塞病源上去澄清问题。

藏書

珍藏版

王陽明全集

柒

李楠 主编

民主与建设出版社

目　录

卷　下

十四

【原文】

夫拔本塞源之论不明于天下，则天下之学圣人者，将日繁日难，斯人沦于禽兽夷狄而犹自以为圣人之学。吾之说虽或暂明于一时，终将冻解于西而冰坚于东，雾释于前而云滃于后，呶呶焉危困以死，而卒无救于天下之分毫也已。

夫圣人之心以天地万物为一体，其视天下之人，无外内远近，凡有血气，皆其昆弟赤子之亲，莫不欲安全而教养之，以遂其万物一体之念。天下之人心，其始亦非有异于圣人也，特其间于有我之私，隔于物欲之蔽，大者以小，通者以塞，人各有心，至有视其父、子、兄、弟如仇雠者。圣人有忧之，是以推其天地万物一体之仁以教天下，使之皆有以克其私、去其蔽，以复其心体之同然。其教之大端，则尧、舜、禹之相授受，所谓“道心惟微，惟精惟一，允执厥中”；而其节目，则舜之命契，所谓“父子有亲，君臣有义，夫妇有别，长幼有序，朋友有信”五者而已。[1]唐、虞、三代之世，教者惟以此为教，而学者惟以此为学。当是之时，人无异见，家无异习，安此者谓之圣，勉此者谓之贤，而背此者虽其启明如朱[2]，亦谓之不肖。下至闾井田野，农、工、商、贾之贱，莫不皆有是学，而惟以成其德行为务。何者？无有闻见之杂，记诵之烦，辞章之靡滥，功利之驰逐，而但使孝其亲，弟其长，信其朋友，以复其心体之同然。是盖性分之所固有，而非有假于外者，则人亦孰不能之乎？

学校之中惟以成德为事，而才能之异，或有长于礼乐、长于政教、长于水土播植者，则就其成德，而因使益精其能于学校之中。迨夫举德而任，则使之终身居其职而不易。用之者惟知同心一德，以共安天下之民，视才之称否，而不以崇卑为轻重，劳逸为美恶。效用者亦惟知同心一德，以共安天下之民，苟当其能，则终身处于烦剧而不以为劳，安于卑琐而不以为贱。当是之时，天下之人熙熙皞皞，皆相视如一家之亲。其才质之下者，则安其农、功、商、贾之分，各勤其业以相生相养，而无有乎希高慕外之心。其才能之异，若皋、夔、稷、契者，则出而各效其能。若一家之务，或营其衣食，或通其有无，或偫其器用，集谋并力，以求遂其仰事俯育③之愿，惟恐当其事者之或怠而重己之累也。故稷勤其稼而不耻其不知教，视契之善教即己之善教也；夔司其乐而不耻于不明礼，视夷之通礼即己之通礼也。盖其心学纯明，而有以全其万物一体之仁，故其精神流贯，志气通达，而无有乎人己之分，物我之间。譬之一人之身，目视、耳听、手持、足行，以济一身之用，目不耻其无聪，而耳之所涉，目必营焉；足不耻其无执，而手之所探，足必前焉。盖其元气充周，血脉条畅，是以痒疴呼吸，感触神应，有不言而喻之妙。此圣人之学所以至易至简，易知易从，学易能而才易成者，正以大端惟在复心体之

同然，而知识技能非所与论也。

·注 释

①“舜之命契”六句：语出《孟子·滕文公上》：“圣人有忧之，使契可为司徒，教以人伦：父子有亲，君臣有义，夫妇有别，长幼有序，朋友有信。”

②启明如朱：语出《尚书·尧典》：“放齐曰：‘胤子朱，启明。’帝曰：‘吁，嚚讼，可乎？’”

③仰事俯育：语出《孟子·梁惠王上》：“是故明君制民之产，必使仰足以事父母，俯足以畜妻子。”

【译文】

拔去病根，堵塞病源的学说没有在天下大白，那么天下人学习圣人，将会一天比一天感到烦琐艰难，最后沦落为禽兽夷狄还自以为学的是圣人的学说。我的学说虽然可能暂时让圣道明于一时，但终将是解了西边的冻而冰又在东边冻上了，前面的雾散开了后面的云又涌了出来，我就是喋喋不休地在危困中将我的学说宣扬至死，但对拯救天下也丝毫起不到的作用。

圣人的心和天地万物是一体的，他看待天下所有人，没有内外远近的区分，凡是有血有呼吸的都是兄弟儿女般至亲之人，无一不想给他们安全感，并且教养他们，以实现他与天地万物为一体的心愿。天下人的心，起初也不会不同于圣人，只是后来在其间夹杂了为自己的私心，被物欲所蒙蔽，为天下的大心变成了为自己的小心，通达的心被堵塞，人人都各有私心，甚至还有把自己的父亲、儿子、兄弟像仇人一样看待的人。圣人对此深感忧虑，因此推广他的天地万物为一体的仁爱学说来教化世人，使他们都克制私欲、去除物欲的蒙蔽，以恢复他们原本相同的本心。这就是圣人教化的主旨，就是尧、舜、禹三代所沿袭的“道心惟微，惟精惟一，允执厥中”；它的具体内容，就是舜命令契的，所谓“父子有亲，君臣有义，夫妇有别，长幼有序，朋友有信”。唐尧、虞舜与夏、商、周三代，所教所学唯有这些。在那个时候，人人都没有不同的意见，家家都没有不同的习惯，安于这些的就是圣人，通过勉励自己能做到的就是贤人，而违背这些做法的人，即使有丹朱一样的聪明，也会被当做不肖之徒。下至田野市井里从事农、工、商、贾的人，都会纷纷学习这些，而且仅仅把修养德行当做首务。为什么？因为那个时候大家没有旁杂的见闻，没有繁复的记诵，没有泛滥芜杂的诗词章句，不用追逐功名利禄，只是孝敬父母，尊敬兄长，信任朋友，以恢复心体所固有的。这些人性中本来就存在的，而不是需要从外边假借的，哪个人会做不到呢？

学校以培养人的品德为任务。而人的才能有差异，有的人擅长礼乐，有的人擅长政治教化，有的人擅长水利农事，这就需要依据他们所成就的德行，在学校中进一步培养各自的才能。依据德行让他任职，才能让他在自己的职位上终生不会更改。用人者只知同心同德，使天下百姓共同安定，只注重他的才能是否与职位相称，而不因为身份的高低分轻重，不以职业的种类分贵贱。被任用的人也只知道同心同德，让天下百姓安居乐业，如果自己的职位符合自己的才能，那么即使是一生从事繁重的工作也不觉得辛苦，安于卑微琐碎的工作而不会感到低贱。在那个时候，天下人都高高兴兴，互相当做一家人看待。那些才智低下的人，就安于农、工、商、贾的本分，兢兢业业，互相为对方提供生活必需品，也不会有攀比、虚荣的心思。那些有超群才能的人，比如皋陶、夔、后稷、契，便出仕为官，各自发挥自己的才能。整个天下就像一个大家庭，有的人经营衣服、食物，有的人经商互通有无，有的人制造器具，大家团结合作，齐心协力，来完成供养父母、教养子女的意愿，深恐自己在做某一件事时有所怠慢，因而特别重视自己的职责。所以后稷勤于稼穑而不因为自己不知道教化别人感到羞耻，而是把契的善于教化当做是自己的善于教化；夔专于音乐而不因为自己不知道礼仪而感到羞耻，而是把伯夷的通晓礼仪当做自己通晓礼仪。大概他们的心纯净明亮，具有与天下万物为一体的仁爱之心，所以他们的精神、志气通畅顺达，没有你我的区分，人和物的区别。就像一个人的身体，眼睛看、耳朵听、用手拿、用脚走，都是为了满足自身的需要。眼睛不因自己听不见觉得羞耻，当耳朵听到声音的时候，眼睛一定会辅佐耳朵；脚不会因为不能拿而感到羞耻，当手去拿东西的时候，脚也一定会向前迈。由于人身元气周流，血液畅通，即使是小病和呼吸，感官也能感觉到，并有神奇的反应，其间有不可言喻的神妙。圣人的学问极容易极简单，容易通晓和实践，容易学习容易成才，正是因为它的主旨在于恢复心体所共有的东西，而没有涉及知识技能。

十五

【原文】

三代之衰，王道熄而霸术昌；孔孟既没，圣学晦而邪说横。教者不复以此为教，而学者不复以此为学。霸者之徒，窃取先王之近似者，假之于外以内济其私己之欲，天下靡然而宗之，圣人之道遂以芜塞。相仿相效，日求所以富强之说、倾诈之谋、攻伐之计，一切欺天罔人，苟一时之得以猎取声利之术，若管、商、苏、张[1]之属者，至不可名数。既其久也，斗争劫夺，不胜其祸，斯人沦于禽兽夷狄，而霸术亦有所不能行矣。

世之儒者慨然悲伤，搜猎先圣王之典章法制，而掇拾修补于煨烬之余，盖其为心，良亦欲以挽回先王之道。圣学既远，霸术之传积渍已深，虽在贤知皆不免于习染，其所以讲明修饰，以求宣扬光复于世者，仅足以增霸者之藩篱，而圣学之门墙遂不复可睹。于是乎有训诂之学，而传之以为名；有记诵之学，而言之以为博；有辞章之学，而侈之以为丽。若是者纷纷籍籍，群起角立于天下，又不知其几家，万径千蹊，莫知所适，世之学者如入百戏之场，欢谑跳踉、骋奇斗巧、献笑争妍者，四面而竞出，前瞻后盼，应接不遑，而耳目眩瞀，精神恍惑，日夜遨游淹息其间，如病狂丧心之人，莫自知其家业之所归。时君世主亦皆昏迷颠倒于其说，而终身从事于无用之虚文，莫自知其听谓。间有觉其空疏谬妄、支离牵滞，而卓然自奋，欲以见诸行事之实者，极其所抵，亦不过为富强功利五霸[2]之事业而止。

圣人之学日远日晦，而功利之习愈趋愈下。其间虽尝瞽惑于佛老，而佛老之说卒亦未能有以胜其功利之心；虽又尝折衷于群儒，而群儒之论终亦未能有以破其功利之见。盖至于今，功利之毒沦浃于人之心髓而习以成性也，几千年矣。相矜以知，相轧以势，相争以利，相高以技能，相取以声誉。其出而仕也，理钱谷者则欲兼夫兵刑，典礼乐者又欲与于铨轴[3]，处郡县则思藩臬[4]之高，居台谏[5]则望宰执[6]之要。故不能其事则不得以兼其官，不通其说则不可以要其誉。记诵之广，适以长其敖也；知识之多，适以行其恶也；闻见之博，适以肆其辨也；辞章之富，适以饰其伪也。是以皋、夔、稷、契所不能兼之事，而今之初学小生皆欲通其说，究其术。其称名僭号未尝不曰“吾欲以共成天下之务”，而其诚心实意之所在，以为不知是则无以济其私而满其欲也。

唤！以若是之积染，以若是之心志，而又讲之以若是之学术，宜其闻吾圣人之教，而视之以为赘疣枘凿；则其以良知为未是，而谓圣人之学为无所用，亦其势有所必至矣！

呜呼！士生斯世而尚同以求圣人之学乎？尚同以论圣人之学乎？士生斯世而欲以为学者，不亦劳苦而繁难乎？不亦拘滞而险艰乎？呜呼，可悲也已！所幸天理之在人心，终有所不可泯，而良知之

明，万古一日，则其闻吾拔本塞源之论，必有恻然而悲，戚然而痛，忿然而起，沛然若决江河而有所不可御者矣。非夫豪杰之士，无所待而兴起者，吾谁与望乎！

·注 释

①管、商、苏、张：管，即管仲，名夷吾，春秋时人，帮助齐桓公成为第一个霸主。商，即商鞅，公孙氏，名鞅，卫国人，亦称卫鞅。在秦国实行变法，使秦国国力大增。苏，即苏秦，战国时洛阳人，游说六国合纵拒秦，一度身佩六国相印。张，即张仪，战国时魏人，任秦惠王相，以连横之说策动六国与秦交好，分化瓦解六国的团结，以便各个击破。这四人均有杰出的治国才能。

②五霸：春秋时五个称霸的诸侯，指齐桓公、晋文公、宋襄公、秦穆公、楚庄王。一说指齐桓公、晋文公、楚庄王、吴王阖闾、越王勾践。

③铨轴：吏部要职。

④藩臬：指藩司和臬司。藩司、明清时布政使的别称。臬司，明清时置提刑按察司，主管一省的司法。

⑤台谏：御史台与谏议大夫。

⑥宰执：唐朝时以中书省长官中书令及门下省长官侍中任宰相，为真宰相。其他官任宰相的，则加同中书门下三品、中书门下平章事、参知政事等名，统称为宰执。宋代则以同平章事为宰相，其他如参知政事、左右丞及枢密使、副使则称执政官，合称宰执。

【译文】

自夏、商、周三代之后，王道衰微而霸术昌盛；孔子、孟子死了之后，圣学晦暗而邪说横行。教者、学者不再以圣学为重。施行霸道的人，偷取与先王相似的东西，借助外在的知识来掩盖自己的私欲，天下的人都糊里糊涂地尊崇他们，圣道便被荒废阻塞了。世人相互效仿，整日妄求富国强兵的学说、倾轧诈骗的谋术、攻打讨伐的计策，以及一切欺天罔人，能够在一时之间借以获得功名利禄的手段。像管仲、商鞅、苏秦、张仪等这类的人，多得不可计数。长此以往的斗争掠夺，祸害无穷，这些人沦落为夷狄禽兽，就连霸道权术也无法再推行了。

世间的儒士们感慨悲伤，搜寻圣王留下的典章制度，在焚书的灰烬中拾掇修补，他们的用心，是想挽回先王的圣道。然而圣学已经很久远了，霸术的流传已经积淀很深，即使是贤明睿智的人，都不免被霸术所沾染，他们为求得圣学的发扬光大，对圣学做出的讲解修饰，也仅仅能够增强霸道的力量，而圣学则再也寻不到痕迹了。于是有解释古书的训诂学，给霸术的虚名传播名誉；有记诵圣学的学问，所记言论显示霸术的博学；有辞章的学问，语言奢靡华丽为它求得文采。像这样的人纷纷扰扰，竞相争斗，不知有多少。众多的旁门左道，不知何所适从。天下的学者好像进入了百戏同演的剧场，嬉戏跳跃、竞奇斗巧、争妍献笑之人，都从四面八方涌出，令人前瞻后盼，应接不暇，以至耳聋目眩，精神恍惚，日夜遨游其中，就像是丧心病狂的人，不知道从哪里回到自己的家了。那时君主们也都在这些学问里神迷颠倒，终生致力于无用的虚文，其实根本不知道说了些什么。间或有意识到这类学问的空洞浅薄荒谬虚妄、支离破碎，便想发奋自强，想要用实际行动做些事情的人，全身心地投入，尽他所能，也只不过是为争取富强功利的霸业罢了。

圣人的学说日渐遥远晦暗，追逐功利的习气，却越来越严重。其间虽然曾经有被佛道两家的学说所迷惑的人，但佛、道的学说最终也没能战胜世人追逐名利的心；虽然有人曾拿群儒的观点来折中，但是群儒的论说最后也无法攻破人们追逐功利的想法。大概到了今天，追逐功利的流毒已经侵入骨髓，积习成性，有数千年之久了。人们在知识上互相夸耀，在权势是互相倾轧，在利益上互相争夺，在技术上互相攀比，在名声上互相竞争。那些出仕为官的，管理了钱粮便还想兼管军事和司法；管礼乐的人又想占据吏部要职；郡县里做官的人想到省里任主管大官；位居御史台和谏议大夫的官员又眼巴巴地盯着宰相的要职。原本没有某方面才能便不能任某职；不通晓某方面是学说便不能取得相应的声誉。但是广泛的记忆恰好助长了他们的傲慢无知；知识丰富正好使他们能够行恶；见闻的广博正好使他们肆意诡辩；文采的华丽正好掩饰他们的虚伪。因此，原本皋陶、夔、后稷、契都不能做到的事情，现在却是初学的小孩子都想要通晓它的理论、研究它的方法。他们树立的名义招牌何尝不是“我想成就天下人共同的事业”，然而究其本意，就是用这个做幌子来满足他们的私欲，实现他们的私心。

呜呼！凭着这样的积习熏染，凭着像这样的心态，又讲求着这样的学问，所以当他们听到圣人的教化时，自然视之为累赘包袱；他们把良知看作是不完美的，而把圣人的学说当做是无用的东西，也是势所必然的！

唉！儒生们生在这种世道，怎么去追求圣学呢？怎么去谈论圣学呢？生活在这样的时代想要成为学者，不也是太过劳苦繁重了吗？不也太过困难艰险了吗？唉，可悲呀！所幸的是天理存在于人的内心，终究是不可泯灭的，良知重见光明，终有一日，听了我正本清源的学说的人，一些定会慨叹悲伤，愤然而起，就像决堤的江河一样势不可挡。如果没有英雄豪杰，不能期待他们愤然兴起，我还能指望谁呢！

答周道通书

一

【原文】

吴、曾两生至，备道道通[1]恳切为道之意，殊慰相念。若道通，真可谓笃信好学者矣。忧病中会，不能与两生细论。然两生亦自有志向肯用功者，每见辄觉有进。在区区诚不能无负于两生之远来，在两生则亦庶几无负其远来之意矣。临别以此册致道通意，请书数语。荒愦无可言者，辄以道通来书中所问数节，略下转语奉酬。草草殊不详细，两生当亦自能口悉也。

来书云："日用功夫只是立志，近来于先生诲言时时体验，愈益明白。然于朋友不能一时相离，若得朋友讲习，则此志才精健阔大，才有生意。若三五日不得朋友相讲，便觉微弱，遇事便会困，亦时会忘。乃今无朋友相讲之日，还只静坐，或看书，或游衍经行，凡寓目措身，悉取以培养此志，颇觉意思和适。然终不如朋友讲聚，精神流动，生意更多也。离群索居之人，当更有何法以处之？"

此段足验道通日用功夫所得。功夫大略亦只是如此用，只要无间断，到得纯熟后，意思又自不同矣。大抵吾人为学，紧要大头脑，只是立志。所谓困、忘之病，亦只是志欠真切。今好色之人，未尝病于困忘，只是一真切耳。自家痛痒自家须会知得，自家须会搔摩得，既自知得痛痒，自家须不能不搔摩得，佛家谓之"方便法门"。须是自家调停斟酌，他人总难与力，亦更无别法可设也。

·注 释

①道通：名冲，字道通，号静庵，江苏宜兴人。先师从王阳明，后师从湛若水，能够协调王、湛两家的学说。

【译文】

吴、曾两位年轻人到我这里，跟我详细备至地说了你恳切向道的心意，我深感欣慰和挂念。像你这样，真地可以称得上是笃信好学的人了。只可惜我正在为家父守丧期间，心情忧伤，未能和他们两个细谈。然而，他们两个极有志向，每次见面就会觉得他们有所进步。从我的角度而言，我实在不能辜负他们的远道而来的用意，对他们来说，也没有辜负远道而来的用意。临走时，我写了这封信表达对你的问候。在这个糊涂思绪不明的时候，只就你的来信里问到的几个问题，做个简单解释，算是交代。草草几句不太详细，他们两位应该自会向你口头转达的。

你来信中说：“平日功夫仅仅是立志，近来时时体察检验先生的教导，更觉得明白了。但是我时时都离不开朋友，如果朋友们互相讲习，我的志向才会精健阔大，充满生机。但是如果有三五天我没有和朋友互相讲习，志向便变得微弱，遇事就会产生困惑，并且时时会忘掉。现在我没有朋友一起讲习的时候，便只是静坐着，或者看书，或者随便走走，举目投足之间，我都是为了培育这个志，觉得心舒意适。然而终究还是不如朋友聚在一起讲习的时候那样精神振奋，更有生机。离群索居的人，有什么更好的方法来帮助立志呢？”

这段话足以证明你平日里用功时所得到的收获。立志的功夫大概只是这样，只要每天坚持，没有不间断，等到功夫纯正熟练后，感觉自然会有所不同。一般来说我们做学问，最关键的只是立志。有困惑、遗忘的毛病，也只是因为志向不够真切。好色的人从来不会有困惑和遗忘的时候，只是因为他好色的欲望更真切罢了。自己的痛痒自己应当会知道，应当会自己瘙痒按摩，既然知道了痛痒，自己也就不得不瘙痒按摩了，佛教把这叫做“方便法门”。必须自己调整斟酌，别人总是很难帮忙的，也再没有别的方法可以借鉴的了。

二

【原文】

来书云：“上蔡[1]常问‘天下何思何虑’，伊川云：‘有此理，只是发得太早。’[2]在学者功夫，固是‘必有事焉而勿忘’，然亦须识得‘何思何虑’的气象，一并看为是。若不识得这气象，便有正与助长之病；若认得‘何思何虑’，而忘‘必有事焉’功夫，恐又堕于无也。须是不滞于有，不堕于无。然乎否也？”

所论亦相去不远矣，只是契悟未尽。上蔡之问与伊川之答，亦只是上蔡、伊川之意，与孔子《系辞》原旨稍有不同。《系》言“何思何虑”，是言所思所虑只是一个天理，更无别思别虑耳，非谓无思无虑也。故曰："同归而殊途，一致而百虑，天下何思何虑？"云"殊途"，云"百虑"，则岂谓"无思无虑"邪？心之本体即是天理，天理只是一个，更有何可思虑得？天理原自寂然不动，原自感而遂通。学者用功，虽千思万虑，只是要复他本来体用而已，不是以私意去安排思索出来。故明道云："君子之学，莫若廓然而大公，物来而顺应。"若以私意去安排思索，便是用智自私矣。"何思何虑"正是功夫，在圣人分上便是自然的，在学者分上便是勉然的。尹川却是把作效验看了，所以有"发得太早"之说。既而云"却好用功"，则已自觉其前言之有未尽矣。濂溪主静之论亦是此意。今道通之言，虽已不为无见，然亦未免尚有两事也。

·注 释

①上蔡：谢良佐（1050~1103），字显道，河南上蔡人，世称上蔡先生，进士，为程门四大弟子

之一。

②“伊川云”句:《河南程氏外书·上蔡语录》记载谢氏与程颐的对话:“二十年往见伊川。伊川曰:‘近日事如何?’某对曰:‘天下何思何虑?’伊川曰:‘是则是有此理,却发得太早。’”

【译文】

来信中曾说:“谢良佐先生曾经问‘天下何思何虑’,程颐先生说:‘有此理,只是发得太早。’从学者的功夫来说,固然是‘必有事焉而勿忘’,但也应当明白‘何思何虑’的气象,放在一块综合起来看才对。若没有看清楚这种气象,就会滋生期望过高与助长的弊病;如果明白了‘何思何虑’,但忘‘必有事焉’的功夫,恐怕又会掉入虚无的误区里。应该既不为有所牵滞,又不堕入虚无。是这样吗?”

你所说的也差不多正确,只是还没有领悟透彻。谢良佐先生与程颐先生的回答,实际上只是他们两个人的意思，与孔子《系辞》中的原意本就稍有出入。《系辞传》所讲的“何思何虑”，是指所思虑的只是一个天理，之外再没有别的思虑，而并不是说完全没有什么思虑。所以说“同归而殊途，一致而百虑，天下何思何虑？”说“殊途”，说“百虑”，难道也是“无思无虑”吗？心的本体就是天理，而天理只有一个，除此之外还有别的什么可以思虑的呢？天理原本是寂静不动的，原本就是自己感应了之后就能通达的。学者用功，即使有百思千虑，也只是恢复他心的本体和作用而已，而并非用自己的私愿能安排思索出来的。所以程颢先生说：“君子之学，莫若廓然而大公，物来而顺应。”如果凭着私愿去安排思索，便是在私欲上用才智。“何思何虑”正是做学问的功夫，在圣人是自然而然的，但是在学者就必须勉强才能做到。程颐先生却把它当做作功夫的效果看待了，所以才会有“发得太早”的说法，接着又说“却好用功”，则是他自己觉察到前面所说的话还有欠缺。周敦颐先生主静的观点也是这个意思。现在你的看法，虽然不能说不是你自己的见地，但还是把功夫当两回事来看待了。

三

【原文】

来书云："凡学者才晓得做功夫，便要识认得圣人气象[①]。盖认得圣人气象，把做准的，乃就实地做功夫去，才不会差，才是作圣功夫。未知是否？"

先认圣人气象，昔人尝有是言矣，然亦欠有头脑，圣人气象自是圣人的，我从何处识认？若不就自己良知上真切体认，如以无星之秤而权轻重，未开之镜而照妍媸，真所谓以小人之腹而度君子之心矣。圣人气象何由认得？自己良知原与圣人一般，若体认得自己良知明白，即圣人气象不在圣人而在我矣。程子尝云："觑著尧，学他行事，无他许多聪

明睿智，安能如彼之动容周旋中礼？”[2]又云：“心通于道，然后能辨是非。”[3]今且说“通于道”在何处？“聪明睿智”从何处出来？

·注 释

①圣人气象：程颐语，出自《河南程氏遗书》卷二十二：“凡看文字，非只是要理会语言，要识圣贤气象。”

②“觑著尧”四句：语出《河南程氏遗书》卷十八。意为看着尧，学习他如何做事，但没有他的聪明睿智，怎么能像他那样一举一动都符合礼仪呢？

③心通于道，然后能辨是非：意为只有心与天理相通，然后才能明辨是非。语出《河南程氏遗书》卷五。

【译文】

来信中写道：“但凡学者刚刚开始懂得做功夫，

就应当认识圣人的气象。大概认识了圣人的气象，把它当做准则，真切实际地去下功夫，才不会有差错出现，才是作圣人的功夫。不知道是不是这样？”

先认识圣人气象，过去的人有这样说过的，然而也是欠缺要领，圣人的气象自然是圣人的，我们从何处能够体认到呢？如果不在自己的良知上真切体认，就像是用没有准星的秤去称轻重，用没有打磨过的铜镜去照美丑。真是所谓的以小人之心度君子之腹了。圣人的气象从何去体认得到呢？自身的良知原本就同圣人是一样，如果把自己的良知体认清楚了，那么圣人的气象不在圣人身上而在我们自己身上了。程颐先生曾说：“觑著尧，学他行事，无他许多聪明睿智，安能如彼之动容周旋中礼？”又说：“心通于道，然后能辨是非。”现在你姑且说说哪里可以与天理相通？而“聪明睿智”又从哪里得来？

四

【原文】

来书云："'事上磨炼'，一日之内，不管有事无事，只一意培养本原。若遇事来感，或自已有感，心上既有觉，安可谓无事？但因事凝心一会，大段觉得事理当如此，只如无事处之，尽吾心而已。然仍有处得善与未善，何也？又或事来得多，须要次第与处，每因才力不足，辄为所困，虽极力扶起而精神已觉衰弱。遇此未免要十分退省[①]，宁不了事，不可不加培养。如何？"

所说功夫，就道通分上也只是如此用，然未免有出入在。凡人为学，终身只为这一事，自少至老，自朝至暮，不论有事无事，只是做得这一件，所谓"必有事焉"者也。若说"宁不了事，不可不加培养"，却是尚为两事也。"必有事焉而勿忘勿助"，事物之来，但尽吾心之良知以应之，所谓"忠恕违道

不远”[2]矣。凡处得有善有未善，及有困顿失次之患者，皆是牵于毁誉得丧，不能实致其良知耳。若能实致其良知，然后见得平日所谓善者未必是善，所谓未善者，却恐正是牵于毁誉得丧，自贼其良知者也。

·注 释

①退省：意为退下来反省。语出《论语·为政》：“吾与回言终日，不违如愚，退而省其私，亦足以发。回也不愚。”

②忠恕违道不远：语出《中庸》：“忠恕违道不远，施诸己而不愿，亦勿施于人。”

【译文】

信中写道：“先生所说‘事上磨炼’，一天之内，不管有事没事，只一心培养心体的本原。如果遇到事情有了感触，或自己有了感触，心中已经感觉到了，怎么能认为是无事呢？但是大致上觉得事理应当是因为此事聚精会神地思考一会。而就像什么事也没有发生一样处理，则是尽我们的本心罢了。但是仍然会有事情处理得好或不好的区别，为什么呢？又或者事情发生得很多，需要分出先后顺序来依次处理，但是因为我才智不足，总会为事情所困扰，即使是极力坚持，精神也会觉得疲惫不堪。遇到这种情况，未免需要退下来自己反省，宁肯不完成事情，也不能不存养本心。这样做对吗？”

所说的功夫，按照你的天分，也就只能是这样，但是仍旧还有些出入。一般人做学问，终身只为了这一件事，从少到老，从早到晚，不管有事没事，只要能够做到这一件事就行了，所谓“必有事焉”。如果说“宁肯不做事，也不能不培养本体”，就是还把做事与培养本体当做两件事看待了。“必有事焉而勿忘勿助”，事情发生的时候，只需尽我们本心的良知去应付，所谓“忠恕违道不远”。处理事情有好有不好的区别，以及有困扰和混乱的担心，都是由于在意毁誉得失，不能真正地做到致良知罢了。如果能真切地致良知，然后就会明白平日所说的好未必就是真的好，所谓不好的，恐怕正是为毁誉得失所牵累，而自己损害了自己良知罢了！

五

【原文】

来书云：“致知之说，春间再承诲益，已颇知用力，觉得比旧尤为简易。但鄙心则谓与初学言之，还须带格物意思，使之知下手处。本来致知格物一并下，但在初学未知下手用功，还说与格物，方晓得致知。”云云。

格物是致知功夫，知得致知便已知得格物。若是未知格物，则是致知功夫亦未尝知也。近有一书与友人，论此颇悉，今往一通，细观之当自见矣。

【译文】

来信中说：“春天承蒙您再次教诲致知的学说，

我已经深知如何用功，觉得比以前尤为简单了。但是我心中认为，对于初学者而言，还应当再带上格物的意思，使他们知道入门的地方。本来致知格物是一起用功的，但在初学者还不知道从何处下手的时候，先说格物，这样才能懂得致知。”等等。

格物是致知的功夫，懂得致知就是已经知道了格物。如果还不知道格物，那么就是致知的功夫还不曾弄明白。我先前有一封信给朋友，讨论了这个问题，很是详细，相信认真读后，就会明白。

六

【原文】

来书云：“今之为朱、陆之辨者尚未已。每对朋友言，正学不明已久，且不须枉费心力为朱、陆争是非。只依先生‘立志’二字点化人，若其人果能辨得此志来，决意要知此学，已是大段明白了。朱、陆虽不辨，彼自能觉得。又尝见朋友中见有人议先生之言者，辄为动气。昔在朱、陆二先生所以遗后世纷纷之议者，亦见二先生功夫有未纯熟，分明亦有动气之病。若明道则无此矣。观其与吴涉礼论介甫[1]之学云：'为我尽达诸介甫，不有益于他，必有益于我也。'[2]气象何等从容！尝见先生与人书[3]中亦引此言，愿朋友皆如此，如何？"

此节议论得极是极是。愿道通遍以告于同志，各自且论自己是非，莫论朱、陆是非也。以言语谤人，其谤浅；若自己不能身体实践，而徒入耳出口，呶呶度日，是以身谤也，其谤深矣。凡今天下之论议我者，苟能取以为善，皆是砥砺切磋我也，则在我无非警惕修省进德之地矣。昔人谓"攻吾之短者是吾师"[4]，师又可恶乎？

·注 释

①介甫：王安石（1021~1086），字介甫，号半山，江西临川人，进士，北宋文学家，政治家，神宗时为相，曾推行变法。

②“为我”三句：意为请替我向介甫先生转达我的全部观点，如果对他没有益处，则一定对我有益。语出《河南程氏遗书》卷一。

③与人书：指《答汪石潭内翰书》，见《王阳明全集》卷四。

④攻吾之短者是吾师：语出《荀子·修身篇》：“故非我而当者，吾师也；是我而当者，吾友也；谄谀我者，吾贼也。”

【译文】

你信中说：“现在为朱熹、陆九渊争辩的还大有人在，未曾停止。我每每对朋友说，圣学已经很久不得昌明了，姑且不必再枉费心机去为朱熹、陆九渊争辩谁是谁非了。只依据先生的‘立志’来点化人，假若此人真能辨别出这个志向，决意要把圣学弄明白，那么他已经基本上明白了。朱、陆二人谁是谁非，即使不去辨别，他自己也会自然感觉到了。曾经看到朋友中有非议先生学说的，就觉得很生气。以前朱、陆两位先生给后世留下了这众多的争议，也可以看出二位先生的功夫有不纯熟的地方，明显有意气用事的弊病。程颢先生就没有这种毛病。他同吴涉礼讨论王安石的学说的时候说：‘为我尽达诸介甫，不有益于他，必有益于我也。’是何等从容的气度啊！我曾经看到先生给别人的信中也引述了这句话，希望朋友们都能做到这样，是吗？”

这段议论说得很对很对。希望你告诉所有志同道合的人，各人暂且各自反省自己的是非，而不要去谈论朱、陆二人的是与非。用言语诽谤别人，这种诽谤是很肤浅的；如果自己不能身体力行去实践，而仅仅是从耳朵听进去又马上从嘴巴吐出来，成天夸夸其谈，实际上就是在自己诽谤自己，而这种诽谤是很厉害的。但凡现在天下议论我的人，如果能从中获益，那么，都是在与我砥砺切磋，对我来说，无非是更加警惕反省自己、修养品德。荀子说“攻吾之短者是吾师”，老师会有可恶的吗？

七

【原文】

来书云："有引程子'人生而静，以上不容说，才说性便已不是性'[1]。何故不容说？何故不是性？晦庵答云：'不容说者，未有性之可言；不是性者，已不能无气质之杂矣。'二先生之言皆未能晓，每看书至此，辄为一惑，请问。"

"生之谓性"[2]，"生"字即是"气"字，犹言气即是性也。气即是性，人生而静以上不容说，才说"气即是性"，即已落在一边，不是性之本原矣。孟子"性善"是从本原上说。然性善之端，须在气上始见得，若无气亦无可见矣。恻隐、羞恶、辞让、是非即是气。程子谓"论性不论气，不备；论气不论性，不明。"亦是为学者各认一边，只得如此说。若见得自性明白时，气即是性，性即是气，原无性气之可分也。

·注 释

①“人生而静”三句：程颢语出自《河南程氏遗书》卷一。向朱熹问这话的是严时亨。人生而静，语出《礼记·乐记》：“人生而静，天之性也；感于物而动，性之欲也。”

②生之谓性：语出《孟子·告子上》：“告子曰：‘生之谓性。’孟子曰：‘知之谓性也，犹白之谓白与？’曰：‘然。’”

【译文】

来信中说：“严时亨引用程颐先生的‘人生而静，以上不容说，才说性便已不是性’，问朱熹为什么不能说？为什么不是性？朱熹回答说：‘不容说者，未有性之可言；不是性者，已不能无气质之杂矣。’两位先生的话我都看不明白，每次看书看到了这里，就会有疑惑，因此向先生请教。”

“生之谓性”，“生”字就是“气”字，也就是说气质就是天性。“气”就是“性”，人生而静以上是不容说的，才说“气就是性”，性就已经偏向一边了，就已经不再是天性的本原了。孟子的“性善”是从本原上说的。然而人性善的发端必须在气上才能看见，如果没有气也就无处可见。恻隐、羞恶、辞让、是非就是气。程颐先生说“论性不论气，不备；论气不论性，不明。”这也是因为学者们各执一词，只能这样说。如果能很明白地看见自己的天性，那么气就是性，性就是气，原本是没有性和气之区分的。

答陆原静书（一）

一

【原文】

来书云："下手功夫，觉比心无时宁静，妄心固动也，照心亦动也。心既恒动，则无刻暂停也。"

是有意于求宁静，是以愈不宁静耳。夫妄心则动也，照心非动也。恒照则恒动恒静，天地之所以恒久而不已也。照心固照也，妄心亦照也。"其为物不二，则其生物不息。"[1]有刻暂停则息矣，非至诚无息[2]之学矣。

· **注 释**

①其为物不二，则其生物不息：语出《中庸》：“天地之道，可一言而尽也：其为物不二，则其生物不息。”

②至诚无息：语出《中庸》：“故至诚无息。不息则久，久则徵。”

【译文】

你信中说：“着手用功的时候，感觉自己心中没有一刻是宁静的，虚妄的心固然是在活动，澄亮的照心也在活动。既然心是恒久运动的，那么就不会有片刻的停息了。”

因为你是在刻意追求宁静，就更加不宁静了。虚妄的心是活动的，而照心则是不动的。恒照就能恒动恒静，这就是天地万物永久地不停歇的原因。照心本来就是明亮的，妄心也是明亮的。《中庸》说：“其为物不二，则其生物不息。”有片刻的暂停就会熄灭，就不是至诚而不停息的学问。

二

【原文】

来书云："良知亦有起处。"云云。

此或听之未审。良知者心之本体，即前所谓恒照者也。心之本体无起无不起。虽妄念之发，而良知未尝不在，但人不知存，则有时而或放耳。虽昏塞之极，而良知未尝不明，但人不知察，则有时而或蔽耳。虽有时而或放，其体实未尝不在也，存之而已耳。虽有时而或蔽，其体实未尝不明也，察之而已耳。若谓良知亦有起处，则是有时而不在也，非其本体之谓矣。

【译文】

来信中说道："良知也有其发端的地方。"等等。

说这句话也许是因为你听得不仔细。良知是心的本体，也就是前面所讲的"恒照"。心的本体无所谓有无开端。即使是妄念产生的时候，良知并非不存在，只是人们没有察觉到良知的存养，所以有时便会把良知放弃掉了。即使昏庸闭塞到了极点，他的良知仍旧是明亮的，只是没能体察它，便有时会遭到蒙蔽了。虽然有时放弃了良知，但它的本体依然是存在的，存养它就行了。虽然有时遭到了蒙蔽，它的本体未曾会变得不明亮，体察它就行了。如果说良知也有发端的地方，那么就是认为它有时存在有时不存在，这样，良知就不是心的本体了。

三

【原文】

来书云："前日'精一'之论，即作圣之功否？"

"精一"之"精"以理言，"精神"之"精"以气言。理者气之条理，气者理之运用。无条理则不能运用，无运用则亦无以见其所谓条理者矣。精则精，精则明，精则一，精则神，精则诚；一则精，

一则明，一则神，一则诚，原非有二事也。但后世儒者之说与养生之说各滞于一偏，是以不相为用。前日“精一”之论，虽为原静爱养精神而发，然而作圣之功，实亦不外是矣。

【译文】

来信道：“先前您关于的‘精一’的论说，是不是就是作圣人的功夫呢？”

“精一”的“精”，是从理上说的；“精神”的“精”，则是从“气”上说的。理是气的条理，气是理的运用。没有条理就不能运用，没有运用也无法看见所谓的条理。掌握了精就能精，能明，能一，能奇，能诚；做到了一，也就能精，能明，能一，能神，能诚。精和一原本就不是两回事。但是后世儒生的学说和道家的养生的学说却各自偏执于其中一方面，不能彼此取长补短。先前关于“精一”的论说，虽然是为了你能爱护保养精神才说的，然而作圣人的功夫，其实也不外乎这些。

四

【原文】

来书云：“元神、元气、元精[1]，必各有寄藏发生之处。又有真阴之精，真阳之气。”云云。

夫良知一也，以其妙用而言谓之神，以其流行而言谓之气，以其凝聚而言谓之精，安可以形象方所求哉？真阴之精，即真阳之气之母；真阳之气，即真阴之精之父。阴根阳，阳根阴[2]，亦非有二也。苟吾良知之说明，即凡若此类，皆可以不言而喻。不然，则如来书所云三关[3]、七返[4]、九还[5]之属，尚有无穷可疑者也。

·注释

①元神、元气、元精：道教名词，合称三元。

②阴根阳，阳根阴：语出周敦颐《太极图说》：“无极而太极。太极动而生阳，动极而静。静而生

阴，静极复动。一动一静，互为其根。”

③三关：道家以口为天关，足为地关，手为人关，合称三关。《淮南子·主术》谓耳、目、口为三关。另有说法认为三关为人身的三个穴位，是炼丹的道路。

④七返：道教以七代火，心属火，降心火于丹田下，养得肾中真气，复返于心田，即为七返之功。一说为七返灵砂，道教所说的仙药，服之可以还魂，因在炼制过程中要经过七次转化，故称七返。

⑤九还：道教以九代金，情属金，摄情归性，养得性光圆明，以还先天真性，即为九还之功。一说为九还丹，道教所说的仙药，服之可以长生不老。炼制过程中丹砂变成水银，经多次变化又成丹砂，故名九还。

【译文】

信中说：“元神、元气、元精，必定各有寄托发生的地方。又有所谓的真阴之精，真阳之气。”等等。

良知仅有一个，就它的妙用而言叫做“神”，就它的运行而言叫做“气”，就它的凝聚而言叫做“精”，怎么能够从它的形象、方位上求得呢？真阴之精，是真阳之气的母体；真阳之气，是真阴之精的父体。阴生于阳，阳生于阴，阴阳并非分而为二的两件事。假如我的关于良知的学说昌明了，那么这一类的问题也就都能不言而喻了。否则的话，就会像你信中所说的三关、七返、九还等，还有无穷无尽的疑问。

答陆原静书（二）

一

【原文】

来书云："良知，心之本体，即所谓'性善'也，'未发之中'也，'寂然不动'之体也，'廓然大公'也，何常人皆不能而必待于学邪？中也，寂也，公也，既以属心之体，则良知是矣。今验之于心，知无不良，而中、寂、大公实未有也，岂良知复超然于体用之外乎？"

性无不善，故知无不良。真知即是未发之中，即是廓然大公，寂然不动之本体，人人之所同具者

也。但不能不昏蔽于物欲，故须学以去其昏蔽。然于良知之本体，初不能有加损于毫末也。知无不良，而中、寂、大公未能全者，是昏蔽之未尽去，而存之未纯耳。体即良知之体，用即良知之用，宁复有超然于体用之外者乎？

【译文】

来信中说："良知，是心的本体，也就是所谓的'性善'、'未发之中'、'寂然不动'的本体，就是'廓然大公'，为什么一般人都不能持守，需要学习呢？中和、寂静、大公，既然也是心的本体，那么就是良知了。那么现今只需在心中体察，就应该是知无不良，然而中和、寂静、廓然大公实际上却没有，莫非良知还超然于体用之外吗？"

性无不善，所以知无不良。良知就是"未发之中"，就是"廓然大公"、"寂静不动"的本体，是人人具备的。但是良知不可能不被物欲所蒙蔽，所以必须学习清除物欲的蒙蔽。然而这对良知的本体，也不会有丝毫的损害。知无不良，如果中和、寂静、大公不能完全呈现，那是因为私欲的蒙蔽未能尽然去除，而良知的存养也还不够纯正。体就是良知的本体，用就是良知的运用，又怎么会有超然于体用之外的良知呢？

二

【原文】

来书云："周子曰'主静'①，程子曰'动亦定，静亦定'，先生曰'定者，心之本体'，是静、定也，决非不睹不闻、无思无为之谓。必常知、常存、常主于理之谓也。夫常知、常存、常主于理，明是动也，已发也，何以谓之静？何以谓之本体？岂是静、定也，又有以贯乎心之动静者邪？"

理无动者也。常知、常存、常主于理，即不睹不闻、无思无为之谓也。不睹不闻、无思无为，非槁木死灰之谓也。睹闻思为一于理，而未尝有所睹

闻思为，即是动而未尝动也。所谓“动亦定，静亦定”，体用一原者也。

·注 释

①主静：语出周敦颐《周子全书·太极图说》：“五性感动而善恶分，万事出矣。圣人定之以中正仁义而主静。”

【译文】

信中说：“周敦颐先生说‘主静’，程颐先生说‘动亦定，静亦定’，先生说‘定者，心之本体’，这个‘静’和‘定’，并不是说不闻不看、不想不做。是指一定要保持认知、经常存养、保持遵循天理。然而保持认知、经常存养、保持遵循天理，明显是动的，属于已经发动，为何要称它为静呢？为何要说它是心的本体呢？这个静和定难道是贯通于心的动静吗？”

理是静止不动的。保持认知、经常存养、常常遵循天理，即是不看不闻、不想不做的意思。但是不看不闻、不想不做，与槁木死灰是不同的。看、听、想、做与理合而为一，而没有另外的看、听、想、做，这就是动而不动。即程颐先生所说的“动亦定，静亦定”，也就是指体用一源。

三

【原文】

来书云：“此心‘未发’之体，其在‘已发’之前乎？其在‘已发’之中而为之主乎？其无前后、内外而浑然之体者乎？今谓心之动静者，其主有事无事而言乎？其主寂然、感通而言乎？其主循理、从欲而言乎？若以循理为静，从欲为动，则于所谓‘动中有静，静中有动’[1]，‘动极而静，静极而动’[2]者，不可通矣。若以有事而感通为动，无事而寂然为静，则于所谓‘动而无动，静而无静’者，不可通矣。若谓‘未发’在‘已发’之先，静而生动，是至诚有息也，圣人有复[3]也，又不可矣。若谓‘未发’在‘已发’之中，则不知‘未发’，‘已发’俱当主静乎？抑‘未发’为静而‘已发’为动乎？抑‘未发’、‘已发’俱无动无静乎？俱有动有静乎？幸教。”

“未发之中”即良知也，无前后、内外而浑然一体者也。有事、无事可以言动、静，而良知无分于有事、无事也。寂然、感通可以言动、静，而良知无分于寂然、感通也。动、静者所遇之时，心之本体固无分于动、静也。理无动者也，动即为欲。循理则虽酬酢万变而未尝动也；从欲则虽槁心一念，而未尝静也。“动中有静，静中有动”，又何疑乎？有事而感通固可以言动，然而寂然者未尝有增也；无事而寂然固可以言静，然而感通者未尝有减也。“动而无动，静而无静”，又何疑乎？无前后、内外而浑然一体，则至诚有息之疑不待解矣。“未发”在“已发”之中，而“已发”之中未尝别有“未发”者在；“已发”在“未发”之中，而“未发”之中未尝别有“已发”者存。是未尝无动、静，而不可以动、静分者也。

凡观古人言语，在以意逆志而得其大旨，若必拘滞于文义，则“靡有孑遗”者[4]，是周果无遗民也。周子“静极而动”之说，苟不善观，亦未免有病。盖其意从“太极动而生阳，静而生阴”说来。太极生生之理，妙用无息，而常体不易。太极之生生即阴阳之生生，就其生生之中，指其妙用无息者而谓之动，谓之阳之生，非谓动而后生阳也；就其生生之中，指其常体不易者而谓之静，谓之阴之生，非谓静而后生阴也。若果静而后生阴，动而后生阳，则是阴阳、动静截然各自为一物矣。阴阳一气也，一气屈伸而为阴阳；动静一理也，一理隐显而为动静。春夏可以为阳为动，而未尝无阴与静也；秋冬可以为阴为静，而未尝无阳与动也。春夏此不息，秋冬此不息，皆可谓之阳，谓之动也。春夏此常体，秋冬此常体，皆可谓之阴，谓之静也。自元、会、运、世[5]、岁、月、日、时以至刻、秒、忽、

微，莫不皆然。所谓“动静无端，阴阳无始”，在知道者默而识之，非可以言语穷也。若只牵文泥句，比拟仿像，则所谓“心从《法华》转，非是转《法华》”⑥矣。

·注 释

①动中有静，静中有动：语出《河南程氏遗书》：“静中便有动，动中自有静。”

②动极而静，静极而动：语出周敦颐《太极图说》：“太极动而生阳，动极而静；静而生阴，静极而动。”

③圣人有复：语出周敦颐《通书》：“性焉安焉之谓圣，复焉执焉之谓贤。”

④“以意逆志”三句：语出《孟子·万章上》：“故说《诗》者，不以文害辞，不以辞害志，是为得之。如以辞而已矣，《云汉》之诗曰：‘周馀黎民，靡有孑遗。’信斯言也，是周无遗民也。”以意逆志，意为用自己的心思去猜测他人的心思。《云

汉》，为《诗经·大雅》的篇名。

⑤元、会、运、世：一世三十年，一运十二世，一会三十运，一元十二会。

⑥“心从《法华》转”二句：意为迷者拘泥于《法华经》的文句，悟者则能支配运用《法华经》的文句。语出《六祖法宝坛经·机缘品》：“心迷《法华》转，心悟转《法华》。”

【译文】

来信中说：“此心‘未发’的本体，具体是在已发之前，还是在已发之中并主宰着已发’呢？或者是根本不分前后、内外，而浑然一体？现在所讲的心的动、静，主要是从有事无事来说，还是主要从寂然不动、感应相通上来说呢？抑或是从遵循天理、顺从欲望上来说的？如果将遵循天理当做是静，顺从欲望当做是动，那么那些所谓的‘动中有静，静中有动’‘动极而静，静极而动’，便不能够说得通了。如果把有事而感应相通当做动，无事而寂然不动当做静，那么那些所谓的‘动而无动，静而无静’，也不能说得通了。如果说成是未发在已发之前，静而生动，那么，至诚就会有停息，圣人也需要复归本性了，这又说不通了。如果说成是‘未发’在‘已发’之中，那么不知道是‘未发’‘已发’都主宰‘静’，还是‘未发’主宰静，而‘已发’主宰动？抑或是‘未发’‘已发’都是无动无静，有动有静？希望先生您就这些问题有所指教。”

“未发之中”，就是良知罢了，没有前后、内外之分，是浑然一体的。有事、无事可以说成是动或者静，但是良知本身不会有有事或无事的区分。寂然不动、感应相通可以说动或者静，但是良知本身是没有寂然、感通之分。动静、是因时而异的。但心的本体，原本就没有动、静之分。理是寂然不动的，如果动了便是私欲产生。即使是千变万化，只需遵循天理，也不会动；顺从了私欲，即使心中只有一个念想，也不是静。“动中有静，静中有动”，又有什么可以怀疑的呢？有事而感应相通固然可以称作是动，然而，寂然不动者未曾有什么增加；无事而寂然不动固然可以称作是静，但是感应相通者也不曾减少什么。“动而无动，静而无静”，又有什么可以怀疑的呢？良知没有前后、内外之分而浑然一体，那么“至诚有息”就无须再多加解释了。“未发”在“已发”之中，而“已发”之中，未尝另有一个“未发”存在。“已发”在“未发”之中，而“未发”之中未尝另有一个“已发”存在。所以这里边未曾没有动、静，只是不能用动、静来区分罢了。

但凡观察古人的言论，需用心去斟酌古人的心思，从而得到他们文章的主旨，假若一定要拘泥停留在字面意义上，那么“靡有孑遗”这样的句子，难道意思就是周朝果真没有遗民了吗？周敦颐先生“静极而动”的学说，如果不善于观察，就未免会有差错出现。因为他的意思大概是从“太极动而生阳，静而生阴”来说的。太极的生生之理，妙用无穷而永恒不变。太极的生生就是阴阳的生生，在生生之中，就妙用无穷而言就叫做动，就是阳的产生，而并非动之后才有阳产生；在生生之中，就它本体的永恒不变而言就是静，就是阴的产生，也并非是在静之后才产生阴。如果真的是静止之后才产生阴，动之后才产生阳，那么阴阳、动静就是截然分开的不同的事物。阴阳都是气，气的伸缩产生了阴阳；动静是理，理的隐藏显现就产生了动静。春夏是阳、是动，但也照样有阴与静；秋冬可以说是阴与静，但也未尝没有阳与动。春夏秋冬变化无穷，都可以说是阳和动。春夏秋冬的本体永恒不变，都可以称作阴与静。从元、会、运、世、岁、月、日、时以至到刻、秒、忽、微，都是这样的。所谓的“动静无端，阴阳无始”，明理的人默默体会就能认识到，言语并不能表达完整。如果只拘泥于字面意义，比拟模仿，就是所谓“心从《法华》转，非是转《法华》”了。

四

【原文】

来书云："尝试于心，喜、怒、忧、惧之感发也，虽动气之极，而吾心良知一觉，即罔然消阻，或遏于初，或制于中，或悔于后。然则良知常若居优闲无事之地而为之主，于喜、怒、忧、惧若不与焉者，何欤？"

知此，则知"未发之中""寂然不动"之体，而有发而中节之和、感而遂通之妙矣。然谓"良知常若居于优闲无事之地"，语尚有病。盖良知虽不滞于喜、怒、忧、惧，而喜、怒、忧、惧亦不外于良知也。

【译文】

信中说："我曾经在心中试验过，喜怒忧惧等感情产生时，哪怕是生气到了极点，但是只要我心中的良知一旦觉察到了，就会慢慢把它消解阻止，或者在刚开始产生时把它遏止，或者在发作的过程中把它制止，或者在发生后悔悟。然而良知似乎经常是在悠闲无事的时候能主宰着人的感情，与喜怒忧惧好像没有什么关系，为什么呢？”

明白了这一点，你就能明白“未发之中”“寂然不动”的本体，并能体会到发而中节之和，有感而遂通的奇妙了。但是你所说的“良知常若居于悠闲无事之地”这句话，它本身就有毛病。虽然良知不会滞留在喜怒忧惧的感情上面，但是喜怒忧惧也不会存在于良知之外。

五

【原文】

来书云：“夫子昨以良知为照心。窃谓良知，心之本体也；照心，人所用功，乃戒慎恐惧之心也，犹思也。而遂以戒慎恐惧为良知，何欤？”

能戒慎恐惧者，是良知也。

【译文】

来信说：“昨天先生说良知就是照心。但我私下里觉得良知是心的本体；而照心，则是人所下的功夫，就是时时不忘检点、警戒自己的心，和‘思’相类似。而先生您却把戒慎恐惧当做是良知，为什么？”

能够让人戒慎恐惧，就是良知。

六

【原文】

来书云：“先生又曰：‘照心非动也’，岂以其循理而谓之静欤？‘妄心亦照也’，岂以其良知未尝不在于其中、未尝不明于其中，而视听言动之不过则者，皆天理欤？且既曰妄心，则在妄心可谓之照，而在照心则谓之妄矣。妄与息何异？今假妄之照以

续至诚之无息，窃所未明，幸再启蒙。”

“照心非动”者，以其发于本体明觉之自然，而未尝有所动也；有所动即妄矣。“妄心亦照”者，以其本体明觉之自然者，未尝不在于其中，但有所动耳；无所动即照矣。无妄、无照，非以妄为照，以照为妄也。照心为照，妄心为妄，是犹有妄、有照也。有妄、有照则犹二也，二则息矣。无妄、无照则不二，不二则不息矣。

【译文】

信中说：“先生说：‘照心非动也’，难道说它是静的，是因为它遵循天理吗？‘妄心亦照也’，这难道是因为良知也在妄心当中，在妄心当中又未曾没有明细体察，而人的视听言动符合准则的全是天理呢？既然说是妄心，良知对于妄心来说也是‘照’，而对于照心来说反倒是‘妄’了。那么妄与息又有什么区别呢？现在把妄心之照与至诚无息联系起来考虑，我便不明白了，请先生再指导我一下。”

“照心非动”，是因为它发自于心体自然的明觉，所以不曾有动；如果有所动，便成为妄了。“妄心亦照”，是因为本体的天然明觉，未曾不在妄心之中，只是它是有所动的罢了；如果无所动，便是照了。所谓“无妄无照”，并不是把妄心当做照，把照心当做妄。把照心当做照，把妄心当做妄，就还是认为有妄心和照心相对存在。认为有妄有照，就是把妄心和照心看做两个心，把一心分为二，良知便停息了。认为无妄无照，才不会把心分而为二，这样，良知就不停息了。

七

【原文】

来书云：“养生以清心寡欲为要。夫清心寡欲，作圣之功毕矣。然欲寡则心自清，清心非舍弃人事而独居求静之谓也，盖欲使此心纯乎天理而无一毫

人欲之私耳。今欲为此之功，而随人欲生而克之，则病根常在，未危灭于东而生于西。若欲刊剥洗荡于众欲未萌之先，则又无所用其力，徒使此心之不清。且欲未萌而搜剔以求去之，是犹引犬上堂而逐之也[1]，愈不可矣。”

必欲此心纯乎天理而无一毫人欲之私，此作圣之功也。必欲此心纯乎天理而无一毫人欲之私，非防于未萌之先而克于方萌之际不能也。防于未萌之先而克于方萌之际，此正《中庸》“戒慎恐惧”、《大学》“致知格物”之功，舍此之外无别功矣。夫谓“灭于东而生于西”“引犬上堂而逐之”者，是自私自利、将迎意必[2]之为累，而非克治洗荡之为患也。今日“养生以清心寡欲为要”，只“养生”二字便是自私自利、将迎意必之根。有此病根潜伏于中，宜其有“灭于东而生于西”“引犬上堂而逐之”之患也。

·注 释

①“引犬”句：语出《河南程氏遗书》卷二。

②将迎意必：将迎，送迎，意为有意安排，是以私心处事。语出《庄子·知北游》：“无有所将，无有所迎。”意必，语出《论语·子罕》：“子绝四：毋意，毋必，毋固，毋我。”意，主观臆断。必，绝对肯定。

【译文】

信中说：“谈到养生，关键是要清心寡欲。而能够做到清心寡欲，做圣人的功夫便算是完成了。然而私欲减少则自然心会清净，心的清净并不是说要隐居山林舍弃人事以求得宁静，而是想要让本心纯然合乎天理，没有一丝一毫的私欲。现在要做这样的功夫，在私欲产生时便把它克制住，但如果它的病根没有清除，未免会克制了东边的私欲西边的又生出来了。如果想在各种私欲还未萌芽之前便把它们都一一清除，就完全没有用功的地方了，只能徒劳地让自己的心不清净。况且私欲未萌芽之前就去搜寻并清除它，就好像是把狗带到正屋里再把它驱逐出去，更行不通。”

想要使心纯然合乎天理而没有一毫的个人私欲存在，这是成为圣人的功夫。想要做到这个，就非要在私欲产生之前便多加防范，并在私欲萌芽时克制它不可。在私欲产生前防范它并在萌芽之时便克制它，这正是《中庸》中“戒慎恐惧”和《大学》中“格物致知”的功夫，除此之外，再没有别的功夫了。你说的“灭于东而生于西”“引犬上堂而逐之”等情况，是为自私自利、刻意求成所累，而不是克制扫荡私欲本身的问题。现在你说“养生以清心寡欲为要”，而“养生”两个字就是自私自利、刻意追求的病根。有这一病根潜伏在当中，就很能理解会产生“灭于东而生于西”“引犬上堂而逐之”等弊病了。

八

【原文】

来书云："佛氏于'不思善，不思恶时认本来面目'[1]，于吾儒'随物而格'之功不同。吾若于不思善、不思恶时用致知之功，则已涉于思善矣。欲善恶不思而心之良知清静自在，惟有寐而方醒之时耳，斯正孟子'夜气'之说。但于斯光景不能久，倏忽之际，思虑已生。不知用功久者，其常寐初醒而思未起之时否乎？今澄欲求宁静，愈不宁静；欲念无生，则念愈生。如之何而能使此心前念易灭，后念不生，良知独显而与造物者游[2]乎？"

"不思善、不思恶时认本来面目"，此佛氏为未识本来面目者设此方便。本来面目即吾圣门所谓良知。今既认得良知明白，即已不消如此说矣。"随物而格"，是致知之功，即佛氏之"常惺惺"[3]，亦是常存他本来面目耳。体段功夫大略相似。但佛氏有个自私自利之心，所以便有不同耳。今“欲善恶不思而心之良知清静自在”，此便有自私自利、将迎意必之心，所以有“不思善、不思恶时用致知之功，则已涉于思善”之患。孟子说“夜气”，亦只是为失其良心之人指出个良心萌动处，使他从此培养将去。今已知得良知明白，常用致知之功，即已不消说“夜气”，却是得兔后不知守兔而仍去守株，兔将复失之矣。“欲求宁静”，“欲念无生”，此正是自私自利、将迎意必之病，是以念愈生而愈不宁静。良知只是一个良知，而善恶自辨，更有何善何恶可思？良知之体本自宁静，今却又添一个求宁静；本自生生，今却又添一个欲无生，非独圣门致知之功不如此，虽佛氏之学亦未如此将迎意必也。只是一念良知，彻头彻尾，无始无终，即是前念不灭，后念不生。今却欲前念易灭，而后念不生，是佛氏所谓“断灭种性”④，人于槁木死灰之谓矣。

·注 释

①“不思善”二句：意为在心态平和自然的状态下体认心的本体，不有意趋善，也不有意避恶。语出《六祖法宝坛经·行由品》。

②与造物者游：意为与天理大道默契相合。语出《庄子·天下》。

③常惺惺：禅语，意为经常保持清醒状态。

④断灭种性：佛家语，意为心灵处于死寂状态。语出玄奘《成唯识论》卷五。

【译文】

来信中说道：“佛家‘不思善、不思恶时认识本来面目’的主张，同我们儒家依‘随物而格’的功夫不同。如果我在不思善、不思恶时下致知功夫的时候，便已经想到善了。如果想要不思善恶，心中的良知便能自然处于清净自在的状态，只有在睡觉刚醒的时候可以达到，就是孟子的‘夜气’说法。

但是这种时间不能持续很久，转眼之间，思虑就已经产生了。不懂得常用的人，能常常像刚睡醒而思虑还未产生时那样吗？现在我想清除私欲求得宁静，却更加无以宁静了；想要不产生杂念，杂念却更加产生了。如果要使此心前念易灭而后念不生，有良知显露，与天理大道相合造物者同样，又该怎么做呢？”

“不思善、不思恶时认识本来面目”，这是佛家为那些还没有认识到本来面目的人设的简便方法。“本来面目”就是圣学里所说的良知。现在已经清楚地认识了良知，也就不需要像佛家那样说了。“随物而格”，是致知的功夫，也是佛家所说的“常惺惺”，也是经常存养本来面目罢了。由此可知，儒佛两家的功夫大略是相似的。只是佛家有一个自私自利的心，所以就和儒家有所不同了。说“欲善恶不思而心之良知清静自在”，便是有了一个自私自利、刻意追求的心，所以才会有“不思善、不思恶时用致知之功，就是已经涉于思善”的忧患。孟子所说的“夜气”，也只是为失去良知的人指明了良知萌生的地方，使他们从这里去培养良知。现在已经清楚地认识了良知，又经常用致知的功夫，便不需再说什么“夜气”了，否则的话就会像守株待兔的人，得到了兔子之后不懂得去守住兔子，而是依旧守住那个树桩，那么已经得手的兔子也会再失去的。“欲求宁静”“欲念无生”，这正是自私自利、刻意追求的一方面，因此才会私念产生得更加厉害，心里更加无法宁静。良知只有一个，善恶自然能得到分辨，还有什么善恶是需要思考再去分辨的呢？良知的本体本来就是宁静的，现在却又添了一个追求宁静；良知的本体原本就生生不息，现在却又添上一个不生私欲，并非单单是圣学的致知功夫不会这样的，佛教也不会这样刻意追求。只要念头全在良知上，彻头彻尾，无始无终，也就自然会前念不灭，后念不生。现在你却想要前念易灭，后念不生，就成佛教所说的“断灭种性”，就进入了槁木死灰的状态了。

九

【原文】

来书云："佛氏人有'常提念头'之说，其犹孟子所谓'必有事'、夫子所谓'致良知'之说乎？其即'常惺惺'、常记得、常知得、常存得者乎？于此念头提起之时，而事至物来，应之必有其道。但恐此念头提起时少，放下时多，则功夫间断耳。且念头放失，多因私欲客气[①]之动而始，忽然惊醒而后提。其放而未提之间，心之昏杂多不自觉。今欲日精日明，常提不放，以何道乎？只此常提不放即全功乎？抑于常提不放之中，更宜加省克之功乎？虽曰常提不放，而不加戒惧克治之功，恐私欲不去；若加戒惧克治之功焉，又为'思善'之事，而于本来面目又未达一间也。如之何则可？"

戒惧克治即是"常提不放"之功，即是"必有事焉"，岂有两事邪？此节所问，前一段已自说得分

晓，末后却是自生迷惑，说得支离，及有“本来面目未达一间”之疑，都是自私自利、将迎意必之为病。去此病，自无此疑矣。

·注 释

①客气：宋儒把心作为人性的本体，把产生于血气的生理之性称为客气。

【译文】

信中说：“佛家有‘常提念头’的说法，它就像孟子所说的‘必有事’，先生您所说的‘致良知’吗？也就是‘常惺惺’、常记得、常知得、常存得吗？当这个念头被提起的时候，许多事物纷至沓来，也定会有恰当的方法去应付。但只怕当这个念头提起的时候很少，反倒放弃的时候很多，那样功夫便间断了。况且这个念头的放弃，多是因为私欲客气产生才开始的，而受到突然惊醒后才会重新提起来。在放弃了又还没有提起来的过程中间，人心昏暗杂乱，常常无法自己察觉。现在想要日益精纯明亮，常提不放，用什么方法呢？只是常提不放便是全部的功夫了吗？或者在常提不放的过程中，还应该增加反省克制的功夫？或者做到了常提不放，但是不增加戒惧克治的功夫，恐怕私欲也无法完全清除；如果增加戒惧克制的功夫，又成了‘思善’的事情了，这和本来面目又不相符了。所以到底应该怎样做才算行了呢？”

戒惧克制就是“常提不放”的功夫，也就是“必有事焉”，难道这些会是两回事吗？你这一节里所提到的问题，我在前面已经说得十分明白了，只是后来你自己又产生了困惑，说得支离破碎，以至有了“本来面目未达一间”的疑惑，这都是自私自利、刻意追求产生的弊端。去除了这个弊端，就不会再有疑惑了。

十

【原文】

来书云："'质美者明得尽，渣滓便浑化。'[1]如何谓'明得尽'？如何而能'便浑化'？"

良知本来自明。气质不美者，渣滓多，障蔽厚，不易开明。质美者，渣滓原少，无多障蔽，略加致知之功，此良知便自莹彻。些少渣滓如汤中浮雪，如何能作障蔽？此本不甚难晓，原静所以致疑于此，想是因一"明"字不明白，亦是稍有欲速之心。向曾面论"明善"之义，"明则诚矣"，非若后儒所谓"明善"之浅也。

·注 释

①"质美者"二句：意为本质美好的人善德尽显，缺点也都融化消失了。程颢语，出自《河南程氏遗书》卷十一。

【译文】

来信中说："'质美者明得尽，渣滓便浑化。'究竟什么叫'明得尽'？要怎么样才能做到'便浑化'呢？"

良知本来就是自然光明的。气质差的人，缺点很多，遮蔽也厚，良知不容易呈现出光明。而气质好的人，身上的缺点少，也没有很多的遮蔽，只需略微增加一点致知的功夫，良知便自然会晶莹透彻。少许的缺点就好像是热水里的一点点浮雪，如何能构成遮蔽？这本来不难理解，你对此会产生疑惑，想必是因为不明白"明"字的意思，其间也有你求速的心思。以前我们曾经当面讨论过"明善"的含义，"明则诚矣"，这并非朱熹解释"明善"时所说的那么肤浅。

十一

【原文】

来书云："聪明睿知，果质乎？仁义礼智，果性乎？喜怒哀乐，果情乎？私欲客气，果一物乎？二物乎？古之英才，若子房[1]、仲舒[2]、叔度[3]、孔明、文中子、韩范[4]诸公，德业表著，皆良知中所发也，而不得谓之闻道者，果何在乎？苟曰此特生质之美耳，则生知安行者不愈于学知、困勉者乎？愚意窃云，谓诸公见道偏则可，谓全无闻，则恐后儒崇尚记诵训诂之过也。然乎？否乎？"

性一而已。仁、义、礼、知，性之性也；聪、明、睿、知，性之质也；喜、怒、哀、乐，性之情也。私欲、客气，性之蔽也。质有清浊，故情有过、不及，而蔽有浅深也。私欲、客气，一病两痛，非二物也。张、黄、诸葛及韩范诸公，皆天质之美，自多暗合道妙，虽未可尽谓之知学，尽谓之闻道，然亦自其有学违道不远者也。使其闻学知道，即伊[5]、傅[6]、周、召[7]矣。若文中子则又不可谓之不知学者，其书虽多出于其徒，亦多有未是处，然其大略则亦居然可见，但今相去辽远，无有的然凭证，不可悬断其所至矣。

夫良知即是道。良知之在人心，不但圣贤、虽常人亦无不如此。若无有物欲牵蔽，但循着真知发用流行将去，即无不是道。但在常人多为物欲牵蔽，不能循得良知。如数公者，天质既自清明，自少物欲为之牵蔽，则其良知之发用流行处，自然是多，自然违道不远。学者学循此良知而已。谓之知学，只是知得专在学循良知。数公虽未知专在良知上用功，而或泛滥于多歧，疑迷于影响，是以或离或合而未纯；若知得时，便是圣人矣。后儒尝以数子者尚皆是气质用事，未免于行不著，习不察，此亦未为过论。但后儒之所谓著、察者，亦是狃于闻见之狭，蔽于沿习之非，而依拟仿像于影响形迹之间，尚非圣门之所谓著、察者也。则亦安得以己之昏昏，

而求人之昭昭也乎？所谓生知安行，“知行”二字亦是就用功上说。若是知行本体即是良知良能，虽在困勉之人，亦皆可谓之生知安行矣。“知行”二字更宜精察。

·注 释

①子房：张良，字子房，传为城父（今安徽亳州东南）人。汉初三杰之一，曾辅佐刘邦得天下，被封为留侯。

②仲舒：董仲舒，汉广川（今河北省枣强）人。西汉哲学家，今文经学大师，提出“罢黜百家，独尊儒术”的观点，被汉武帝采纳，对后世影响极大。

③叔度：黄宪，字叔度，东汉汝南慎阳（今河南平御县）人，自幼家贫，德行彪炳当世，有颜回之称，终生不仕。

④韩范：韩琦与范仲淹的合称。韩琦，字雅圭，相州安阳（今属河南）人，北宋名臣。范仲

淹，字希文，苏州吴县人，宋真宗大中祥符进士，官至枢密副使、参知政事，北宋政治家、文学家。韩琦、范仲淹出将入相，共保北宋太平，世称韩范。

⑤伊：伊尹，商初重臣，出身奴隶，辅佐商汤灭夏。

⑥傅：傅说，商王武丁时贤相，传说原为傅岩地方从事建筑的奴隶。

⑦召：召公，文王的儿子。因封地在召，故称召公。与周公共同辅佐成王。

【译文】

来信中说："聪明睿智，真的是人天生的资质吗？仁义礼智，真的是人的本性吗？喜怒哀乐，真的是人原本就有的性情吗？私欲和客气，究竟是一回事，还是两回事？古代的英才，比如张良、董仲舒、黄宪、诸葛亮、王通、韩琦、范仲淹等等，他们功德卓著，都是由良知生发出来的，后人却不认为他们是通晓圣道的人，这是为何呢？如果说这是因为他们的资质天生便是优良的，那么那些安行圣道的人岂不是还不如那些学知利行、困知勉行的人吗？我自己私下里觉得，认为他们对道的认识不全面还可以，但是如果说他们完全不识圣道，就恐怕是后世儒生崇尚背诵训诂，对他们产生了偏见。这样说对不对呢？”

天性仅有一个而已。仁、义、礼、智，是天性的本质；聪、明、睿、智，是天性的资质；喜、怒、哀、乐，是天性的情感。私欲、客气是天性的障碍。本质有清和浊的区分，所以情感会有过分或者不足，而障碍则有深有浅。私欲、客气是一种病的两个痛处，并非两件事情。张良、黄宪、诸葛亮以及韩琦、范仲淹等人，都拥有美好的天资，虽不能说他们完全知晓圣学，完全明白圣道，但他们自然与天道的许多地方都巧妙暗合，他们的学问离圣道已然不远了。假使他们完全闻道知学了，便成了伊尹、傅说、周公、召公了。至于文中子王通，也不能说他不知学，虽然他是书大多出自徒弟们的记载，中间也有很多不对的地方，但他学问的大概轮廓还是可以看出来的。只是现在年代相隔很远，没有确切的凭据，不能凭空臆断他的学问究竟到了什么程度。

良知即是道。不论是圣贤还是平常人，良知都自在人心。只要遵循良知并将其发扬流传，去除物欲的牵累蒙蔽，便都是圣道。只是平常人大多为物欲所牵累蒙蔽，不能够遵循良知。就像前面几位先生，他们天质已经是清明的了，自然很少被物欲所牵累蒙蔽，所以他们的良知产生作用的地方自然会多一些，自然离道较近。学者只需学习去遵循良知就行了。所谓“知学”，只是要学习专门用功在遵循良知上。前面几位先生虽然没有学会专门在遵循良知上用功，有的在岔路上徘徊，为别的东西所影响和迷惑，所以他们对道，时离时合，未能达到纯粹；如果他们学会了遵循良知，就是圣人了。后世儒生们曾经认为几位先生成就事业都仅是凭天资，评价他们是“行不著”“习不察”，恐怕一点都不会过分。但是后世儒生眼里的“著”“察”，也是受了狭隘的见闻和旧时习惯的蒙蔽的，只仿拟圣人的影响和事迹，也并不是圣学里所说的“著察”。以自己的昏迷糊涂，如何能使得别人明白呢？所谓生知安行，“知行”二字也是就用功说的。这知行的本体，就是良知良能。即使是困知勉行的人，也可以说他是生知安行的。“知行”这两个字，还值得精心体察。

十二

【原文】

来书云：“昔周茂叔每令伯淳寻仲尼、颜子乐处。敢问是乐也，与七情之乐同乎？否乎？若同，则常人之一遂所欲，皆能乐矣，何必圣贤？若别有真乐，则圣贤之遇大忧、大怒、大惊、大惧之事，

此乐亦在否乎？且君子之心常存戒惧，是盖终身之忧也①，恶得乐？澄平生多闷，未尝见真乐之趣，今切愿寻之。”

乐是心之本体，虽不同于七情之乐，而亦不外于七情之乐。虽则圣贤别有真乐，而亦常人之所同有，但常人有之而不自知，反自求许多忧苦，自加迷弃。虽在忧苦迷弃之中，而此乐又未尝不存，但一念开明，反身而诚②，则即此而在矣。每与原静论，无非此意，而原静尚有何道可得之问，是犹未免于骑驴觅驴之蔽也。

·注 释

①是盖终身之忧也：语出《孟子·离娄下》：“是故君子有终身之忧，无一朝之患也。”

②反身而诚：语出《孟子·尽心上》：“孟子曰：‘万物皆备于我矣。反身而诚，乐莫大焉。强恕而行，求仁莫近焉。’”

【译文】

来信说："过去周敦颐先生每每要求程颢先生去寻求孔子与颜回的快乐之处。我想问他所说的'乐'与七情六欲里的'乐'是一样的吗？如果一样，那么平常人一旦心意顺遂，也都能够快乐，又何必成为圣贤呢？如果除此之外还有什么真正的快乐，那么当圣贤们遭遇到忧、怒、惊、惧等情况，这个真正的快乐还存在吗？而且君子心中常存戒惧，这大概是终生的忧虑，怎么可能得到快乐呢？我平生有许多烦恼，还未曾体会过真正的乐趣，现在我真切地希望能够找到这真正的快乐。"

乐是心的本体，它虽然与七情之乐不尽相同，但也不在七情六欲里的乐之外。圣贤们虽然另有真正的快乐，然而这种快乐也是一般人也共有的，只是一般人自己不知道这种快乐，反而给自己找来了许多的忧愁苦闷，自己迷乱地丢弃了真正的快乐。虽然在忧苦迷茫中丢弃了，但真正的快乐并非就不存在了，只需念头一旦明朗了，回头在自己身上求得，便能真正感觉到这种快乐。我和你每次谈论，无非是这个意思，而你还要问能够用什么方法可以得到这种乐，这难免有点骑驴找驴的感觉了。

十三

【原文】

来书云：“《大学》以心有好乐、忿懥、忧患、恐惧为不得其正，而程子亦谓‘圣人情顺万事而无情[①]’。所谓有者，《传习录》中以病疟譬之，极精切矣。若程子之言，则是圣人之情不生于心而生于物也，何谓耶？且事感而情应，则是是非非可以就格。事或未感时，谓之有则未形也，谓之无则病根在。有无之间，何以致吾知乎？学务无情，累虽轻，而出儒入佛矣，可乎？”

圣人致知之功，至诚无息。其良知之体，懥如明镜，略无纤翳，妍媸之来，随物见形，而明镜曾无留染，所谓“情顺万事而无情”也。“无所住而生其心”[2]，佛氏曾有是言，未为非也。明镜之应物，妍者妍，媸者媸，一照而皆真，即是“生其心”处。妍者妍，媸者媸，一过而不留，即是“无所住”处。病疟之喻，既已见其精切，则此节所问可以释然。病疟之人，疟虽未发，而病根自在，则亦安可以其疟之未发，而遂忘其服药调理之功乎？若必待疟发而后服药调理，则既晚矣。致知之功，无间于有事无事，而岂论于病之已发未发邪？大抵原静所疑，前后虽若不一，然皆起于自私自利、将迎意必之为祟。此根一去，则前后所疑，自将冰消雾释，有不待于问辨者矣。

·注 释

①圣人情顺万事而无情：意为圣人的情感顺应事物而生发，当喜则喜，当怒则怒，不以自己的主观意志为转移。语出《河南程氏文集·答横渠张子厚先生书》。

②无所住而心生其心：意为不执着，让心境处于自然的状态。语出《金刚经》："不应住色生心，不应住声、香、味、触、法生心，应无所住而生其心。"

【译文】

来信中说："《大学》中认为，心中有好乐、愤怒、忧患、恐惧等情感，便不能达到中正。程颢先生也说：'圣人情顺万事而无情。'所谓有情，《传习录》里用疟疾来比喻它，十分精辟。如果像程颢先生所说，圣人的情感便是不从心里产生而是在事物上产生，为什么这么说呢？如果随着遇到的事而产生了相应的情，那么，其中的是非对错可以去格了。没有感觉到事物的时候，说它有情呢，情又还没有显现；要说它没有情呢，情根又是潜在的。在这有无之间，它怎么来致知呢？如果学习务必要无情，虽然牵累少了，却又进入了佛家的学说了，这样行吗？"

圣人致知的功夫是至诚不息的。圣人的良知，像明镜一样皎洁，没有丝毫的纤尘沾染，在镜子里，美丑自现，而明镜则不曾丝毫沾染，这就是所谓的“情顺万事而无情”。“无所住而生其心”，佛家曾经这样说，这句话并没有错。明镜照物，美就美，丑就丑，一照便能看出真实面目，也就是“生其心”。美就美，丑就丑，过后在镜子里没有留下什么，这就是“无所住”。既然你已经看到了疟疾的比喻的精辟，那么这里的问题也就能容易解决了。得了疟疾的人，虽然暂时没有发病，但是病根还是在的，怎么能安于暂时没有发病的状态，便忘了吃药调理呢？如果一定等到疟疾复发才开始吃药调理，那就晚了。致知的功夫，不分有事无事，怎么能和病是否发作相比较呢？大概你的疑问，前后虽然不统一，但都起源于自私自利、刻意追求这一弊端。除掉了这一弊端，那你的疑惑，自然会冰消云散，再也不用去问辨了。

十四

【原文】

德洪曰：答原静书出，读者皆喜澄善问，师善答，皆得闻所未闻。师曰："原静所问只是知解上转，不得已与之逐节分疏。若信得良知，只在良知上用功，虽千经万典无不吻合，异端典学一勘尽破矣，何必如此节节分解？佛家有'扑人逐块'之喻，见块扑人则得人矣，见块逐块于块奚得哉？"在座诸友闻之，惕然皆有惺悟。此学贵反求，非知解可人也。

【译文】

德洪说：答陆原静的书信公开之后，读者们都很喜欢陆澄的好提问和先生精彩的回答，都看到了以前从未听说过的东西。先生说："原静的提问，只在认知上纠缠，我不得已替他逐段做出了疏解。如果真的已经懂得了良知，只在良知上下功夫，千万经典都会与此吻合，而异端的典学则会一触尽破，又何必如此节节分解？佛家中有‘扑人逐块’的比喻，狗看到石块去扑人，才能咬住人；见到石块便追逐石块，从石头那里能得到什么呢？”在座的朋友们听了，都立即有所醒悟。先生的学问贵在反省，并不是能够从认知上获得的。

答欧阳崇一

一

【原文】

崇一[1]来书云："师云：'德性之良知，非由于闻见，若曰多闻择其善者而从之，多见而识之，则是专求之见闻之末，而已落在第二义。'窃意良知虽不由见闻而有，然学者之知，未尝不由见闻而发。滞于见闻固非，而见闻亦良知之用也。今曰'落在第二义'，恐为专以见闻为学者而言，若致其良知而求之见闻，似亦知行合一之功矣。如何？"

良知不由见闻而有，而见闻莫非良知之用。故良知不滞于见闻，而亦不离于见闻。孔子云：“吾有知乎哉？无知也。”[2]良知之外别无知矣。故致良知是学问大头脑，是圣人教人第一义。今云专求之见闻之末，则是失却头脑，而已落在第二义矣。近时同志中，盖已莫不知有致良知之说，然其功夫尚多鹘突者，正是欠此一问。

大抵学问功夫只要注意头脑是当。若主意头脑专以致良知为事，则凡多闻多见，莫非致良知之功。盖日用之间，见闻酬酢，虽千头万绪，莫非良知之发用流行；除却见闻酬酢，亦无良知可致矣，故只是一事。若曰致其良知而求之见闻，则语意之间未免为二。此与专求见闻之末者虽稍不同，其为未得精一之旨，则一而已。“多闻，择其善者而从之，多见而识之。”既云“择”，又云“识”，其真知亦未尝不行于其间，但其用意乃专在多闻多见上去择、识，则已失却头脑矣。崇一于此等处见得当已分晓，今日之问，正为发明此学，于同志中极有益。但语意未莹，则毫厘千里，亦不容不精察之也。

·注 释

①崇一：欧阳德（1495~1554），字崇一，号南野，江西泰和人，王阳明的弟子，进士，官至礼部尚书。

②吾有知乎哉？无知也：语出《论语·子罕》："吾有知乎哉？无知也。有鄙夫问于我，空空如也，我叩其两端而竭焉。"

【译文】

欧阳崇一来信说："先生曾说：'德性之良知，非由于闻见，若曰多闻择其善者而从之，多见而识之，则是专求之见闻之术，而已落在第二义。'我自己私下以为，良知虽然不是由见闻生出来的，但是学者的知识，未尝不是由见闻中产生的。局限于见闻的层面上固然错误，但是见闻也是良知的作用。您说'落在第二义'，恐怕是对那些专门把见闻当做学问的学者说的，如果是为了致良知而在见闻上探求，似乎也是知行合一的功夫。这样理解怎么样？”

良知不是见闻产生的，但是见闻无一不是良知的运用。所以良知不会停滞在见闻上，也不会与见闻分离开来。孔子说：“吾有知乎哉？无知也。”在良知之外再没有其他的知识了。所以致良知是学问的关键，是圣人教育人的第一要义。现在如果专门在见闻的细枝末节上探求，就是丢弃了关键，寻求的只是次要的东西了。最近大家大概没有不知道致良知的学说了，但是他们的功夫里还有许多糊涂的地方，正好是缺你这一问了。

大致说来，在学问上下功夫首先就需恰当地把握住关键。如果把致良知当做关键，那么多闻多见，也无一不是致良知的功夫。日常生活之中，见闻应酬，虽然千头万绪，也无非是良知的发挥和流传；去掉那些见闻应酬，也就没有良知可以致了，所以这些只是一件事罢了。如果说致良知是从见闻上求得的，那么它的意思就是把致良知和见闻分而为二，当做两回事了。这虽然和专门在见闻的细枝末节上探寻知识有所区别，但也同样没有领会精一的宗旨。“多闻，择其善者而从之，多见而识之”，既然说“择”和“识”，可见良知也在其间产生了很大的作用了，但是它的用意还是专门在多闻多见上去选择和认识，就已经失去了关键了。你对这个地方已经认识得十分清楚，今天的这个问题，正是为了阐明致良知的学说，对同学有很大的益处。只是语意表达不大清楚，难免会出现差之毫厘、谬以千里的问题，所以不得不精心体察。

二

【原文】

来书云：“师云：‘《系》言何思何虑，是言所思所虑只是天理，更无别思别虑耳，非谓无思无虑也。心之本体即是天理，有何可思虑得？学者用功，虽千思万虑，只是要复他本体，不是以私意去安排

思索出来。若安排思索，便是自私用智矣。’学者之蔽，大率非沉空守寂，则安排思索。德辛壬之岁著前一病，近又著后一病。但思索亦是良知发用，其与私意安排者何所取别？恐认贼作子，惑而不知也。”

“思曰睿，睿作圣。”[①]“心之官则思，思则得之。”[②]思其可少乎？沉空守寂与安排思索，正是自私用智，其为丧失良知，一也。良知是天理之昭明灵觉处，故良知即是天理，思是良知之发用。若是良知发用之思，则所思莫非天理矣。良知发用之思，自然明白简易，良知亦自能知得。若是私意安排之思，自是纷纭劳扰，良知亦自会分别得。盖思之是非邪正，良知无有不自知者。所以认贼作子，正为致知之学不明，不知在良知上体认之耳。

·注 释

①思曰睿，睿作圣：意为思维要深远通达，身远通达就达到了圣人的境界。语出《尚书·洪范》。

②心之官则思，思则得之：语出《孟子·告子上》："心之官则思，思则得之，不思则不得也。"意为心的功能是思考，思考就能体认天道和人性，不思考则难以认识天理。

【译文】

来信说："先生曾说：'《系辞》中说何思何虑，是指所思所虑只有天理，而没有其他的思虑，并不是说没有什么思虑。心的本体就是天理，有什么能够思虑得到呢？学者下功夫，虽然千思万虑，也只是要恢复他的本体，并非用私意去安排、思索天理。如果安排、思索，就属于自私要小聪明了。'学者的弊病，大概不是陷入空洞枯燥，就是去安排、思索天理。我在辛巳到壬午期间，即明正德十六年（1521）到嘉靖元年（1522），犯过前一个错误，近来又犯了后一个错误。只是，思索也是良知的运用，它和私意安排又有何区别呢？我担心自己认了贼做儿子，受了其间的迷惑还不明白它们的区分呢！”

“思曰睿，睿作圣。”“心之官则思，思则得之。”岂能缺少了思考？死守沉寂与安排思索，正是自私耍小聪明，也是丧失了自己心中的良知。良知是天理昭然灵觉之所在，所以良知即是天理，思索是良知的运用。如果是良知运用时的思索，那么思索的就只有天理。良知运用的思索，自然明白简单，良知自然也能够知道。如果是凭私意安排的思索，自然是纷纷扰扰，千头万绪，但良知也自然能够分辨。思索的是非正邪，良知没有不知道的。会出现认贼作子的情况，正是因为还没有弄明白致良知的学问，不知道在良知上体察认知罢了。

三

【原文】

来书又云：“师云：‘为学终身只是一事，不论有事无事，只是这一件。若说宁不了事，不可不加培

养，却是分为两事也。’窃意觉精力衰弱，不足以终事者，良知也。宁不了事，且加休养，致知也。如何却为两事？若事变之来，有事势不容不了，而精力虽衰，稍鼓舞亦能支持，则持志以帅气可矣[1]。然言动终无气力，毕事则困惫已甚，不几于暴其气已乎？此其轻重缓急，良知固未尝不知，然或迫于事势，安能顾精力？或困于精力，安能顾事势？如之何则可？”

“宁不了事，不可不加培养”之意，且与初学如此说亦不为无益。但作两事看了，便有病痛在。孟子言“必有事焉”，则君子之学终身只是“集义”一事。义者宜也，心得其宜之谓义。能致良知则心得其宜矣，故“集义”亦只是致良知。君子之酬酢万变，当行则行，当止则止，当生则生，当死则死，斟酌调停，无非是致其良知，以求自慊而已。故“君子素其位而行”，“思不出其位”。凡谋其力之所不及而强其知之所不能者，皆不得为致良知。而凡“劳其筋骨，饿其体肤，空乏其身，行拂乱其所为，动心忍性以增益其所不能”者，皆所以致其良知也。若云“宁不了事，不可不加培养”者，亦是先有功利之心，计较成败利钝而爱憎取舍于其间，是以将了事自作一事，而培养又别作一事，此便有是内非外之意，便是“自私用智”，便是“义外”，便有“不得于心，勿求于气”之病，便不是致良知以求自慊之功矣。

所云“鼓舞支持，毕事则困惫已甚”，又云“迫于事势，困于精力”，皆是把作两事做了，所以有此。凡学问之功，一则诚，二则伪。凡此皆是致良知之意，欠诚一真切之故。《大学》言：“诚其意者，如恶恶臭，如好好色，此之谓自慊。”曾见有恶恶臭、好好色而须鼓舞支持者乎？曾见毕事则困惫已甚者乎？曾有迫于事势困于精力者乎？此可以知其受病之所从来矣。

·注 释

①持志以帅气可矣：语出《孟子·公孙丑上》：

“夫志，气之帅也；气，体之充也。夫志，至焉；气，次焉。故曰：持其志，无暴其气。”

【译文】

来信又说：“先生您曾经说：‘为学，终生只是一件事，不管有事没事，也只是这一件事。如果说宁愿做不完事情，也不能不培养良知，就是把致良知和做学问当成两回事了。’我私下以为，当感到精力衰弱，不能完成事情，就是良知。而宁愿不做事，也要修养本心，就是致良知了。怎么就成了两回事了呢？如果遇到了事情发生，不能不处理，即使精力衰弱，只需稍加勉励，也是能坚持下来的。由此可知，意志还是统领着气力的。但是，这个时候，言行始终是没有气力的，等事情完成了就会十分疲惫，这和滥用气力不是几乎相当吗？良知固然不会不明白这其中的轻重缓急，但是有时为形势所迫，怎么能再顾及得到精力？有时则筋疲力尽，又怎么能顾及得到形势？这究竟怎么办呢？”

宁可不去处理事情，也不可不去培养本源，对初学的人这样说，也不无好处。但是把做事情与存养良知分而为二了，本身就有毛病。孟子说“必有事焉”，那么“集义”，就成了君子终身做学问要做的唯一的一件事了。义，就是宜，心做到它应该做的就是义。能致良知，心便能做到它应该做的事，所以“集义”也只是致良知。君子酬酢万变，当行便行，当止便止，当生便生，当死便死，这样斟酌协调，也无非都是致良知，为了求得自我满足罢了。所以“君子素其位而行”“思不出其位”。凡是谋求自己力所不能及的东西，强迫自己懂得自己才智不能懂的事情，都不是致良知。但凡“劳其筋骨，饿其体肤，空乏其身，行拂乱其所为，动心忍性以增益其所不能”的人，都是为了致良知。如果说“宁不了事，不可不加培养”，也是因为先有了一份功利的心思，计较其中的得失成败，从而做出爱憎取舍。因此把做事情当成了一回事，把存养良知又当做另一件事，这样就有了是非内外的区分，就是自私耍小聪明了，就是把义当做是外在的东西。于是就有了“不得于心，勿求于气”的弊病，就不再是致良知以求得自己内心满足的功夫了。

你所说的“鼓舞支持，毕事则困惫已甚”，又说“迫于形势，困于精力”，都是把做事情和存养良知当做两件事看了，因此才会有这样的情况出现。凡是做学问的功夫，一心一意就是真诚，三心二意就是虚伪。你所说的情况，都是致良知的心欠缺真切的缘故。《大学》中说：“诚其意者，如恶恶臭，如好好色，此之谓自慊。”你什么时候见过讨厌恶臭、喜欢美色还需要鼓舞支持的？你见过做完这些事情之后会觉得疲惫不堪吗？何曾会有被事势所逼而精力不够用的人？由此，你就可以知道病根从何而来了。

四

【原文】

来书又有云："人情机诈百出，御之以不疑，往往为所欺。觉则自入于逆、臆[1]。夫逆诈，即诈也；臆不信，即非信也；为人欺，又非觉也。不逆不臆而常先觉，其惟良知莹彻乎？然而出入毫忽之间，背觉合诈者多矣。"

不逆不臆而先觉，此孔子因当时人专以逆诈、臆不信为心，而自陷于诈与不信；又有不逆、不臆者，然不知致良知之功，而往往又为人所欺诈，故有是言。非教人以是存心，而专欲先觉人之诈与不信也。以是存心，即是后世猜忌险薄者之事。而只此一念，已不可与入尧、舜之道矣。不逆、不臆而为人所欺者，尚亦不失为善，但不如能致其良知，而自然先觉者之尤为贤耳。崇一谓"其惟良知莹彻"者，盖已得其旨矣，然亦颖悟所及，恐未实际也。

盖良知之在人心，亘万古、塞宇宙而无不同。“不虑而知”“恒易以知险”“不学而能”“恒简以知阻”“先天而天不违。天且不违，而况于人乎？况于鬼神乎？”[2]夫谓“背觉合诈”者，是虽不逆人，而或未能自欺也；虽不臆人，而或未能果自信也。是或常有先觉之心，而未能常自觉也。常有求先觉之心，即已流于逆、臆而足以自蔽其良知矣。此背觉合诈之所以未免也。

君子学以为己[3]，未尝虞人之欺己也，恒不自欺其良知而已；未尝虑人之不信己也，恒自信其良知而已；未尝求先觉人之诈与不信也，恒务自觉其良知而已。是故不欺则良知无所伪而诚，“诚则明”矣；自信则良知无所惑而明，“明则诚”矣。明、诚相生，是故良知常觉、常照。常觉、常照则如明镜之悬，而物之来者自不能遁其妍媸矣。何者？不欺而诚，则无所容其欺，苟有欺焉而觉矣；自信而明，则无所容其不信，苟不信焉而觉矣。是谓“易以知险，简以知阻”，子思所谓“至诚如神，可以前知”

者也。然子思谓“如神”，谓“可以前知”，犹二而言之。是盖推言思诚者之功效，是犹为不能先觉者说也。若就至诚而言，则至诚之妙用即谓之“神”，不必言“如神”；至诚则无知而无不知，不必言“可以前知”矣。

·注 释

①逆、臆：语出《论语·宪问》：“子曰：‘不逆诈，不臆不信，抑亦先觉者，是贤乎！’”逆诈，预先怀疑别人欺诈。臆不信，猜想别人不诚信。

②“先天而不违”四句：语出《周易·乾卦·文言》：“夫大人者……先天而天弗违，后天而奉天时。天且弗违，而况于人乎？况于鬼神乎？”意为掌握了天道的人，在天象出现之前行事，天不会违背他；在天象出现之后行事，则能够遵奉天时。天尚且不违背他，何况人和鬼神呢？

③君子学以为己：语出《论语·宪问》：“古之学者为己，今之学者为人。”为己，意为是为了提

高自己的修养；为人，意为想获得别人的好感。

【译文】

信中说：“人情诡诈无穷，如果用诚信来对待它，往往会被它欺骗。要想觉察人情的诡诈，自己就会事先猜度别人会欺诈我，就会臆想别人不相信我。猜度别人会欺诈就是欺诈；臆想别人不相信自己就是不诚信；而被别人欺骗了，又是不觉悟。不怀疑别人的欺诈和不诚实，却能够事先察觉，恐怕只有那些良知晶莹透彻的人才做到。但是这其间的差别看起来很小，背离知觉而暗合欺诈的人太多了。”

不事先猜度别人的欺诈和不诚信，而能够事先察觉，孔子在当时的社会中，针砭时弊说出来的。当时人们专门把欺诈，不诚信当做自己的本心，而自己深陷进欺诈和不诚信的境地；还有不欺诈、诚信的人，他们因为不知道致良知的功夫，而常常被别人欺诈。孔子并非是教人们事先存这样的心去发现别人的欺诈和不诚信。专门留心别人，是后世刻薄、猜忌、险恶的人做的事。只要有了这样的念头，就已经和尧、舜的圣道相背离了。不事先猜测别人的欺诈和不诚信而被别人欺骗的人，虽然还没有丧失他的善良，但还是不如那些能致其良知的人，先知先觉的人更加贤明。你说只有那些良知晶莹透彻的人才能做到，可知你已经领悟到孔子的宗旨了。但也可以知道你的聪颖所领悟到的，恐怕还没有落实到实践当中。

良知在人心里，横通万古、充塞宇宙，无不相同。正是古人所谓的“不虑而知”“恒易以知险”“不学而能”“恒简以知阻”“先天而不违。天且不违，而况于人乎？况于鬼神乎？”那些“背觉合诈”的人，虽然不猜度别人，但他恐怕不无自欺；虽然不臆不信，但却不能做到自信。他们虽然常常有寻求先觉的心，却不能常常做到自觉。常常希望能够先觉，这样就已陷入了逆诈和臆不信，已足能蒙蔽他的良知了。这正是他不免背离知觉而暗合欺诈的原因。这就是背离合诈不能避免的缘故。

君子学习是为了修养自己，未曾会担心别人欺骗自己，只是永远不欺骗自己的良知罢了；未曾担心别人不相信自己，只是永远相信自己的良知罢了；不曾希望可以事先察觉到别人的欺诈和不诚信，只是永远地体察自己的良知罢了。所以，君子不欺骗，良知就没有虚伪而真诚，真诚则良知晶莹明亮了；君子自己相信自己，良知就没有迷惑而明彻，良心晶莹明亮这就真诚了。明彻和真诚相互促进，所以良知能经常觉悟、经常澄澈。经常觉悟、经常澄澈的良知就像高高悬挂的明镜，万事万物在它面前自然不能隐藏美丑的原形。为什么呢？因为良知不欺诈而诚信，也就不能容忍欺骗，遇到欺骗就能觉察；良知自信明澈，也就不能容忍不诚信，遇到不诚信马上就能察觉。所谓“易以知险，简以知阻”，子思说“至诚如神，可以前知”。然而子思说的“如神”，说的“可以前知”，还是分成两件事来说了。因为他是从推究思诚的功效上来说的，也是对那些不能觉悟的人说的。就至诚而言，至诚的妙用就叫做“神”，不用说“如神”；至诚就能无知而又无所不知，所以不必说“可以前知”了。

答罗整庵[1]少宰书

一

【原文】

某顿首启：昨承教及《大学》，发舟匆匆，未能奉答。晓来江行稍暇，复取手教而读之。恐至赣后人事复纷沓，先具其略以请。

来教云："见道固难，而体道尤难。道诚未易明，而学诚不可不讲。恐未可安于所见而遂以为极则也。"

幸甚幸甚！何以得闻斯言乎？其敢自以为极则而安之乎？正思就天下之道以讲明之耳。而数年以来，闻其说而非笑之者有矣，诟訾之者有矣，置之不足较量辨议之者有矣，其肯遂以教我乎？其肯遂以教我而反复晓喻，恻然惟恐不及救正之乎？然则天下之爱我者，固莫有如执事之心深且至矣，感激当何如哉！夫“德之不修，学之不讲”②，孔子以为忧，而世之学者稍能传习训诂，即皆自以为知学，不复有所谓讲学之求，可悲矣！夫道必体而后见，非已见道而后加体道之功也；道必学而后明，非外讲学而复有所谓明道之事也。然世之讲学者有二，有讲之以身心者，有讲之以口耳者。讲之以口耳，揣摸测度，求之影响者也；讲之以身心，行著习察，实有诸己者也。知此，则知孔门之学矣。

· 注 释

①罗整庵：罗钦顺（1465~1547），字允升，号整庵，江西泰和人。进士，官至南京吏部尚书，明代著名理学家，对陆王、程朱均有所批评。少宰，次长，明清时侍郎一职的别称。正德十五年

（1520）夏，罗整庵请假住在老家，听说时任江西巡抚的王阳明将溯赣江至赣州，就写了《与王阳明书》，在阳明经过泰和时交给他。此信即是阳明对该信的答复。

②德之不修，学之不讲：意为不修养品德，不讲求学问。语出《论语·述而》：“子曰：‘德之不修，学之不讲，闻义不能徙，不善不能改，是吾忧也。’”

【译文】

阳明顿首谨启：昨天幸蒙您关于《大学》的教诲，因匆忙上船，未能一一作答。今早我趁着在船上的空闲时间，又把您的信取出来拜读了一遍。我怕到江西之后，各种人事繁杂，纷至沓来，先简略地回复您，请您教正。

您在信中说道：“认识圣道固然很难，而体悟圣道则更难了。圣道确实不容易弄明白，但是学问也不能不讲。恐怕不能安于自己已有的见识，把它当做学问的最高标准吧。”

不胜荣幸！在哪里我还能听到这种教诲呢？我岂敢自以为见识已经达到了顶点而安于自己的见识呢？我正想要借助天下的有学之士来阐明圣道呢。然而多年来，听到我的学说的，嘲笑的有，非议的有，谩骂的有，置之不理、认为不屑一顾的也有，他们岂肯教导我呢？又岂肯为了教导我而反复设喻、心存忧虑恐怕来不及纠正我呢？所以，天下关爱我的人中，原本就没有谁会像您这样执着而深切，我该多么感激您啊！“德之不修，学之不讲”，孔子为此深感忧虑，而后世学者稍微能够传习经文训诂经典，便都以为自己已经懂得了学问，不再讲求探究学问，真是可悲呀！圣道必须体悟后才能认识，而并非认识了圣道之后才下体悟圣道的功夫；圣道必须学习之后才能明白，并非在讲学之外还有明道之事。然而世间讲学的人有两类，一类用身心讲学，还有一类用口耳来讲学。用口耳来讲学的，揣测估摸，讲的是捕风捉影的东西；而用身心讲学的，言与行，学习与观察，都是确确实实求之于自己的良知。明白了这一点，就懂得了孔子的学说。

二

【原文】

来教谓某“《大学》古本之复，以人之为学但当求之于内，而程、朱格物之说不免求之于外，遂去朱子之分章，而削其所补之传”。

非敢然也。学岂有内外乎？《大学》古本乃孔门相传旧本耳，朱子疑其有所脱误而改正补缉之。在某则谓其本无脱误，悉从其旧而已矣。失在于过信孔子则有之，非故去朱子之分章而削其传也。夫学贵得之心。求之于心而非也，虽其言之出于孔子，不敢以为是也，而况其未及孔子者乎？求之于心而是也，虽其言之出于庸常，不敢以为非也，而况其出于孔子者乎？且旧本之传数千载矣，今读其文词，既明白而可通，论其功夫，又易简而可入。亦何所

按据而断其此段之必在于彼，彼段之必在于此，与此之如何而缺，彼之如何而误，而遂改正补缉之？无乃重于背朱而轻于叛孔已乎？

【译文】

您的来信中说我，“《大学》的旧本的恢复，是因为我提倡做学问只需在心内探求，而程、朱的格物学说却不免会向心外探求，于是我便废弃了朱熹分章的做法，并且删除了他增补的传注”。

我不敢这样。学习难道还会有内外的区分吗？《大学》古本是孔门流传下来的旧本，朱熹怀疑这其中有遗漏和错误的地方，便加以改正补充。而要我说，旧本里本来就没有遗漏和错误的地方，所以尽悉遵从旧本，仅此而已。我的过失在于过分相信孔子，而不是故意去废弃朱熹的分章且删掉他所做的传注。做学问，贵在用心体悟。即使是孔子所说的话，用心体会了，觉得不对，也不敢就把它当做是正确的，更何况对那些不如孔子的人所说的话呢？用心体会后认为正确，那么即使普通人说出来的话，也不敢认为是错误的，更何况是孔子说的话呢？而且《大学》旧本流传了几千年，我如今来阅读它的词语句子，仍觉得明白通顺，而其中的功夫，既简易又可行。又有什么依据能断定这段一定是在这里，那段一定是在那里，这里怎么有了缺漏，那里怎么有了错误，于是对它加以改正增补？这难道不是把背离朱熹看得过重，而把违逆孔子看得过轻了吗？

三

【原文】

来教谓："如必以学不资于外求，但当反观内省以为务，则'正心''诚意'四字亦何不尽之有？何必于入门之际，便困以'格物'一段功夫也？"

诚然诚然！若语其要，则"修身"二字亦足矣，何必又言"正心"？"正心"二字亦足矣，何必又

言“诚意”？“诚意”二字亦足矣，何必又言“致知”，又言“格物”？惟其功夫之详密，而要之只是一事，此所以为“精一”之学，此正不可不思者也。夫理无内外，性无内外，故学无内外。讲习讨论，未尝非内也；反观内省，未尝遗外也。夫谓学必资于外求，是以己性为有外也，是“义外”也，“用智”者也；谓反观内省为求之于内，是以己性为有内也，是“有我”也，“自私”者也，是皆不知性之无内外也。故曰“精义入神以致用也，利用安身，以崇德也”[①]；“性之德也，合内外之道也”[②]。此可以知“格物”之学矣。

“格物”者，《大学》之实下手处，彻首彻尾，自始学至圣人，只此功夫而已，非但入门之际有此一段也。夫“正心”“诚意”“致知”“格物”，皆所以“修身”，而“格物”者，其所用力日可见之地。故“格物”者，格其心之物也，格其意之物也，格其知之物也；“正心”者，正其物之心也；“诚意”者，诚其物之意也；“致知”者，致其物之知也。此岂有内外彼此之分哉？理一而已。以其理之凝聚而言则谓之性，以其凝聚之主宰而言则谓之心，以其主宰之发动而言则谓之意，以其发动之明觉而言则谓之知，以其明觉之感应而言则谓之物。故就物而言谓之格，就知而言谓之致，就意而言谓之诚，就心而言谓之正。正者，正此也；诚者，诚此也；致者，致此也；格者，格此也。皆所谓穷理以尽性也。天下无性外之理，无性外之物。学之不明，皆由世之儒者认理为外，认物为外，而不知“义外”之说，孟子盖尝辟之，力至袭陷其内而不觉，岂非亦有似是而难明者欤？不可以不察也。

凡执事所以致疑于“格物”之说者，必谓其是内而非外也；必谓其专事于反观内省之为，而遗弃其讲习讨论之功也；必谓其一意于纲领本原之约，而脱略于支条节目之详也；必谓其沉溺于枯槁虚寂之偏，而不尽于物理人事之变也。审如是，岂但获罪于圣门，获罪于朱子？是邪说诬民，叛道乱正，人得而诛之也，而况于执事之正直哉？审如是，世

之稍明训诂、闻先哲之绪论者，皆知其非也，而况执事之高明哉？凡某之所谓“格物”，其于朱子九条[3]之说，皆包罗统括于其中。但为之有要，作用不同，正所谓毫厘之差耳。然毫厘之差而千里之缪，实起于此，不可不辨。

·注 释

①“精义入神”四句：语出《周易·系辞下》：“精义入神，以致用也。利用安身，以崇德也。”意为精研义理达到神妙的境界，便可以运用；运用所学而安身，可以提高品德修养。

②性之德也，合内外之道也：意为这是天赋的德性，内则成己，外则成物，是综合内外的规律。语出《中庸》：“诚者非自成己而已也，所以成物也。成己，仁也；成物，知也。性之德也，合内外之道也，故时措之宜也。”

③朱子九条：朱熹在《大学或问》中提出的关于格物致知功夫的九条方法。

【译文】

您的来信中说：“如果觉得学问不需要去心外求得，需要专心致力在自己身上反省体察，那么‘正心’‘诚意’这四个字还有什么没说尽的呢？何必在入门的时候，便用‘格物’的功夫来使人困惑呢？”

很有道理！如果说到学问的关键，那么“修身”两个字便已经足够了，何必再说“正心”呢？“正心”两个字也已经足够了，何必又说个“诚意”呢？“诚意”两个字也已经足够了，何必又说了“致知”和“格物”呢？之所以会这样，只是因为做学问的功夫详细周密，然而，概括起来也只是一件事，这才是所谓的“精一”的学问，这里正是我们不能不认真思索的地方。天理、人性都没有内外之分，因此学问也不分内外。讲习讨论，未曾不是内；反观自省，未尝就把外遗弃了。如果以为学问一定要在心外求得，那就是认为人性也有外的部分，就是“义外”“用智”；如果认为反观内省是在自己的心内寻求，那就是认为人性还有内的部分了，就是“有我”“自私”，这些都是不明白人性是不会有内外之分的。所以说“精研义理到了神妙的境界，便可以运用来安身，来修养品德”；“性之德，合内外之道也”。从这里，就可以知道“格物”的学说了。

“格物”，是《大学》指出的切实的下手的地方，自头至尾，从初学到成为圣人，都只是这个功夫，而不是仅仅在刚入门的阶段有“格物”的功夫。“正心”“诚意”“致知”“格物”，都是用来“修身”的，而“格物”，则是所用的功夫里能看得见的地方。所以“格物”，就是格心中的物，格意念中的物，格见识中的物；“正心”，则是让待物之心得到纠正；“诚意”，就是使待物之心精诚；“致知”，就是得到待物的知识。这难道有内外彼此的区分吗？天理唯有一个。就天理的凝聚而言叫做性，就天理凝聚的主宰而言就是心，就天理主宰的发动而言叫做意，从天理发动时的明澈感悟而言就是知，从天理的明澈感悟的感应对象而言便是物。所以从物上来说天理需格，从知上来说天理需致，从意上来说天理需诚，从心上来说天理需正。正，就是正天理；诚，就是诚天理；致，就是致天理；格，就是格天理。全是所谓的穷尽天理以尽性。天下没有本性之外的理，也没有本性之外的物。圣学不能昌明于天下，都是由于后世儒生把天理与事物当做本性之外的东西，而不知道孟子曾经批判过“义外”的学说，以至重蹈了覆辙而没有觉悟，这里不是也有似是而非，难以弄明白的地方吗？所以不能不体察呀！

总观您之所以对我的格物学说有些怀疑，一定是因为觉得我肯定内心而否定向外寻求；一定是因为我放弃了讲习讨论的功夫，而专心在反观内省上用功；一定认为我执意在简洁的纲领本原上，而忽视了细枝末节的详细内容；一定是认为我沉溺在偏执的枯槁虚寂中，而不能够穷尽物理人事的变化。若果真如此，我怎会仅仅是对圣门、对朱熹先生犯了错误？这是用异端邪说来欺骗百姓，离经叛道，人人都能够得而诛之了，更何况是您这样正直的人呢？若果真如此，世上略懂训诂的人、知道一点先哲学说的人，都会知道我的错误，更何况像您这样高明的人呢？我所讲的“格物”学说，已经将朱熹的九条学说全都统括了。只是我的格物学说有一以贯之的中心，与朱熹先生的九条学说相比，作用不同，正是所谓的毫厘之差。然而差之毫厘，谬以千里，实由于此，所以不能不辨明。

四

【原文】

孟子辟杨、墨，至于“无父无君”。二子亦当时之贤者，使与孟子并世而生，未必不以之为贤。墨子“兼爱”，行仁而过耳；杨子“为我”，行义而过耳。此其为说，亦岂灭理乱常之甚而足以眩天下哉？而其流之弊，孟子则比于禽兽、夷狄，所谓以学术杀天下后世也。

今世学术之弊，其谓之学仁而过者乎？谓之学义而过者乎？抑谓之学不仁、不义而过者乎？吾不知其于洪水、猛兽何如也！孟子云："予岂好辩哉？予不得已也。"杨、墨之道塞天下。孟子之时，天下之尊信杨、墨，当不下于今日之崇尚朱之说。而孟子独以一人呶呶于其间。噫，可哀矣！韩氏云："佛、老之害，甚于杨、墨。"韩愈之贤不及孟子，孟子不能救之于未坏之先，而韩愈乃欲全之于已坏之后，其亦不量其力，且见其身之危莫之救以死也。呜呼！若某者，其尤不量其力，果见其身之危莫之救以死也矣！夫众方嘻嘻之中，而独出涕嗟若；举世恬然以趋，而独疾首蹙额以为忧。此其非病狂丧心，殆必诚有大苦者隐于其中，而非天下之至仁，其孰能察之？

其为《朱子晚年定论》，盖亦不得已而然。中间年岁早晚，诚有所未考，虽不必尽出于晚年，固多出于晚年者矣。然大意在委曲调停，以明此学为重。平生于朱子之说，如神明蓍龟，一旦与之背驰，心诚有所未忍，故不得已而为此。“知我者，谓我心忧；不知我者，谓我何求？”①盖不忍牴牾朱子者，其本心也；不得已而与牴牾者，道固如是，“不直则道不见”②也。执事所谓“决与朱子异”者，仆敢自欺其心哉？夫道，天下之公道也；学，天下之公学也；非朱子可得而私也，非孔子可得而私也。天下之公也，公言之而已矣。故言之而是，虽异于己，乃益于己也；言之而非，虽同于己，适损于己也。益于己者，己必喜之；损于己者，己必恶之。然则某今日之论，虽或于朱子异，未必非其所喜也。“君子之过，如日月之食，其更也，人皆仰之。”③而“小人之过也必文”。某虽不肖，固不敢以小人之心事朱子也。

·注 释

①“知我者”两句：语出《诗经·王风·黍离》。意为了解我的人明白我是在担忧，不了解我

的人还以为我有什么个人目的。

②不直则道不见：语出《孟子·滕文公上》。意为不说直话，真理就不能显现。

③“君子之过”句：语出《论语·子张》：“君子之过，如日月之食焉。过也，人皆见之；更也，人皆仰之。”

【译文】

孟子指责杨朱、墨子为“无父无君”。这两个人也是当时的贤明之士，假使他们和孟子是同一个时代出生的话，孟子未必不会把他们当做圣贤。墨子主张“兼爱”，是施行仁政过了分；而杨朱的“为我”思想，则是行义过了分。这样的学说，难道是泯灭天理扰乱纲常，甚至能够让天下人都迷惑的吗？然而孟子却把他们学说的弊病，比做禽兽、夷狄，所谓用学术杀害天下后世。

现今学术的弊端，能说是学仁太过分了吗？能说是学义太过分了吗？还是学不仁、不义太过分了呢？我不知道它们和洪水猛兽相比会怎么样！孟子说：“难道我是爱好与别人辩论吗？我也是不得已。”孟子所处的时代，杨朱、墨子的学问在天下盛行，杨、墨的学说被天下人推崇的程度，应当不亚于当下人们推崇朱熹的学说的程度。然而孟子仍旧凭着独自一人在他们中间辩论。哎，可悲呀！韩愈说：“佛、道的学说，其危害远远胜过了杨朱、墨子的学说。”韩愈的贤明比不上孟子，孟子尚且不能够在世道被败坏之前挽救它，而韩愈却想在世道人性败坏之后恢复它，他也是自不量力，我们只看到了他身陷危境，而没有人救他以至于他死去了。唉！像我这样的人，便更加是自不量力，真正看到自己的危险，却没有人救我以致死去！大家正值欣喜嬉戏的时候，我却暗自泪流嗟叹；举世都心安理得、按部就班的时候，而我则独自痛心疾首、皱眉深虑。这并非我神经错乱、丧失理智，而是我真正地有极大的痛苦隐藏在心里，如果不是天下至仁，谁能体察得到呢？

我著写《朱子晚年定论》，其实也是迫不得已。书上年代的早晚，的确有些没有经过考证，虽然不一定全都出自于他的晚年，但很多都是晚年所做。我的本意是调停世上关于朱熹和陆九渊的纷争，用以昌明圣学。我一生对待朱熹先生的学说，都把它奉若神明，一旦与它背道而驰，心中真是不忍，只是不得已才这样做。“知我者，谓我心忧；不知我者，谓我何求？”不抵触朱熹先生的学说，这是我的本心。而又不得已这样，是因为圣道本来就是如此，“不直则道不见”！你所说的“决与朱子异”，我岂敢欺骗自己呢？圣道，是天下的公道；圣学，是天下共有的学；并非朱熹或是孔子能够私自有的。对天下公有的东西，只能秉公而论。如果说对了，虽然与自己的见解不同，对自己也是有益的；说错了，即便是与自己的见解相同的，也是在害自己。于自己有益的，自己定会喜爱；而于自己有害的，自己一定厌恶。所以我现在的论说，和朱熹的学说虽然不同，但未必不会是他喜欢的。“君子之过，如日月之食，其更也，人皆仰之。”而“小人之过也必文”，我虽然不够贤明，但也不敢以小人的心态对待朱熹先生。

五

【原文】

执事所以教，反复数百言，皆以未悉鄙人“格物”之说。若鄙说一明，则此数百言皆可以不待辨说而释然无滞。故今不敢缕缕，以滋琐屑之渎，然鄙说非面陈口析，断亦未能了了于纸笔间也。嗟乎！执事所以开导启迪于我者，可谓恳到详切矣，人之爱我，宁有如执事者乎！仆虽甚愚下，宁不知所感刻佩服？然而不敢遽舍其中心之诚然而姑以听受云者，正不敢有负于深爱，亦思有以报之耳。秋尽东还，必求一面，以卒所请，千万终教。

【译文】

您给我的教诲，反复数百字，都是因为您还没有完全理解我的格物学说。一旦您明白了我的学说，那么不需要辩论这数百字，问题也会迎刃而解的。所以现在我不再细说，以免琐碎累赘，而且我的学说如果不当面陈述分析，写信也绝对说不清楚，唉！您对我的开导启迪，可以说是详尽恳切，别人哪会像您这样关爱我！我虽然愚钝，也不会不知道对您感激佩服。只是我不敢就此放弃心中真切的想法而接受您的说法，正因为不敢辜负您的厚爱，也想以此来报答您。待秋天过后我回来时，定会登门求访，当面向您请教，请您千万不吝赐教。

答聂文蔚[1]（一）

一

【原文】

春间远劳迂途枉顾，问证惓惓。此情何可当也？已期二三同志，更处静地，扳留旬日，少效其鄙见，以求切劘之益，而公期俗绊，势有不能。别去极怏怏，如有所失。忽承笺惠，反复千余言，读之无任浣慰。中间推许太过，盖亦奖掖之盛心，而规砺真切，思欲纳之于贤圣之域，又托诸崇一以致其勤勤恳恳之怀。此非深交笃爱，何以及是？知感知愧，且惧其无以堪之也。虽然，仆亦何敢不自鞭勉，而徒以感愧辞让为乎哉？其谓“思、孟、周、程无意相遭于千载之下，与其尽信于天下，不若真信于一人。道固自在，学亦自在，天下信之不为多，一人信之不为少”者，斯固君子“不见是而无闷”②之心。岂世之谫谫屑屑者知足以及之乎？乃仆之情，则有大不得已者存乎其间，而非以计人之信与不信也。

·注 释

①聂文蔚：聂豹，字文蔚，号双江，江西永丰人，王阳明的弟子。进士，官至兵部尚书。聂豹于嘉靖五年（1526年）春因公赴闽，途径杭州，时王阳明在绍兴讲学，豹不顾别人劝阻，前往就教。

②不见是而无闷：意为不被肯定有不烦闷。语出《周易·乾卦·文言》“遁世无闷，不见是而无闷。”

【译文】

春天劳烦您绕远道来光临寒舍，不知疲倦地问辩求证。此情耿耿，我哪里敢担？我已经与两三个志同道合的朋友约好了时间，再找一个安静的地方，逗留十来天，稍微探讨一下我的观点，以便在互相切磋的过程中能够获益，但是您正好公务缠身，势必不能来到。您离开之后，我心中郁郁，怅然似有所失。突然得到您的来信，前后数千字，读了之后我心中感到特别欣慰。信上您对我推许和赞赏太过了，大概也是您的鼓舞提携之情，当中的砥砺与规劝如此真切，想让我慢慢达到圣贤的境界。另外，您又让崇一转达您对我的殷切关怀。如果不深交厚爱，怎么会做到这样？我既感动又羞愧，生怕会承受不了您的厚爱。像这样，我岂敢不自加勉励，而仅仅是感激、羞愧、推辞呢？您说，“子思、孟子、周敦颐、程颢不会期望能够传名千载，与其被天下人都相信，倒不如让一个人真正地理解自己。圣道固然会自然存在，圣学也固然会自然存在，即天下人全都相信，也不会算多，而只有一个人理解，也不会算少”。这就是所谓的君子的“不见是而无闷”。但是世上琐碎浅薄的人又怎么会理解这个呢？在我看来，是将许多迫不得已存留在心里，并不是要去斤斤计较别人是否相信自己。

二

【原文】

夫人者，天地之心，天地万物本吾一体者也。生民之困苦荼毒，孰非疾痛之切于吾身者乎？不知吾身之疾痛，无是非之心者也。是非之心，不虑而知，不学而能，所谓良知也。良知之在人心，无间于圣愚，天下古今之所同也。世之君子，惟务致其良知，则自能公是非，同好恶，视人犹己，视国犹家，而以天地万物为一体，求天下无治不可得矣。古之人所以能见善不啻若己出，见恶不啻若己人，

视民之饥溺犹己之饥溺，而一夫不获若己推而纳诸沟中者[1]，非故为是而以蕲天下之信己也，务致其良知求自慊而已矣。尧、舜、三王之圣，言而民莫不信者，致其良知而言之也；行而民莫不悦者，致其真知而行之也。是以其民熙熙皞皞，杀之不怨，利之不庸[2]。施及蛮貊，而凡有血气者莫不尊亲，为其良知之同也。呜呼！圣人之治天下，何其简且易哉！

·注 释

①“一夫不获”句：指伊尹认为如果有一个人生活没有着落，就好像是自己把他推到了沟中去似的。

②“杀之不怨”二句：语出《孟子·尽心上》：“王者之民，皞皞如也。杀之而不怨，利之而不庸，民日迁善而不知为之者。”意为圣王的百姓心情舒畅，被杀了也不怨恨，得到好处也不认为应该酬谢，天天向好的方面发展也不知道谁使他如此。

【译文】

人，是天地的心，天地万物，原本就与我是同为一体的。百姓生活困苦、遭到残害，哪一件不是我自己身上的切肤之痛？不了解自己的痛苦，是没有是非之心的人。是非之心，不用思考就会感知到，不用学习就会具备，它就是所谓的良知。不论是圣人和傻瓜，从古到今，良知都自然存在人的心里。世上的君子，只要致力于良知之上，便自然能判别是非与好恶，待人如待己，爱国如爱家，与天地万物融为一体，这样的话，想不让国家得到好的治理都不可能。古人看见善事或者坏事，就好像是自己做的；看到百姓饥饿痛苦，就像自己也饥饿痛苦；有一个人还没有安顿好，就像是自己把他推进了沟里，他们这样做不是为了获得天下人的信任，而是一心致其良知以求自己内心的满足罢了。尧、舜、禹、汤、周文王、周武王，他们说的话天下百姓没有不相信的，因为那是他们致良知之后才说的话；他们做的事百姓没有不高兴的，因为他们是致自己的良知之后才做的事。因此他们的百姓和平安乐，即使被处死也不会怨恨，他们得到好处，圣人们也不会邀功。把这些推及到了蛮荒之地，凡是有血气的人无不孝敬父母，因为他们的良知都是一样的。唉！圣人治理天下，多么简单容易呀！

三

【原文】

后世良知之学不明，天下之人用其私智以相比轧，是以人各有心，而偏琐僻陋之见，狡伪阴邪之术，至于不可胜说。外假仁义之名，而内以行其自私自利之实；诡辞以阿俗，矫行以干誉；掩人之善而袭以为己长；讦人之私而窃以为己直；忿以相胜而犹谓之徇义；险以相倾而犹谓之疾恶；妒贤忌能而犹自以为公是非；恣情纵欲而犹自以为同好恶。相陵相贼，自其一家骨肉之亲，已不能无尔我胜负

之意、彼此藩篱之形，而况于天下之大，民物之众，又何能一体而视之？则无怪乎纷纷籍籍而祸乱相寻于无穷矣。

【译文】

后世，良知的学说不再昌明，天下的人用自己的私心巧智来彼此倾轧，各人都有自己的私心，于是各种偏执浅陋、琐碎繁杂的见解，狡诈阴邪的手段数不胜数。他们假借着仁义的名号，实际上却在做自私自利的事情；他们用诡辩辞令来迎合世俗，用虚伪的行为来获取名誉；他们把别人的善良抄袭了，当做是自己的长处；攻讦别人的隐私，还自以为正直；为泄私愤去与别人争斗却自以为是为正义献身；邪恶地互相倾轧却号称疾恶如仇；妒疾贤能之士却以为自己是在主持公道；恣意放纵情欲却还认为自己与百姓同好恶。互相欺凌侵害，即使是手足亲人，也互相有争个胜负高低的心思、相互间有很深的隔膜，更何况天地之大，百姓事物之多，又如何能把他们与自己当做一体看待呢？无怪乎天下纷纷扰扰、祸乱四起了。

四

【原文】

仆诚赖天之灵，偶有见于良知之学，以为必由此而后天下可得而治。是以每念斯民之陷溺，则为之戚然痛心，忘其身之不肖，而思以此救之，亦不自知其量者。天下之人见其若是，遂相与非笑而诋斥之，以为是病狂丧心之人耳。呜呼，是奚足恤哉！吾方疾痛之切体，而暇计人之非笑乎？人固有见其父子兄弟之坠溺于深渊者，呼号匍匐，裸跣颠顿，扳悬崖壁而下拯之。士之见者，方相与揖让谈笑于其旁，以为是弃其礼貌衣冠而呼号颠顿若此，是病狂丧心者也。故夫揖让谈笑于溺人之旁而不知救，此惟行路之人，无亲戚骨肉之情者能之，然已谓之“无恻隐之心，非人矣”。若夫在父子兄弟之爱

者，则固未有不痛心疾首，狂奔尽气，匍匐而拯之。彼将陷溺于祸有不顾，而况于病狂丧心之讥乎？而又况于蕲人信与不信乎？呜呼！今之人虽谓仆为病狂丧心之人，亦无不可矣。天下之人心，皆吾之心也。天下之人犹有病狂者矣，吾安得而非病狂乎？犹有丧心者矣，吾安得而非丧心乎？

【译文】

真的是托上天洪福，我偶然发现了良知的学说，认为只有通过致良知，天下才能得到治理。因此我每每想到百姓的困苦，便会忧愁心痛，想用致良知来拯救他们，而忽略了自身的才智疏浅，真是自不量力。别人看到我这个样子，就争相嘲讽非难或者斥责我，认为我只是一个精神错乱的人罢了。唉，这又何足挂心呢！我正有着切肤的疼痛，哪有工夫去计较别人的非难嘲讽？人们看见自己的父子兄弟坠落进深渊，固然会匍匐呼叫，全然不顾丢掉鞋子帽子，奋不顾身地下去拯救。士人们遇到这种事情，便只会在旁边打躬作揖、谈笑风生，认为这样不顾衣冠，号啕大哭，失了礼节，是个丧心病狂的人。看到有人落水，依然礼让谈笑、不去救落水之人，这只有没有亲戚骨肉之情的人才做得出来，孟子曾经说过“无恻隐之心，非人矣”。如果是在乎父子兄弟亲情的人，一定不会不痛心疾首，倾尽全力，前去拯救的。他们连溺水的危险都不怕，又怎会顾及到会讥讽为丧心病狂？又怎么期望别人的信或不信呢？唉！现在的人虽然称我是丧心病狂的人，我也没什么不可以。天下人的心，都是我的心。人们当中尚还有丧心病狂的，我怎会不丧心病狂呢？

五

【原文】

昔者孔子之在当时，有议其为谄者，有讥其为佞者，有毁其未贤，诋其为“不知礼”，而侮之以为“东家丘”者[①]，有嫉而沮之者[②]，有恶而欲杀之者[③]。晨门、荷蒉之徒，皆当时之贤士，且曰：“是知其不可而为之者欤？”[④]“鄙哉！硁硁乎！莫己知也，斯已而已矣。”[⑤]虽子路在升堂之列，尚不能无疑于其所见，不悦于其所欲往，而且以之为迂[⑥]。则当时之不信夫子者，岂特十之二三而已乎？然而夫子汲汲遑遑，若求亡子于道路，而不暇于暖席者，宁以蕲人之知我、信我而已哉？盖其天地万物一体之仁，疾痛迫切，虽欲已之而自有所不容已，故其言曰：“吾非斯人之徒与而谁与？”[⑦]“欲洁其身而乱大伦。”“果哉，末之难矣！”[⑧]呜呼！此非诚以天地万物为一体者，孰能以知夫子之心乎？若其“遁世无闷”，“乐天知命”者，则固“无人而不自得”，“道并行而不相悖”也。

· 注 释……………………………………

①不知礼、东家丘：据《论语·八佾》载，孔子进入太庙，什么都问，有人就说孔子不知礼。东

家丘:《孔子家语》云，孔子西邻有愚人，不知道孔子是圣人，称他为东家丘。

②有嫉而沮之者:《史记·孔子世家》云，孔子任鲁国大司寇和代理宰相时，齐国害怕鲁国因此强大起来，认为:“孔子为政必霸，霸则吾地近焉，我之为先并矣。盍致地焉?”犁钼说:“请尝先沮之，沮之而不可则致地。”齐人就送女乐给鲁国国君和当权者季孙氏，使鲁国国政荒废，孔子便离开鲁国。沮，同阻。

③有恶而欲杀之者：据《论语·述而》载，孔子周游列国，经过宋国时，有人想杀他。

④是知其不可而为之者欤：意为是哪位知道自己做不到但还是一定要去做的人吗？语出《论语·宪问》。

⑤“鄙哉”四句：意为固执地敲违磬，真可鄙呀！既然没有人理解自己，就算了呗。语出《论语·宪问》。

⑥“子路”四句：孔子到卫国去见名声不好的

卫灵公夫人南子，子路很不高兴。孔子去卫国之前，子路曾问孔子，如果卫君让他执政，他首先做什么，孔子说先正名，子路笑话他竟然迂腐到这种地步。

⑦吾非斯人之徒与而谁与：意为我不跟天下的人在一起又跟谁在一起呢？语出《论语·微子》。

⑧果哉，末之难矣：意为隐者遁世如此坚决，没办法说服他了。语出《论语·宪问》。

【译文】

孔子在世的时候，有的人评议他是谄媚之人，有的人讥笑他是奸佞的小人，有人诋毁他不够贤明，有人诽谤他不知礼仪，有人侮辱他是东家的孔丘，有人因嫉妒而败坏他的名声，有人憎恶并且欲图杀了他。即使像当时的晨门、荷蒉等贤士也会说："是知其不可而为之者欤？""鄙哉！硁硁乎！莫己知也，斯已而已矣。"虽然子路是孔子的门徒，仍旧不免会怀疑孔子的见识，对孔子的所作所为有不满，并且还认为孔子迂腐。当时不相信孔子的人，难道仅仅是十之二三吗？然而孔子仍旧是兢兢业业，就像是在路上寻找丢失的儿子一样，坐不暖席，匆匆忙忙，难道只是为了让别人相信、理解自己吗？是因为他有一份与天地万物同体的仁爱之心，迫切地感到了切肤之痛，即使想停也身不由己了。因此他说："吾非斯人之徒与而谁与？""欲洁其身而乱大伦。""果哉，末之难矣！"哎！如果不是真真正正与天地万物一体的人，谁会能明白孔子的心意呢？至于那些"遁世无闷"，"乐天知命"的人，自然会"无人而不自得"，"道并行而不相悖"了。

六

【原文】

仆之不肖，何敢以夫子之道为己任？顾其心亦已稍加疾痛之在身，是以彷徨四顾，将求其有助于

我者，相与讲去其病耳。今诚得豪杰同志之士，扶持匡翼，共明良知之学于天下，使天下之人皆知自致其良知，以相安相养，去其自私自利之蔽，一洗谗妒胜忿之习，以济于大同①，则仆之狂病固将脱然以愈，而终免于丧心之患矣。岂不快哉！

嗟乎！今诚欲求豪杰同志之士于天下，非如吾文蔚者而谁望之乎？如吾文蔚之才与志，诚足以援天下之溺者，今又既知其具之在我，而无假于外求矣，循是而充，若决河注海，孰得而御哉？文蔚所谓"一人信之不为少"，其又能逊以委之何人乎？

· 注 释

①大同：古代儒家所推崇的理想社会。语出《礼记·礼运》："大道之行也，天下为公，选贤与能，讲信修睦。故人不独亲其亲，不独子其子。使老有所终，壮有所用，幼有所长，鳏寡孤独废疾者皆有所养，男有分，女有归。货恶其弃于地也，不必藏于己；力恶其不出于身也，不必为己。是故谋

闭而不兴，盗窃乱贼而不作，故外户而不闭，是谓大同。”

【译文】

鄙人才疏学浅，怎么敢声称以孔子的圣道作为己任？我心里也已经稍微明白了自身的毛病，因此心下彷徨，四处寻找能够对我有帮助的人，共同讲习，以除去我身上的毛病。现在真的能够得到你们这些有着共同志向的豪杰来提携匡正我，共同让良知在天下得以昌明，让天下的人都知道致自己的良知，彼此安抚、启发，去除自私自利的毛病，清除谄媚、嫉妒、好胜和易怒的习惯，让天下得以大同，那么我的狂病自然会立刻痊愈，而最终免除丧心病狂的忧患。岂不是痛快！

哎！现在真的想要寻求志同道合的豪杰，除了文蔚你，我还能够指望谁呢？以你的才智与理想，确实足以拯救天下于困苦之中的人了，现在既然已经知道良知就在自己心中，无须向外寻求，那么遵循着这个，加以扩充，就会像是决堤大河奔入大海，谁能抵御？你说“一人相信不算少”，又怎么能谦逊地委托给其他人呢？

七

【原文】

会稽素号山水之区。深林长谷，信步皆是；寒暑晦明，无时不宜；安居饱食，尘嚣无扰；良朋四集，道义日新；优哉游哉，天地之间宁复有乐于是者！孔子云：“不怨天，不尤人，下学而上达。”[1]仆与二三同志方将请事斯语，奚暇外慕？独其切肤之痛，乃有未能恝然者，辄复云云尔。咳疾暑毒，书札绝懒，盛使远来，迟留经月，临歧执笔，又不觉累纸。盖于相知之深，虽已缕缕至此，殊觉有所未能尽也。

·注 释

①“不怨天”三句：语出《论语·宪问》：“不怨天，不尤人。下学而上达。知我者其天乎！”意为不怨恨上天，不责怪别人，学习知识，通晓天理。

【译文】

会稽（南宋以后会稽名绍兴）处于有山有水的地方。茂密的树林、幽长的山谷，比比皆是；春夏秋冬，气候适宜；安静而远离尘俗；好友们从四方云集于此，对于道义日日都有新的见解；真是逍遥自在，天地间哪还会有这样的快乐！孔子说：“不怨天，不尤人，下学而上达。”我和两三个志同道合的朋友正想要遵循孔子的这句话去做，哪还有其他时间思慕心外之物？只是这切肤之痛，却不能无动于衷，于是回复了这封信。我因咳嗽加上暑热，懒得写信。你盛意拳拳地派人远道而来，迟迟逗留有大概一个月了，临行执笔，不知不觉又写了这么多。大概因为我们相知甚深，虽然已经如此详尽了，仍会觉得有许多话没有说完。

答聂文蔚（二）①

一

【原文】

得书，见近来所学之骤进，喜慰不可言。谛视数过，其间虽亦有一二未莹彻处，却是致良知之功尚未纯熟，到纯熟时自无此矣。譬之驱车，既已由于康庄大道②之中，或时横斜迂曲者，乃马性未调、衔勒不齐之故，然已只在康庄大道中，决不赚入旁蹊曲径矣。近时海内同志，到此地位者曾未多见，喜慰不可言，斯道之幸也！

贱躯旧有咳嗽畏热之病，近入炎方，辄复大作。

主上圣明洞察，责付甚重，不敢遽辞。地方军务冗沓，皆舆疾从事。今却幸已平定，已具本乞回养病，得在林下稍就清凉，或可瘳耳。人还，伏枕草草，不尽倾企。外惟浚[3]一简，幸达致之。

·注 释

①这一封信是王阳明的绝笔信，嘉靖七年（1528年）十月写于广西。

②康庄大道：语出《尔雅·释宫》："五达谓之康，六达谓之庄。"意为四通八达的大道。

③惟浚：陈九川（1495~1562），字惟浚，号明水，江西临川人，官至礼部郎中，王阳明的弟子。

【译文】

看到了你的信，发现你近来学问大有进步，我不胜欣慰。我已经把你的信仔细地看过了好几遍，中间虽然也有一两个地方还不是很清楚，但都是因为致良知的功夫还不够纯熟，等到真正纯熟了，自然就不会有这样的毛病了。就好比驾车，虽然已经在康庄大道上了，有时出现歪斜迂回的情况，是因为马性没调养好，或者缰绳没有勒齐的缘故，然而只要已经在康庄大道上了，就绝不会再误入旁门左路。近来海内同志能够达到你这种地步的人未曾多见，我简直无法诉说我心中的欣慰，圣道的幸运啊！

我身体原有咳嗽怕热的毛病，到了炎热的南方，便复发得更严重了。皇上洞察圣明，托付的责任很重大，因此不敢就此辞去。地方上军务繁杂，我都带病处理。所幸现在叛乱已经平定，我已经奏请皇上乞求还乡养病，假如能够在家乡稍消炎暑，或许就可以痊愈了。我即将返乡，伏枕写信，诉不尽倾慕和企盼。另外，给九川的信要麻烦你转交给他。

二

【原文】

来书所询，草草奉复一二。

近岁来山中讲学者，往往多说勿忘勿助功夫甚难。问之，则云才著意便是助，才不著意便是忘，所以甚难。区区因问之云：“忘是忘个甚么？助是助个甚么？”其人默然无对，始请问。区区因与说，我此间讲学，却只说个“必有事焉”，不说“勿忘勿助”。“必有事焉”者，只是时时去“集义”。若时时去用“必有事”的功夫，而或有时间断，此便是忘了，即须“勿忘”；时时去用“必有事”的功夫，而或有时欲速求效，此便是助了，即须“勿助”。其功夫全在“必有事焉”上用；“勿忘勿助”，只就其间提撕警觉而已。若是功夫原不间断，即不须更说勿忘；原不欲速求效，即不须更说勿助。此其功夫何等明白简易！何等洒脱自在！今却不去“必有事”

上用功，而乃悬空守着一个“勿忘勿助”。此正如烧锅煮饭，锅内不曾渍水下米，而乃专去添柴放火，不知毕竟煮出个甚么物来？吾恐火候未及调停，而锅已先破裂矣。近日一种专在勿忘勿助上用功者，其病正是如此。终日悬空去做个勿忘，又悬空去做个勿助，奔奔荡荡，全无实落下手处。究竟功夫只做得个沉空守寂，学成一个痴騃[1]汉，才遇些子事来，即便牵滞纷扰，不复能经纶宰制。此皆有志之士，而乃使之劳苦缠缚，担搁一生，皆由学术误人之故，甚可悯矣！

·注 释

①騃（ái）：痴愚。

【译文】

就来信里你问的问题，我草略地做一些回答。

近年，来山上讲学的人往往说“勿忘勿助”的功夫很难。问为什么，他们便说稍略在意就是助，一不用心就是忘，所以很难。我便问：“忘是忘了什么？助是助了什么？”他们都沉默着回答不出来，便向我请教。我告诉他们，我在这里讲学，只说个“必有事焉”，从没有“勿忘勿助”的说法。“必有事焉”，就是时时刻刻要“集义”。时时刻刻都在用“必有事”的功夫，如果有时有了中断，那就是“忘”，那就需要做到“勿忘”；时时刻刻在用“必有事”的功夫，而如果有时想要快速见效，那就是“助”了，那就需要“勿助”。所以功夫都用在“必有事焉”上；“勿忘勿助”，只能在其间有个提醒警觉的作用而已。如果功夫原本就是不间断的，就不需要说“勿忘”了；如果下功夫原本就不求速效，也就不需要说“勿助”了。这其中的功夫是何等简单易懂呀！何等洒脱自在呀！如今却不在“必有事”上用功，而是空谈一个“勿忘勿助”。就像是架锅煮饭，还不曾往锅里添水下米呢，就先去添柴烧火，真不知道能够煮出个什么东西来？恐怕火候还未来得及调好，锅就已经先被烧裂了。现在有一种专门在“勿忘勿助”上用功的人，他们的错误就在这里。成天空谈什么“勿忘勿助”，四处奔波，却全然没有下手的地方。到头来也只落得个死守空寂，成为一个痴呆汉。碰到一点事，便被牵滞得心绪烦乱，无法妥善应付。这些都是有志之士，而竟然因此劳苦困扰，耽误一生，都是错误的学术误人的原因，真是可惜！

三

【原文】

夫“必有事焉”只是“集义”，“集义”只是致良知。说“集义”则一时未见头脑，说致良知即当下便有实地步可用功。故区区专说致良知。随时就事上致其良知，便是“格物”；著实去致良知，便是“诚意”；著实致其良知，而无一毫意必固我，便是“正心”。著实致良知，则自无忘之病；无一毫意必固我，则自无助之病。故说格、致、诚、正，则

不必更说个忘助。孟子说忘助，亦就告子得病处立方。告子强制其心，是助的病痛，故孟子专说助长之害。告子助长，亦是他以义为外，不知就自心上“集义”，在“必有事焉”上用功，是以如此。若时时刻刻就自心上“集义”，则良知之体洞然明白，自然是是非非，纤毫莫遁，又焉“不得于言，勿求于心；不得于心，勿求于气”之弊乎？孟子“集义”、“养气”之说，固大有功于后学，然亦是因病立方，说得大段，不若《大学》格、致、诚、正之功，尤极精一简易，为彻上彻下，万世无弊者也。

【译文】

“必有事焉”，其实只是“集义”，“集义”，则只是致良知。说“集义”，一时还抓不住关键，而说致良知，当下便就有切实的地方可以着手用功。所以我只说致良知。随时在事上致良知，便是“格物”；实实在在地致良知，便是“诚意”；实实在在地致良知，而没有一丝一毫的意、必、固、我，就是“正心”。实实在在地致良知，就自然不会有“忘”和“助”的毛病了。所以说了格物、致知、诚意、正心，就不用再说“勿忘勿助”。孟子说“勿忘勿助”，也是针对告子的毛病所开的处方。告子主张强制人心，犯了“助”的毛病，所以孟子专门解说“助”的危害。告子会犯“助”的错误，也是因为他把义当做心外之物，不懂得在心中“集义”，在“必有事焉”上用功。如果时时刻刻在心上“集义”，那么良知的本体自然会洞然开朗，自然是非毕露，又怎会有“不得于言，勿求于心；不得于心，勿求于气”的弊病呢？孟子的“集义”“养气”的学说，固然对后世学者大有功劳，然而因为也只是对症下药，只说了个大概，不如《大学》里格物、致知、诚意、正心的功夫，尤其精一简单，上下贯通，永无弊病。

四

【原文】

圣贤论学，多是随时就事，虽言若人殊，而要其功夫头脑，若合符节。缘天地之间，原只有此性，只有此理，只有此良知，只有此一件事耳。故凡就古人论学处说功夫，更不必搀和兼搭而说，自然无不吻合贯通者。才须搀和兼搭而说，即是自己功夫未明彻也。

近时有谓“集义”之功，必须兼搭个致良知而后备者，则是“集义”之功尚未了彻也。“集义”之功尚未了彻，适足以为致良知之累而已矣。谓致良知之功，必须兼搭一个“勿忘勿助”而后明者，则是致良知之功尚未了彻也。致良知之功尚未了彻，适足以为“勿忘勿助”之累而已矣。若此者，皆是就文义上解释牵附，以求混融凑泊，而不曾就自己实功夫上体验，是以论之愈精，而去之愈远。

文蔚之论，其于“大本达道”既已沛然无疑，至于“致知”“穷理”及“忘助”等说，时亦有搀和兼搭处，却是区区所谓康庄大道之中，或时横斜迂曲者，到得功夫熟后，自将释然矣。

【译文】

圣人们讲学，往往就事论事，虽然说法好像不尽相同，但他们的宗旨，都是相符合的。因为天地之间，原本就只有一个人性，只有一个天理，只有一个良知，只是这一件事而已。所以凡是就古人论学方面讲的功夫，根本不需要掺杂搭配地讲解，自然会吻合贯通。如果有人认为需要掺杂搭配来讲说，便是他自己的功夫还不够明彻。

近来，有人认为“集义”的功夫，必须掺杂着致良知的功夫才会完备，那是因为他的“集义”的功夫还不明罢了。“集义”的功夫尚未明彻，便刚好成为致良知的阻碍。而认为致良知的功夫必须搭配“勿忘勿助”的功夫才能完备，也是因为致良知的功夫尚未透彻。致良知的功夫尚未透彻，便恰恰成为“勿忘勿助”的牵累。像这样，都只是在字义上牵强附会，以求融会贯通，还未曾就自己实在的工夫上体悟，所以说得越细致，就会相差得越远。

你的论述，在“大本达道”上已经没有什么问题了，但是对“致知”“穷理”以及“勿忘勿助”等学说，还时时会有掺杂搭配的地方，这就是我所说的已经在康庄大道上了，但有时会有歪斜曲折的情况，等你的功夫纯熟后，自然就会没有了。

五

【原文】

文蔚谓“致知之说，求之事亲、从兄之间，便觉有所持循”者，此段最见近来真切笃实之功。但以此自为不妨，自有得力处；以此遂为定说教人，却未免又有因药发病之患，亦不可不一讲也。

盖良知只是一个天理。自然明觉发见处，只是一个真诚恻怛便是他本体。故致此良知之真诚恻怛以事亲便是孝，致此真知之真诚恻怛以从兄便是弟，致此真知之真诚恻怛以事君便是忠。只是一个良知，一个真诚恻怛。若是从兄的良知不能致其真诚恻怛，即是事亲的良知不能致其真诚恻怛矣；事君的良知不能致其真诚恻怛矣，即是从兄的真知不能致其真诚恻怛矣。故致得事君的良知，便是致却从兄的良知；致得从兄的良知，便是致却事亲的良知。不是事君的良知不能致，却须又从事亲的良知上去扩充将来。如此，又是脱却本原，著在支节上求了。良知只是一个，随他发见流行处，当下具足，更无去来，不须假借。然其发见流行处，却自有轻重厚薄毫发不容增减者，所谓“天然自有之中”也。虽则轻重厚薄毫发不容增减，而原又只是一个。虽则只是一个，而其间轻重厚薄又毫发不容增减。若可得增减，若须假借，即已非其真诚恻怛之本体矣。此良知之妙用，所以无方体，无穷尽，“语大天下莫能载，语小天下莫能破”①者也。

·注 释

①“语大”二句：语出《中庸》：“故君子语大，天下莫能载焉；语小，天下莫能破焉。”意为君子讲到道的广大，即使是天地无边无际也装载不了它；讲到道的精微，天下任何东西也破碎不了它。

【译文】

你说“致知之说，求之事亲、从兄之间，便觉有所持循”，这句话最能看出你近来所下的真切笃实的功夫。你自己无妨从这里用功，自然会有感觉得力的地方；但如果用这些作为定论去教导别人，就难免会有用药不当反而得病的担心，所以在这里我不能不提一提。

良知只是一个天理。它自然明觉的显现处，只是一个真诚恻隐，便是良知的本体。所以致良知的真诚恻隐来关爱父母就是孝，致良知的真诚恻隐来尊敬兄长就是悌，致良知的真诚恻隐来辅佐君王便是忠。这里只有一个良知，一个真诚恻隐。如果尊敬兄长的良知不能致其真诚恻隐，也就是侍奉父母的良知不能致其真诚恻隐；如果辅佐君王的良知不能致其真诚恻隐，也就是尊敬兄长的良知不能致其真诚恻隐。所以致辅佐君王的良知，就是致尊敬兄长的良知；致尊敬兄长的良知，就是致侍奉父母的良知。不是说辅佐君王的良知不能致，却必须从侍奉父母的良知上去扩充得来。如果这样，就又是脱离了本原，只在细枝末节上探求了。良知只有一个，随着良知的呈现和流传，自然就会完美，不用再去寻求，也不需假借于外。但是它呈现流传的地方，自然就会轻重厚薄，丝毫不容增减，即所谓的“天然自有之中”。虽然它的轻重厚薄，丝毫不容增减，但它的本原也只是一个。虽然良知只是一个，它的轻重厚薄又是丝毫不容增减的。如果可以增减，如果需要向外假借，便不会再是真诚恻隐的本体了。之所以良知的妙用没有固形，没有穷尽，“语大天下莫能载，语小天下莫能破”，原因就在此。

六

【原文】

孟氏“尧舜之道，孝弟而已”者，是就人之良知发见得最真切笃厚、不容蔽昧处提省人，使人于事君、处友、仁民、爱物，与凡动静语默间，皆只是致他那一念事亲从兄真诚恻怛的良知，即自然无不是道。盖天下之事虽千变万化，至于不可穷诘，而但惟致此事亲从兄一念真诚恻怛之良知以应之，则更无有遗缺渗漏者，正谓其只有此一个良知故也。事亲从兄一念良知之外，更无有良知可致得者，故曰：“尧、舜之道，孝弟而已矣。”此所以为“惟精惟一”之学，放之四海而皆准，“施诸后世而无朝夕”①者也。

文蔚云：“欲于事亲从兄之间，而求所谓良知之学。”就自己用功得力处如此说，亦无不可。若曰

“致其良知之真诚恻怛，以求尽夫事亲从兄之道焉”，亦无不可也。明道云：“行仁自孝弟始，孝弟是仁之一事，谓之行仁之本则可，谓是仁之本则不可。[2]”其说是矣。

·注 释

①施诸后世而无朝夕：意为后世要一直施行它，一朝一夕都不可以例外。语出《礼记·祭义》。

②谓之行仁之本则可，谓是仁之本则不可：此段是程颐所言，见《河南程氏遗书》卷十八。意为孝悌是行仁的根本，但不能说它是仁的根本。

【译文】

孟子说：“尧舜之道，孝弟而已。”它是就人的良知显现发挥最真切笃实、不被蒙蔽的地方提醒人，使人在侍奉君王、结交朋友、仁爱百姓、关爱万物，以至一切行动、静止、说话、沉默时，都只是在致他那一心侍奉父母、尊敬兄长的真诚恻隐的良知，那样的话，就自然无处不是圣道了。天下的事情虽然千变万化，无法穷尽，但只需用侍奉父母、尊敬兄长的真诚恻隐的良知去应付，就再不会有什么遗漏缺失，正是因为这当中只有一个良知的缘故。除了一心侍奉父母、尊敬兄长的良知之外，再没有其他的良知可以致了，所以孟子才说：“尧、舜之道，孝弟而已矣。”这正是“惟精惟一”的学说，放之四海而皆准，“施诸后世而无朝夕”的了。

你说：“想通过侍奉父母、尊敬兄长的事情，求得所谓致良知的学问。”从自己着手用功这方面说，也没有什么不可以。如果说“用良知的真诚恻隐，来探求侍奉父母、尊敬兄长的道理”，也没什么不可以。程颐先生说：“从孝悌开始施行仁义，孝悌是仁义中的一件事情，说它是行仁的根本是可以的，但说它是仁的根本就不对了。”这很对。

七

【原文】

“臆”“逆”“先觉”之说，文蔚谓“诚则旁行曲防，皆良知之用”。甚善甚善！间有搀搭处，则前已言之矣。惟浚之言亦未为不是。在文蔚须有取于惟浚之言而后尽，在惟浚又须有取于文蔚之言而后明。不然，则亦未免各有倚著之病也。舜察迩言而询刍荛[1]，非是以迩言当察、刍尧当询而后如此。乃良知之发见流行，光明圆莹，更无罣碍遮隔处。此所以谓之大知。才有执著意必，其知便小矣。讲学中自有去取分辨，然就心地上着实用功夫，却须如此方是。

·注 释

①刍荛：刍，草；荛，柴草。引申为打柴的人。

【译文】

诸如“不臆不信”“不逆诈”“先觉”等论说，你说“诚则旁行曲防，皆良知之用”。这种观点很正确！偶尔会有掺杂搭配的地方，我前面已经谈到过了。惟浚的说法也并不是不对。你需要采纳惟浚的说法才能够做到详尽，而惟浚则需要采纳你的说法之后才能更明白。否则的话，你们都难免会有一些偏颇。舜喜欢体察浅近的话，并且向打柴的人请教，并不是浅近的话应当去思考，而是舜认为应当向樵夫请教，所以他才请教。良知的呈现流传，光明透彻，没有任何障碍蒙蔽的地方。这就是所谓的大智。如果有了执着和意、必，他的智就变小了。讲学时自然会有一些取舍分辨，但是在心里切实地用功，就必须这样才行。

八

【原文】

“尽心”三节，区区曾有生知、学知、困知之说，颇已明白，无可疑者。盖尽心、知性、知天者，不必说存心、养性、事天，不必说“夭寿不贰、修身以俟”。而存心、养性与“修身以俟”之功，已在其中矣。存心、养性、事天者，虽未到得尽心、知天的地位，然已是在那里做个求到尽心、知天的功夫，更不必说“夭寿不贰、修身以俟”，而“夭寿不贰、修身以俟”之功，已在其中矣。

譬之行路，尽心、知天者，如年力壮健之人，既能奔走往来于数千里之间者也；存心、事天者，如童稚之年，使之学习步趋于庭除之间者也；“夭寿不贰、修身以俟”者，如襁褓之孩，方使之扶墙傍壁，而渐学起立移步者也。既已能奔走往来于数千里之间者，则不必更使之于庭除之间而学步趋，而步趋于庭除之间自无弗能矣；既已能步趋于庭除之间，则不必更使之扶墙傍壁而学起立移步，而起立移步自无弗能矣。然学起立移步，便是学步趋庭除之始；学步趋庭除，便是学奔走往来于数千里之基。固非有二事，但其功夫之难易，则相去悬绝矣。

心也，性也，天也，一也。故及其知之成功则一。然而三者人品力量自有阶级，不可躐等而能也。细观文蔚之论，其意以恐尽心、知天者，废却存心、修身之功，而反为尽心、知天之病。是盖为圣人忧功夫之或间断，而不知为自己忧功夫之未真切也。吾侪①用功，却须专心致志在“夭寿不贰、修身以俟”上做，只此便是做尽心、知天功夫之始。正如学起立移步，便是学奔走千里之始。吾方自虑其不能起立移步，而岂遽其不能奔走千里？又况为奔走千里者，而虑其或遗忘于起立移步之习哉？

文蔚识见本自超绝迈往，而所论云然者，亦是未能脱去旧时解说文义之习，是为此三段书分疏比合，以求融会贯通，而自添许多意见缠绕，反使用

功不专一也。近时悬空去做勿忘勿助者，其意见正有此病，最能耽误人，不可不涤除耳。

·注 释

①侪：同辈，同类的人。

【译文】

关于“尽心”的三个层次，我曾经用“生而知之”“学而知之”“困而知之”来说明，已是非常明白的了，应该没有能怀疑的地方了。大概对于尽心、知性、知天的人，就不必再说存心、养性、事天了，也不必再说“夭寿不贰、修身以俟”。因为存心、养性与“修身以俟”的功夫，都已经包含在尽心、知性、知天当中了。而对于存心、养性、事天的人，虽然他们还未能到得尽心、知天的境界，但已经是在探求尽心、知天的功夫了，也无须说“夭寿不贰、修身以俟”的功夫，因为“夭寿不贰、修身以俟”的功夫，也已经包括其中了。

以走路做比喻，尽心、知天的人，就像年轻壮健的人，本来就能够在数千里的路途当中来回奔走；存心、事天的人，就像是一个稚嫩的儿童，只能让他在庭院里学习走路；而“夭寿不贰、修身以俟”的人，就像还在襁褓里的婴儿，让他们依傍着墙壁，他们才能慢慢学习站立，缓缓移动。既然已经能够在数千里的路途当中来回奔走了，就不必再让他在院子里学习走路了，因为在院子里走路对他来说是不可能不会的；既然已经能够在院子里走路了，那也就不必再让他靠着墙壁学习站立了，因为他站立自然对他们来说是没有问题的。然而在庭院里学习走路，是从学习站立开始的；而在庭院里学着走路，又是能在几千里的路上往来奔跑的基础。这本来就不是两回事，只是功夫的难易程度相差得很悬殊罢了。

心、性、天，其本质是一样的。所以等到致良知成功之后，效果是相同的。然而这三种人的人品、才智有各自不同的等级，他们不能够逾越各自的等级而行动。我仔细考虑了你的观点，你是害怕尽心、知天的人，废弃了存心、修身的功夫，而反过来成了尽心、知天的障碍。这大概是替圣人担忧，怕他们的功夫有时会间断，却不去为自己担心功夫是不是已经真切了。我们用功，只需专心致志地在“夭寿不贰、修身以俟”上用功，这才是做尽心、知天的功夫的开始。就像学习站立，是为了学习奔走千里。如今，我忧虑的是不能站立移步，怎会去忧虑不能奔走千里呢？又怎么会为奔走千里的人，担心他们会有时忘记了站立的本领？

你原本已经见识出众，而你所说的话，又表明，你也还没有清除以往专门讲求字面意义的习惯，所以你才会分出知天、事天、夭寿不贰三个层次，进行分析、综合、比较，以求融会贯通，却给自己添加了许多纠缠不清的观点，反倒让自己不能用功专一。近来那些凭空去做“勿忘勿助”的功夫的人，也恰恰有了这个毛病，它最能耽误人，不能不清除干净。

九

【原文】

所谓“兼德性而道问学”一节，至当归一，更无可疑。此便是文蔚曾著实用功，然后能为此言。此本不是险僻难见的道理，人或意见不同者，还是良知尚有纤翳潜伏。若除去此纤翳，即自无不洞然矣。

【译文】

你所说的“尊德性而道问学”这一节，“尊德性”和“道问学”应当统一，这没有什么可怀疑的。你能说这句话，说明这是你踏实用功了。这本来就不是生僻难懂的道理。有的人会有不同的意见，是因为他们的良知里还隐藏着纤尘。如果清除了这些纤尘，就自然会豁然开朗。

十

【原文】

已作书后，移卧檐间，偶遇无事，遂复答此。文蔚之学既已得其大者，此等处久当释然自解，本不必屑屑如此分疏。但承相爱之厚，千里差人远及，谆谆下问，而竟虚来意，又自不能已于言也。然直戆[1]烦缕已甚，恃在信爱，当不为罪。惟浚处及谦之[2]、崇一处，各得转录一通寄视之，尤承一体之好也。

右南大吉录

·注 释

①戆：愚直。

②谦之：邹守益（1491~1562），字谦之，号东郭，江西安福人，王阳明的弟子。

【译文】

写好信之后，我躺到屋檐下面，正好无事可做，便又写了以下几句。你的学问既然已经把握到了关键所在，这些问题时间长了之后自然就会明白，原本不需要我这样分析讲解。但是承蒙你的厚爱，千里派人前来请教，为了不辜负你的一片诚意，我又不得不说这些。但是我又太过率直、琐碎，想你凭着对我的信任与关爱，应当不会怪罪于我吧。还请你把这封信分抄几份，寄给惟浚、谦之、崇一等人，让他们同承你情同手足的好意。

以上为南大吉记录

训蒙大意示教读刘伯颂等①

【原文】

古之教者，教以人伦。后世记诵辞章之习起，而先王之教亡。今教童子，惟当以孝、弟、忠、信、礼、义、廉、耻为专务。其栽培涵养之方，则宜诱之歌诗以发其志意，导之习礼以肃其威仪，讽之读书以开其知觉。今人往往以歌诗、习礼为不切时务，此皆末俗庸鄙之见，乌足以知古人立教之意哉？

大抵童子之情，乐嬉游而惮拘检，如草木之始萌芽，舒畅之则条达，摧挠之则衰痿。今教童子，必使其趋向鼓舞，中心喜悦，则其进自不能已。譬之时雨春风，沾被卉木，莫不萌动发越，自然日长月化。若冰霜剥落，则生意萧索，日就枯槁矣。故凡诱之歌诗者，非但发其志意而已，亦所以泄其跳号呼啸于咏歌，宣其幽抑结滞于音节也。导之习礼者，非但肃其威仪而已，亦所以周旋揖让而动荡其血脉，拜起屈伸而固束其筋骸也。讽之读书者，非但开其知觉而已，亦所以沉潜反复而存其心，抑扬讽诵以宣其志也。凡此皆所以顺导其志意，调理其性情，潜消其鄙吝，默化其粗顽，日使之渐于礼义而不苦其难，人于中和而不知其故。是盖先王立教之微意也。

若近世之训蒙稚者，日惟督以句读课仿，责其检束而不知导之以礼，求其聪明而不知养之以善，鞭挞绳缚，若待拘囚。彼视学舍如囹狱而不肯入，视师长如寇仇而不欲见，窥避掩覆以遂其嬉游，设诈饰诡以肆其顽鄙，偷薄庸劣，日趋下流。是盖驱之于恶而求其为善也，何可得乎？

凡吾所以教，其意实在于此。恐时俗不察，视以为迂，且吾亦将去，故特叮咛以告。尔诸教读，

其务体吾意，永以为训，毋辄因时俗之言，改废其绳墨，庶成“蒙以养正”[2]之功矣，念之念之！

·注 释

①明正德十三年（1518），王阳明任南赣巡抚，在赣南各地订立乡约，兴办社学并颁布此文晓谕他们。训蒙大意，儿童教育的基本原则。教读，社学的教师，刘伯颂应为教读之一。

②蒙以养正：语出《周易·蒙卦·彖传》："蒙以养正，圣功也。"意为应当培养儿童纯正无邪的品质。

【译文】

古代的教育者，教的是人伦纲常。而自从后世背诵辞章的风气兴起，先王的教育就灭亡了。现在教育小孩子，应当只把孝、悌、忠、信、礼、义、廉、耻作为唯一的内容。而教育的具体方法，则应当诱导他们吟唱诗歌以激发起志趣；引导他们学习礼仪以使他们仪表严肃威严；指导他们读书以开发他们的智慧。如今，人们往往觉得吟唱诗歌、学习礼仪有些不合时宜，这都是庸俗鄙薄的看法，他们怎么能够知晓古人推行教育的本意呢？

一般来说，小孩子们喜好嬉戏游玩而讨厌约束，就像草木刚萌芽的时候，让它舒展地生长，便很快就能够枝条发达，而如果受到了摧压就很快会枯萎。如今教育小孩子，必要让他们顺从自己的喜好，欢欣鼓舞，心中喜悦，那么他们的进步自然不会停止。就好像春天的和风细雨，花木得到了滋养，无不发芽抽枝，自然而然日新月异。但是如果冰霜来袭，花木就会萧索，日益枯萎。所以孩子们得到诗歌吟唱的引导，不仅仅可能引发他们的志趣，而且能够在吟唱诗歌的过程中消耗他们跳蹿呼号的精力，在音律中宣泄他们心里的郁结。引导他们学习礼仪，不但能使他们仪表威严，而且还能在打躬作揖中活动他们的血脉，强筋健骨。指导他们读书，不但可能开发他们的智慧，而且也能在反复的思索中存养他们的本心，在抑扬顿挫的朗诵中宣扬他们的志趣。所有这些都是顺从他们的心意，调理他们的性情，消磨他们的鄙陋吝啬和粗浅愚顽，日渐使他们合乎礼仪而不感到很难接受，在不知不觉中达到了中正平和。这些才是先王推行教育的本意。

当代教导启蒙儿童的人，只是每天督促他们的句读功夫，严求他们自我约束而不知道用礼仪来引导他们，仅仅要求他们聪明却不知道用善良来培养他们，像对待囚犯一样对待学生们，用鞭子打用绳子捆。小孩子们把学校看作是监狱而不愿意进入，把老师看作是强盗仇人而不想和他们见面，于是他们借机窥探、逃避、掩饰、覆盖，以便能嬉戏游乐，撒谎作假，肆意顽劣，日益变得层次底下。这是驱使他们作恶却又想要他们向善，怎么可能达到呢？

所以我的教育，本意就在这里。就怕世俗无法体察，以为我很迂腐，况且我将要离开了，所以特别叮咛嘱咐。你们这些为人师表的人，务必要体察我的心意，并以此为训诫，不要因为世俗言论而废弃了我的规矩，也许还可以成就“蒙以养正”的功效吧。切记切记！

教 约

【原文】

每日清晨，诸生参揖毕，教读以次偏询诸生：在家所以爱亲敬长之心，得无懈忽未能真切否？温清定省之仪，得无亏缺未能实践否？往来街衢步趋礼节，得无放荡未能谨饬否？一应言行心术，得无欺妄非僻未能忠信笃敬[1]否？诸童子务要各以实对，有则改之，无则加勉。教读复随时就事，曲加诲谕开发，然后各退，就席肄业。

凡歌诗，须要整容定气，清朗其声音，均审其节调，毋躁而急，毋荡而嚣，毋馁而慑，久则精神宣畅，心气和平矣。每学量童生多寡，分为四班。

每日轮一班歌诗，其余皆就席，敛容肃听。每五日则总四班递歌于本学。每朔望集各学会歌于书院。

凡习礼，需要澄心肃虑，审其仪节，度其容止，毋忽而惰，毋沮而怍，毋径而野，从容而不失之迂缓，修谨而不矢之拘局。久则礼貌习熟，德性坚定矣。童生班次皆如歌诗，每间一日则轮一班习礼，其余皆就席敛容肃观。习礼之日，免其课仿。每十日则总四班递习于本学，每朔望则集各学会习于书院。

凡授书不在徒多，但贵精熟。量其资禀，能二百字者止可授以一百字，常使精神力量有余，则无厌苦之患，而有自得之美。讽诵之际，务令专心一志，口诵心惟，字字句句，细绎反复，抑扬其音节，宽虚其心意。久则义礼浃洽，聪明日开矣。

每日功夫，先考德，次背书诵书，次习礼或作课仿，次复诵书讲书，次歌诗。凡习礼歌诗之数，皆所以常存童子之心，使其乐习不倦，而无暇及于邪僻。教者如此，则知所施矣。虽然，此其大略也。

“神而明之，则存乎其人”②。

·注 释

①忠信笃敬：语出《论语·卫灵公》：“言忠信，行笃敬，虽蛮貊之邦，行矣。”

②神而明之，则存乎其人：语出《周易·系辞上》：“神而明之，存乎其人。”意为只有人的运用，才能使圣道发挥神妙作用。

【译文】

每天清晨，学生们拜见行拱手礼完毕，教师应当依次询问各个学生：在家里时，热爱父母尊敬兄长的心，是没有懈怠呢还是有失真切？温清定省的礼节上，是没有能够身体力行还是无所欠缺？在街上往来行走时，是否步履谨慎而没有放荡不羁？一切言行心术，是否忠实笃信而没有欺妄？每个学生务必要如实应答，有则改之，无则加勉。老师要随时随地对学生给以委婉的教导和启发，然后让他们各自退回座位上去学习。

凡是吟唱诗词，必须仪容整洁，心气安定，声音要清朗，节奏需均衡，不急不躁，不因艰难而气馁，久而久之，自然会精神宣畅，心气平和。每个学校依据学生数量分四个班，每天轮流一个班吟唱诗词，而其余的学生便表情严肃、认真坐在席位上听他们诵读。每五天便让四个班在学校依次吟唱诗歌，每月初一、十五，集合各学校到书院里一起吟唱诗歌。

凡是学习礼仪，必须心思澄澈，肃除杂虑。老师要认真观察他们的礼仪细节、容貌举止，不因懒惰而疏忽，也不沮丧害羞，不粗野，从容自如而不迂缓，谨慎而不拘束紧张。久而久之，礼仪就会熟练，而德性也就坚定了。学生的班次像吟唱诗歌时一样，每隔一天便轮一个班学习礼仪，其余的班级表情严肃、认真地坐着观察。练习礼仪的当天，可以免除其他的功课。每十天就集合四个班在本校练习礼仪。每月的初一、十五集合各学校到书院一起练习礼仪。

老师教书不仅仅在乎数量的多少，贵在精熟。根据学生的天资禀性，能识二百字的人只教他们一百字，让学生的精力常常会有富余，就不会担心他们因辛苦而厌烦学习，相反会因为有所收获而愿意继续学习。诵读的时候，务必要让他们专心致志，口读心想，字字句句都反复体会，音节要抑扬顿挫，而心胸要宽广虚静。久而久之，自然会礼义得当，更加聪明了。

每天的功课，先考察德性，然后是诵书、背书，之后是学习习礼仪或练习功课，最后再是反复读书、讲课、吟唱诗词。但凡练习礼仪、吟唱诗歌，都是为了常常存养小孩子们的本心，使他们喜爱学习孜孜不倦，没有闲暇工夫花在歪门邪道的事情上。教师们明白了这些，就知道如何施行了。虽然这里只大概说了一些。但“神而明之，则存乎其人”，各人去努力吧。

卷 下

陈九川录

一

【原文】

正德乙亥，九川初见先生于龙江。先生与甘泉[1]先生论“格物”之说。甘泉持旧说。先生曰：“是求之于外了。”甘泉曰：“若以格物理为外，是自小其心也。”九川甚喜旧说之是。先生又论“尽心”一章，九川一闻却遂无疑。

后家居，复以“格物”遗质。先生答云：“但能实地用功，久当自释。”山间乃自录《大学》旧本读之，觉朱子“格物”之说非是，然亦疑先生以意之所在为物，“物”字未明。

己卯，归自京师，再见先生于洪都[2]。先生兵务倥偬，乘隙讲授。首问：“近年用功何如？”

九川曰：“近年体验得‘明明德’功夫只是‘诚意’。自‘明明德于天下’，步步推入根源，到‘诚意’上再去不得，如何以前又有格致功夫？后又体验，觉得意之诚伪，必先知觉乃可，以颜子‘有不善未尝知之，知之未尝复行’为证，豁然若无疑，却又多了格物功夫。又思来，吾心之灵何有不知意之善恶？只是物欲蔽了，须格去物欲，始能如颜子未尝不知耳。又自疑功夫颠倒，与‘诚意’不成片段。后问希颜。希颜曰：‘先生谓格物、致知是诚意功夫，极好。’九川曰：‘如何是诚意功夫？’希颜令再思体看。九川终不悟，请问。”

先生曰：“惜哉！此可一言而悟！惟浚所举颜子

事便是了。只要知身、心、意、知、物是一件。”

九川疑曰：“物在外，如何与身、心、意、知是一件？”

先生曰：“耳、目、口、鼻、四肢，身也，非心安能视、听、言、动？心欲视、听、言、动，无耳、目、口、鼻、四肢亦不能。故无心则无身，无身则无心。但指其充塞处言之谓之身，指其主宰处言之谓之心，指心之发动处谓之意，指意之灵明处谓之知，指意之涉着处谓之物，只是一件。意未有悬空的，必着事物，故欲‘诚意’，则随意所在某事而格之，去其人欲而归于理，则良知之在此事者，无蔽而得致矣。此便是‘诚意’的功夫。”

九川乃释然破数年之疑。

又问：“甘泉近亦信用《大学》古本，谓‘格物’犹言‘造道’，又谓穷如穷其巢穴之穷，以身至之也，故‘格物’亦只是随处体认天理。似与先生之说渐同。”

先生曰：“甘泉用功，所以转得来。当时与说

‘亲民’字不须改，他亦不信。今论‘格物’亦近，但不须换‘物’字作‘理’字，只还他一‘物’字便是。”

后有人问九川曰：“今何不疑‘物’字？”曰：“《中庸》曰‘不诚无物’，程子曰‘物来顺应’，又如‘物各付物’‘胸中无物’③之类，皆古人常用字也。”他日先生亦云然。

·注 释

①甘泉：湛若水（1466~1560），字元明，学者称甘泉先生，广东增城人，历任南京礼部、吏部、兵部尚书，著有《湛甘泉集》。

②洪都：地名，今江西南昌。

③胸中无物：语出《河南程氏外书》卷十一：“尧夫胸中无事如此。”邵雍，字尧夫，共城（今河南辉县）人，北宋哲学家，与周敦颐、张载、二程合称北宋五子，著有《皇极经世》《伊川击壤集》等。

【译文】

正德十年（1515），九川在龙江第一次看到了先生。先生正与甘泉先生谈论“格物”的学说，而甘泉先生一再坚持朱熹先生的见解。先生说：“这是在心外寻求了。”甘泉先生则说：“如果以格物之理为外，那就把自心看小了。”九川心里十分赞同朱熹的说法。先生又谈到了《孟子》“尽心”一章，九川听了之后，马上对先生的“格物”学说不再有怀疑了。

后来九川闲居在家，又以“格物”的学说向先生求教。先生答说：“只要能够切切实实地用功，时间长了，自然就会明白。”到了山间，又自己抄录了《大学》旧本来阅读，更感觉朱熹的“格物”学说不正确，但是也还怀疑先生把“意”的所在当做物，因为这个“物”字，我还觉得不太明朗。

正德十四年，九川从京师回来，在洪都（今江西南昌）又见到了先生。当时先生军务繁重，只能抓紧空闲时间，给我讲课。首先便问：“近年来用的功夫怎么样？”

九川说：“近年来体会到了‘明明德’的功夫只是‘诚意’。从‘明明德于天下’，逐步追溯本源，但到‘诚意’上就再追溯不下去了。怎么‘诚意’的前面还有一个‘格物致知’的功夫呢？后来又仔细体会，感觉到意的真诚虚伪，须先要有知觉，颜回曾说‘有不善未尝知之，知之未尝复行’，这能当做证据，我由此豁然开朗，确信无疑，但是心里又多了一个‘格物’的功夫。细细思考，凭着本心的灵明，又怎么会不明白意的善恶呢？只不过是被物欲所蒙蔽，需要格除物欲，才能做到像颜回那样，善恶尽知。我又想是不是自己把功夫用颠倒了，以致‘格物’和‘诚意’的功夫联系不到一起。后来我问希颜，希颜说：‘先生所说格物致知，都是诚意的功夫，我认为真的是这样的。’我又问：‘为什么是诚意的功夫呢？’希颜让我再自个儿用心去体察。但我最终还是没能领悟到这其中的缘由，所以现在向先生您求教。”

先生说：“真是可惜！原来这是可以一言而喻的！你所举的颜回的例子就能够把问题讲明白了。总之你只要懂得，身、心、意、知、物，全都是一件事就行了。”

九川不解地问：“物在心外，怎会和身、心、意、知是同一件事呢？”

先生说：“耳、目、口、鼻以及四肢，皆是人体的部分，心如果没有通过它们，怎么能够看、听、说、动呢？心想要看、要听、要说、要动，没有耳、目、口、鼻及四肢就不能够。所以说，没有心就没有身体，没有身体也就没有心，它们是统一的。只是从充塞空间上来说是身，而从主宰作用上来说它就叫做心，而从心的发动上来就是意，从意的灵明上来说就是知，从意的涉及上来说就是物，这些都是统一的。意不会凭空存在，必须依附事物而存在。所以，想要‘诚意’，就必须在意所涉及的事物上去‘格’，就必须去除私欲遵循天理，这样，良知于此就不会再受到蒙蔽，并且能够‘致知’了。‘诚意’的功夫就在这里。”

听了先生这番话，九川终于消除了积存在心中多年的疑虑。

九川又问：“甘泉先生近来比较偏向于《大学》的旧本，以为‘格物’就像是求道，认为穷理的穷，就是‘穷其巢穴’的穷，需要自己到巢穴中去走一趟。所以‘格物’，也就是随处体察、明白天理，这和先生的学说有些相近了。”

先生又说：“他下了功夫了，所以他能够转过弯来。当初我跟他说，‘亲民’不能改作‘新民’，他还不相信呢。现在他对‘格物’的看法跟我的观点也有些接近了，只是‘物’字还是不改成‘理’字，这也可以。”

后来有人问：“为什么现在就不怀疑这个‘物’字了？”我说：“《中庸》里有说‘不诚无物’，程颢则说‘物来顺应’‘物各付物’‘胸中无物’等，这些都是古人常用的字。”后来先生也这样说。

二

【原文】

九川问："近年因厌泛滥之学，每要静坐，求屏息念虑，非惟不能，愈觉扰扰。如何？"

先生曰："念如何可息？只是要正。"

曰："当自有无念时否？"

先生曰："实无无念时。"

曰："如此却如何言静？"

曰："静未尝不动，动未尝不静。戒谨恐惧即是念，何分动静？"

曰："周子何以言'定之以中正仁义而主静'①？"

曰："无欲故静，是'静亦定，动亦定'的'定'字。'主'，其本体也。戒惧之念是活泼泼地，此是天机不息处，所谓'维天之命，于穆不已'②。一息便是死，非本体之念即是私念。"

·注 释

①定之以中正仁义而主静：语出周敦颐《太极图说》："五性感动而善恶分，万事出矣。圣人定之以中正仁义而主静，立人极焉。"

②"维天之命"二句：语出《诗经·周颂·维天之命》。

【译文】

九川问："近年我因厌恶泛览博观，每每想要静坐安神，以求屏息各种思虑念头。但是，我非但不能静心，反而更加感觉到思绪纷扰，这是为何呢？"

先生说："思虑念头怎么可能停止呢？只能让它归于纯正。"

九川问："会有自然没有念头的时候？"

先生说："实在不会有没有念头的时候。"

九川问："这样的话，该怎么解释'静'呢？"

先生说："静中未尝会没有动，动中也未尝会没有静。戒慎恐惧即是念头，怎么分动静呢？”

九川说：“周敦颐为什么又说‘定之以中正仁义而主静’呢？”

先生说：“没有欲望所以宁静，这个‘定’字也就是程颢所说‘静亦定，动亦静’中的‘定’。‘主’，即本体。戒慎恐惧的念头是活泼的，正是天机运动不息的表现，所谓‘维天之命，于穆不已’。一旦停止便是死亡，不是心的本体的意念都是私念。”

三

【原文】

又问：“用功收心时，有声、色在前，如常闻见，恐不是专一。”

曰：“如何欲不闻见？除是槁木死灰，耳聋目盲则可。只是虽闻见而不流去便是。”

曰：“昔有人静坐，其子隔壁读书，不知其勤

惰。程子称其甚敬[①]。何如？”

曰：“伊川恐亦是讥他。”

·注 释

①程子称其甚敬：语出《河南程氏遗书》卷二：“许渤与其子隔一窗而寝，乃不闻其子读书与不读书。先生谓：‘此人持敬如此。’”

【译文】

九川问：“专心用功的时候，声、色在眼前出现，如果还像往常那样去看去听，恐怕就不能专一了。”

先生说：“怎么能不想去听不想去看呢？除非是槁木死灰的人或者耳聋眼瞎的人。只是虽然听见或看见了，心却不跟着它分散了也就是了。”

九川说：“从前有人静坐，他的儿子在隔壁读书，他都不知道儿子是勤劳或懒惰。程颐称赞他很能持静。这又是为何呢？”

先生说："程颐先生恐怕也是在讽刺他罢了。"

四

【原文】

又问："静坐用功，颇觉此心收敛。遇事又断了，旋起个念头，去事上省察。事过又寻旧功，还觉有内外，打不作一片。"

先生曰："此'格物'之说未透。心何尝有内外？即如惟浚今在此讲论，又岂有一心在内照管？这听讲说时专敬，即是那静坐时心。功夫一贯，何须更起念头？人须在事上磨练，做功夫乃有益。若只好静，遇事便乱，终无长进。那静时功夫亦差似收敛，而实放溺也。"

后在洪都，复与于中[1]、国裳[2]论内外之说[3]，渠皆云："物自有内外，但要内外并着功夫，不可有间耳。"以质先生。

曰："功夫不离本体，本体原无内外。只为后来

做功夫的分了内外，先其本体了，如今正要讲明功夫不要有内外，乃是本体功夫。”

是日俱有省。

·注 释

①于中：陈荣捷先生认为“于中”是“子中”之误。夏良胜，字子中，与陈九川交往密切。

②国裳：舒芬（1484~1527），字国裳，号梓桐，江西进贤人，丁丑（1517）状元，授翰林修撰。与陈九川一同上疏谏武宗南巡，被贬，后复原职，又上疏大礼之议，并同谏者哭于武庙，遭廷杖。

③内外之说：宋明理学，往往把静坐省察与躬行实践视为内外不同的功夫，而且以前为重，轻视后者。王阳明则认为本体不分内外。省察可以知道实践，实践可以深化省察，所以它们是一体的。王阳明还认为本体和工夫是统一不可分的。

【译文】

九川又问：“静坐用功，很能感觉到本心是收敛着的。但遇到事情就会中断，马上就生起一个念头，到具体的事情上去省察。事情完成之后，再去寻找原来的功夫。所以我仍然觉得有心有内外之分，不能融合成一处。”

先生说：“这是你对‘格物’的学说还不够明白。心怎么会有内外之分呢？就像你现在在这里讨论，岂会另有一个心在里边照管着？这个专心听讲和说话的心，就是静坐时的心。功夫是一以贯之的，何须再另起一个念头？人做功夫必须在具体的事情上磨炼，那才会有益处。如果仅仅是喜欢安静，那么遇到事情便会忙乱，最终也没有长进。而静坐时的功夫，也仅仅是表面看似乎收敛，而实际上却是放纵沉溺。”

后来在洪都时，九川又与于中、国裳讨论‘内外’的学说。于中、国裳都说：“事物本来就有内外之分，要在内外并行用功，不能有所间断。”因此九川又问了先生这个问题。

先生说：“功夫离不开本体，本体本来就是不分内外的。只是后来做功夫的人把功夫分出了内外，但已经丧失它的本体了。现在只要讲明，功夫不要有内外之分，那才是本体的功夫。”

这一天大家都有所心得。

五

【原文】

又问：“陆子之学何如？”

先生曰：“濂溪、明道之后，还是象山，只是粗些。”

九川曰：“看他论学，篇篇说出骨髓，句句似针膏肓，却不见他粗。”

先生曰：“然，他心上用过功夫，与揣摹依仿、求之文义自不同。但细看有粗处，用功久当见之。”

【译文】

九川又问："陆象山先生的学说怎么样？"

先生说："在周敦颐先生、程颢先生以后，就是陆象山先生了，只是稍显粗疏。"

九川说："我看他探讨学问，篇篇都能指出精髓所在，句句都能针砭膏肓，没有发现他有粗疏的地方。"

先生说："对的，他在心上用过功夫，自然和那些仅仅在字面上揣测模仿、寻求字面含义的人不相同。但是仔细察看能发现，他的学说有粗糙的地方，用功时间长了自然就能发现了。"

六

【原文】

庚辰往虔州，再见先生，问："近来功夫虽若稍知头脑，然难寻个稳当快乐处。"

先生曰："尔却去心上寻个天理，此正所谓理障[1]。此间有个诀窍。"

曰："请问如何？"

曰："只是'致知'。"

曰："如何致？"

曰："尔那一点良知，是尔自家底准则。尔意念着处，他是便知是，非便知非，更瞒他一些不得。尔只不要欺他，实实落落依着他做去，善便存，恶便去，他这里何等稳当快乐！此便是'格物'的真诀、'致知'的实功。若不靠着这些真机，如何去'格物'？我亦近年体贴出来如此分明，初犹疑只依他恐有不足，精细看，无些小欠缺。"

·注 释

①理障：佛教用语，即知障。意为把理看死了，理也会成为认识真理的障碍。《圆觉经》云："若诸众生永舍贪欲，先除事障，未断理障，但能悟入声闻缘觉，未能显住菩萨境界。"

【译文】

正德十五年（1520），九川往虔州，再次看到了先生，问："最近我的功夫虽然能够掌握一些关键地方，但仍旧很难找到一个稳当快乐的所在。"

先生说："你正是要到心上去寻找天理，这便是所谓的'理障'。这里边有一个诀窍。"

九川问："是什么诀窍？"

先生说："只是一个'致知'。"

九川问："怎么去致呢？"

先生说："你心里的那一点良知，便是你自己的准则。你的意念所在之处，正确的就知道正确，错误的就知道错误，对它一丝一毫都隐瞒不得。你只需不去欺骗良知，切切实实地顺从良知去做，善便存养，恶便去除，这样何等稳当快乐！这就是'格物'的真正秘诀、'致知'的实在功夫。如果不凭借这些真机，如何去'格物'？我也是近几年才清楚明白地体会到这些，刚开始，我还怀疑，仅凭良知恐怕会有不足，但精细地看，就会发现并没有什么缺陷。”

七

【原文】

在虔与于中、谦之同侍。先生曰：“人胸中各有个圣人，只自信不及，都自埋倒了。”因顾于中曰：“尔胸中原是圣人。”

于中起，不敢当。

先生曰：“此是尔自家有的，如何要推？”

于中又曰：“不敢。”

先生曰：“众人皆有之，况在于中？却何故谦起来？谦亦不得。”

于中乃笑受。

又论：“良知在人，随你如何不能泯灭，虽盗贼亦自知不当为盗，唤他作贼，他还扭怩。”

于中曰："只是物欲遮蔽，良心在内，自不会失。如云自蔽日，日何尝失了？"

先生曰："于中如此聪明，他人见不及此。"

【译文】

在虔州的时候，九川与于中、谦之一同陪伴在先生左右。先生说："人的心里自然各有一个圣人存在，只是因为不够自信，便自己把圣人埋没了。"回头看着于中便说："你的心里原本也是圣人。"

于中连忙站起来说道："不敢当，不敢当。"

先生说："这是你本来就有的，为什么要推却？"

于中又说："不敢当。"

先生说："每个人都有，更何况你于中呢？可你为什么居然要谦让？谦让也是不对的。"

于中便笑着接受了。

先生又说："良知在人的心里，无论如何，都无法泯灭。即便是盗贼，他们也自己明白偷窃是不应该的，喊他是贼，他也会惭愧的。”

于中说：“只是良知为物欲所蒙蔽，良知在人的心里，自然不会消失。就好比乌云遮蔽了太阳，但太阳何曾消失过。”

先生说：“于中如此聪明，别人的见识可比不上他。”

八

【原文】

先生曰：“这些子看得透彻，随他千言万语，是非诚伪，到前便明。合得的便是，合不得的便非，如佛家说心印[1]相似。真是个试金石，指南针。”

·注 释

①心印：佛教禅宗语。谓不用语言文字，直接以心相印证，以期顿悟。

【译文】

先生说："把这些道理都理解透彻了，随便他万语千言，是非真伪，到眼前一看便会明白了。这和佛教所说的'心印'相似，符合的就正确，不符合的就错误，真是个试金石、指南针。"

九

【原文】

先生曰："人若知这良心诀窍，随他多少邪思枉念，这里一觉，都自消融。真个是灵丹一粒，点铁成金[①]。"

·注 释

①"灵丹"二句：语出《景德传灯录》："灵丹一粒，点铁成金；至理一言，点凡成圣。"

【译文】

先生说："如果人熟知这良知的诀窍，无论多少歪思邪念，良知一旦察觉，自然会把它们消融掉。就像是一颗灵丹，能够点铁成金。"

十

【原文】

崇一曰："先生致知之旨发尽精蕴，看来这里再去不得。"

先生曰："何言之易也！再用功半年看如何？又用功一年看如何？功夫愈久，愈觉不同。此难口说。"

【译文】

欧阳崇一说："先生已经把致良知的宗旨解说得淋漓尽致，看来在这个问题上，无法再进一步阐发。”

先生说：“怎么说得这么随便？你再用半年的工夫，看看会怎么样？再用一年的功夫，看看又会如何？功夫用的时间越长，就越会感觉不相同。这种感觉难以言表！”

十一

【原文】

先生问：“九川于‘致知’之说，体验如何？”

九川曰：“自觉不同。往时操持常不得个恰好处，此乃是恰好处。”

先生曰：“可知是体来与听讲不同。我初与讲时，知尔只是忽易，未有滋味。只这个要妙，再体到深处，日见不同，是无穷尽的。”

又曰：“此‘致知’二字，真是个千古圣传之秘，见到这里，‘百世以俟圣人而不惑’。”

【译文】

先生说："对于致知的学说，九川你体会得怎么样了？"

九川说："自己感觉与以往有所不同了。以往时常把握不到恰到好处的地方，而现在就能感觉到恰当的地方了。"

先生说："由此可见，体会得来的与听讲听到的就会有所不同。我最初给你讲解的时候，就知道你只是糊里糊涂的，没有真正体会到其中滋味。只要从这个恰到好处，再往深处体会，自然会有日新月异，那是没有止境的。"

先生又说："这'致知'两字，真是个圣贤们千古流传的诀窍，理解了这个'致知'，就能够'百世以俟圣人而不惑'。"

藏書

珍藏版

王陽明全集

贰

李楠 主编

民主与建设出版社

目　录

中 篇 王阳明的人生智慧

第二章　持纯粹心，做至诚人

第三章　立志由心，量力而行

第四章　小赢靠智，大赢靠德

第五章　以孝安家，以敬持家

桃李满天下

王华一去世，朝中的当权者们倒大大松了一口气，守孝三年，就意味着王阳明在这三年内都不会对他们构成威胁，造成不利。即便如此，当权者们还是继续弹劾王阳明，甚至包括他的学说，心力交瘁的王阳明终于抵挡不住，卧床病倒。

当然，在家守孝的日子王阳明并不总是病着的，随着时间的流逝反而能够平静地化解心中任何的痛楚，逐渐从丧父的悲痛中解脱出来，病情渐渐好转，心情也渐渐明朗。特别是他门下的学生越来越多，事业逐渐以讲学为主，他的学说没有成为伪学，反而被发扬得更加广远。

嘉靖二年（1523），又到了每三年举行一次的科举会试。这一次最后一场的“策论”题竟然是要求考生对心学作出评论，这道题惹怒了很多参加会试的王阳明的学生。因为，在当时而言，这道题的意图就是要考生对心学进行评价或者抨击，是有意掀起对心学说的批判。

王阳明的弟子王珊一见这道题，当场就掷笔离开了考场。人们都说他意气用事，不应该就这样而丢掉走入仕途的机会，也可惜了多年来的悉心准备。王珊倒十分坦然，并不因为自己的行为而懊恼，他认为假如要昧着良心批判自己的师门，那还不如一辈子都不当官。

王阳明另外几位参加会试的学生虽然没有当场离去，但是在答卷中却是理直气壮地阐释了心学。令人诧异的是，这几名学生后来竟然都被录取了。王阳明的学生钱德洪在这年的会试中落榜，回到浙江后见到王阳明，他并不为自己的落榜而失望，反而是为老师的学说受到如此待遇而愤慨。王阳明听后反倒说，心学从此之后要白于天下了。钱德洪听后，很是不解。王阳明解释道："我只是跟我的学生讲学，自然我的学说只能在学生们之间流传，天下人不可能皆知。这一次，集聚天下考生的会试竟然以我的学说来命题，不管是批判还是赞同，我的学说大告于天下，这是事实。一次会试，岂不是在宣扬我的学说？"钱德洪听后，忙点头称是。那些本来想扼制心学传播的人没想到却义务地传播了心学。

嘉靖三年（1524），王阳明待在老家的第二年，受郡守南大吉的邀请，到稽山书院讲学。这一次讲学又将心学推向了一个新的高潮。王阳明在稽山书院讲学的消息一传出，很多文人志士都从天南地北赶来。一时间，稽山书院里人满为患，人多的时候，一个僧舍里竟然住有十多个人。没有多余的床铺，大家就轮流睡觉，可见当时来听王阳明讲学的人之多。冬去春来，王阳明在这里送走了一批又一批的学生，而这些学生每个人都对王阳明的讲学赞叹不已，这些学识让他们在黑暗中看到了光明，在糊涂中领悟了清醒。而王阳明也在讲学的过程中不断地摸索，为了更好地讲学，他让每个新来的学生都先经过自己得意门生的熏染，略领入门之学后，再亲自传授。

这一年八月十五，王阳明和学生们大摆宴席，共度中秋。大家借酒助兴，场面非常热烈。载歌载舞中，王阳明忘却了所有的烦扰，这算得上是这么年来少有的高兴。看着这个场景，王阳明深感欣慰，心中兴起一种教书育人的满足感。从他当时所做的一首诗中可以看出：

处处中秋此月明，不知何处亦群英。

须怜绝学经千载，莫负男儿过一生。

影响尚疑朱仲晦，支离羞成郑康成。

铿然舍瑟春风里，点也虽狂得我情。

只是短短的几句，就能感受到王阳明的喜悦之情。教书育人，修身养性，这是多么惬意而又高兴的事情！

第八章
最后行程——此心光明，千古毁誉随风散

京中争论大礼议

王阳明远离京城，在老家赋闲讲学的这段时间，京城却是闹得不可开交。前面讲到嘉靖皇帝朱厚熜继位时虽然年幼，但却是一个十分有自己思想的人。正德十六年（1521）四月二十二日，朱厚熜从安陆藩到京城，在还未进城的时候，便和朝中的当权者发生了冲突。

由于正德皇帝朱厚照无子嗣，他的母亲便下旨命朱厚熜为“嗣君”，是以“兄终弟及”的原则即位，但是等朱厚熜真正快到北京时，却要以“皇太子”的礼仪来迎接他进城。礼仪的规模降级了不说，连辈分都发生了变化，本是堂兄弟最后成了子侄。朱厚熜知道后十分不满，他认为自己不是来当皇太子的，而是继嗣皇位，于是派人将自己的意思传达给朝廷。当时安排礼仪的官员们为此请示大学士杨廷和。杨廷和却不以为然，坚持要朱厚熜按照早已安排好的礼仪进行，应从皇城的侧门东安门进城，进城后暂时住在皇太子读书的地方文华殿。朱厚熜见杨廷和坚持要按照皇太子的礼仪来迎接他，干脆就不进城，并回复杨廷和如果硬是要按照原来的礼仪不变，他宁愿回去做安陆的藩王，也不愿意到京城当皇帝。假若真是这样，杨廷和也就得不到什么好处了。因为当时距正德皇帝去世已经有一个多月了，如果再不让新皇帝继位，国无君主，是不可想象的。所以，杨廷和赶紧派人去劝说，同时还请示皇太后，说明事情的缘由。正当双方僵持不下时，皇太后下旨新皇帝即刻进城。无奈之下，杨廷和再三劝说朱厚熜失败后，只好按照朱厚熜的意思去做。随后朱厚熜从皇城的正门大明门以新君的身份进入京城。他拜过死去的明武宗，拜过皇太后，接着在皇城的奉天殿登上了皇位。这次的冲突，是朱厚熜同这些权贵们的第一个回合，并且胜利了。

登基之后的朱厚熜很快又和当朝的权贵们陷入另一场争论中，这次是围绕新皇帝生父的尊号等问题，争论反反复复维持了大概三四年。因为是以争论“礼”为开端，争论“权”为结尾，因此这场争论被称为“大礼议”。由于这次争论席卷了几乎所有的官员，可以说这次争论是明朝政治史上较为重大的事件。

大礼议分为两派，一派是以杨廷和为代表的当朝权臣们，他们认为只有明武宗的父亲孝宗才是皇父，而明世宗朱厚熜的父亲应该为皇叔父。另一派是朱厚熜及支持他的臣子们，他们则认为皇父应该是明世宗朱厚熜的父亲，而明武宗的父亲应该是皇伯父。这两派从表面上看是为了朱厚熜父亲的称呼等问题展开的，但是实际上却是两种学派的争论，即理学和心学。

称武宗父亲为皇父的一派是受到程颐学说的影响，而称世宗父亲为皇父一派是受到心学的影响，认为只有这样才是合乎人情的。

王阳明曾强调礼乐制度的根本就在于合不合乎人情。这个观点在弘治十七年，王阳明主持山东省乡试时为议“国朝礼乐之制”的测试题给出的答案就可以看出。这篇答案中王阳明反复强调的是合乎人情才是礼乐的根本，既然明世宗当上了皇帝，那么他的父亲理所当然就是皇父，这是符合人情的。但是杨廷和为首的朝臣们则认为明武宗的父亲才是皇父，明世宗继嗣武宗的皇位，自然便要同自己的亲生父亲割断关系。所以说，这是理学与心学之间的斗争，也足以可见王阳明的心学在当时已经对当时的社会意识形态造成很大影响。

晚年喜得子

嘉靖四年（1525）正月，王阳明的妻子诸氏去世。王阳明的学生钱德洪在《阳明年谱》中记载："嘉靖四年正月，夫人诸氏卒；四月，附葬于徐山。"学生门人黄绾也在《阳明行状》中写道："配诸氏，参议养和公讳某女，不育。"

王阳明和妻子诸氏结婚后一直没有子嗣，在他44岁的时候，便把堂弟王守信8岁的儿子过继到自己名下，取名为正宪。虽不是亲生，但是王阳明对这个养子一直都很好，即便是戎马倥偬，常年在外之际，也常常拜托自己的学生教导正宪。

妻子诸氏死后，王阳明继娶张氏。嘉靖五年（1526）十二月十二日，也就是王阳明55岁时，张氏为其生下了一个儿子。晚年得子的王阳明非常欢喜，为儿子取名为正聪，希望他能够聪明睿智。王家在老家算得上是名门望族，晚年得子这样的大喜之事，当然得到当地很多人各种形式的祝贺。王府上下也是一片喜庆，欢腾。得意之余，王阳明还不忘赋诗以表自己的欢心：

海鹤精神老益强，晚途诗价重圭璋。

洗儿惠兆金钱贵，烂目光呈奎井祥。

何物敢云绳祖武，他年只好共爷长。

偶逢灯事开汤饼，庭树春风转岁阳。

其二：

自分秋禾后吐芒，敢云琢玉晚圭璋。

漫凭先德余家庆，岂是生申降岳祥。

携抱且堪娱老况，长成或可望书香。

不辞岁岁临汤饼，还见吾家第几郎？

不只是王阳明喜出望外，他的弟子们也都个个高兴不已。由于王阳明同原配诸氏常年不育，便落得一些闲言碎语，说王阳明不是真正的男子。晚年得子，便洗刷了多年来在此问题上的攻击。

正聪此时出生对王阳明来说是非常重要的。因为儿子出生后的第二年王阳明便赴命出征广西，并死在了回家的途中。不过，有人欢喜也会有人愁。之前备受宠爱的正宪在弟弟正聪出生后感觉到了失落，他的亲生父母也为此起了担忧。当王阳明一去世，有关财产和官袭的问题起了争执。

王阳明生前对于家中的这种矛盾早有所知，所以临死前十分担忧张氏和正聪孤儿寡母难以立足，于是委托自己的学生为其家产进行分家，并且照看儿子正聪，为此他的学生们还专门成立了一个机构来处理这些问题。王阳明尸骨未寒，家中事务还未处理好，朝中对王阳明的诬陷之风又起，朝廷下旨禁止传播心学，并称此为伪学，停止爵位的世袭和抚恤等。一时间，四方的挑衅四起，王阳明的学生只好把他的两个儿子带出家乡。正聪被送到了南京投靠黄绾，后来黄绾还将自己的女儿许配给他。在去南京的路上，竟然还有一群恶少跟随他们。据钱德洪《阳明年谱》记载："其家乡恶少遂相煽，欲以鱼肉其子弟。胤子正亿方四龄，与继子正宪离仳窜逐，荡析厥居"。后来为了同当朝的宰相避讳名称上的冲突，黄绾将正聪改名为正亿。至此，王阳明的遗孤算是真正有了着落，安了身。

关于王阳明的家产问题他的学生在很多地方都对此有记载。到了隆庆年间的时候，王阳明的学说得以平反，大放异彩。关于新建伯这个伯爵爷称谓的争夺，最后以正亿袭得新建伯爵位终止。

做人要有良心

“致良知”的观点，人们认为这是王阳明晚年所悟出和时常放在嘴边的。王阳明自己也说，在他一生的讲学当中，“致良知”是最重要的。不过，后来根据他的学生说，王阳明在一开始时是说“致良知”，但是到了后来只说“良知”。

不管是先前王阳明所讲的“去人欲而存天理”“知行合一”，还是后来提出的“致良知”“良知”，这些都是王阳明在不同的阶段对自己的学说进行的总结。从这个过程中可以看出王阳明心学体系不断完善，晚年王阳明越来越只讲“良知”，到了这个时候，王阳明可以说是真正地建立了心学。

什么是良知呢？王阳明认为，在我们每一个人的心中都有一个对善恶的区分，而这个区分就是良知。多年来百死千难的经历最终让王阳明悟出了圣人的根本，他强调良知是每个人生来就具有的，且是永远存在的，不需要通过后天的学习，所以说良知就是我们的本心，也是我们为人的根本。关于说良知的诗，王阳明也写过不少。

良知即是独知时，此知之外更无知。

谁人不有良知在，知得良知却是谁？

知得良知却是谁？自家痛痒自家知。

若将痛痒从人间，痛痒何须更问为？（《答人问良知二首》）

绵绵圣学已千年，两字良知是口传。

欲识浑沦无斧凿，须从规矩出方圆。

不离日用常行内，直造先天未画前。

握手临歧更何语？殷勤莫愧别离筵。（《别诸生》）

尔身各各自天真，不用求人更问人。

但致良知成德业，漫从故纸费精神。

乾坤是易原非画，心性何形得有尘？

莫道先生学禅语，此言端的为君陈。（《示诸生三首》之一）

良知作为人存在的根本，它是生命的本源，是存在于人心灵当中的天地万物的纲。放在现实生活中来说，我们做的任何一件事情都是要遵循自己内心的良知，不过这个付诸实践的过程总是会受到外界事物的打扰，人的五官四肢是无时无刻不在同外物打交道的，假如被这些外物所引诱，只管满足和追逐欲望，那么本质就会被掩盖，人的生活就偏离了良知这个根本，人也不能称作是一个完整的人。这就讲到一个“致良知”的问题。王阳明认为良知是本体，致良知是功夫。这个功夫不仅要求自觉地去意识良知作为本体的存在，还要将良知在生活当中表达出来，回归到良知本身，返回本心。没有了私心杂念，自然就能够区分什么是善，什么是恶，什么是对，什么是错，生活会变得美好，生命也会因此而焕发华彩。

因为良知是根本，致良知和知行合一一样是属于方法，所以大约从嘉靖三四年开始，王阳明对弟子们讲学已不经常说“致良知”，而只是强调“良知”。先圣的经典《六经》，也曾说“良知”二字是圣学的精髓。

良知的学说提出来以后，王阳明讲知行合一，这个知不仅仅是指知识学问了，更是指良知。

王阳明说良知，是突破了宋儒思想的束缚，完全是另一种新的风格。通过讲学，王阳明的思想和学说被广泛传播，就好像一场新兴的革命，解放了当时的思想。而王阳明自己也是沉浸在这种远离朝野、传道讲学的快乐当中。这段赋闲在家的日子被他认为是最为幸福的阶段。

天泉证道

嘉靖六年（1527）六月，王阳明安闲的讲学生活再一次被打断。朝廷派使者到王阳明的老家传朝廷的诏旨，任命他为南京兵部尚书总制军务，即刻赶往广西解决当地的居民同明朝政府长期存在的一些矛盾。

接到诏旨的王阳明并没有立刻启程，而是上书朝廷，以身体不适恐不能胜任为由请求皇上收回成命。病痛之身是实话，再加上当时的王阳明刚刚得子，讲学的事业也达到鼎盛时期，正是享受天伦之乐时，所以，他不再想象从前那样为皇帝冲锋陷阵，过整日忙碌奔命的生活。广西的矛盾迟迟未得到解决，王阳明可以说是最佳的人选，所以朝廷并没有同意他的请求。而是紧接着下了第二道诏旨。为了怕起冲突，朝廷还让原两广巡抚姚镆提前退休，任王阳明为南京兵部尚书兼都察院左都御史，提督两广、湖广、江西四省军务。随后又让他任两广巡抚。王阳明见朝廷并没有理会他的请求，甚至还为了他弄出了这么大的动静，因为在当时的明朝，钦差大臣做到他这种份上，地位和权力都应该算是最大的了，所以也就不好再推辞，决定再次披上戎装。

家中最不舍的当然是刚刚出生的小儿，王阳明安排好家中一切事宜后准备次日踏上前往两广的道路。因为他讲学的学院没有什么好让他担忧的，当时前来听王阳明讲学的弟子非常多，稽山书院都已经满足不了前来听讲学的人。到了嘉靖四年十月的时候，王阳明的弟子们建立了阳明书院，选址绍兴城西门内。除此之外每月还定期在余姚的龙泉寺聚会讲学，当然，讲学的人已经不再是王阳明一个人，他的得意门生们也都开始讲学，教授新来的学生。如何廷仁、黄弘纲、王艮、薛侃、欧阳德、邹守益、陆澄等人。所以有这些人在，讲学的事业还是可以继续下去，他就没有什么需要操心的。虽然不知道王阳明此去两广要离开多久，但是他的弟子们对于他的这次复出还是非常高兴的。

这天接待完访客已是夜深，王阳明正准备睡觉，却听闻学生王畿和钱德洪前来拜访，他有些奇怪。仔细一问才明白，原来两人在王阳明的四句教言上产生了分歧。王畿和钱德洪都是王阳明在绍兴讲学时收的弟子，两人入门的时间虽然不长，但是机灵聪敏的王畿和稳重踏实的钱德洪都很受王阳明的器重，在王门也有很高的地位。可能是由于不同的性格禀赋，两人对王阳明的训言带有不同的理解。

嘉靖六年九月初七日，也就是王阳明准备出发的前夜，钱德洪和王畿两人一起讨论为学的宗旨。

王畿认为这不一定是始终坚持不变的法则。钱德洪十分坚信王门的学说，也是坚决的恪守者。

两人各有各的道理，谁也不肯服谁，最后只好一起来见王阳明，探个对错。清楚了事情的始末之后，王阳明甚是开心，他早就希望自己的学生能够对这些所谓的教言提出自己的看法。

于是，他带着两人一块来到自己住宅附近的天泉桥上。王阳明并没有肯定维护自己学说的钱德洪，而是笑着说两人的看法其实是相辅相成的，没有谁对谁错。他以为，人的心本来就是清澈透明的，在他的学生中，有一部分能够领悟到心就是本体，有一部分人却认为由于外界所蒙受的太多，应该扫除掉这些，才能够领悟到本体。

钱德洪和王畿正好是这两部分人的代表。王畿应该注意钱德洪所说的为善去恶的功夫，钱德洪则应该明白王畿所说的本体。四句教言本来就是一体的，不能够分割。

两人听了王阳明的话后，都大感收获颇丰。不过两人却依旧怀着自己的认识和想法，本想待以后有机会再聚时切磋，没有想到，此次同王阳明的道别却成了永诀。这两人之后在对心学的理解上仍旧有着区别，所以导致后来心学出现了分化。

立马横刀平乱

此去广西，王阳明是受命处理思恩和田州的事务，这两个地方都是广西的土司，属于同一个族，知府都姓岑。洪武二年（1369）朝廷设立田州府，并任命岑伯颜为知府，官位世袭。传了三代后到岑溥，他有岑猇和岑猛两个儿子。弘治十二年（1499年）长子岑猇觉得父亲偏心于弟弟岑猛，于是就杀了父亲岑溥。岑溥有黄骥和李蛮两个土目，为了报仇就又将岑猇杀了，剩下年仅4岁的岑猛。但是没过不久，这两个土目发生了内讧，两人反目成仇。黄骥带着岑猛去南宁，李蛮则占据了田州。

一场私人的恩怨演变成了兵变，为此南宁督府特意派思恩的知府岑浚护送岑猛回田州，但是遭到了李蛮的拒绝。不得已，黄骥又带着岑猛去了思恩。到了思恩之后，黄骥却与岑浚打起了田州的主意，于是将岑猛软禁了起来。朝廷知道这件事情后，要求岑浚释放岑猛，岑浚不依。最后朝廷只能派兵征讨，迫不得已，岑浚才放了岑猛。但是这并没有阻止黄骥和岑浚两人的阴谋。

弘治十五年（1502年），两人再次联手，并拉拢其他的土司共同向田州发兵，并且成功攻破，岑浚占领田州后，岑猛逃亡。弘治十八年（1505），朝廷向岑浚发兵，岑浚被杀。鉴于土司制度带来的矛盾，朝廷决定撤销思恩世袭的土司建置，改为“流官”制，也就是所谓的“改土归流”。同时田州也被思恩兼管，岑猛则被安排到福建平海卫千户任职。朝廷的这个做法是为了减轻自身的麻烦，但是岑猛对此却又所不满。世袭土司的制度取消了不说自己的职位还降低了，于是他想尽办法恢复田州知府的职位，甚至还曾贿赂刘瑾，但是都没有成功。不过岑猛没有放弃，他竭尽全力经营着田州的事宜，势力自然变得强大起来。到了正德年间，由于岑猛协助剿灭江西寇匪立了功，朝廷升岑猛为“田州府指挥同知”但是仍旧没有恢复他田州知府的旧职。嘉靖二年（1523），岑猛为了恢复旧有的田州版图，对泗城发起了攻打。这次起兵被朝廷认为是谋反，于是派兵讨伐岑猛。对于朝廷的攻打，岑猛并没有给予反击，因为在他看来自己并没有谋反的心，只是要回本来属于自己管辖范围的领土而已。他诉说冤情的同时逃到了亲家归顺州岑璋家中，但是万万没有想到，为了讨好朝廷，岑璋毒死了岑猛，还将他的首级献给了朝廷。至此，田州的土司建置被彻底撤销，改为“流官知府”。

岑猛死亡的消息并没有被传开去，嘉靖六年（1527）五月，思恩土目王受和田州土目卢苏打着岑猛的旗号召集了上万名乡兵起兵准备要恢复两地的土司建置。都御史姚镆也对此进行了大规模的征剿，但是却失败了。到此，事态越来越严重，这时才有人推荐曾经平定宸濠叛乱的王阳明，让他处理思恩、田州事务，这就是整个事件的缘由。

嘉靖六年（1527）九月初八，王阳明踏上了前往广西的征途。到达梧州时，对于整个事情的来龙去脉王阳明已经弄出了个清晰的头绪。他认为这次的作乱用武力来征剿只会更加激化矛盾，岑猛既然已经被杀，相当于带头的人没有了，那么只需要好好地安抚背后里闹事的百姓就可以，而不是用武力解决。不过既然已经出动了武力，就应该速战速决，而不是一拖再拖，浪费人力物力。所以，王阳明在这年十二月上书朝廷建议以抚代剿，土司和流官制度并用。

王阳明的奏疏上报到朝廷后，引来了不同的争议。好在王阳明事先和当时的大学士杨一清还有学生黄绾打好了招呼，有他们在朝中说话，事情就好办了很多。所以，最后王阳明的奏疏得以通过。

有了朝廷的批准，王阳明便放开手来办事了。在同原两广巡抚姚镆做完交接之后，王阳明第一件事情就是解散了之前为了征剿而从各地调来的数万军队，只保留了从湖广、保靖这两个土司调来的乡兵。

再说卢苏、王受二人，起兵本来就是迫不得已的事情，之前听说朝廷派王阳明来广西，两人就已经十分紧张。但是当看到这位平定宸濠之乱的大人物真正来到广西之后竟然是要进行招抚，大缓一口气。并于嘉靖七年（1528）的正月派手下头目向王阳明表示愿意受抚。因为起兵闹事毕竟是违规的事情，而且扰乱了地方上的安宁，所以王阳明要卢苏和王受担起责任，主动认罪。这天，两人进城后，王阳明命人捆绑了卢苏和王受，对他们施以杖刑，随后释放。出乎两人的意料，几年来的混乱，竟然受一顿打就算是承担了所有的责任，所以两人都没有任何怨言，欣然接受。

王阳明让卢苏、王受解散他们的军队，且各自回到自己的居住地，继续从事正常的生产。二月初二，王阳明上书《奏报田州、思恩平复疏》，将整个招抚的经过进行了详细的阐述。这个历时 3 年之久，且调动四省之兵的叛乱，却被王阳明轻而易举且未动用一兵一卒就解决了，奏疏一到朝廷，就震动了整个朝野。

王阳明说：“破山中贼易，破心中贼难。”思恩和田州事件，王阳明处处站在民众的立场，处处为他们着想。只有这样，破了心中的贼，才能达到招抚的目的，破山中的贼。没过多久，朝廷的批文下来了，田州府设流官知府，另外也设土官，由岑猛的儿子领事。另外还设有土官巡检司，由卢苏、王受等人任职。土官和流官相互约制，田州府改名为田宁府。

成功解决了思恩、田州的事情之后，王阳明再次向朝廷复命，准备回到老家，继续他的讲学生涯。但是时任总督两广军务，两广巡抚的王阳明发现，当时的广西有几股不安分的力量在影响着朝廷的稳定。为了维护秩序，履行自己的指责，他只好留下来继续进行清理。

袭破断藤峡、八寨

当王阳明集中精力在解决田州、思恩事件的时候，广西的断藤峡和八寨等地又兴起了武装斗争，而且越来越严重，不仅影响了当地百姓的正常生活，也影响着朝廷对当地的管理。

断藤峡位于今天广西桂平市境内，是属于黔江下游的一条峡谷。在明朝时期，居住在断藤峡周边的多为壮族、瑶族等少数民族。八寨是指瑶族的村寨，大多数位于今天广西壮族自治区永福县境内，在断藤峡以北。

断藤峡和八寨地区地形复杂，高山峻岭，对外的交通十分不便，但是这一大片区域又正好位于广西的腹地。从唐宋以来，断藤峡和八寨与田州、思恩一样实行土司土官制度。但是随着改土归流政策的传入，其内部的阶级矛盾加剧，同朝廷的矛盾也愈来愈激烈。

明朝从建立之初时，朝廷就开始对这一带用兵，企图压制不安分的武装势力。但是屡压屡起，到了嘉靖五年，朝廷将注意力放在田州和思恩时，断藤峡和八寨等地的武装活动大肆兴起。

王阳明处理完田州、思恩的事情后，便投身到平定断藤峡、八寨等瑶民的闹事中来。当初招抚卢苏和王受时，两人为了感谢王阳明，曾经说只要朝廷有需要，便会义无反顾地听从调动。所以，此次围剿八寨等地的主力军队就是卢苏和王受的军队。

在进行围剿前，王阳明事先就对当地的实际情况进行了调查和了解。随后，王阳明指挥军队对断藤峡来了一场突然的袭击，当时的王阳明人还在南宁遣散湖广的士兵，实际上这群被遣散的士兵是在向桂平进军，没有人注意到这一点，所以断藤峡的瑶民被攻了个措手不及。紧接着按照早就安排好的，先是对磨刀、六寺、牛肠三个大寨进行攻击；接着又攻击了花相和仙台两个大寨。攻打的过程中，王阳明反复强调军事纪律，谨记此次行动的目的是安民定乱，不能够无事生非。整个战斗虽然没有预想中的好，但是也还算顺利，到最后基本上肃清了敌人，结束了断藤峡之战。

对于八寨的战役，在王阳明看来，其实同属一场战争。有了断藤峡之战的教训，八寨各处都生怕王阳明也来个突然袭击，就处处做好防范的准备。考虑到对地形的熟悉，王阳明重用卢苏和王受的军队，这次的行军又是秘密行事。四月二十二日夜，部队连夜悄悄地前进。第二天早晨，已经准备好的各路军队开始对八寨进攻。尽管八寨做好了防备，但突击还是起了效果，在各路军的勇猛进军下，各个山寨都纷纷被拿下。六月中旬，八寨战役基本结束。

令朝廷头痛了多年的断藤峡及八寨的闹事，王阳明仅用了一个多月的时间就平灭了，这出乎所有人的意料。当王阳明的《八寨断藤峡捷音疏》上报到朝廷的时候，朝野上下个个都惊叹不已，再加上王阳明并没有向朝廷多要一个兵，多要一份军饷，嘉靖皇帝甚至亲自写手诏问内阁王阳明是否夸大其词，得知真实情况之后皇帝终于知道了王阳明的才干，以及他所立的功业，他所经历的劳苦。

九月，朝廷对王阳明进行嘉奖。但是，除了表面上的奖励，和为招抚一事作出承诺之外，却再没有下文，王阳明关于招抚的很多建议也没有得到真正的实施。经过了这次战争，王阳明本来就很虚弱的身体更加虚弱了，再加上来到广西，水土不服，气候不适，身体更是一天不如一天。本以为结束了这场战争还能够继续回去享受他的天伦之乐，没有想到，这竟然成为他人生中最后的一场战役，他那不懈追求圣人的理想历程也即将走到尽头。

最后一程

嘉靖七年（1528）十月，王阳明的病情出现了恶化，除了咳嗽越来越严重之外，吃饭都成了问题，每天只能勉强地喝点粥。其实早在九月初八，朝廷派冯恩前来嘉奖王阳明时，他就已经卧病在床了。

冯恩是嘉靖五年的新进士。他十分推崇心学，这次到广西作为朝廷的使节他感到十分兴奋，因为可以一睹心学创始人的风采。所以，在宣完朝廷的旨意后，冯恩便拜王阳明为老师，成了王门子弟，也是王阳明的关门弟子。

对自己的身体状况心知肚明的王阳明此刻只想赶快返回老家。十月，王阳明从广西横州返回南宁时，船队经过一片沙滩，王阳明问这是什么地方。船夫说这里是“乌蛮滩”，又叫伏波庙前滩，因为岸上有伏波将军庙。王阳明一听赶紧命船夫靠岸，拖着沉重的病躯，拜谒伏波将军庙。四十多年前，年仅十几岁的王阳明独自考察居庸关返回京城时，曾经做过一个梦，梦中的自己就是拜谒伏波将军马援的庙，在梦中他还题过一首诗，诗中的每一个字现在都还历历在目：“卷家归来马伏波，早年兵法鬓毛皤……”没有想到有生之年还真的有机会路过伏波将军马援庙，更加惊讶的是，庙中的情景竟然和40多年前在梦中所出现的一样。人生有多少事情，会这样的巧合，难以捉摸。

出了伏波庙，王阳明回到船上，继续赶路。到达南宁后，王阳明立刻上书朝廷，陈述了自己的身体状况，希望皇帝允许他回家养病，并且安排人来接替他的职位。朝廷的批复迟迟没有到，王阳明却不知道自己写的奏疏竟然被那些意图诋毁他的小人们扣押，病情越来越严重的王阳明不能再等下去了，他安排好手中的一切公务之后，便离开了南宁，返回家乡，他准备边走边等待这迟来的批复。

东返的途中王阳明还抱病去了一趟广州增城祭祀自己的先祖王纲。

王纲于元末明初时在浙东一带很有名气，他很有文学修养，而且有过人的见识。经友人的推荐王纲受到明太祖的器重，先是做兵部郎中，后来升为广东参议，之后又往潮州安抚百姓。没有动用一兵一卒，王纲只是乘着一只小船，寻访故老，亲自安抚潮民，潮州在几年内竟然都太平无事。王纲返回的途中经过增城，却被一群海盗杀害。为了纪念王纲，明朝政府在他遇害的地方为其立庙以供祭祀。100多年之后，王纲的后代王阳明又来到了这里，并且任两广巡抚，增城的百姓为了表示对王阳明的感激，不仅修缮了王纲的庙，还邀请王阳明到增城祭祀。来到增城，王阳明不仅祭拜了祖先，还顺便去了趟挚友湛若水的家中。

王阳明和湛若水相识于弘治十八年（1505），两人一见如故，虽然20多年过去了，两人在学术的观点上产生了分歧，但是友谊仍旧还在，而且是终生难忘的。只可惜，王阳明前来拜访湛若水的时候，他正好不在家，王阳明随即告辞，留下了生平最后的两首诗：

我闻甘泉居，近连菊坡麓。

十年劳梦思，今来快心目。

徘徊欲移家，山南尚堪屋。

渴饮甘泉泉，饥餐菊坡菊。

行看罗浮云，此心聊复足。（《题甘泉居》）

我祖死国事，肇禋在增城。

荒祠幸新复，适来奉初蒸。

亦有兄弟好，念言思一寻。

苍苍兼葭色，宛隔环瀛深。

入门散图史，想见抱膝吟。

贤郎敬父执，童仆意相亲。

病躯不遑宿，留诗慰殷勤。

落落千百载，人生几知音？

道通著形迹，期无负初心。(《书泉翁壁》)

此心光明，何复其言

在广州逗留了数日之后，王阳明的身体已经是极度虚弱，他的病情再次加重。但是朝廷的批复以及那位要来接替他官职的新任两广巡抚依旧没有踪影。迫不得已，王阳明只好继续往东行。他始终坚持地以为批复正在路上，而新任巡抚再过几个时辰或许再过几天就能够到了。

由于王阳明写的奏疏被扣留，朝廷对于他的病情还有他此刻焦急的心根本就无从知晓。从嘉靖七年十月初十，王阳明写奏疏开始，已经整整过去了一个月，仍然没有半点消息。当初王阳明在《乞恩暂容回籍就医养病疏》中写道“今已舆至南宁，移卧舟次，将遂自梧道广，待命于韶、雄之间”而在九月二十日的《奖励赏赉谢恩疏》中王阳明写："本年九月初八日，该行人冯恩赍捧敕书并前项彩币银两等项到，于广州府地方奉迎入城，当除望阙谢恩、钦遵收领外，臣时卧病床褥，已余一月，扶疾兴伏，感激惶惧，颠顿昏眩，莫知攸措。"所以，按照这个推测，王阳明十月十日不可能在南宁。为此，想要诋毁王阳明的人找到了把柄，要求对王阳明的奏疏进行真伪的核实。

病情再也拖不起的王阳明只好继续东行，十一月中，王阳明在学生时任广东布政使的王大用的护送下翻越大庾岭，进入到江西省境内，随后又顺水而下，于十一月二十五日到达南安，随后前往南安府。在这里，王阳明的学生周积早已备好船在等待。这个时候的王阳明已经进入了病危的状态。

从南宁出发，王阳明归乡的心就非常急迫，也是因为心中的这股信念，他才一直支撑着，翻山涉水，终于到了江西的南安。对于这片土地，王阳明再熟悉不过了，他曾经在这里战斗，在这里体悟圣人的智慧，在这里感受山水。江西对于王阳明而言，可以算是第二故乡，所以当他到了这里的时候，心中总算有了一种踏实的感觉，有了一种回归故土的感觉。

早在王阳明离开广州之时，他的学生们看到他逐渐严重的病情，就已经做好老师要离去的准备，并且还准备好了制作棺材的木头。周积看着瘦骨嶙峋、咳嗽不断的王阳明，心中十分难受。王阳明问周积近来如何，周积如实地汇报了自己的工作之后，又关切地问老师的身体状况。王阳明知道自己的气数已尽，简单地讲了几句后，又和周积谈论起学问。

嘉靖七年（1529）十一月二十九日，王阳明的精神比起昨天要好些，于是召集自己的学生来到床前，学生们的心情异样地沉重。王阳明睁开了紧闭的双眼，微微动了动嘴角。周积俯下身子轻声问老师是否有什么话要说、王阳明看着弟子，微微笑了笑，说："此心光明，亦复何言？"说完，王阳明的双目紧闭，离开了人世。留下床前学生匍匐哀号。

最终王阳明都没有等到朝廷的批复，不过他是带着一颗坦荡无私且宽大的心离去的。

千古毁誉，听其自然

王阳明去世的消息传到了京城，这位生前饱受小人诬陷和攻击的人在死后依旧逃离不了厄运。前面已经提及过王阳明于嘉靖七年十月初上书朝廷请求回老家养病。但是奏疏却被扣留，而扣留奏疏的正是吏部尚书桂萼。王阳明平时不巴结奉承、不冷不热的态度在桂萼看来十分清高而又总以为是，所以桂萼很难容忍他。王阳明一去世，桂萼抓住之前奏疏的漏洞，弹劾王阳明，说他“擅离职守、蔑视朝廷”。为此还怂恿皇帝召开专门的会议处置王阳明以及他的学说。桂萼污蔑王阳明的学说背离朱熹等圣人的学说，自高自大。

明世宗嘉靖皇帝听信谗言，不仅剥夺了王阳明

“新建伯”的爵号，不准世袭。还完完全全地否定了心学，称之为“伪学”“邪说”。这边朝廷打压着已经死去的王阳明，那边凡是王阳明曾所居之处，如南安、赣州、吉安、南昌等地群众百姓没有不顶香祭拜，到处哭声震地，听闻死讯的王阳明的学生们也都从各地赶往江西。嘉靖八年二月四日，王阳明的灵柩抵达绍兴。

一直到十一月十一日王阳明落葬，每天前来祭奠、凭吊的人络绎不绝。生于古越的王阳明最终又回归到古越。在亲朋好友的注视下，最终入土为安。

嘉靖四十五年（1566）十二月，嘉靖皇帝去世了，第二年，他的儿子继位，即隆庆皇帝。至此，王阳明生前所受的各种毁誉才终于得以昭雪。在这期间，王阳明的学生不间断地为老师申冤平反。其中王阳明的学生黄绾更是上书朝廷，不仅陈述王阳明生前的事功，还综述了他的学说：

是守仁之学，弗诡于圣，弗畔于道，乃孔门之正传也，可以终废其学乎？然以（桂）萼之非守仁，遂致陛下失此良弼，使守仁不获致君尧、舜，谁之过与？臣不敢以此为（桂）萼是也。况赏罚者，御世之权。以守仁之功德，劳于王事，乃常典不及，削罚有加，废褒忠之典，倡党锢之禁，非所以辅明主也。守仁客死，妻子孱弱，家童载骨，藁埋空山，鬼神有知，当为恻然。(《年谱三》)

由于黄绾曾在大礼议之争中有功，皇帝并没有同他计较，奏疏也就不了了之。

为了传播王阳明的学说，他的弟子薛侃、刘侯等人，于嘉靖九年五月在杭州城南十里的天真山建了一座书院，特意宣传心学。王门子弟也经常不顾及朝廷的禁止，聚集在一块相互激励，探讨心学。而学生们撰写的《阳明年谱》《阳明文录》，以及《朱子晚年定论》《山东甲子乡试录》等文稿也一再印行。特别是后来王艮发展出了一个泰州学派，更是发扬了心学。对此，嘉靖皇帝也只能睁一只眼闭一只眼。

隆庆皇帝即位后，便开始对嘉庆朝早前积累的弊病进行革除。隆庆元年（1567）五月，王阳明的学生们联名上书，为他平反。最后，皇帝下了一篇文告，对王阳明的事功、学说一一进行了肯定。

到万历十二年（1584），王阳明的牌位被搬进了孔庙，称为“先儒王子”，成为明代又一位大儒。从古至今对于心学的评价褒贬不一，但是回顾王阳明的一生，从他那曲折的经历中能够感受到他坦荡的胸怀，高尚的人格，还有满腹的学识。他是一位真真正正能够安民立政的大儒。他留给后世的学说并未在时间的长河中消逝，反而越来越清澈，越来越深刻。

第九章

“心学”影响——传薪有人，经久不衰

心学的流传

在明朝的历史中，王阳明是一个非常重要的人物，他是著名的哲学家、教育家，是“心学”的重要代表人物。

王阳明自幼习文，精读史书，11 岁便能作诗；12 岁时立志要“读书做圣人”，而不是读书登第做状元；15 岁，独自出塞外练习射箭、骑马，并且考察军势；17岁，在结婚之夜不见了踪影；28岁举进士；34岁因仗义抗旨，惹怒了宦官刘瑾被关进牢狱，随后发配到贵州龙场做驿丞，却在此荒僻之地悟出了圣人之道；3年之后，调往江西庐陵任知县。此后，他一介书生却身历疆场指挥作战，屡战屡胜。官至南京兵部尚书，被封新建伯。期间，还平定王室内部的叛乱，活捉军事政变的主谋——宁王朱宸濠。

除了建立事功之外，王阳明还精通儒释道三家之说最后成为心学的集大成者，把中国古代的哲学推上了一个新的高潮。他提出“致良知”“知行合一”等思想，广收门徒，传道讲学，其影响深远而广泛，不仅被后世人称为达到“立德”“立功”“立言”的“真三不朽”之人。还被日本、东南亚等国家和地区推崇。如：日本大将东乡平八郎在击败俄国海军后亮出一个腰牌：“一生俯首拜阳明”，这里的“阳明”就是王阳明。后世研究王阳明形成了一种专门的学问——“心学”。

王阳明被世人称为“百世之师”，而“心学”主张包涵了哲学、经济、政治、教育、文化等各方面的内容，学术思想精深，内容极其丰富。

在明代学界，王阳明的心学掀起了汹涌大波，成为波澜壮阔的主流思想之一。“龙场悟道”是王阳明心学的起点，这为心学的发展奠定了基础。

之后心学构建起了“心即理”“知行合一”“致良知”的基本理论框架。心学在继承了孔孟学派的“良知”“尽心”以及陆九渊的“心即理”等学说的基础上，批判地吸收了朱熹先验范畴的“理”为本体学说。

从思想史的发展轨迹看，心学可以说是儒学的自我革新，也是儒学的最后一个高峰。在世界观上，王阳明坚持“理”主宰主体“心”的理念论，建立起了以“心”为本，以“心即理”为第一原理的心性主体论。他提出“知行合一”，认为知与行不仅是一种言说，而且应是言说的当下行为现身。心学对良知所做的先验道德本体的构想，发展了孔孟的学说。王阳明说：“致良知是学问大头脑，是圣人教人第一义”，致了“良知”便是“尽心知性”，就成了圣人。此外，王阳明提倡圣凡平等观，认为圣人与凡人一样，并不是什么都知道并能做到的，只是他们能够发现自己的良知。因此，在他看来，圣人和凡人只有一点差别，在于能不能发现自己内心的良知。

心学的流传使得很多人都远道而来，前去求学。因此有人说：“守仁弟子盈天下，其有传者不复载。”王学流传后世主要是泰州和龙溪两个学派。泰州指的是王银（后改名王艮）及其学派，龙溪指的是王畿及其学派。

王艮是心学最重要的代表人物，也是泰州学派的创始人。王艮的思想以阳明心学为源，却又不囿于此。他的学识博大渊深、包涵很广，在哲学、伦理、社会政治以及教育、文化等方面，都有丰富翔实的论述，构成了泰州学派的基本思想和基本特色。王艮的“百姓日用是学”“百姓日用即道”，是他思想的闪光点和泰州学派思想的主旨。他把“天理”

称作“天然自有之理”，事实上是等于“认欲为理”，把人的生理需求和物质欲望看作是“天理”的一部分。王艮把“天然自有之理”称作“天理良知”。他所提倡的“格物说”，构成他讲学传道的思想基础。王艮说道：“身是本，天下国家是末”“格物”必先“正己”“本治而末治，正己而物正”。王艮的这番话，明白地指出“正人必先正己”。

独领一代思想的领袖风骚、占中国哲学史一席之地的王艮和他所创建的泰州学派，从形成就受到人们的许多好评。黄宗羲曾在他的巨著《明儒学案》中说道：“阳明先生之学，有泰州、龙溪而风行天下……泰州以后，其人多能赤手以搏龙蛇……遂复非名教之所能羁络矣……诸公掀翻天地，前不见有古人，后不见有来者。”从中可以看到黄宗羲对王艮的肯定。

王龙溪是明朝中晚期心学的代表人物，对心学的发展有着重大的贡献，且对日本阳明学的形成与发展有深远影响。龙溪学派进一步吸纳了佛家、道家的思想方法与成果。“念”是王龙溪思想中特别重要的观念，一念功夫不仅在他的思想系统内统合了用力于良知心体的先天正心功夫和用力于经验意识的后天诚意功夫，而且也让王阳明以诚意为中心的致良知功夫论得到了进一步的深化。

王龙溪比较关切的是王阳明对于无之精神境界的追求。他对于佛教的人生境界的吸收和融合也比王阳明彻底，这是龙溪所做的最有价值的学说。此外，龙溪对于王阳明的良知说也提出了自己的见解。在阳明以知是知非论良知的基础上，他提出四无的主张，以无为宗，注重心体之悟。针对天泉证道，龙溪与钱德洪的思想产生分歧，龙溪用“先天正心之学”和“后天诚意之学”概括和阐发了自己与钱德洪的思想重点。在此后的讲学活动中，王龙溪逐渐地吸收各学派的精华，不断提升自己的思想境界，后作《钱绪山行状》《天泉证道纪》等文章。

罗念庵是王门后学的一位重要的代表人物，从念庵的思想主旨来看，可归为王门“归寂派”。罗念庵归寂主静之学，以良知返归寂体的过程为格物致知，就是认为良知必须经过实地锻炼而获得。念庵主静的思想，并不是要做世界的隐者，他的主静只是求良知本体的功夫，他获得静明之本体是要以之应世。他一生躬行实践无欲主静功夫，重新阐释了王阳明的致良知教，而备受中晚明时期学者的青睐，被称为得阳明正传，补救心学之弊的功臣。他曾说："儒者之学在经世，而无欲为本。夫唯无欲，然后用之经世者，智精而力巨。"

罗念庵的学术思想的形成受到了很多人的影响。王阳明的"致良知"观点是念庵思想的基础。龙溪学派和泰州学派也提供了一些见解。总的来看，念庵在心学的基础上还是有很大的突破，"归寂"的学说对心学也起了补充和完善的作用。

从心学的流传中，我们可以清楚地了解到，儒学的最后一个高峰也曾是那么的辉煌。王阳明开创了儒学新天地，不愧为一代"心学"宗师。他的弟子们承蒙师传，不断地钻研思考，创立了独一无二的门派，为心学的发展和流传做出了巨大的贡献。至今，心学也没有被历史淹没，它存在于现代的生活中，对社会的发展以及人民的生活还有着一定的影响。

心学对中国的影响

王阳明的心学，被世人称为“救世之学”。自心学传播后，王阳明开始到处讲学，广收弟子，希望通过自己的学说，为朝廷做出贡献，能给人民带来希望。

心学在自明朝时期流传以来，备受人们推崇，它像一把巨大的神斧，将束缚着人们内心思想的封建僵化理念劈裂开来，撼动了封建观念的地位。心学在精神上支持劳苦大众，它反对封建社会的剥削和压迫，给人民以希望。王阳明在讲学中曾说道“人皆可以为尧舜”“满街都是圣人”。阳明认为人人都是平等的，没有高低贵贱之分。在心学的教育下，人民都亢奋起来。心学就像是寒冬里的暖炉，像是炎夏里的清风，给多灾多难的人民带来了福音，它让普通大众认识到了自己的主观能动性，看到了自身的潜能和力量。心学在潜移默化地影响着当时社会的各个方面，为当时政治、经济、学术以及思想等方面的发展做出了巨大的贡献。

心学对明朝政治的发展做出了很大的贡献。在那个时期，王阳明的很多弟子都能为民考虑，希望朝廷可以以人为本，注重百姓的喜悲。一些弟子还在直接参政中运用心学思想，做了很多利国利民的事情。他的弟子祝世禄，在保宁县任知县，曾创建了一个很大的书院，叫做环古书院。祝世禄经常请思想进步的东林党人来讲学，并且公开宣告：对于“官府长短”和“朝廷得失”，人民都可以议论评判。欣赏心学的官员们对于道德沦丧、官场腐败的现状，都敢于直言，都能勇于表达自己的不满和见解。逐渐地，学习心学的人很多都开始关心政治，建议朝廷变革，这股强大力量使皇帝都畏惧起来。王阳明曾在讲学中教育人们要“知行合一”“致良知”，通过自己的良知和行动去拯救国家，解救百姓。王阳明的学说，为当时腐败的明朝朝廷，注入了很多新鲜的思想，促使一批官员开始体察民情，着力政务，人民的生活也因此得到缓解。到了明朝后期，社会政治已经混乱不堪。心学学派里也出现了不少高谈阔论的人，他们不践行“知行合一”。由此也引起了士林人士的抨击。

心学对明朝学术的发展也有很大的贡献。在当时明朝的封建制度下，学术界并没有多少自由，文人学子的思想全都被束缚在条条框框中。心学的出现无疑是学术界的壮举，它跳出了宋儒的框架，开辟一代新的学风，讲说了明朝最真实的现状。很多欣赏心学的作家们也受到了启发，不再畏缩在教条中写作，而是将自己的真实感受痛快地表达出来。好比写《牡丹亭》而出名的汤显祖，他的性格狂荡不羁，追求个性自由，鄙视功名利禄；还有号称“四才子”之一的唐伯虎，他傲视封建礼教，敢于直言；更有以写“三言”闻名的冯梦龙，他不惧封建礼教的威慑，将自己想要表达的全都倾泻出来。这些名人们在受到心学的影响后，开始描写现实，将自己的所见所闻所感以写实的笔触记录下来，深刻地揭露了社会的黑暗。他们作品中的人物也由达官贵人、才子佳人、孝子贤孙和英雄豪杰转变到普普通通的市民、商贩、农民。正是由于心学对文人墨客的影响，才促使他们改变写作风格，我们现在才能阅读到那些记录当时生动活泼的趣事的文字。

阳明学派的这股清凉之风不仅在明代风靡一时，而且席卷整个清朝，直到现在，心学还多多少少影响着社会的进步。清朝初期，心学广为传播，受到人们的推崇，但这与统治者的治理思想格格不入。为了防止心学对人们的影响，导致社会的动荡，统治者开始禁止人民学习心学，将其冷冻起来，防止心学的流传。为了稳定人心，清朝政府又将程朱理学进行了修饰，重新提倡，使之成为当时的学术主流思想。到了清朝末年，国势衰弱，朝廷腐败，帝国主义强行打开了中国的大门，中国从此走上半殖民地半封建社会的道路。国家的沦落使许多文人墨客都消沉下来，中国从此不论在物质上还是精神上都开始落后于西方。在这种情况下，人们又开始反思，将心学这个强有力的武器重新拿起开始改造社会。

康有为也对王阳明的学说很感兴趣，认为心学很切合当时的社会状况，“致良知”“人人可以为尧舜”“各个心中有仲尼”这些学说与当时西方先进民主的思想有相通之处。心学提倡政治平等，重视自然科学，这些先进思想对于拯救中国社会是很有帮助的。康有为广泛地将心学学说运用于宣传之中，推崇心学的“致良知”，将王阳明说的“不忍”作为维新运动刊物的名字。维新运动的另一精英梁启超也很赞赏心学，他在革新运动的过程中多次宣扬心学，推荐人们学习王阳明的哲学思想，后来他经过研究后还写了《王阳明知行合一之教》这本书，鼓励人们要行动起来。虽然维新运动最终失败了，但是这次运动在一定程度上促进了社会的发展。由此可见，心学是真正的有用之学。

在维新变法之后，以孙中山为代表的资产阶级革命派想要推翻清政府的统治，建立新的民主共和国。新的政权的建立需要一定的理论支持，因此资产阶级革命派开始从心学中寻找可运用的革命理论。孙中山先生在接受欧美政治思想的同时，也对中国的传统文化进行了批判地继承。他在心学“知行合一”思想的基础上，领悟出了“知难行易”的思想。因此在革命过程中，孙中山宣扬“先要知，要找到一条最适合中国人走的路，再去行”。他还鼓励革命同志要将理论运用于实际，推动革命的进程。虽然资产阶级革命最终也失败了，但是很多仁人志士并没有停止对真理的探索和研究，无数个英雄还是大义凛然、义无反顾地奔向战场。最终，中国人找到了属于自己的道路，迎来了新的时代。

在中国历史上，心学也起到了积极的作用，直到今天，心学也还是对我们的生活和社会有或多或少的影响。

心学对日本及其他国家的影响

日本很多行业对王阳明的崇拜和学习，已经是极为普遍。有日本经营之圣之称的稻盛和夫，他就十分崇拜王阳明，在他的经营哲学中可以看到很多王阳明良知思想的影子。如“自利则生，利他则久”“成功=能力+努力+态度”，等等。为什么明朝中后期的王阳明的心学能够在日本有这么大的影响呢?

事实上，在唐朝的时候，中日就有着良好的邦交关系。在这种情况下，两国便可以相互交流、借鉴和学习。桂悟了魇是第一个接触心学的日本人。明朝正德五年，僧人桂悟了魇被日本政府派到中国进行交流学习。他非常崇拜王阳明，对心学有着很大的兴趣。他曾几次诚恳求见王阳明，认真听其讲学，深思其中的奥秘，不厌其烦地听阳明的每一次授课，仔细做着笔记，积极进行探讨。在来中国交流的几十年里，桂悟了魇一直在琢磨王阳明的学说，直到83岁才回到日本，传授心学。在他的传授下，中江藤树领悟了心学的精华所在，开始到处讲学，使心学在日本家喻户晓。日后，中江藤树被世人称为日本阳明学派的“开山祖”。

事实上，阳明学派在日本的发展并不如人们想象的那么顺利。最初，日本政府反对阳明学派的传播，怕王阳明的一些思想会挑起人民的反抗情绪，给政府的统治带来威胁。但是慢慢地，心学也显示出了它的独特之处。阳明学说的“知行合一”提倡人们要将知与行统一起来，促进了日本人的工作效率，且阳明学说简单易懂，易于运用，对于直来直往的日本人来说，这是十分符合其性情的。因此，日本政府批判地继承了心学，并鼓励人民学习。于是，王阳明的著作就在日本流传开来，成为人们的必读书籍。那个时候，王阳明的著作在中国才整理完不到一个世纪，日本就已经刊印了。在通读了《王阳明全书》和《传习录》后，研究心学的很多学者开始有了自己不同的见解，因此日本的阳明学派也开始分派。例如：以渊冈山为代表的内省派和以熊译蕃山为代表的世功派。日本善于吸取别国的精华，只要是有用的，对社会发展有推动作用的都会用于实践。因此，轰动世界的日本明治维新也受到了王阳明的学说的影响，这次维新使日本飞腾起来。

心学不仅对日本的政治产生了重大影响，对日本的国民教育，贡献也是非凡的。明治维新后，日本政府的精英们都努力钻研王阳明的思想，还将这些学说渗透到社会各个阶层，农民、工人、医生抑或市民都对心学有着深刻的了解。日本政府希望通过心学来更好地管理社会，使社会平稳发展，人民安居乐业。

心学在日本产生了巨大的影响，它对日本经济、文化、教育、哲学等各方面都有着很大的贡献。

1911年，日本圆满召开了国际阳明学学术会议。日本对心学的研究成果远远超过了欧美甚至中国。一直到现在，心学对日本的影响还依然存在。

心学最初传入美国是在20世纪初，南京大学传教士弗胄德里克·古德里奇·亨克对心学有着深厚的感情，回国后他开始提倡心学学说，渐渐地引起了欧美人民的注意。在中国传教的那些年里，弗胄德里克对心学作了深入的了解，并对王阳明的一些思想非常认同。在多年的研究后，他开始翻译王阳明著作，将《传习录》《大学问》以及《王阳明年谱》合辑为《王阳明哲学》进行出版。此外，他还将自己对心学学说的研究成果写成论文《王阳明的生平与哲学》发表出来。至此，心学开始在欧美流传。那个时期正值20世纪20年代，洋人认为中国很落后，很瞧不起中国人。他们对中国人进行凌辱和嘲笑，但恰就在此时，王阳明这位几百年前的中国人带着他的学术思想，走进欧美人士的视野，并成为他们崇拜的对象。欧美人接受了心学后，也开始逐渐地深入研究起来，他们认为心学简单易懂，几个字就能渗透出做人的大道理。

欧美研究心学的人变得越来越多，二战以后，人们渐渐发现，王阳明的很多学说都与西方一些大哲学家们的主观唯心主义思想抑或道德论有相似之处。更没想到的是，早在17世纪，王阳明就有这么纯熟完善的思想。王阳明正是用充实的知识以及独到的见解向世人证明中国人的能力。

王阳明的学说能跨越国界，经历各种磨难后被另一种文化体系的人接受并赏识，足以说明心学的可贵与其强大的生命力。这份宝贵的精神财富是对王阳明的肯定，也是中国人的骄傲。

中篇

王阳明的人生智慧

天下的事情虽然千变万化，但是人的反应不过就是喜怒哀乐。练就一个好的心态，就是从内心做起，良知为本，知行合一，历事炼心，智慧且快乐着，这是王阳明教给我们的智慧。

任何事情都是人做的，人心是成败的关键，王阳明用他一生的经历，为我们指出了心灵的无限可能。

第一章

身安不如心安，屋宽不如心宽

欲修身，先养心

“心即理也，天下又有心外之事、心外之理乎？”

——王阳明

浮世之中，总有许多人为追求物质享受、社会地位和显赫名声等身外之物而心力交瘁，疲惫不堪。他们怨天尤人、欲逃离其中而不得，皆因忽略了自己的内心，不能明白万事以修心为先的道理。

王阳明认为，人心就是天理，世界上哪还有存在于人心之外的事物和道理呢？虽然“心外无物”的看法与唯物主义观点相悖，但王阳明关于从人的内心去寻求真理的看法，是有其道理的。古人云：“相由心生。”意思是说人的心思会呈现在其外在表征之中。如此推敲，人的言语、行为等外在表征，则多为其复杂内心的反映。按照王阳明所言，欲使人的言行举止符合一定的规范或是达到至善的境界，则要从其内心入手，而不是人心之外的事物。只有当内心达到了至善的境地，其外在的言行举止才能表现出善的一面。

贪泉，泉名，据史料记载，贪泉地处广州北郊30里的石门镇。传说人饮此水，便变得贪而无厌，故名。西晋时，朝廷派往广州的几任官员，差不多都以经济犯罪而被撤职查办，人们传说他们是因为喝了贪泉的水。后来，朝廷派去一位廉洁的名吏吴隐之任广州刺史，到任之日，他领随从来到贪泉边，从中取水而饮，随从劝他说：“以往进入广州的官员都要饮上一杯，以示风雅，但是这些官员都贪赃枉法，爱钱如命，此泉饮不得。”吴隐之问随从说：“那些不喝泉水的老爷们是否清廉了呢？”随从说：“还不是一丘之貉。”吴隐之连饮三瓢后动情地说：“贪财与否，取决人的品质，我今天喝了贪泉水，是否玷污了平时为官清廉的名声，请父老乡亲们拭目以待吧。”并赋诗一首：“古人云此水，一歃怀千金。试使夷齐饮，终当不易心。”果然，他在任期间，为政清廉，并没有因饮贪泉水而贪污，留下了饮“贪泉”而不贪的千古美谈。

贪与不贪，并不在于一泉，没有饮贪泉水的人，也会照贪不误。所以，贪泉只是那些贪污的人的一个挡箭牌。王勃在《滕王阁序》中说“酌贪泉而觉爽，处涸辙以犹欢”，一个人贪与不贪，本在于自己内心的修养，并不在于外在的条件。

做人若问心无愧，坦坦荡荡，对于每天里遇到的各种突如其来的状况，也能应对自如，而不会被其搅乱心情，也就可以傲视天下。在儒家先贤眼里，这是君子风范的标准之一。

王阳明用一生的经验总结出一句话："心"左右一切。做好事来源于内心，做坏事也来源于内心。心中所想会影响我们的行为，一颗平静而宽容的心能够令人体会到生活的快乐，而一颗躁动而沉重的心则令人陷入黑暗之中找不到方向。只有以修心为先，才能更通透地知晓世间的道理，才能更真切地把握为人处世之道。然而，对于身处纷繁世界中的大多数人而言，即便知道理应如此，但要真正做到并不容易，甚至要用一生的时间去琢磨。

其实，修心不是很大的难题，只要我们能够日日更新、时时自省，不断净化内心的污垢，便能摆脱俗事的困扰。

看破繁华，不动于气

“圣人无善无恶，只是‘无有作好’，‘无有作恶’，不动于气。”

——王阳明

孔子人生态度的一个重要方面，就是求心安。心若安定了，那外面的风吹雨打便都可看作过眼云烟。就其对儒家之“礼”的阐释——“礼与其奢也，宁俭；丧与其易也，宁戚。”可以看出，孔子认为礼节仪式与其奢侈繁杂，不如节俭；正如丧礼那样，与其在仪式上准备得隆重而周到，不如在心里沉痛地哀悼死者，因为心中之礼比其外在形式更重要。

求心安，即保持一颗安定、清净的心，不因外界的打击和诱惑而摇摆不定，不过于狂热地去追求心外之物。能够做到这一点并不容易，因为人的心境太容易受到外界的干扰。恶人受丑陋之心的牵引而做坏事，普通人也可能因为执着心、愧疚心等而使自己陷入痛苦，无法自拔。如果人对于外界的事情心有挂碍，并由此生出了懊恼、欢喜，那么这颗心就失去了它的本来面目。

王阳明的弟子薛侃曾向他请教："为何天地间的善难以培养，而恶却难以去除呢？"王阳明认为，因为心中有善恶之念，引发好恶之心，才导致为善或为恶。他在回答中举出"花草"的例子：当人们想赏花时，就认为花是好的而它周围的杂草是恶的，因为那些杂草影响了赏花的效果；而当人们要用到那些杂草时，则又认为它是善的。这样的善恶区别，都是由于人们的好恶之心而产生的，因此是错误的。王阳明指出，应该心中无善无恶。他所讲的无善无恶，与佛家所讲的不同。佛家只在无善无恶上下功夫而不管其他，便不能够将此道理用于治天下。而圣人所讲的无善无恶，是告诫世人不从自身私欲出发而产生好恶之心，不要随感情的发出而动了本心。

有一天，深山里来了两个陌生人。年长的仰头看看山，问路旁的一块石头："石头，这就是世上最高的山吗？""大概是的。"石头懒懒地答道。年长的没再说什么，就开始往上爬。年轻的对石头笑了笑，问："等我回来，你想要我给你带什么？"石头一愣，看着年轻人，说："如果你真的到了山顶，就把那一时刻你最不想要的东西给我，就行了。"

年轻人很奇怪，但也没多问，就跟着年长的人往上爬。斗转星移，不知过了多久，年轻人孤独地走下山来。

石头连忙问："你们到山顶了吗？"

"是的。"

"另一个人呢？"

"他，永远不会回来了。"

石头一惊，问："为什么？"

“唉，对于一个登山者来说，一生最大的愿望就是登上世上最高的山峰，但当他的愿望真的实现了，同时，也就没有了人生的目标，这就好比一匹好马的腿断了，活着与死，已经没有什么区别了。”

“他……”

“他从山崖上跳下去了。”

“那你呢？”

“我本来也要一起跳下去的，但我猛然想起答应过你，把我在山顶上最不想要的东西给你，看来，那就是我的生命。”

“那你就来陪我吧！”

年轻人在路旁搭了个茅草屋，住了下来。人在山旁，日子过得虽然逍遥自在，却如白开水般没有味道。年轻人总爱默默地看着山，在纸上胡乱画着。久而久之，纸上的线条渐渐清晰了，轮廓也明朗了，后来，年轻人成了一名画家，绘画界还宣称他是一颗耀眼的新星。接着，年轻人又开始了写作，不久，他就因他的文章回归自然的清秀隽永一举成名。

许多年过去了，昔日的年轻人已经成了老人，当他对着石头回想往事的时候，他觉得画画、写作其实没有什么两样。最后，他明白了一个道理：其实，更高的山并不在人的身旁，而在人的心里，心中无我才能超越。

这位老人的境界不可谓不高。确实，更高的山在我们的心里，只有心中无我时，人才能攀越这座高山。人世间最可怕的不是做错事，而是心中动了歪念。倘若内心摇摆不定、狂热偏激，就会动歪念，就会继续做错事，这个时候就只有倒空了自己，才会发现虚无。

一位佛学大师曾说："心是最有反应、最有感觉的器官。我们看大自然的山川鸟兽、花开花落。我们看人生的生老病死、苦空无常，我们看世间的生住异灭、轮回流转等待，都会因心的触动而有喜怒哀乐的表现。"世间的风动幡动，其实都是因为心动罢了。

王阳明认为，无善无恶是静态时候的表现，有善有恶是气动的表现。在起心动念间，如果我们自己的内心茫然，就会不知所往，甚至连自己究竟是对是错都分辨不清。因此，唯有秉持一颗安定、清净之心，才能将世情看破，身处繁华闹市而不为所动。

不忙不乱，不焦不躁

“天地气机，元无一息之停。然有个主宰，故不先不后，不急不缓，虽千变万化而主宰常定，人得此而生。若无主宰，便只是这气奔放，如何不忙？”

——王阳明

忙碌是现代社会中大多数人的一种生活状态。不幸的是，与身体的操劳相伴随而来的，还有内心的忙乱急躁、焦虑不堪。所谓“身之主宰便是心”，倘若在忙碌的生活中不能给内心留一份悠闲，而使其深受烦恼与担忧所累，便更难在为人处世之时做到游刃有余、潇洒自在。

《传习录》中有这样一段记载：

崇一问：“寻常意思多忙，有事固忙，无事亦忙，何也？”

先生曰：“天地气机，元无一息之停。然有个主宰，故不先不后，不急不缓，虽千变万化而主宰常定，人得此而生。若主宰定时，与天运一般不息，虽酬酢万变，常是从容自在，所谓‘天君泰然，百体从令’。若无主宰，便只是这气奔放，如何不忙？”

欧阳崇一问：“平时意念思想常常很忙乱，有事的时候固然会忙，无事的时候也忙，这是为什么呢？”王阳明回答说：“世间万物的变化本来就没有瞬息的停止。然而有了一个主宰之后，变化就会有所依据，有秩序可言，虽然千变万化，但主宰却是一成不变的，人有了这个主宰才能在瞬息万变的人世间生存。如果主宰恒定不变，就像天地运行一样永不停息，即使日理万机，却也从容自在，这就是所谓的‘天君泰然，百体从令’。若没有主宰，便只有气在四处奔流，怎么会不忙呢？”

由此可知，要做到“虽酬酢万变，常是从容自在”，便要有一颗不忙不乱、不焦不躁的“主宰”之心。具体到人们的日常生活、工作中，就是要用心去体悟繁杂中的快乐，学会用一颗平静的心去享受忙碌的价值。

现实当中有很多人，为了功名利禄而盲目地工作，以此来填充自己的人生。工作带来的种种压力，不断侵蚀着内心的安宁，让人倍感焦灼，于是渐渐地，人的身心就会陷入一种莫名的慌乱之中，完全理不清头绪。此时，唯有从内心闲下来，静下来，才能转变观念，学会把工作当做一种快乐的享受，而不仅仅是赚取金钱谋取地位的工具。如此，才不至于将人生变成炼狱。

如道家所言，将自己的心放到天地间，去体悟自我的渺小与天地的广大。与由人所构成的社会相比，包容天地万物的大自然，更能令人身心舒畅。自然可以开启人的心灵，陶冶人的情操，将自己的内心倾向自然，正如“智者乐水，仁者乐山”。当我们走进自然的怀抱，沐浴春风与阳光，尽览山河之宽广与博大，便会明白，那些长期困扰我们的身外之物，皆由一颗远离自然的心而起。当我们身处自然之中，便能够亲身感受大自然的博大胸襟，感受到万物的和谐共处，从而在大自然的安逸与恬静中把握心中那份从容与自在。

忙碌的生活虽然令人身心疲惫，但也可以充满乐趣，成为一门令人身心愉悦的艺术。关键在于你是否能够放慢心的脚步，让你的心松口气。正如攀登高山，若一心只想着登上顶峰，难免疲惫不堪；但若能静下心来，欣赏沿途赏心悦目的风光，那将是一种别样的感受，更是一种忙而不乱的人生。

人的内心既是一方广袤的天空，能够包容世间的一切；也是一片宁静的湖面，偶尔也会泛起阵阵涟漪；更是一块皑皑雪原，辉映出一个缤纷的世界。纵然世间的纷纷扰扰难以平息，生活的智者总能在心中留一江春水，淘洗忙碌的身躯，以一颗闲静淡泊之心，看庭前花开花落，望天上云卷云舒。

身处泥泞，遥看满山花开

“世以不得第为耻，吾以不得第动心为耻。”

——王阳明

人人都希望自己过上更好的生活，过得舒适快乐。然而，生活并不是一条康庄大道，更多的时候，是一条布满荆棘与陷阱的崎岖小路。很多人在这条路上遇到了困难，不仅无法跨越，还会不自觉地陷入了一个可悲的怪圈，把大量的时间放在抱怨上。

王阳明虽出自书香门第，富有才情，但是多次参加会试都没有上榜，世人看来这是十分耻辱的事情。王阳明不以为然，却说：“世以不得第为耻，吾以不得第动心为耻。”在他看来，有上榜之事，就有落榜之事，不要过分在意。快乐还是痛苦，都是生活的一部分。只有调整心态，才能减轻痛苦，享受快乐。

苏轼的友人王定国有一名歌女，名叫柔奴。柔奴眉目娟丽，善于应对，其家世代居住京师，后王定国迁官岭南，柔奴随之，多年后，复随王定国还京。

苏轼拜访王定国时见到柔奴，问她："岭南的风土应该不好吧？"不料，柔奴却答道："此心安处，便是吾乡。"苏轼闻之，心有所感，遂填词一首，这首词的后半阙是："万里归来年愈少，微笑，笑时犹带岭梅香。试问岭南应不好？却道：此心安处是吾乡。"

在苏轼看来，偏远荒凉的岭南不是一个好地方，但柔奴能像生活在故乡京城一样处之安然。从岭南归来的柔奴，看上去似乎比以前更加年轻，笑容仿佛带着岭南梅花的馨香，这便是随遇而安，并且是心灵之安的结果了。

"此心安处是故乡"，不论在什么样的环境里均能安之若素，方可心无烦忧，一心做自己应做或爱做之事。即便身处泥泞之中仍能遥看满山花开。王阳明说：“读书作文安能累人？人自累于得失耳。”不懂得身处泥泞之中而遥看山花烂漫的人，并非为泥泞所累，而是被自己的心态所拖累。

有人曾经问过一些饱受磨难的人是否总是感到痛苦和悲伤，有人答道：“不是的，倒是很快乐，甚至今天我有时还因回忆它而快乐。”为什么会这样呢？因为他从心理上战胜了磨难，他从磨难中得到了生活的启示，他为此而快乐。换句话说，生活本来就是充满快乐的。

一个富人和一个穷人在一起谈论什么是快乐。

穷人说：“快乐就是现在。”

富人望着穷人漏风的茅舍、破旧的衣着，轻蔑地说：“这怎么能叫快乐呢？我的快乐可是百间豪宅、千名奴仆啊。”

一场大火把富人的百间豪宅烧得片瓦不留，奴仆们各奔东西。一夜之间，富人沦为乞丐。

炎炎夏日，汗流浃背的乞丐路过穷人的茅舍，想讨口水喝。穷人端来一大碗清凉的水，问他："你现在认为什么是快乐？"

乞丐眼巴巴地说："幸福就是此时你手中的这碗水。"

生活有时候会显出它不公平的一面，使我们经历磨难。然而，那不过是生活中一点或酸或辣的调味品，如果只将目光集中在这里，生活反而会变得毫无希望。当我们遇到挫折的时候，多想想美好回忆中那些令人振奋的人和事；当我们的情绪消极倦怠的时候，多想想如何去解决而不是一味地去逃避。当我们将内心痛苦的负累转化为积极乐观的力量，便能在不幸的悲剧之中重新找到幸福的人生。

其实，每个人的生活都是一样的有苦有甜，不一样的是人们的心态。与其在埋怨中度过，不如转变心态。埋怨只能证明无奈，生活不相信懦弱。

心狭为祸之根，心旷为福之门

“如今于凡忿懥等件，只是个物来顺应，不要着一分意思，便心体廓然大公，得其本体之正了。”

——王阳明

心狭为祸之根，心旷为福之门。心胸狭隘的人，只会将自己局限在狭小的空间里，郁郁寡欢；而心胸宽广的人，他的世界会比别人更加开阔。

心胸狭隘之人，往往放不下对曾经伤害过自己的人的怨恨。在生活中，很多人都曾因为情感纠葛、诽谤中伤或竞争对手的打击而深受伤害，心中的伤口久久不能愈合，耿耿于怀地痛恨着那些伤害过自己的人。其实，怨恨是一种极为被动的感情，不仅不能缓解心中的伤痛，大多数情况下也不能对对方造成影响，仅有的用处，便是伤害自己、折磨自己。怨恨就像一个不断扩大的肿瘤，挤压着生活中的快乐神经，使人们失去欢笑，整日愁容。更有甚者，因为放不下心中的怨恨，将报仇作为生存下去的唯一信念，最终只能香消玉殒，为怨恨陪葬。

《传习录》中记载，有人就“有所忿懥”一说向王阳明请教。先生指出：“像怨恨等情绪，人的心中怎么会没有呢？只是一点也不可以有罢了。当人怨恨时，即使是多想了一点，怨恨也会过度，这样就不是心胸宽广无私了。因此，有所怨恨，心就难以保持正直。如今，对于怨恨等情绪，只要顺其自然，心中不存一分在意，那么心胸自然会宽广无私，从而实现本体的中正平和了。”

心胸狭隘之人，容不得别人比他好，猜忌心重，为芝麻绿豆的小事都能折腾好几天，只因为触碰到了他的利益。与放不下心中的怨恨的人相比，这样的人对自己的伤害更大。因为他的心胸狭隘，身边的人难以与之深交，基本的友好关系和信任感无法建立，除非靠强权压迫或金钱利诱，否则得不到半点发展的机会。历史上不乏由于昏君佞臣的猜忌而令无数功勋卓著的开国功臣走上断头台的例子。

心胸狭隘会给人带来无穷祸患，而心胸宽广则能解决人与人之间的纷争，慰藉心灵。无论是为了个人的身心健康，还是为了在纷繁复杂的现代社会中争取到发展的机会，都应以宽广的胸怀待人处世。只有时刻保持宽广的胸怀，心存一份豁达，才能放下怨恨，重拾笑颜；才能感受到他人对自己的尊重，共同进步。也许在你不经意的时候，心中的豁达就能为你带来意想不到的收获。

赵王有个卫兵，名叫少室周。少室周力大无比，在一次比武会上，有五个士兵摔打少室周一人，都被少室周摔倒在地。少室周因此得到赵王的赏识并被任命为贴身卫兵。

没过多久，一个叫徐子的人找上门要与少室周比试摔跤。摔跤的结果是，少室周连输三回。

少室周满面羞愧地将徐子带到赵王跟前，对赵王说:“请您用他当您的卫兵吧。”

赵王很奇怪,问道:“先生的勇武名震四方,很多人都想取代你,为什么你要推荐他呢,我并没有这样要求你呀?”

少室周回答道:“您当年是看我力气大,才让我当卫兵的。如今,有了比我力气大的人,如果我不推荐他,天下好汉会嘲笑我的。”

赵王很钦佩少室周的胸怀宽广,最后,让他们两人都当了自己的贴身保卫。

豁达是一种修养,也是衡量一个人层次高低的标准。正所谓“牢骚太多防肠断,风物长宜放眼量”。如果我们凡事都喜欢斤斤计较,终日锱铢必较,久而久之不但心胸变得狭窄,而且常常对别人产生嫉妒和愤恨,对于身心都是一种莫大的伤害。

只有敞开胸怀,才不会被俗世尘埃所扰,才能安心地关注当下,保证身心的纯净。只有做到待人处世不胡乱猜忌,面对摩擦和误会能放下心中的愤恨,心胸宽广坦荡,不以世俗荣辱为念,不为世俗荣辱所累，不为凡尘琐事所扰，不为痛苦烦闷所惊，才能包容万物、容纳太虚，才能活得轻松潇洒、舒心自在。

心有多大，世界就有多大。王阳明讲，不要着一分意思。就是要开阔胸怀。在他看来这是一种宠辱不惊，笑看庭前花开花落的人生态度；是一种骤然临之而不惊，无故加之而不怒的智慧和淡定。天地何其广阔，拥有宽广的胸怀，我们便能在其中自由地翱翔。

空心，才能容万物

“圣人之所以为圣，只是其心纯乎天理而无人欲之杂，犹精金之所以为精，但以其成色足而无铜铅之杂也。”

——王阳明

王阳明曾言：“圣人之所以为圣，只是其心纯乎天理而无人欲之杂，犹精金之所以为精，但以其成色足而无铜铅之杂也。人到纯乎天理方是圣，金到足色方是精。然圣人之才力亦有大小不同，犹金之分两有轻重。……盖所以为精金者，在足色而不在分两；所以为圣者，在纯乎天理而不在才力也。故虽凡人，而肯为学，使此心纯乎天理，则亦可为圣人，犹一两之金，此之万镒，分两虽悬绝，而其到足色处可以无愧。”王阳明以纯金作比，意在说明圣人比凡人更高明的地方，不是他的才能，而是一颗只存天理而无贪嗔杂念的空明之心。

宇宙万物，因为虚空而含纳包容，所以能拥有日月星河的环绕；高山因为不拣择砂石草木，所以成其崇峻伟大。世人常说“海纳百川”，便是将“大海”作为浩瀚胸襟的形象代表。而人心的包容，是大海与高山都不能比的。所谓“心空”，即内心无外物羁绊。修养内心的最高境界，便是将心腾空，如此才能真正做到包容万物。

苏不韦是东汉人，他的父亲做司隶校尉时得罪了同僚李皓，被李皓借机判了死刑。当时，苏不韦年仅18岁，他把父亲的灵柩草草下葬后，又把母亲隐匿起来，自己改名换姓，用家财招募刺客，发誓复仇。但几次行刺都没有成功，这期间李皓反而青云直上，最后官至大司农。

苏不韦就和人暗中在大司农官署的北墙下开始挖洞，夜里挖，白天躲藏起来。干了一个多月，终于把洞挖到了李皓的卧室下。一天，苏不韦从李皓的床底下冲了出来，不巧李皓上厕所去了，于是杀了他的小儿子和妾，留下一封信便离去了。李皓回屋后大吃一惊，吓得在室内设置了许多机关，晚上也不敢安睡。苏不韦知道李皓已有准备，杀死他已不可能，就挖了李家的坟，取了李皓父亲的头拿到集市上去示众。李皓听说此事后，心如刀绞，心里又气又恨，又不敢说什么，没过多久就吐血而死。

李皓因一点个人私怨就将人置于死地，结果不仅给自己招来杀身之祸，连老婆、孩子都跟着倒霉，甚至是死去的父亲也未能幸免于难。而苏不韦从 18 岁开始就谋划复仇，此外什么也没做成。这两个人最大的缺陷都是被仇恨所牵绊，没有一个宽大的心胸。人有时候如果能宽容一点，甚至一笑泯千仇，将干戈化为玉帛，不但能为自己免去毁灭性的灾难，还可以放下心灵的包袱，让自己变得轻松，而生活也能变得更加幸福和祥和。

从内心深处摆脱周遭的羁绊，进入心无旁骛的至高境界，就是踏上了心灵的解脱之路，内心感受到的万物便会远远超过自己视线范围之内的一切。此时的内心，呈现的是一种空无的状态，也就是王阳明所说的空明之心。空，才能容万物。即便是人与人之间的交往，也需要给彼此一定的空间，才能畅所欲言、和平相处。与其用金钱权利、名誉地位将内心满满地填充，何不索性全部放下，将心腾空，获得心灵的自由和解脱呢？

因此，普通人若能学会抛开杂念，使内心纯净空明，那么，即便才能有高下之分，也同样可以成为圣人。

让生活回归简单

"'道之大端易于明白'，此语诚然。顾后之学者忽其易于明白者而弗由，而求其难于明白者以为学，此其所以'道在迩而求诸远，事在易而求诸难'也。"

——王阳明

简单是一种心灵的净化，它是安定，是率直，是单纯。它通常表现在衣着、饮食、休闲娱乐、事业成就等与生活密切相关的方方面面。然而就其本质而言，则是依托于一颗简单的心。换言之，就是在喧嚣的世俗社会中为自己增添一份内心的宁静。

王阳明曾在写给他学生的书信中说："道之大端易于明白"，此语诚然。顾后之学者忽其易于明白者而弗由，而求其难于明白者以为学，此其所以“道在迩而求诸远，事在易而求诸难”也。王阳明认为“大道理容易令人明白”这句话非常正确。后来的学者忽略那些简单明白的大道理不去遵循，而去追求那些难以理解的东西来做学问，这就是“道理在近处却偏偏往遥远的地方去寻求，事情本来很简单，却偏偏要将其复杂化”。

圣人做学问追求一种“大道至简”的境界，人活一生也应如此。在人的一生中，会有许多的追求、许多的憧憬。追求真理，追求理想的生活，追求刻骨铭心的爱情，追求金钱、名誉和地位。有追求就会有收获，我们会在不知不觉中拥有很多，有些是我们必需的，而有些却是完全用不着的。那些用不着的东西，除了满足我们的虚荣心之外，最大的可能，就是成为心中的负担。

为什么人们会不厌其烦、孜孜不倦地去追求那些看似风光，实际令人身心疲累的“负担”呢？皆因内心少了一份简单，少了一种简单的人生态度。

与其困在财富、地位与成就的壁垒中迷惘，不如尝试以一颗简单的心，追求一种简单的生活，舒展身心，享受用金钱也买不到的满足与快乐。

其实也有很多人渴望拥有简单的生活，渴望放弃华屋美宅、山珍海味，不追时髦，不赶潮流。他们常常说：“如果能回到孩童时代就好了！那时的我们，多单纯，多快乐啊！”孩童时代的我们能够拥有一颗单纯的心，并不是因为我们处于那样的年龄阶段，而是因为那时的我们内心尚未被世间的身外之物所牵绊。真正的简单是发自内心的，选择简单的生活就是要挣脱心灵的桎梏、回归真我。无论是3岁孩童还是二三十岁的成年人，都可以拥有一颗简单的心。尤其当人的一生即将结束的时候，人们终将体会到，简单才是内心深处最迫切的渴望。保持一颗简单的心，才能使简单的生活不仅仅是内心的向往而是成为现实。

简单，是一种生活的艺术，是幸福生活的最高境界。简单的生活首先是外部生活环境的简化。然而强调简化生活，并非完全抛弃物欲，而是要将全副身心专注于身外浮华之上的注意力打散，从而求得一种身心的平衡，过一种和谐从容的生活，真正提升生活的品质。一个真正懂得简单生活的人，才能从做家务、带孩子等平凡的生活细节中体验到真正的快乐。

同时，简单又不仅仅是一种生活的艺术，也是一种强大的驱动力。吃惯鲍参翅肚的人偶尔尝一次家常小菜，自然觉得新鲜可口，但能否长此以往，则在于他的内心是否也如此简单。善于攻心之人，心思复杂之人，则因为缺乏了这种强大的驱动力，而难以享受简单生活所带来的发自内心的快乐。当我们不再为身外的浮华耗费过多的时间和精力，也就为内心提供了更大的空间与平静。当我们的生活趋于简单，我们才能更深刻地认识自己，更真诚地对待自己，才能将一颗简单的心升华，从而体会到“不足为外人道”的快乐。

内心单纯、想法简单的人，更能打动世界的心。

世界上有这样两种人，一种人像水，随着地势的起伏改变着自己的形态；另一种人则像水晶，内心晶莹透彻，但却锐利坚硬。第一种人只能让自己随着世界而改变，第二种人则能令世界因他而改变。因为一颗简单的心，往往能令人们美好的梦想和执着的信念具有强大的感召力和影响力。这种强大的影响力与单纯的人格魅力常常形成一种鲜明的对比，天真烂漫的生活和无忧无虑的心态使他们宛若孩童，但思想的感召力和举手投足间的伟人风范却令人心生敬意。

对于心如水晶的人而言，一切都只不过是听从了内心的召唤，并随着善良的灵魂高歌起舞罢了。那一支心灵的舞蹈，将令整个世界为之倾倒。

第二章

持纯粹心，做至诚人

真心着眼，敦本尚实

“诚字有以工夫说者。诚是心之本体，求复其本体，便是思诚的工夫。”

——王阳明

一次，王阳明来到南镇游玩，一个朋友指着从石头缝里长出来的花问道：“你说天下没有心外之物，那么这花在自开自落，和我心有什么关系？”

王阳明回答说：“你见到这花之前，花与你的心各自寂静；你来看此花时，花进入我们的内心，此花便在心头显现出来。便知此花不在你的心外。岩中花树对于心来说，其存在本身及其意义的被确认，在于花在人心中的显现。”

王阳明的这番话可以有很多种理解，而其中最为紧要的一点则是对于“心”的着眼。世间万象，其实都在于你是否用一颗“本心”去体验融会。在王阳明看来，这个本心就是真，真诚、真挚、真君子，抽取“真”，弄权耍奸，虚伪掩饰，只剩皮囊一副；抽取“真”，花开花谢无关己身，不知人事变迁，落得心眼两茫，终其一生，全无所得。

人心中有善有恶，有趋炎附势，有高洁自傲。唯其不真，所以才有“这万丈红尘，最难揣摩的就是人心”的说法。王阳明的全部学问就在于求“真心”以接“仁义”。简单地说，就是你没有一颗真挚诚实的心，就做不出善良敦厚的事。

一日，杨时、游酢来到嵩阳书院拜见程颐，正遇上程颐闭目养神，坐着假睡。程颐明知有两个客人来了，他却不言不动，不予理睬。杨、游二人也不愠不恼，只是恭恭敬敬地站在门口，肃然待立，一声不吭等着他睁开眼来。

那天正是冬季很冷的一天，不知什么时候，开始下起雪来。门外积雪，有一尺多深。在雪中等了约有半天工夫，程颐才从睡榻上醒来，见了杨、游二人，装作一惊说道：“啊！啊！贤辈早在此乎！”而杨时和游酢并没有一丝疲倦和不耐烦的神情。

杨时、游酢二人“程门立雪”，只为学于高师、求善解，两人真心崇拜程颐人品道德和学术修养，明知程颐是故意为之，却依然以礼相见。对他们来说，这是出于真心实意的行为，并非趋炎附势，所以内心坦荡而礼义周全，即是平常人之礼，其本质是诚心而非收买。

不敷衍、不做作、不逃避，能老实地袒露内心的人，往往最能打动人心，得到别人的谅解。然而，做人却很难永远保持着这种心境。就好像刚出学校的年轻人，满怀着希望和抱负。但是入世久了，挫折受多了，艰难困苦经历了，或者心染污了，变得有杂质了；或者本来很爽直的，变得不敢说话了；或者本来很坦白的，变得拐弯抹角了；或者本来有抱负的，最后变得很窝囊了。其实，社会与环境不足以影响人，只要我们每个人有自己独立的思想、独立的修养，那么在任何复杂的世界、任何复杂的时代、任何复杂的环境里，都可以永远保持最初开始时的心境，这就是王阳明说的“本心”。

一如动静互补是一种生命形态，本心为真亦是一种生命形态。王阳明常言：“真，吾之好也。”佛家说世上只有两个人，一个人叫名，一个人叫利，照此讲来，我们不妨也可以这样说，世上只有两样事，一件为真，一件为假。求真必然务实，求假自然务虚，虚实之间，体现的不仅是对人的态度，更是对自己的认识。糊弄别人容易，糊弄自己很难。

保持本色，出以真情

“无事时固是独知，有事时亦是独知。”

——王阳明

泰山拔地而起，于是造就了它的雄伟；黄山吞云吐雾，于是成就了它的瑰丽；蛾眉清幽秀美，于是展现了它的神奇——山因自己的个性而呈现出千姿百态。雄也美，秀也美。万事万物，因有个性本真而美丽；芸芸众生，因有个性本真而永恒。

王阳明曾对他的学生黄弘纲说，无事时是独知，有事时也是独知。人如果只在人们关注的地方用功，那就是虚伪的作假。因此，一个人在这个社会上生存，不要总希冀自己能够瞒天过海，还是以真示人，但求无违我心的好。

子路、曾皙、冉求、公西华坐在孔子身旁。孔子说:“不要认为我比你们年纪大一点，就不敢在我面前随便说话，你们平时总在说‘没有人知道我呀!’如果有人想重用你们，那么你们打算怎么办呢?”

子路不假思索地回答说:“一个拥有一千辆兵车的国家，夹在大国之间，常受外国军队的侵犯，加上内部又有饥荒，如果让我去治理，三年功夫，就可以使人人勇敢善战，而且还懂得做人的道理。”孔子听了，微微一笑，于是又问:“冉求，你怎么样?”

冉求回答说:“一个纵横六七十里，或者五六十里的国家，如果让我去治理，等到三年，就可以使老百姓富足起来。至于修明礼乐，那就只得另请高明了。”

孔子又问:“公西华，你怎么样?”

公西华回答说:“我不敢夸口说能够做到怎样，只是愿意学习。在宗庙祭祀的工作中，或者在同别国的会盟中，我愿意穿着礼服，戴着礼帽，做一个小小的赞礼人。”

孔子接着问曾皙，这时曾皙弹瑟的声音逐渐慢了，接着铿的一声，放下瑟直起身子回答说：“我和他们三位的才能不一样呀！”孔子说：“那有什么关系呢？不过是各自谈谈自己的志向罢了。”曾皙说：“暮春时节，天气暖和，春天的衣服已经上身了。我愿意和五六位成年人，六七个青少年，到沂河里洗洗澡，在舞雩台上吹吹风，一路唱着歌儿回来。”

孔门这几位弟子的个性跃然纸上，子路的忠诚与勇敢、冉有的谨慎、公西华的谦虚、曾皙心灵的平静与淡然，都呼之欲出。个性就是一种特质，一种不因潮流而改变的东西，一种你有别人没有的东西。只有坚持独属于自己的才会是最美的。

明末清初大思想家王夫之在其书中曾强调，个人身处世间，不可“挟心而与天下游”，否则就会像“韩非知说之难，而以说诛。扬雄知白之不可守，而以玄死”。既然一个人不可“挟心而与天下游”，那就说明人生在世，要学会“以真示人”。但很多人都自认为聪明，可以骗得了天下人，其实，人的智慧相差无几，一个人的那点小小的伎俩怎么可能瞒得了其他人呢？

东晋时，王家是大家族，社会地位很高，因此当时的太尉郗鉴就想在王家挑选女婿。郗鉴这个女儿，才貌双全，郗鉴爱如掌上明珠，这么一个宝贝女儿，一定要找个门当户对的人家。郗鉴觉得王家与自己情谊深厚，又同朝为官，听说他家子嗣甚多，个个才貌俱佳。一天早朝后，郗鉴就把自己择婿的想法告诉了王丞相。王丞相说："那好啊，我家里子嗣很多，就由您到家里任意挑选吧。凡您相中的，不管是谁，我都同意。"郗鉴就命心腹管家带上重礼到了王丞相家。王府子弟听说郗太尉派人觅婿，都仔细打扮一番出来相见。寻来觅去，一数少了一人。王府管家便领着郗府管家来到东跨院的书房里，就见一个袒腹的青年人仰卧在靠东墙的床上，似乎对太尉觅婿一事无动于衷。郗府管家回去向郗鉴报告："王家的少爷个个都好，他们听到了相公要挑选女婿的消息以后，个个都打扮得齐齐整整，装模作样，循规蹈矩，唯有东床上有位公子，袒腹躺着，若无其事。”郗鉴说：“那个人就是我所要的好女婿！”于是马上派人再去打听，原来那人就是王羲之。郗鉴来到王府，见到王羲之既豁达又文雅，才貌双全，当场下了聘礼，择为快婿。

王羲之并不因有人来挑选女婿就刻意打扮自己，这就是显其真。

真正成功的人生，不在于成就的大小，而在于是否活出自我。走自己的路，让人们去说吧！何必把自己的人生交到别人的手中，何必要被别人的评论所左右，何不按照自己的想法去过自己的人生！

伪装自己、改变自己只会丢失自己，这样便没有了存在的意义。王阳明提倡恢复心的本体，是告诉世人要保持最为本真的自己。每个人都是独一无二的，无须按照他人的眼光和标准来评判甚至约束自己，无须效仿他人，要相信自己，保持自我的本色，无须去寻求这样那样的机心，应以真心对待万事万物。事实上，只要我们在遵守团体规则的前提下能够保持自我本色，不人云亦云，不亦步亦趋，就能创造出属于自己的美好人生。

朴实的人生态度

“诚意只是循天理。虽是循天理，亦着不得一分意。”

——王阳明

王阳明认为世间本没有善恶之分，也就没有为善除恶之说。若真要弄出个善、恶来，也是存在于人心当中，遵循自然而发展就是善，被外物所扰、掺杂私欲就是恶。

所谓善恶，只不过是在周边环境影响下依据本性而产生的，有善恶之分的不是本性而是习惯。本性是一种内在的东西，平时可能感觉不到它的存在，但它在暗中操控着你。它决定着你的大部分习惯，决定着你的性格，甚至决定着你的人生。人本来生下来都很朴素、很自然，由于后天的教育、环境的影响，圆满的自然的人性被刻上了许多的花纹雕饰，原本的朴实被破坏了。其实，人不应该刻意雕琢自己本性的棱角，要保持住生命中最朴素的东西。

先秦时期，燕国寿陵地方有一位少年。这位少年不愁吃不愁穿，论长相也算得上中等人才，可他就是缺乏自信心，经常无缘无故地感到事事不如人，低人一等——衣服是人家的好，饭菜是人家的香，站相坐相也是人家的高雅。他见什么学什么，学一样丢一样，虽然花样翻新，却始终不能做好一件事，不知道自己该是什么模样。

家里的人劝他改一改这个毛病，他以为是家里人管得太多。亲戚、邻居们，说他是狗熊掰棒子，他也根本听不进去。日久天长，他竟怀疑自己该不该这样走路，越看越觉得自己走路的姿势太笨，太丑了。

有一天，他在路上碰到几个人说说笑笑，只听得有人说邯郸人走路姿势那叫美。他一听，对上了心病，急忙走上前去，想打听个明白。不料想，那几个人看见他，一阵大笑之后扬长而去。

邯郸人走路的姿势究竟怎样美呢？他怎么也想象不出来。这成了他的心病。终于有一天，他瞒着家人，跑到遥远的邯郸学走路去了。

一到邯郸，他感到处处新鲜，简直令人眼花缭乱。看到小孩走路，他觉得活泼、美，学；看见老人走路，他觉得稳重，学；看到妇女走路，他觉得摇摆多姿，学。就这样，不过半月光景，他连走路也不会了，路费也花光了，只好爬着回去了。

这就是"邯郸学步"成语的来历，它所揭示的道理是生搬硬套，机械地模仿别人，不但学不到别人的长处，反而会把自己的优点和本领也丢掉。很多人过不上自己想要的生活，就希望自己成为别人，把自己想象成模仿中的人物，过着模仿的生活。其实每个人都有自己的本色，一味模仿别人，扭曲自己的本来面目，最终是会失掉自己。

人需抛弃自己引以为傲的聪明灵巧，抛弃自私自利的贪图之心，如果人人皆能如此，便不会有作奸犯科的盗贼，不会有我们认为的大恶。

著名国学大师南怀瑾先生曾说，如果将绝圣弃智的观念归纳到生命理想中，便是“见素抱朴，少私寡欲”。“见”指见地，观念、思想谓之见；“素”乃纯洁、干净；“朴”是未经雕刻、质地优良的原木。见素抱朴正是圣人超凡脱俗的生命情操，佳质深藏，光华内敛，一切本自天成，没有后天人工的刻意造作。

孔子在《论语》中也说，“素”如一张白纸，毫不沾染任何颜色，人的思想观念要随时保持纯净无杂，即不思善，不思恶。心地胸襟，应该随时怀抱原始天然的朴素，以此态度来待人接物、处理事务。个人拥有这种修养，人生一世便是最大的幸福；如果人人持有这种生活态度，天下自然太平和谐。

最优秀的东西就在人们自己身上，但是“大浪淘沙沙去尽，沙尽之时见真金”，大多数人都在浮华过后才意识到本色的可贵。玉不琢，不成器，但有时，人应该成为一块拒绝雕琢的“原木”，保留人性中单纯、善良、朴实的东西，不要让外在的雕饰破坏了自然的本质。一个人若能以本色示人，焕发本真个性，活出自己便是最美的。

泰然自处，真心生活任天然

“率性是‘诚者’事。所谓‘自诚明，谓之性’也。”

——王阳明

《中庸》有云：“自明诚，谓之性。自明诚，谓之教。诚则明矣，明则诚矣。”意思是说人一生下来就有道德的觉悟，而后又有道德的认识，这是尽心知性；因为有了道德的认识，又产生道德的觉悟，这是存心养性。

王阳明在谈到这一观点时说：“率性是‘诚者’事。所谓‘自诚明，谓之性’也。修道是‘诚之者’事。所谓‘自明诚，谓之教’也。”诚的本身就是“明”，“明”是一种率性而为、修道的智慧，而遵照自己的天性而行动就是修养圣道。“明”这种智慧，越没有被外物所扰，力量就会越强大。

阮籍，字嗣宗，建安七子之一阮瑀的儿子。曾任步兵校尉，世称阮步兵。崇奉老庄之学，政治上则采谨慎避祸的态度。与嵇康、刘伶等七人为友，常集于竹林之下肆意酣畅，世称竹林七贤。

阮籍蔑视礼法，邻家少妇美貌，当垆卖酒。阮籍曾经去饮酒，大醉，便卧其侧。她丈夫看到了，也不恼怒。一个当兵的女儿美貌而有才气，可惜还没出嫁就死了。阮籍不认识这一家人，却径直去哭，哭够了才走。他外坦荡而内心淳厚，乱世之中，常以“醉酒”保身，就连司马昭想与他联姻时，他竟会大醉六十日加以拒绝。

阮籍嗜烈酒、善弹琴，喝酒弹琴往往复长啸，得意时忽忘形骸，甚至即刻睡去。实可谓“我今欲眠君且去，明朝有意抱琴来”。其痴狂之态，可见一斑。

魏晋文人个个喷着酒气，他们也因为酒气而透着狂妄。“壁立千仞，无欲则刚”，魏晋文人的刚烈来自他们内在的无欲，他们因为无欲而超然，因为超然而蔑视礼法，“越名教而任自然”。他们活得超然而天真，所以，世人不以他们行为的出格而非议，也不因为他们行为的癫狂而为难他们。

在天地眼中，万事万物无明确的对错之分，天地只是冷眼旁观世间一切而已，它不介入，任事物之自然。天地生万物，是自然而生，自然而有。天地无心而平等生发万物，万物亦无法自主而还归于天地。所以古语有云：“天地不仁，以万物为刍狗。”即天地并没有特意立定一个仁爱万物之心而生长万物，只是自然而生，自然而有，自然而灭。从天地的立场来看，一律同仁，万物与人类都不过是自然、偶然、暂时存在，最终将归于还灭的“刍狗”而已。

人生不过就是一杯水，杯子的华丽与否固然可以显示一个人的贫与富，可杯子只是容器，杯子里的水，清澈透明，无色无味，对任何人都一样。不过在饮入生命时，每个人都有权力加盐、加糖，或是其他，只要自己喜欢，这是每个人生活的权力，全由自己决定。

然而，在欲望的驱使下，人们或许会不停地往杯子里加入各种东西，但必须适可而止，因为杯子的容量有限，并且无论你加入了什么，最终你必须将其喝完，无论它的味道如何。如果杯中物甘爽可口，你最好啜饮，慢慢品味，因为每个人都只有一杯水，喝完了，杯子便空了。

生命就是这样简单，荣是荣，枯是枯。面对自然的力量，人的愿念和希冀是多么渺小，任你怨天尤人，苍天仍任你枯荣，它不偏不倚，无悲无喜。有人说，圣人就能做到像苍天一样，没有喜怒哀乐，对待万物一视同仁。其实，即便是圣人，也有私欲、自利、利人的时候。

唯独没有“利心”可言，因为天地万物的任何“利”都由它而来，回归它处，它又何必跟人计较。只是人们以人心自我的私识，认为天地有好生之德，又或者对苍天不公而发出诅咒。倘若天地有知，定会大笑我辈痴儿痴女的痴言痴语。所以，我们还是应当谨记王阳明的话，率性而为，不怨天尤人，不沉迷功名利禄，实实在在地活着和做事，规规矩矩地做人，泰然地接受自然的赐予，回报自然以真心，就是如此单纯。

清水芙蓉，纯然初心

“心即理。没有私心，就是合于理。不合于理，就是存有私心。如果把心和理分开来讲，大概也不妥当。”

——王阳明

王阳明在回复顾东桥的来信时说，诚是心的本体，恢复心的本体，就是思诚的功夫。心的本体就是最本真，不矫揉造作，不过分修饰。就是永远保持“初心”，不受外界环境影响，光明磊落、坦白纯洁，永远长新。

“初心”是这个世界的原始本色，没有一点功利色彩。就像花儿的绽放，树枝的摇曳，风儿的低鸣，蟋蟀的轻唱。它们听凭内心的召唤，是本性使然，没有特别的理由。

诗人李白云："清水出芙蓉，天然去雕饰。"如果一个人去除了机心，还生活本来面目，不刻意追求什么，他就能像李白诗中那朵出水的芙蓉一样，美丽、洁白而无瑕。

王阳明主张心就是理，二者本来就是一体的，除去人的私心，就是符合天理。对于这一点，人们很难认识到，或者即使认识了也很难从心底接受，以至于总是执着于自己的一腔信念，却不知这个想法已经错了。这种自以为是的聪明，反而会成为算不清的糊涂账，倒不如像王阳明说的，去除杂质，于单纯中得正道。

聪明是一种先天的东西，人们总是羡慕聪明人的智商，殊不知这种表面的光芒不一定能令聪明人成功，在现实中也确实存在着众多一事无成的聪明人。聪明这种天赋犹如水一样，可以载舟，也可以覆舟。

苏轼在其《洗儿》一诗中这样写："人皆养子望

聪明，我被聪明误一生。唯愿孩儿愚且鲁，无灾无难到公卿。”苏轼对于自己一生因聪明而受的苦真是刻骨铭心，以至于希望自己的儿子愚蠢一点，躲避各种灾难。聪明本是天生禀赋，但机关算尽却是人的痛苦之源，这正是聪明人苏学士对后来人的忠告。

才智也有困窘的时候，神灵也有考虑不到的地方。正所谓难得糊涂：聪明难，糊涂难，由聪明而转入糊涂更难。摒弃小聪明方才显示大智慧，除去矫饰的善性方能使自己真正回到自然的善性。

一个人若在机巧之路上迷途不返，就只会越走越远，就像追赶自己的影子，自己跑得越快，影子也跑得越快，永远没有追到的一天。因此，一个人若想拥有幸福、快乐的人生，必须去除机巧之心，用“难得糊涂”的心态和真正的大智慧去面对生活中的点滴。

众所周知，在音乐的世界中，技巧很重要，但并不是最重要的，过多的花哨技巧只会减弱情感的表达。人生也是如此，人人都玩弄聪明才智，只会让世界繁杂凌乱，绝圣弃智，才能朴实安然地生活。

我们存在于这个世界上，虽然由于各种各样的因素，不能完全去除机心，但也要尽量减少机心。去除了机心，人就能保持内心的宁静，就能显现出天真烂漫的情怀来。

君子养心莫善于诚

“臆不信，即非信也。”

——王阳明

从古至今，诚信都是衡量人品的重要标尺。信是一个人的立身处世之本，如果不守信，也就失去了做人的基本条件。孔子把信与言、行、忠并列为教育的“四大科目”，并把它与恭、宽、敏、惠一起列入“五大规范”之中。一个人，只有言而有信，才能得到他人的信任。

在今天这个竞争激烈的社会中，人们往往因各种利益发生冲突，放弃了传统道德中提倡的信义，处处钩心斗角、尔虞我诈、机关算尽。只要能得到利益，根本顾不得承诺，为了把自己的钱包撑起来，甚至朋友、亲人皆可出卖。于是，人与人很难真诚对待，每每在一起，总用一种狐疑的目光瞅着对方，甚至还有时会冷颜相对。

对这些无法遵守诺言的人，王阳明一向持批评态度。他认为与人交往时，事先就揣着怀疑的态度，臆想别人不相信自己，其实这就是不诚信的表现。只有淳朴、怀真情、讲真话、守信用的人才值得认同和欣赏。这种人，本性中最重要的便是“真”字，是至诚之人真实的写照。

诚信是一个人安世立命的基本准则，是与人交往的前提要求，唯有遵守对他人的承诺，他人才会将心交于你，并且团结在你的周围，给予你存世的支撑。倘若你历来以违背誓言为生活的基本准则，只为小便宜处处失信于人，不但会失去朋友，还会失去你所得到的一切，令自己变得孤立无援。

周幽王三年，褒国的奴隶主褒姁试图平息周褒之间的战争，将貌美非凡的褒姒献给了周幽王，史书上记载褒姒“目秀眉清，唇红齿白，发挽乌云，指排削玉，有如花如月之容，倾国倾城之貌”。幽王本昏庸又荒淫无度，明眸皓齿的褒姒进宫以后自然集万千宠爱于一身，幽王立她为妃。

可那褒姒却因不习惯皇宫中生活，且念养父被太子宜臼所杀，心中忧恨，平时很少露出笑容，偶有一笑，流盼生辉，幽王便心中甚喜，为了博得美人一笑，幽王于是下诏天下：诱褒姒一笑者，赏千金。

后朝中的大奸臣虢石父便献出“烽火戏诸侯”的主意，幽王决意一试，遂命点燃烽火。那时候，从边疆到国都，每隔一定距离修一个高土台，当有外敌侵犯的时候，日夜驻守在烽火台的兵士便点燃烽火，一路传递下去，诸侯国得到消息便会立即派兵来援助。

且说那烽火燃起后，褒姒看到带着兵马匆匆赶来的大臣狼狈不堪的样子，忍不住便笑了，幽王心里甚是痛快，又把这种让人愤怒的游戏重演了几遍。这游戏满足了幽王的要求，却终使幽王失信于朝中大臣，成了西周最终灭亡的直接原因。

幽王为讨褒姒欢心，便下令废黜王后申氏和太子宜臼，册封褒姒为后，褒姒生的儿子伯服为太子，王后的父亲申侯听后气愤不过，便联合缯侯及西北夷族犬戎之兵，于公元前771年进攻镐京，幽王惊慌，命人点燃烽火，诸侯们却因以往多次的被愚弄心生不满，又加之痛恨幽王的昏庸无道，无人救援，终于幽王被杀，褒姒被掳，西周灭亡。

“真”“善”“美”中“真”是为人的第一步。如果一个人待人虚伪而不真诚，他终究难以给人留下好的印象。王阳明的“致良知”学说中就有包含真诚笃实的观点。人之言为信，言而无信则非人。如果连句真话都不讲、连个小小的承诺都不能实现，并且因失信对他人造成伤害，那么这个人无论做什么，别人都会敬而远之、唾弃其卑劣人格，或者对他以牙还牙。最后此人终将孤立于世，郁郁寡欢、无疾而终。

在日常生活中，许多人对自己的习惯要求不严，总觉得一些小事，即使做错了也没什么大不了，所以往往在不知不觉中失去诚信。生活就是这样的，你对他不诚实，他也会对你不诚实，总有一天，你会发现自己被生活所“欺骗”，失去了原本应该得到的东西。

做一个有信义的人胜似做一个有名气的人。也许有一天，一个人会失去所拥有的地位、财富、权力，但是做人的信用却不会被时间冲刷掉，它是无形的人生财富。时刻用诚信点缀自己的心灵，便能享受真实而惬意的生活。

至诚胜于至巧

“惟天下之至诚，然后能立天下之大本。”

——王阳明

我国著名翻译家傅雷说过这样的话：“一个人只要真诚，总能打动人，即使人家一时不了解，日后便会了解的。我一生做事，总是第一坦白，第二坦白，第三还是坦白，绕圈子，躲躲闪闪，反易叫人疑心。你要手段，倒不如光明正大，实话实说，只要态度诚恳、谦卑恭敬，无论如何人家不会对你怎么样的。”

所谓“精诚所至，金石为开”。假如我们没有诚意，就会什么事情也做不好，做不成。王阳明认为惟天下之至诚，然后能立天下之大本。在他看来，“诚”是一个非常重要的字。做事情，总是有一个先后的顺序，在谈到格物致知和诚意时，王阳明说“若以诚意为主，去用格物致知的工夫，即工夫始有下落，即为善去恶无非是诚意的事。”必须要先有诚意，然后才能在事物上格致，否则就会无从下手。所以，在做任何事情的时候，都要讲究一个“诚”字。而这个“诚”是发自内心的真诚、坦白。

在生活中有这样一种人：表面和善大度，对待他人永远只会表现他阳光的一面，而将他的阴暗与冷漠、自私等蒙上一层面纱。他们气量狭小却又故作宽宏。

《论语·公冶长》中孔子说，一个人讲一些虚妄的、好听的话；脸上表现出好看的、讨人喜欢的面孔；看起来对人很恭敬的样子，但不是真心的。用我们老百姓的话说更直白：嘴上一套，背地里是另一套。这样的人就叫“两面三刀”。还有明明对人有仇怨，可是不把仇怨表示出来，暗暗放在心里，还去和所怨恨的人故意周旋，这种人的行径是不对的，用心也奸险。

凡夫俗子们通常都是把心情写在自己的脸上，哪里有那么多的精力用在工于心计上，这样活着的人未免太辛苦了。

贞观初年，有人上书请求清除邪佞的臣子。太宗问他说：“我所任用的都是贤臣，你知道哪个是邪佞的臣子吗？”那人回答说：“臣住在民间，不能确知哪个人是佞臣。请陛下假装发怒，以用来试验群臣，如果能不惧怕陛下的雷霆大怒，仍然直言进谏的，就是忠诚正直的人；如果顺随旨意，阿谀奉承的，就是奸邪谄佞的人。”

这个人的办法看来非常聪明，但是太宗对封德彝说：“流水的清浊，在于水源。国君是政令的发出者，就好比是水源，臣子百姓就好比是水。国君自身伪诈而要求臣子行为忠直，就好比水源浑浊而希望流水清澈一样，这是不合道理的。我常常因魏武帝曹操为人诡诈而特别鄙视他，如果我也这样，怎么能教化百姓？”

于是，太宗对上书劝谏的人说：“我想在天下伸张信义，不想用伪诈的方法破坏社会风气。你的方法虽然很好，不过我不能采用。”

不管对谁，都需诚心诚意地对待，才能够得到别人的信任。而不是通过一些看似聪明的障眼法，来试探对方。因为这样做一方面有被识破的危险，如果这样的做法被别人利用，趁机表现，只会让自己陷入被动、是非颠倒的境地；另一方面，当自己都失去了诚意的时候，就不可能再要求别人要真心实意。

事情成功与否，取决于有多大的诚意。真诚，乃为人的根本。如果你是一个真诚的人，人们就会了解你、相信你，不论在什么情况下，人们都知道你不会掩饰、不会推托，都知道你说的是实话，都乐于同你接近，因此也就容易获得好人缘。

以诚待人处事，能够架起信任的桥梁，能够消除猜疑、戒备的心理，能够成大事，立大本。

不欺不诈，信守承诺

“以宾阳才质之美，行之以忠信，坚其必为圣人之志，勿为时议所摇、近名所动，吾见其德日近而业日广矣。”

——王阳明

诚信是一个人的立身之本，一个人存在于社会之中，诚信是其基本的道德依存。孔子在《论语·为政》中曾说：“人而无信，不知其可也。大车无輗，小车无軏，其何以行之哉？”意思是说：人不讲信用，真不知道怎么可以呢！就好比大车上没有輗，小车上没有軏，它靠什么行走呢？

信，是儒家传统伦理准则之一，是一个人立身处世的基点。王阳明警示别人要以忠实诚信为行事的准则，坚定做圣人的志向，不被时局动摇，不被名利诱惑，这样德行的修养会越来越高，事业也会越做越大。因此，一个人如果没有诚信，就等于失去了做人的基本条件。

唐朝元和年间，东都留守名叫吕元应。他酷爱下棋，养有一批下棋的食客。吕元应与食客下棋。谁如果赢了他一盘，出入可配备车马；如赢两盘，可携儿带女来门下投宿就食。

有一天，吕元应在亭院的石桌旁与食客下棋。正在激战犹酣之际，卫士送来一摞公文，要吕元应立即处理。吕元应便拿起笔准备批复。下棋的食客见他低头批文，认为他不会注意棋局，迅速地偷换了一子。哪知，食客的这个小动作，吕元应看得一清二楚。他批复完公文后，不动声色地继续与食客下棋，食客最后胜了这盘棋。食客回房后，心里一阵欢喜，企望着吕元应提高自己的待遇。

第二天，吕元应带来许多礼品，请这位食客

另投门第。其他食客不明其中缘由，很是诧异。十几年后，吕元应处于弥留之际，他把儿子、侄子叫到身边，谈起这次下棋的事，说："他偷换了一个棋子，我倒不介意，但由此可见他心迹卑下，不可深交。你们一定要记住这些，交朋友要慎重。"

吕元应多年的人生经验，深觉棋品与人品密不可分，棋品即人品。我们在日常生活中一些不守信用的行为，看似小事，却会为我们的品格印上很大的污点，成为我们人生发展的隐患。

诚信是一种智慧，不论组织或个人，信用一旦建立起来，就会形成一种无形的力量，成为一种无形的财富。一个诚信不欺、一诺千金的人往往易于得到认可，获得帮助。从某种意义上说，诚信就是一个人的生存资本，比其他任何的智谋都要更好。

季札是春秋时吴王寿梦四个儿子中最小的一个。他虽小却很有才华，寿梦在世时就想把王位传给他，但季札避让不答应，寿梦只好仍旧让长子诸樊继位。

后来，季札受吴王的委托出使北方，北行时拜访了徐国国君，徐国国君在接待季札时，看到他佩戴的宝剑，吴国铸剑在春秋闻名，季札作为使节所佩戴的宝剑自然不凡，徐君对季扎的宝剑赞不绝口，流露出喜爱之情。季札也看出徐君的心意，就打算把这宝剑送给徐王以做纪念。但是这把剑是父王赐给他的，是他作为吴国使节的一个信物，他到各诸侯国去必须带着他，现在自己的任务还没完成，怎么能把它送给别人呢？只能暗下决心，返回时一定把此剑献上。

后来，他离开徐国，先后到鲁国、齐国、郑国、卫国、晋国等地，当返回时又途径徐国，当他想去拜访徐君以实现自己赠剑的愿望时，却得知徐君已死。

万分悲痛的季札来到徐君墓前祭奠，祭奠完毕，季札解下身上的佩剑，挂在坟旁的树木之上。随从人员说：“徐君已死，那宝剑还留下干什么呀？”季札说："当时我内心已答应了他，怎么能因为徐君已死，就违背自己的心愿呢！"

一个已经亡故的赠剑对象，一把价值连城的宝剑，诠释了"诚"的真实含义，相比那些对别人做出了正式承诺而找各种理由不履行诺言的人来讲，季札无疑做出了一个良好的表率。

王阳明告诫自己的学生：讲良知，自然就不能够容忍不诚实。不诚实一旦存在，心就能够察觉。而诚实也好比人的名片，无论走到哪里，都会为其赢得信赖。在一个人的成功道路上，诚信的品格比能力更重要。一个人不诚实，不足以否定他的全部，但是无论何时何地，都可以用来检验一个人。

也许谈到诚实与守信，你会认为"老实吃亏"。的确，在我们的人生旅途中，也许我们会由于诚实而暂时错过一些东西，但是，从长远来看，这些都算不了什么。因为我们树立了诚实守信的形象与名声，从而被人信赖，这是无法用金钱衡量的。有时，凭借欺诈、奇迹和暴力，可以获得一时的成功，但是只有凭借诚实与守信，我们才能获得永久性的成功。

第三章
立志由心，量力而行

志不立，天下无可成之事

“志不立，天下无可成之事，虽百工技艺，未有不本于志者。”

——王阳明

孟子说：“天将降大任于斯人也，必先苦其心志，劳其筋骨，饿其体肤，空乏其身，行拂乱其所为，所以动心忍性，增益其所不能。”自古以来，凡欲做大事者必先立志，志不坚则事必难成。

王阳明作为一代大儒，对立志与人生的关系，有着独到的见解，他说，一个人若是想做出一番事业，首先要立志，否则就只会一事无成。不仅如此，即便是各种工匠技艺，也都是要靠着坚定的意志才能学成的。

确实如此。人们常说，一个人的理想往往决定了他的高度。燕雀焉知鸿鹄之志，鸿鹄是要像大鹏那样展翅翱翔于九天之高，尽收天下于眼中的；而燕雀不知道去千万里之远有何用，自然对能够触及榆树和枋树就已经心满意足了。如翱翔于九天之大鹏一般，王阳明从小便胸怀大志，要读书做圣贤之人。

有一次，年仅12岁的王阳明在书馆里问他的老师："何为第一等事？"老师回答说："唯读书登第耳。"王阳明竟持着怀疑的态度反驳道："登第恐未为第一等事。"老师反问他什么才是人生的头等大事。王阳明说："读书做圣贤耳。"

"读书做圣贤"这样大的志向正是出自少年王阳

明之口，他认为登第当状元只是外在的成功，而读书做圣贤是追求内在的修养，才能够永垂不朽。大人看来，王阳明这样的口气未免有些张狂，甚至和他的年纪一比较，还带着点滑稽可笑的味道。但是这崇高的志向，对王阳明以后的生活产生了深远的影响，在思考和实践的过程中，他常常以这为标准来回答和解决生活当中出现的问题。

只要有了高远的志向，那么无论想成就什么事业都有了可能，所以立志是十分重要的。王阳明作为一位洞悉心灵奥秘、响彻古今中外的心学大师正是在自己志向的带动下才一步一步走向成功的。即便后来受到种种磨难，他也没有放弃。不只是王阳明，古往今来，每个有所成就的人物在努力奋斗的同时都为自己树下远大的志向，告诉自己要去哪里。

班超是我国西汉时期杰出的军事家和外交家，他从小胸怀大志，不拘小节。汉明帝永平五年，班超因哥哥被聘为校书郎，而随同母亲一起来到洛阳。因为他写得一手好字，便受官府的雇用，抄写文书，以此谋生。为了将这份工作做好，班超每天天不亮就起床，晚上直到很晚才睡。

当时，北方的匈奴时常侵犯汉朝边境，班超特别愤慨；同时，他又看到西域各国与汉朝的交往已断绝了50多年，心中非常忧虑。有一天，他正在抄写文件的时候，写着写着，觉得这份工作实在无聊，想到自己远大的志向，忍不住站起来，将笔狠狠地掷在地上说："大丈夫即便不能实现自己的理想，也应该像傅介子、张骞那样，为国家的外交做贡献，以取得封侯，怎么可以在这种抄抄写写的小事中浪费生命呢！"周围的人听了这话都笑他，班超回应说："凡夫俗子怎能理解志士仁人的襟怀呢？"于是，他决定"投笔从戎"，去干一番大事业。

后来，他当上一名军官，在对匈奴的战争中取到胜利。接着，朝廷采取他的建议，派他带着数十人出使西域，重新打通了丝绸之路。他也由此成为我国历史上杰出的外交家，名垂青史，万古流芳。

班超投笔从戎，建立了千秋功业，正在于他没有满足于抄抄写写，安稳度日。他把自己的境界和志向提升到一定的高度，才能有名垂青史的成就。可见，人生的志向对一个人是何等重要。

“大丈夫四海为家”“好男儿志在四方”，都说明了人们对于志向的一种追求。不要隅居于自己的狭小天地之中，做一只井底的青蛙，而应该走出去，看看外面的大千世界，去关注天下苍生，站在一个更高的立场去看待世间的万物，以一种更广阔的胸怀去面对自己的人生。只要在相信“天生我材必有用”的同时，努力使自己成为有用之才，那么远大的四方之志终会有实现的一天。

圣人和贵人都是自己

“笃信固亦是，然不如反求之切。”

——王阳明

王阳明 18 岁之时，于江西成亲后同夫人回老家途中拜访了娄谅先生。娄先生十分欣赏王阳明，并且告诫他：圣人必须通过学习才能达到。这句话王阳明深深记在了心底。它不仅坚定了王阳明成圣的志向，还让他得出了一条成圣的标准：只有通过自身不断地努力，读书和实践，最终达到一定的程度和境界，就会实现成圣的愿望。

自古以来，因圣人指点迷津、贵人相助而成功的故事比比皆是。每个人都期望如王阳明遇到娄琼先生的点拨一样，在迷茫时能够得到圣人指点，在困境中能够遇到贵人相助。然而圣人的指点往往并不明朗，仍需要自己去琢磨推敲；贵人的帮助更不是无条件的，或是看中你的才华横溢，或是看中你的八面玲珑，即便是看中你天生的敦厚正直，也需要靠自己的努力去积累、去创造。

“圣人必须通过学习才能达到。”实际上，真正的圣人和贵人，并不在于经典、神佛抑或他人，而是自己。在做学问方面，王阳明认为，虽然做学问也需要老师的指点教化，但始终不如自己去探究来得彻底。在为人处世方面，只有自己肯上进，不断完善自我，关键时刻充分发挥自己的能力，才有可能排云直上，闯出一片蓝天。历史上诸多求人不如求己的故事，也说明了在任何时候都必须看重自己的能力，而不是依赖他人的提携和帮助。

一书生在屋檐下躲雨，看见观世音菩萨撑着伞走过，便说：“菩萨，普度一下众生吧，带我一程如何？”观世音菩萨说：“我在雨里，你在屋檐下，而檐下无雨，你无须我度啊。”书生立刻走出屋檐，站在雨中说：“现在我也在雨中，该度我了吧？”观世音菩萨说：“你在雨中，我也在雨中，我不被淋雨，是因为我有伞，你被雨淋是因为你没有伞。所以不是我度你，是伞度你。你要想得度，请找伞去！”说完就走了。

第二天，书生又遇到了难事，便去庙里求菩萨。走进庙里，发现观音菩萨像前也有一个人在跪拜，那个人长得和观世音菩萨一模一样，丝毫不差。书生很惊讶，问他：“你真是观世音菩萨吗？”那个人说：“我就是。”书生又问：“那你为什么还自己拜自己呢？”观音菩萨笑道：“我也遇到了难事，但我知道，求人不如求己啊！”

学佛之人，更多的是自我修行。禅者大都有放眼天下、舍我其谁的气概，力求“自修自悟”“自食其力”。王阳明曾在回答学生提问时说道：“子夏笃信圣人，曾子反求诸己。笃信固亦是，然不如反求之切。今既不得于心，安可狃于旧闻，不求是当？”他认为，相信圣人固然没错，但不如自己反省探究来得真切。如果自己心里都没有搞清楚，又怎么可以因循守旧，而不去自己探究正确的答案呢？学佛之人如此，做学问如此，世人同样如此。

无论是神佛还是圣人，都是人们精神上的寄托和强大的动力，但失去了他们，人生并不会由此走向暗淡；贵人相助固然能够令人一夜成名甚至功成名就，但没有他们的帮助，有志者同样能够凭借自己的力量获得成功。圣人和贵人指出的捷径并不意味着一片坦途，甚至可能扼杀了个人的潜能和创造性思维。真正能够帮助自己的，还是自己。此所谓“天助自助者”。

道理虽然浅显，但人们往往不能彻悟。孔子便是少数深谙此理的人之一。在面对士大夫的刁难时，他能够轻松地以此向对方还以颜色。

卫国的王孙贾曾问孔子：“与其向比较尊贵

的祭祀场所‘奥’祈祷保佑，不如向并不尊贵但作为五祀之一的‘灶神’祈祷保佑，这是什么意思？”

孔子说：“此言差矣。如果犯了滔天大罪，向什么神祈祷也没用了。”

王孙贾想要告诉孔子，他与其跟各国诸侯往来，不如来拜访他们这些士大夫，祈求他们在君王面前替他说几句好话！孔子却认为，一个人若真的做了坏事，那他怎样祷告都没有用，任何菩萨都不能保佑他。言下之意就是他不需要那些王孙贵胄帮腔求情，因为自己没有做错事，君子坦荡荡，无愧于心。

现代社会，个人的发展受诸多因素的影响，社交网络、家庭背景在求职创业的过程中发挥了重要作用，几乎成为官场、职场的潜规则。“求人不如求己”的古训则略显乏力。即便如此，也应如王阳明所言：“笃信固亦是，然不如反求之切。”个人的成功应从完善自身入手，不断地主动创造条件使自己在他人心目中留下深刻印象，而不是寄希望于他人偶然间对自己的青睐。即便是上天的眷顾，也只会降临在有准备的人身上。

心之所想，力之所及

“只念念存天理，即是立志。能不忘乎此，久则自然心中凝聚，犹道家所谓‘结圣胎’也。此天理之念常存，驯至于美大圣神，亦只从此一念存养扩充去耳。”

——王阳明

王阳明作为宋明道学中“心学”一派的代表人物，强调个人的主体意识和自主精神。他认为，只要心中念念不忘存天理，就是立志。能不忘记这一点，久而久之心自然会凝聚在天理上，就像道家所说的“把凡胎修炼成圣胎”。如此将天理时刻铭记于心，逐渐达到宏大神圣的境界，正是从心中最初的意念不断坚持并发展下去的。

“心之所想”虽然只是停留在脑海中的意识，看似虚无缥缈，却有着不可小觑的力量。王阳明所言的“念念存天理”，就是用我们的意念影响我们的思维。当心存念想时，才能做到心无旁骛、专心致志；倘若心无所思，则难以排除杂念，陷入胡思乱想之中。

“心之所想”的力量远不止于此。在奋力追求成功的人生道路上，“想”成功是必不可少的前提条件。缺少这份“心之所想”的动力，抑或受外界干扰而无法将之坚持到底，则难以发挥潜在的能力，难以超越自我，挑战极限。

明朝后期是中国古代科学技术史上最灿烂辉煌的一段时间。此时出现了一位伟大的地理学家、探险家——徐霞客。

徐霞客自幼聪明好学，喜欢读历史、地理、游记之类的书籍，立志成人之后遍游国家的大好山川。

但是父亲去世后，老母无人照顾，徐霞客的游览计划被打断，终日闷闷不乐。母亲看出了他的心思，对他说："男儿志在四方，哪能为我留在家里。"母亲的支持，坚定了徐霞客远游的决心。

徐霞客有了勇气和力量，便辞别母亲游历他乡了。他先后游历了太湖、洞庭湖、天台山、雁荡山、泰山、武夷山和北方的五台山、恒山等名胜，并且记录下了各地的奇风异俗和游历中的惊险情景。

几年后，徐母去世，徐霞客把他的全部精力扑在游历考察事业上。他跋山涉水，到过许多人迹罕至的地方，攀登悬崖峭壁，考察奇峰异洞。

在湖南茶陵，徐霞客听说这里有个深不可测的麻叶洞，便决心去探访。可当地人说洞里有神龙和妖精，没有法术的人不能进去。刚走到洞口，向导得知徐霞客不会法术，就吓得跑了出去。徐霞客毫不动摇，独自手持火把进洞探险。当他游完岩洞出来的时候，等候在洞外的当地群众纷纷向他鞠躬跪拜，把他看成是有大法术的神人。

徐霞客白天进行实地考察，晚上就借着篝火记录当天的见闻。三十多年里，他走遍祖国大江南北，对曾走过的地方之地理、地质、地貌、水文、气候、植物做了深入细致的调查研究，并用日记体裁进行详细、科学的记录。就是在这种环境中，他写下了闻名世界的《徐霞客游记》。

很多人虽然都心有所想，却很少有人为了愿望而坚持不懈地努力下去，也很少有人为了一个目标而坚定地执行下去。因为总是会有来自外界各种各样的干扰。我们每个人都向往成功，但是心有所想的同时需要排除外界的干扰，需要在心里不断地提醒自己，不断地想着朝目标前进。虽然当我们想着“下次考试提高 20 分”“一个月减肥 10 公斤”“毕业后就要买房”的时候，自己都不太相信，因为身边已经有无数多的人这么想，却同样有无数多的人无法实现。倘若就这样气馁了、放弃了，那我们距离成功将越来越遥远。相反，要相信自己的心之所想，清楚地告诉自己想要的是什么，并为之而努力奋斗。只有时刻保持这种“想要”的念头，才能彻底抛开所有阻挠它实现的因素。最后我们会发现，所有的

“我想”，都变成了“我要”“我一定”。想都不敢想的事情，未必就是我们无法做到的事情。大胆地坚持心之所想，方知自己的潜力有多大。

正如放风筝。风筝能飞多远，关键在于手中的线有多长。如果线断了，再好的风筝也飞不起来。我们想要成功的心，就是牵着风筝的线，不要让线在风筝飞上云端之前断掉，更不要在“心想事成”之前放弃最初的念想。成功不仅需要奋力拼搏，更需要一份坚持不懈的动力。坚持心之所想，最终将成为力之所及。

志当存高远，路从脚下行

“譬之树木，这诚孝之心便是根，许多条件便是枝叶。须先有根，然后有枝叶。不是先寻了枝叶，然后去种根。”

——王阳明

王阳明和同辈人不一样，他从小立志要做圣人，也就是去探究宇宙人生的奥秘。为此，他习读百家书，曾遵从朱熹的“格物致知”去格万物，最后从陆九渊那里找到了圣人之道，还领悟出了“知行合一”的道理。

他的哲学，最后不仅可以用于政治，比如扳倒严嵩的徐阶就是受其影响；也可以用于军事，比如他自己就亲身平定了很多次的叛乱。一介文人，作战百无一失，在中国历史上是绝无仅有的，而他所做的，只是一直在修养自己。但是火候到了，就如同鱼跃龙门，化身为龙，自由地游走在天地之间，无往而不利。

志向对于人来说，其实是未来行为举止的驱动力，没有志向的人如同旋转的陀螺，不知道停下的位置在哪里。正如先贤孔子所说的一般：“志于道，据于德，依于仁，游于艺。”意思是说，将天地道义的实现作为自己终生奋斗的目标，然后用道德的标尺来约束自己，以仁义作为自己处世的原则，同时还要学习六艺来丰富生活的内容。道德之性、仁爱之心、六艺之才，是实现人生目标必不可少的重要条件。而其中最重要的前提便是树立高远的志向，以志向来引导前进的方向。

秦朝丞相李斯年少时跟随荀子念书。由于家境贫寒，经常食不果腹。一日，李斯在厕所里看到粪坑中的老鼠，又小又瘦，一见到人就惊慌逃窜。过了几日，李斯去米仓盛米，看到一只在米仓中偷米吃的老鼠。这只老鼠又肥又大，见着李斯不但不逃跑，反而瞪着眼很神气地看着他。李斯觉得很奇怪：为什么厕所中的老鼠见着我就拼命地逃跑，而这只老鼠见着我不但不逃跑，反而还敢瞪我呢？

李斯陷入沉思，反复琢磨两只老鼠间的差异，终于悟出了一个道理：又小又瘦、见人就逃的老鼠，是没本事没靠山、被欺负惯了的老鼠；而又肥又大、见人不避的米仓老鼠，认为自己很有本事，很有靠山，所以敢见人不避，目空一切。李斯突然觉得，现在的自己就像厕所里的那只小老鼠，非常可怜。于是，李斯暗暗发誓：做人也要如此，要做就做米仓中的大老鼠，绝不做那可怜的粪坑老鼠，不但吃不饱，还备受欺负！

悟出这个道理之后，李斯便告诉荀子自己不读书了。荀子问他不读书要去做什么，李斯说要去游说诸侯，求得功名富贵。就这样，李斯半途荒废了学业，开始追求富贵功名的人生。后来，李斯得到秦始皇的信任，当上了秦朝丞相。他在为人处世中处处奉行“老鼠哲学”——仰仗秦始皇的信任和自己的地位，打击陷害异己忠良，贪赃枉法，肆无忌惮。秦始皇死后，李斯便落了个遭人诬陷、满门抄斩的悲惨结局。

米仓中的老鼠激励着李斯立下了人生的大志，但是“老鼠哲学”却又让李斯一败涂地。“据于德，依于仁，游于艺”固然重要，但人生全部的努力及其方向，更多地源于我们确立的志向。诚如王阳明所言：“譬之树木，这诚孝之心便是根，许多条件便是枝叶。须先有根，然后有枝叶。不是先寻了枝叶，然后去种根。”确立志向之时，倘若其心不正，则容易失之偏颇，惨淡收场；其志不高，则容易碌碌无为，一事无成。

然而，高远的志向只是心之所向的念想，如何将之付诸实践呢？对于这个问题，不同的人会做出不同的选择。而最典型的莫过于“依于仁”“游于艺”，抑或徘徊于二者之间。

苏轼与佛印出游，看到一个木匠在做墨盒，于是即兴对诗。佛印曰：“吾有两间房，一间凭与转轮王，有时放出一线路，天下邪魔不敢当。”苏轼淡然一笑，对曰：“吾有一张琴，五条丝弦藏在腹，有时将来马上弹，尽出天下无声曲。”

同样一根线，苏轼与佛印看出了不同的人生哲理。佛印说的是眼前所见的墨盒里的线，用的时候要拉出来，非常直，就像为人处世所坚持的原则和底线，天下邪魔看到他的正直都不敢靠近。他强调了一个端直的人品和操守对实现人生目标的重要性。再看苏轼所言：我也有丝弦，不过不像墨盒的线那样要拉出来，而是藏在我心中。苏轼用弹奏只有自己能够明白的天籁之音来比喻他的人生——追求自由自在的欢愉。

上述二人不同的人生态度分别代表了中国人格理想上的两个支点：“仁”是嘈杂世界中生命自我选择与坚持的力量；而“艺”是令我们心神荡漾，触目生春的欢愉。这两点之于生活，就如阳光雨露之于草木，缺一不可。然而最为重要的，还在于“志于道”。王阳明高度强调道德的自我完成，在他看来，凡墙都可以是门，只有树立远大的抱负，循着高尚而伟大的理想之路从心头做起，才不至于鼠目寸光，荒废一生。

不搞偶像崇拜，只是做好自己

“圣人与天地民物同体，儒、佛、老、庄皆我之用，是之谓大道。”

——王阳明

偶像崇拜自古有之，偶像的含义因时代的变迁而有所不同。就中国传统的儒学思想而言，更多的是比喻人心目中具有某种神秘力量的象征物。这种象征物，既可以是塑造成形的佛像，也可以是活生生的人物。就其本质而言，偶像具有供人仿效、提供精神力量的积极作用。然而，它也可能导致崇拜者自主意识的迷失。

我们崇拜偶像是为了给自己树立一个榜样，从而完善自我。在自我完善的过程中，来自外界的考验越严苛，我们进步的空间就越大。只有经受住严峻的考验，才能在千般折磨、万般痛苦之后“立地成佛”。被视为偶像之人，他们以自身的成就为世人树立了榜样，并非要压倒众人而独占鳌头，更希望的是后继之人大胆超越，有所创新。若在偶像崇拜的过程中迷失了自我，盲目模仿他人，将永远活在偶像的阴影中不得解脱。这样的人只剩躯壳，而埋没了一颗自由跳动的心。尤其是那些已逝的偶像，生前的丰功伟绩载于青史，更容易令人陷入其阴影之中而无法自拔。

王阳明所言“圣人与天地民物同体，儒、佛、老、庄皆我之用，是之谓大道”，指出圣人与天地万物、芸芸众生并没有本质上的区别，只要是适合自己的，都可以为我所用。因此，对于心中崇拜的偶像，我们可以借鉴其思想，而不应迷信其僵硬的躯体。盲目的偶像崇拜是成功路上的绊脚石，而有所选择、取其精华的偶像崇拜，才能铺平成功的人生之路，激发出于后世有益的人生智慧。

诚然，每个人的心中都或多或少地存在着几位令自己无比佩服、无比崇拜的偶像。在树立人生志向的时候，多以偶像为目标，为人处世以偶像的作风为参照。这就容易忽略真正适合自己的人生方向，忘记了偶像所具备的不一定都适合自己，强行模仿只会适得其反。王阳明“格竹子”失败的事件就给我们一个很好的启示，他崇拜朱熹，认真钻研朱子学说的同时，还仿照朱熹提出的格物致知理论“格竹”，没有悟出万物的道理，反而落得一身病痛。这次体验，让王阳明对朱子学说产生了疑惑，为他走上自己的学术探索之路打下了基础。

王阳明讲“立志贵专一”，前提便是“于始生时删其繁枝”，“于始学时去夫外好”。因此，对于偶像，我们要取其精华、去其糟粕地欣赏、借鉴，以其作为我们学习的榜样，激发前进的斗志，实现智慧的解脱。绝不能过分地崇拜偶像，使自己的思想、行动以及丰富的创造力受到束缚，最终成为偶像的奴隶。

人贵有自知之明

“后儒不明圣学，不知就自己心地良知良能上体认扩充，却去求知其所不知，求能其所不能，一味只是希高慕大，不知自己是桀、纣心地，动辄要做尧、舜事业，如何做得？”

——王阳明

《传习录》中有这样一段记载：一对父子发生争执，互相控诉对方，想请王阳明为其评理。王阳明听他俩说完之后，对他俩如此说了一番，话未说完，父子俩就抱头痛哭，冰释前嫌而离去。弟子们都很好奇，问先生：“您对他们说了什么，令他们这么快就有所感悟了？”王阳明说：“我对他们说，舜是世间最不孝的儿子，而舜的父亲瞽瞍是世间最慈爱的父亲。”弟子们愕然，继续请教先生。王阳明解释说：“因为舜常常认为自己不够孝顺，所以他能做到至孝；而他的父亲瞽叟常常以为自己已经非常慈爱了，所以做不到真正的慈爱。瞽叟只想着舜是他从小养大的，今天凭什么不能取悦我、让我高兴，他不知道自己的心已受后妻的影响改变了，还自以为对舜慈爱，所以就越不慈爱；而舜只想着父亲在他小时候是多么爱他，今日不爱他是因为他不够孝顺，于是他每天反省自己不够孝顺的地方，因此就越来越孝顺。”

众所周知，舜是中国古代有名的孝子。王阳明之所以说“舜是世间最不孝的儿子”，是为了让那对互相控诉的父子明白，做人要有自知之明，要学会从自己身上找原因，而不是一味地责怪他人。

人贵有自知之明，但自知的获得，又谈何容易！只有经历暴风骤雨的洗礼，雪压霜欺的磨砺，在无数次地跌倒中爬起，才能够找到真实的自我，才能够正确面对自己的对与错、美与丑、善与恶，从内心做到不怨天尤人，真正认识到自己的能力，再通过不断修补与完善，向更加完美的人生靠近。可见，自知之明的“贵”字来得何其不易！

自以为自知同真正自知不同。自以为了解自己是大多数人容易犯的毛病，真正了解自己的人少之又少。人生如秤，对自己的评价轻了容易自卑，重了则容易自大；只有把握准确，才能实事求是、恰如其分地感知自我，完善自我。自知无知才求知，自知无畏才拼搏。倘若连自己擅长什么、欠缺什么都不知道，又何谈奋力拼搏、努力改进呢？因此，有人说自知之明是比才能更罕见、更优美、更珍奇的东西，它总是在无边的黑夜中熠熠生光，为不同的人生指引正确的方向。有了自知之明，才能在深浅之间权宜做人。

理发师有一把刮脸刀，它不仅十分漂亮，而且工作出色。有一段时间，理发师因事外出，理发店里没有顾客光顾了，刮脸刀闲得无聊，突然想要出去见见世面，并在众人面前展示一下自己。

刮脸刀刚迈出门槛，太阳光射进来，在它的刀刃上闪出耀眼的光芒。它非常得意，觉得自己实在是了不起。

经历了如此壮丽的场面，刮脸刀已经不愿意再回到理发店去为理发师服务了。“那破旧的小小理发店，怎能配得上我这锋利的刀刃呢？我得找个僻静的角落躲藏起来，让那个讨厌的理发师再也找不到我。”

从此，理发师再也见不到这把刮脸刀的踪影了。

几个月过去，多雨的季节来临了。躲藏已久的刮脸刀决定出来透透气，却没想到在它跳出刀鞘时被雨水浸得锈迹斑斑了。

刮脸刀知道自己错了，它悔恨地痛哭：“我为什么忍受不住诱惑呢？善良的理发师照顾我、保养我，他曾为我的劳动充满自豪！可现在，一切都失去了，我的刀锋生出令人厌恶的锈斑。”

一把刮脸刀反映出了缺乏自知之明的特征与命运。

有自知之明才能让我们明晓得失、看清自己，去做力所能及的事。王阳明说，不知道从自己内心的良知良能上去体认扩充，却去强求他所不能知道的事，强求他所不能做到的事，一味只是希高慕大，不知道自己是桀、纣心地，又如何能成就像尧、舜那样的事业呢？

人生的旅途有千百条路，是选择距离较远的平坦大道，还是近在咫尺的崎岖山路，因人而异。“成名成家”固然风光，但绝不是每一个人都能够实现，“心想事成”有时候不过是美好的愿望罢了。对于大多数人而言，平淡快乐的生活比功成名就更有意义。无论是能力上还是思想上的力所不及，都有可能陷入理想与现实之间那道永远不可逾越的鸿沟。自知之明的可贵之处，便在于它能指导人们量力而行，选择一条适合自己的人生道路。

第四章
小赢靠智，大赢靠德

土地不如德行，财物不如仁义

“良知只是个是非之心，是非只是个好恶，只好恶就尽了是非，只是非就尽了万事万变。”

——王阳明

修身、齐家、治国、平天下，此乃儒家文化中传统的道德理想。儒家思想将“修身”放在人生事业的第一位，而“欲修其身者，先正其心”。可见对于我们中国人而言，人品修养有多么重要。尤其是对于立志创出一番事业的年轻人而言，无论是奋斗的过程还是成功之后，良好的道德修养都是不可或缺的。

王阳明的“心”学思想尤其注重个人自身的道德修养，将之与天理相统一。他认为，“良知”作为人内心的是非准则，具有知善去恶的能力，人们能够凭借它去辨明是非善恶。也就是说，一个人发自内心的道德修养，会影响他的言语、行为以及为人处世的原则。小则影响他在利益与仁义之间的取舍，大则影响他的人生道路是荆棘满布还是一片坦途。

段干木是战国时晋国人，赵、魏、韩三家分晋后居于魏。他小时候家里贫穷，社会地位低下，因而他的志向难以实现。他游学西河，师事孔子弟子卜商（子夏），成为很有学问的人。他住在魏国的城邑段木，所以人们称他为段干木。段干木曾求学于孔子的弟子子夏。他很有才能，但不愿做官。魏国国君魏文侯曾经登门去拜访他，想授给他官爵。他却避而不见，越墙逃走了。从此，魏文侯更加敬重他。每当乘车路过他家门时，就下车扶着车前的横木走过去，以表示对段干木的尊敬。

他的车夫感到纳闷：“段干木不过一介草民，您经过他的草房表示敬意，不是太过分吗？”魏文侯答道：“段干木是一位贤者，他在权势面前不改变自己的节操，有君子之道。他虽隐居于贫穷的里巷，而名声却远扬千里之外，我经过他的住所怎敢不对他表示敬意呢？他因有德行而取得荣誉，我因占领土地而取得荣誉；他有仁义，我有财物。土地不如德行，财物不如仁义。这正是我应该学习、尊敬的人啊！”

后来，魏文侯见到了段干木，诚恳地邀请他任国相，段干木谢绝了。他与段干木倾心交谈，两人成为莫逆之交。没过多久，秦国想兴兵攻打魏国，司马唐雎向秦国国君进谏道：“段干木是贤人，魏国礼遇他，天下没有不知道的。像这样的国家，恐怕不是能用军队征服的吧！”秦国国君觉得有道理，于是按兵不动。

在上古先秦歌谣中，有一首歌谣，其中写道：“吾君好正，段干木之敬。吾君好忠，段干木之隆。”段干木终身不仕，然而他又不是真正与世隔绝的山林隐逸一流，而是隐于市井穷巷、隐于社会底层的平民百姓中。进而“厌世乱而甘恬退”，不屑与那些乘战乱而俯首奔走于豪门的游士和食客为伍，使倾覆之谋，“浊乱天下”。

与此相反，那些见利忘义者，必遭人唾弃。历史上不乏道德败坏之人登上高位、不可一世的例子。在金钱与权力面前，人们会质疑，良好的道德品质还有何用？然而，真实的历史给了我们最好的印证，没有良好的道德品质，再位高权重、大富大贵之人，也会不得善终、惨淡收场。

秦朝宰相赵高，为官期间横征暴敛，滥杀无辜，却官居高位，一人之下，万人之上；三国董卓个性粗暴，奸诈无比，却自封相国，专断朝政，凶暴淫乱，无法无天；唐朝的李林甫，为人奸诈阴险，手段卑鄙，世称“口有蜜，腹有剑”，受贿无度，生活奢华，却官至宰相；奸相秦桧，其人残忍阴险，陷害忠良，卖国投降，却能为相十九年。然而，赵高后来为子婴所杀；董卓为王允等人所杀；李林甫的腐败最终引发了“安史之乱”，留下千古骂名；秦桧死后被筑“跪相”，永世不得翻身。官居高位固然令人称羡，但他们的下场，向世人清楚地昭示了罔顾道德、埋没良心而得来的荣华富贵，是以令人唾弃、遗臭万年为代价的。

在追逐成功的人生道路上，获得一定的社会地位是成功的一个重要方面。然而，地位有两层含义，一是外在的权位高低，一是在众人心目中的位置。有远见之人看重“赢得身前身后名”，鼠目寸光之人只见眼前的风光而听不到背后的骂名。上述道德败坏之人，无不因其外在的权位而一时风光，却背负着世人的唾骂而不自知。王阳明忠君爱国，体恤百姓，鞠躬尽瘁，死而后已，因此流芳百世；而与王阳明同时代的刘瑾，狡诈得权，肆意贪污，因而遗臭万年，其身后评价差之千里。

由此可知，立志成功之人，无论最后处于何种地位，都不能忘德行这个“本”。只有时刻保持良好的品德，并以此为准约束自己的行为，才能在有限的能力范围之内创造出无限的人生价值，才能以良好的口碑传世，成为人生道路上真正的大赢家。

以德为先，德才兼备

“世之君子，惟务致其良知，则自能公是非，同好恶，视人犹己，视国犹家，而以天地万物为一体，求天下无治不可得矣。”

——王阳明

高尚的品德与出众的才能，是获得成功的两个必备条件。儒家圣贤们十分看重人的品德，认为品德比才能更重要。孔子在《论语·述而》中说道：“如有周公之才之美，使骄且吝，其余不足观也。”孔子认为，即使有周公那样的才能和那样美好的资质，只要骄傲吝啬，其余的一切也就都不值一提了。如果一个人才高八斗而品德不好，那么圣人连看也不会看他一眼。只有德才兼备，以德育才，才是真正的人才。当德与才不可兼得时，当舍才而取德，正如孟子“舍生而取义者也”。

王阳明有关“致良知”的观点，就能够看出他教育的目标。如他所言，“世之君子，惟务致其良知，则自能公是非，同好恶，视人犹己，视国犹家，而以天地万物为一体，求天下无治不可得矣。”心学推崇“心即理”的思想，“致良知”在这一基础上是可能的，也是必要的。王阳明认为，世上的君子，只要专心于修养自身品德，那么自然能够公正地辨别是非好恶，像对待自己那样对待他人，将国事等同家事一样关心，把天地万物看作一个整体，从而求得天下的大治。因此，“致良知”不仅是为学之道，更是育人之道，重在育人之德，“道德”或“良知”等精神品质蕴涵于经典之中，对人的自身修养有着与之相应的陶冶价值。

唐朝汝州有个叫夏子胜的人，十年寒窗苦读，一朝高中，被皇帝授予南县县令。这日，夏子胜携一家仆赴任，来到县衙，大小县吏已在门口等候多时，见新县令到来，一个个急忙迎上去。夏县令问他们去年南县老百姓生活如何，粮食是否丰收，商贾是否安分行商，官粮是否收齐，赋税是否完成，然后叫来师爷将县吏们所说记录在册，逐一核对账簿。几天后，师爷对夏县令说，一切都如县吏所言，去年南县一切安好。听完汇报，夏子胜点点头。

在南县县吏们的眼里，这个新来的县令与以往的县官老爷大有不同，除了处理诉讼官司时会开口说话外，平时听不到他说一句话。不过话虽然很少，但是做的事情却极为合乎规范，往来公文，刑罚办差，无论是上司还是下面的老百姓，都称赞夏县令做事稳当，是个好官。

这些官吏们十分不解，这个不爱说话的老爷到底是怎么一个人。一天，有个胆大的县吏将这一疑问向夏子胜提了出来，夏子胜听后，呵呵一笑，说道："圣人行道，心正而行端，做官作民都是一个道理，为官之道在于教民养民，为人之道贵在德行，明白了这其中的道理，做起事情来就不会有偏颇，如此，又何必说那么多的话呢？”

我们可以将这位南县县令的话理解为对“执事敬”的最好注解，事实上，一如这位县令说的那样，行圣人之道又何必多言，“行”首在“知”，这是心灵净化、涵养提升的必然结果，由此，对人忠信而不诡诈，与人交往而不奸猾，堂堂正正做人，端端正正做事，与此相对，再多的话都不过是水中倒影，没有实际意义。

在现实生活中，我们会遇到这样两种品质不好的人。一种是品质不好、能力也不强的人，这种人因其能力有限，对他人和社会造成的危害不会太大；另一种则是品质败坏但才思敏捷、能力出众的人，这种人更容易寻捷径上位，一旦得势，将会对反对他的人或社会集团造成巨大的危害，甚至达到一发不可收拾的毁灭程度，最终断送一个家庭、一个公司甚至一个国家的前途。不可否认，没有灵魂的头脑，没有德行的知识，没有仁善的聪明，固然是一种强大的力量，但它们只能起负面的破坏作用。也许偶尔会给人们一些启发，或者带来一些乐趣，但却很难赢得人们的尊敬与发自内心的赞叹。

反之，品德高尚的人，即便能力有所不及，也会虚心好学，不断提高自己，通过脚踏实地的努力奋斗来获得成功。当然，不能因此而走向另一个极端：忽略人的才能，一味强调道德修养。不懂得尊重知识、尊重人才的人，何谈培养自己的道德品质！历史的经验告诉我们，无论做人还是做事，都要以德为先，就好像王阳明告诉弟子的话：良知在人心，随你如何，也不能泯灭。德行是我们行走人生的前提，而才能是我们创造人生的手段。做到德才兼备，才能使我们的人生绚烂多姿！

君子如玉亦如铁

“名与实对，务实之心重一分，则务名之心轻一分；全是务实之心，即全无务名之心。若务实之心如饥之求食、渴之求饮，安得更有功夫好名！”

——王阳明

王阳明出生于官宦世家，自幼受到良好的教育，并以读圣贤书、修身齐家治国平天下为己任。为官期间屡立战功，政治声望不断升高，然而他的仕途却日趋坎坷。

由于不满太监刘瑾把持朝政，任意妄为，许多正直的官员上书正德皇帝，要求严惩刘瑾及其党羽，结果被打入死牢。时任兵部主事的王阳明站出来为他们辩护，委婉地请求皇帝释放众人。刘瑾当即下令将王阳明谪迁至贵州龙场，做一个没有品级的驿丞。不仅如此，他还暗中派人尾随王阳明，准备在途中将他害死。

王阳明在钱塘江边遇到杀手，急中生智，乘夜色跳入江水，逃过一劫。虽然如此，但为了家人的安全，王阳明不得不前往贵州赴任。

刘瑾倒台后，王阳明被重新起用，但又因平定宁王朱宸濠叛乱而惹怒龙颜，不但没有得到皇帝的嘉奖，反而招来横祸。他的仕途再次陷入低谷。

一年之后，正德皇帝驾崩，嘉靖皇帝登基。王阳明被任命为南京兵部尚书，仅仅是一个闲职，无大事可为。

王阳明的一生历经坎坷，但他始终没有气馁，不断探索人生的真谛，努力不懈地完善和传播他的思想，最终成为一代“心学”大师。

王阳明既能以德修心，注重自身道德修养，以开阔的胸襟包容万物；又能在坎坷的人生道路上铁骨铮铮，不畏权贵的迫害，毅然坚持自己的理想，不愧为如玉亦如铁的君子。

“谦谦如玉，铮铮若铁”，是孔孟儒家思想中对君子人格的最高评价。“谦谦君子，温润如玉”，以玉喻君子，取其圆润、不尖锐之义。佛家的“圆融”境界，要求戒嗔、戒痴、戒贪，无欲无求，尔后能不动声色、不滞于心。谦谦君子的圆润亦同此理。虽然成佛修仙遥不可及，但磨去棱角，收敛光华，养成谦谦如玉的君子人格却是可为之事。具有容人之量是谦谦君子的前提，开阔的胸怀、宽广的胸襟，是谦谦君子的基本品质。

“铮铮若铁”，突出君子人格中铁骨铮铮的特质，就像一树寒梅，挺立在风雪中，傲然绽放。拥有此等品质的人，敢于仗义执言，绝不妥协；不油滑，不世故，不屈不挠；有志气，有勇气，有胆有识。他们立世一尘不染，对人一片冰心，一箪食，一瓢饮，却敢于承担一切苦难。正如古诗所云：“冰雪林中著此身，不同桃李混芳尘。忽然一夜清香发，散作乾坤万里春。”

王阳明曾言："名与实对，务实之心重一分，则务名之心轻一分；全是务实之心，即全无务名之心。若务实之心如饥之求食、渴之求饮，安得更有功夫好名！"圆润如玉方能名实并重，铮铮铁骨力保务实而不受沽名钓誉之心所扰。

"谦谦如玉"与"铮铮若铁"，从不同侧面展现了君子人格的两种特质。当今之世，纷繁复杂。倘若一如既往，只养谦谦如玉之性情，抑或只炼铮铮铁骨之傲气，恐怕都难成大事。要想在现实生活中成就一番事业，应当像王阳明那样，讲究方圆之道，既养铮铮铁骨的一身正气，处世有底线，为人讲原则；又取谦谦如玉的圆融为人，包容四方。如此，才能在熙熙攘攘的人世间游刃有余，成其大事，为后世所传颂。无论朗朗乾坤，抑或滔滔浊世，于我又有何妨！

顶天立地，刚正不阿

“岂有邪鬼能迷正人乎！”

——王阳明

正德皇帝朱厚照登基之后，整日与刘瑾等宦官混在一块，不理朝政。朝中忠臣不断规劝皇帝将精力放在处理国家大事上来，皇帝并没有理会。随着朝政的逐渐混乱，以及刘瑾等人越来越专横跋扈，朝中很多大臣联名上书，要求惩治刘瑾等人的恶行，以此稳定政局，维护大明江山。

联名上书并没有惩治到恶势力，刘瑾安稳住皇帝之后，利用手中大权抓捕了这些上书要求惩治他的大臣。当时很多正直的官员得知这个消息之后，纷纷上书为这些官员打抱不平。但是，这些上书反而激化了刘瑾的报复行动，更多上书的官员被革职、被抓捕、被杀害。朝廷上下，乌烟瘴气，人心惶惶，很多官员为了保命都选择了缄默。

当时的王阳明身任兵部主事一职，官位并不高。但是看到越来越多的官员被压倒，敢说话的人也变得胆怯，满朝文武都闭口不言了，王阳明挺身而出，为受冤官员说话。

刘瑾等人见一个小小的兵部主事竟敢这样明目张胆地同他们作对，于是，将王阳明逮捕进锦衣卫的大牢，最后，处以廷杖之罚。

王阳明在危难关头不畏强权，坚持正义的行为表现了他崇高的品德和高尚的人格。自古大丈夫者，胸怀大志，腹有良谋，包藏宇宙之机，吞吐天地之志，创不世之基业，立不世之奇功。真正的大丈夫，其标准之高，让当今之人望而却步。然而，“大丈夫”贵在其自身的道德修养。堪称“大丈夫”之人，必有一身大无畏的气概，敢于面对生与死的考验，勇于做出一番惊天动地的壮举。

文天祥面对死亡，潇洒题下“人生自古谁无死，留取丹心照汗青”；谭嗣同在押赴刑场之前，壮烈地写下“我自横刀向天笑，去留肝胆两昆仑”。如此情怀，壮烈豪迈，气冲霄汉，令人敬佩不已。

堪称大丈夫之人，必有顶天立地、刚正不阿之品质。王阳明有言：“岂有邪鬼能迷正人乎！”刚正不阿之人，即便是邪恶鬼神也不能使其心智迷乱，如此才能直面残酷的现实，即使身心受创，仍能愤然而起，成就一番事业。

黄宗羲在《宋元学案》中说道：“大丈夫行事，论是非，不论利害；论顺逆，不论成败；论万世，不论一生。”大丈夫之所以能“论是非、论顺逆、论万世”，是因为在其心中万事以“仁义”为先，以道德为本。

正所谓，“玉可碎，而不可改其坚；兰可移，而不可减其馨”！只有具备“玉碎而志不改”的坚毅品质，才能成为顶天立地的大丈夫，才能经受住风霜雨雪的磨炼而成就人生大业。

养一身浩然正气

“是集义所生者，非义袭而取之也。”

——王阳明

王阳明奉旨前往广西平乱，到了之后，他了解到汉族官兵与少数民族之间的矛盾是引起当地少数民族起义的原因。王阳明认为如果以武力进行压迫，可能会使双方的矛盾越积越深，这样冤冤相报何时才能了。于是，王阳明开始寻找机会，想要缓解双方的矛盾。

这个时候，王阳明获知反抗首领哈吉的母亲卧病在床。王阳明赶紧派跟随自己的医生去给哈吉的母亲看病。不出几日，在医生的治疗下，哈吉的母亲能够下床走路了。但是出于双方是敌对关系，哈吉并没有过多的表示。之后，哈吉从医生的口中听说了王阳明为人，而且得知用来医治母亲病的药都是王阳明自己本人所必需的。王阳明在哈吉心中的好印象大为加深。

随后，王阳明写了一封信给哈吉。实事求是而又诚恳谦虚地劝哈吉要从大局出发，和睦相处为妙。哈吉早已被王阳明高尚的人格所折服，这封信正好说到了他的心坎里。就这样，王阳明未用一兵一足，只是晓之以理，动之以情，便解决了叛乱问题。

孟子说养气修心之道，虽爱好其事，但一曝十寒，不能专一修养，只能算是知道有此一善而已；必须在自己的身心上有了效验，才算有了证验的信息；进而由“充实之谓美”直到“圣而不可知之谓神”，才算是“吾善养吾浩然之气”的成功。

何为浩然正气？一谓至大至刚的昂扬正气，二谓以天下为己任、担当道义、无所畏惧的勇气，三谓君子挺立于天地之间无所偏私的光明磊落之气。浩然正气便是由这昂扬正气、大无畏的勇气以及光明磊落之气所构成。有些人表面上很魁伟，但与之相处久了就觉得他猥琐不堪；有些人毫不起眼，默默无闻，却能让人在他的平淡中领略到山高海深的浩然正气。正是因为后者具有正直如山的品质，才能让人感受到他的一身正气。

古今之成大事者，心中都有大气象。正是“笑览风云动，睥睨大国轻”“俯仰天地之气概”“力拔山兮气盖世”，乃浩然正气也。

诸葛亮等文人志士则体现为“名士风流”。三国时期的诸葛亮，羽扇纶巾，貌似轻松淡定、潇洒自如，实则神机妙算、运筹帷幄。西晋开国元勋羊祜，平日一副松洒打扮，飘逸十足，甚至在打仗的时候，仍不失其雍雅的风度。魏晋名士大多旷达风流，放任自流，毫不矫揉造作，痛快淋漓。

不管是英雄本色，还是名士风流，都具备了孟子所说的“浩然正气”。“其为气也，至大至刚，以直养而无害，则塞于天地之间。其为气也，配义与道；无是，馁也。是集义所生者，非义袭而取之也。”有志之士当养浩然正气，大者壮我泱泱中华之神威，小者在为人处世中光明磊落、至情至性。

养浩然正气并非易事。《孟子》中有言：“是集义所生者，非义袭而取之也。”在孟子看来，浩然正气是正义的念头日积月累所产生的，不是一时的正义行为就能得到的。关于“集义”，王阳明认为做每一件事都应符合良知的要求，这样才能使心中的浩然之气壮大起来，再遇到其他事情就更能以良知为指导，从而达到“从心所欲不逾矩”的中庸境界。由此看来，要养浩然正气，就要做正直之人，诚实地对待生活中的每一件小事，日积月累，不断壮大。

浩然正气是人的精神“脊梁”，是抵御歪风邪气的“屏障”。正气长存，则邪气却步、阴霾不侵；正气长存，则清风浩荡，乾坤朗朗。要保持浩然正气，就必须“一日三省吾身”，做到自重、自省、自警、自励，时时处处以激浊扬清、弘扬正气为己任，使正气日盛，邪气渐消，引领整个社会不断走向正义和文明。此乃君子之道也。

好德如好色

“公且先去理会自己性情，须能尽人性，然后能尽物之性。”

——王阳明

子曰：“吾未见好德如好色者也。”好德如好色是王阳明最爱举的例子，孔子说从来没有见过好德如好色之人，王阳明则期望人们能像喜欢漂亮的姑娘那样追求美德，将美德作为人类一种本性的东西自然而然地表现出来。

很多人一听到“色”就会联想到一些不好的方面。其实，“色”是万物生灵所共有的，“好色”更是人的本性，不必视之为万恶之源。从文献记载可知，“好色”一词并非贬义词，只是到了近代，随着社会文化现象的转变而发生了语义上的偏离。孟子曾说：“人少则慕父母，知好色则慕少艾，有妻子则慕妻子，仕则慕君，不得于君则热衷。”意思是人在年幼时爱慕父母，成年之后爱慕少女，有了妻子则爱慕妻子，走上仕途为官则忠于君主。“知好色”代表了一个相对于幼年的成熟时期，在这个时期年轻人开始知道喜欢异性。即便是在现代社会，“好色”也是一个人生理和心理上正常而健康的倾向。人不近色，则人性失；人性失，则不能为人。孔子言“好德如好色”，也就是肯定了“好色”是人们应该有的行为倾向。

既然“好色”是人之本性，其所固有的不以外界条件为转移的特性，正是好德之人应该努力做到的。要做到“好德如好色”，就必须将美好的品德根植于心，才能使之如人之本性那样自然地流露出来。否则，仅仅囿于思想中的品德就算再美好，也无法影响我们的行为，无法使我们成为真正具备美好品德的人。

明朝的时候有个农人，一年四季辛苦耕作，每年都能获得丰收，因为这个原因，在这个农人生活的村子里，很多人一天只能吃两顿饭，而他家却能顿顿饱餐，这让村里人很是羡慕。因为家有余粮，农人用一部分粮食当做学费，让自己的儿子上了私塾。这以后，老农见到谁都显得非常开心，经常对村里人说：“人活一世，不就是吃饭养家识字，做个好人嘛。现在这几样我家都做得差不多了。以后你们有什么要我做的，尽管开口，乡里乡亲的，我一定帮忙。”

半年后，这个农人的兄弟家遭了灾，离家来投奔这个农人，农人让他的兄弟先住在年久失修的祖居，说过一阵子给他修个新房，然后再搬过去。他的兄弟听后很高兴，逢人便夸自己的兄长如何如何对自己好。为了表达感谢，农人的兄弟抢着干农活，无论做什么都很勤快，渐渐的，农人自己不动手了，家里有什么事都让他的兄弟去做。

就这样三个月过去了，这个农人说的新屋迟迟不见动静，他的兄弟有些等不及了，思来想去，他硬着头皮跟农人提起了屋子的事情。听完自己兄弟的话，农人沉默了一会，对他说：“这个事情啊，我还真给忘了，你放心，自家兄弟的事我一定会说到做到的。”

第二天，农人的兄弟走在田埂上，有人问他房子造得怎么样了？他红着脸说不出话来，仿佛是自己做错了什么。当冬天来临之际，他还住在四处透风的祖居里，而他的兄长正在温暖的家中喝着自酿的米酒。次日一早，他没有跟农人打招呼，就离开了村子。

没多久，村里人便知道了这件事，他们在农人背后议论纷纷，有的人说：“还说什么有事尽管向他开口，你看看，这种人，对自己兄弟都这样，我们还有什么好说的，我看呐，还是离他远点吧。”从此以后，再也没有人理睬农人，甚至农人一家都成了全村唾弃的对象。

说好的做不到，实际上是心里根本没有想过要给自己的兄弟盖新房，行由心生，由此可见这个农人到底是怎样一个人。

儒家专注的是“内外皆美”的生命志趣，不念旧恶，君子怀德是美，居处恭，执事敬，与人忠是美，当仁不让更是一种美。这种美在王阳明看来其实就是根植于内心的道德感使然，行动起于心智，倘若内心缺少道德的约束，只会说漂亮话，而无真行动，那么其行为可以想到是“巧言令色，鲜矣仁”，对其不能做更大的奢望。

如果说，“好色”是一种在人内心天然生成的本能反应，那么，“好德”就是一种经过教化之后能够自然流露的理性反应。好德之人对美好品德的追求发自内心，自然能够在其言行举止中表现出来，并且不易受到外界因素的干扰。相反，那些只会将仁义道德挂在嘴边的人，一旦受到金钱权力的诱惑，则会把持不住，做出丧德败行之事。

王阳明的弟子日孚曾问他：“程颐说‘一草一木皆有理，不可不察’，您觉得这个看法如何？”王阳明说："我就没那闲工夫了。你应当先去涵养自己的性情，修养自己的品德，必须能够完全了解人性道德之后，才能了解世间万物的道理。"也就是说，人应该先在"好德"的本性上而不是其他无关的琐事上下功夫，促进人格的完善，提升自己，最终才能够自然地显示出美好的品德。

真正的智者将道德修养作为人生最可靠的支柱。只要我们从现在开始将美好的品德根植于心，并将之付诸实践，像追求美的人和美好的事物一样去追求它，就能做到孔子所说的"好德如好色"，也就离成功的人生目标不远了。

得人心，得天下

“尧、舜、三王之圣，言而民莫不信者，致其良知而言之也；行而民莫不悦者，致其真知而行之也。施及蛮貊，而凡有血气者莫不尊亲，为其良知之同也。”

——王阳明

古人云：“得民心者得天下。”然而，如何才能得民心呢？有人选择了以利诱之，结果民心尽失；有人选择了以德服之，则名留青史。

历代君王欲得民心，就必须“德天下”，即以德治天下。三国时刘备不善于谋略作战，但是，他具有良好的品德，能够以此感召部下同心协力，一同建功立业。虽然一个人的能力有限，但其高尚的品德能够换来别人的尊重和爱戴，愿意尽心效力。而且有德之人，更能明白别人所追求的利益，并能尽力给予最大的满足。综观历史，有大成就的人必然有德行而能令人为其舍命效劳。

王阳明将圣人治天下之道归结为“致其良知”，即注重以德治天下。他说：“尧、舜、三王之圣，言而民莫不信者，致其良知而言之也；行而民莫不悦者，致其真知而行之也。施及蛮貊，而凡有血气者莫不尊亲，为其良知之同也。”他认为尧、舜以及夏禹、商汤、周武王说的话天下人没有不相信的，因为他们是致其良知之后才说的；他们的行为没有令百姓不高兴的，因为他们是致其良知后才做的。把这样的治国之道推广到蛮夷之地，那么凡是有血气的人，没有不孝敬父母的，因为他们有共同的良知。

“德天下”不仅要为人处世忠于良心，做利人利己而不是损人利己之事，更要为人忠诚。但凡忠于国家、忠于社会之人，才能把持住心中的天平，不向贪图利益、腐败堕落倾斜。

三国时，孙策任用吕范主管东吴财经大权，孙策的弟弟孙权此时年少，总是偷偷地向吕范要钱，吕范则一定要请示孙策，从不在未经孙策允许的情况下答应孙权。因为这事，孙权对吕范很有意见。后来孙权任阳羡县令，建立了自己的小金库以备私用。孙策有时来查账，功曹周谷总是为孙权涂改账目，造假单据，使孙策没有理由责怪孙权。孙权这时很感谢周谷。当孙权接替孙策统管东吴大事之后，他选择了重用吕范而不是周谷。因为吕范忠诚，而周谷却善于欺骗。

不仅做大事之人如此，寻常百姓亦应该如此。一个人如果不够诚实，在工作中往往会成为墙头草两边倒，在生活上会成为见利忘义的小人。这样的人难以与人深交，难以得到他人的信任，更别说是天下人的敬佩了。

以德治天下，关键还在于以德服人，而非以暴制暴。给他人说话的权利、发言的空间，才能更全面、更深刻地了解他人的想法，从中汲取自身的弊病，并及时改正。倘若将所有反对的声音都拒之脑后，又如何做到致其良知，德治天下？春秋时期郑国的子产便是因为以德服人的举措而受到他人的敬佩。

一日，子产被郑国大夫然明叫去问话。然明问子产：“我们把乡校取缔了怎么样？”

子产说：“为什么要取缔？人们清闲的时候可以来，议论我们到底做得好不好。他们如果喜欢，我们就继续推行，他们如果讨厌，我们就立刻改正。这不是挺好吗？为什么要取缔它呢？我只听说过我们应该尽力做好事以减少人民的怨恨，没听说过依权仗势来防止怨恨。大河宜疏不宜堵啊。堵上容易决堤，伤害反而更大。我们不如开个小口导流，把有用的建议当做治病的良药。”

然明非常佩服子产的见解：“我现在才知道您确实是可以成大事之人啊。佩服，佩服。”

正因为这件事，子产在被人污蔑“不仁”时，孔子却坚信他并非如此。孔子曾言：“以是观之，人谓子产不仁，吾不信也。”

历史上的亡国之君，绝大多数是不修道德，重于财利之人。他们不以德修身，更难以德治天下，反而纵容属官搜刮民脂民膏供其挥霍享乐，罔顾社会法纪，独断专行，致使民不聊生，一国政权最终走向灭亡。例如崇祯皇帝，听信谗言，关键时刻克扣军饷，导致明军兵败如山倒。

王阳明虽然是一介文人，但是他深谙做官为政之道。王阳明不论职位的高低，心中始终是装着老百姓，只想着为百姓做点实实在在的事情。因为在他看来，为官好与坏，怎样对待百姓便是最好的试金石。

只有坚持良好的道德修养，做到“德天下”，才能真正地凝聚人心，才能真正做到“得天下”。

第五章
以孝安家，以敬持家

孝顺在当下

“就如某人知孝，某人知弟，必是此人已曾行孝行弟，方可称他知孝知弟，不成只是晓得说些孝弟的话，便可称为知孝弟。”

——王阳明

王阳明给弟子邹守益的信说：“近来得致良知三字，真圣门正法眼藏。往年尚疑未尽，今自多事以来，只此良知无不具足。譬之操舟得舵，平澜浅濑，无不如意，虽遇颠风逆浪，舵柄在手，可免没溺之患矣。”他认为致良知必须要讲孝道。对于母亲早逝，他没能奉养；祖母临终，未及一见，王阳明深感伤痛并一直自责于心。在其父去世之后，王阳明也卧病多日。

人的一生难免有很多缺憾，其中最大的可能莫过于“子欲养而亲不待”。当有一天我们蓦然发现，父母已两鬓斑白，此时才孝敬他们，我们会错过无数时机。甚至当双亲已离你远去，才幡然悔悟，却已尽孝无门，这将成为永远无法弥补的憾事。

王阳明主张知行合一，强调孝也要知行合一，“就如某人知孝，某人知弟，必是此人已曾行孝行弟，方可称他知孝知弟，不成只是晓得说些孝弟的话，便可称为知孝弟。”他强调孝要及时地行动，将知和行紧密结合起来。

孝，经不起等待。生时如果不养父母，死后万事皆空。《孔子·集语》中“子欲养而亲不待”就讲述了这样一个道理。

春秋时，孔子和弟子们出去游玩，忽然听到路边有人在啼哭，就上前去看怎么回事，啼哭的人叫皋鱼，皋鱼解释了他啼哭的原因：“我年轻时好学上进，为了求学曾经游历各国，等我回来时父母却已经双双故去。作为儿子，当初父母需要侍奉的时候我却不在身边，这好像‘树欲静而风不止’；如今我想要侍奉父母，父母却已经不在了。父母虽然已经亡故，但他们的恩情难忘，想到这些，内心悲痛，所以痛哭。”

人生在世，必然会经历种种痛苦的情感折磨，也在痛苦中锻炼得愈发坚强，面临悲痛愈发能强忍声色，而“子欲养而亲不待”却让人们倍觉“生命中难以承受之痛”。

很多人总在说，等到有钱和时间了，一定要好好孝敬父母。你可以等待，但父母不能等待。在不经意间，父母渐渐变老。花点时间多陪陪父母，父母们没有太多的要求，只是想多让你陪陪。否则当你挚爱的亲人离你而去，你在脑海中回想他们以往对你如何嘘寒问暖、呵护备至，你却只顾着打拼自我天地，忽略了关爱他们，让他们在守望你的寂寞中落寞而去。你的悔、你的痛，成为你一生最深刻的烙印，任岁月无情也抹杀不去。

生孩子不易，养孩子更不易，付出的辛苦是没有当过父母的人难以理解的。古时候父母亡故，做子女的要服丧三年，这是对自己刚出生时父母耐心守候的报答。孝敬父母，是每个人都应该奉行的，无论是过去还是现在。

闵名损，字子骞，春秋时期鲁国汶上人，是孔子著名弟子之一。闵子骞幼年即以贤德闻名乡里，他母亲早逝，父亲怜他衣食难周，便再娶后母照料闵子骞。几年后，后母生了两个儿子，待子骞渐渐冷淡了。

闵子骞受到后母虐待，冬天穿的棉衣以芦花为絮，而其弟穿的棉衣则是厚棉絮。一天，父亲回来，叫子骞帮着拉车外出。外面寒风凛冽，子骞衣单体寒，但他默默忍受，什么也不对父亲说。后来绳子把子骞肩头的棉布磨破了。父亲看到棉布里的芦花，知道儿子受后母虐待，回家后便要休妻。闵子骞看到后母和两个小弟弟抱头痛哭，难分难舍，便跪求父亲说："母亲若在，仅儿一人稍受单寒；若驱出母亲，三个孩儿均受寒。"子骞孝心感动后母，使其痛改前非。自此母慈子孝合家欢乐。

孟子曰："惟孝顺父母，可以解忧。"闵子骞的孝行备受后人推崇，明朝编撰的《二十四孝图》，闵子骞排在第三，成为中华民族文化史上先贤人物。闵子骞不仅孝，而且宽容友爱，正是这些品德，使一个即将分崩离析的家庭重归于好，以自己的行为感动后母，使家庭和睦，母慈子孝，生活没有遗憾，这实在是人生一大幸事。

在现代，人们对自由的追求导致了家庭观念逐渐淡漠，孝的精神也逐渐丧失，这不仅是传统的文化的重大损失，也是个人品德修养的重大缺陷。今天的我们，不应该只用一些时髦的理论"武装"自己，仿佛自己不食人间烟火似的，完全没有传统文中那种踏实、厚重的责任感。面对过去，新一代的我们应该继承和发扬传统文化中优秀的部分，比如孝敬父母家庭观念，也就不会再向如皋鱼一般暗自哭泣“子欲养而亲不待。”

百善孝为先，原心不原迹

“父而慈焉，子而孝焉，吾良知所好也。”

——王阳明

中国有首名为《劝孝歌》的古诗：“人不孝其亲，不如禽与兽。”语言虽然很直白，但是却蕴涵丰富的内涵。一个人不论他出身什么样的家庭，也不论他将来的地位有多大的变化，只要他的父母还健在，那么他就有尽孝道的义务，这也是人之所以为人的根本。

试想一下，我们的父母养育我们多年，如果等到老了却享受不到应有的亲情，会多么寒心！人类一直标榜自己是万物之灵，倘若面对自己的父母都不孝敬，又有什么资格居高临下地谈论自然界中的动物呢?

《庄子》中曾记载:“子之爱亲,命也,不可解于心;臣之事君,义也,无适而非君也,无所逃于天地之间。”“是以夫事其亲者,不择地而安之,孝之至也。”孔子也讲:“父母唯其疾之忧。”而王阳明也是一个认为百善孝为先的至孝之人。

王阳明32岁的时候,因病移居西湖,往来于南屏、虎跑寺庙,见一僧人封闭于龛内打坐、诵经、念佛有三年之久,也不说话,像呆了一样。一日,王阳明就朝僧人大喊起来,僧人大吃一惊,和王阳明攀谈起来。王阳明问了他家庭的一些情况,僧人说家里还有老母亲。王阳明又询问其是否不起俗念。僧人答曰没法不念。王阳明听了,就给僧人讲爱父母和人本性的道理,僧人感动落泪,并离开寺庙回去奉养老母亲。

古人讲“求忠臣必于孝子之门”,一个人对父母家庭有真感情,如出来为天下国家献身,就一定有责任感。换言之,忠就是孝的发挥,就是扩充了爱父母的心情，爱别人，爱国家，爱天下。“子之爱亲，命也”，儿女爱父母，这是天性，是没有道理可讲的，人不孝其亲，不如禽与兽。然而，很多人通常将父母的爱视作理所当然，不懂得“子欲养而亲不待”的道理，直到自己也有了子女，理解了为人父母的苦心，却发现自己想要反哺回报已来不及了。

北魏时，房景伯担任清河郡太守。一天，有个老妇人到官府控告儿子不孝，回家后，房景伯跟母亲崔氏谈起这事，并说准备对那个不孝子治罪。崔氏是一个知书达理、颇有头脑的人，她得知情况后，说道：“普通人家子弟没有受过教育，不知孝道，不必过分责怪他们。这事就交给我来处理好了。”

第二天，崔氏派人将老妇人和儿子接到家里，崔氏对不孝子一句责备的话也没说。崔氏每天同老妇人同床睡眠，一同进餐，让不孝子站在堂下，观看房景伯是怎样侍候两位老人的。不到十天，不孝子羞愧难当，承认自己错了，请求与母亲一起回家。崔氏背后对房景伯说：“这人虽然表面上感到羞愧，内心并没有真正悔改。姑且再让他住些日子。”又过了二十几天，不孝子为房景伯的孝顺深深打动，真正有了悔改的诚意，不断向崔氏磕头，答应一定痛改前非，老妇人也替儿子说情，这时崔氏才同意他们母子回家。后来这个不孝子果然成了乡里远近闻名的孝子。

崔氏很聪明，她相信每个人心中都会有“仁”在，其中之一就是孝心。她无所为而为，以身教代替言传，让他心中蛰伏之“仁”能在外面的触动之得以彰显。

百善孝为先，原心不原迹，原迹贫家无孝子，所以说，孝的止境，在于以父母待你之心回报父母，无论何时何地，无论贫穷富有，孝由心生，不由外物。《孝经》云：“用天之道，分地之利，谨身节用，以养父母，此庶人之孝也。故自天子至于庶人，孝无终始，而患不及者，未之有也。”

在王阳明看来，良知一开始便蕴涵着情感之维：“良知只是个是非之心，是非只是个好恶，只好恶就尽了是非，只是非就尽了万事万变。”良知的好、恶情感形成了行善的动因。当学生徐爱问王阳明如何通过服侍父母等的孝道而求得孝的道理时，王阳明认为关键出自忠诚的孝心。只有出自真心，行为才具有真实性，光是一点行孝的表面文章，而不把爱树立起来，那就不是真孝。

孝顺是发自内心，由衷而出的。孝不仅仅是形式，更重要的是在于内心。一个人总强调正己，而正己的伊始要从回馈父母开始，孝为百德的先行，如果尚不知爱父母，没有德行的人绝难成事。

孝是一种生存品质

“善人也，而甚孝。”

——王阳明

良心是人人内心都具有的，不需要到外面去求。见父自然知孝，见兄自然知悌，见孺子入井，自然知恻隐。王阳明认为孝是一种人的本能，也是其良知的体现，是一个人生存必备的品质。

《论语·学而》中，有子曰：“其为人也孝弟，而好犯上者，鲜矣；不好犯上，而好作乱者，未之有也。君子务本，本立而道生；孝弟也者，其为仁之本与！”其意为“做人，孝顺父母，尊敬兄长，而喜好冒犯长辈和上级的，是很少见的；不喜好冒犯长辈和上级，而喜好造反作乱的人，是没有的。君子要致力于根本，根本确立了，治国、做人的原则就产生了。因此，孝顺父母，敬爱兄长，可以作为‘仁’的根本吧。”

国学大师钱穆先生也认为，孔子之学所重最在道。所谓道，即人道，其本则在心，而这人道最鲜明的体现是孝悌之心。所以要想培养仁爱之心，必先从孝悌始。中国古代有很多关于“孝”的事迹，著名的《二十四孝》就是典型的代表，其中的“卧冰求鲤”的故事是这样的：

晋朝琅玡人王祥，生母早丧，继母朱氏多次在他父亲面前说他的坏话，使他失去父爱。但是王祥并没有因为这些而怨恨父母，相反，他对父母非常孝顺。父母患病，他便衣不解带、日夜侍候。继母想吃活鲤鱼，但当时是寒冬腊月，冰封三尺，天寒地冻，根本无法捕鱼。但是王祥为了能让病中的继母吃上活鲤鱼，就解开衣服卧在冰上，想用自己的体温化开坚冰捉鱼。突然三尺厚的冰自行融化，从冰下跃出两条鲤鱼。王祥高兴地回家为继母做鲤鱼，继母食后，果然病愈。这就是“卧冰求鲤”的故事。后来王祥隐居二十余年，给父母养老送终后，才应邀出外做官。从温县县令做到大司农、司空、太尉，并被封为睢陵侯。后人为了纪念他，有诗云：继母人间有，王祥天下无。至今河水上，一片卧冰模。

儒家认为，“孝”是伦理道德的起点。一个重孝道的人，必然是有爱心的、讲文明的人。重孝道的家庭，亲情浓郁、关系牢固；反之，必然是亲情淡薄、家庭结构脆弱容易解体。而家庭是社会的基础，可见，不重孝道将会影响到整个社会的稳定与和谐。正像一位名人指出的：“孝道不受重视，生存的体系就会变得薄弱，而文明的生活方式也会因此而变得粗野。我们不能因为老人无用而把他们遗弃。如果子女这样对待他们的父母，就等于鼓励他们的子女将来也同样对待他们。”

从前有一对夫妻生了一个白白胖胖的儿子，他们对儿子尽心竭力地抚养，所以孩子一天天茁壮成长。这对夫妻还有一个老母亲与他们同住，平时儿媳老是嫌弃婆婆，不愿意养婆婆，但是因为婆婆能帮他们干活，所以媳妇虽有怨言但还是让婆婆同他们吃住。年复一年，随着孙子渐渐长大，婆婆越来越老了，她的腰因为长年的劳作变得佝偻，她再也不能做重活了。而且由于年龄的原因，吃饭的时候常会撒出一些饭粒。

这时候，媳妇看婆婆越来越不顺眼，她急于想把婆婆赶出家门，于是总在丈夫面前说婆婆的坏话，没想到丈夫竟然答应妻子赶母亲出门。一天吃过午饭，这对夫妻就把老母亲送到三十里外的山沟里，扔下几块饼，让老母亲自生自灭。没想到回家后，他们发现儿子在村口的大树下坐着。夫妻俩问儿子为什么不回家，儿子说："我在等奶奶，你们现在把奶奶拉出三十里地外，以后我拉你们八十里也不止。"听了儿子的一番话，夫妻俩顿时明白了。他们赶紧回到山沟里把母亲拉了回来。

此外，正如有子所说，将来这些不懂得孝敬父母的人如果到了社会上，就是社会动荡不稳定的主要因素！这绝不是危言耸听，不是骇人听闻！也如王阳明所说："知是理之灵处。就其主宰处说，便谓之心，就其禀赋处说，便谓之性。孩提之童无不知爱其亲，无不知敬其兄，只是这个灵。"只有良知走入我们的内心，我们也就能"爱其亲""敬其兄"，这是一种本能的行为，是一种心的要求。

孝是一种生存策略，将来孩子能否做到孝，关键还是在于父母的言传身教。所以在孩子出生开始，你就要明白，在无微不至地关怀和爱孩子的同时，必须教会孩子孝敬你！如果不意识到这一点，以后就会自酿苦果，老无所养！

藏書

珍藏版

王陽明全集

叁

李楠 主编

民主与建设出版社

目录

第七章　做事不贪大，做人不计小

第八章　知行合一，言行一致

第十一章　静察己过，不论他人是非

能养只是一半的孝

“言学孝，则必服劳奉养，躬身孝道，然后谓之学。岂徒悬空口耳讲说，而遂可以谓之学孝乎？”

——王阳明

王阳明曾与一个名叫杨茂的聋哑人用笔进行交谈：

（王阳明）问：你口不能言是非，你耳不能听是非，你心还能知是非否？

（杨茂）答曰：知是非。

（王阳明感慨）：如此，你口虽不如人，你耳虽不如人，你心还与人一般。

（杨茂）首肯，拱谢。

大凡人只是此心。此心若能存天理，是个圣贤的心；口虽不能言，耳虽不能听，也是个不能言不能听的圣贤。你如今于父母，但尽你心的孝；于兄长，但尽你心的敬。

（杨茂）首肯，拜谢。

我如今教你，但终日行你的心，不消口里说；但终日听你的心，不消耳里听。

（杨茂）顿首，再拜。

王阳明向杨茂指出，人人都有一颗知是非的心，如看见父母自然知孝，看见兄长自然知敬的道德行为。即使是聋哑人，口虽然不能表达，耳虽然不能聆听，但心与常人是一样的，能知善知恶、辨别是非。这就是因为人心都有“良知”，无须口说，也无须耳听，只要用心去行就可以了。

在中国，对父母及老年人的孝养一直是个大问题，这也正是中国古代圣贤格外重视孝道的原因。在王阳明生活的那个年代有许多道德的约束，尚有许多人不懂得孝的真实含义，更不用说在当今社会了。

能养只是一半的孝，真正的孝是发自内心的那份真诚。只有心里时时想着孝，并努力践行，这才是真正的孝。

有一个财主有两个儿子，大儿子愚笨，不讨人喜欢，小儿子聪明伶俐，于是财主就尽心抚养小儿子。两个儿子逐渐长大了，大儿子一直在家里陪着父母，小儿子因为颇有才华，被父亲送到县城读书。

小儿子果然不负众望，考取了功名，一家人欢天喜地，两位老人也准备收拾行李，和小儿子一起到新地方开始生活。本来小儿子不想带着父母，但是想到兄长愚钝，就勉为其难地带上了两个老人家。

到了就职的地方之后，小儿子给父母选了一间房子，安排了一个奴婢，从此就消失了。两位老人看不见他的人影，生病了也只能使唤下人去找大夫。虽然在这里不愁吃穿，但是两个老人心里很难过。

一年以后，大儿子带着家乡的特产过来看弟弟，一见到老人，就难过地哭了——一年不见，父母老了许多，以前胖胖的父亲也瘦成一把骨头了。

虽然大儿子很笨拙，但是很心疼父母，他决定带着父母回家生活。父母想到自己以前和大儿子生活在一起的时候，从来没有把他当回事，端茶倒水像下人一样使唤，但是他从来没有生气，反倒是乐呵呵地照顾自己，不禁也流下了眼泪。就这样，笨哥哥又带着老人回到乡下去了。小儿子想不明白，为什么父母不跟着这样有头有脸的儿子，却要和那笨人一起生活。

其实，感动老财主的正是一颗孝心。只有让父母感受到我们的孝心，他们才会觉得幸福。孝绝不仅仅是能够保证父母衣食无忧。因为父母更希望得到的是儿女的真情关心，他们希望儿女能常回家看看。

王阳明说，只是有个头脑，只要此心去人欲、存天理，便自然会在冬凉夏热之际要为老人去找个冬温夏凉的地方。但这些都是诚孝的心发出来的条件，有此心才有这条件发出来。能养不是孝，有孝顺的心才能算作孝。

时刻念父母生养之恩

“不慈不孝焉，斯恶之矣。”

——王阳明

“百善孝为先”，“身体发肤，受之父母，不敢毁伤”，身体是父母所赐予，即便是伤害身体的权力也在于父母，而不在于自己。在中国人的眼中，孝是一切美德的基础，是一切事业的起点，不孝者不成大业。

王阳明提倡以良知为本的孝道观。他认为万事万物的本源是良知。有了良知之心，自然就会发自内心地孝顺父母。良知一旦被蒙蔽，孝顺就仅仅只是形式上的孝道，而非出自内心忠诚的孝。要孝敬父母不能光有外表的花哨言行，还必须有真正付诸行动的爱。

汉文帝时期，在临淄这个地方出了一个很有名的人，她就是勇于救父的淳于缇萦。

淳于缇萦的父亲叫淳于意，本来是个读书人，但是非常喜欢医学，还经常给别人看病，所以在当地出了名。后来他做了太仓令，但是他为人耿直，不愿意跟做官的来往，也不会拍上司的马屁，所以在官场上很不得意，没有多久就辞职当起医生来了。

一次，淳于意被一位商人请去为他的妻子看病，结果没有好转，反而在几天之后死了。大商人仗势欺人，向官府告了淳于意一状，说他看错了病，致人死亡。

当地的官吏也没有认真审理，就判处他“肉刑”（当时，肉刑有脸上刺字、割鼻子、砍左足或右足等），要把他押解到长安去受刑。

除了小女儿缇萦之外，淳于意还有四个女儿，可就是没有儿子。在他被押解到长安去受刑的时候，他望着女儿们叹气说："可惜我没有儿子，全是女儿，遇到现在这样的急难，一个有用的也没有。"

听到父亲的话，小缇萦又悲伤又气愤。她想："为什么女儿就没有用呢？"因此，当衙役要把父亲带出家门时，她拦住衙役说："父亲平时最疼我，他年龄大了，带着刑具走不太方便，我要随身照顾他。另外，我父亲遭到不白之冤，我要去京城申诉，请你们行行好，让我和你们一起去吧。"

衙役们见小姑娘一片孝心，就答应了她。当时正值盛夏，天气反复无常，时而雨水涟涟，时而天气晴朗。天晴时，小缇萦就跟在父亲旁边，不住地为父亲擦汗；遇上阴雨天，她就打开雨伞，以防父亲被雨水淋湿。

晚上，小缇萦还要给父亲洗脚解乏。这一切深深地感动了押送淳于意的衙役。经过二十多天的长途跋涉，他们终于来到了京城。履行完相关的手续之后，淳于意马上就被关进了牢房。小缇萦不顾疲劳，也马上开始四处奔走，为父亲喊冤。

可是，人们一看申诉的竟是个还未成年的小姑娘，便没有给予理睬。小缇萦想，要解决父亲的问题，只能直接上书皇上了。于是，她找来纸笔，请人帮忙将父亲蒙冤的经过一一写好，恳求皇上明察。同时她还表示，如果父亲真的犯了罪，她愿代父受刑。

第二天，小缇萦怀里揣着早已写好的信，来到皇宫前。就在那时，只见不远处尘土飞扬，马蹄声声，一辆飞驰的马车直奔皇宫而来。小缇萦心想："上面坐的一定是一位大臣。"她灵机一动，用双手举起书信，跪在马车前。

车上坐的是一位老者，他看到了小缇萦，便俯下身来，关心地问："小姑娘，为什么在这儿拦住我的去路，难道有人欺负你了吗？"小缇萦就把父亲被抓的事情一五一十地告诉了这位大臣，并请求他把信带给皇上。

听小缇萦说得那么诚挚恳切，这位大臣答应了她的要求。皇上读了这封信后，被深深地打动了，当他听说小缇萦千里救父的事迹后，更是十分钦佩。之后，皇上亲自审理此案，并为淳于意洗清了不白之冤。

也许在年少的小缇萦心中根本就没有很明确的所谓孝顺的概念，但是，她拥有一颗良知之心，正是这颗良知之心使她拥有一种最朴素的孝顺行为，时时事事都想着自己的父亲，都站在父亲的角度来考虑问题。

其实，孝敬真的很简单，只要像爱自己一样爱父母、爱家人，并体现在日常的一些细小的行动上，就已经做到了孝顺，就是一个实实在在懂得孝顺的人了。念父母生养之恩，这是每个子女都应该做到的，报父母之恩，更是每个子女应尽的义务。“不慈不孝焉，斯恶之矣。”王阳明的孝道观讲孝悌是良知的一个表现，不慈不孝，这是良知被蒙蔽，由此产生恶。由知孝到行孝，是由良知到致良知的过程，也是知行合一观点所要求的。

《诗经》中说：“哀哀父母，生我劬劳。”父母生养我们的时候，辛酸劳瘁，不是一般人所能想象的。因此作为儿女者，若能真切体会父母的深恩重德，心灵深处必然会激起阵阵哀伤，孝敬父母之心必会油然而生，随之付诸实践。若是有人不为父母对子女的爱无动于衷，这种人将很难得到安详幸福的家庭，也很难成就大业。

为父母尽点儿心

“故为子而傲，必不能孝。”

——王阳明

王阳明在京师跟当时文人交往时，其诗文受到人们的广泛赞赏。但他总是不满足，觉得这不是他的理想，就告病回家，筑室阳明洞中，行导引术。有一天坐在山洞里，友人王思舆等四人来看他，刚出五云门，他让仆人去迎，并且说出他们来的情况。仆人在路上遇到他们，王阳明说的与他们的行迹相合。大家觉得很惊讶，以为他得道了。然而，过些时，他觉悟说：“这是簸弄精神，不是道。”这样静坐久了，想离世远去，只是祖母与父亲（守仁13岁丧母）舍不下，因循下不了决心。过了些时他忽然醒悟说:“这种恋念之心从小就有，如果此念可去，就是断灭人性了。”

从我们一出生开始，亲情就支撑着我们的世界。被父母精心呵护，在他们不辞辛劳的照顾下茁壮成长。而父母从未要求我们一报尝一报。有人说，世间最难斩断的就是父母对子女的情爱。这种爱永远都是真诚、可贵、质朴和无条件的。父母是我们最亲密的人，而我们对于他们的感情也是最深重的，因而孝敬父母可以说是发乎情、止乎礼的。

剡子是周朝时代人，祖上世代以耕种为生，老实巴交的爹妈，披星星戴月亮地一年到头苦苦劳作，也只是混个半饥半饱。这年赶上闹灾荒，田里收成不济，日子越发艰难，爹妈忧急交加，一时心火上攻，双双眼睛失明，这可急煞了小小年纪的剡子。为了给爹妈治病，剡子每天半糠半菜地侍奉双亲充饥后，就到处求人，寻医问药。

一天，剡子到深山采药，路过一座庙宇，便进去讨口水喝。他见方丈童颜仙骨，就向他请求治疗眼疾的药方。老方丈问明缘由，沉吟一下说：“药方倒有一个，恐怕你采不来。”

“请说，我舍命去采！”

“鹿奶，鹿奶可以治眼疾。”

郯子听了，立即叩头谢过老方丈，飞步赶往鹿群出没的树林中。这里的鹿确实不少，可它们蹄轻身灵，一见有人靠近，就一阵风似的飞快逃去。

怎样才能弄来鹿奶呢？郯子绞尽脑汁，昼思夜想。

一天，他见村东头猎户家的墙头上晒着一张鹿皮，忽地眼前一亮：把鹿皮借来，披在身上，扮成小鹿的模样，不就能悄悄接近鹿群了吗？

于是，郯子迫不及待地走进猎户家，说明来意。好心的猎户欣然把鹿皮借给了他，还指点郯子如何模仿小鹿四肢跑跳的动作。经过多次演练，郯子竟然举腿投足都像一只活脱脱的小鹿子。

第二天，郯子用嘴叼着一只木碗，悄悄地蹲在树林里。待鹿群走近时，披着鹿皮的郯子像一只小鹿似地不紧不慢地凑到一只母鹿身边，轻手轻脚地挤了满满一木碗鹿奶。直到鹿群走开了，他才站起身来，捧着鹿奶直奔家中。

打这以后，剡子多次用扮成小鹿的办法，去挤母鹿的奶汁。爹娘由于常常喝到鲜美的鹿奶，营养不良的身体一天天强壮起来，后来，失明的眼睛，果然奇迹般地恢复了光明。

乡亲们知道了，都夸奖剡子是个孝敬父母的好孩子。

孝是人最基本的善举，如果连父母的大恩都不报，还能指望一个人有什么善举？一个连父母都不去孝敬的人，还能指望他对朋友付出真诚吗？所以，孝既是对父母的宽慰，也是对自身的完善，更是赢得社会资本的根本方式。

人们尽情享受着父母所创造的一切，把向他们索取视为理所当然。父母为了满足孩子的愿望，总是那般义无反顾。可以说，站在父母与子女的爱之天平上，永远没有平衡。

强调正己，而正己的伊始正是从回馈父母开始，不必为父母买房买车，买金买银，多为父母尽一点儿心，时而给父母打一通电话，倒一盆洗脚水，便已足够。这才是真正的孝。

有诚心，才能让父母宽心

“此心若无人欲，纯是天理，是个诚于孝亲的心，冬时自然思量父母的寒，便自然要求个温的道理。夏时自然思量父母的热，便自然要求个清的道理。这都是那诚孝的心发出来的条件。却是须有这诚孝的心，然后有这条件发出来。”

——王阳明

“孝”，必须是对父母发自内心的“敬”，是一种自觉的伦理意识和道德情感，而不仅仅止于“供养”上，否则就不是真正的孝。子女要做到孝顺，最不容易的就是对父母和颜悦色。仅仅是有了事情，儿女替父母去做，有了酒饭，让父母吃，这并不是完整的孝。正如国学大师钱穆先生所言，人之面色，即其内心之真情流露，色难，乃是心难。有愉色者，必有婉容。所以孝子服侍父母，以能和颜悦色为难。有的儿女在为父母盛饭倒水时总把碗或杯子“砰”的一声放在父母面前，把父母吓得不知所措。这样的态度会让父母做何感想，这样的行为能算是孝敬吗？

王阳明也认为子女应有“诚于孝亲的心”“冬时自然思量父母的寒，便自然要去求个温的道理；夏时自然思量父母的热，便自然要去求个清的道理”，这都是诚孝的心发出来的条件。他还打比方说：“譬之树木，这诚孝的心便是根，许多条件便是枝叶，须先有根然后有枝叶，不是先寻了枝叶然后去种根。”所以子女在孝顺父母的时候，一定要真心诚意，表里如一。

从前有个老人，妻子去世以后一直过着孤单的生活。他一生都是个辛苦工作的裁缝。但时运不佳，他身无分文。现在他太老了，已经不能做活儿了。他的双手抖得厉害，根本无法穿针；而且老眼昏花，缝不直一条线。他有三个儿子，都已经长大成人，结了婚有了各自的家。他们忙于自己的生活，只是每周回来和父亲吃一顿饭。渐渐的，老人的身体越来越虚弱了，儿子看他的次数也越来越少。他心想：“他们不愿意陪在我的身边，因为他们害怕我会成为他们的累赘。”他通夜不眠为此而担心，最后他想出了一个办法。

一天早上，他找到木匠朋友，让其帮助自己做一个大箱子。然后他又跟锁匠朋友要了一把旧锁头。最后他找到卖玻璃的朋友，把朋友手头所有的碎玻璃都要过来。老人把箱子拿回来，装满碎玻璃，紧紧地锁住，放在了饭桌下面。当儿子们又过来吃饭的时候，他们的脚踢到了箱子上面。他们向桌子底下看，问他们的父亲：“里面是什么？”

“噢，什么也没有，”老人说，“只是我平时省下的一些东西。”

儿子们轻轻动了动箱子想知道它有多重，他们踢了踢箱子，听见里面发出响声。“那一定是他这些年积攒的金子。”儿子们窃窃私语。他们经过讨论，认为应该保护这笔财产。于是他们决定轮流和父亲一起住，照顾他。

第一周，年轻的小儿子搬到父亲家里，照顾父亲，为他做饭。第二周是二儿子，再下一周是大儿子，就这样过了一段时日。最后年迈的父亲生病去世了。儿子们为他举办了体面的葬礼，因为他们知道饭桌下面有一笔不小的财产，为葬礼稍微挥霍一些他们还承担得起。葬礼结束后，他们满屋子搜，找到了钥匙。打开箱子后，他们看到的当然是碎玻璃。

“好恶心的诡计，”大儿子说，“对自己的儿子做出这么残忍的事情！”“但是他为什么要这样做呢？”二儿子伤心地问，“我们必须对自己诚实，如果不是为了这个箱子，直到他去世也不会有人注意他。”“我真为自己感到羞愧，”小儿子抽泣着，“我们逼着自己的父亲欺骗我们，因为我们没有遵从小的时候他对我们的教诲。”

但是大儿子还是把箱子翻过来，想看清楚在玻璃中是不是真的没有值钱的东西，他把所有的碎玻璃都倒在地上。顿时三个儿子都噤声无言，箱子底下刻着一行字：孝敬父母要发自内心！

真正的孝顺是要发自内心。孔子说过："做父母的有错误时，我们要温和地提醒他们。如果他们不听劝，那么我们就不要再继续唠叨了。但是不能因为父母有错，我们对他们就不尽孝道。不仅要孝敬他们，而且态度还要恭敬，侍奉他们不能有怨言。"

孝是发自内心的情感表达，没有表里如一的孝就没有真心实意地爱。在履行赡养父母的义务时，我们要发自内心，真心地为父母做事，穷则穷孝，富则富孝，只要用一颗真正的孝心让父母开心愉快，自己也就真正尽到孝道了。另外我们还要注意，用期待孩子对待你的方式来对待你的父母吧，不要再为一点小事情而"色难"。

第六章
减一分人欲，得一分轻快

身外物不奢恋

“然可欲者是我的物，不可放失，不可欲者非是我物，不可留藏。”

——王阳明

随着社会不断向前发展，人们越来越注重物质利益的追求。在人们趋向于“物质化”的同时，其精神愈来愈和自己的心灵分离，人的心灵深处愈感孤独、苦闷、烦躁、矛盾。如何使人们荒芜、紧张的精神境界得到提升，获得一种心灵的自由，王阳明为人们提供了一种解决方式。

王阳明的学生问他："良知恐怕也存在于声色货利之中。这种观点对吗？"王阳明回答说："当然，但初学用功时，对自己的内心必须进行扫除荡涤，使它臻于清静澄明的境界，不要让自己的心陷入声色货利等东西之中，它们来了既不欢迎，去了也不留恋、惋惜，这样，我们才能以坦然的心情来对待所遇到的各种事物，才不会成为心灵上的负担，自然就会依顺自己本来的智慧去应对。"

王阳明强调以一种豁达的心态来为人处世，不要让所遇之物成为心中羁绊，不能做声色货利的奴隶。

每个人的烦恼都有两个来源，一是自身的欲望，再一个就是外物，金钱、权力、华屋、名声、美色、佳肴等，他们诱惑着人们，也烦恼着人们。而这众多的烦恼，就是因为人们有太多的执着，有太多的贪欲，整天惦记着如何才能得到声、色、名利等外在的东西，心里才会受尽煎熬。如果能豁然看待，来去随缘，而不是执著地求取，人生自然会多几分洒脱。

有一个富翁背着许多金银财宝，到远处去寻找快乐。他走过了千山万水，却始终未能寻找到快乐，于是他沮丧地坐在山道旁。一农夫背着一大捆柴草从山上走下来，富翁说："我是个令人羡慕的富翁。请问，为何我没有快乐呢？"

农夫放下沉甸甸的柴草，舒心地揩着汗水："快乐很简单，放下就是快乐！"富翁顿时开悟：自己背负着那么重的珠宝，老怕别人抢，怕被别人暗算，整天忧心忡忡，快乐从何而来？于是，富翁将珠宝、钱财接济穷人，专做善事，慈悲为怀。善行滋润了他的心灵，他也尝到了快乐的味道。

钱财终究是身外之物。"身外物，不奢恋"是思悟后的清醒，它不但是超越世俗的大智大勇，也是放眼未来的豁达襟怀。谁能做到这一点，谁就会活得轻松，过得自在。

王阳明那段倾心讲学的日子被他自己称为人生

当中最幸福的时光。既然未得到朝廷的任用，那就投身于讲学事业当中，何乐而不为？所谓的官名、事功都是些外在的东西，内心和精神得以满足才是最重要的。所以，在那一段时间，前来求学之人络绎不绝。不管是因为他生性的乐观感染了他人，还是心学的思想鼓舞了他人，可以肯定的是，王阳明有一颗豁达的心。

生活中，我们想要的太多，如果不能得到我们想要的，我们就不停地去想我们所没有的，并且保持一种不满足感。如果我们已经得到想要的，我们仅仅是在新的环境中重新创造同样的想法，因此，尽管得到了我们想要的，我们仍旧不高兴。当我们充满无休止的欲望时，是得不到幸福的。

一位心理学家指出：最普遍的和最具破坏性的倾向之一就是集中精力于我们所想要的，而不是我们所拥有的。这对于我们拥有多少似乎没有什么不同；我们仅仅不断地扩充我们的欲望名单，这就导致了我们的不满足感。你的心理机制说：“当这项欲望得到满足时，我就会快乐起来。”可是一旦欲望得到满足后，这种心理作用却会不断重复。

幸运的是，有个可以快乐起来的方法，那就是改变我们思考的重心，从我们所想要的转而想到我们所拥有的。不是期望你的爱人是别人，而是试着去想她美好的品质；不是抱怨你的薪水，而是感激你拥有一份工作；不是期望你能去夏威夷度假，而是想到你居所附近亦有乐趣。

别勉强自己去做别人，不要看到别人住别墅豪宅就想要别墅豪宅；看见别人开宝马香车就渴望拥有宝马香车；甚至看见别人的女友漂亮、妻子贤惠，就想把自己的女友、妻子换掉，但世界上哪有完美的事物、完美的人呢？这样你就一刻也不能拥有幸福的感觉，你就会在欲望之路上越走越远。

其实外物都是虚假的，即使我们把它追到手，也不会感到满足，反而会使人生出更多更大的欲望来。而这一切都是无根的，都是会走到尽头，走向反面的，富不过三代是一例，乐极生悲也是一例。

因此，不若保持一颗平静的心，学会“物来而应，过去不留”，适当放下，这不仅是一种洒脱，更是参透万物后的一种平和。只有放下那些过于沉重的东西，才能得到心灵的放松。当某一件东西带给你的只有无尽的烦恼和忧愁，各种各样的负担如山一般压在你的心上让你不能自由呼吸，那么最明智的办法就是舍弃它，不要为其所累，快乐自然会回到你的身边。

心安理得，知足常乐

“尚功利，崇邪说，是谓乱经。”

——王阳明

走人生这条道路，荣华富贵并不一定就永久快乐，贩夫走卒也不是一辈子劳苦，一个人只要心安理得，恰如其分地做其本分事，即是幸福。

在被贬至龙场之时，王阳明常以孔子之话勉励自己：居住者要是道德修养高，有知识有智慧的君子，是不会觉得居所简陋。

为生活所迫，他不得不亲自动手耕作来解决温饱。他不会农事，边看边学，他了解到龙场人的耕作是原始的刀耕火种，通过实践，他还掌握了不少做农活的技术和规律。他还向当地的人请教种地经验，和当地百姓的关系也越来越亲近。对于一直心存百姓的王阳明来说，得到龙场百姓的理解和支持就是一种幸福。

为人处世，穷而不乏，实属难能可贵的精神。毕竟荣华富贵常使人飘飘欲仙，而那些每天奔波劳碌的贩夫走卒，风餐露宿，看起来异常凄苦。但有了钱财和权利，未必总能给人带来快乐，烦恼也会随着名利袭上心头。反而是那些本本分分活着的人，每天做着恰如其分的事情可能会更幸福，因为他们或许物质上未能达到极大丰富，但精神却不匮乏。

春秋时的名士原宪住在鲁国，拥有一丈见方的房子，屋顶盖着茅草；用桑枝做门框，用蓬草做成门；用破瓮做窗户，用破布隔成两间；屋顶漏雨，地面潮湿，他却端坐在那里弹琴。子贡骑着大马，穿着白大衣，里面是紫色的里子，小巷子容不下高大的马车，他便走着去见原宪。原宪戴顶破帽子，穿着破鞋，倚着藜杖在门口应答，子贡说："呵！

先生生了什么病?”原宪回答说:“我听说，没有钱叫做贫，有学识而无用武之地叫做病，现在我是贫，不是病。”子贡因而进退两难，脸上露出羞愧的表情。

子贡听了名士对于贫穷的看法，自己的脸上露出了羞愧的表情。因为他自己实际上有了心病，不能从高层次看待贫困的问题，不理解那些善于忍受贫困，而心怀大志的人。

对于贫穷，现实中的每个人的看法不同，标准不同，忍受贫穷的能力也不同。有些人是不得不居于贫困、苦熬贫困，所以觉得贫困是可怕的，这是着眼于物质生活的贫困。还有一些人是甘居贫困，是借贫困的环境来磨炼自己的意志，这是自觉地忍受贫困。不管是贫穷还是富有，我们要注重的不仅是自己的物质享受，还看重自己的精神修养，这才是积极地忍受贫困。

《庄子·山木》中曾记载了这样一则故事：

庄子身穿粗布衣并打上补丁，工整地用麻丝系好鞋子走过魏王身边。魏王见了说:“先生为什么如此疲惫呢?”

庄子说:“是贫穷,不是疲惫。士人身怀道德而不能够推行,这是疲惫;衣服坏了鞋子破了,这是贫穷,而不是疲惫。这种情况就是所谓生不逢时。大王没有看见过那跳跃的猿猴吗?它们生活在楠、梓、豫、章等高大乔木的树林里,抓住藤蔓似的小树枝自由自在地跳跃而称王称霸,即使是神箭手羿和逢蒙也不敢小看它们。等到生活在柘、棘、枳、枸等刺蓬灌木丛中,小心翼翼地行走而且不时地左顾右盼,内心震颤恐惧发抖;这并不是筋骨紧缩有了变化而不再灵活,而是所处的生活环境很不方便,不能充分施展才能。如今处于昏君乱臣的时代,要想不疲惫,怎么可能呢?这种情况比干遭剖心刑戮就是最好的证明啊!”

庄子物质生活很贫穷,但是他的精神生活却并不贫穷。一个人物质上贫穷并不可怕,但一定不要使自己的精神贫穷,精神贫穷才是真正的可悲。庄子生活困苦，但是庄子的精神力量却散发出耀眼的光辉，他深谙快乐生活的道理，心与物游，天真烂漫，这种贫穷在某种意义上说是最富有。

《中庸》讲“素富贵，行乎富贵。素患难，行乎患难”，王阳明认为只有努力修养心体，继而修养得纯正才可做到此。贫穷毕竟不是什么好事。每个人都希望改变贫穷的状况，但是急于求成或是用歪门邪道去脱贫，不是真正的忍贫，而不过是贪恋富贵罢了。那些贩夫走卒，奔波劳苦，虽然生活不尽美好，但他们付出了努力，所以他们的精神充实，将来未必过不上好日子；那些满腹经纶的人，虽然积累学识非常辛苦，但他们可以用知识来创造财富，一样能飞黄腾达。相反，许多人心灵空虚，贪欲满腹，即使家财万贯，也未必能快乐，因为他们不知道什么叫做知足常乐，也从不重视心安理得，结果生命里充满的往往只是利益和虚假的谄媚。

“财”是静心的拦路虎

“人须有为己之心，方能克己；能克己，方能成己。”

——王阳明

人生的热闹风光说穿了不过名利二字，唯有与功名利禄保持适当的距离，才能超然物外，潇洒、通透、做个真正的快活人！然而，从古至今，多少人在混乱的名利场中丧失原则，迷失自我，百般挣扎反而落得身败名裂。司马迁说得好：“君子疾没世而名不称焉，名利本为浮世重，古今能有几人抛？”

王阳明带兵打仗时曾经规定：“各兵但有管哨官总指称神福、馈送打点等各项各色，科派银物，自一分以上，俱许赴该道面告究治。”他严格要求自己的部下不能接受百姓任何的东西，否则严加追究。他说“吏书人民总甲里老百长弓兵机快人等，若揽差下乡，索求赍发者，均长率同呈官追究”。不仅如此，他还倡导百姓揭发收受贿赂的行为，对那些廉洁的官员给予奖励。通过这些措施，王阳明教化当地的人们“务洗贪鄙之俗，共敦廉让之风”。

王阳明对“财”的态度很好地体现了他的清廉和静心。《红楼梦》开篇偈语中，“人人都说神仙好，惟有功名忘不了”的《好了歌》似乎在诉说繁华锦绣里的一段公案，又像是在告诫人们提防名利世界中的冷冷暖暖，看似消极，实则是对人生的真实写照，即使在数百年后的今天依然如此。世人总是被欲望蒙蔽了双眼，在人生的热闹风光中奔波迁徙，被名利这些身外之物所累。

那些把名利看得很重的人，总是想将所有财富收到囊中，将所有名誉光环揽至头顶，结果必将被名缰利锁所困扰。

一天傍晚，两个非常要好的朋友在林中散步。这时，有个路人从林中惊慌失措地跑了出来，两人见状，并拉住路人问："你为什么如此惊慌，发生了什么事情？"

路人忐忑不安地说："我正在移栽一棵小树，却突然发现了一坛金子。"

这两人听后感到好笑，说："挖出金子来有什么好怕的，你真是太好笑了。"然后，他们就问："你是在哪里发现的，告诉我们吧，我们不怕。"

路人说："你们还是不要去了吧，那东西会吃人的。"

这两人哈哈大笑，异口同声地说："我们不怕，你告诉我们它在哪里吧。"

于是路人只好告诉他们金子的具体地点，两个人飞快地跑进树林，果然找到了那坛金子。

一个人说："我们要是现在就把黄金运回去，不太安全，还是等到天黑以后再运吧。现在我留在这里看着，你先回去拿点饭菜，我们在这里吃过饭，等半夜的时候再把黄金运回去。”于是，另一个人就回去取饭菜了。

留下来的这个人心想：“要是这些黄金都归我，该有多好！等他回来，我一棒子把他打死，这些黄金不就都归我了吗？”

回去的人也在想：“我回去之后先吃饱饭，然后在他的饭里下些毒药。他一死，这些黄金不就都归我了吗？”

不多久，回去的人提着饭菜来了，他刚到树林，就被另一个人用木棒打死了。然后，那个人拿起饭菜，吃了起来，没过多久，他的肚子就像火烧一样痛，这才知道自己中了毒。临死前，他想起了路人的话：“他说的真对啊，我当初怎么就不明白呢？”

可见，“财”这只拦路虎，它美丽耀眼的毛发确实诱人，一旦骑上去，又无法使其停住脚步，最后必将摔下万丈深渊。

庄子在《徐无鬼》篇中说：“钱财不积则贪者

忧；权势不尤则夸者悲；势物之徒乐变。”追求钱财的人往往会因钱财积累不多而忧愁，贪心者永不满足；追求地位的人常因职位不够高而暗自悲伤；迷恋权势的人，特别喜欢社会动荡，以求在动乱之中借机扩大自己的权势。而这些人，正是看不破钱财之人，注定会有无尽的烦恼。

权势等同枷锁，富贵有如浮云。生前枉费心千万，死后空持手一双。名利，就像是一座美丽豪华舒适的房子，人人都想走进去，只是他们从未意识到，这座房子只有进去的路，却没有出来的门。枷锁之所以能束缚人，房子之所以能困住人，主要是因为当事人不肯放下。放不下金钱，就做了金钱的奴隶；放不下虚名，就成了名誉的囚徒。因而，莫不如退一步，远离名利纷扰，给自己的心灵一片可自由驰骋的广袤天空。

养心在于寡欲

“只要去人欲、存天理，方是功夫。静时念念去人欲、存天理，动时念念去人欲、存天理，不管宁静不宁静。”

——王阳明

生活中有一个“抓沙子”的经验，许多人都想把沙子抓得越多越稳，他们就会用力抓，但手抓得越紧，结果漏掉的越多。相反，如果松开手轻轻地托着，所抓的数量会更多。

唐代文学家柳宗元曾写过一篇名为《蝜蝂传》的散文，文中提到了一种善于背负东西的小虫蝜蝂，它行走时遇见东西就拾起来放在自己的背上，高昂着头往前走。它的背发涩，堆放到上面的东西掉不下来。背上的东西越来越多，越来越重，不肯停止的贪婪行为，终于使它累倒在地，说的也是这样一个道理：想抓住的东西越多，抓得住的就越少。

王阳明的门生方献夫，从喜欢辞章之道到找到圣人之道的过程也证明了“大无大有，先无后有”的道理。方献夫本是吏部的郎中，职位比王阳明要高，在二人辩解道义的时候经常会发生一些争论。后来，方献夫热衷讲学论道、辨析义理，这时他认同了王阳明一部分的观点。之后经过长时期在一起讲论，方献夫感慨王阳明的圣人之道，他超越了口舌辩论的表面化阶段，进入了诚心诚意仰慕和敬佩的内在化阶段，于是在王阳明面前自称门生，恭恭敬敬。王阳明说献夫之所以能脱出世俗之见，是因为他能做到“超然于无我”和“大无大有”。“无”的境界只能通过去蔽、减去习得的经验界的杂质才能得到。方献夫用两年的时间完成了三次“飞跃”，靠的是“无我之勇”。王阳明发自内心地说：“圣人之学，以无为本，而勇以成之。”

人心常常是不清净的，从“无”到“有”，从“大无”到“大有”，往往也体现出欲望越少，得到的也越多。人生在世，很难做到一点欲望也没有，但是物欲太强，就容易沦为欲望的奴隶，一生负重前行。每个人都应学会减重，更应学会知足常乐，因为心灵之舟载不动太多负荷。

从前，一个想发财的人得到了一张藏宝图，上面标明在密林深处有一连串的宝藏。他立即准备好了一切旅行用具，特别是他还找出了四五个大袋子用来装宝物。一切就绪后，他进入那片密林。他斩断了挡路的荆棘，蹚过了小溪，冒险冲过了沼泽地，终于找到了第一个宝藏，满屋的金币熠熠夺目。他急忙掏出袋子，把所有的金币装进了口袋。离开这一宝藏时，他看到了门上的一行字：“知足常乐，适可而止。”

他笑了笑，心想：有谁会丢下这闪光的金币呢？于是，他没留下一枚金币，扛着大袋子来到了第二个宝藏，出现在眼前的是成堆的金条。他见状，兴奋得不得了，依旧把所有的金条放进了袋子，当他拿起最后一条时，上面刻着：“放弃了下一个屋子中的宝物，你会得到更宝贵的东西。”

他看了这一行字后，更迫不及待地走进了第三个宝藏，里面有一块磐石般大小的钻石。他发红的眼睛中泛着亮光，贪婪的双手抬起了这块钻石，放入了袋子中。他发现，这块钻石下面有一扇小门，心想，下面一定有更多的东西。于是，他毫不迟疑地打开门，跳了下去，谁知，等着他的不是金银财宝，而是一片流沙。他在流沙中不停地挣扎着，可是他越挣扎陷得越深，最终与金币、金条和钻石一起长埋在流沙下了。

如果这个人能在看了警示后立刻离开，能在跳下去之前多想一想，那么他就会平安地返回，成为一个真正的富翁。物质上永不知足是一种病态，其病因多是权力、地位、金钱之类引发的。这种病态如果发展下去，就是贪得无厌，其结局是自我毁灭。世间一切我们能抓住的只是很少的一部分，又何苦为了抓住更多而失去更多呢？

王阳明告诫学生，只有将好色、贪财、慕名等私欲统统揪出来，连根拔去，才能算作痛快。《伊索寓言》中有这样一句话：“有些人因为贪婪，想得到更多的东西，却把现在所拥有的也失掉了。”所以，生活中的我们应该明白：即使你拥有整个世界，你一天也只能吃三餐。这是人生思悟后的一种清醒，谁真正懂得它的含义，谁就能活得轻松，过得自在，白天知足常乐，夜里睡得安宁，走路感觉踏实，蓦然回首时没有遗憾！

荣辱毁誉皆泰然

“天地生意，花草一般。何曾有善恶之分？子欲观花，则以花为善，以草为恶。如欲用草时，复以草为善矣。”

——王阳明

天下之事，利来利往。贪腐者们追求的那些东西其实不外乎身体的安适、丰盛的食品、漂亮的服饰、绚丽的色彩和动听的乐声，到头来终究是一场空而已。

面对功名利禄、荣辱毁誉，王阳明悟出了自己最佳的人生态度：“渊默”。而“渊默”的理念体现了“众人嚣嚣，我独默默，中心融融，自有真乐”的超然物外的境界。

王阳明认为无论是做学问还是生活，都必须保持心境的澄澈和安定，不能为名利所累。因而在他看来，不能有太多的得失之念，他所理解的“渊默”则恰好契合了做学问的境地。

然而，生活中，有的人过于贪财，有的人过分施舍，这都不是“渊默”的应有之处。吝啬、贪婪的人应该知道喜舍结缘是发财顺利的原因，因为不播种就不会有收成。行善的人应该在不自苦不自恼的情形下去做。否则，就是很不纯粹的行善了。

有一个人十分苦恼自己妻子的吝啬。他跟自己的好友说：“我的妻子贪婪而且吝啬，对于做好事情行善，连一点儿钱财也不舍得，你能到我家里去，向我太太讲些道理吗？”

这个好友是个痛快人，听完他的话后，非常爽快地就答应下来。

好友到达那个人的家里时，他的妻子出来迎接，可是却连一杯水都舍不得端出来给好友喝。于是，好友握着一个拳头说：“嫂子，你看我的手天天都是这样，你觉得怎么样呢？”

那个人的妻子说：“如果手天天这个样子，这是有毛病，畸形啊！”

好友说：“对，这样子是畸形。”

接着，好友把手伸展开成了一个手掌，并问：“假如天天这个样子呢？”

那个人的妻子说：“这样子也是畸形啊！”

好友趁机立即说：“不错，这都是畸形，钱只能贪取，不知道给予，是畸形。钱只知道花用，不知道储蓄，也是畸形。钱要流通，要能进能出，要量入而出。”

那个人的妻子听后，若有所思，羞愧地低下了头，赶紧端来一杯水招待好友。

握着拳头，你只能得到掌中的世界，伸开手掌，你能得到整个天空。握着拳头暗示过于吝啬，张开手掌则暗示过于慷慨。这么一个比喻，便将为人处世和用财之道说明，让人豁然领悟了。

世间的道理大多都是相通的。人降临世界的时候，手是合拢的，似乎在说：“世界是我的。”他离开世界的时手是张开的，仿佛在说：“瞧，我什么都没有带走。”

一个人是否追求名利，往往取决于一个人的荣辱观。有人以出身显赫作为自己的尊荣，公侯伯爵，讲究某某“世家”、某某“后裔”；有的人则以钱财多寡为标准，所谓“财大气粗”“有钱能使鬼推磨”“金钱是阳光，照到哪里哪里亮”，以及“死生无命，荣辱在钱”“有啥别有病，没啥别没钱”，等等，这些俗话正揭示了以钱财划分荣辱的现状。

以家世、以钱财来划分荣辱毁誉的人，尽管具体标准不同，但其着眼点、思想方法并无二致。他们都是从纯客观、外在的条件出发，并把这些看成是永恒不变的财富，而忽视了主观的、内在的、可变的因素，导致了极端、片面的形而上学错误，结果吃亏的是自己。持这种荣辱观的人，往往会拼命地追逐名利，最终导致这些身居要职的人总是铤而走险，走向贪污、腐败的道路。

人格的伟大之处就在于：它超出了欲望的需求而追求品德的完善。一个人做到无欲的时候，就是放弃了心中的杂念，就是清空了心灵中积存的枯枝败叶。清空了心灵，才能最大限度地获得生命的自由、独立；清空了心灵，才能收获未来的光荣与辉煌。清心去欲，是王阳明思想的一个重要主张，他认为一切功名利禄都不过是过眼烟云，得而失之、失而复得等情况都是经常发生的。要意识到一切都可能因时空转换而发生变化，就能够把功名利禄看淡、看轻、看开些，做到“荣辱毁誉不上心”。

淡泊以明志，宁静以致远

“循理之谓静，从欲之谓动。”

——王阳明

《文子·道厚》曰：“真人者，知大己而小天下，贵治身而贱治人，不以物滑和，不以欲乱情，隐其名姓，有道则隐，无道则见，为无为，事无事，知不知也。怀天道，包天心，嘘吸阴阳，吐故纳新，与阴俱闭，与阳俱开，与刚柔卷舒，与阴阳俯仰，与天同心，与道同体，无所乐，无所苦，无所喜，无所怒，万物玄同，无非无是。”

得道之人是可以达到不为是非左右的境界的，在生活中可以超越一切相对事物，从而得到一种超然的自由。这种“不为是非左右的境界”就是淡泊。中国人不仅倾慕诸葛亮的神机妙算，还欣赏他的淡泊人生观，常常借用他的一句话“淡泊以明志，宁静以致远”来自我勉励。

王阳明提倡淡泊的心态。淡泊名利是王阳明家族的“传家宝”，他的六祖王纲性情淡泊，文武皆通，但是为了躲避乱世，他便往来于山水之间。

王纲和刘伯温是好友，但他对刘伯温说：“老夫性在丘壑，异时（你）得志，幸勿以世缘见累，则善矣。”以此可见其淡泊的心境。

只有对生活琐事的淡泊，才能让我们有时间和精力去实现我们远大的理想，也只有能够安静地坐下来，我们才有时间去思考人生。

战国时齐国有位贤者，名叫颜斶。齐宣王十分仰慕他，便把他召进宫来。颜斶走进宫内，来到殿前，就停住了脚步，不再行进。齐宣王叫他上前，颜斶不仅一步不动，还叫齐宣王下来迎接他，还说：“如果是我走到大王面前，说明我羡慕大王的权势；如果是大王走过来，说明大王礼贤下士。与其让我羡慕大王的权势，还不如让大王礼贤下士。”齐宣王生气地说：“到底是君王尊贵，还是士人尊贵？”颜斶不假思索地说：“当然是士人尊贵！从前秦国进攻齐国的时候，秦王曾经下过一道命令，有谁敢在高士柳下季坟墓50步以内的地方砍柴的，格杀勿论！他还下了一道命令，有谁能砍下齐王脑袋的，就封为万户侯，赏金千镒。由此看来，一个活着的君主的脑袋还不如一个死了的士人的坟墓呢！大禹的时候，诸侯有万国之多，是因为他尊重士人；到了商汤时代，诸侯有3000之多；如今，称孤道寡的才24个。由此看来，重视士人与否是得失的关键。从古到今，没有不务实事而成名于天下的，所以君王要以不经常向人请教为羞耻，以不向地位低的人学习而惭愧。”

齐宣王听到这里，才觉得自己理亏，于是对颜斶说：“听了您的一番高论，茅塞顿开，希望您接受我拜您为师。今后您就住在这里，饮食有肉吃，出门有车乘，您的家人个个衣着华丽。”颜斶却说：

"玉，产于山中，一经匠人加工，就会破坏；虽宝贵，但失去了本来的面貌。士人生在穷乡僻壤，如果选拔上来，享有利禄，他外来的风貌和内心世界就会遭到破坏。所以我希望大王让我回去，每天饥饿了才吃饭，像吃肉那样香，安稳而慢慢地走路，足以当做乘车。平安度日，并不比权贵差。清静无为，纯正自守，乐在其中。"颜斶说罢，向齐宣王拜了两拜便离开了。

在大富大贵面前，颜斶安于淡泊的生活而不追名逐利。做人的确需要几分淡泊，只有如此，才能豁达地面对人生的得失。王阳明提倡心中以良知为主宰，不以当官为荣，不以不当官为辱，坦坦荡荡，心无困扰。所以说，淡泊是一种境界，是一种从容不迫的生活态度。

淡泊的人是幸福的，淡泊使人心更加宁静、更加自由，不再受外物羁绊。淡泊是不慕名利，远离喧嚣和纠缠，走向超越。淡泊是在遭受挫折时仍有与花相悦的从容，淡泊是别人都忙于追名逐利时仍然保持恬淡。只有淡泊，才可以使你真正地享受人生，在努力中体验欢乐，在淡泊中充实自己。古往今来多少名士终其一生都在寻求淡泊的心境，“采菊东篱下，悠然见南山”，陶渊明算得上是个淡泊者；钱钟书学富五车，闭门谢客，静心于书斋，潜心钻研，著书立说，留下旷世名篇；齐白石晚年谋求画风变革，闭门十载，破壁腾飞，终成国画巨擘。

在人的生命历程中，轰轰烈烈是暂时的，大部分的时间都在平淡中度过。只要怀有淡泊的心境和一生一世永不放弃的追求，才能获得生活馈赠的那份幸福和快乐，拥有成功赋予的那份慰藉和乐趣。

安贫乐道也是信仰

"昔者尧舜有茅茨者，且以为礼，且以为乐。"

——王阳明

孔子在《论语·述而》中发出这样的感叹："饭疏食饮水，曲肱而枕之，乐亦在其中矣。不义而富且贵，于我如浮云。"

《后汉书·杨彪传》中谈道："安贫乐道，恬于进趣，三辅诸儒莫不慕。"言外之意就是，在贫富与仁义不可兼得时，他是宁可受苦受穷也不愿放弃仁义的。

有时候，生活就像一个圈，无论你的人生多么辉煌壮丽，到最后终究还是要回到原点。这样看来，安贫乐道未必就是不思进取，反而体现出一种和谐有度的生活哲学来。

王阳明在《初至龙场至所止结草庵居之》中说："昔者尧舜有茅茨者，且以为礼，且以为乐。"意思是说，上古时候的尧舜都住过茅草棚，他们一样讲究礼仪，一样喜爱音乐。王阳明以尧舜为榜样，迎接困难的起点很高。

《始得东洞遂改为阳明小洞天三首》第三首有这样的诗句："邈矣箪瓢子，此心期与论。"诗中引用了颜回对待艰苦生活的态度"一箪食，一瓢饮，在陋巷，人不堪其忧，回也不改其乐。"王阳明说，颜回虽离我们很远，但我愿意像他那样安贫乐道。

梁实秋在《雅舍小品》中也说过："安贫乐道的精神之可贵更难于用三言两语向唯功利是图的人解释清楚的。"在佛家看来，能够安贫乐道，独守一份内心的清净，是修行的一种境界。如做人也能够如此的话，必将有所收获。

春秋时期，楚国令尹孙叔敖深受楚庄王倚重，功劳卓著，但他非常俭朴。庄王几次封地给他，他都推辞不受。

后来，孙叔敖得了重病，临死前他嘱咐儿子孙安说：“我死后，你就回到乡下种地，千万别做官。如果大王非要赏你东西，你就要那块没人要的寝丘。”寝丘位于楚越之间，即今河南省固始县内。地方偏僻，地名也不好，而且是一片贫瘠的薄沙地，楚人视之为鬼地，越人认为其不祥，所以很久以来都没人要。

不久，孙叔敖去世，楚王十分悲痛，便打算封孙安为大夫，但孙安百般推辞，庄王只好让他回家去了。孙安回家后，靠打柴为生，日子过得十分清苦。后来，楚王听从优孟的劝说，派人把孙安请来封赏。孙安想起父亲的遗命，就要了寝丘那块薄沙地。

按楚国的规定，封地延续两代，如果其他功臣想要，就改封其他功臣。因为寝丘太贫瘠了，功臣们在请赏的时候，都忘了那里，于是，孙叔敖的子孙十几代拥有这块地，得以安身立命。

光彩夺目的金子会引起人们激烈的争夺，金光大道上挤的人太多了，反倒不如独木小桥幽静和从容。孙叔敖的不争未必是不思进取，反而是一种和谐的生活哲学。

什么是衡量人生成功的标准，是财富、权利，还是享受一份粗茶淡饭的宁静日子？在王阳明看来，安于贫困生活，以学习和掌握圣人之道为乐，不被现实与名利所扰，便能找到自己的人生意义，便是一种成功的表现。

明代施惠在《幽闺记·士女随迁》中说："乐道安贫巨儒，嗟怨是何如，但孜孜有志效鸿鹄。"如果沉浸在世俗名利中不能自拔，一心追求欲望的满足，那么还不如在宁静中享受简单的幸福。

徒有虚名不中用

“世之人从其名之好也而竞以相高，从其利之好也而贪以相取，从其心意耳目之好也而诈以相欺，亦皆自以为‘从吾所好’矣，而岂知吾之所谓真吾者乎！夫吾之所谓真吾者，良知之谓也。”

——王阳明

王阳明从少年时代起，受到父亲的耳濡目染，便要通过科举考取功名。而通过读书摆脱平民的命运，走上仕途是当时很多人唯一的道路。为此，很多人为了这一功名苦读数年，甚至付出了一生。王阳明虽然也受到科举的束缚，但是他并不为它所摇摆，功名仅仅是一个虚名，考不上不算什么，一旦考取，便要让其有实际的用处，为百姓，为社会谋福谋利，这也是他用一生来践行的事情。

然而，世界上有很多人，为了达到一己的目的，不择手段，超过了道德的范围，破坏了人生行为的标准。他们为什么不能守住自己的本分呢？多数情况下，是因为“名心”的驱使。所以，人最高的道德，就是把这个“名心”抹平，不去刻意追求“名”，往往会得到意想不到的结果。

我们以赤子之身来此世界，当以赤子之心走过此世界，也就是真正留取清白在人间。既无声名，亦无功利，然而这也是莫大声名、莫大功利了。所以，我们的先哲曾经说：“至人无己，神人无功，圣人无名。”

王阳明追求的人生应该是“致良知”的一生，他对人生有着自己的终极关怀和哲学导向，他不仅希望能实现“饥者歌其食，劳者歌其事”，还希望实现报国行道的理想。他融合思想家和政治家为一体，却不希望为名所累。

事实上，人生的规则也正是如此奇妙，贪慕虚名、急功近利者往往得不到真正的名誉；沽名钓誉之徒往往得不到真正的快乐。

有一个书生因为像晋人车胤那样借萤火夜读，在乡里出了名，乡里的人都十分敬仰他的所作所为。一天早晨，有一人去拜访他，想向他求教。可是这位书生的家人告诉拜访者，说书生不在家，已经出门了。来拜访的人十分不解地问："哪里有夜里借萤火读书，学一个通宵，而清晨大好的时光不读书却去干别的杂事的道理？"家人如实地回答说："没有其他的原因，主要是因为要捕萤，所以一大早出去了，到黄昏的时候就会回来的。"

车胤夜读是真用功、真求知，而这个虚伪的书生真的好学到这种地步吗？在大好的天光下出门捕萤，黄昏再回来装模作样地表演一番，完全是本末倒置，"名"是有了，但时间一长难免不会露出马脚。靠一时的投机哗众取宠，这样的"名"往往很短暂，如过眼云烟，很快会被世人遗忘。那时，这位"名人"便也不再风光了。

追求名誉难免不被虚名所累，误了一生。其实看开了，虚名不过是噱头，可惜的是太多人被它牵制、累坏。虚名能为人带来一时的心理满足，但它本身毫无价值、毫无意义，任何一个真正的有识之士，都不会看重虚名。王阳明和学生讨论有关名这个问题时，他说如果一味地力追声名，就不会懂得真实、纯朴的道理，人生中就会徒增烦扰。

为了虚名而去争斗，是人世间各种矛盾、冲突的重要起因，也是人生之中诸多烦恼、愁苦的根源所在。我们追求的是精神的不朽，那么，请抛却背后的虚名，着眼未来，脚踏实地，我们终将到达人生的制高点。

在名利中寻回单纯

“人欲横流，天理几灭。”

——王阳明

王阳明在受到刘瑾等人多方残酷迫害、非置之于死地而后快之后复出，功绩卓然，虽依然受谗害，但他经国济世雄心不变，执着地追求真理的心不变，在官场的旋涡中保持内心对圣人的虔诚和敬仰。

成圣之心一直没有改变，为国救民之志也从未减弱，在尔虞我诈的封建官场中，王阳明被打压、被排斥，但是这些都不成问题，他依旧在其位，谋其政。百忙之余还讲学传道，学习的快乐、交友的快乐、悟道的快乐。粗食淡水，幕天席地，面对苍天，仰依大地，其乐无穷。而对于富贵名利，却看得如浮云般不值一提。

在无常的人生里，山河大地危脆，世间不断遭到破坏。要照顾好自己的心，不要与身外的名利、地位等纠缠不清，心若有贪念——贪名利、地位、权势等，这一生不仅不会快乐，还会过得很辛苦。凡夫就是时时在名利的旋涡里打转，才会由不得自己。

玉寅生和三乌从臣是同学，相交甚好，他们没有钱，于是以品性互勉。玉寅生对三乌从臣说："我们这些人应该洁身自好，以后在朝廷做官，绝不能趋炎附势而玷污了纯洁的品性。"三乌从臣说："你说得太有道理了，巴结权贵绝不是我们这些正人君子所为。既然我们有共同的志向，为何不现在发个誓呢？"玉寅生非常高兴，于是他们郑重地把鸡血抹在嘴上发誓："我们二人一致决心不贪图利益，不被权贵所诱惑，不攀附奸邪的小人而改变我们的德行。如果违背誓言，就请明察秋毫的神灵来惩罚他。”

后来，二人一同到晋国做官。玉寅生又重申以前发过的誓言，三乌从臣说：“过去用心发过的誓言还响在耳边，怎能轻易忘呢！”当时赵宣子受到晋王的宠爱，人们争相拜访赵宣子，以期能得到他的推荐，从而得到国君的赏识。赵宣子的府邸前车子都排出了很远。这时三乌从臣已经后悔，想去赵宣子家又怕玉寅生知道，但是又很想结识赵宣子，几经犹豫后，决定尽早去拜访，以避人耳目。当鸡刚叫头遍，他就整理衣冠，匆匆忙忙去拜访赵宣子了。进了赵府的门，却看见已经有个人端端正正地坐在正屋前东边的长廊里等候了，他走上前去举灯一照，原来那个人是玉寅生。两人相对而愧，赶紧告退了。

三乌从臣和玉寅生为了各自的仕途利益而违背了当初的誓言。我们知道富贵学道比较困难，这很容易理解，因为富贵的人容易迷失道心。世间有多少人，在尚未显达前非常努力，低声下气，认真地付出自己的能力，以争取他人信任。有朝一日，当他财、名、利共聚时，傲慢之心就随之而生，忘了当初困顿的生活，这是因权势名利牵缠着他的心。

所以，人心一旦被名利牵制，将造成不堪设想的后果。有智慧的人，在短暂的人生里，视荣华富贵如浮云、梦境，也如草上的露水。而愚痴者则被权势名利所迷惑。

很多时候虚名能为人带来一时心理的满足感，也就使争名、争虚名的事常有发生。虚名本身其实毫无价值、毫无意义所言，为了争夺名利而起矛盾和冲突，往往徒增人生诸多烦恼。

不要为虚名所累，在名利的旋涡中做最单纯的自己，脚踏实地地工作，力求不使自己背上虚名这种沉重的思想包袱。

少一些机心，少一些痛苦

“汝若于货、色、名、利等心，一切皆如不做劫盗之心一般，都消灭了，光光只之本体，看有甚闲思虑？”

——王阳明

历史上多少悲剧出于争名夺誉，人们只看到了虚名表面的好处，却不知道在虚名的背后，埋藏了多少辛酸和苦难。为了承受这么一个毫无价值的虚名，人们常常暗中钩心斗角，明里打得头破血流，朋友反目成仇，兄弟自相残杀，虚名之累，有什么好处？

中国儒家极力提倡“存天理、去人欲”，王阳明更是把“去人欲”当做“存天理”的条件，他说："去得人欲，使识天理。"

王阳明将天理、良知、本体合而为一的，也就是将道德伦理的价值与存在的本体合而为一，要证得"本体"，就必须打掉一切人欲。在他看来，一个人为什么会产生"机心"？因为人的心里藏有势利的种子，因为势利才产生"机心"。

从某种意义上说，势利就是一种欲望。欲望越多，痛苦也越多。人心不足蛇吞象，而蛇吞象——咽不进，吐不出，要多别扭有多别扭。什么都想要，最后可能什么也得不到，反而一辈子将自身置于忙忙碌碌、钩心斗角之中。这样活着，未免太累！如果少一些机心，是不是也会少一些痛苦呢？

苏秦，字季子，东周洛阳人，是战国时期著名的纵横家。

苏秦早年在鬼谷子先生门下学习纵横捭阖之术，他勤奋刻苦，博览群书，学业精进。苏秦学业有成，辞别鬼谷子先生时，鬼谷子先生考察了他一番，苏秦侃侃而谈，滔滔不绝，不想鬼谷子先生眉头直皱，脸上并无喜悦。

苏秦把话说完，怯生生地问："先生，我说错什么了吗？先生为何脸有异色？"

鬼谷子先生语重心长地对苏秦说道："你说得很好，并无错漏。事不可尽，尽则失美。美不可尽，尽则反毁。你只知善辩的好处，唯恐不能发挥至极处，却不知善辩之能遭人嫉妒，若一味恃弄，祸不可测啊。"

后来，苏秦到各国游说，最终配六国相印，权倾一时，但他在燕国受到人的嫉妒。怕燕王杀他，他就自请到齐国做燕王的奸细。他花言巧语又使齐王信任了他，但苏秦的频繁活动终被齐王和齐大夫发觉。齐王将苏秦车裂于市。

苏秦凡事都想要尽善尽美，花尽心思来为自己取得成果，但是他这番心机反而使自己吞咽了恶果。人生的许多痛苦都是因为你得不到想要的东西。其实，我们辛辛苦苦地奔波劳碌，最终的结局不都是只剩下埋葬我们身体的那点土地吗？王阳明说:“汝若于货、色、名、利等心，一切皆如不做劫盗之心一般，都消灭了，光光只之本体，看有甚闲思虑?”一切私心的存在就好比做贼的心，弄到最后不光没有得到想要的，还丢失了本体。

其实，人人都有欲望的心机，都想过美满幸福的生活，都希望丰衣足食，这是人之常情。但是，如果把这种欲望的心机变成不正当的欲求，变成无止境的贪婪，那我们就无形中成了心机的奴隶。在欲望的支配下，我们不得不为了权力、为了地位、为了金钱而削尖了脑袋向里钻。我们常常感到自己非常累，但是仍觉得不满足，因为在我们看来，很多人比自己生活得更富足，很多人的权力比自己大。所以我们别无出路，只能硬着头皮往前冲，在无奈中透支体力、精力与生命。

每个人的世界都是他自己造成的。一个人心中充满心机，就会因心机而衍生出困难、恐惧、怀疑、绝望、忧虑等情绪。一个人若是使自己的思想里充满了困难、恐惧、怀疑、绝望、忧虑的东西，那么他的整个生活就难以走出悲愁、痛苦的境地。但他若能抱着乐观的态度，那么就可使蒙蔽心灵的种种阴霾烟消云散。

人生如白驹过隙，生命在拥有和失去之间很快就流逝了。心灵空间需要自己去经营，如果心中装满势利、欲望、各种算计机关，心灵哪里还有空间去承载别的呢？

第七章

做事不贪大，做人不计小

财富是外形，心是快乐的根

“常快活便是功夫。”

——王阳明

王阳明的学生陈九川卧病虔州，王阳明问他，病了之后是不是觉得格物穷理更加困难了啊？陈九川说，这个功夫确实太难了。王阳明告诉他：“常快活便是功夫。”

的确，保持一颗快活的心很难。人总会遇到一些不如意的事情：生病了、降职了、失恋了、失业了等等，想到这些总是很难快活起来。在陈九川看来，格物穷理本就是一件很难的功夫，生病了就变得更难了。其实，先生的话实际是在劝诫他，快活不快活与外物环境没有太大的关系，主要在于内心。

物质环境的好坏，固然可以影响到人的心情与思想。但有高度精神修养的人，同样也能够以自己的心去改变环境。如果没有立身处世的道德标准和精神的修养，纵然有再多的财富、再好的物质环境，他也不会快乐。

快乐是一种身心愉快的状态，离苦得乐，是人最本质的需要。快乐很简单，它与一个人的财富、地位、名气无关，它不需要大量的金钱去支撑，也不需要以名气为后盾，更不需要乌纱帽来提携。相反，快乐只与一个人的内在有关，物质财富的获得可能让人获得快乐，可是处理不当则会成为人生的负累，生活从此远离快乐，永无宁日。

从前有一个樵夫，他长年累月都以打柴为

生，早出晚归，风餐露宿，但是家里仍然常常揭不开锅。于是他老婆天天祈求上天让他们早日脱离苦海。

真是苍天有眼，大运降临。有一天樵夫在大树底下挖出了一包金子。转眼间，他就变成了百万富翁。于是他买房置地，宴请宾朋，好不热闹。亲朋好友也都像是一下子从地下冒出来似的，纷纷前来向他表示祝贺。

按理说樵夫应该非常满足了，现在终于知道荣华富贵是什么滋味了。可是他只高兴了一阵子，就开始愁眉苦脸，吃睡不香，坐卧不安了。他的妻子看在眼里，劝他说："现在我们有很多金子，吃穿不愁，又有良田美宅，你为什么还是愁眉苦脸的呢？你这个丧气鬼，天生就是个受穷的命！"

樵夫听到这里，不耐烦了："你个妇道人家懂得什么？我们得了金子的事情，人人都知道了。如果有人来偷来抢怎么办？我是愁没有最好的地方来藏它们。"妻子听过之后也觉得有理。于是夫妻二人开始找藏金子的好地方。可是无论何地他们都觉得不安全，结果就这样天天找，天天担心，生活没有了一刻的宁静。

挖出金子之后的樵夫并没有之前那么快乐，是因为他将金子看得过重。人生在世，名利钱财、金银珠宝等都是身外之物，即使时时刻刻永不停息、永无止境地去追求和索取它，也不会有满足的时候。一味地追求反而丢失了生活的宁静与快乐，得不偿失。快乐无须附丽，它只是内心深处的富足，它像一缕清纯的阳光，既可以照亮自己，也可以照耀周围的人。那些身无长物的人，同样可以获得人生的快乐。

孔子说颜回："贤哉！回也。一箪食，一瓢饮，在陋巷，人不堪其忧，回也不改其乐，贤哉回也！"颜回短暂的一生，师从孔子，周游列国，虽有满腹经纶，德才兼备，但是甘于贫苦生活而不改其乐，可以说是乐由心生、无须附丽的典型了。

当我们哀叹命运不公、抱怨时运不济时，以为只有得到名利才快乐，那真是一件可悲的事情。快乐其实很简单，它就住在每个人的心里，不过，需要你用心寻找。王阳明曾经说过：乐是心的本体，只有心才是快乐的根。快乐不是霓虹灯下的买醉，不是一掷千金的快感。不放纵生命，不麻醉灵魂，珍惜生命的点点滴滴，才是快乐；拥有一颗感恩的心，感激生命，感激阳光雨露，忘却曾经的苦痛，快乐之情会油然而生。

希望有所成就并且生活得逍遥自在、豁达明朗，就首先要努力使自己成为一个有道德教养的人，一个有良好品格的人，一个有丰富心灵的人，一个有益于他人的人，这样才能有效地防止那些使人沮丧和紧张的因素，从而充分享受工作和生活本身蕴涵的乐趣，在任何情况下保持一种“临清风，对朗月，登山泛水，肆意酣歌”的心境，陶陶然乐在其中，不亦快哉！行走青山绿水之间，且听风吟，了无牵挂，快乐盈心！

沉浮动静皆人生

“尔却去心上寻个天理，此正所谓理障。”

——王阳明

生是头，死是尾，中间的是过程，人生就是如此。不问来处，不问去路，只问今何处，才是现实。愚者以为幸福在遥远的彼岸，聪明者懂得将周遭的事物培育成幸福。快乐的人生不在山珍海味，而在清和淡雅；不在盲目追求，而在真诚相待；不在别人的施舍，而在自己的努力；不在遥远的未来，而在当下的获得。追求快乐的人生不在于快乐二字，而在于快乐的过程。

对于王阳明来说，从早年的官场争斗到后来的南征北战，从江西剿匪到平定宁王叛乱，再到后来的潜心治学教书，他的一生是短暂的，他逃不过死亡的结局；但他的一生又是漫长的，他的的确确闯出了一片天地，在这片广泛的天地之中干了一番大事业。在他生命的全部过程中他一直坚持着少年时候的志向与追求，无论是创立心学、提出“知行合一”，还是带兵打仗，为的都是报效祖国。他一直坚持自己的追求，并为之付出了毕生心血，他的人生是成功的也是幸福的。

对于一个人来说，从胎儿、婴儿、孩童、少年、青年、中年、到老年，是这个过程诠释了生命的真谛，它包含了酸甜苦辣，凸显着人生得意的光芒和失意的暗淡。

人们苦苦追求，苦苦寻觅，只为了得到一个结果。但当你得到了那个果时，常会变得失望，反而是在争取的过程中，你尝遍了各种快乐和心酸，那种滋味才令人回味无穷。不要因为在人生过程中失去了那些得到的东西而忧心忡忡，因为已经得到，就不怕失去。否则，在你的不断为失去而感叹时，你会错过大好的时光，而说不定你错过的时光，会让你得到更好的事物。

有位孤独者倚靠着一棵树上晒太阳，他衣衫褴褛，神情萎靡，不时有气无力地打着哈欠。

一位智者由此经过，好奇地问道："年轻人，如此好的阳光，如此难得的季节，你不去做你该做的事，懒懒散散地晒太阳，岂不辜负了大好时光？"

"唉！"孤独者叹了一口气说，"在这个世界上，除了我自己的躯壳外，我一无所有。我又何必去费心费力地做什么事呢？每天晒晒我的躯壳，就是我要做的所有的事了。"

"你没有家？"

"没有。与其承担家庭的负累，不如干脆没有。"孤独者说。

"你没有你的所爱？"

"没有，与其爱过之后便是恨，不如干脆不去爱。"

"你没有朋友？"

“没有。与其得到还会失去，不如干脆没有朋友。”

“你不想去赚钱？”

“不想。千金得来还复去，何必劳心费神动躯体？”

“噢。”智者若有所思，“看来我得赶快帮你找根绳子。”

“找绳子干吗？”孤独者好奇地问。

“帮你自缢。”

“自缢？你叫我死？”孤独者惊诧道。

“对。人有生就有死，与其生了还会死去，不如干脆就不出生。你的存在，本身就是多余的，自缢而死，不是正合你的逻辑吗？”

孤独者无言以对。

“兰生幽谷，不为无人佩戴而不芬芳；月挂中天，不因暂满还缺而不自圆；桃李灼灼，不因秋节将至而不开花；江水奔腾，不以一去不返而拒东流。更何况是人呢？”智者说完便转身离去。

如智者所说“江水奔腾，不以一去不返而拒东流”。人生是过程，这是一个最简单但又最不为人注意的错误。人生目标是我们永远的明天，我们的人生永远是今天。有目标的人是活得有意义的人，能看重人生本身这一过程并把握住过程的人是活得充实而真实的人。“没白活一辈子”，应该是目的和过程两方面都有质量。许多人活了一辈子，到头来，还没有得到人生过程的乐趣，没有享受人生，这是一种生命自觉与自省的缺乏。沉浮动静皆人生，体悟每种境遇，不以物喜，不以己悲，得失沉浮皆是人生所获的赐予。

沉浮动静皆人生。如果我们总用一种效益坐标来判别人生的状况，前进为正，后退为负，上升为优，下沉为劣，那么，我们就永远不能读懂人生。所以，追求幸福的过程才是最幸福的。既然每个人的未来结果是相同，赤条条来去无牵挂，那么还不如在追求一切的过程中好好享受，这才不枉在人世走一遭。

幸福在于追求得少

“彼其胶于人欲之私，则利害相攻，毁誉相制，得失相形，荣辱相缠，是非相倾，顾瞻牵滞，纷纭舛戾，吾见其烦且难也。”

——王阳明

“譬如空中飞鸟，不知空是家乡；水中游鱼，忘却水是生命。”空中飞鸟翱翔天际，本身即在天空中，它并未想过向生活索取更大的空间，因为天空够宽了；水中游鱼，水对它是非常重要的东西，而它并未一味因其重要而操心忧虑。若能以这种积极的态度努力生活，生活必然愉快、幸福。

俗话说，人生失意无南北，宫殿里也会有悲恸，茅屋里同样会有笑声。只是，平时生活中无论是别人展示的，还是我们关注的，总是风光的一面，得意的一面，这就像女人的脸，出门的时候个个都描眉画眼，涂脂抹粉，光艳亮丽，这全是给别人看的。回到家后，一个个又都素脸朝天。

就像王阳明说的，毁誉、得失、荣辱、是非都是相辅相成的，世间没有绝对的事情。当然人生也没有绝对的幸福与不幸，两者相差的也许只是一个角度罢了。站在城里，向往城外，而一旦走出了围城，就会发现生活其实都是一样的，有许多我们一直在意的东西，在别人看来也许根本就不算什么。所以，与其不停地长吁短叹，不如欣赏一下自己的生活，静心体会生活的快意。

在一条河的一边住着农夫，另一边住着官员。农夫看到官员每天无须劳作，吃好喝好，十分羡慕他；官员看到农夫每天在田园山水中修身养性，也十分向往那样的生活。日子久了，他们都各自在心中渴望着：到对岸去。

一天，农夫和官员达成了协议。于是，农夫过起了官员的生活，官员过上了农夫的日子。

几个月过去了，成了官员的农夫发现，原来官员的日子并不好过，表面上悠闲自在其实是日理万机，官场的各种规则更是让他感到无所适从，便又怀念起以前当农夫时的生活来。

成了农夫的官员也体会到，他根本无法忍受农夫每日为生活而辛苦的劳作，于是也想起做官员的种种好处。

又过了一段日子，他们各自心中又开始渴望：到对岸去。

农夫羡慕官员，官员羡慕农夫，真正互换了彼此的生活，又发现原来的生活才好。其实，你眼中的他人的快乐，并非真实生活的全部。每个生命都有欠缺，不必与人作无谓的比较，珍惜自己所拥有的一切就好。

生物界寿命的长短，决定了生命境界的不同感受：树根上的小蘑菇寿命不到一个月，因此它不理解一个月的时间是多长；蝉的寿命很短，生于夏天，死于秋末，它们不知道一年当中有春天和秋天。它们的生命都是短暂的，一般人觉得它们可怜。

其实，不完全就是这样。那些生命即使活了几秒钟也觉得自己活了一辈子，因为它们有它们的快乐。感受的境界各自不同，生命也各有各的幸福。或许你的生活很简单，但是你也会有自己的乐趣。

胡九韶，明朝金溪人。他的家境很贫困，一面教书，一面努力耕作，仅仅可以衣食温饱。每天黄昏时，胡九韶都要到门口焚香，向天拜九拜，感谢上天赐给他一天的清福。妻子笑他说："我们一天三餐都是菜粥，怎么谈得上是清福？"胡九韶说："我首先很庆幸生在太平盛世，没有战争兵祸。又庆幸我们全家人都能有饭吃，有衣穿，不至于挨饿受冻。第三庆幸的是家里床上没有病人，监狱中没有囚犯，这不是清福是什么？"

胡九韶虽然贫困，但是他认为有饭吃，有衣穿，没病痛，没兵祸便是幸福。正如王维的《辛夷坞》这首诗说的:“木末芙蓉花，山中发红萼，涧户寂无人，纷纷开且落。”那山中的芙蓉花并不因生在深山而黯然神伤。春来秋去，它依然绽放自己生命的美丽，灿烂地活在世上，体验生命的大幸福。什么是幸福，怎样才算是幸福？幸福没有绝对的答案，关键在于你的生活态度。

首先我们学会理解幸福，幸福不是虚无缥缈的东西，把对幸福的理解建立在客观条件允许的范围内切不可脱离实际，不可好高骛远，那么幸福每时每刻都在我们每一个人的身边，关键是我们如何去发现它、理解它、感受它，创造它。

无执无著，无滞无留

“读书作文安能累人？人自累于得失耳。”

——王阳明

王阳明的一生，几经起落，但无论是京都的富贵还是穷乡僻壤的贫寒他从来没有计较过。他认为，人之所以活得很累，就是因为太过于计较自己的得失。人生就像天气一样变幻莫测，有晴有雨，有风有雾。无论谁的人生，都不可能一帆风顺，况且，一帆风顺的人生，就像是没有颜色的画面，苍白枯燥。等人老了的时候，回过头看看自己走过的路，开心的、伤心的，不都成了过眼云烟吗？一路走过来，难免会有许多辛酸的泪水，难免会有许多欢乐的笑声，当一切成为过去，谁还记得曾经有多痛，曾经有多快乐。

按照这种思路想来，一切都会过去的。那么，对于眼前的不幸，又何必过于执着？世间万事，来不可阻挡，去也不必挽留。生生死死，哭哭笑笑，一切的幸与不幸，都只是一个过程。

明朝开国文臣之首、大学士宋濂在《秦士录》中写一介狂士。

秦士指的是邓弼，他以力量称雄于人，喜欢酒后使性，对旁人怒目而视，人们就说："狂徒不可接近，接近则必受奇耻大辱。"

有一日，他在青楼独自饮酒，看到萧、冯两位书生经过楼下，就把他们拉来共饮。这两人向来瞧不起他，就百般推脱。邓弼发怒说："你们如果不接受我的邀请，那我就杀了你们，而后逃命到荒山僻野去，怎么可能让你们如此侮辱我！"

两书生不得已，只好和他一起去。邓弼一边大声吆喝着要酒喝，一边高歌。喝到畅快之处，他解开衣服，两腿岔开，粗鲁地席地而坐，还拔刀放在桌面上，铿然作响。两位书生向来听说他酒后发狂，想起身离开，邓弼制止说：“不要走！我也稍微读了些诗书，你们何至于把我看得低贱？今日并非特意请你们喝酒，只是想略吐胸中不平之气罢了。经、史、子、集四部的书籍任凭你们询问，如果不能回答，就让这把刀沾上鲜血。”

两书生说：“竟有这样的事？”

便摘取七经数十义问他，邓弼列举古书中注释经文的文字和解释传文的文字，不漏一句。他们又询问历代史事，上下三千年谈吐流畅，滔滔不绝。

邓弼笑着说：“你们服不服？”

两书生相顾沮丧失色，不敢再有问题。邓弼取酒，披头散发跳着说：“我今天压倒老书生了！古者学在养气，如今的人穿着读书人穿的衣服，反而毫无生气，只想卖弄学问，把世上豪杰当小孩子抚养。你们还是算了吧。”

两书生向来自负博学多才，听到邓弼的话大感惭愧，下楼去了，走路都不正常。回去问与邓弼交往的朋友，也没有看见他拿着书本低声吟咏过。

虽然天生神力，但是因丞相阻挠，他始终没有受天子之重用。他慨叹说：“天生一具铜筋铁肋，却不能建立功勋在万里之外，而只能困死在野草之下，生不逢时啊，这就是我的命啊！”

随后进王屋山做了道士。十年后死去。

邓弼满怀的壮志难酬，最后选择遁入空门来回避现实，正是已经对人生心灰意冷，如此，还有何乐趣可言呢？

苏轼曾在赤壁慨叹道：“人生如梦，一樽还酹江月。”既是如此，又何苦执着？

众生苦苦寻求，就是为了离苦得乐，然而，什么才是快乐的真正法门？也许我们可以从这句话找到答案：“不要讨厌坏境界，也不要贪求好现象，只有不忮不求，才能无欠无赊，才能体会到真正的快乐。”命运弄人，它总是喜欢以玩笑来捉弄世人，那么，我们又何必太较真呢？有时候不妨也以游戏的心态面对，“游戏”不是态度，而是一种心情。

逆境中要勇于承担，切不可自暴自弃；顺境中要谦卑恭谨，切不可得意忘形。

生活不会永远一帆风顺，正因为如此，我们的生活才有滋有味、绚丽多彩。在跌宕起伏中保持一颗平常心很重要，不以物喜，不以己悲，宠辱不惊，去留无意，在平淡中给自己一分力量，在喧闹中给自己一分宁静。

王阳明在一封信中曾写道：普通人和圣人都怀有快乐之心，只是普通人却不自知本身拥有这种快乐，反而还要自寻烦恼，久而久之自己舍弃了这份快乐。其实，即便真正处于烦恼迷离的处境当中，这种乐的本体也是不会消失的。快乐是一种独特的体验，真实的常在，无论雅俗，都会活得有滋有味，也用不了太多的心思，你就会发现活着本来就不错。比如说，你有大本事或小本事，朋友多，路子广，会有种种发迹的机会；你拥有爱情，拥有家庭，拥有多彩的故事，你总有一些盼望，会发现一些趣事，甚至某个消息、某个话题、某种现象都能让你兴奋。这兴奋可能太俗，让人瞧不上眼，或根本就不值。但只要是真实快乐的体验，也就够了。即使是真正遇上不称心的事，也别抱着死理，跟自己过不去，这样你便能从容应付、潇洒地走出困境。

幸福源自内心的简约

“但论议之际，必须谦虚简明为佳。若自处过任而词意重复，却恐无益有损。”

——王阳明

古人有句话叫“大道至简”，用今天的话来说，就是“越是真理的就越是简单的”。著名的美籍华裔数学家陈省身先生有一个很有趣的“数学人生法则”，数学的一个重要作用就是九九归一，化繁为简。智者的简单，并非因为贫乏或缺少内容，而是繁华过后的一种觉醒，是一种去繁就简的境界。简单的过程是一个觉醒的过程。大道至简，健康的人生一定是一个去繁就简的人生。

对于这一点，王阳明先生也有过相关的论述。

他认为为文应该“谦虚简明”才好。不简明、过多重复就有损而无益了。这句话虽然本来说的是议论、作文的道理，其实也是人生的道理。

人的一生会有许多的追求：宽敞豪华的寓所；完整的婚姻；让孩子享受最好的教育，成为最有出息的人；努力工作以争取更高的社会地位；能买高档商品，穿名贵的皮革；跟上流行的大潮，永不落伍等等。为了满足内心的虚荣，可能于不知不觉中逐渐地拥有很多，但是却也负担了很多，纷繁的生活让生活反而没有了意义。其实，幸福与快乐源自于内心的简约，简单使人宁静，宁静使人快乐。

有位中年人觉得自己的日子过得非常沉重，生活压力太大，想要寻求解脱的方法，因此去向一位禅师求教。

禅师给了他一个篓子，要他背在肩上，指着前方一条坎坷的道路说：“每当你向前走一步，就弯下腰来捡一颗石子放到篓子里，然后看看会有什么感受。”

中年人照着禅师的指示去做，他背上的篓子装满石头后，禅师问他这一路走来有什么感受。他回答说：“感到越走越沉重。”

禅师于是说：“每一个人来到这个世上时，都背负着一个空篓子。我们每往前走一步就会从这个世界上捡一样东西放进去，因此才会有越来越累的感慨。”

中年人又问：“那么有什么方法可以减轻人生的重负呢？”

禅师反问他：“你是否愿意将名声、财富、家庭、事业、朋友拿出来舍弃呢？”那人答不出来。

禅师又说：“每个人的篓子里所装的，都是自己从这个世上寻来的东西，但是你拾得的太多，如果不能放弃一些，你的生命将承受不起，现在决定了你的选择吗？丢下什么，留下什么？”

中年人反问禅师：“这一路上，您又丢下了什么，留下了什么？”

禅师大笑道：“丢下身外之物，留下心灵之物。”

常有人提着一个袋子，边走边拾。一路上拾起无数他不想要的东西。当他遇到真正想要的东西之时，袋子已经装满了。对于绝大多数人来说，功名利禄就像背篓里的石子，得到的越多步履越沉，反倒是心灵之物，装得越多，人就会越有智慧，越是通达，越容易感受到幸福。

人在世上，无时无刻不受到来自外界的诱惑，一旦有了功名，就会对功名放不下；有了金钱，就会对金钱放不下；有了爱情，就会对爱情放不下；有了事业，就会对事业放不下。当得到的东西太多了，超过生命的承载力，这个时候，你该怎么办？留下什么，舍弃什么，选择变得尤为重要。稍有不慎，就会背上沉重的枷锁，却与幸福擦肩而过。

人生不会一帆风顺，不如意事十之八九，得失随缘不要过分强求什么，不要一味地去苛求些什么。世间万事转头空，名利到头一场梦，想通了，想透了，人也就透明了，心也就豁然了。名利是绳，贪欲是绳，嫉妒和褊狭都是绳，还有一些过分的强求也是绳。牵绊我们的绳子很多，只有摆脱这些牵绊心的绳索，才能享受到真正的幸福，体会到做人的乐趣。

有些人，他们活着，却没有时间去多愁善感；爱着，他们却不懂怎么诠释爱情；他们满足，因为他们没有奢望生活过多的给予；他们简单，不用在人前掩饰什么。他们也许连幸福是什么都不知道，然而真正快乐的就是这么一群简单的人。

人之所以不快乐，就是因为不能够活得单纯。其实，不要去刻意追求什么，不要向生命去索取什么，不要为了什么去给自己塑造形象，简单本身就是一种幸福。

时时微笑，雨打芭蕉也无愁

“心无所累，意无所牵。”

——王阳明

“芭蕉叶上无愁雨，只是听时人断肠”，心外阳光明媚、鸟语花香时，内心却可能愁云密布，甚至没有任何阳光可以照进的缝隙。快乐时，“绿杨烟外晓寒轻，红杏枝头春意闹”；失意时，“泪眼问花花不语，落红飞过秋千去”。

宦海沉浮本就是很平常的事情，这一点王阳明很清楚，所以即使经历了大起大落他依然坚守内心的生活哲学。几次被贬他也沉默过、失望过，但他终究没有被困难、失意所俘虏，依然微笑着面对人生。他的微笑来自长期自省、为学、修身的自信和内心深入的平静。任何得失沉浮都是人生，都是生活所获的赐予。活了一辈子，却常常因为心中长满了烦恼杂草而愁肠百结，愁眉不展，到头来，还没有得到生活过程的乐趣，没有享受生命，这是生命当中自觉与自省的一种缺乏。

有两个见解不同的人在争论三个问题。

第一个问题：希望是什么？

悲观者说：是地平线，就算看得到，也永远走不到。乐观者说：是启明星，能告诉我们曙光就在前头。

第二个问题：风是什么？

悲观者说：是浪的帮凶，能把你埋葬在大海深处。乐观者说：是帆的伙伴，能把你送到胜利的彼岸。

第三个问题：生命是不是花？

悲观者说：是又怎样，凋谢了也就没了！乐观者说：不，它能留下甘甜的果实。

突然，天上传来了一阵声音，也问了三个

问题。

第一个：一直向前走，会怎样？悲观者说：会碰到坑坑洼洼。乐观者说：会看到柳暗花明。

第二个：春雨好不好？悲观者说：不好！野草会因此长得更疯！乐观者说：好，百花会因此开得更艳！

第三个：如果给你一片荒山，你会怎样？悲观者说：修一座坟茔！乐观者反驳：不！种满山绿树！

于是上天分别给了他们一样礼物：给了乐观者成功，给了悲观者失败。

乐观者和悲观者由于对于同样一个问题有截然相反的答案。可见，决定一个人心情的，不在于环境，而在于心境。当一个人的心情阴云密布的时候，看什么都不顺眼，当一个人欣逢喜事之时，连花儿都笑得灿烂。有个哲人曾说："当你一个人哭的时候，只有你一个人在哭；当你微笑的时候，世界在跟着你笑。"

很多人都知道境由心造的道理，但很多人常常被外境所困，以至于自己的心常常被困在围城中。明心见性，看清自己的本心，才能找到症结所在，扫除心中的杂草，剪掉心中的死结，走出围城，达到心神通畅。所以在面对人生烦恼的时候，最好的办法就是对身边的人时时微笑。

有一个人常常觉得生活没有任何意义，除了悲伤就是烦恼，所以，他渐渐地越来越颓废、越来越忧郁。一天，他听说在远方的深山里有一位得道高人，能够帮人答疑解惑，便跋山涉水地寻到这座山，向高人请教解脱之法。

忧郁者问："我究竟应该怎么做，才能够摆脱这悲观痛苦的深渊，得到充实而轻盈的快乐呢？"

高人回答："微笑，对自己微笑，也对他人微笑。"

忧郁者仍然困惑，又问："可是我没有微笑的理由啊！生活如此艰辛，我为什么要微笑呢？"

高人略微思索了一下，说："第一次微笑是不需要理由的，你只要尽情地绽放自己的笑容就可以了。”

“那么第二次、第三次呢？一直都不需要理由吗？”

“不要担心，到第二次、第三次的时候，微笑的理由就自己来找你了。”

忧郁者踏上了返乡的归程，高人微笑着目送他离去的背影。

与人相处时，善意的开始必然带来快乐融洽的结果。面带微笑，心存真诚，两人相对的第一个瞬间，必定能传达出最友好的信号。

其实，我们每个人的心灵都是一座种满花草的花园，它需要我们时时垦殖翻耕。这个花园中有秽土，也有净土，所以不可能永远保持快乐与清净。作为自我心灵的园丁，我们绝不能放任杂草丛生，占尽花木所需的阳光雨露，否则这座花园就必须成为人生困顿的围城，而及时修剪，时时微笑，求得和谐美好的内心环境，围城之中也能过自在人生。

要活得轻快洒脱

“吾辈用功，只求日减，不求日增。减得一分人欲，便是复得一分天理，何等轻快脱洒，何等简易！”

——王阳明

王阳明从小熟读四书五经，对于宋代的程朱理学也有深刻的见解，这些都是他创立心学的基础。尤其对于朱熹提出的“存天理，灭人欲”他更有着深刻的理解。

一次他路过道观问一位禅师是否想念自己的母亲，禅师想了想面露愧色地说：“想！”于是，王阳明开始思考所谓的“人欲”。谁都有母亲，想念自己的母亲为什么要感觉到羞愧呢？这不是人之常情吗？从这开始，他对朱熹的“存天理，灭人欲”产生了质疑，进而将这个说法做了新的诠释。他认为，人应该“求减不求增”，减少自己的欲望，天地间便多了一分天理，这就是人生快乐、洒脱的法则。而这个法则也与“心学”相照应，其实天地间万事万物都是人心的写照。世间之风月景物本就没有烦恼、快乐之别，有别的是人的内心，内心繁复自然多了几分烦恼；内心简单快乐自然容易了许多。

唐代诗人张若虚的《春江花月夜》被称为是“孤篇盖全唐”的杰作，其中一句说：“江畔何人初见月？江月何年初照人？人生代代无穷已，江月年年只相似。”大自然中的月亮、太阳、风、山河，它们永远如此，古人看到的天和云，和我们现在看到的这个天和云是一样的，未来人看到的也是这个自然天地。江月虽一样，但情怀却不尽相同。快乐的人看到风景很高兴，痛苦的人看到一样的风景，却深感悲哀，其实这都是自己心境的照应。

生活中，很多人往往自寻烦恼，自己给自己套上枷锁，从而让自己疲惫不堪。每个人都不愿意让烦恼缠身。为此，有人试图通过酒精、尼古丁和大量的镇静剂来解除不安和痛苦，也有人把大部分精力用于消除外在表面上的痛苦，以获得一种暂时的解脱，或者是整日整夜地守在电视机前，嘴里还不停地咀嚼着零食。

而这些方法不是麻痹自己就是给自己带来另一种烦恼、痛苦或者伤害，与其这样倒不如给自己减压，解除这些束缚，从而让自己活得轻松、活得快乐。其实，人生的痛苦和悲哀皆由心造，人的心能大能小，痛苦和悲哀也源自于人心的不同。一个拥有快乐心情的人，就会远离痛苦、悲哀。

牛弘，隋朝大臣。字里仁，他不但学术精湛，位高权重，而且性格温和，宽厚恭俭。牛弘有个弟弟牛弼，他就没有哥哥那么谨言慎行了，一次牛弼喝醉了酒，竟把牛弘驾车的一头牛用箭射死了。牛弘回家时，其妻就迎上去给他说：“小叔子把牛射杀死了！”牛弘听了，不以为意，轻描淡写地说：“那就制成牛肉干好了。”待牛弘坐定后，其妻又提此事说：“小叔子把牛射杀死了！”显得非常着急，认为是件大事，不料牛弘随口又说：“已经知道了。”他若无其事，继续读自己的书。其妻只好不再说什么。

明代著名作家冯梦龙评点此事说：冷然一句话扫却了妇道人家将来多少唇舌。想要摆脱琐事带来的烦恼，最好的办法就是放宽心胸，如牛弘一样，不问“闺”中琐碎之事。

人生的烦恼多半是自己寻来的，而且大多数人习惯把琐碎的小事放大。“月有阴晴圆缺，人有悲欢离合”，自然的威力，人生的得失，都没有必要太过计较，太较真了就容易受其影响。我们降落到这个尘世中并不是来寻找烦恼的，所以我们没有必要成日在忧伤和苦闷中度过，这样的人生又有什么意义呢？快活地奔走在眼花缭乱的世界，在杂乱中寻找宁静，在失意中追寻进取，做一个真正意义上的快乐者，这样的人生才活得有意义、有价值。

我们每个人的身体都好比是一个小小的院落，脸上的五官就是五个房间，而心脏则是大厅。想要生活在一个宁静的院落里，那么我们就必须保证这五个房间和一个大厅都处于安静的环境之中，尤其是大厅的宁静，显得尤其重要。心中的安宁是一切外在事物宁静的源头，因此心脏也理所当然地成为五官的总领，只有当人们拥有一颗平静的心时，五官所听到的、所看到的、所闻到的以及所尝到的才有可能是甜蜜和幸福。

其实，魔鬼不在心外，魔鬼就在自己的心中。就像王阳明说的："擒山中之贼易，捉心中之贼难。"这样看来，自己的敌人就在自己心里，自己的烦恼痛苦也都是自己心里的心魔，能将其降伏者，也只有我们自己。

第八章
知行合一，言行一致

慎思之，笃行之

“知是行之始，行是知之成。”

——王阳明

常言道，三思而后行。意思是思考在前，行动在后，必须经过多番仔细周密的考虑才能有所行动，如此才能取得最好的效果，避免一些不必要的麻烦。

“三思而后行”，出自《论语·公冶长》：“季文子三思而后行。子闻之曰：‘再，斯可矣。’”孔子对季文子三思而后行的评价，着实令人费解。有的人指出，孔子是赞同季文子的做法的，并且孔子认为三思还不够，还要再想一次才可以；有的人则持相反的观念，指出孔子实际上是反对季文子这种过多思虑的做法，认为只要“再”，即只要想两次就可以了。从字面的意思看来难免糊涂，然而从孔子的思想主张，从他周游列国游说各诸侯施行仁政的行事作风则不难看出，上述第二种观念更符合孔子的本意。

而王阳明对于思与行的关系则这样认为：知是行之始，行是知之成。意在强调知与行的统一。所谓知，便是对事情各方面的思考与了解，只有思考明白、了解清楚了才能开始行动；所谓行，便是将那些思考明白、了解清楚的东西付诸实践，如此才能有所成就。王阳明指出，圣人之学乃身心之学，其要领在于体悟实行，不可将其当做纯粹的知识，仅仅流于口耳之间。

三思而行，已成为对冲动气盛的年轻人最好的劝谏，一直颇受世人的推崇。人们相信，经过深思熟虑的决定才是最好的，经过反复思量的行动才能顺利地进行。不幸的是，由此而形成了一种重思考而轻行动的风气。或许是过于谨慎，过于追求万无一失，人们将大量的时间与精力用在了无限的沉思之中，结果越想越觉得准备不够充分，越想越觉得存在很大的问题，想着想着，本可以尝试的想法变成了不可能完成的任务，无疾而终。由于人的四维空间是无限宽广的，不受客观事物与能力的强行束缚，因此，想着想着便偏离正轨、越想越远而找不到重点的。当人们在思想的海洋中畅游太久而迟迟不上岸来付诸实践，结果无疑是窒息于其中，彻底失去付诸实践的机会与能力。

唐代，中原有一片山脉盛产灵蛇，蛇胆和蛇心都是很好的药材，虽然蛇毒剧烈，见血封喉，可是为了赚钱，很多人不惜冒着生命危险去捕蛇。有一天，有三个从南方来的年轻人来到附近的村子，准备进山捕蛇。

年轻人甲在村里住了一天，第二天清晨便收拾行装上山捕蛇，但是几天过去了，他都没有回来，他不懂得蛇的习性，在山里乱窜，惊扰灵蛇；而他又不懂如何捉蛇，最终因捕蛇而丧命。

年轻人乙见状，心中害怕不已，再三思虑要不要去山里捉蛇，他每天都站在村口，向大山的方向望去，时而向前走几里路，不久又走回来，终日惶惶然行走于村子与大山之间。

年轻人丙则充分考虑了如何找蛇穴、捕蛇、解毒等问题，并经常向村里人讨教，掌握寻找蛇穴、引蛇出洞等捕蛇的技术，学习制作解毒的药剂。经过半个月的准备，年轻人丙带着工具上山了。七天过去了，大家都以为他已经丧命，可是年轻人竟然背着沉重的箩筐回到了村里。他捕到了上百只灵蛇，赚了很多银两，之后还做起了药材生意，成为著名的捕蛇之王。

三个年轻人一起捕蛇，一个毫不考虑、鲁莽行动；一个思来想去、迟迟不动；一个经过深思熟虑之后付诸行动。三个人对待思与行的不同态度，注定了他们的际遇截然不同。思考与行动是相辅相成的。无论偏向于哪一方，都难成大事。诸如乱猜结果蒙对、想发财就捡到钱等意外、碰巧之事，不过是人生乐章中少之又少的特殊音符，难以用它来谱写一生的成就。

思考与行动，对于一个正常人而言，是人生至关重要的一件事，如人之生老病死，难以避免。小到处理家庭琐事，大到掌握国家命脉，不假思索地行动和多番思虑却不见行动的人，轻则败家，重则亡国。思与行，不可偏其一，这便是中国两千多年的历史积淀下来的沉痛教训，也是王阳明知行合一的观点所在。

把学问用在实处

“圣学只一个功夫，知行不可分作两事。”

——王阳明

古往今来，但凡做学问的大家，皆强调学以致用，主张在实际上发挥学问的作用。儒家圣贤孔子周游列国，欲以其学说劝谏各诸侯治国之道，虽受时势的阻碍未能成功，但在之后的太平盛世则成为占统治地位的思想学说，塑造着两千年封建王朝的文化根基和国民性格。北大第一任校长蔡元培先生对孔子的治学之道提出了独到的见解，他认为，一个人求学问就是为了经世致用，即使刚开始时有人不了解，还是要一如既往地去做，这样才能学得真学问。

何谓“经世致用”？其实，“经世”就是要考察我们生活的社会，知道社会的问题，同时也要在社会中去寻找知识。“致用”就是要把所学的知识与社会中存在的问题联系起来，并通过学习知识来提出解决问题的办法。清朝末年，由于帝国主义的侵略日盛，国家处在生死存亡的紧要关头。在那种情况下，经世致用之学，再度兴起。魏源、龚自珍以及稍后的康有为都是这方面的代表。他们借经书的“微言大义”来发挥自己社会改革的主张，对警醒国人、救国图存起到了很重要的作用。

王阳明主张知行合一，认为知行的本体并不是先知后行或者可以将知与行分为两件完全不同的事来做。他认为，圣人的学说只有一个功夫，那就是认识和实践不可以分成两件事，也就是他所说的“知之真切笃实处即是行，行之明察精觉处即是知”。真正做到知与行的合一，就要在学习的过程中以实践来检验知识的正确与否，在实践的过程中更深刻地理解所学知识的内涵，如此才能将所学知识经世致用。晚清名臣曾国藩也特别注重“经世致用”，他强调将书上的学问要运用到当官和做人当中去。

曾国藩带兵十分注重筹饷工作，是因为兵书上说“兵马未动，粮草先行”。因此，湘军的饷银是当时最高的。如此一来，士兵自然愿意加入曾国藩的队伍。兵书上也说治军要“上下同心”，曾国藩就注重对士兵们信念的培养，他把“湘军”打造成了一支上下齐心的军队。曾国藩的手下大多是流落民间的知识分子。这些人得到了曾国藩不遗余力的提拔和重用，因此形成了以曾国藩、胡林翼、左宗棠、李鸿章为首的“湘军”政治集团。曾国藩成为“湘军”政治集团的事业领袖和思想领袖。

曾国藩强调的经世致用正是王阳明所说的知行合一。然而王阳明的弟子徐爱却未能领会王阳明关于知行合一的意思，与王阳明的另两位弟子黄绾、顾应祥反复辩论，始终未能得出明确的答案，于是向王阳明请教。

徐爱说："比如现在的人都知道要孝顺父亲、尊敬兄长，然而却又不能做到的，这就是说，'知道应该怎样'和'真正做到'分明是两件事。"

王阳明说："你说的这种情况已经被人的私欲所阻碍，已经不是知行的本体了。圣贤教育世人知与行，正是要恢复知行的本体，不是只教人们如何知、如何行就算了。因此，《大学》里提到了一个真正反映知行本体的例子给世人看，即'如好好色，如恶恶臭'。看见美色属于知，喜欢美色属于行；人在看见美色时自己本身就已经有喜欢之心，而不是见了之后又有个想法去喜欢。闻到恶臭属于知，厌恶恶臭属于行；闻到恶臭时自己就已经厌恶了，并不是闻到之后又另有个想法去厌恶。比如鼻塞的人，即使看到恶臭的东西在自己面前，但由于鼻子闻不到，也就不会太厌恶，这也只是因为他还没有在实践中认识到臭味。……"

如果学问不能用来指导自己，我们就很难取得任何进步，这样的学习又有何意义呢？由此可知，我们学习知识，不能只知学习，不知联系实际。要做到知行合一，经世致用。倘若埋头苦读若干年却不知道学来有何用，便容易失去继续求学的动力，无法树立人生的目标，难以明确前进的方向。

成功不在难易，在于身体力行去做

“未有知而不行者，知而不行只是未知。”

——王阳明

获得成功的方法有很多种，然而不论是哪一种，即便是最简单、最投机取巧的成功之道，也无法在空想中实现。原因很简单，思想的力量只有在行动中才能发挥作用。为学如此，处世亦如此。要想收获成功，必须首先在身体力行上下功夫。

王阳明作为心学一派的代表人物，同样强调行动的重要性。他认为，知道一定的道理却不采取行动的人，并不算真正了解道理的人。正如现实生活中，那些妄想着坐享其成的人，并不知道“有付出才会有回报”的道理，就算他们知道，也并不了解其中的深意，否则便不会“知而不行”了。所以，当需要一样东西的时候，前提是必须行动和付出。

张溥是明代的大学者，他有非常独特的读书方法，那就是通过多次抄写、多次阅读、多次焚烧的办法，加深理解、熟读精思，所以叫“七焚法”或“七录法”。张溥的“七焚法”分三步。第一步，每读一篇新文章，就工工整整地将它抄在纸上，一边抄一边在心里默读；第二步，抄完后高声朗读一遍；第三步，朗读后将抄写的文章立即投进火炉里烧掉，烧完之后，再重新抄写，再朗读，再烧掉。这样反复地进行七八次，一篇文章要读十几遍以上，直至把文章彻底理解，背熟于心为止。张溥一直坚持这种读书法，他把自己的书房叫做“七焚斋”，也叫“七录斋”，并把自己的文集命名为《七录斋集》。

张溥反反复复练习，在不知不觉就把自己雕琢成器了。人们常说，我们生活在一个很现实的世界里。“现实”不仅仅体现在人情冷暖上，更体现在行动的力量上。行动，是一个人的知识、智慧、思想境界等“虚”的东西的现实载体。人们往往看重“知识就是力量、智慧就是财富”，却忽略了自己的行动，忽略了行动带来的无穷力量。实际上，只要开始行动，就算成功了一半。因为行动能够将知识、智慧、思想境界的力量切实发挥出来，从而形成一股强大的推动力，在方向正确的前提下，能够推动行动者更快地迈向成功。

世界上牵引力最大的火车头停在铁轨上，为了防滑，只需在它 8 个驱动轮前面塞一块一英寸见方的木块，这个庞然大物就无法动弹。然而，一旦这只巨型火车头开始启动，这小小的木块就再也挡不住它了；当它的时速达到 100 英里时，一堵 5 英尺厚的钢筋混凝土墙也能轻而易举地被它撞穿。

从一块小木块令其无法动弹，到能撞穿一堵钢筋水泥墙，火车头的威力为何变得如此巨大？原因不是别的，是因为它开动起来了。

俗语说，火车跑得快，全靠车头带。火车头不只是方向的象征，更是力量的体现。很多人往往因为低估了自身的能力或者惧怕了眼前的困难而放弃行动，殊不知，当人们行动起来，其威力往往超乎原有的想象，甚至能够轻松突破障碍，超越自我极限。前提就是，必须行动起来！

王阳明讲知行合一，经常拿“写字”来举例。他说：“我要写字”是“知”，而提笔写就是“行”，想要知道一个字真正的是如何写，就需要付诸实践才行。所以有了“知”就一定要行动起来。

行动，是通往成功的必经之路。只有行动起来，才能真正把握成功的契机。有才之人最怕的，莫过于错失良机、大志难舒。要想把握那千载难逢的机会，等待是必不可少的，但行动最关键。成功不在难易，而在于“谁真正去做了”。这个世界不缺乏机遇，而缺少更多抓住机遇的手。只有在恰当的时机主动出击，才能把握成功的契机，成就人生的梦想。

磨盘只在转动时才能磨面；风车只在转动时才

能发电；人，只有在行动的过程中才能获得成功、创造奇迹。只有身体力行，才能使人格魅力与办事能力达到完美结合，才能在展现自我的擂台上独占鳌头。要想得到他人的器重，就得有所表现；要想把握成功的契机，就得有所行动。为人处世，与其吹得天花乱坠，不如做到滴水不漏，方能日进千里，收获成功。

千里之行，始于当下

“我辈致良知，是各随分限所及，今日良知见在如此，只随今日所扩充到底。明日良知又有开悟，便从明日良知扩充到底，如此方是精一功夫。”

——王阳明

“活在当下”，所谓“当下”，就是现在正在做的事，现在所处的环境，现在遇到的人。“活在当下”就是要把关注的焦点集中在这些人、事、物上面，全心全意地认真去接纳、品尝、投入和体验这一切。活在当下是一种全身心地投入生活的人生态度。当你活在当下，而没有过去拖在你后面，也没有未来拉着你往前时，你全部的能量都集中在这一刻，生命因此更具一种强烈的张力。

“当下”之所以如此重要，因为它是千里之行的起点。人生漫漫长路，只从当下开始。无论是过去的，还是即将到来的，都不如当下的一切来得真切、来得实在。王阳明说过：“我辈致良知，是各随分限所及，今日良知见在如此，只随今日所扩充到底。明日良知又有开悟，便从明日良知扩充到底，如此方是精一功夫。”意思是，我们致良知，因各人的差异而达到不同的程度。今天到达这样的程度，就根据今天所能理解到的扩充下去，明天又有了新的理解，便从明天理解到的扩充下去，这才是专注于一个目标的功夫。王阳明认为，初学者对于修身养性的工夫，应当循序渐进，着眼于当下，而不是妄图将来。

活在当下，意味着要抛开往事的牵绊。人活一世，不可能不做错事，也不可能完美无缺。关键是能够改正错误，接受遗憾。倘若一味沉浸在过往的痛苦或对完美的觊觎之中，则难以关注当下的一切，更难以开启未来之门。

古时候，有户人家有两个儿子。当两兄弟都成年以后，他们的父亲把他们叫到面前说：在群山深处有绝世美玉，你们都成年了，应该做探险家，去寻求那绝世之宝，找不到就不要回来了。

两兄弟次日就离家出发去了山中。大哥是一个注重实际，脚踏实地的人。有时候，即使发现的是一块有残缺的玉，或者是一块成色一般的玉甚至那些奇异的石头，他都统统装进行囊。过了几年，到了他和弟弟约定的会合回家的时间，此时他的行囊已经满满的了，尽管没有父亲所说的绝世完美之玉，但造型各异、成色不等的众多玉石，在他看来也可以令父亲满意了。后来弟弟来了，两手空空，一无所得。弟弟说，你这些东西都不过是一般的珍宝，不是父亲要我们找的绝世珍品，拿回去父亲也不会满意的。弟弟说，我不回去，父亲说过，找不到绝世珍宝就不能回家，我要继续去更远更险的山中探寻，我一定要找到绝世美玉。

哥哥带着他的那些东西回到了家中。父亲说，你可以开一个玉石馆或一个奇石馆，那些玉石稍一加工，都是稀世之品，那些奇石也是一笔巨大的财富。

短短几年，哥哥的玉石馆已经享誉八方，他寻找的玉石中，有一块经过加工成为不可多得的美玉，被国王御用作了传国玉玺，哥哥因此也成了倾城之富。

在哥哥回来的时候，父亲听了他介绍弟弟探宝的经历后说，你弟弟不会回来了，他是一个不合格的探险家。他如果幸运，能中途醒悟，明白至美是不存在的这个道理，是他的福气。如果他不能早悟，便只能以付出一生为代价了。

很多年以后，父亲的生命已经奄奄一息。哥哥对父亲说要派人去寻找弟弟。父亲说，不要去找了，如果经过了这么长的时间和挫折他都不能顿悟，这样的人即便回来又能做成什么事情呢？世间没有纯美的玉，没有完善的人，没有绝对的事物，为追求这种东西而耗费生命的人，何其愚蠢啊！

弟弟不懂欣赏，不懂抓住当下，因此失去了本该收获的美好。其实，世界并不完美，人生一定会有遗憾。对于我们来说，不完美是客观存在的，并不需要怨天尤人。

活在当下，意味着要踏踏实实地努力于眼前的事，把握眼前的时机，而不是寄希望于明天，寄希望于一个新的开始。无论人生的目标有多么明确，未来总是充满了诸多的未知因素，足以令计划赶不上变化。如果我们时时刻刻都将力气耗费在未知的未来，却对眼前的一切视若无睹，那就永远也寻找不到通往未来的道路。我们的努力只有从现在开始，才有可能获得成功。

现实生活中，很多人都无法专注于现在。他们总是若有所想，心不在焉，想着明天、明年甚至下半辈子的事。他们喜欢预支明天的烦恼，想要早一步解决掉明天的问题。然而，即便明天有问题，今天也是无法解决的。每一天都有每一天的人生功课要交，努力做好今天的功课才是关键。

由此可知，千里之行，始于当下。有志之人，必当从现在做起，日积月累，为实现伟大的理想奠定坚实的基础。那些连今天都把握不住的人，又何谈将来！

大胆尝试，实践出真知

“如人走路一般，走得一段，方认得一段；走到歧路处，有疑便问，问了又走，方渐能到得欲到之处。”

——王阳明

王阳明的父亲王华于成化十七年（1481 年）的科举考试中高中状元，进京为官后不久便将王阳明接到京城生活。王华对儿子的起居生活以及学业都已经做了很好的安排，他认为王阳明应该和自己一样读书考科举，随后走入仕途，光宗耀祖。年少的王阳明虽然遵循父亲的安排，但是心中却是另有所想。在他看来读书考科举不一定是人生的第一大事，读书做圣贤才是第一等大事。立下大志后的王阳明便开始摸索成为圣贤的道路：15 岁试马居庸关、17 岁钻研宋儒朱学、之后又追求心学境界。在不断地尝试和突破中，王阳明渐渐有所领悟，最后创立心学。

在日常生活中，很多人从小就被“家长的期望”安排着。比如小时候在哪一所学校读书，长大了从事什么样的职业，建立怎样的家庭……前半生有太多的时间在人们还没来得及思考的时候，就已经被家长们安排好、规划好了。没有追逐，没有尝试，甚至也没有挫折和失败，一切都按部就班地进行着。可是，在这样的安排中，人们内心的愿望被忽略，心中的梦想被埋没，虽然走得很顺畅，却不真实。因为在这一路的顺畅中，人们缺少了一份尝试的失败，缺少了一份亲身经历的深切体悟。

五代时期的画虎名家厉归真从小喜欢画虎，但是由于没有见过真的老虎，别人总笑话他把老虎画成病猫，于是他决心进入深山老林，寻找真的老虎，他经历了千辛万苦，后来在猎户的帮助下，终于见到了真的老虎。他通过大量的写生临摹真虎，其画虎技法取得突飞猛进，笔下的老虎栩栩如生。他从画虎中得到启发，后来又用大半生的时间游历了许多名山大川，最后终于成为一代绘画大师。

实践出真知，画画也是如此，如果厉归真只是局限在书斋里，没有看到真正的老虎，不管他怎样努力也只能画出一只像猫的老虎。只有真正地去观察老虎，才能使自己所画的老虎具有生气。耳听不如眼看，实践能推进与成功的距离！

我们常常听到长辈们的劝告，那都是些经历了岁月的检验最终被证明为正确的人生智慧，都足以令我们的人生成为一条康庄大道。可是，我们的人生，难道不应该由我们自己去一步一步地走出来吗？吸取前人的经验教训是正确的，但没有经历过大胆的尝试，没有用自己的实践去摸索，则难以取得超越前人的成就，难以创造一番前所未有的事业。就像我们走路一样，走了一段才能认识一段，走到布满荆棘处才能深刻领悟战胜困难的艰辛，才能发掘自己的潜能，发现战胜困难的方法，以此为鉴，逐步积累地走下去，才能到达比前人更高更远的地方。

在一个村子里，有个渔夫有一流的捕鱼技术，被人们尊称为“渔王”，每次外出打鱼，总是他收获最多。然而渔王非常苦恼，因为他的三个儿子的捕鱼技术都很平庸。于是渔王经常向人诉说心中的苦恼：“我真不明白，我捕鱼的技术这么好，我的儿子们为什么这么差？我从他们懂事起就传授捕鱼技术给他们，从最基本的东西教起，告诉他们怎样织网最容易捕到鱼，怎样划船最不会惊动鱼，怎样下网最容易请鱼入瓮。他们长大了，我又教他们怎样识潮汐、辨鱼汛。凡是我长年辛辛苦苦总结出来的经验，我都毫无保留地传授给了他们，可他们的捕鱼技术竟然赶不上那些技术比我差的渔民的儿子！”每次，村里的人听完后都会表示遗憾。

有一天，一位过路的老人听了他的诉说后，问：“你一直手把手地教他们吗？”

渔王说:“是的，为了让他们学到一流的捕鱼技术，我教得很仔细、很耐心。”

老人又问:“他们一直跟随着你吗？有没有犯什么错误？”

渔王回答:“是的，为了让他们少走弯路，我一直让他们跟着我学。在打鱼的时候，他们的方法都没有问题，从没有出过差错，但是打上来的鱼却总是没有别人的多。”

老人想了片刻，感慨道:“如此看来，其中的原因就很明显了。他们只知道认真学习你传授给他们的技术，却没有在下海打鱼的过程中总结自己的失败教训和成功经验。这样学下去，不仅难以达到像你一样的水平，更难超越你而有更高的成就了！”

渔王的捕鱼技术固然高明，但他那一套方法并不一定适合他的三个儿子使用。学习基本的技能是必需的，然而更重要的，是在学习的过程中大胆尝试，在实践的过程中总结自己的经验和教训，如此才能有所觉悟，才能寻找到真正适合自己的一套方法，才能更进一步，有所成就。别人的经验只能用来借鉴，而非生搬硬套在自己身上。只有自己去尝试，自己去实践，才能有更深刻的体会，才能掌握对自己而言最有用的方法。

现实生活中，很多人难以摆脱父母的期望，在既定的生活框架中遵循着前人的步子平稳地前进。然而，生命的最高意义并不在于一代又一代的重复，而在于前所未有的超越与突破。正如王阳明所言："如人走路一般，走得一段，方认得一段；走到歧路处，有疑便问，问了又走，方渐能到得欲到之处。"每一个人都可以走出一条不一样的人生道路，都有能力去创造不同于前人的精彩。困惑是在所难免的，遇到了便自己去寻找答案，方能渐渐弄清自己人生的方向所在。前提就是，敢于大胆尝试，在实践中体悟一份真正属于自己、适合自己的人生智慧。

不逆不臆，言行一致

“不逆、不臆而为人所欺者，尚亦不失为善，但不如能致其良知，而自然先觉者之尤为贤耳。”

——王阳明

儒家思想自古强调诚信的重要性。王阳明在给弟子的回信中曾说：“不逆不臆而先觉，此孔子因当时人专以逆诈、臆不信为心，而自陷于诈与不信；又有不逆、不臆者，然不知致良知之功，而往往又为人所欺诈，故有是言。非教人以是存心，而专欲先觉人之诈与不信也。以是存心，即是后世猜忌险薄者之事。而只此一念，已不可与入尧、舜之道矣。不逆、不臆而为人所欺者，尚亦不失为善，但不如能致其良知，而自然先觉者之尤为贤耳。”

由此可见，不事先怀疑别人的欺诈、怀疑别人的不诚信，并以“致良知”的功夫而不受人所欺，是待人以诚的一个极为重要的方面。而另一个方面，则是“示己之诚”——以自己的实际行动履行诺言，以示诚信之心。诚实守信，既是中华民族流传千年的传统美德，更是做人的基本准则。

曾子是孔子的学生。有一次，曾子的妻子准备去赶集，由于孩子哭闹不已，她便答应孩子回来后杀猪给他吃。曾子的妻子从集市回来后，曾子便要捉猪来杀，妻子阻止说：“我不过是跟孩子闹着玩的，你怎么还真动手了呢？”曾子说：“答应孩子的事是不可以说着玩的。小孩子不懂事，凡事跟着父母学，听父母的教导。现在你哄骗他，就是教孩子骗人啊。”于是曾子坚决把猪杀了。

倘若曾子因可惜那头猪而失信于孩子，那么家中的猪是保住了，可孩子纯洁的心灵上却会留下不可磨灭的烙印。曾子用他的实际行动向孩子证明他是信守承诺的，也给后世之人留下了千古传颂的佳话。

近代学者梁漱溟先生曾说，中国文化的最大特征是“人与人相与之情厚”，也就是说人和人之间感情非常深厚。这种深厚的感情唯有以互信为基础方能长久。世人常言“说到做到”，真正的行动才是对诺言最好的证明。倘若只在口头上夸下海口、许下诺言，却无法以实际行动去证明，即便能够蒙蔽一时，最终也难欺骗一世。

王阳明提倡知行合一，真知就必须要行动，而真正的行动也必须要达到知的目的。所谓，言必信，行必果，以实际行动对自己的诺言负责，这是先贤们留给我们的人生智慧，这不仅仅是个人道德修养问题，更关乎社会责任感。现如今，人人都希望建立一个诚信的社会，却甚少有人能够一生都遵循“言必信，行必果”的原则，有的甚至以善意的谎言作为信口开河、言而无信的幌子。人类社会发展至今，虽已进入高度文明的时代，无论治国安邦还是学术科研领域，都取得了比过去更为显著的成就。然而，人与人之间的信任程度却低至令人可怜的地步。反观历史，古人十分看重诚信，认为“言必信，行必果”才是君子所为，“一言既出驷马难追”才堪称大丈夫之举。

张劭和范式同在太学学习，二人脾气相投，结拜为兄弟，后来两人分别返乡，张劭与范式约定第二年重阳将到张劭家拜见他的父母，看看他的孩子。当约好的日期快到的时候，张劭把这件事告诉他母亲，请他母亲准备酒菜招待范式。

然而，张劭左等右等，直到太阳西坠，新月悬空，仍不见范式来赴约，母亲问：你们分别已经两年了，相隔千里，你就那么相信他吗？张劭回答：范式是一个讲信用的人，他一定不会违约的。张劭一直候在门外，直至深夜时分，才见一黑影隐隐飘然而至，仔细一看，来的却是范式的鬼魂。原来为了养家，范式忙于经商，不知不觉忘了二人重阳之约，直到当日早上才回想起来。可是从范式所在的山阳到这里足有一千里路，一天之内无论如何都走不到了。为了守约，他想起古人曾说过：人不能一日千里，而鬼魂可以。于是挥刀自刎，让鬼魂来赴约。

“请兄弟原谅我的疏忽。看在我一片诚心上，你去山阳见一见我的尸体，那我死也瞑目了。”范式的鬼魂话音未落，便飘走了。而张劭在赶到山阳见了范式灵柩后，自愧范式为己而死，也挥刀自刎来回报范式的信义！众人惊愕不已，后来就把二人葬在了一起。汉明帝听说此事，非常赞赏二人之间的真诚与心意，在他们墓前建了一座庙，称为“信义祠”。

为了以行动来履行当年的承诺，张劭不惜以放弃生命为代价；范式为回报故友的一片赤诚之心，同样以命相陪。虽然此事未必属实，然张、范二人之间的故事能够流传至今，备受推崇，可贵之处便在于那份“生命诚可贵，诚信价更高”的为人处世之道。

生活中，我们经常需要用承诺来取信于他人，与此同时，我们更需要用实际的行动来支撑我们的承诺。没有行动的证明，一切口头承诺都只是空谈。倘若将一时的失信于人看作无伤大雅的小错，那么，最终将铸下一生都无法弥补的遗憾。失信于人，不仅会侵蚀一个人的良知，更会令其失去他人的信任，生命因此变得暗淡无光。只有能够坚持言必信、行必果的守信之人，才能够得到他人的信任与器重，才有可能站到巨人的肩膀上，成就一番丰功伟业。他的人生，将会因此而绽放出灿烂夺目的光芒。

第九章
把小事做细，把细事做透

事事精细成就百事，时时精细成就一生

“所谓汝心，亦不专是那一团血肉。”

——王阳明

对于世间万物来说，大与小的概念都不尽相同。地球很大，但跟银河系比起来就是九牛一毛了；一片树叶很小，但对于一只蚂蚁来说它就是一个巨大的广场了。在很多人看来成功就是做大事，但同时又不屑于做小事。俗话说，一屋不扫何以扫天下，同样的道理，小事不做何以成大事！

正德元年，由于受到宦官刘瑾的排挤，王阳明被贬为贵州龙场驿驿丞。与繁华的京城相比，龙场这个蛮荒之地，用穷山恶水来形容也不为过，方圆几百里少有人出没。可是王阳明并没有因为龙场是个小地方就从此士气不振，在他眼里："天下之大，何事不可为？"他认为在这个小地方，也一样能有作为。的确就是在龙场任职期间，他悟出了"道"，也就是心学的核心内容。

王阳明在龙场这样的小地方却悟出了大道理；大事虽然大，但也要从小事做起，把小事做到极致了自然成就了大事。粒米中藏须弥山，许多不起眼的人、事、物有着不可限量的能量。小砂石可以建高楼；小火星可以燎原；小小微笑可以散播欢喜与爱，所以，"小"中往往蕴含有无穷的力量。任何一小步都有可能成就前途的一大步，再小的事情如果能够做到极致就能成就大事。

注茶半托迦尊者在众罗汉中最神通。一次佛被外道加害，魔王把山压过来，注茶半托迦尊者在后面一指，就把山推开了。拥有如此神通的尊者，幼年时却是一个非常愚笨的孩子。

注荼半托迦尊者愚笨到了让人无可奈何的程度。老师教他念“悉达摩”，教他“悉达”时忘了“摩”；教“摩”时，忘前边的“悉达”。老师对注荼半托迦的父母说，他宁愿去教很多其他的婆罗门人家的孩子，也不愿把时间花在这一个学生身上。

注荼半托迦的父母只好把他送到一位吠陀教师那里。在那儿，老师又教他念“奥玛普”几个字母，但也学不会，教师只好叫他的父母另请高明。

注荼半托迦有位哥哥半托迦，很聪明并博学有礼。机缘之下，兄弟二人遇到一些佛陀的弟子，不久，哥哥就出家为比丘，注荼半托迦被认为太笨不适于出家，只好独自住在附近。

一天，哥哥半托迦和其他的人结伴到室罗伐悉底城去朝拜释迦牟尼佛，很多人都跟去看热闹。注荼半托迦也混在人群里，恰好被半托迦看见，半托迦问注荼半托迦道：“你现在以什么为生呢？”

注茶半托迦回答："无以为生，生活异常艰难。"

半托迦又问："你想出家为僧吗？"

"像我这样的愚笨之人，如何能渴望加入殊胜的佛陀僧团呢？我甚至连最简单的偈颂也记不住，每个人都知道我愚笨无比。"注茶半托迦说。

半托迦对弟弟说："习学佛法不分高低种姓、贵贱和智力高下，最重要的是遵循佛陀原教义，并付诸实践。如果你真心诚意地想成为僧人，那么你就能做到。"

注茶半托迦很恭敬地来到佛陀及其弟子阿难面前，全知的佛陀洞悉半陀伽谦卑和纯净的心，就要阿难尊者为半陀伽剃度出家。

阿难教注茶半托迦一个偈颂："诸恶莫做，使自己免于邪恶的思想；众善奉行，莫执自我，正念、正知、正命，则能免于伤害、烦恼，这就是诸佛教示。"

三个月后，注茶半托迦仍然记不住这个简单的偈子，而所有其他的新出家众早就把整章经典背熟了，就连当地的牧羊人也都熟知这简单的偈颂和好几个其他的偈子。

最后，佛陀只好亲自教他。佛陀要打扫寺院来清除业障，同时要边扫边念诵、思考“扫帚”二字。

虽是极其简单的两个字，注荼半托迦依然是记前忘后、记后忘前，想到“扫”就忘了“帚”，想到“帚”就忘了“扫”，因此苦恼不堪。于是佛陀慈悲地告诉他：“‘扫帚’的意义就是去除尘垢。想想看，你诵‘扫帚’二字的目的是什么呢？”注荼半托迦依佛陀的教导思忖着：“什么是尘垢呢？灰土瓦砾是尘垢；什么是去除呢？去除就是清净。所以佛陀是在提醒我们，除了扫除外面的尘垢外，还要去除心当中的尘垢，烦恼除尽，智慧自然就会开显。”注荼半托迦就这样不断地重虑缘真，最后一念相应慧，手执扫帚透视幻象而证得开悟，终于证得阿罗汉果。

注荼半托迦的愚笨殊乎常人，连个简单的偈子都不会背，可是，仅仅因为专心扫地，就成为神通第一的大罗汉。《大智度论》云：“一心正念，速得道果。”

有做小事的精神，就能产生做大事的气魄。不要小看做小事，只要有益于工作、有益于事业，人人都应从小事做起。用小事堆砌起来的事业才是坚固的，用小事堆砌起来的长城才牢靠。千里之行，始于足下；合抱之木，生于毫末。欲行千里，想成大树，就从脚下开始，从毫末做起。不屑于平凡小事的人，即使他的理想再壮丽，也只能是一个五彩斑斓的肥皂泡。想要壮志凌云，必须脚踏实地，专注于小事。

学无息止，巅峰之上有巅峰

“与其为数顷无源之塘水，不若为数尺有源之井水，生意不穷。”

——王阳明

“问渠那得清如许，为有源头活水来。”朱熹这句诗同王阳明“与其为数顷无源之塘水，不若为数尺有源之井水，生意不穷”这句话不谋而合。在他们看来，人生本身就是个不断学习的过程，除非我们自己限制了自己的眼界和见识，否则学习永远没有止境。

王阳明认为，没有源头的一潭死水，就算是有数顷也没有什么用处，到头来终归逃不过两个结局，要么干涸要么发霉发臭。那样的话，有很大的一塘死水还不如有哪怕几尺的井水，因为井水是“活水”，总是源源不断、生生不息，取之不尽用之不竭。而学习者也应该宁做几尺井水，不做数顷死水，把学习当做终生的事业。而成就了心学的王阳明也正是这样做的，无论处庙堂之高还是居江湖之远，他求学、为学从未停止过。

其实，很早以前孔子在《论语》中说过：“学如不及，犹恐失之。”蔡元培先生解释说，一个人真正用心做学问，就会像孔子说的那样，总觉得自己还不够充实，还有许多进步的空间。就好像去追赶什么，总怕赶不上，赶上了又怕被甩掉，有这样的求学精神，就不需要怕原有的学问和修养会退失。不管做什么，学什么，总有很多知识是你没有学到的，做学问不要骄傲自满。人只有放下自我，才能成为一个空的容器，继续容纳事物。

一名徒弟跟着一位名师学习技艺，几年之后，徒弟觉得自己的技艺达到炉火纯青的地步，足以自立门户，因此收拾好行囊，准备和大师辞别。

大师得知后问道："你确定你已经学成了，不需要再学习了吗？"

徒弟指了指自己的脑袋自豪地说："我这里已经装满了，再也装不下了。"

"哦，是吗？"大师随即拿出一只大碗放在桌上，命徒弟把这只碗装满石头，直到石头在碗中堆出一座小山后，大师问徒弟："你觉得这只碗装满了吗？"

"满了。"徒弟很快地回答。

大师于是从屋外抓起一把沙子，撒入石头的细缝里，然后再问一次："那么现在呢，满了吗？"

徒弟考虑了一会儿，恭恭敬敬地回答道："满了。"

大师再取了案头上的香灰，倒入那看似再也装不下的碗中，看了看徒弟，然后轻声问："你觉得它真地满了吗？"

"真地满了。"徒弟回答道。

大师没有再多说什么，只拿起了桌上的茶壶，慢慢地把茶水倒入碗中，而水竟然一滴也没有溢出来。

徒弟看到这里，总算明白了师父的良苦用心，赶紧跪地认错，诚心诚意地请求大师再次收自己为徒。

大师苦口婆心想要告诉徒弟的只有一个道理，就是永无止境。著名的数学家华罗庚说过：“人，活到老，要学到老。”是的，人生在不断探索中得到升华，从而才会有辉煌出现，像文坛的几位巨匠，冰心、巴金、金庸……他们都深知这个道理，而且始终如一地贯彻下去的，因此才会有如此大的成就。我们熟知的金庸先生更是在80岁高龄之际提笔修改了《射雕英雄传》，使这部经典名作再次受到众人瞩目。

不只是他们这样，国外的著名人士也是在不断学习、不断积累中才创作出许多著名文献。马克思和恩格斯就是最好的“人证”。他们共同完成的《资本论》使广大读者得到启迪，而这是他们耗费毕生心血才完成的，他们就是在不断努力及探索中使他们的友谊成为世人的榜样。

波兰著名钢琴家阿瑟·鲁宾斯坦，他三岁时学琴，四岁登台演奏，直到九十五岁他未曾间断过对艺术的追求。因为他深知学无止境，艺术无止境。不间断的创作会使心灵得到净化，从而也增加其本身的魅力。

学习是光明，无知是黑暗。只有天天做学问，时时不忘知识更新才能走向光明、使人生更亮丽。只有在不断求知的过程中，我们才会真正得到乐趣。

而越是到了高的境界，人越会感到自己的不足，因此，把握你生命的每分每秒，好好弥补这些不足。人外有人，天外有天，巅峰之上，还可以再创巅峰。这一切的前提是——学无止境！

把握现在，认真做每一件事

“吾始学书，对模古帖，止得字形。后举笔不轻落纸，凝思静虑，拟形于心，久之始通其法。既后读明道先生书曰：‘吾作字甚敬，非是要字好，只此是学。’既非要字好，又何学也？乃知古人随时随事只在心上学，此心精明，字好亦在其中矣。”

——王阳明

王阳明曾以练字为例，说自己一开始学习写字为的只是学习字形，后来落笔之前都要认真思考，因为他明白了其中的奥妙——要首先在心里模拟这个字的形状。从古人练字的心得中，王阳明也悟出了道理：要随时随地把学习放在心上，那么自然也就能写好字，做好学问了。

芸芸众生总有人问，到底要做到怎样才称得上是精进？精进，说起来其实很简单，把握现在，认真面对每一件事就是真正的精进。

年少的王阳明经常对着大自然思考人生、领悟哲学，最终将“心学”发扬光大。这都与他的认真、专心分不开，他充分把握了生命中每一个学习的机会，就算是面对平凡大自然的思考也时时刻刻不肯放松。因为他深知，昨天的付出是昨天的事，如果今天尚未付出，就不要期待收获。

吕蒙是东汉末年东吴一位非常著名的将领，孙权曾对吕蒙说：“吕蒙啊，你现在担任要职，执掌权力，不能不学习。”吕蒙不愿学习，于是推辞说军中事多，没时间学习。孙权说：“我不是要你研究儒家经典，去做博士，我只是要你去浏览书籍，了解过去发生过的事情。你说你事多，没时间学习，但你能像我这样忙吗？我还经常读书，并从中得到很多好处。”于是吕蒙下定决心开始读书。后来鲁肃经过浔阳，与吕蒙谈话，大吃一惊，说：“你今天的才干谋略，已非当初吴下阿蒙了！”吕蒙说：“士别三日，就当刮目相待，大哥怎么对这个道理都不明白啊？”鲁肃大受震动，就去拜见吕蒙的母亲，与吕蒙结为了好友。

陈寿在《三国志》中对吕蒙作了如下的评论：“吕蒙勇而有谋，断识军计，谲郝普，禽关羽，最其妙者。”吕蒙本来是一介武夫，后来在孙权的劝说下，用功读书，终于成为文武双全的帅才，也成就了一段学习的佳话。对于学习，很多人往往跟吕蒙最开始的认识一样，认为没有时间，没有精力，但一切都是借口，只要从现在开始，下定决心，用心去学，你就会得到意想不到的收获。

世界上并没有免费的午餐，你必须付出。而其关键不在于要不要付出，而是什么时候付出。是在得到回报前付出，还是在得到回报后付出。如果你在前面付出，付出的代价比在后面付出小，你等待付出越久，你就得付出越多。如果你在前面玩乐，你在后面就要付出昂贵的代价；如果你在前面付出，你就可以在后面享有更多的玩乐。

把握住现在，认真做好每一件事情，是一种在收获前的付出，是一种简单而朴素的生活信仰，其目的在于锤炼自己的品性，充实自己的生活。当然，这种看似简单的信仰绝非一日或短时间内形成的，在时光的洪流中，只有日日如此，步步踏实，才能寻求生命的超脱之境。

王阳明说良知，认为良知是看不见、听不见、摸不着的。一般人只知道在看得见，听得见，摸得见的地方下苦功，却忽略了真正的良知，最终也就无法达到致良知的境界。因为人的心神只在表面的事情上，而不在看不见听不见摸不着的事情上下功夫。其实，对于那些不易显现的地方要更加警惕，更加小心，这才是致良知的功夫。要达到这一点，需要时刻怀抱谨慎认真的态度，关注细微，关注平时被忽略的事情，再小的事情，落到实处，认真去做，这样积累之后就能成熟，在遇到挑战和困难时可以不需要费太大力气，不会被外在所牵累。

生命只在一呼一吸间，每一个“现在”都是生命中最重要的时光，都需要用心体会。春风秋雨，花开花落，人们总是对不经意间消逝的美丽扼腕叹息，却不愿意为身边的美驻足赞美，待其逝去，方才幡然悔悟。这种人何其可悲。

印度大诗人泰戈尔说：“如果你因错过了太阳而流泪，那么你也将错过群星。”若希望使生命中的每分每秒都有所作为，便需要在每一步都留下坚实的脚印。

不懈追求，不给自己定底线

“以亲之故而业举为累于学，则治田以养其亲者，亦有累于学乎？先正云，‘惟患夺志’，但恐为学之志不真切耳。”

——王阳明

在王阳明心里，为学之人“惟患夺志”，最可怕的就是为学的志向不坚定、不真切。对于王阳明来说，他时时刻刻没有忘记先人的话。无论政治生活受到了多大的打击，无论是被罚还是被贬他都没有放弃没有忘记自己的志向。在他心里学问永远没有做完的时候，凡事也没有一个最好的标准，只有坚定志向，不懈追求、不懈努力。

再长的路，一步一步总能走完；再短的路，不去迈开双脚将永远无法到达。成功贵在坚持，要取得成功就要坚持不懈地努力，很多人的成功，也是饱尝了许多次的失败之后得到的，我们经常说什么“失败乃成功之母”，成功诚然是对失败的奖赏，但却也是对坚持者的奖赏。古往今来，那些成功者们不都是依靠坚持而取得成就的吗？

东晋大书法家王羲之被后人誉为“书圣”。王献之是王羲之的第七个儿子，天资聪颖，机敏好学，他七八岁时始习书法，师承其父。有一次，王羲之看献之正聚精会神地练习书法，便悄悄走到其身后，猛然伸手去抽献之手中的毛笔，献之握笔很牢，没被抽掉。王羲之很是高兴，夸赞道：“此儿后当复有大名。”

王羲之曾对献之说，只有写完院里的十八缸水，他的字才会有筋有骨、有血有肉，直立稳健。献之心中颇有些不以为然，他勤奋地练了五年，写完了三缸水，自认为书法已小有所成，遂将自己十分满意的习字拿给父亲过目，谁知王羲之一张张掀过，却频频摇头。直到看见一个“大”字，王羲之才现出了较满意的神色，随手在“大”字下填了一个点。小献之又将习字拿去给母亲看，母亲认真地翻看，最后指着王羲之在“大”字下加的那一点，说:“吾儿磨尽三缸水，唯有一点似羲之。”献之此时方知与父亲的差距，又锲而不舍地练了下去。当他真的用尽十八缸水，其书法果然达到了力透纸背、炉火纯青的程度。王献之与其书法与其父并列，被人们称为“二王”。

王献之坚持不懈的精神，最终为他赢得与父亲齐名的声誉。陶渊明说过:“勤学似春起之苗，不见其增，日有所长；辍学如磨刀之石，不见其损，日有所亏。”正是此理。

古人云:“圣贤之学，固非一日之具，日不足，继之以夜，积之岁月，自然可成。”这就是说，圣贤的学问，本来就不是一天就可以通足的。白天不够用，就用夜晚来继续学习，日日月月地积累起来，自然可以完成。王阳明一生追求成圣成贤，也以弘扬圣学为己任，怀着辅助君主教化百姓的伟大抱负，讲学不辍，所到之处，成立乡约、社学、书院。同时，他还提出勤学是为学之人的教条和准则之一。

无论是做事还是学习都不是一蹴而就的事情，做事永远没有最好的标准，学问也没有最终的止境。一个人的为学做事的精神只有永远年轻，才能够“苟日新，日日新，又日新”，时时保持进步的状态，随时都会有新的境界。

世间之事正如逆水行舟，不进则退。有大学问的人，贵在有勤勉和持之以恒的努力。成大事之人，贵在对事业的不懈追求，在一点成就面前就沾沾自喜、骄傲自满，自认为比别人高人一等，再聪明的人也会有栽跟头的那一天。

专心和坚持是成功道路上的一对好伙伴。持之以恒，坚持不懈，滴水也能穿石。相反地，半途而废，浅尝辄止，只会让人止步不前，也得不到进步和发展。功到自然成。成功之前难免有失败，然而只要能克服困难，坚持不懈地努力，那么，成功就在眼前。

石头是很硬的，水是很柔软的，然而柔软的水却穿透了坚硬的石头，这其中的原因无他，唯坚持不懈而已。我们在黑暗中摸索，有时更是需要很长时间才能找寻到通往光明的道路。以勇敢者的气魄，坚定而自信地对自己说，我们不能放弃，一定要坚持。也只有坚持，才能让我们冲破禁锢的蚕茧，最终化成美丽的蝴蝶。

再多一点努力，多一点坚持，你会惊奇地发现：周围到处都穿行着绚烂的成功之花。

勤于求知，细于做事

“问难愈多，则精微愈显。”

——王阳明

庄子说：“吾生也有涯，而知也无涯。”一个人，若想有一个美好的、成功的人生，必须不断学习。王阳明认为，在学习中问的问题越多，说明他的学问就会更加精细。而要想“问难愈多”，必然离不开勤奋。他还曾说过：“学者时时刻刻学睹其所不睹，常闻其所不闻，工夫方有个实落处。”治学要时时刻刻抱着求知的心态，勤奋才能成才，做事也一样要勤奋、细致才能成功。

如果没有勤奋，想要做成事业是万万不可能的：“千古之圣贤豪杰，即奸雄有立于世者，不外一‘勤’字。”奸雄也是出类拔萃之人，他们同样需要经过不懈的奋斗才能为历史所承认，更何况是英雄呢？

曾国藩也非常重视“勤”字，他晚年在家训四条中，关于勤劳的阐述最为详备。他说喜欢安逸、厌恶劳作是人之常情，一个人如果能战胜惰性，每天所用衣食与自己对社会的贡献相当，那么自然会得到旁人乃至鬼神的认可。古代贤者的言行，体现了勤劳的两种境界：对于自己来说，通过劳动培养了一技之长，增长才识；对于社会来说，则是能够体会到别人的困难，用自己的行动去帮助别人。

在生活中，许多人都会有很好的想法，但只有那些在艰苦探索的过程中付出辛勤劳动的人，才有可能取得令人瞩目的成就。

西汉时候，有个农民的孩子，叫匡衡。他小时候很想读书，可是因为家里穷，没钱上学。后来，他跟一个亲戚学认字，才有了看书的能力。

匡衡买不起书，只好借书来读。那个时候，书是非常贵重的，有书的人不肯轻易借给别人。附近有个大户人家，有很多藏书。一天，匡衡卷着铺盖出现在大户人家门前。他对主人说：“请您收留我，我给您家里白干活不要报酬。只是让我阅读您家的全部书籍就可以了。”主人被他的精神所感动，答应了他借书的要求。

过了几年，匡衡长大了，成了家里的主要劳动力。他一天到晚在地里干活，只有中午歇晌的时候，才有工夫看一点书，所以一卷书常常要十天半月才能够读完。匡衡很着急，心里想：白天种庄稼，没有时间看书，我可以多利用一些晚上的时间来看书。可是匡衡家里很穷，买不起点灯的油，怎么办呢？

有一天晚上，匡衡躺在床上背白天读过的书。背着背着，突然看到东边的墙壁上透过来一线亮光。他站起来，走到墙壁边一看，原来从壁缝里透过来的是邻居的灯光。于是，匡衡想了一个办法：他拿了一把小刀，把墙缝挖大了一些。这样，透过来的光亮也大了，他就凑着透进来的灯光，读起书来。

匡衡就是这样勤奋学习的，后来他做了汉元帝的丞相，成为西汉时期有名的学者。

匡衡勇于战胜艰苦的条件，勤奋的读书的精神；为我们树立刻苦读书的好榜样。匡衡为了获得学习的机会，甘愿给有书的人家打工，而他“偷”光的行为，更是令人感叹。

在这个世界上，到处都有一些看来很有希望成功的人，他们的身上有着非凡的品质，眼中也闪烁着智慧之光。但是，他们最终并没有成功，原因就在于缺乏勤奋的精神。而那些资质一般，又没有什么特别能力的人，因为能够通过勤奋弥补自身的不足，并且坚持不懈，所以成就了自己的辉煌。勤劳是所有人通往成功的必由之路。古罗马有两座圣殿：一座是勤奋的圣殿，另一座是荣誉的圣殿。人们必须经过前者，才能达到后者。勤奋是通往荣誉的必经之路，那些试图绕过勤奋、寻找荣誉的人，总是被荣誉拒之门外。

从古至今，从精卫填海到悬梁刺股、凿壁偷光，无一不在讲述着勤奋、认真的功效。王阳明讲良知时也说到只有勤勤恳恳，兢兢业业，良知自然就会常存。所以，只要勤奋求知，细致做事，坚持不懈，有困难也能克服，悬梁刺股的疼痛、凿壁偷光的贫寒都不能阻挡成功的脚步，而如果我们本来就不需要面对这些困难，还有什么理由虚度光阴呢！

学习在某种程度上说，是人生的第一要务。一个不求知的人，不勤奋的人只能永远生活在愚昧之中，只有不断学习、不断求知的人才能有一个美好的前程。

第十章 与逆境共处，吃苦如吃补

苦是乐的源头，乐是苦的归结

“哑子吃苦瓜，与你说不得。你要知此苦，还须你自吃。”

——王阳明

生活的波浪在高峰时，人即显得快乐，在低谷时，人便显得痛苦。而波浪永远都是忽高忽低，没有永恒的上扬，也没有永恒的倾泻，所以人生是痛苦与快乐交织并行，二者相伴相生，既矛盾又联系。所谓“没有痛苦也就无所谓快乐”，就是告诉我们要正确对待人生的苦乐。

王阳明28岁举进士，之后他担任过刑部主事、兵部主事。正当他要为朝廷出力的时候，政治劫难降临到他头上。正德元年（1506年），因营救南京科道戴铣、薄彦徽等人，王阳明抗疏，触犯了刘瑾，被罚廷杖，因此下狱，再贬谪贵州龙场做驿丞。在赴任的路上，刘瑾又派人跟踪追杀。他侥幸逃过一死，之后他又乘坐一只商船游舟山，却不料遭遇飓风，船漂流至福建的武夷山。王阳明本想隐居在武夷山，却又担心刘瑾找父亲麻烦，于是他到南京探望父亲之后，便辗转到达龙场。

逆境对个人的发展不利，但是却能磨砺人的意志，使之由脆弱变得坚强，变得有韧性。王阳明历经了磨难，心性比以前更坚强了。他开始了解群众疾苦，为生民立命，在艰苦的环境中成长着自己，最终构建了心学理论的大厦。

其实，从长远来看，挫折和失败才是人生最宝贵的精神财富。没有苦中苦，哪有甜中甜？正如哈密瓜比蜜还要甜，人们吃在嘴里乐在心上；苦巴豆比中药还要苦。然而，种瓜的老人却告诉我们：哈密瓜在下秧前，先要在地底下埋上半两苦巴豆，瓜秧才能茁壮成长，结出蜜一样的果实来。

苦是乐的源头，乐是苦的归结。“不经风霜苦，难得腊梅香。”成功的快乐，正是经历艰苦奋斗后产生的。吃得苦中苦，方能得成果。古人“头悬梁，锥刺股”，苦则苦矣，但他们下苦功实现上进之志，本身就是一种快乐，以苦为乐，苦中求乐，其乐无穷。

人生就是一个过程，航行在人生之船上，我们可能经历波涛汹涌，也会感受风平浪静。喜悦和幸福充斥在航行的途中，苦难和挫败也是航向的一部分，只有痛饮过航行中的所有感觉，人生才会完整。然而，在“痛饮人生的满杯”的过程中，悲苦从来都是无法逃避的，多苦少乐是人生的必然。

有一群弟子要出去朝圣。师父拿出一个苦瓜，对弟子们说：随身带着这个苦瓜，记得把它浸泡在每一条你们经过的圣河，并且把它带进你们所朝拜的圣殿，放在圣桌上供养，并朝拜它。

弟子朝圣走过许多圣河圣殿，并依照师父的教言去做。回来以后，他们把苦瓜交给师父，师父叫他们把苦瓜煮熟，当做晚餐。晚餐的时候，师父吃了一口，然后语重心长地说：奇怪呀！泡过这么多圣水，进过这么多圣殿，这苦瓜竟然没有变甜。弟子听了，好几位立刻开悟了。

苦瓜的本质是苦的，不会因圣水圣殿而改变；人生是苦的，修行是苦的，生命本质也是苦的，这一点即使是圣人也不可能改变，何况是凡夫俗子！去看过著名油画大师凡·高的故居的人都知道，那里只有张裂开的木床和破皮鞋。凡·高一生潦倒困苦，没有娶妻，但也许正是生活上的困窘，帮他完成了在艺术上的造诣，使他成为大师中的大师，使他的作品成为经典中的经典。

对待我们的人生也应该是这样的，时时准备受苦，不是期待苦瓜变甜，而是真正认识那苦的滋味，这才是有智慧的态度。苦瓜本来就是苦瓜，是连根都苦的。这是一个苦瓜的实相、真相。变甜只是我们虚幻的期待而已，唯有真正面对事物的真相，我们才能从中解脱。所有的事情都是当下去面对它、解决它。

圆满的人生并不是一辈子没有吃过苦、没有失过恋，而是经历过、体验过、面对过那苦的滋味、超越那苦的感觉。苦与乐是生命的盛宴，是生命的波峰波谷，高低起伏，因而才会波澜壮阔。

当我们接纳苦，把苦看作是人生的必然历程时，苦便不再是世俗的“苦”。同样，接受乐，把乐当做是生命的历程，乐也不再仅仅是世俗的“乐”。去享受生命的盛宴，享受所有的高潮与低谷，活在生命的苦乐之中，由此生命的乐趣便已被我们掌握在手中。

面对成败淡定处之

“譬如行路的人，遭一蹶跌，起来便走，不要欺人做那不曾跌倒的样子出来。”

——王阳明

辉煌与低谷、成功与失败都只是人生的一段旅程。今天的辉煌不代表日后的成功，今天的成功也不能代表日后的低谷。正是这一段段不同的旅程才成就了此时此刻的我们，塑造着以后的我们。然而在低谷和辉煌、失败和成功转化的过程中，每个人的人生航线都会发生转折，而每一个转折都需要我们从容面对，淡然处之，勇敢继续下一段旅程。

贬谪龙场是王阳明人生的一重大转折。他没有逃避，也没有自暴自弃，而是思考儒佛道思想，于艰难的生命波涛中寻找立身之本。他针对程朱理学越来越脱离人的生命而知识化、外在化的倾向，尤其是其末流暴露出来的支离破碎的弊病，以更加简易直截的功夫与“先立乎其大”的方法入手，开辟了另一条与朱子不同的成德之学，拓宽了主体自立自主的精神价值世界，展示了道德自律与人格挺立的实践精义及具体路径。

转折是我们每个人都必须面对的。如意或不如意，起决定作用的，并不是人生的际遇，而是思想的瞬间；成功或不成功，有时候也不是由个人的努力所决定，而是取决于意念的转换。当生活与感情皆陷入泥潭，倘若连迈出下一段旅程的勇气都没有了，那岂不是自讨苦吃，苦上加苦吗？

一个秀才模样的人悠闲地走在满是尘土的路上，这个秀才背着诗词，摇着脑袋，满是惬意的模样。

秀才出门已经一年多了，他原先是进京赶考的，但是考场失利，名落孙山，心情黯淡中度过了几个月的黑色时光，整日借酒消愁，以泪洗面。两个月前，他和几个朋友共游，与一老者相谈，秀才倒出了心中的苦闷，老人听后，说道："昨天早上与你说话的第一个人是谁？"

秀才回道："这个已经忘了。"

"那明天你会遇到什么人？"

"这个我哪里知道，明天还没来。"

"此时此刻，你面前有谁？"

秀才愣了一下，说："我面前当然是您啊。"

老人轻轻点头道："昨天之事已忘却，明日之事尚未来，未能把握唯在此刻，你又何必对过去之事耿耿于怀，因为明天不可知，昨日已过去，不如放下挂念，平淡对之，你并没失去什么，不过是重新开始。"

秀才瞪大双眼，等着老人继续说下去，他似乎听懂了老人话中的意思。

老人说道："既然又是新的开始，又何来执着于以前？如潺潺溪水，偶被沙石所阻，但其终究万里波涛始于点滴。你可曾明白了？”

秀才微笑着点点头，此刻的他，已经有了新的打算。在京城办完了一些事情后，这个秀才告别朋友，踏上了回家的路途。他决定三年之后，自己还要再考一次。

常人说，害怕失败，是因为想得太多，想得太多是因为情绪太盛。秀才考场失败后，人生顿觉颓唐，也是同样的道理，好在他及时醒悟——心境归于平淡，目标得以重新确立。在这个秀才身上，看到的并不是放弃后的心如止水，两眼迷离，而是再度追逐后的豁然，因为这种豁然，不再对过去的遗憾耿耿于怀，不再对未知的将来作不肯定的畅想，心落在了此时此刻的“老人”面前，这个“老人”就是现在需要做的事以及如何将其做好。

成功和失败都是生活的转折点，每一个成功都是一个新的开始，每一次失败也都是为成功做准备。当面对成功与失败时，没有比迈出下一段旅程的勇气更重要的了，无论再怎么好的计划与机会，不往前迈一步，那就永远都无法成功了。

作家林贵真说："生命是个橘子，自己决定了生命，就像你选择买了这粒橘子，酸甜就要自己负责了。生命是个橘子，一瓣跟着一瓣，有时一瓣瓣是甜的，也有时是酸的，但也要亲自尝了才酸甜自知。"生命本是一段路，每一段旅程，都需要一个开始，都需要你自己去生活、去体验、去锻炼，去接受成功与失败。

事实上，成功者能够不断获取成功不在于他们有多高的智慧，而是在于他们无论是成功或失败都敢于往前迈一步，哪怕只是小小的一步，都是迈向成功的必经之步。王阳明在回答学生的问题时说，走路摔跤是正常的，跌倒了便要起来继续走，不要做出一副从来没有跌倒过的样子，也不要站在原地不敢动。

在人生的过程中，可以累积小冒险、小失败、小挫折、小成功、小胜利，唯有小小的尝试，你才能让自己找到目标、找到方法。学习开始练习小步前进，体验小小的风险和小小的冒险，直到冒险的经验已够多，让你有信心去实践更大的梦想，到了那个时刻，你会认为它只不过是稍微有点危险的一小步而已。绽放生命，需要你勇敢迈向下一段旅程。

耐住等待，才能苦尽甘来

“诸君只要常常怀个‘遁世无闷，不见是而无闷’之心，依此良知，忍耐做去。”

——王阳明

“沧浪之水清兮，可以濯吾缨；沧浪之水浊兮，可以濯吾足。”当年渔父的一首《沧浪歌》，虽隔了千年，音犹在耳。从中我们可以悟出一个道理，一个人无论身处清世抑或浊世，都要刚直进取，要有豁达的心胸，只有耐得住等待，才会苦尽甘来。

面对无道昏君和奸佞小人，很多贤者要么选择迎面直对，要么选择委曲求全。然而王阳明却选择了等待。他并未向奸臣屈从，也没有速死以求解脱，他选择了坚持和忍耐。

王阳明一心为国，却忍受莫大屈辱。“何玄夜之漫漫兮，悄予怀之独结。严霜下而增寒兮，皦明月之在隙。风呶呶以憎木兮，鸟惊呼而未息。魂营营以惝恍兮，目窅窅其焉极！懔寒飚之中人兮，杳不知其所自。”“夜辗转而九起兮，沾予襟之如泗。”在这些诗句中能够看出王阳明内心之苦楚与郁结，自己一片衷心，却无人理解。“何天高之冥冥兮，孰察予之衷？”然而也正是这份等待和坚持，王阳明扼守着自己的良知，以平和心态执着一份信念，最终在孤寂决绝中省悟：“圣人之道，吾性自足，向之求理于事物者误也。”

欲成事业就要耐得住挫折和落寞，潜心静气，才能深入“人迹罕至”的境地，汲取智慧的甘饴，如果过于浮躁，急功近利，就可能适得其反，劳而无功。

《庄子·内篇·逍遥游第一》说：“北冥有鱼，其名为鲲。鲲之大，不知其几千里也；化而为鸟，其名为鹏。鹏之背，不知其几千里也；怒而飞，其翼若垂天之云。”北冥之鲲化身为鹏的过程虽然只是转瞬，但在此之前力量的累积却非一朝一夕能够完成。

“鲲化鹏”包含着两个方面：沉潜与腾飞。在人生的某个时刻，或是耽于年幼，或是囿于困境，都只能沉潜在深水之中，动都不要动，而一旦时机成熟，或自身储备了足够的能量，就能摇身一变，展翅腾飞了。

等待的目的既是为了使自己能够安心地韬光养晦，更是为了有朝一日能够一怒而飞。

春秋时代楚国著名的贤君楚庄王，少年即位，面对混乱不堪的朝政，为了稳住事态，他表面上三年不理朝政，声色犬马，实则在暗地里等待时机，旁人问他，他说：“三年不飞，飞将冲天；三年不鸣，鸣将惊人。”

果然，其后楚庄王励精图治。他在位的22年间，知人善任，整顿朝纲，兴修水利，重农务商，楚国国力日渐强盛，先后灭庸、伐宋、攻陈、围郑，陈兵于周郊，问鼎周王朝，成为历史上著名的春秋五霸之一。

楚庄王可谓“厚积薄发”的典型，他并不惧怕蛰伏期间的碌碌无为所招致的质疑与轻蔑，而是心平气和地选择了等待的姿态。事实上，人生绝大多数时间都是在蛰伏，在积蓄，在等待。这种淡然、平静的姿势并非无为，而是以一种示弱的、最不易引起警觉和敌意的状态为自己争取到一种好的氛围，让人能够在静如止水、乐山乐水的淡然中获取自己想要的东西。

“世上无难事，只怕有心人。”熬不过等待的人得不到幸福。那些不愿意在寂寞中充实自我、等待机遇的人，多数会成为小打小闹的投机者。在一个著名的投机者的墓碑上写着这样的墓志铭：“他曾经生活、投机、失败。”生活与商海一样，投机所得也会因投机而失去。故而，不如与等待为友，有了长长久久的等待，才会有精钢出鞘的绝响。

苦不入心，生命自有芳华

“凡劳其筋骨，饿其体肤，空乏其身，行拂乱其所为，动心忍性以增益其所不能者，皆所以致其良知也。”

——王阳明

幸福之于人，就像尾巴之于狗，怎么转圈都咬不到，但是只要你向前走，它就会乖乖得跟在后面；苦恼之于人，像运动员握在手里的铅球，除非尽全力抛出去，否则就是沉甸甸的负担。倘若一直把那些不幸的或者痛苦的经历捧在手里，势必身心俱疲。而如果不把苦楚与悲痛放入心间，生命也自然会绽放芳华。

王阳明初到贵州，便遭遇到意想不到的困难。

那里的生活非常艰难，而且瘟疫肆虐。从中原流放到这里来的人，很多都死在半道。即使到了流放地，也很难融入当地的生活，他们或者没有生活来源，或者生病无法医治，直至饿死病死。

在艰难困苦之中，王阳明以圣人对待困境的态度作为精神支撑，苦不入心。他在《初至龙场无所止结草庵居之》中说："缅怀黄唐化，略称茅茨迹。"他沉湎在儒佛道思想之中，并渐渐感悟。他将思想的粗略处与生活的精微处相结合，用内心的意志抵抗物质的贫瘠，对待凶险像对待坦途那样平静，而不在意谪居龙场的困苦。他曾感叹说：啊，这就是古圣人当囚徒而忘了自己是囚徒，老了也不以为意的原因了，我知道我也该这样度过自己的一生。

苦不入心，生命自有芳华。这样的逻辑思维，对于指导人们应对种种挫折、变故，无疑有极大的好处。人生好似一场考验，任何通向成功的道路上都布满了荆棘，充满了数不清的艰难与困苦、辛酸与煎熬。只有经得起考验的人才能体验到生命的价值，才能最终绽放生命的芳华。在著名的佛学大师弘一法师的房间里，挂着他的一幅书法作品，上面有一句偈语：花繁柳密处拨得开，方见手段；风狂雨骤时立得定，才是脚跟。意思是说，只有经得起考验的，才是最好的。

车胤，字武子，晋南平（今安乡、津市一带）人。车胤自幼好学，可是由于家境贫困，没有钱买灯油在晚上读书。因此，到了晚上他只能背诵诗文。

一个夏夜，他在屋外诵书，忽然看到原野里如星星一样的萤火虫在空中飞舞。他突发奇想，萤火虫的光亮在黑夜里不正如灯一样吗？这样我就能够彻夜苦读了！想到这，兴奋的他立即找来了白绢扎成一个小口袋，并抓了几十只萤火虫放在里面。果然，还真的管用。

车胤就这样用工苦读，终于成了一个很有学问的人，后来做到吴兴太守、辅国将军、户部尚书等职位。

“读书莫畏难”，一个有志于学的人应该早早有心理准备，经得住各方的考验，才能够读有所成。不仅读书学习要经得住苦楚，生活也是如此。生活在给我们期待和欢乐的同时，也给我们很多的失望和伤心，很少有人能够生活得一帆风顺。但是当走过一段经历时，我们会发现那些你曾经跋涉的足迹多多少少都会留下成长的痕迹，而每一段的成长都是真实而亲切的，故而相信一切都是最好的安排！当我们沉溺在暗河时，如果能拥有一汪名为“乐在其中”的心湖，就不会再因生活的坎坷郁郁寡欢了。

初入仕途的王阳明因为伸张正义而被贬下狱，他虽然被关在破败而又黑暗的监牢中，而且身体也遭受了严重的摧残，但是他的心却更加坚定，好像沐浴在春风中，洒脱，浩荡。他说：“俯仰天地间，触目俱浩浩。”足以可见王阳明坦荡无私的胸怀。

生活固然不易，但我们不能总以苦脸回应苦

脸。生活艰苦如何，衣衫破旧又如何，只要有一束发光的微笑，这些灰暗的色调就会全部被照亮。

一位哲人曾说过：“人的生命似洪水在奔腾，而遇到岛屿与暗礁，便难以激起美丽的浪花。”苦难并不可怕，它如咸盐，有了它的调剂，生活的满汉全席才不会显得缺少滋味，苦难如烈酒，麻木过后的人会体验到释放的快乐，醉酒之后方知清醒的可贵。喜悦与悲伤、顺利与坎坷、幸运与不幸、得到与失去交织在一起，让生命显得更加多姿多彩，也让人在垂暮之年拥有了更多可供回首的往事。

生活本身就是一道难题，最艰难的是破解的过程。波澜不兴的生活对人们心灵的成长并没有多少益处，若想变得更加勇敢，更加坚强，反倒需要依靠苦难来给我们的心灵淬淬火，加点钢。

忍得一时方能成就伟业

“岂能‘以不忍人之心，而行不忍人之政’，则虽茅茨土阶，固亦明堂也：以幽、厉之心，而行幽、厉之政，则虽明堂，亦暴政所自出之地邪？武帝肇讲于汉，而武盾盛作于唐，其治乱何如邪？天子之学曰辟雍，诸侯之学曰宫，皆象地形而为之名耳。然三代之学，其要皆所以明人伦，非以肝不肝，不为重轻也。”

——王阳明

正德十六年，明武宗去世，明世宗继位。因为平定朱宸濠叛乱有功，王阳明被封授“新建伯”爵位。但是他坎坷的境遇并未因此而停歇，爵位只是一个虚名，没有任何实质性的待遇。这时，王阳明的父亲王华病逝。

对手的诽谤、朝廷的无视、父亲的离世，都压得王阳明透不过气来，最终病倒。身体虽然倒下了，但是王阳明那颗竭尽全力的心却还在喘息着，他深知悲痛已无济于事，只能够忍耐，坚持下去。在这种心念之下，王阳明的病情渐渐好转。远离政治的烦扰，他将精力全部投入到讲学当中去，在这段日子里，王阳明感受到了从未有过的幸福和满足。

弹劾王阳明、非难他的学说的对手仍然有所举动，但是这些都不妨碍王阳明学说的发扬，以及越来越多的人前来听学。

王阳明忍耐当下、豁达乐观的精神，让他拥有了面对生活的勇气，并且使得心学大告于天下。其实，每个人在降生到这个世界的时候，就注定要背负起生命中的各种困难和折磨。灰心丧气、抱怨失望是人们面对苦难最常见的态度；忍耐、等待是另一种态度，他们坚信事物是变化的，三十年河东，三十年河西，说不准哪一天时来运转，就可以东山再起了。

从某种程度上说，忍耐是成就一项事业必备的品质，人要获得某方面的成就，必须学会忍耐。正如一位西方学者曾经说过："忍耐和坚持是痛苦的，但它会逐渐给你带来幸福。"

那么，究竟"忍"是如何的呢？中国人对于"忍"有特殊的理解，通常认为，所谓的"忍"是"忍辱"。没有忍辱，就不能负重，没有忍耐，就什么事情都不能成就。"忍"是一个人获得成就的不可回避的过程。

汉更始元年（公元23年），刘秀指挥昆阳之战，震动了王莽朝廷。然而，刘秀兄弟的才干也引起了更始皇帝刘玄的嫉妒。

刘玄本是破落户子弟，投机参加了农民起义军，没有什么战功，自当上更始皇帝后，又整日饮酒作乐，不事朝政。刘玄怕刘秀兄弟夺取了他的皇位，便以"大司徒刘縯久有异心"的莫须有罪名，将立有战功的刘縯杀害了。刘秀接到兄长刘縯被杀害的消息，几乎昏厥，但当着信使的面仍极力克制自己，说道："陛下至明。刘秀建功甚微，受奖有愧，刘縯罪有应得，诛之甚当。请奏陛下，如蒙不弃，刘秀愿尽犬马之劳。"转而，刘秀又对手下众将说："家兄不知天高地厚，命丧宛县，自作自受。我等当一心匡复汉室，拥戴更始皇帝，不得稍有二心。皇帝如此英明，汉室复兴有望了。"刘秀的这种虔诚态度，感动得众将纷纷泪下。刘秀突然遭此打击，自然难以忍受。然而他心里清楚，刘玄既然杀了兄长，对他刘秀也难容。

此后，刘秀对刘玄更加恭谨，绝口不提自己的战功。刘秀的行动，早已有人密报给刘玄。刘玄在放心的同时，觉得有些对不起刘秀，便封刘秀为破虏大将军，行大司马之事，并令刘秀持令到河北巡视州郡。刘秀借机发展自己的力量，定河北为立足之地。更始三年初春，刘秀实力已壮，便公开与刘玄决裂。

更始三年（25）六月己未日，刘秀登基，是为光武帝，建国号汉，史称东汉。此时，刘秀只有32岁，正是年轻气盛、成就大业的时候。以屈求伸，“忍小愤而就大谋”，终使刘秀化险为夷，创建了东汉王朝。

细观刘秀的处世之态，你会发现一切成就也都来源于“忍”。小不忍则乱大谋。忍不是懦弱无能，忍是不屑堕入无间地狱的诱惑。忍是以退为进，忍耐是上善，老子曰，上善若水，水是最温柔的，水却又是最强大的。忍就是相信时光的力量，不是依靠自己，而是相信冥冥之中自有公道。

能屈能伸，大丈夫之道也。忍得一时方能成就伟业，相反，不能忍耐、毛毛躁躁，最终只能错失良机、遗恨千古。莫大的祸患，都来源于不能忍耐一时。刘邦在取得基本胜利后按兵不动、将功劳经常赠给项羽。是忍耐，终厚积薄发成汉高祖一代帝业；项羽急不可待，最终却是霸王别姬、饮恨乌江；韩信甘愿受胯下之辱是忍耐；司马迁受到宫刑忍耐而出《史记》；刘备与曹操青梅煮酒论英雄是忍耐，之后韬光养晦，才有与曹操、孙权三足鼎立之局。

事业失败需要忍耐，感情受挫需要忍耐，人生磨难需要忍耐，经济合作需要忍耐，人际关系需要忍耐，家庭生活需要忍耐。在人生的历程中，我们会遇到一些需要忍耐的事情，借以历练自己的心智。学会忍耐，在生命历程中实践忍耐，你就能够在不久的将来成就你的人生。

人生需要经过反复磨炼

“常人之心，如斑垢驳杂之镜，须痛加刮磨一番，尽去其驳蚀，然后才纤尘即见，才拂便去，亦自不消费力。到此已是识得仁体矣。”

——王阳明

《诗经》中说：“如切如磋，如琢如磨。”人生犹如一块璞玉，必须在切、磋、琢、磨中精心打磨，只有自己努力来雕琢这块璞玉，才能使它成为完美无瑕的艺术品。

王阳明讲圣人之心与常人之心时说：圣人的心如镜子般明亮，丁点纤尘都无所容。而常人的心，则需要经过一番痛加刮磨，其表面的污垢杂质才可拂去。王阳明的一生历经了种种艰难险阻，在他看来，都是磨炼心性的过程。

《传习录》中记载：王阳明的学生陆澄暂居鸿胪寺时，突然接到家中的来信，说是儿子病危。听到这个消息后，陆澄甚是担忧。

王阳明开导陆澄：这正是一个磨炼的机会，平日讲学探讨都没有什么用。只有在遇到困难的时候用功夫，才能够真正提升自己的能力。

王阳明就是抱着这种要到达更高的人生境界，就得经历千苦百难的磨炼的心态，慢慢磨炼自己的心性，慢慢体味人生的味道，慢慢雕琢粗糙的自我，渐渐将心性打造成了美玉。像王阳明这般，如果仔细切磋琢磨自己的人生，会发现顽石中隐藏的是连自己都不曾察觉的美玉。如果不精雕细琢，安于粗陋的人生，那么终将平庸一世。

当然并不是每一块石头都能成为璞玉，不是每一个贝壳都可以孕育出珍珠，也不是每一粒种子都可以萌生出幼芽。一个人的思想和意志得不到磨炼，就不可能有积极向上的动力。那些遇到挫折而不退缩的人，才能活出生命的意义。

很久很久以前，有一个养蚌人，他想培养一颗世上最大最美的珍珠。

他去海边沙滩上挑选沙粒，并且一颗一颗地问那些沙粒，愿不愿意变成珍珠。那些沙粒都摇头说不愿意。养蚌人从清晨问到黄昏，他都快要绝望了。

就在这时，有一颗沙粒答应了他。

旁边的沙粒都嘲笑起那颗沙粒，说它太傻，去蚌壳里住，远离亲人、朋友，见不到阳光、雨露、明月、清风，甚至还缺少空气，只能与黑暗、潮湿、寒冷、孤寂为伍，不值得。

可那颗沙粒还是无怨无悔地随着养蚌人去了。

斗转星移，几年过去了，那颗沙粒已长成了一颗晶莹剔透、价值连城的珍珠，而曾经嘲笑它傻的那些伙伴们，依然只是一堆沙粒，有的已风化成土。

也许我们只是众多沙粒中最平凡的一颗，但只

深陷逆境，其实“别有洞天”

“困知勉行，学者之事也。”

——王阳明

里希特在《长庚星》里曾经这样描述苦难：苦难犹如乌云，远望去但见墨黑一片，然而身临其下不过是灰色而已。苦难并不可怕，可怕的是面对苦难缺乏一种从容的健康心态。只要心情有阳光，苦难永远也不能统治我们的生命，只要梦里有美景，冬天就永远也不会来临，只要在关爱中相互扶持，“黑夜”里也有最美丽的童话。

苦难可以使人更严肃地思索人生，启迪智慧。王阳明就是在不断地追求真理、维护真理，历经艰难，走出困境的过程中，逐渐明白了一些百思不得其解的难题之后，悟出了“心”能左右一切的道理。

他在龙场附近的一个小山洞里品读《易经》，在沉思中“穷天人之际，通古今之变”，心境由烦躁转而为安然，由悲哀转为喜悦，一种生机勃勃的情绪油然而生。在和当地农民的相处过程中，他体会到农民的朴质无华和真诚善良。他们为他修房建屋，帮助他渡过了难关。使他感受到人间“真情”，深感“良知”的可贵，从中得到很多新的启示和灵感。

不经历巨大的痛苦，就不会有伟大的事业。我们每做一件事，都会在心中构筑一道障碍，直至完成，这些障碍都会一直存在。然而只要心中怀有美丽的“童话”，以积极乐观的态度应对发生的一切，“黑夜”里照样会开放出最美丽的花。

苦难是炼狱，我们应该勇敢地面对苦难，在苦难的磨砺中不断地练就自己，而不是将苦难看作是人生不可逾越的鸿沟。为什么在各种灾难之中会有人奇迹般地活下来，不仅仅是因为他们比别人更幸运一些，更是因为他们有着别人没有的意志力，他们相信自己可以挺过去，于是咬紧牙，最终渡过了难关。

人处逆境之中，可以明智，处顺境之中，刀光剑影立于前犹不自知。人往往身处逆境，人格、本领才会得到提高，此时的磨难反而不是一种苦果，而成了锤炼人心的工具。一切的磨难、忧苦与悲哀，都是铸就优秀品质的资本。正像田单处逆境而成功，居顺境而无所作为一样。我们在面对苦难与忧患的时候，如果能保持一颗平常心，对任何事情都清楚明净，居安思危，那么就没有什么事情是做不成的。

在平凡的日子里，一杯茶、一本书甚至偶尔邂逅的一抹绿都能带给我们无限的感动和惊喜。而当我们深陷“黑夜”的时候，我们也要相信自己会有开花的季节，因为生命在达到某一沸点之前注定要享受很多的煎熬和等待、痛苦和折磨。然后，在某一刻，我们就会突然明白：这样的生活其实才是对生命最真实的追求。你活的每一天都是值得的，都是精彩的。

曾看到一句话：“生活有多难，就有多勇敢。”走过的，不只是经历，更多的是心的满足。从薄脆到丰盈，亦如春，万物复苏，生命经历轮回而重新绽放，但是人的生命只有一次，所以我们要在有限的日子里完成无限的自我超越和前进，故而我们需要倍加珍惜当下的每一步、每一个选择。正如王阳明提倡“本心”，只要依照本心做事，积极地履行自己的使命和责任，那么自己的世界便是光明的。

每个人的人生都有“黑夜”，然而只要你在“黑夜”里种一颗光明的种子，相信它总会生根、发芽，最后开出光明的花朵。

寂寞是最大的考验

“何处花香入夜清？石林茅屋隔溪声。幽人月出每孤往，栖鸟山空时一鸣。草露不辞芒履湿，松风偏与葛衣轻；临流欲写猗兰意，江北江南无限情。”

——王阳明

一位西方哲学家说：“世界上最强的人，也就是最孤独的人。只有最伟大的人，才能在孤独寂寞中完成他的使命。”每个想要突破目前困境的人首先都需要耐得住寂寞，只有在寂寞中才能催生一个人的成长。

王阳明在贬谪期间饱尝各种人生摧残与折磨。为了摆脱寂寞和苦楚，他兴办书院、传递文化。他还经常和当地人交流，深刻感受到边地民众质朴人性的可贵和可爱。譬如彝族首领安贵荣知道他在龙场的艰难处境后，便主动给予他生活上的照顾，使他通过与少数民族“礼益隆、情益至”的密切交往，激发了悟道传道的生命热情。

虽然王阳明在贵州的时间不长，但贵州人对他的感情却十分深厚。在修文阳明洞，有彝族土司安国亨的题字，大书“阳明先生遗爱处”。《与安亘慰》的两封书信表达了他与少数民族之间情真意深，永志难忘。他所写的《居夷诗》百余首，还有《玩易窝记》《何陋轩记》《君子亭记》《宾阳堂记》，记述了他在贵州期间的心迹，是王阳明思想转变的历史见证。

一个人一生中的际遇肯定不会相同，但是当面对寂寞的时候，你要善于寻找方法帮助自己度过这人生最大的考验。只要你耐得住寂寞，不断充实、完善自己，当际遇向你招手时，你就能很好地把握，获得成功。

李忱是唐宪宗李纯的第十三个儿子，于长庆中期被封为光王。在他即位之前，贵为王公的李忱不得不离京出走，这得从他当时的处境说起。李忱的母亲并不是一个有身份地位的妃子，她作为当时叛臣的罪孥进宫，结果邂逅了当朝皇帝，生下了李忱，可惜在李忱的幼年，宪宗皇帝就被宦官暗杀了，留下这一对母子，既不能母凭子贵，也不能子凭母达。

820年，李恒（李忱之兄）被宦官扶上皇位，是为唐穆宗。4年后穆宗服长生药病逝，其子敬宗李湛接任，但他只活到18岁，驾崩后由其弟文宗李昂、武宗李炎相继接任。

在这长达20年的时间里，三朝皇叔李忱的地位既微妙又尴尬，他只能以黄老之道，韬光养晦，装傻弄痴。尽管他为人低调，不事张扬，但光王的特殊身份，还是让他逃避不了侄儿们猜忌、排斥、挤压的命运。文宗、武宗两位皇帝更是对他心存芥蒂，非但不以礼相待，还想方设法地迫害他。公元

841年，唐武宗登基时，李忱为避祸全身，便“寻请为僧，行游江表间”，远离了是非之地。应该说，李忱当时作出的这一抉择，当属达人知命的明智之举。而流放底层，阅尽人世沧桑，也为他将来修成大器提供了一个难得的机会。

法号“琼俊”的李忱虽然隐居于与世隔绝的深山之中，并没有一心向佛，忘却心中之志。握瑾怀瑜的他效法孔明，抱膝于隆中，准备待时而动。在唐武宗统治的6年间，他不停地通过秘密渠道打探宫内情况，积极从事夺权的活动，以实现“归去宿龙宫”的夙愿。

虽然他一直隐藏自己的这一志向，在福建境内的天竺山真寂寺的3年间，他言行谨慎，不露端倪。一日，与当时的名僧黄蘖和尚山中闲话，面对悬崖峭壁上的一条飞瀑，黄蘖来了雅兴，对李忱说道:“我得一上联，看你能否接下联?”。李忱也兴致盎然，说道:“你道来我听，我必对得上。”黄蘖于是吟道:“千岩万壑不辞劳，远看方知出处高。”

李忱几乎是脱口而出："溪涧岂能留得住，终归大海作波涛。"黄蘖听了，赞赏有加。

没有深沉的寂寞，哪有动地的长歌？李忱就像那瀑布，经历"千岩万壑不辞劳"的艰险后，终将飞珠溅玉、石破天惊。公元846年，深谙权谋、忍辱负重的李忱果然在太监们的拥戴下，从侄儿手中夺过大位，成为唐宣宗，时年三十七岁。由于他长期在民间阅世读人，深知黎民疾苦，故躬行节俭，虚怀纳谏，颇有作为，号称"大中之治"。

耐得住寂寞，是所有成就事业者都遵循的一种原则。它以踏实、厚重、沉思的姿态作为特征，以一种严谨、严肃、严峻的表象，追求着一种人生目标。当这种目标价值得以实现时，不喜形于色，而是以更寂寞的人生态度去探求另一奋斗目标和途径。而浮躁的人生是与之相悖的，它以历来不甘寂寞和一味追赶时髦为特征，有着一种强烈的功利主义驱使。浮躁的向往，浮躁的追逐，只能产出浮躁的果实。这果实的表面或许是绚丽多彩的，但绝非具有实用价值和交换价值。

其实，寂寞不是一片阴霾，寂寞也可以变成一缕阳光。如果你勇敢地接受寂寞，拥抱寂寞，以平和的爱心关爱寂寞，你会发现：寂寞并不可怕，可怕的是你对寂寞的惧怕；寂寞也不烦闷，烦闷的是你自己内心的空虚。寂寞的人，往往是感情最为丰富、细腻的人，他们能够体验人所不能体验的生活，感悟人所不能感悟的道理，发现人所不能发现的思想，获取人所不能获取的能量，最后成就人所不能成就的事业。

耐得住寂寞是一种人生品质，不是与生俱来，也不是一成不变的，它需要长期的艰苦磨炼和凝重地自我修养、完善。耐得住寂寞是一种有价值、有意义的积累，而耐不住寂寞往往是对宝贵人生的挥霍。

一个人的生活中有可能会有这样、那样的挫折，会有这样、那样的机遇，但只要你有一颗耐得住寂寞的心，用心去对待、去守望，那么，成功一定会属于你。

第十一章
静察己过，不论他人是非

静察己过，勿论人非

“是非之悬绝，所争毫厘耳。”

——王阳明

谈论他人是非并不是一个好的行为方式，古人曾如此告诫世人：“时时检点自己且不暇，岂有工夫检点他人。”圣人孔子也曾说过：“躬自厚而薄责于人。”其意思无非是，在静察己过的同时勿论人非。

而“勿论人非”体现出的是古人对于为人处世的另一层哲理性的思考与智慧。的确，有是非之言的地方便成了是非之地。人生在世，你有你的是非，他有他的是非，是非总是讲不清的，而人往往容易为是非所累。

祖孙俩买了一头驴，爷爷让孙子骑着走时，别人议论孙子不懂得孝敬爷爷；孙子让爷爷骑着走时，有人指责爷爷不疼爱孙子；祖孙俩干脆都不骑了，又有人笑话他俩放着驴不骑是傻瓜；祖孙俩同时骑在驴背上又有人指责他们不爱护动物。结果，不知所措的爷孙俩只好绑起驴扛着走了。

祖孙两人最后不知所措，是因为他们深为那些“是非”所累。“是非”本身就是极其无聊的谈资，没有任何的意义。而且那些喜欢在背后议论他人、搬弄是非的人往往也是最可恶的人。其实，背后议论别人并非是什么好事，也不是正人君子的作风，做人就应该做得光明磊落，有话就当面说，不要在背后搞任何的小动作。要知道，一味地去搬弄是非不仅害人，同时也是害己，对于自身而言没有任何好处，反而会让人看不起。

喜欢议论别人，对别人能够明察秋毫，而对自己却不能有个清醒的认识。越是喜欢议论别人的人，他本身也就存在着许多缺点，他们从不正视，不作自我批评。越是这样，缺点越是得不到改正，长此以往，缺点就会越来越多，到头来对自己没什么好处，对他人来讲也不会有什么好的影响。“正己才能正人”，不能律己，又何以要求别人呢?

在王阳明看来，是与非相差并不遥远，“所争毫厘耳”。的确，只差毫厘就有本质的变化了。正所谓“失之毫厘谬以千里”，好与坏、对与错、是与非只在一念之间。既然是这样，那么莫不如少谈论一些是非，多一些对自己的省察。

自省是涤荡心灵的清泉

“学须反己。若徒责人，只见得人不是，不见自己非。若能反己，方见自己有许多未尽处，奚暇责人？”

——王阳明

年少时候的王阳明曾到居庸关去“见世面”，他深深地被大漠风光吸引，回来之后并向父亲表达了以几万人马讨平鞑靼的志向，当时父亲批评他太狂傲。之后，王阳明经过一番思考、自省，向父亲承认了自己的错误。王阳明善于自省，在他立志成为圣贤的那一天起，“格物穷理”成了他每天必备的任务。但是格物并不是一天两天就能见成效的，在“格物”的过程中，王阳明也通过自省、反思一次次地思考、一次次地推翻自己的理论，最后才得以创立了心学。可以说，王阳明的成功与他善于反躬自省是分不开的。

自省在于不断地反省自我，善于承担生命给你的那一部分责任。王阳明认为：人要经常自省，若老是去指责别人，看到的只能是别人的错误，就不会看到自己的缺点。返身自省，才能看到自己的不足之处，也就不会去指责别人了。一个不善于反省自己过错的人，总是把过错推给别人，推给上天，反省自己却比登天还难。这样的人是不会成功的。

有人怀疑反省自己的作用，认为反省了半天也不见得能改变什么。其实，经过它的荡涤，就能让俗世纷纷扰扰的尘埃从我们心中流走。

一位老人和他的小孙子住在一块。每天早上，老人都坐在厨房的桌边读一本书。

一天，他的孙子问道："爷爷，我试着像你一样读书，但是我不懂得书里面的意思。我好不容易理解了一点儿，可是我一合上书便又立刻忘记了。这样读书能有什么收获呢？”老人安静地将一些煤投入火炉。然后说道：“用这个装煤的篮子去河里打一篮子水回来。”

孩子照做了，可是篮子里的水在他回来之前就已经漏完了。孩子一脸不解地望着爷爷。老人看看他手里的空篮子，微笑着说：“你应该跑快一点儿。”说完让孩子再试一次。

这一次，孩子加快了速度。但是篮子里的水依然在他回来之前就漏光了。他对爷爷说道：“用篮子打水是不可能的。”说完，他去房间里拿了一个水桶。老人说：“我不是需要一桶水，而是需要一篮子水。你能行的，你只是没有尽全力。”接着，他来到屋外，看着孩子再试一次。

现在，孩子已经知道用篮子盛水是行不通的。尽管他跑得飞快，但是，当他跑到老人面前的时候，篮子里的水还是漏光了。孩子喘着气说：“爷爷，你看，这根本没用。”

“你真的认为这一点儿用处都没有吗？”老人笑

着说，“你看看这篮子。”孩子看了看篮子，发现它与先前相比的确有了变化。篮子十分干净，已经没有煤灰沾在篮子上面了。“孩子，这和你读书一样，你可能什么也没记住，但是，在你读书的时候，它依然在影响着你，净化着你的心灵。”

其实，我们每一个人都应该有一本心灵的书，即使我们未曾记住一句话、一个字，却依然会受益终生。因为，它会让我们的心灵如泉水般清澈、纯净，这就是自省的作用。

自省是道德完善的重要方法，是涤荡心灵的一股清泉，它能给我们混沌的心灵带来一缕光芒。在我们迷路时，在我们掉进了罪恶的陷阱时，在我们的灵魂遭到扭曲时，在我们自以为是沾沾自喜时，自省就像一道清泉，将思想里的浅薄、浮躁、消沉、阴险、自满、狂傲等污垢涤荡干净，重现清新、昂扬、雄浑和高雅的旋律，让生命重放光彩，生气勃勃。

自省的主要目的是找出过失及时纠正，所以自省绝不可以陶醉于成绩，更不可以文过饰非。以安静的心境自查自省，才能克服意气情感的干扰，发现自己的本来面目，捕捉到平时自以为是的过失。

只有善于发现并且敢于承认自己的过失，才可以进一步纠正过失。我们常常看不到自己的短处，很多缺点都是通过旁人的指出才知道。这就要求我们有一颗平常心来对待别人善意的规劝和指责，反省自己的过失。

俗话说，忠言逆耳利于行，那些逆耳忠言常常能照亮我们不易察觉的另一面。唐太宗李世民就有一面镜子——宰相魏徵。倚助这位忠臣的当面进谏，唐太宗改正了自己的许多缺点，完善了治国之道，迎来了国家的空前繁荣。这个辉煌业绩的取得，不仅得益于魏徵的敢于直言，更应归功于李世民的宽宏胸怀，试想，如果他是一个听不进意见的昏君，魏徵可能早就人头落地了。正是由于他在听了魏徵的谏言之后，能够认真地检讨自己、反省自身，才使得表面上听起来很刺耳的意见变成了治国安邦的金玉良言，而李世民的人格也因此变得崇高。

自省是一次自我解剖的痛苦过程。它就像一个人拿起刀亲手割掉身上的毒瘤，需要巨大的勇气。认识到自己的错误或许不难，但要用一颗坦诚的心灵去面对它，却不是一件容易的事。懂得自省，是大智；敢于自省，则是大勇。割毒瘤可能会有难忍的疼痛，也会留下疤痕，但它却是根除病毒的唯一方法。只要“坦荡胸怀对日月”，心地光明磊落，自省的勇气就会倍增。王阳明的良知之说，即明心见性，就是以心为理，一切都在心中，所以只要心下自省，就是致良知。

孔子说：“君子之过也，如日月之食焉。过也，人皆见之；更也，人皆仰之。”这句话的意思是，日食过后，太阳更加灿烂辉煌；月食复明，月亮更加皎洁明媚。君子的过错就像日食和月食，人人都看得见，但是改过之后，会得到人们更崇高的尊敬。

终日不忘反省

“悔悟是去病之药，然以改之为贵。若留滞于中，则又因药发病。”

——王阳明

一个东西，用秤称过，才知道它的轻重，用尺量过，才知道它的长短。世间万物，都要经过某些标准的衡量，才知道究竟。而一个人更应该如此，经常反观自省，才能认识自己、改善自己。

关于自省，在王阳明看来，不是目的，而是一个办法。人要学会自省，才能有所悔悟，然而悔悟就像是治病的药，如果握在手里看着，不吃下去，病还是不会医好。所以人应该通过自省、悔悟来不断地超越过去的自己，这样才有可能走向成功的道路。

从前有座山，山上住着师徒两人。师父经常模仿徒弟，徒弟做什么，他也做什么。徒弟浇水种地，他也浇水种地；徒弟玩石子抓麻雀，他也玩石子抓麻雀。甚至徒弟偷跑出去到集镇上玩，他也跑到集镇上玩。

终于有一天，徒弟说："师父，您这么大岁数了，为什么总和我做一样的事情啊？"

师父说："我从40岁起，就把年轻时候的事情重新做了一遍，我现在80岁了，年轻时的我早就没有了。可是，我每天还能过年轻的生活，还能找到年轻的心态，所以我这40年，等于过了两个40年，一个从40岁到80岁的变老的40年，一个从1岁到40岁的重新年轻的40年。如果这么说，我已经120岁了。"

师父又说："况且小时候做过的事，肯定有很多荒谬可笑的，现在我知道哪些是对的，哪些是错的；哪些是宝贵的，应该保持，哪些是可笑的，应该一笑置之。就算保留的和抛弃的各占一半吧，那么我这重新年轻的40年，节省了一半过去被荒废的时间，就相当于延长了一倍，要是这么说，我已经160岁了。

“回顾过去，对现在是有好处的。它可以使现在的我避免错误、节约时间，在现实的路上走得更稳，让我这变老的四十年避免走许多弯路。所以这样算来，我恐怕还不止160岁呢。”

故事中师父的年龄到底多大，没有深究的意义，重要的是要和他一样保持一颗年轻的心，时时自省。正如《菜根谭》里所说的：为人修身，应该时时自省。这一点做起来并不难，但总是被大家忽略。人生就像走路，有走得顺畅的时候，也有绕弯路的时候，甚至还有走入迷途的时候。如果不管以前走过什么路，不知反省，仍然照感觉行事，就像一只掰玉米的熊，掰下一个，丢了一个，最终腋下永远只夹着一个玉米。

人必须懂得反省，通过反省来发现问题、解决问题，从而提高自己。正如老和尚所说的，反省可以延长我们的生命，更重要的是，它让我们在以前的基础上有了提升，让我们超越了之前的那个自己。

有位哲学家在晚年的时候刺瞎了自己的双眼。别人都不理解他的这一举动。他说，我只是为了更好地看清自己。“知人者智，自知者明。”真正的聪明人必须具备自知之明。何谓自知之明？圣人都有自知之明，是因为他们时刻审视着自己。能够时时审视自己的人，一般都很少犯错，因为他们会时时考虑：我到底有多少力量？我能干多少事？我该干什么？我的缺点有哪些？为什么失败了或成功了？这样做就能轻而易举地找出自己的优点和缺点，为以后的行动打下基础。

人生最大的敌人是自己。那些认真审视自己、时刻反省自己的人，才可能真正觉悟。反省是一棵智慧树，只有深植在思维里，它才能与你的神经互联，为你提供源源不断的智慧，让人生这条路变得简单、精彩起来。可见，在工作中，只有不断自我反省，才能使自己不断进步。

不断做自我反省，才可以令自己立于不败之地。一直探索格物致知的王阳明在一次同友人的对话中说，要达到真正的格物致知，就必须要仔细省察克治，不要让心中有丝毫的偏离。能够时时审视自己的人，一般很少犯错，因为他们会时时分析自己的优点和缺点，跳出自己的局限来重新观看、审察自己的所作所为是否正确，从而为以后的行动打下基础。

藏書

珍藏版

王陽明全集

肆

李楠 主编

民主与建设出版社

目 录

第十七章　成事在谋，谋事在断

静时存养，动时省察

“省察是有事时存养，存养是无事时省察。”

——王阳明

老子《道德经》中说：“知人者智，自知者明。”只有自知，才能知人。确实，人需要有自知之明。特别是在身处困境，地位低下的时候，一个人更应该反省自身，多思考一下自己的缺陷和不足，才能借由不断的自我调整而进步。

王阳明也很看重自我省察，他说省察是有事的时候存养天理，存养天理是无事的时候省察。通过省察看清自己是成功的基础，不能因为境况的不如意而迷迷糊糊，混了天日。

如果无法认清自己，容易骄傲自满，就像装满了水的容器，稍一晃动，水便会溢出来。一个人若心里装满了骄傲，便很难听取别人的忠告，吸取别人的经验，接受新的知识。长此以往，必定故步自封，或止步不前，或猝然受挫。

大禹时代，一个背叛的诸侯有扈氏率兵入侵，夏禹派他的儿子伯启抵抗，结果伯启被打败了。他的部下很不服气，要求继续进攻，但是伯启说："不必了，我的兵比他多，地也比他大，却被他打败了，这一定是我的德行不如他，带兵方法不如他的缘故。从今天起，我一定要努力改正过来才是。"从此以后，伯启每天很早便起床工作，粗茶淡饭，照顾百姓，任用有才干的人，尊敬有品德的人。过了一年，有扈氏知道了，不但不敢再来侵犯，反而主动投降了。

像伯启这样，肯虚心地检讨自己，马上改正有缺失的地方，那么最后的成功，舍他其谁呢？伯启的经历，与孔子的一句话很是契合，孔子说："已矣乎！吾未见能见其过而内讼者也。"孔子说："完了啊！我没见过能看到自己过失而深切自责的人。”孔子教育学生们要“修持涵养”，也就是注重修养。而“内讼”正是修养的一个不可缺少的部分。所谓“内讼”，说简单些，就是由内心对自己进行自我审判。怎么审判呢？就是，内心进行情感与理性、天理与人欲的权衡，找出自己的缺点，时时进行自我反省。

学到一点东西就自满自足，甚至不可一世、盲目骄傲，这都是可笑而且可怜的。对自己心存不满的人就像那个不断装入石子、沙子、石灰及水的木盆，它总是能放下更多的东西，人生也便在日积月累中向上提升。

对自己心存不满的人会随时随地为自己充电，他们从不会为了已有的知识和成绩感到骄傲，因为他们知道容器的容量虽然有限，心胸却可以无限扩展，他们总会把自己摆在最低的位置，实际上却能与伟大无限接近。

人生如秤，对自己的评价秤轻了容易自卑；秤重了又容易自大；只有秤准了，才能实事求是、恰如其分地感知自我，完善自我，对自己了然于心，知道自己能吃几碗干饭，有几许价值，才能做到自知之明。《吕氏春秋》中说：“物固莫不有长，莫不有短，人亦然。”一个人不仅要了解自己的能力有多少，也要知道自己的长处和短处在哪里，才能借由不断的自我调整而进步。

现实中人们常常秤重自己，有些人过于自信，总觉得高人一等，办事忽左忽右、不知轻重，造成不必要的尴尬和悲剧。当然也有秤轻自己的人，其表现为往往自轻和自贱，多萎靡少进取，总以为自己不如人，而经常处于无限的悲苦之中。

自知之明来源于自我修养和自我慎独。因为自省才能自制自律，自律才能自尊自重，自重才能自信自立。自尊为气节，自知为智慧，自制为修养。人具备了自知之明的胸臆和襟怀，其人格顶天立地，其行为不卑不亢，其品德上下称道，其事业左右逢源。

自知之明与自知不明一字之差，两种结果。自知不明的人往往昏昏然，飘飘然，忘乎所以，看不到问题，摆不正位置，找不准人生的支点，驾驭不好人生命运之舟。自知之明关键在“明”字，对自己明察秋毫，了如指掌，因而遇事能审时度势，善于趋利避害，很少有挫折感，其预期值就会更高。所以，王阳明说懵懂的人，要是真的能在事物中省察，那么，愚蠢也会变得聪明，柔弱也会变得刚强。

君子改过，人皆仰之

“一念改过，当时即得本心。人孰无过？改之为贵。”

——王阳明

人在这个世界上生活、工作，就难免会犯错误，错了并没有什么，勇敢承认自己的错误反而会受到人们的敬仰和尊重。而生活中、工作中我们往往碍于面子，对自己的错误避而不谈，将错就错。其实，真正的自省是完全袒露内心，是灵魂从里到外对每个细胞的审视，是站在宇宙之上思维广阔的思考，是停下脚步仔细查看前后左右的条条道路。

在《寄诸弟》中，王阳明说了这样一句话：“一念改过，当时即得本心。人孰无过？改之为贵。”

意思是，很多错误都是一念之差造成的，“人非圣贤孰能无过”，但只要是将一念之过改正了，就可以得到“本心”，找回真正纯洁的灵魂。肯改正错误就是最可贵的，这样说来，敢于承认错误，改正错误的人就可以称得上是令人尊敬的君子了。

战国时期，赵国有一文一武两个得力的大臣。武的叫廉颇，他多次领兵战胜齐、魏等国，以英勇善战闻名于诸侯。文的叫蔺相如，他有勇有谋，面对强悍的秦王能够临危不惧。他两次出使秦国，第一次使国宝“和氏璧”得以完璧归赵，第二次是陪同赵王去赴秦王的“渑池之会”，两次都给赵国争回了不少面子，秦王也因此不敢再小看赵国了。于是，赵王先封他为大夫，后封他为上卿，地位在大将廉颇之上。

廉颇对蔺相如很不服气。他想：蔺相如有什么能耐，无非是会耍几下嘴皮子，我廉颇才是真正的功臣呢！他对手下的人说：“我要是见到了蔺相如，一定要让他尝尝我的厉害，看他能把我怎么样！”

这话传到了蔺相如的耳朵里，他干脆装病不去上朝，避免与廉颇发生冲突。他还吩咐手下的人，叫他们以后碰着廉颇的手下，千万要让着点儿，不要和他们争吵。一次，蔺相如出门办事，正碰见廉颇远远地从对面过来，蔺相如就叫马车夫把车子赶到小巷子里，让廉颇的车马先过去。

蔺相如的手下气坏了，纷纷责怪蔺相如胆小，害怕廉颇。蔺相如笑一笑，说："廉颇和秦王哪个厉害呢？"手下说："当然是秦王厉害了。"蔺相如接着说："我连秦王都不怕，还会怕廉颇吗？要知道，秦国现在不敢来打赵国，就是因为国内文官武将一条心。我们两人好比是两只老虎，两只老虎要是打起架来，难免有一只要受伤，这就给秦国制造了进攻赵国的好机会。你们想想，国家的事要紧，还是私人的面子要紧？所以，我宁可忍让一点儿。"

这话传到了廉颇耳朵里，他感到非常惭愧。这日，他裸着上身，背着荆条，跑到蔺相如的家里去请罪。从此，两人成了最要好的知心朋友，一文一武，共同保卫赵国。

廉颇不仅是一员猛将，还是一个勇士，一个勇于面对错误、承认错误和改正错误的勇士。知错能改，这是我们从小便接受的教育，但因为面子的问题，很多时候，即使明知自己犯了错，还是很难主动去认错。一味地回避自己所犯的错，是需要花费很大力气的，与其浪费这么多的时间与精力，不如直接为自己的错“埋单”，并将它看作一次深刻的教训。人总是在不断地磕磕碰碰中长大的，错误只是一个小水坑，许多人都是被水溅湿过，才知道以后要小心地避开。所以，前进的路上不要害怕犯错，只要在犯错之后坦诚地接受并注意改正，之后的小水坑便会越来越少，前进的道路便会越来越顺畅。

西汉时期，汉中有个叫程文矩的，他的妻子不幸去世，留下四个儿子，之后又娶李穆姜为妻，也生了两个男孩。程文矩死后，繁重的家务和教育孩子的责任都落在了李穆姜身上。作为后母的李穆姜对程文矩前妻生的孩子无比慈爱，甚至比对自己的亲生儿子还要好。但是，这四个孩子却一点都不尊敬她，还处处为难她，认为李穆姜是假仁假义。

久而久之，有邻居劝李穆姜不要再管这些了。李穆姜却说：“我要用礼仪劝导他们，不让他们走向邪路。”有一次，程文矩前妻的大儿子程兴重病卧床，李穆姜十分难过，她不仅到处访求名医，还亲自熬药，将程兴照顾得无微不至。在李穆姜的精心照料下，程兴的病慢慢得以痊愈。而李穆姜的行为也深深感动了程兴。他不仅向李穆姜道歉，还对三个弟弟说：“继母仁慈，我们兄弟却置她的养育之恩于不顾，真连禽兽都不如。虽然母亲并不怪我们，对我们越来越好，但我们的罪过是不可宽恕的。”四兄弟感到非常悔恨，便跑到掌管刑罚的官员面前请求治罪。事情传到了汉中太守那里，太守不仅表彰了李穆姜，还让四子改过自新。在李穆姜的严格教育下，四子也都各有建树。

程文矩前妻的四个孩子认识了自己的错误，并且改过自新，才有了后来的建树。人的一生总是难免会犯这样或者是那样的错误，而问题的关键则在于该如何去面对我们的过错。首先是知错，若连自己的错误都不承认，就无以说到下一步，其后果也必定会是一错再错。但若能去正视并且承认自己的过错，并且能在此基础之上对其错误进行改正，那么，错误对于我们而言便是一笔财富了，要知道，犯了错误改得早，就进步快。

反观自身，不断自我提升

“见贤思齐焉，见不贤而内自省，则不至于责人已甚，而自治严矣。”

——王阳明

自省是一面莹澈的镜子，它可以照见心灵上的玷污，继而照亮前进的路途。工作中，有很多人经常怨天尤人，就是不在自身上面找原因。实际上，一个人失败的原因是多方面的，只有从多方面入手寻找失败的原因，并有针对性地进行自省，才能起到纠错的作用。

“见贤思齐焉，见不贤而内自省。”王阳明十分赞同孔子的这句箴言。看到比自己好的人就要争取进步与之齐头并进，见到不好的就要反思自己是否也有这样的错误或者坏习惯。这样才不至于严于待人，宽以待己；如果要想成为一个成功的人、伟大的人，恰恰要严于律己、宽以待人，从反躬自省中完善自己，发现、发展自己的优势力量。

陈子昂是我国初唐著名诗人。他的老家是梓州射洪（现在的四川省射洪县），幼年时他就随父亲一起来到了京城长安。由于父母平时对他非常娇惯，所以他长到十几岁时仍然不爱读书，每天只知道跟他的朋友出城打猎、游玩，要不就是四处找人斗鸡赌钱。

随着时间的流逝，陈子昂渐渐长大了，这时他的父母才发现自己的宝贝儿子不学无术，一无所长，并开始为他的前途担忧。父母对他平日里的行为也看不下去了，多次劝他除掉身上的恶习，潜心攻读。可陈子昂早就游荡惯了，哪里听得进去。

有一天，他在游玩途中路过一处书塾，在窗外无意中听到老师在说这样一段话：“一个人是否能够享有荣誉或蒙受耻辱，完全取决于他本人的品德。

品德好的人，自然会享受荣誉；品德坏的人，也自然会蒙受耻辱。一个人如果放任自流，行为举止傲慢，身上具有邪恶污秽的东西，就无法得到他人的尊敬。要想成为一名君子，就要让自己博学多才，还要经常用学来的道理对照自身进行检点。如果坚持这样做下去，你的学问和知识就会越来越多，行为上也很难有什么过失了。俗话说得好：‘少壮不努力，老大徒伤悲。’在生活中，我们看到别人能做一番大事业时总是非常羡慕人家，可是你哪里知道，人家之所以能够取得成功，是下了一番苦功夫的！不经过自身的努力就想得到学问，那就如同缘木求鱼一样幼稚得可笑。”无意中听到的这一番话，使陈子昂的内心受到很大的触动。他忘记了游玩，马上赶回家，在自己的屋中反思起来，回首自己以前做过的荒唐的事情，心里追悔莫及。

从那一天起，陈子昂毅然跟原来那些朋友断绝了来往，把在家中饲养的各种小动物也都放掉了，从此和书本成了朋友，每天书不离手，勤奋刻苦地学习，直至最后成为一名伟大的诗人。

每个人都需要反思自己的行为，陈子昂如果没有反思想必也很难成为留名千古的大诗人。要想取得成功，必须适时清理一下内心的“乌云”，经常自查自省，把负面的因素扔进“垃圾桶”，吸取过往教训，总结经验，以免以后发生类似的事件。

王阳明和学生讨论“中”，他认为“中”不是物，而是学者涵养省察时的景象。君子修德，学者求学，圣人得道，乃至君主治国，都要在时时寻找和守定这种自省的景象。背离这种景象，就会落于私欲的俗套。

一个人只有不断地反省，才会不断地提高。一个人进步的能力、学习的能力，就体现在他反省的能力上。若能通过自省找到自己的优势，并将优势发挥到极致，他就能够在该领域中取得非凡的成就，获得人生的成功。

生活的真正悲剧并不在于我们每个人都没有足够的优势，而在于未能使用我们的优势。王阳明为实现圣人之志亲身实践探索的过程，告诉我们人人都可以成为圣人。虽然世界上没有两片完全相同的树叶，每个人的天赋都是不同的。但是每个人都有表现突出的一个方面，只是我们不够相信自己。

我们的时间有限、精力有限，不可能把所有的事情做到最好，但是我们一定可以把其中的一件事做到最好。也就是说，一个人，必须首先找到自身的优势所在。做最好的自己，你就能在不知不觉中超越众人，跨越平庸的鸿沟，从众人中脱颖而出。

第十二章

嘴上带尺，脚下有路

有糖衣的逆言易被接受

“真言求功。”

——王阳明

说话是一门艺术，懂得如何说话，在何种场合说话，往往能够转祸为福。有句俗语称：“见什么人，说什么话。”这确实是一种说话的策略，但是这个话却又有一个标准，那就是都要讲真话。王阳明说讲真话是很难得的，特别是在一些特定的时候和场景更加显得宝贵。讲真话能够求得功名，真正能够打动人心的也还是真话。不过，在某些场合讲真话要懂得绕弯子。

都说中国人说话爱绕弯子，不直截了当，说话转弯抹角让外国友人们很头痛。有这样一个幽默故事，说有个外国的留学生赞美中国的男同学很帅时，那男同学谦虚道：“哪里，哪里。”这个学了一点中文的外国留学生感到不知所措。“我只不过客套地赞美他，他还要问我具体美在哪里。”这个留学生当然不知道这是我们中国人的含蓄。

其实在某些特定的场合，含蓄一点也未尝不好，如果把话说得太直、太透，可能会引起对方的不满，或者对自己产生不利的影响，但意思又不能不表达。这时，如果采用“借他人之言，传我腹中之事”的方法，借用一个并不在场的第三者之口说出，便可以弱化对方的不满和对我方的不利影响。

在语言策略上，这种方法被称为近话远说。运用此法，能够人为地拉开话题与现场之间的距离，给双方留下一个缓冲带。

说话转个弯儿，在表达了自己的意见的同时，也为自己留了条后路。顾及了双方的面子，使自己和对方都有台阶下。对于不宜直言的问题，绕个弯儿说话，有时会让自己化险为夷。说话绕弯子在中国历史上的事情太多，不过，绕一绕也有好处，有时确能化解过激的行为。

我国古时候，有一个县官很喜欢附庸风雅，尽管画术不佳，但画画的兴致很高。他画的虎不像虎，反而像猫。并且，他还每画完一幅画，都要在厅堂内展出示众，让众人评说。大家只能说好话，不能说不好听的话，否则，就要遭受惩罚，轻则挨打，重则流放他乡。

有一天，县官又完成了一幅“虎”画，悬挂在厅堂，召集全体衙役来欣赏。

县官得意地说：“各位瞧瞧，本官画的虎如何？”

众人低头不语。县官见无人附和，就点了一个人说：“你来说说看。”

那人战战兢兢地说："老爷，我有点怕。"

县官："怕，怕什么？别怕，有老爷我在此，怕什么？"

那人："老爷，你也怕。"

县官："什么？老爷我也怕。那是什么，快说。"

那人："怕天子。老爷，你是天子之臣，当然怕天子呀！"

县官："对，老爷怕天子，可天子什么也不怕呀！"

那人："不，天子怕天！"

县官："天子是天老爷的儿子，怕天，有道理。好！天老爷又怕什么？"

那人："怕云。云会遮天。"

县官："云又怕什么？"

那人："怕风。"

县官："风又怕什么？"

那人："怕墙。"

县官："墙怕什么？"

那人：“墙怕老鼠。老鼠会打洞。”

县官：“那么，老鼠又怕什么呢？”

那人：“老鼠最怕它！”来人指了指墙上的画。

故事中，被点名的差役没有直接说县太爷画的虎像猫，而是接二连三地抬出第三方，绕着弯说话。让县官在众人面前保住了脸面，又让自己避免了一场灾难。

人常说：“良言一句暖三冬，恶语伤人六月寒。”一言可以兴邦，一言可以丧邦；一句话可以把人说笑，一句话也可以把人说恼。人与人之间性格各方面都有差别，生活中也常常遇到一些不便于直言的场合和事情，说话曲折一点、绕一点弯儿，让逆言裹着糖衣，自然可以生出迂回进言的效果，让人思考以后才知道，揣摩之后才明白。

善言的高手，即使遇到棘手的话题或难以回答的问题，也能够巧妙地运用一些方法，如近话远说，从而避免恶语伤人，更能有效地保全自身。

言辞不可太露骨

“言不可尽善。”

——王阳明

当代著名学者季羡林老先生曾说过一句话：假话全不说，真话说一半。这句话是季老先生从大半生丰富的阅历中总结出来的经验。前半句警告那些喜欢吹嘘、撒谎的人，一个假话总要十个假话来圆，假话越说越多只能给自己带来更多的麻烦，所以还是不说为好；后半句就更微妙了，真话为什么要说一半呢？因为很多时候，说得越多错得也越多，少说话不仅能够避免传播谣言也能够给人留下处事谨慎的好印象。

王阳明也曾说过一句话：言不可尽善。意思是讲话不可以只讲好话、亲善的话。因言招祸的事情常常发生，王阳明自己就是一个很好的例子。因为不满刘瑾等宦官为非作歹，王阳明上书朝廷，为受害同僚讲话，最终导致自己也遭受迫害。所以，王阳明说这句话的意思是警示人们在讲话上要十分谨慎小心。

有一篇文章叫做《说话的温度》，它这样写道：

“急事，慢慢地说；大事，清楚地说；小事，幽默地说；没把握的事，谨慎地说；没发生的事，不要胡说；做不到的事，别乱说；伤害人的事，不能说；讨厌的事，对事不对人说；开心的事，看场合说；伤心的事，不要见人就说；别人的事，小心地说；自己的事，听听自己的心怎么说；现在的事，做了再说；未来的事，未来再说。”

话语本身是有温度的，说话也是有技巧的。只有技巧拿捏得恰到好处，才能赋予语言适合的温度，不会把聆听者灼伤，也不会让他感觉到冷漠。

王阳明强调讲话要谨慎，但是也主张要有讲真话的勇气。在各项与说话相关的原则中，讲真话一直被视为正直人士的标签，似乎一个人不说真话就算不得真诚。不过，讲真话有时候也得分聆听对象，分地点场合。

早在两千多年前，孔子就曾告诫我们：“可与言之而不与之言，失人；不可与言而与之言，失言。”说话之前，先得想清楚“可与言”和“不可与言”这两种人和两种情况，对那些有诚意、可信赖的“可与言”的人，如果“不与之言”，不说真话，那就是我们的失理、失礼，可能会因此失去难得的朋友或师长；但如果对方是不可信赖的“不可与言”者，你仅凭听了几句漂亮说词或慷慨承诺，就“与之尽言”，向他掏出了所有心里话，那你就可能失言、中“套”或上当。

心与心的距离就像硬币的两面，有时候很近，近得似乎融为一体；但有时候又很遥远，远到永远不可能达到对面。没有人能完完全全地理解另一个人，也没有一个人能被人完完全全地理解。我们每个人内心里都有一片私人领域，在这里我们埋藏了许多心事。心事是自己的秘密，一般时候都只可留给自己，不要轻易说出口，也许它会成为别人要挟你的把柄。

很多人有一个共同的毛病：心里藏不住事，有一点点喜怒哀乐之事，就总想找个人谈谈；更有甚者，不分时间、对象、场合，见什么人都把心事往外吐。其实这也没有太大关系，每个人都有与他人分享心情与感想的欲望，这些都再正常不过。

真话可以说，但不能“随便”说。因为我们的每个倾诉对象都是不一样的，所以要学会有所鉴别，有所取舍，也就是说说真话的时候一定要有“心机”。

我们处理心事之所以要这么慎重，是因为心事的倾吐会泄露一个人的脆弱面，这脆弱面会让人改变对你的印象。虽然有的人欣赏你“人性”的一面，但有的人会因此而下意识地看不起你，最糟糕的是脆弱面被别人掌握住，会形成他日争斗时对你的致命一击，这种事虽然未必会发生，但却必须预防。

有些心事带有危险性与机密性，例如，你在工作上承担的压力，你对某人的不满与批评等，当你毫不顾及地倾吐这些心事时，很可能有一天会被人拿来当成对付你的武器，到时候即使自己被他人暗伤，也未必清楚伤害自己的利刃正是出自自己之手。

还有一些比较敏感，可能会伤害到他人的真话也是不能随便出口的。人们常习惯于“非此即彼”的二元思维，但现实生活中其实还存在既不说假话，又不说真话的第三种途径。

“假话全不说，真话不全说”。这句话中其实蕴涵着传统的中庸观念，看似有些“明哲保身”的意味，但我们不得不承认这种态度更接近现实生活的原貌。

在中国古代，诸多饱学之士莫不把这中庸之道当成确保自身“不倒翁”地位的经验之谈，这与传统观念提倡的忠孝仁义、君臣之纲，缺少反叛意识有莫大关联。虽然历史上也有知名的谏臣，比如唐朝的魏徵、明朝的海瑞，但毕竟只是少数。忠言逆耳，更何况很多时候，与我们相交的人嘴中吐露的也未必就是心中所想，而且他也未必愿意听我们的实话，所以，有人愿意披着“皇帝的新装”，自然也就有人愿意充当“不明真相”的围观者。

打折的真话并不全然意味着胆怯或软弱，在说话的时候有所隐瞒，说些折中的话、弹性的表述、搁置敏感点，有时候也是实现目的的变通之策。减少真话可能带来的无意义的口舌之争，用实践去检验真理，或许是一种更好的方法。

嘴巴闭关，舌头收箭

“以言语谤人，其谤浅。”

——王阳明

外交官在传达两方面意见的时候，做翻译官也一样，传其原意，过分的话不能传，也不能添油加醋，做到了这一步，才算完成使命，也才能够保全自己。这虽然是讲外交官的修养，做外交的哲学，但也是告诉我们做人的道理，应该怎么做，不应该怎么做。王阳明在回复学生周道通的信中说：“以言语谤人，其谤浅。”意思是用言语诽谤别人，这种诽谤是很肤浅的。尽管舌头没有骨头，但也应该特别小心它的厉害。因为话一旦说出口，就像射出的箭，再也不能收回了。因此，管好自己的舌头，学会说话处世很重要。

在为人处世时，要学会对人的性格作具体分析，要见什么人说什么话，对傲慢无礼的人说话应该简洁有力，最好不要跟这种人多谈，所谓“多说无益”；对沉默寡言的人就要直截了当；对深藏不露的人，你只把自己预先准备好的资料拿给他看就可以了；对于瞻前顾后、草率决断的人，说话时要把话分成几部分来讲。

徐文远是名门之后，他幼年跟随父亲被抓到了长安，那时候生活十分困难，难以自给。他勤奋好学，通读经书，后来官居隋朝的国子博士，越王杨侗还请他担任祭酒一职。隋朝末年，洛阳一带发生了饥荒，徐文远只好外出打柴维持生计，凑巧碰上李密，于是被李密请进了自己的军队。李密曾是徐文远的学生，他请徐文远坐在朝南的上座，自己则率领手下兵士向他参拜行礼，请求他为自己效力。徐文远对李密说：“如果将军你决心效仿伊尹、霍光，在危险之际辅佐皇室，那我虽然年迈，仍然希望能为你尽心尽力。但如果你要学王莽、董卓，在皇室遭遇危难的时刻，趁机篡位夺权，那我这个年迈体衰之人就不能帮你什么了。”李密答谢说：“我敬听您的教诲。”

后来李密战败，徐文远归属了王世充。王世充也曾是徐文远的学生，他见到徐文远十分高兴，赐给他锦衣玉食。徐文远每次见到王世充，总要十分谦恭地对他行礼。

有人问他：“听说您对李密十分倨傲，对王世充却恭敬万分，这是为什么呢？”

徐文远回答说：“李密是个谦谦君子，所以像郦生对待刘邦那样用狂傲的方式对待他，他也能够接受；王世充却是个阴险小人，即使是老朋友也可能会被他杀死，所以我必须小心谨慎地与他相处。我察看时机而采取相应的对策，难道不应该如此吗？”

等到王世充也归顺唐朝后，徐文远又被任命为国子博士，很受唐太宗李世民的重用。

徐文远之所以能在五代隋唐之际的乱世保全自

已，屡被重用，就是因为他针对不同的人有不同的应对之法，懂得灵活处世，懂得管好自己的嘴巴。到哪山唱哪歌。掌握说话的技巧，把人说活了，做事就能达到意想不到的效果。

愚者常常暴露出自己的愚昧，贤者却总是隐藏自己的知性。因为善于听话的人，易表露知性；而喜欢表现自我、喋喋不休的人，通常都是些傻瓜。基于这样，请记住这么一句忠言："假如你想活得更幸福、更快乐的话，就应该从鼻子里充分吸进新鲜空气，而始终关闭你的嘴巴。"

平常做人就是如此，你说过分的话，结果倒霉的是你。当你时时意识到这个问题，不说闲话也就成了一种习惯，并进而改变了自己的心态，从耻笑别人转为审视自己。王阳明被封"新建伯"爵位，表面上十分光鲜，但只是挂了一个空号，对王阳明没有半点实质性的帮助，本有怨言的他被老父亲王华的一句"我以为惧"说得心服口服。父亲去世之后，他不再抱怨，不再说一些闲话，而是潜心学习。

警惕自己的舌头，如同慎重地对待珍宝一样，使自己的舌头保持沉默，人生将会得到很大的好处。人之所以有两个耳朵、一张嘴巴，是为了让人多听少说，听的分量要有说的两倍。于是，那些懂得此理的人总是让人尊敬，而那些喋喋不休之人只能让人更厌恶。

好话说过了不如不说

“善不可尽言。”

——王阳明

王阳明所在的封建官场，形势变幻莫测，人心叵测。王阳明虽然不是一个奉承的人，但是走进官场，又不得不摸索一些生存的门道。王阳明认为赞扬的话不能够全部说出。就算真的是发自内心的好意，有时可能会弄巧成拙，甚至被小人抓住辫子，要想有回旋的余地那就难了。

每一个人都希望受到别人的称赞，希望自己的真正价值被认可，尤其是希望得到同仁的认可。尽管人人都喜欢受到赞扬，但赞扬也必须恰如其分，恭维人的话不能过了头，这样对方会不自在，觉得你是虚情假意、逢场作戏，因此而不信任你。

清朝的中堂大人李鸿章，位高权重，文武百官都想讨他欢心，以便使他多多提携自己，能升个一官半职。这一年，中堂大人的夫人要过五十大寿，这自然是个送礼的大好时机，寿辰未到，满朝文武早已开始行动了，生怕自己落在别人后面。

合肥知县也想送礼，因为李鸿章祖籍合肥，这可是结攀中堂大人的绝好时机。无奈小小的一个知县囊中羞涩，礼送少了等于没送，送多了又送不起，这下可把知县愁坏了，思来想去拿不定主意，于是请师爷前来商量。

师爷看透了知县的心思，满不在乎地说："这还不好办，交给我了。保准你一两银子也不花，而且送的礼品让李大人刮目相看。"

"是吗？快说送什么礼物？"知县大喜过望，笑成了一朵花。

"一副寿联即可。"

"寿联？这，能行吗？"

师爷看知县还有疑虑，便安慰他："你尽管放心，此事包在我身上，包你从此飞黄腾达。这寿联由我来写，你亲自送去，请中堂大人过目，不能疏忽。"

知县满口答应。

于是第二天，知县带着师爷写好的对联上路了。他昼夜兼程赶到北京。等到祝寿这一日，知县报了姓名来到李鸿章面前，朝下一跪："卑职合肥知县，前来给夫人祝寿！"

李鸿章看都没看他一眼，随口命人给他沏茶看座，因为来他这里的都是朝廷重臣，区区一个七品知县，李鸿章哪能看在眼里。

知县连忙取出寿联，双手奉上。

李鸿章顺手接过，打开上联：

"三月庚辰之前五十大寿。"

李鸿章心想：这叫什么句子？天下谁人不知我夫人是二月的生日，这"三月庚辰之前"岂不是废话。于是，李鸿章又打开了下联：

“两宫太后以下一品夫人。”

“两宫”指当时的慈安、慈禧，李鸿章见“两宫”字样，不敢怠慢，连忙跪了下来，命家人摆好香案，将此联挂在《麻姑上寿图》的两边。

这副对联深得李鸿章的赏识，自然对合肥知县另眼相待，称赞有加，而这位知县也因此官运亨通了。

一副对联既抬高了李鸿章夫人的地位，同时又做到了不偏不倚，没有盲目哄抬，自然深得被赞的人喜欢。好话说都多了，听话的人会觉得讲话的是虚伪不真实，不但没有达到讲话的目的，甚至还会为自己带来不必要的麻烦。

据说有一个年轻人曾经给恩格斯写了一封热情洋溢的信，信中称赞恩格斯是一位无与伦比的革命导师，一位伟大的思想家，甚至称其为马克思的再现等。恩格斯并没有因为这封信而有丝毫的感动，反而生气地回信说：“我不是什么导师、思想家，我的名字叫恩格斯。”恩格斯作为一位杰出的思想家，他不喜欢别人在赞美他时用夸张的词汇，又因为他和马克思有着几十年的友谊，他是非常尊敬马克思的，当然会忌讳别人称他为“马克思的再现”。

此人本意在于表达对恩格斯的赞扬，却达到了不好的效果。的确，有时候，赞美别人也要有个度，在事实的基础上略有拔高就可以，如果不顾实际情况只是一味地表扬，别人不但不会感激，反而会心生厌烦。

恭维人的话不能过了头，过多了也不利于交谈，在谈话中频频夸对方“好聪明”“好有能力”，对方频频表示客气，往往使谈话无法顺利进行。所以，我们平日就要把握赞美别人的度，点到为止，让别人心里高兴，也不会觉得你另有所图。

少妄言，多好话

“凡今天下之论议我者，苟能取以为善，皆是砥砺切磋我也，则在我无非警惕修省进德之地矣。”

——王阳明

王阳明的一封书信中曾经写道：“凡今天下之论议我者，苟能取以为善，皆是砥砺切磋我也，则在我无非警惕修省进德之地矣。”世事纷繁复杂，真真假假，当是非降临时，我们也不必害怕，人间最大的力量不是枪炮或者拳头，而是忍，忍最终能将流言在真理面前击碎。做人应该以恕己之心恕人，以责人之心责己，一个真正的忍者，对待恶骂、打击、毁谤都要有承担、忍耐的力量。

一个人心地再好，如果嘴巴不好，也不能算是好人。言语谨慎是十分必要的。如果一个人总是滔滔不绝地讲话，说得多了，话里自然而然便会暴露出来很多问题。诗曰：不智之智，名曰真智。蠢然其容，灵辉内炽。用察为明，古人所忌。学道之士，晦以混世。不巧之巧，名曰极巧。一事无能，万法俱了。露才扬己，古人所少。学道之士，朴以自保。在生活的谈判桌上，“讷者”有时才是最杰出的谈判家。

南唐广陵人徐铉以学识渊博和通达古今闻名于北宋朝廷。

有一次，江南派徐铉来纳贡，照例要由宋廷派官员去作陪伴使。宰相赵普不知究竟选谁为好，就去向宋太祖请示。

太祖想了想，令殿前司写出十个不识字的殿中侍者的名字，太祖御笔一挥，随便圈了其中一个名字说：“这个人就可以。”

这使在场的所有官员都大吃一惊。赵普也不敢再去请示，就催促那侍者马上动身。那位侍者得不到任何明确指示，只好莫名其妙地前去执行命令。

一见面，徐铉就滔滔不绝，口若悬河，所有人都叹服他的能言善辩。那位侍者大字不识，当然无言以对，只好频频点头称是。徐铉不知他深浅，更加搜索枯肠喋喋不休地想和他辩论。但是在一起住了好几天，那个侍者无一言相对。徐铉口干舌燥，疲惫不堪，只好闭嘴不说了。

实际上，当时宋廷上有陶毅和窦仪等博览群书的大儒，说起论辩之才，未必就输给徐铉。但宋太祖作为大国之君，接待小国使臣，没有派他们去争口舌之长短。因为两强相争，谁也不会服谁，反而有失大国体面。

人们常说沉默是金，不仅是保住自己不惹祸端的好方法，更是一剂绝妙的做事药方。当我们面对自己不熟悉的或不擅长的事务之时，不如以沉默之精神以待，反而能更好地达成任务。就好像聋哑之人是不会和人起争斗的，因为他听不到也说不出。别人也不会找这种人斗，因为斗了也是白斗。他如果还一再挑衅，只会凸显他的好斗与无理取闹。不过大部分人都不聋不哑，一听到不顺耳的话就会回嘴，其实一回嘴就中了对方的计。

如王阳明所说，面对讥谤、无礼要做到不发怒不怨恨，而这又需要多么博大的胸怀。总是对别人吹毛求疵的人，一定不是个受欢迎的人；能容天下者，方能为天下人所容。你想要彩虹，就得宽容雨点，如果雨点滴到身上的那一刻便勃然大怒，又怎么能在彩虹出现的时候以一份怡然自得的心情去观赏那美丽的风景呢？

与讥谤相反的是赞美，赞美是一种良好的修养和明智的行为，诗人布莱克曾经说过："赞美使人轻松。"赞美是一种精明、隐秘和巧妙的奉承，它从不同的方面满足给予赞美和得到赞美的人们。当我们赞美别人的时候，就是把自己和别人放在同一条水平线上了。不要吝啬对他人的赞美，每一个人的身上都有其自身的闪光点，都有值得别人赞美的地方。而在赞美他人的时候，你的心情也同样是愉快的，经常去赞美他人的人往往也容易得到他人的赞美，正所谓送人玫瑰，手留余香。

世上只要有人的地方就有纷争，尤其是有“我”有“你”再加个“他”，你、我、他之间的纷争就更多了。想在这种复杂的环境中营造和谐的人际关系，一要少言，二要多说好话。

言满天下无口过

“夫言日茂而行益荒，吾欲无言也久矣。”

——王阳明

作为官场中人，王阳明并不热衷于权力的明争暗抢，也不想多拿国家一分一厘，虽然不争名不争利一心想着报国救民，但也难免成为官场中人暗伤的对象。王阳明在多次的起伏中证明最好的明哲保身的办法就是少说话、多做事，话说得越多行为就会越来越少，要注重实行，就得少说假、大、空的话，多做一些实在的、有益于国家、有利于人民的事情。

老子说“多言数穷，不如守中”，王阳明对此也是十分赞同。但是有人认为“多言数穷，不如守中”只是明哲保身、与世无争的教条，因为为人处世终究是“是非只为多开口，烦恼皆因强出头”，这样理解有些浅显，只是抓住了这句话的一层含意而已。天地好比是一个大风箱，当用的时候，便鼓动成风，助人成事；当不需要的时候，便悠然止息，缄默无事。因此，“多言数穷，不如守中”，并非让人完全不开口说话，只是说所当说的，既不可多说，也不可不说。所谓“言满天下无口过”，才是守中的道理。

宋人张邦基在《墨庄漫录》中曾录有一则与苏轼有关的乡谈趣闻。

苏轼在翰林院供职时，他的弟弟苏辙在处理政务的机构为官。有个早年与苏轼兄弟有往来的旧交，写信求苏辙在任内为他谋份差事，久而未遂。一天，这人找到苏轼，说：“鄙人想托学士为我的事情跟令弟打个招呼。”苏轼沉吟片刻，跟他说了个故事：“过去有个人很穷，无以为生，就去盗墓。他挖开一座古墓，见有个全身赤裸的人坐在棺内对他说：‘我是汉代的杨王孙，提倡裸葬，没有财物可接济你。’盗墓人无奈，又费了好一番力气挖开了另一座古墓，见有个皇帝躺在棺内对他说：‘我是汉文帝，墓里没有金银玉器，只有陶瓦器皿，无法接济你。’盗墓人颇为丧气，见有两座古墓并排在一起，就去挖左边这座墓，直挖到精疲力竭方才挖开。只见棺内有个面带菜色的人对他说：‘我是伯夷，被饿死在首阳山下，没办法帮到你。’接着，伯夷又说：‘我劝你还是别费力气再挖了，还是另找个地方吧，你看我瘦成这样，我弟弟叔齐也好不到哪儿去，也帮不了你。’”

听完苏轼所说的故事，旧交顿悟，大笑而去。

苏轼以讲故事的形式，巧妙地运用了三个典故，将自己兄弟俩严于律己、不谐流俗的意思，逐层循次地表达了出来，语言生动流转，妙趣横生，取得了非常好的婉拒效果。既说出了自己的原则，又让故人会心而去，言满天下，不留罅隙。

鬼谷子也曾说过：“与智者言依于博，与博者言依于辩，与辩者言依于要，与富者言依于豪，与贫者言依于利，与勇者言依于敢，与愚者言依于锐。”意思是告诉人们，和聪明的人说话，须凭见闻广博；与见闻广博的人说话，须凭辨析能力；与有钱的人说话，言辞要豪爽；与穷人说话，要晓之以利；与勇敢的人说话不要怯懦；与愚笨的人说话，可以锋芒毕露。

可见，言满天下无口过，是智慧，也是艺术，是一门语言艺术，做人艺术。正如王阳明所言“夫言日茂而行益荒”，话多而行为少时要遵循“多言数穷，不如守中”的原则，做人懂得把握言语的艺术，何时该说，该说什么，如何说，自然做人无过，这个时候即便多言也有何妨了。

第十三章
能容能恕，路窄处让人一步

待人处世，忍让为先

“一起一伏，一进一退，自是功夫节次。”

——王阳明

在明朝正德年间，朱宸濠起兵反抗朝廷。王阳明率兵征伐，一举擒获了朱宸濠，为朝廷立了大功。但是当时受正德皇帝宠信的江彬十分嫉妒王阳明的功绩，以为他夺走了自己建功立业的机会。于是，就四处散布流言：“最初王阳明和朱宸濠是同党，后来听说朝廷派兵征伐，才抓住朱宸濠自我解脱。”

王阳明听到这个消息之后，就与身边的人商议道：“如果退让一步，把擒获朱宸濠的功劳让出去，就可以避免不必要的麻烦。假如坚持下去，不作妥协，江彬等人很可能狗急跳墙，做出伤天害理的勾当。”为此，他将朱宸濠交给太监张永，使之重新报告皇帝：擒获了朱宸濠，是总督军门和士兵的功劳。如此一来，江彬等人也就无话可说了。

王阳明称病到净慈寺修养。张永回到朝廷之后，大力称颂王阳明的忠诚和让功避祸的高尚之举，正德皇帝终于明白了事情的始末，就免除了对王阳明的处罚。王阳明以退让的方法，避免了飞来的横祸。

努力进取、坚持不懈的行为无疑是值得肯定的。然而，在复杂的人生道路上，既需要勇敢拼搏，也需要有卫有守。退让不仅是一种机智，也是一种坚忍的毅力和顽强的意志。瞬间的忍耐，有限的退让，将使狭隘的人生之路变得无限广阔。

唐朝娄师德性格稳重，很有度量。他弟弟当上代州刺史，临行向他告别，并征询他的建议。娄师德对弟弟说：“我现在辅助丞相，你现在又承皇上厚爱，得以任州官，我们真是受皇上的宠幸太多了。而这正是别人所嫉妒的，你如何对待这些妒忌以求自免家祸呢？”娄师德弟弟说：“自今以后，若有人朝我脸上吐唾沫，我自己擦去唾沫，决不叫你为我担忧。”娄师德说：“这正是我所担忧的地方。别人向你吐唾沫，是对你恼怒，如果你将唾沫擦去，那岂不是违反了吐唾沫人的意愿吗？别人会因此而增加他的愤怒。不要擦去唾沫，让它自己干了，应当笑着去接受它。”

任唾沫自干，笑着忍耐接受，娄师德想要告诉我们的无非是“忍一时风平浪静，退一步海阔天空”的道理。能够将别人的愤怒化为无形是很不容易的事情，能够称赞挖苦过你的人，那真令人敬佩；能够用智慧、品行战胜狭隘的嫉妒，可以说更是很了不起的本事了。如果一个人平常为人在语言上肯吃点亏，让人一句，在事情上留有余地，肯让人一步，也许收获就能更大。

对于隐忍退让，王阳明也曾说过，起伏、退让都是功夫。就像海上波浪一样，有起就有伏，人生际遇有进也必然有退。

人之形形色色，事之千变万化。在现实生活中，常常遇到不如意的事，如不能处之泰然，就很容易引起心理上的不平衡，并进一步导致身体上和精神上的疾病。为了保持心理上的平衡，必须学会自己欣赏自己，对他人期望不要过高，以免对方达不到自己的要求，而感到失望。要及时疏导自己的愤怒情绪。在小的地方无须过分坚持，必要时应做出适当的让步。暂时回避，等情绪稳定后再重新面对。不要处处与人竞争，对人多存善意，心境自然会变得平衡。

更多时候，有限的退让是一种自保的策略，更是一种为人处世必备的心理素质。因为只有退让才能换来更大的生存空间、发展空间；只有退让才能换来以后更长足的进步、更辉煌的前程。

待人处世，凡事要忍让为先。常言道："忍得一时之气，免得百日之灾。"对长辈容忍则孝，夫妻间容忍则和，对朋友容忍则善，对年幼者容忍则美。能容忍别人的人，别人自然会容忍你。忍字头上一把刀，一忍万事消。宁可人负我，绝不我负人。万一跟人有了争执，一定要这么想："小不忍则乱大谋。"对人应宽其胸，明其理，知其道，以嫌为上，切勿以己之心，度他人之腹。要知道："能忍耐终身受益，大学问安心吃亏。"

退一步，得饶人处且饶人

“不管人非笑，不管人毁谤，不管人荣辱，任他功夫有进有退，我只是这致良知的主宰不息，久久自然有得力处，一切外事亦自能不动。”

——王阳明

王阳明不仅是著名的哲学家，更是一名出色的军事家。而王阳明的用兵之道往往与众不同，在别人认为应该进攻的时候，他却认为应该退守。宁王叛乱时期，朱宸濠久攻安庆不下，集结兵力的王阳明不顾众人从背后攻击叛军的意见，坚持认为应该退而攻南昌。结果证明他的判断是对的，南昌城攻下之后，朱宸濠彻底失去了反击的根据地。

其实，王阳明的军事思想和用兵之道也适用于我们的生活。人生是一场华丽的舞会，聪明人往往选择跳探戈，自始至终保持着优雅奔放、进退自如的姿态。我们无论处于何时何地，都会遇到各种各样的人，都要与各种各样的人相交相处。在人际关系中，难免会出现磕磕碰碰，难免会发生问题。有人说：只要有人的地方，就会有争斗。若想与他人和平相处，就要拥有一个良好的人际关系网，在原则范围内，偶尔的吃亏，偶尔的退让，既是一种包容的胸怀，也是一个友好的讯号。若太过计较，双方都将陷入泥潭而难以挣脱，就像是那些在篓中互相钳制难以逃生的螃蟹。

一个青年到河边钓鱼，遇到一捕蟹老人，身背一个大蟹篓，但没有上盖。他出于好心，提醒老人说：“大伯，你的蟹篓忘了盖上。”

老人回头看了他一眼，微微一笑：“年轻人，谢谢你的好意。不过你放心，蟹篓可以不盖。要是有蟹爬出来，别的蟹就会把它钳住，结果谁都跑不掉。”

那一篓互相钳制的螃蟹是否曾想到，钳住别人也就堵住了自己的出路。在现实生活中，留三分余地给别人，就是留三分余地给自己，就像跳探戈一样。

探戈是一种讲求韵律节拍，双方脚步必须高度协调的舞蹈。探戈好看，但要跳好探戈绝非一件轻而易举的事，很多高手均需苦练数年才能练就炉火纯青的舞技。跳探戈与处世，有着许多异曲同工之处，亲子、朋友、同事、上下级之间，如果能用跳探戈的方式彼此相处，彼此协调，知进知退，通权达变，不但要小心不踩到对方的脚，而且要留意不让对方踩到自己的脚。这样，人与人之间才能和睦相处。

与人方便就是与己方便，在人生中，将别人渴望的东西主动送上门去，能免愤恨，招感激，为自己赢得一份宝贵的人情，给自己以后的人生留下了余地。因为世事艰险，谁也说不准会遇到什么天灾人祸，如果不注意在人生的点滴处留人情，就会无形中给自己埋下不少可怕的定时炸弹！而如果得饶人处且饶人，适当地网开一面，也许就在无形中消除了很多危险。

宰相之肚，纳小人之船

“凡人言语正到快意时便截然能忍默得，意气正到发扬时便翕然能收敛得，愤怒嗜欲正到胜沸时便廓然能消化得，此非天下之大勇者不能也。”

——王阳明

“宰相肚里能撑船”不是一句虚话，但凡真正的大人物，都有相对广阔的胸襟，斤斤计较之辈，一般难有太大的出息。

王阳明虽然没有做过宰相，却比一般宰相还要大肚。平定了叛乱，俘虏了宁王朱宸濠之后，他先是把功劳全都让给了别人。而之后，朝中公公张永向王阳明索要朱宸濠筹备造反时打通关系送礼行贿的账本，张永本想借此账本整理整理那些平时跟王阳明唱反调的人，但王阳明却声称把这个账本给烧了。在他眼中，叛乱已经平定，再没有理由大动干戈，就到此为止吧！

一个真正成功的人，必须要有博大的胸襟。一个胸襟宽广的人，才能不被狭隘偏私所限制，才能认识生命真正的意义，成为识人才的伯乐，眼光高远，千金买马骨。

曹操在诗中所说："青青子衿，悠悠我心。但为君故，沉吟至今。"无论在什么时代，人才永远都是最重要的。人才难得，所以很多政治家对冒犯自己的人才往往能既往不咎，收为己用。这也是他们能成就霸业的关键。

齐桓公即位后，即发令要杀公子纠，并把管仲送回齐国治罪。因为管仲做公子纠的师傅时，想用箭射死齐桓公。结果齐假死逃过一劫。管仲被关在囚车里送到齐国。鲍叔牙立即向齐桓公推荐管仲。齐桓公气愤地说："管仲拿箭射我，要我的命，我还能用他吗？我恨不得杀之而后快！"鲍叔牙说：

“以前他是公子纠的师傅，所以他用箭射您，这不正好体现了他对公子纠的忠心吗？而且要是论起本领来，他比我强多了。主公如果要干一番大事业，我看管仲可是个用得着的人。”

齐桓公也是个豁达大度的人，听了鲍叔牙的话，不但不治管仲的罪，还立刻任命他为相，让他管理国政。管仲帮着齐桓公整顿内政，开发富源，大开铁矿，多制农具，后来齐国越来越富强了。

齐桓公既往不咎，原谅了管仲的冒犯，原因在那儿呢？一是各为其主；二是管仲确有大才。还有最重要的一点是齐桓公确实是一个有胸襟的人。化敌为友，使其成为自己最得力的干将，这是古代领导者常见的戏码。

我们常说，滴水之恩，当涌泉相报，就是这个道理。对别人的好，以后都会反馈回来的。《孙子兵法》里最精妙的招数要数“攻心”。而要攻心，就非得有一颗有容乃大的心。能够包容、忍受别人不能忍受的苦难甚至屈辱，才能成就别人无法成就的大事业。

韩信是淮阴人，他幼年丧父，后来母亲也在贫病交加中死去了。韩信从小只好读书习武，不会种田、做生意，到了无以为生时，只得到邻里家中混饭吃。

一天，韩信遇到一群恶少，其中一个侮辱韩信说：“别看你长得又高又大，好佩刀剑，其实是个胆小鬼。你要是怕死，就从我的胯下钻过去。”韩信牢牢地盯着他看了好久，终于忍了气爬着从他的胯下钻了过去。市井人皆耻笑韩信，认为他胆小如鼠，这就是“胯下之辱”。后来，刘邦在韩信的帮助下终于打败项羽，平定了天下。

韩信可谓是一个聪明顾大局的人。如果当时韩信一怒之下杀了那个无赖，吃了官司置身于牢狱之中，还谈什么抱负。要想能屈能伸就得学会忍，忍气吞声是一种肚量，能够克己忍让，是深刻有力量的表现，也是雄才大略的表现；能够明白轻重，分清大小的人才具有成大业的潜质。

王阳明接受两广新命的时候，当朝的小人对其的诬陷仍然不断，朝廷没有对其给予任何的澄清，但是王阳明把天下百姓的安危放在最重要的位置，不顾病体，踏上了前往广西收拾残局的道路。没有私心也就自然能够容忍小人的不仁，生活中，我们虽然没有机会面对这样的重大选择，但也应该学学王阳明，凡事不要总考虑自己的利益，心自然就能容纳更多。

容人方能得人之心

“处朋友，务相下则得益，相上则损。”

——王阳明

嘉靖元年，一位泰州商人穿着奇装异服来到王阳明家里求学，想拜入王阳明门下，王阳明一口答应了。不久，这人就打算穿着奇装异服出去游历、讲学。王阳明问他为什么要穿成这样，这人便以反对理学陋规，讲究心学为借口。王阳明知道他是怕别人看不起，所以才穿着奇异的服装，打着王阳明的旗号出去讲学，便一口拆穿了他，说他只不过是想出名罢了。这人一听被老师看穿了，只想收拾起最后一点尊严离开，没想到王阳明没有计较，反而继续留他在家里。从此这个人洗心革面、一心向学，他就是王阳明最优秀的学生、泰州学派的创始人——王艮。

人们常说水至清则无鱼，人至察则无徒。如果你是别人的上级或者师长，不能容忍下属或者学生的任何过错与不足，久而久之是很难在下属或者学生之中树立起威信的。

其实，历史上有很多明君，他们都是睁一只眼闭一只眼，在小事情上他们都无比糊涂，不会把下属逼得每日战战兢兢，如临深渊、如履薄冰。当然遇到大事情或者触犯大原则的时候，他们也毫不客气，一点也不手软。容忍别人的过错，是一个人心胸宽广的表现，同时也是一种生存的谋略。

楚庄王逐鹿中原，连续几次取得了胜利。庄王设宴款待群臣。席间，庄王命最宠爱的妃子为参加宴会的人敬酒。

这时，天色渐渐暗下来，大厅里开始燃起蜡烛。猜拳行令，敬酒干杯，君臣喝得兴高采烈，好不热闹。忽然，一阵狂风刮过，客厅内所有的蜡烛一下全被吹灭，整个大厅一片漆黑。庄王的那位美妃，正在席间轮番敬酒，突然，黑暗中有一只手拉住了她的衣袖。对这突然发生的无礼行为，美妃喊又不敢喊，走又走不脱，情势紧迫之下，她急中生智，顺手一抓，扯断了那个人帽子上的缨。那人手头一松，美妃趁机挣脱身子跑到楚庄王身边，向庄王诉说被人调戏的情形，并告诉庄王，那人的帽缨被扯断，只要点明蜡烛，检查帽缨就可以查出这个人是谁。

楚庄王听了宠妃的哭诉，出乎意料地表示出很不以为然的样子，趁烛光还未点明，便在黑暗中高声说道：“今天宴会，盛况空前，请各位开怀畅饮，不必拘礼，大家都把自己的帽缨扯断，谁的帽缨不断谁就是没有喝好酒！”群臣哪知庄王的用意，为了讨得庄王欢心，纷纷把自己的帽缨扯断。等蜡烛重新点燃，所有赴宴人的帽缨都断了，根本就找不出那位调戏美妃的人。就这样，调戏庄王宠妃的人，不仅没有受到惩罚，就连尴尬的场面也没有发生。按说，在宴会之际竟敢调戏王妃，堪称杀头之罪了。楚庄王为什么蓄意开脱，不加追究呢？他对王妃解释说："酒后失态是人之常情，如果追查处理，反会伤了众人的心，使众人不欢而散。"

时隔不久，楚庄王借口郑国与晋国在鄢陵会盟，于第二年春天，倾全国之兵围攻郑国。战斗十分激烈，历时三个多月，发动了数次冲锋。在这场战斗中有一名军官奋勇当先，与郑军交战斩杀敌人甚多，郑军闻之丧胆，只得投降。楚国取得胜利，在论功行赏之际，才得知奋勇杀敌的那名军官，名叫唐狡，就是在酒宴上被美妃扯断帽缨的人，他此举正是感恩图报啊！

如果说当年楚庄王"三年不鸣，一鸣惊人"之举表现出他在诸侯中问鼎称霸的韬略和气魄的话，那么在宴会中绝缨之事，则表现了他宽容大度的襟怀。

容人之过，方能得人之心。有过之人非常希望看到他人的宽容和友谊，希望得到悔过自新的机会。这种需要一旦得到满足，其对立情绪便会立即消失，感恩戴德，“得人滴水之恩，必当涌泉相报”的情感很快在心理上占据主导地位。在这个基础上，稍加引导，就会产生像“戴罪立功”那样的心理效果。

一名统御者能宽宥属下的某些过失，宽大为怀，容人之过，念人之功，谅人之短，扬人之长，必然会得到部下的奋力相报，在客观上为自己留下了一条后路。

不急人怒，忍让内敛

“往年区区谪官贵州，横逆之加，无月无有。迄今思之，最是动心忍性砥砺切磋之地。”

——王阳明

世间什么力量最大？忍辱的力量最大。拳头刀枪，使人畏惧，但不能服人，唯有忍辱才能感化强者。诸葛亮七擒孟获，廉颇向蔺相如负荆请罪，此皆忍辱所化也。

王阳明也坦言，当时被贬谪贵州，逆来顺受、一无所有的境地，是最能锻炼自己忍耐力，最能够使他静心忍性的地方。在军事思想上王阳明最擅长的就是绝地反攻，在平定朱宸濠叛乱的时候，王阳明率领的义军几次陷入绝境却又几次奇迹般地获得胜利，最终打倒了朱宸濠。即使在自己占据兵力优势的时候，王阳明也善于忍耐、再忍耐，等到最佳时机用最少的损失获得战斗的主动权和最终的胜利。他善于忍耐，善于放低自己的位置，这样的军事思想源自他的自信和忍耐。

“自行本忍者为上。”做人要忍，尤其对那些性情暴躁之人，遇事不要轻易发火，要学会自制，否则，得罪的人多了不利于自己日后的发展。

富弼是北宋仁宗时一位品行很好的宰相，然而富弼年轻的时候，因能言善辩常常在无意间得罪了不少人，给自己的事业、生活带来了不利影响。

经过长时期的自省，他逐渐变得宽厚谦和。所以，当有人告诉他谁在说他的坏话时，他总是笑着回答：“怎么会呢，他怎么会随便说我呢？”

一次，一个穷秀才想当众羞辱富弼，便在街心拦住他道：“听说你博学多识，我想请教你一个问题。”

富弼知道来者不善，但也不能不理会，只好答应了。

秀才问富弼：“请问，欲正其心必先诚其意，所谓诚意即毋自欺也，是即为是，非即为非。如果有人骂你，你会怎样？”富弼想了想，答道：“我会装作没有听见。”秀才哈哈笑道：“竟然有人说你熟读四书，通晓五经，原来纯属虚妄，富弼才智驽钝，充其量不过是个庸人而已！”说完，大笑而去。

富弼的仆人埋怨主人道：“您真是难以理解，这么简单的问题我都可以回答，怎么您却装作不知呢？”

富弼说道：“此人乃轻狂之士，若与他以理辩论，必会剑拔弩张、面红耳赤，无论谁把谁驳得哑口无言，都是口服心不服。书生心胸狭窄，必会记仇，这是徒劳无益的事，又何必争呢？”

几天后，那秀才在街上又遇见了富弼。富弼主动上前打招呼。

秀才不理，扭头而去；走了不远，又回头看着富弼大声讥讽道：“富弼乃一乌龟耳！”

有人告诉富弼那个秀才在骂他。

“是骂别人吧！”

“他指名道姓骂你，怎么会是骂别人呢？”

“天下难道就没有同名同姓之人吗？”

他边说边走，丝毫不理会秀才的辱骂。秀才深感无趣，便走开了。

人的一生谁都难免会遇上像富弼这样难堪的局面，遭到他人不公正的批评甚至辱骂。富弼用行动告诉我们，不论是卑鄙的、恶毒的、残酷的，你千万不要被对方一句不公正的批评或难听的辱骂而变得像对方一样失去理智。获胜的唯一战术，就是保持沉默，不和别人发生正面冲突，就连多余的解释也没必要。如果别人骂你，你大可以把他当成空气，对他置之不理。因为在这种情况下，相互争吵、辱骂既不会给任何一方带来快乐，也不会给任何一方带来胜利，只会带来更大的烦恼、更大的怨恨、更大的伤害。退一步讲，在对骂中没有占上风的一方，当众出丑，带来的只是对自己的怨恨。占了上风的一方，虽然把对方骂得体无完肤，又能怎么样？只能加深对立情绪，加深对方的怨恨。

成功学家戴尔·卡耐基说：“要真正憎恨对方的简单方法只有一个，即发挥对方的长处。”憎恶对方，恨不得剥他的皮、吃他的肉，而其结果则只能是使自己焦头烂额、心力交瘁。卡耐基的“憎恶”是另一种形式的“宽容”，憎恶别人不是咬牙切齿，而是把对方的长处化为自己强壮身体的钙质。

为了更好地保全自己、发展自己、成就自己，我们就要学会俯身，放低姿态，在社会生活中表现得谦逊、低调、圆融、平和。因为，许多时候，正是我们的“低姿态”、我们的“内敛”，才使我们的人生更加完满。

恕人之过，释人之嫌

“及至吾身与至亲，更不得分别彼此厚薄。盖以仁民爱物，皆从此出；此处可忍，更无所不忍矣。”

——王阳明

王阳明推崇心学之说，认为万事万物要从自己内心中去寻求。在当时宋儒理学流行的年代，心学是一种突破性的学说，让人在一片茫然中看到了希望，所以听王阳明讲心学的弟子逐渐遍布天下。王学的风靡，让朝中当权者们受到了威胁，于是非难王阳明及心学。弟子们为老师受到这样的待遇很是不满，纷纷为王阳明打抱不平。王阳明倒是宽宏大度，一如既往着自己乐此不疲的讲学事业。

一个人若能有宽宏的度量，他的身边便会集结起大群知心朋友。大度，表现为对人、对事能“求同存异”，不以自己的特殊个性或癖好对待他人。大度，也表现为能听得进各种不同意见，尤其能认真听取相反的意见；大度，还要能容忍他人的过失，尤其是当他人对自己犯有过失时，能不计前嫌，一如既往；大度，更应表现为能够虚心接受批评，发现自己的过失，便立即改正，和他人发生矛盾时，能够主动检查自己，而不文过饰非、推诿责任。大度者，能够关心人，帮助人，体贴人，责己严，责人宽。王阳明曾说，自己和亲人之间都不应该分彼此薄厚，应该以仁爱宽容的心去对待人民和世间万物。这里可以忍耐，就没有别的不可以忍耐的地方了。

人与人在相处中，难免会发生矛盾，出现这样或那样的失误与差错，如果你不让我，我不让你，就很容易引发争斗。这时，我们就需要打造宰相的“肚子”，既宽容他人也宽容自己。

朝廷里有位高官这日在家中宴请宾朋，酒过三巡之后，高官向一旁的悬云观道士请教道：

“怎样才能提高一个人的修养？”

“从最根本做起。”

“愿闻其详。”

“在你对别人求全责备的时候，想想自己是不是已经做到了，在指出别人不对的时候，看看自己是不是做正确了。所谓‘严于律己，宽以待人’便是此理。”

按照这位道士的话，人最根本的修养就是用宽容之心对待别人。宽容是一门做人的艺术。宽容待人，首先要在心理上接纳别人、理解别人、体谅别人，在接受别人的长处时，也接受别人的短处。其次，当你遇到事情打算用愤恨去实现或解决时，不妨试着去宽容，或许它更能帮你实现目标，解决矛盾，化干戈为玉帛。

把自己当成别人，站在对方的角度去体会对方的情感；把别人当成自己，感同身受，亲身去体验别人的感受；把别人当成别人，我们无法强求别人改变，只能去理解别人；把自己当成自己，我们的一切理解和包容并非为了别人，而是为了自己，设身处地地宽容别人，其实也是在宽容我们自己！

容人之过、释人之嫌是一种为人的度量，也是一种谋略。大肚能容，方能得人之心。人非圣贤，谁能不犯错误呢？人犯了错之后，总是非常迫切地希望得到别人的宽容，给他一次悔过自新的机会。所以，对于一些不属于罪在不赦的错误，为什么不给对方一个改过的机会呢？对方一旦重新获得别人的宽容，就会产生感恩图报的心理，以期通过自己加倍的改过表现来获得对方的认可。

忍小事成大事

“其后谪官龙场，居夷处困，动心忍性之余，恍若有悟。”

——王阳明

王阳明自言被贬谪龙场后，居住在蛮夷之地，处境贫困之极，但是自己“动心忍性”，最终有所领悟。那时候的王阳明初入官场，胸怀大志却被奸臣刘瑾暗算，贬谪到贵州，甚至在路上险些遭到杀害。但他还是忍下了这口气，巧妙地躲过了暗杀，走马上任。也正是因为他的隐忍，暂时打消了刘瑾的疑心，保住了性命；更是因为他暂时的隐忍才有了后来的“龙场悟道”，从此创立了心学。

王阳明虽被贬，心中志向也被扼杀，但他仍然不急不躁，不仅避免了杀身之祸，还成就了自己的前途。在现实生活中，性格急躁、粗心大意的人，难以办成大事；性情温和、内心安详的人，必然万事顺意。不掌握自己命运的人，必定要被命运所捉弄。

古时，有位妇人经常为一些琐碎的小事生气。她也知道这样不好，便去求一位世外高人为自己开阔心胸。世外高人听了她的讲述，一言不发，把她领到柴房中，上锁而去。妇人气得跳脚大骂。骂了许久，世外高人也不理会。妇人转而开始哀求，世外高人仍是置若罔闻。妇人终于沉默了。世外高人来到门外，问她："你还生气吗？"

妇人说："我只为我自己生气。我怎么会到这个地方来受罪。"

"连自己都不能原谅的人，怎么能心如止水？"世外高人转身而去。

过了一会儿，世外高人又问她："还生气吗？"

"不生气了。"妇人说。

“为什么？”

“生气也没有办法呀！”

“你的气并没有消逝，还压在心里，爆发后，将会更加剧烈。”世外高人又离开了。

世外高人第三次来到门前，妇人告诉他：“我不生气了，因为不值得生气。”

“还知道不值得，可见心里还有衡量的标准，还是有‘气根’。”世外高人笑道。

看到世外高人的身影迎着夕阳立在门口时，妇人问他：“什么是气？”

世外高人将手中的茶水倾洒到地上。

妇人看了一会儿，突然有所感悟，于是，她叩谢而去。

妇人问“什么是气”。高人想说的是：气，其实是一种需要上的失落。当我们容许别人来掌控自己的情绪时，本身就已经成为一个受害者，当对发生的现况无能为力的时候，抱怨与愤怒便成了唯一释放的选择。生气就是在用别人的过错来惩罚自己。既然如此，又何必生气呢？

莫生气，因为生气伤身又伤神。每个人都有自己的情绪，要学会控制，否则，有些过分的语言和行为，会误事更会伤人。要做大事，要成大事，关键在于一个“忍”字。人常说，忍字头上一把刀。忍耐是痛苦的，但是忍字也有一颗心。如果多一些容忍，不管是包容别人的人，还是被包容的人都会获得身心的愉悦。

古代有个叫张崇的人，年轻的时候在山坡上放牛，没多久张崇便不知不觉地打起盹来。这时，他被一声牛叫惊醒，他看到自己的邻居蹑手蹑脚地抓起缰绳，把自己家的牛牵走了。

张崇并没有马上喊叫起来，他很了解这个邻居的情况，由于家里贫困，邻居家已经很久没吃上肉了。张崇从地上起来，不动声色地跟在邻居的后面。

到了邻居家后，张崇看到邻居正在磨刀，看样子是要宰牛。此时，邻居发现张崇立在一旁，顿时满脸羞愧，拿刀的手不知往哪里放。张崇并没有责怪邻居，而是对他说了一个故事。

原来，张崇小时候家里的日子过得很艰难，常常吃了上顿没下顿，一次，他跑到一户人家的地里，偷了一个西瓜，主人发现后并没有说什么，而是从地里又拿来个西瓜给张崇吃，临走还让他捎上几个。

过了十几年，张崇在京城当了官，经常对手下人讲起这两个故事，说：“我用我自己的行为去感染对方，这要比责骂杀头有用得多，如果天下人都这么做，那么我们就能看到太平之世了。”

西瓜的主人并没有责备张崇，反而给他西瓜吃。张崇被感染了，于是当自己的牛被人牵走时，他也没有责骂，而是忍耐着，用行动去感染。所谓小事不忍，难成大谋。为人要学会忍耐，如果一点小事都不能容忍而发脾气，就只会坏事。只有下定决心耐住性子，才能做成事，否则就会有麻烦缠上身。只需忍耐，明天就一定会有阳光。

明朝初期，宋儒理学占有统治地位，但是王阳明的学说问世后刮起一股新风，开辟了儒学新的局面。但是也遭到了不少学者的异议。如同朝为官的吴廷翰就“知行”的问题对王阳明的学说进行了批判。他认为，人所认识的是外界的客观存在，强调感性的知和行在认识中的作用，也就是说，知与物的对应，“不可求知于物之外”“言知之物，乃知之着实处”，假如离开了外界事物，则只有“空知”，失去了认识的对象和来源等。王阳明对于他人的批判，指责，并没有表现出多么的不满，而是包容大度，他认为这是学术发展的正常现象。暂且不说学术上的对与错，只看王阳明的包容之心。

每一位优秀人物的身旁总会萦绕着各种纷扰，对它们保持沉默要比寻根究底明智得多。我们应当保持一种温和平静的心态，从容地面对那些纷扰。

生活中有些事情或许你永远不会习惯，但这样的日子你还得一天一天地过下去，所以你必须学会忍耐。没有能力改变现实，那么你就必须忍耐、适应，等一切都过去了，剩下的就是美好的了。

心存厚道，宽容他人

“禽兽与草木同是爱的，把草木去养禽兽，又忍得？人与禽兽同是爱的，宰禽兽以养亲与供祭祀、燕宾客，心又忍得？至亲与路人同是爱的，如箪食豆羹，得则生，不得则死，不能两全，宁救至亲，不救路人，心又忍得？”

——王阳明

古人曾经咏叹零落成泥的落花，说：“碾我入尘土，依旧笼乾坤。”意思是说，虽然被千人车马犬彘践踏，却并不抱恨，依旧用自己的香气笼罩乾坤天地，这种气质和胸襟着实令人敬佩。

王阳明也曾经发出类似的感叹：草木与动物都是值得人去爱护的，人们应该心存厚道，拔掉草木去喂养动物，怎么能忍心呢？人和动物也一样值得爱护，杀了动物去祭祀或者宴请宾客，怎么能忍心呢？亲人与陌生人也一样值得爱护，两个都快饿死了，给点吃的便可以救活，宁可救自己的亲人而不救陌生人，又怎么能忍心呢？

正所谓“宽可容人，厚可载物”，涵养包容不仅是立业之道，也是待人处世的良方。人人以慈悲安住身心，包容与我不同思想、不同信仰、不同性别、不同种族的人，如此社会自然祥和。“当紫罗兰被脚踩扁的时候，却把芳香留给了它。”这是美国作家马克·吐温给宽容作的一个最为形象的注解。其实，宽容别人的同时，也是在升华自己。

一颗包容之心，既蕴涵着善良的心意，又是一种人生智慧的体现。当包容心渐起的时候，人的自我观念就会减少，以一颗菩提心提升自我，关照他人。自古以来，宽厚的品德、宽容的性格就为世人所称颂，心胸狭窄被认为是一种缺陷。

唐代狄仁杰非常看不起娄师德，但实际上娄师德并不计较这些，并推荐狄仁杰当宰相。还是武则天捅开了这层窗户纸。

有一次武则天问狄仁杰说：“娄师德贤能吗？”

狄仁杰回答说：“作为将领只要能够守住边疆，贤能不贤能我不知道。”

武则天又说：“娄师德能够知人善任吗？”

狄仁杰回答：“我曾经与他共事，没有听到他能够了解人。”

武则天说：“我任用你就是娄师德推荐的。”

狄仁杰知道后非常惭愧，尽管自己经常对他嗤之以鼻，但是娄师德却仍然能以宽厚、公平的心来对待自己。他深深地感叹道：“娄公德行高尚，我已经享受他德行的好处很久了。”

娄师德不仅不计前嫌，反而向皇帝推荐狄仁杰，正所谓任人唯贤，这种品质非常难得。包容别人，也会给自己创造更大的心灵空间。学会宽容，意味着我们不再患得患失。宽容，也包括对自己的宽容。只有对自己宽容的人，才可能对别人宽容。

承认自己在某些方面有不足，才能扬长避短，才能心平气和地工作与生活。人的烦恼一半源于自己，即所谓画地为牢、作茧自缚。芸芸众生，各有所长，各有所短。争强好胜达到一定程度，往往会受身外之物所累，失去做人的乐趣。懂得宽恕别人的人，自己也会得到真正的快乐。

《三国演义》中蜀国宰相蒋琬凭借其“以安定民众为根本，为政重实效，不做表面文章”的务实、稳重的作风，深得诸葛亮的赏识，留下遗言推荐他继任丞相一职。蒋琬上台后，有许多人不服气。蜀国另一位大臣杨仪，自认为做官的资历比蒋琬高，官阶却位于他之下，并且未得到重赏，所以经常口出怨言，对别人说要是在诸葛丞相初亡时，自己带着人马投靠魏国，就不会有如此抑郁不得志的下场了。后主刘禅听到此传言，大怒，要治他的罪问斩。蒋琬虽知杨仪不服自己，但罪不该死，反而替他求情。

蒋琬手下有个谋士杨戏，蒋琬和他讨论事务

时，他常常一声不响。有人借机中伤杨戏，向蒋琬告密说他傲慢无礼，不把现任丞相放在眼里。蒋琬深知一个人若对另一个人没有好感，甚至怀有敌意的话，那么无论用何种方式都很难改变对方，而且，若计较一时一事，就有可能演变成门派斗争，不利于国家安定。于是他反过来替杨戏辩解说："杨戏不过是性情内向，言语谨慎罢了。以后不许在我面前说人是非。"

蒋琬就是以其宽容大度、求同存异的处事气度，赢得了众人的敬仰，赢得了广泛的人脉，在诸葛亮去世后的一段时间里，对稳定蜀国民心起了很大的作用。

中国台湾作家罗兰说："宽宏大量是一种美德。它是由修养和自信、同情和仁爱组成的。一个宽宏大量的人快乐必多，烦恼必少。"宽容是一种俯瞰的姿势，是一种善与美的投入，更是一种智慧。这种智慧的源泉来自于文化的修养和思想的明智与深刻。

有了宽容，才有了人生的快乐和放松，这就是宽容的真谛。所以人生的宽容是一种建立在认识现实基础上的心安理得的生活方式。宽容是不抱怨，而不是虚假的开心、欺骗的宽容和不老实的异想天开。我们宽容了别人，自然就会放下情感的包袱，升华自己的心灵和人生。

王阳明指出，交朋友，要互相谦让宽容，这样就能从中受益，如果只会互相攀比，憎恶，自然就会受到损害。宽可容人，厚可载物。能宽容他人的人，也会是心存厚道，在为人处世中注意为他人留情面，既顾及他人，也保全了自己的利益。

第十四章
自利利人，以利他心度己

善待别人就是善待自己

“君子贤其贤而亲其亲，小人乐其乐而利其利。”

——王阳明

王阳明带兵打仗，所到之处，都会站在当地百姓的立场来看问题，想问题。王阳明在做任何决定的时候，都会从良知出发。他认为天地万物本是一体的，人民困苦，也就相当于自己身受困苦。这个时候他不仅在当地采取措施帮助人民逃离苦海，还上书朝廷帮助解决困难。

金钱、地位、名声种种都是披着豪华的外衣，招惹了一批又一批的追逐者。这其中有追逐成功的，被我们叫做富人、成功人士；有失败的，就是我们常说的平民、穷人。但是，这些仅仅只是外在的，就算富可敌国，终有一天，它们都会离你而去。所以，拥有财富、拥有荣誉，不光是光环那么简单，更多的是一种责任。这个时候，顾及的不只是个人而已，造福社会才是长久的可行之道。

正像王阳明说的，君子尊重并赏识贤德的人，而小人只顾自己享乐，只顾贪图自己的利益。贪婪的本质是不安定，它像是长在人内心深处的一棵毒草，不断地腐蚀着本来清净的心灵。它时而蛰伏，时而膨胀，人若不能摆脱就只能受制，所谓人心不足蛇吞象，过于贪婪而没有节制只能招致生活的惩罚。无论是贫还是富，只要你能够帮助到别人，就不应该吝啬自己的善心。

两个同村的砍柴人相约去村西的山上砍柴，这两个砍柴人一个年长，一个少壮，都是砍柴的一把好手。但是相比之下，由于岁数和经验的差别，年长的这个砍柴人还是比少壮的这人显出更大的能力。

两人来到山上，拿出砍刀砍柴，村西的这座山，山势不高而且树木繁茂，一开始两个人的进度都相差不多，过了两个多小时，天气渐渐炎热起来，少壮的砍柴人躺在地上休息了一会，而年长的那位依然砍柴不止，并且已经从山的这边移到了山的那边。眼看就要比预计的时间提前一个多小时砍完柴。

这个时候，少壮的从梦中醒来，看看天色暗了下来，而自己还没有砍完今天的两捆柴，于是急忙起来，也不用砍柴刀，而是用手一根根的折断树枝和杂草。但是今天的天色不知怎的暗得比以往早，直到太阳落山，少壮的砍柴人也没有砍完今天所需用的柴火。

这时年长的喊他下山了，当这个年长的砍柴

人看到他孤零零的一捆柴时，明白少壮的这人没有好好砍柴，他一声不响地拿过自己的一捆柴火，对少壮的说：“这下够你用一天的了。后天我们再来砍。”

少壮的说：“这些柴火都是用来卖钱的，你给了我，不是少了很多收入吗？”

年长的说：“钱今天少赚，明天可以多赚，但是烧火做饭却是一刻不能受影响的。我这些柴火够我用的了，而你也不会受饿，这不是两全其美的事情嘛。”

年长的砍柴人其实说出了我们很多人明白但又很难做到的真理——你是一个人享用此间的美好，还是将这种美好散播到每个人的身上，独乐乐不如众乐乐？其实，再平凡再普通的人只要有一颗爱心，一样能做出让所有人感动的善行。而那些只顾自己享乐的人大多是因为心中欲望太多，不能一一得到满足，于是产生烦恼，就会觉得苦。人为了摆脱这种感觉就会竭尽全力地再次索取，像是困在海上的水手，船仍在海上，彼岸遥遥而淡水枯竭，无边浩瀚的海洋就像是诱惑无数的花花世界，第一口海水本意为了解渴，哪知命运却也就此断送在了这一口海水中。

欲望是无穷的，贪婪像是一把利刃，不能丢下就不能踏上苦海之岸，心中揣着太多的贪念，行走尚且蹒跚，又怎么回头？不回头，哪里是苦海的岸呢？要想上岸，必须除去贪念，提起一颗爱心，将奉献当做一种快乐。

王阳明晚年回答学生的书信中写道：择其善而从之。就是强调要做善行。善待别人、给予他人就是奉献，所奉献的不仅仅是物质财富，还包括精神和理念。这是抵制贪念的第一利器，是一个人充满爱心的具体表现，更是一个人有智慧和有责任心的表现。通过帮助别人可以体验到快乐，所以说，善待别人，也就是善待了自己。

自利则生，利他则久

“夫道有本而学有要，是非之辩精矣，义利之间微矣。”

——王阳明

王阳明很注重个体的社会责任，个体作为社会的存在，同万事万物是共存的关系，这个观念便具体化为以仁道的原则对待一切社会成员并真诚地关心、友爱他人。他那看似不容于世，其实又处于俗世的一生始终都坚持着通过仁爱来显现内心的良知。即便抱负冤屈，坎坷一生也是如此。

利他方能自利，害人实际是在害己。敬人者，人敬之；爱人者，人爱之；损人者，人损之；欺人者，人欺之。所以，我们应该做到自利利他，不可损人利己。我们每一个人都有两只手和两只脚，这本来就是为劳动而准备的，倘若我们不将它们用来劳动，不但让双手双脚发挥不了作用，而且对身体也没有任何好处。换句话说，倘若常常劳动，身体必定很健康。这样对双手双脚有利的同时也对身体有利，可谓是一举两得。而在王阳明看来，义与利之间的差别很小，也就是说，如果能做一些“义”事，对他人有益，自己也一定能获得利益。

利己是人与生俱来的本性，它归根结底源自生存的需要。但人是生活在群体之中的，单方的利己行不通，互相帮助更有利，帮助别人是帮助自己，于是产生了群体中利他的行为准则。

雍正年间，京城有一家规模很大的药店，他们的药物质地好，连皇上都信得过他们，并允许他们给皇宫供药。

有一年，由于前一年是暖冬，没怎么下雪，一开春的时候，气候反常，所以在三月里的会试能不能顺利进行，就成了朝廷最为担心的事情。因为当时清廷招募考生，都是在科场号舍举行的，那里多为应付考试搭建的，里面空间狭窄，伸不开腿，也直不起腰。考生从开考到结束，三天不能出号舍，这样身体差一点的就会支撑不住，再加上天气的原因让很多考生的精神都变得萎靡。

根据这一年的实际情况，那家药店赶治了一批治时气的药散，并托付内阁大臣奏明皇上，说要送给每一个考生，让他们备不时之需。雍正帝正在为会考的事情发愁，见这家药店主动为皇上解忧，自然大加赞许。于是，这家药店派专人守在考场门口，给每个考生发派药物，并且附带一张宣传单，上面印上了他们药店最有名的药物。结果，一半是因为药店的支持，另一半是由于当年考生的运气好，很少有人中场离席。由此一来，不管是中举的还是没中的，人们纷纷来这家药店买药。由于考生们来自全国各地，自此以后，全国的人都开始知道了这家药店，并且都来支持他们的生意。

只用了很少的本钱，却换来了大生意。这家药店能够赢得这么大的成功，就是因为它懂得利他方能自利的原则。

一个人活在世上，虽然不能做到利人不利己，最少要能从利己想到利人，所谓“自利利他”。利己与利他并不总是处于对立的位置，很多时候，二者完全可以统一起来，人都有利己的一面，这是由于每一个生命个体都有自己生存的各种各样的需求，人的一切行为都是为了满足自身的需要，因此人的行为动机为利己。在利己的意识驱动下，人做出了种种行为，而这种种行为的客观结果产生了利他。

如果我们每一个人都能做到利他，那么我们每个人也都会得到自利，这便是所谓的“我为人人，人人为我”。因为我们在别人眼中也是“他”，对别人来说是利他，对自己来说就是利己。如果人人都不管“他人”，而只顾自己，那么我们自己就成了人人都不管的“他人”，而只有自己去关心自己。然而，在这个群体共生互助依存的社会上，只靠自己关心自己是远远不够的，一个人的能力是有限的，需要借助他人的力量。因此，对于我们每一个人而言，利他方能利己，所以，用一颗利他的心去对待他人才是生存之道。

爱出者爱进，福往者福来

“意在于仁民爱物，即仁民爱物便是一物。”

——王阳明

正德年间，宁王朱宸濠叛乱，时任赣南巡抚的王阳明手里既没有平叛的兵权也没有平叛的御旨，打倒朱宸濠的叛军对他来说不是责任也不是义务，但是他却毅然挑起了平叛的重任，为的不是别的，就是为了报国救民，为的就是使千千万万的无辜百姓免受硝烟战火的蹂躏和摧残。也正是因为王阳明对于百姓的爱和付出，当他义旗高举的时候在短短十几天内就获得了众多百姓的支持。平叛后，智勇双全的王阳明也自然受到了黎民百姓的爱戴。

“爱出者爱进，福往者福来。”为他人奉献善心，为社会造福祉，他人和社会必定会以善回报于我们。这就好比因果循环，我们种下了什么样的因，也将会收获什么样的果。

人们之所以不快乐，是因为不明白仁爱的道理。往往忽视了自己也是需要付出的，而去一味地寻求结果，结果只会导致不分青红皂白地怨天尤人，抱怨自己没有得到幸福和快乐。福往与福来间，我们都要为自己的举动负责，因果之间不只是简单的报应关系，而是一种对责任的深化。如果心中有爱，胸中有福，不是一人独享，而是与人分享，那人生又有什么苦恼可言呢？

孟子在与邹穆公对话时，引用了曾子的话，“出乎尔者，反乎尔者也”，这都是因果报应的观念。古今中外，一切事情都逃不开这个因果律。因果，最简单的解释，就是“种什么因，得什么果”，这是自然界的普遍法则，世界上没有任何一种结果不是从它的原因生成，正所谓“种瓜得瓜，种豆得豆”，福往者才能福来。关于因果之缘的古今轶事，实在不胜枚举。

春秋时期，秦穆公在岐山有一个王室牧场，饲养着各种名马。有一天几匹马跑掉了，管理牧场的牧官大为惊恐，因为一旦被大王知道，定遭斩首。牧官四处寻找，结果在山下附近的村庄找到了部分疑似马骨的骨头，心想，马一定是被这些农民吃掉了。牧官大为愤怒，把这个村庄的三百个农民全部判以死刑，并交给穆公。

牧官怕秦穆公震怒，于是带领这些农民向穆公报告说，这些农民把王室牧场里的名马吃掉了，因此才判他们死刑。穆公听了不但不怒，还说这几匹名马是精肉质，就赏赐给他们下酒。结果这三百个农人被免除了死刑，高兴地回家了。

几年后，秦穆公与晋惠公交战，陷入绝境，士兵被敌军包围，眼看快被消灭，穆公自己也性命堪忧。这时敌军的一角开始崩裂，一群骑马的士兵冲进来，靠近秦穆公的军队协助战斗，这些人非常勇猛，只见晋军节节败退，最后只得全部撤走，穆公脱离险境。到达安全地点后，穆公向这些勇敢善战的士兵表达自己的谢意，并问他们是哪里的队伍。他们回答说：我们是以前吃了大王的名马，而被赦免死罪的农民。

秦穆公的善举最终获得了好的回报。因果也就是这个道理，一念之善救人救己，人生就是如此。一个人在其漫长的一生中所走的每一步，都已为明天埋下了伏笔。我们所做的每一件事，都如同我们撒下的一粒种子，在时光的滋润下，那些种子慢慢生根、发芽、抽枝、开花，最终结出属于自己的果实。我们自己所种下的因，遇到适合的条件就会产生一个结果。在这个世界上，因果自有定，做人不执着，不自私，不占有，为而无为，所得与所想，虽常不一致，但皆由人自己制造。

我们种了什么种子，自然结出什么果子。善得善果，恶得恶果。

世间的爱就犹如这因果一样可以循环。爱，给予别人，不见得有直接的回报，但最终也会循环到自己身上。如果每个人在爱护自己的同时，也去关爱别人，那么最终自己也能得到更好的爱护。

爱出者爱进，福往者福来。世间的爱与福皆在这因果当中，等着我们去播撒与收获。

与人为善，暖人暖己

“然爱之本体固可谓之仁，但亦有爱得是与不是者，须爱得是，方是爱之本体，方可谓之仁。”

——王阳明

早年间王阳明立志于格物穷理，在他看来，明白善与恶的差别就是良知，而怀有善心做一些善事，反对和去除一切“恶人”、“恶事”便是格物，便能穷理了。其实，无论我们做什么工作，如果能秉持多付出一点爱心的原则，成功就是必然的。

“人之初，性本善。”是人所共知的《三字经》的开篇语，但是长大的我们心中是否还留有这一份善呢？也许我们有，也许我们的心里早就被不良诱惑挤满了，不再有善的踪迹。而且在这个世界上，贪欲与邪恶、自私与狡诈正以前所未有的程度存在着。然而，善良依然是这个世界最感人的力量，它使我们充满力量与勇气，使我们赢得尊重和支持，帮助我们一步步走向成功。

东汉的开国皇帝刘秀精于谋略，智勇兼备。刘秀在争伐天下的过程中，十分注重御心之术，很多棘手的问题他都能轻松化解，最终战胜所有对手，拥有天下。

建武三年（27），刘秀亲率大军前往宜阳，截断了赤眉军的退路。赤眉军无可奈何只好投降。

刘秀的手下深恐赤眉军再起叛乱，私下对刘秀说："陛下仁爱待人，只需安抚住赤眉军将士即可。刘盆子身为敌人头领，难保不生二心，此人不可不除啊。"

刘秀对手下人说："行仁之义，全在心诚无欺，如此方有效力。朕待他不薄，他若再反，那是他自取灭亡；朕若背信枉杀，乃朕之失，自不同也。"

刘秀对刘盆子赏赐丰厚，还让他做了赵王的

郎中。

在刘秀的治理下，天下混乱的局面也平息下来，日渐安定。

刘秀懂得人心永远不是武力可以征服得了的，让人心服才是真正的征服。而善良仁爱的手段具有强大的力量，它在帮助别人的同时也帮助了自己。人的一生应该是施与爱的一生，只有这样，我们才能活出真正的自我，获得一个充实而美丽的人生。

善待社会、善待他人，并不是一件复杂、困难的事，只要心中常怀善念，生活中的小小善行，不过是举手之劳，却能给予别人很大帮助，何乐而不为呢？

心中有情有爱，世界才会风光无限。仁爱之心如一盏明亮的灯，它可以照亮我们的人生。所谓仁爱，就是先想到别人，能宽容别人，就是要与人为善。

楚惠王吃酸菜时，突然发现菜中有一条蚂蟥，他没有声张，不动声色地吞了下去，结果肚子痛得不能吃饭。令尹前来问候，关心地问道："大王怎么得了这种病？"

楚惠王说："我吃酸菜时见到一条蚂蟥，心想，如果把这事张扬出去，只是斥责庖厨等人，而不治他们的罪，就违反了法度，那样，今后我自己的威信就无法树立；如果追究他们的责任，就应该诛杀他们，这样，太宰、监食的人，按法律都将处死，我于心不忍啊。所以，我只好把蚂蟥悄无声息地吞咽下去。"令尹深深地施了一礼，祝贺道："我听说上天是铁面无私、六亲不认的，只是辅佐有德行的人。大王您大仁大德，正是上天保佑的人啊，这点小病是不会伤害您的。"当晚，楚惠王胃里的蚂蟥真的出来了，他也不用再忍受疼痛之苦。

古语云："人生一善念，善虽未为，而吉神已随之。"意思是说一个人只要心存爱心，即使还没有去付诸实践，吉祥之神已在陪伴着他了。楚惠王为使他人免除灾难，而不惜自己忍受痛苦的人，这样怎么会得不到上天的眷佑呢？爱人者，人恒爱之；

敬人者，人恒敬之。

说到底，慈悲是一种关怀，是无条件地爱一切生命。播种爱心，慈悲为怀不仅能够得到内心的安静祥和，达到美好的境界，而且能够让别人获益，记取你的那份善良与美好。上善若水，涓涓细流，润物无声。播撒爱心，幸福触手可及。

爱人者人爱之

“圣人一生实事，俱播在乐中。所以有德者闻之，便知他尽善尽美，与尽美未尽善处。”

——王阳明

王阳明一生立志做圣贤，虽然父亲反对，觉得他“做圣贤”的志向根本就是无稽之谈，因为历史上能够成为圣贤的人只有寥寥数位，父亲觉得王阳明只是痴人说梦罢了。可是，王阳明却从未停下过脚步，始终向着自己的目标迈进。他说，圣人一生要做的事情就是在人世间播种欢乐。他认为，生命因有了爱，而更加富有。善良是我们的灵魂所固有的一种感情，行善是一种美德。善行既可以帮助身处困境中的人，又可以使自己的心灵得到安慰，使自己的修养得到提升。

当我们将手中的鲜花送与别人时，自己已经闻到了鲜花的芳香；而当我们要把泥巴甩向其他人的时候，自己的手已经被污泥染脏。与其在自我中心导致的疏远冷漠中承受孤单，不如走出自我封闭的心门，在融洽的互相交往中感受快乐——彼此的快乐。

有一句话叫“生命不是用来自私的”，这是对人生的一种呼喊与渴求，自私的人，时刻在想着自己，而忽略了世间的其他人。他们总是认为整个世界就是为了他而存在，地球也是为了他而旋转的。

从前有一个人，经过长途跋涉，非常疲乏和干渴。他看见一条竹筒连成的水道淌出清清的细流，就赶紧跑过去捧水便喝。喝饱后，他满足地对竹筒说：“我已经喝够了，水就不要再流了。”他说完后，发现水依然细细地流着，心中发起了火，“我说我喝完了，叫你不要再流，为什么还流？”有人见到他这个样子，暗自发笑，上前开导说："你真没有智慧。你自己为什么不离去，反叫水不要流呢？"

希望那些水只为自己而流，不过是自私心理在作祟。无论是谁，都会有私心，这是人类天性中的缺陷，但这种缺陷并非无药可救。即使我们无法做到"舍弃小我，成全大我"，但基本的仁爱也是应该有的，它可以帮助人们摒弃私心，它可以让人们明白：自己对别人的态度，就是别人对自己的态度。很多时候，我们无须专门地去为别人做些什么，只要在想到自己的同时能想到别人，那么私心就已经开始远离，而一种共赢的局面就开始进入人们的生活。

王阳明说，人能够将天地万物看为一体，并不是他们特意这样去想，而是他们本有的善性和仁心。他们爱他人、爱生灵万物，把他人和万物视如自己身体的一部分，都是这种仁心善性的表现。

所以，生活在这个世界上，每个人都可能是给予者同时也是接受者。每个人都有需要帮助的时候，那么不如在别人需要帮助的时候宽心地、毫不吝啬地给予，那么在接受别人帮助的时候也不会因为曾经的吝啬和高傲而愧疚、难堪。

每一种善行都有回声

“善念发而知之，而充之。恶念发而知之，而遏之。”

——王阳明

慈悲不是出于勉强，它像甘露一样从天降下尘世，它不但给幸福于受施的人，也同样给幸福于给予的人。行善是一种幸福，当和尚出门化缘的时候，总是一家一家地敲门，其实这也是在提醒人们，时刻不要忘了做善事。

在平叛了宁王叛乱之后，权奸江彬却依然怂恿贪玩皇帝朱厚照南下江西去平叛。王阳明知道，一旦江彬这些群盗小人到了江西，江西百姓肯定逃不过去一番烧杀抢掠，所以他做出了一个决定——

抗旨将反王朱宸濠押往南京，迫使朱厚照在南京止步。王阳明的抗旨，又是为了江西的百姓。

生活中，我们虽然做不成像王阳明那样的大事，却可以多为他人着想，做一些高贵的善事来提升自己的灵魂，让心灵获得了丰收。与其说是为了爱别人而行善，不如说是为了尊敬自己。

隋侯珠与和氏璧是中国珠宝玉石文化中最重要的代表作。古有“得隋侯之珠与和氏璧者富可敌国”之说。由此可见，隋侯珠的价值与珍贵。隋侯珠的来历也非常有传奇色彩。

汉姬姓诸侯隋侯，有一次出使齐国，途中见一蛇，被困在热沙滩上打滚，头部受伤流血，隋侯怜悯，急忙以物用药敷治，然后用手杖挑入水边让它恢复体力后游去。

一天夜里，隋侯从梦中惊醒，发现那只巨蛇口里衔着一颗硕大溜圆的珍珠盘踞在他的床头。巨蛇见他醒来便放下珍珠离去。原来巨蛇为报答隋侯的救命之恩，特意从江中衔来一颗硕大的珍珠给他，这就是“隋侯之珠”。

“隋侯珠”直径一寸，纯白色，夜里发光，可以照耀全室，世称为隋侯宝珠。

举手的善行，有可能像隋侯一样得到价值连城的回报。所以，“勿以善小而不为”，人要让随时随地地行善成为一种习惯，在不断的行善的过程中会发现，人生的道路会越走越广。

王阳明反复强调心的本体是至善的，恶是不存在的，一旦受到外物的干扰动了恶的念头，既要及时制止，也就是他所说的为善去恶的功夫。所以，每个人都有一盏心灯。点亮属于自己的那一盏灯，既照亮了别人，更照亮了自己。善意地帮助别人，就好像一盏心灯。今天你帮助他人，给予他人方便，他可能不会马上报答，但他会记住你的好处，也许会在你不如意时给你以回报。

付出是一种精力，不但帮助了他人，还为付出的人创造了更多。这是一条真实的自然法则，不论付出的人想要什么或究竟发生了什么事。

诸恶莫做，众善奉行

“性之本体原是无善无恶的，发用上也原是可以为善、可以为不善的，其流弊也原是一定善一定恶的。”

——王阳明

王阳明认为人性本来是无善无恶的，所谓善恶都是人心造成的区别。而他自己也无时无刻不怀着一颗善心，做了许多善事。他从小就试马居庸关立志扫平鞑靼，报效祖国、解救天下饱受战争之苦的老百姓。后来他满腔热血却被小人暗算，被贬至偏远地区，他深感壮志难酬、报国无门却没有放弃心中的理想。在蛮荒之地他开设学堂办学，教苗人学文化、明道理。

王阳明提倡的良知，仁爱不是纯粹的形式，而是看天下万物没有内外远近之分，都要施予仁爱之心。想要做圣贤的王阳明进一步提出，常人之心和圣人之心是相同的，常人是因为蒙受私欲，才不及圣人之心明净。仁不仅是修养要达到的境界，也是人心之本体。

唐代诗人白居易喜欢佛法，有一次，他听说鸟巢禅师的修行相当高，于是专程向鸟巢禅师的住处去请教。白居易问鸟巢禅师：“佛法的大意是什么？”鸟巢禅师答：“诸恶莫作，众善奉行。”白居易鼻孔里哼了一声，说：“这个，三岁的小孩也知道这样说。”

鸟巢禅师说：“虽然三岁的小孩也说得出，但未必八十的老翁能够做到。”白居易心中服膺，便施礼退下了。

三岁小孩都知道的道理，但是又有几个人能够真正奉行呢？莫作诸恶，并尽量做到至善。这要求能够大爱无疆，把他人的痛苦看得和自己的一样重要，想他人之所想，尽心行善，至善了无痕。

定义一个人的一生是否成功，不一定是用地位和财富来界定，而应该是看他是否能坚持良善的真心，利益他人的信念，不受动摇，至情无悔。

大爱无私，至善无痕。我们都应该怀着一颗慈悲的心，以一己之力帮助他人，做到至善至美，这也是人生之一大境界。

做人处事，时时刻刻要有至善的心，以一颗爱心惠及他人，不仅可以温暖他人，也能实现自己的生命价值。

古时候有个叫齐恒的人，自命清高，不喜与达官显贵来往，常常隐居乡间，吟诗作画，认为自己这样做是十分明智的。这天，齐恒从隐居的房舍里出来，走向一条小道，远远看到几个庄稼汉正在辛劳的种着秧苗，觉得好玩，便上前观看。

齐恒问其中一个老农："除了种田，你还会干别的吗？"

老农摇摇头，说："我是个庄稼人，没有什么别的本事，只会干农活，特别是对种葫芦很有方法。能在集市上能卖出很高的价钱，官老爷也专门从我这里买葫芦。去年开始，我把种葫芦的方法教给了村里的乡亲，一年下来，大家都过上了好日子。”

齐恒听后，对这个老农说：“这么好的事情，你一个人享用不就好了吗？何必还要让大家都学会种葫芦。你自己有了安定的生活，就不用大热天的还在田里干活，就能像我这样逍遥自在。”

老农听后，沉思了一会，说：“我有一个大葫芦。它不仅坚硬得像石头一般，而且皮非常厚，以至于葫芦里面没有空隙。我想把这只大葫芦送给您。”

齐恒：“葫芦嫩的时候可以吃，老了不吃的时候，它还能盛放东西。可是你说你的这个葫芦不仅皮厚，没有空隙，而且坚硬得不能剖开，像这样的葫芦既不能装物，也不能盛酒，我要它有什么用处呢？”

老农笑道：“先生说得对极了，不过先生是否考虑过这样一个问题，您隐居在此，空有满脑子的学问和浑身的本领，却对他人没有一点益处，您同我刚才说的那个葫芦不是一样吗？”。

一个人即便怀惊天才能，然而不能惠及别人，也不过是瓷的花瓶，摆设而已，于己、于人乃至于国家都不会有意义。在老农看来，这就是齐恒最为失败的地方。一个人只顾及自我，而忘记他人，表示这个人走到了荒芜之地，脚下虽有零星孤叶，放眼望去，却是满目凄凉。

我们很难估量做好事对一个人生命价值的影响有多大。

大爱无私，做善事并不是为了引起别人的关注，生命需要我们做的是敞开心扉爱他人，真诚地爱他人，去宽慰失意的人，安抚受伤的人，激励沮丧泄气的人。

至善无痕，领悟王阳明的智慧：心原本就是无善无恶，所以其出发点可以为善、可以为不善，一切都是心为主宰，那就让心就像玫瑰花一样散发芬芳吧。

第十五章
在不显不露中出头

饥来吃饭倦来眠

“当下即去消磨，便是立命工夫。”

——王阳明

《道德经》中说：“合抱之木，生于毫末；九层之台，起于累土；千里之行，始于足下。”合抱的大树，是从细小的萌芽生长起来的；九层的高台，是从一筐筐土开始堆积而成的；千里的远行，是从脚下第一步开始的。又说，“图难于其易，为大于其细。天下难事，必作于易；天下大事，必作于细。是以圣人终不为大，故能成其大。”难事是由一件件容易的事累积成的，大事也是由一件件细微之事组成的。天下的难事，必定是从每一件容易的事做起；天下的大事，也必定是从每一件看似微不足道的小事做起。

正如小树一样，你看不到它是如何成长，但是它成长于不知不觉之间。它没有一刻不是处于成长变化中，假如它有一秒钟不成长或不变化，那么第二秒、第三秒乃至永远都不会成长或变化。九层的高台、千里的远行、天下的难事无不说明这个道理。也正是由于这个原因，那些成就了伟大功业的圣人，从不好高骛远去做所谓的“大事”，而是扎扎实实地从身边的每一件小事做起，每时每刻都在努力，活在当下。

王阳明说：“我们这些人探索心灵的奥秘，也只是依据各自的能力尽力而为之。今天的探究到这样的程度，就只依据今天所理解的延伸到底。明天，我们的心灵又有新的体悟，那就从明天所理解的延伸到底。这样才是专注于一个目标、踏踏实实的功夫。”

他认为，初学者对于修心养性的功夫，应当循序渐进。因为人的天赋不一样，领悟能力也不同，如果要求资质较差的学者，一开始就去做那些天资很高之人才能做的事，如何能够做得到呢？所以一定要先从细小的地方去进行修养，不管环境怎样，自己只要持之以恒地完善自我，活在当下的每一刻，这样才能以最好的准备来等待机会的到来。

“活在当下”的真正含意即吃饭就是吃饭，睡觉就是睡觉。正在做的事情，正在和你一起做事情的人，都是眼下最重要的，它是直接可以操作的。而若沉湎过去和未来就会迷失现在的一切，包括自己本身。

一位哲学家途经荒漠，看到很久以前的一座城池的废墟，哲学家想在此休息一下，就顺手搬过来一个石雕坐下来。望着被历史淘汰下来的城垣，想象曾经发生过的故事，不由得感叹了一声。

忽然，有人说："先生，你感叹什么呀？"

他四下里望了望，却没有人，正在他疑惑的时候。那声音又响起来，端详那个石雕，原来那是一尊"双面神"的神像。

哲学家好奇地问："你为什么有两副面孔呢？"

双面神回答说："有了两副面孔，我才能一面察看过去，牢牢地汲取曾经的教训；另一面又可以瞻望未来，去憧憬无限的美好的蓝图啊。"

哲学家说："过去只是现在的逝去，再也无法留住，而未来又是现在的延续，是你现在无法得到的。你不把现在放在眼里，即使你能对过去了如指掌，对未来洞察先知，又有什么意义呢？"

双面神听了哲学家的话，不由得痛哭起来，他说："先生啊，听了你的话，我至今才明白，我落得如此下场的根源。"

哲学家问："为什么？"

双面神说："很久以前，我驻守这座城池时，自诩能够一面察看过去，一面又能瞻望未来，却唯独没有好好地把握住现在，结果，这座城池被敌人攻陷了，曾经的辉煌都成了过眼云烟。我也被人们唾弃而弃于废墟中了。”

世界上有三种人：前两种人就是和故事中的双面神一样，一种人只会回忆过去，在回忆的过程中体验感伤；另种人只会空想未来，在空想的过程中不务正事。只有第三种人注重现在，脚踏实地，慢慢积累，一步一步踏踏实实地走向未来。

“活在当下”就是要你把关注的焦点集中在这些人、事、物上面，全心全意认真去接纳、品尝、投入和体验这一切。它是一种全身心地投入人生的生活方式。

当你活在当下，没有过去拖在你后面，也没有未来拉着你往前时，你全部的能量都集中在当下的这一刻，你的生命因此也具有一种强烈的张力。然而大多数的人都无法专注于“当下”，他们总是想着明天、明年甚至下半辈子的事，把生命大部分的气力都耗费在虚妄的未来，却对眼前发生的事情视若无睹。

其实，当下的每一步都是未来的阶梯，当下的每一步都重要于昨日、于明日，因而我们应更加看重脚下，看重头顶的晴空。或许人生的意义，不过是嗅嗅身旁每一朵绮丽的花，享受一路走来的点点滴滴而已。毕竟，昨日已成历史，明日尚不可知，只有“当下”才是上天赐予我们的最好的礼物。

人生无常，很多事情都不是我们能预料的，我们所能做的只是把握当下，珍惜拥有。该做什么就做什么，饿了吃饭，渴了饮茶，不为昨天的事犯愁和追悔。按照王阳明说的“当下即去消磨，便是立命工夫”，做好当下力所能及的事情，避免历史重演，再犯错误便够了，否则下一刻还要为上一刻的过失烦恼，这样人生就无有穷尽地处在为过去烦恼的痛苦之中了。

聪明不如糊涂，糊涂不如装糊涂

“智深险少矣。”

——王阳明

人生在世，我们总是避免不了别人对我们做出评价。评价有真有假，有赞誉也有批评。每个人面对评价的想法和反应也有不同。对于别人的评价，王阳明有着自己的思考。

王阳明的学生曾经问：叔孙、武叔两个人都诋毁仲尼，为什么像孔子这样的大圣人还有人诋毁呢？王阳明在解释这个问题的时候，说：“毁谤是从外界来的，即使是圣人也免不了。人只应注重自身修养。如果自己实实在在是个圣贤，纵然人们都毁谤他，也说不倒他。好比浮云蔽日，怎么能损害太阳的光明呢？如果自己是个外貌端庄恭敬、内心空虚无德的人，纵然没有一个人说他坏话，他潜藏的恶总有一天会暴露。所以孟子说：‘有意料不到的赞扬，也有过于苛刻的诋毁。’毁誉来自外面，怎么能逃避？只要能够修养自身，外来的毁誉又能怎样呢？”

在实际生活中，不只是面对别人的毁誉时我们要加强自己的修炼，偶尔也可以采取装糊涂的方式一笑而过。在生意场上甚至战场上，装糊涂都是一种智慧的生存策略。

装糊涂的表面是一种假糊涂，内心里却是一颗真聪明的心。为什么要装糊涂？有时候是情况所迫，不得已而为之。在这方面，历史上著名的军事家孙膑就遇到过这样的经历。

孙膑是战国时期著名的军事家，与庞涓一起拜鬼谷子为师，在才智方面超过庞涓。鬼谷子因孙膑单纯质朴，对他厚待一层，偷偷地将孙膑先人孙武所著兵书《十三篇》传授给他。

庞涓当了魏国大将，孙膑到他那里去做事，庞涓才知道孙膑在老师那里另有所得，更加嫉恨孙膑。他在魏惠王面前诬告孙膑里通外国，并请魏惠王对孙膑施以刖刑。被施以刖刑的孙膑无法逃跑，庞涓就把他关在一个秘密的地方，表面上大献殷勤，好吃好喝地供养，实则是乘机向孙膑索要《孙子兵法》一书。孙膑因无抄录手本，庞涓就让他抄录下他记得的章节。庞涓准备在孙膑完成之后，断绝食物供给，把他饿死。但是，庞涓派来侍候孙膑的童仆偷偷把庞涓的阴谋诡计告诉了孙膑，孙膑才恍然大悟。

孙膑是一个有着远大抱负的军事谋略家，他立即想出了一条脱身之计。当天晚上，孙膑就伪装成得了疯病的样子，一会儿号啕大哭，一会儿嬉皮笑脸，做出各种傻相，或唾沫横流，或颠三倒四，又把抄好的书简翻出来烧掉。庞涓怀疑他装疯卖傻，派人把他扔进粪坑里，弄得满身污秽。孙膑为了自己的远大志向，在粪坑里爬行，显出毫不在意的样子。庞涓又让人献上酒食，欺骗他说：“吃吧，相国不知道。”孙膑怒目而视，骂不绝口，说：“你们想毒死我吗？”随手把食物倒在地上。庞涓让人拿来土块或污物，孙膑反而当成好东西抓来吃。庞涓由此相信孙膑确实是精神失常了，疑心稍有解除。

此时，墨翟的弟子禽滑厘把他在魏国所见的孙膑的情况全部告诉了齐国相国邹忌，邹忌又转告了齐威王。齐威王命令辩士淳于髡到魏国去见魏惠王，暗中找到孙膑，秘密地把孙膑接回齐国。

孙膑在身陷囹圄之时，冷静沉着，故意装得愚蠢疯傻，忍受巨大的耻辱与折磨，骗过庞涓，保住了性命。后来，在马陵之战中，孙膑以卓越的军事才能，设计除掉了死对头庞涓，洗刷了耻辱。

孙膑利用装糊涂的办法保全了自己的性命。这种装糊涂的背后其实是一种大智慧，往往看似无用，实则抱愚藏拙，能包容一切人，而自己以“无用”的面目示人。你越谦虚就显得对方越高大；你越朴实和气，对方就越愿与你相处，认为你亲切、可靠；你越恭敬顺从，他的指挥欲就越能得到满足，认为与你配合得很默契、很合得来。相反，你若以强硬姿态出现，处处高于对手，咄咄逼人，对方心里会感到紧张，做事没有把握，而且容易让对方产生一种逆反心理，使交往和工作难以继续。

孔子曾说过“刚、毅、木、讷，近于仁”的话，而老子也说过真正的智者都是大智若愚的模样。在这一点上，古今中外的人们似乎有着惊人的相似，美国总统富兰克林·罗斯福如此表达他的为人哲学：“不懂得隐藏自己智巧的人是一个真傻瓜。”因此说大巧若拙，大智若愚，此乃真聪明真智慧，只不过用一张假糊涂的脸来遮掩自己的聪明罢了。

生命任其流衍，心体安稳平裕

“无欲之谓也，是谓集义者也。”

——王阳明

能人将才素来好“忆往昔峥嵘岁月”，以如今风华不再，垂垂老矣，不胜唏嘘。古今曾经多少被称为天才的幼童，到了成年往往变得平庸；年轻时功勋卓绝的人到了晚年却往往寂寂无声。二者都难免会喟叹当年的辉煌早已不在，也不免感慨时光流逝，世态炎凉。

王阳明作为军事家和政治家，立下不世之功，彪炳史册；作为思想家，开创儒学新天地，成为一代“心学”宗师。正如梁启超对王阳明的评价：“他在近代学术界中，极其伟大，军事上政治上，亦有很大的勋业。”但他的一生，又坎坷波折，历经贬谪、受诬、辞官、病老等人生中的不幸。

刘瑾倒台后，王阳明被重新起用，但他的仕途并没有从此一帆风顺，他被任命为南京兵部尚书的闲职。忧愤之下，以回家养病为名请求辞官回归故里，得到批准。然而嘉靖六年，两广地区再次爆发少数民族起义，朝野上下又想到了被闲置已久的王阳明，让他重新出山前去镇压起义，王阳明又重新上路，然而不幸的是，此时王阳明的身体每况愈下，到任不足一年就病逝了。

不管仕途之路走的多么辛苦，每每有国家召唤，王阳明总能一切归零，放弃之前的辉煌和磨难，重新出发。然而现实中芸芸众生常常自夸当年的辉煌，贪恋往昔成功的光环。

苏洵，字明允，四川眉山人，与其子苏轼、苏辙合称“三苏”，列入“唐宋八大家”。

苏洵在文学上取得显著成就，是经过一番刻苦读书、认真作文的过程的。据他自述，少年时，他不爱学习，到了25岁，才开始知道读书。自以为比伙伴们学得好，后来，他无意中读到谢安一篇关于让人爱惜时间、刻苦攻读的故事。他认真地读了一遍，感到这个故事很生动，又读了一遍，更加感到有意义，于是他反复读了好几遍，每读一遍，就有一次收获。他觉得这故事好像是专门为自己写的一样，不由得心中发出感慨：时光无情地飞逝，我已经快到而立之年了，自己虽然写过一些文章，却都是些平庸之作，没有什么大的建树。他想：现在不努力，还要等到什么时候啊！从这时起，苏洵又开始发愤苦读。经过一年多的时间，他觉得自己在学习上有了长进，就急急忙忙的参加录取秀才和进士的两场考试，但两次考试都落榜了。才觉得古人的“出言用意”都跟自己大不相同。然后，将《论语》《孟子》以及韩愈的文章取来，终日诵读，读了七八年，才感到古人文章确实写得好。一天，苏洵的书房内冒出黑烟，家人感到发生了意外，忙不迭奔向书房，进去一看，只见苏洵自己把许多文稿一件件往火炉里送。家人一问才明白，原来，苏洵要把自己过去不成熟的作品当成废纸全部焚烧，决心从头开始。

从此，苏洵就谢绝宾客，闭门不出，夜以继日地辛勤研读书卷。如此这般发愤功读了五六年，终于文才大进，下笔有神。

苏洵把自己以前的书稿付之一炬，借此来激发自己在文学上的潜能。只有大胆的摒弃自己以前价值不高的成就，才能够在今后的道路上有更大的发展，如果因自己的一点小成就而沾沾自喜、裹足不前，结果就只有一步步沦为平庸，很难再有好的发展，只有像苏洵那样焚稿激励自己，才会不断地锻炼自己，提高自己。

俗语说，智者莫念昔日功，好汉不提当年勇。大丈夫者，无论身在何处，境况如何，年龄几许，都能找到自己继续生活下去支柱，而不会对过去的辉煌念念不忘还时刻挂在嘴边。他们视那些辉煌如粪土，活得恬淡自如，坦坦荡荡，不受过去所羁绊，他们懂得人活在今时今日，便要做眼前此刻的事情，这才是有勇的智者，明理的勇士。

对过去的辉煌念念不忘的，多是现实境况不顺心的人。当他们的现状与以前的岁月出现了落差，心理上的失落让他们终日难以平衡，便陷入了自我折磨之中。这时候，当所有人都在努力铭记昔日的辉煌时，“遗忘”的存在就显现了其价值。每个人心中能存放的事情是有限的，若不能将旧日里的丰功伟绩抛置身后，又哪里有多余的空间来容纳新的挑战和新的机遇？痛苦应该遗忘，辉煌也应该任其褪色，如果人人一点都不忘，那么我们的世界会成为什么样子呢？

所以，从零开始，是唯一正确的想法。零意味着过去的结束和未来的开始，忘记曾经的辉煌，踏上新的起点，将来的旅程也许还会有归零的时候，那也没什么，多一次开始而已。

随时随地，随遇而安

“人生达命自洒落。”

——王阳明

一个人要使自己的生命多一些快乐，少一些烦恼，必须学会随遇而安。

“方园不盈亩，蔬卉颇成列。分溪免瓮灌，补篱防豕蹢。芜草稍焚剃，清雨夜来歇。濯濯新叶敷，荧荧夜花发。放锄息重阴，旧书漫披阅。倦枕竹下石，醒望松间月。起来步闲谣，晚酌檐下设。酣时藉草眠，忘与邻翁别。”西园，位于龙岗书院旁边，是个很不起眼的乡村小菜地，但在王阳明眼里，确是个好去处，篱笆、野花、菜，于自然情怀中随景游心。他可以在阴凉处歇息、读书，跟着农民哼哼歌谣。傍晚，在屋檐下放着小桌子就餐，醉了，就草席睡下。于这首诗中，我们可以看出王阳明的随时随地、随遇而安的心境。

著名国学大师南怀瑾说，一个人想做到随时安然是非常困难的。世间万物皆有其自身的规律之所在，水在流淌的时候是不会去选择道路的；树在风中摇摆时是自由自在的，它们都懂得顺其自然的道理。因此，拔苗助长固不可取，逆流而上也是一种愚蠢。

再美好的事物，其结果都是一样的——或好或坏，或高或低，或美或丑，或大或小，感觉上没有什么太大的差别。不同的则是他们的过程，在过程中享受奋斗的惬意，那才是幸福快乐的，而这个过程便是境遇，一种无法抵抗的客观事实，你只能顺其自然。

从前有一个国家，地不大，人不多，但是人民过着悠闲快乐的生活，因为他们有一位不喜欢做事的国王和一位不喜欢做官的宰相。

国王没有什么不良嗜好，除了打猎以外，最喜欢与宰相微服私访。宰相除了处理国务以外，就是陪着国王下乡巡视，他最常挂在嘴边的一句话就是“一切都是最好的安排”。

有一次，国王兴高采烈地到大草原打猎，射伤了一只花豹。国王很开心，他眼看花豹躺在地上许久都毫无动静，一时失去戒心，居然在随从尚未赶上时，就下马检视花豹。谁想到，花豹突然跳起来，使出最后的力气向国王扑过来。

还好，随从及时赶上，立刻发箭射入花豹的咽喉，国王觉得小指一凉，花豹就闷声跌在地上，这次它真的死了。但国王的小手指被咬掉小半截。

回宫以后，国王越想越不痛快，就找了宰相来饮酒解愁。宰相知道了这事后，一边举酒敬国王，一边微笑着说：“大王啊！少了一小块肉总比少了一条命来得好吧！想开一点，一切都是最好的安排！”

国王听了很是生气，他凝视宰相说：“你真是大胆！你真的认为一切都是最好的安排吗？”

宰相发现国王十分愤怒，却也毫不在意地说：“大王，真的，如果我们能够超越自我一时的得失成败，确确实实，一切都是最好的安排。”

国王说：“如果我把你关进监狱，这也是最好的安排？”

宰相微笑说：“如果是这样，我也深信这是最好的安排。”

国王大手一挥，两名侍卫就架着宰相走出去了。

过了一个月，国王养好伤，打算像以前一样找宰相一起微服私巡，可是想到是自己亲口把他打入监狱的，一时也放不下身段释放宰相，叹了口气，就独自出游了。

路上碰到一群野蛮人抓了国王用来祭神。但大祭司终于发现国王的左手小指头少了小半截，他忍不住咬牙切齿咒骂了半天，忍痛下令说：“把这个废物赶走，另外再找一个！”因为祭神要用“完美”的祭品。脱困的国王大喜若狂，飞奔回宫，立刻叫人将宰相释放了，在御花园设宴，为自己保住一命，也为宰相重获自由而庆祝。

国王向宰相敬酒说：“宰相，你说的真是一点也不错，果然，一切都是最好的安排！如果不是被花豹咬一口，今天连命都没了。”

宰相回敬国王，微笑说：“贺喜大王对人生的体验更上一层楼了。”过了一会儿，国王忽然问宰相说：“我侥幸逃回一命，固然是‘一切都是最好的安排’，可是你无缘无故在监狱里蹲了一个月，这又怎么说呢？”

宰相慢条斯理喝下一口酒，才说：“大王！您将我关在监狱里，确实也是最好的安排啊！您想想看，如果我不是在监狱里，那么陪伴您微服私巡的人，不是我还会有谁呢？等到蛮人发现国王不适合拿来祭祀满月女神时，谁会被丢进大锅中烹煮呢？不是我还有谁呢？所以，我要为大王将我关进监狱而向您敬酒，您也救了我一命啊！”

宰相说：“一切都是最好的安排”，这是顺其自然的心态。但顺其自然并不是消极地去等待，更确切地说，顺其自然是寻求生命的平衡。其实，很多时候，顺其自然是一种境界。这种的心态实则是无为而有为，是无欲而有欲，是成熟的一种标志，是成功者的一种素养。

人之于世界本来就渺小脆弱，可还是经常自我膨胀，缺乏清醒的自我定位，这往往是造成太多遗憾的根源，于是挫败成为必然。面对人生的荣辱成败，我们要学会随遇而安，卸下捆绑于心的精神枷锁，轻装上阵。

平常心，心平常

“万缘脱去心无事。”

——王阳明

王阳明思想上的转折点就是“龙场悟道”。但是在艰苦的环境下，他的随从们一个个病倒了。王阳明被迫自己打柴担水，做稀饭给随从们吃。他又担心他们心情抑郁，便和他们一起朗诵诗歌，唱唱家乡的曲子。唯有这样，随从们才能稍稍忘记当时的处境。

然而，王阳明始终在想：“如果是圣人，面对这种情况，会有什么办法呢？”苦思冥想的王阳明，终于在一个夜梦中豁然开朗，悟得“圣人之道，吾性自足”的道理。荒芜的龙场，给了哲学家心性的自由，成了王阳明“运思”的天堂，也孕育了王阳明从“平凡”到“圣人”之路。

其实，生活就是在平凡与伟大的交错中延伸开来的，每一个伟大的人必定曾经是一个平凡的人或以后会变回平凡的人。但是有一点不变的：伟大，总是在平凡以后。

庄周家境贫寒，于是向监河侯借粮。监河侯说：“行，我即将收取封邑之地的税金，打算借给你三百金，好吗？”庄周听了脸色骤变，愤愤地说：“我昨天来的时候，有谁在半道上呼唤我。我回头看见路上车轮碾过的小坑洼处，有条鲫鱼在那里挣扎。我问它：‘鲫鱼，你干什么呢？’鲫鱼回答：‘我是东海水族中的一员。你也许能用斗升之水使我活下来吧。’我对它说：‘行啊，我将到南方去游说吴王越王，引发西江之水来迎候你，可以吗？’鲫鱼变了脸色生气地说：‘我失去我经常生活的环境，没有安身之处。眼下我能得到斗升那样多的水就活下来了，而你竟说出这样的话，还不如早点到干鱼店里找我！'”

得道的“圣人”庄子的生活其实和大部分人一样，并非不食人间烟火，他也会遭遇贫穷，甚至连饭都吃不上，只有去借钱，还惨遭拒绝。但是当面对生命中的困窘时，他们能保持超然物外的心境，坚持自己卓尔不群的人格。我们还可以说，“圣人”就在平凡的人世间。

一个真正了不起的人，自己心中是没有伟大这个观念的。他认为帮助别人都是人应该做的事情而已，做完了就过去了，心中不留痕迹。这是符合王阳明将万物众生看作一体的观点的。

每一个生命都是如此平凡，但你若把自己降到最低的位置，你就成了大海。一切伟大也都蕴于平凡之中，平常就是真道，最平凡的时候是最高的，真正的真理是在最平凡之间；真正仙佛的境界，是在最平常的事物上。所以真正的人道完成，也就是出世、圣人之道的完成。

然而，生活中的有些人在心中嘀咕，我整天为了工作奔忙，为了能买套房子、为了能养活家人无比辛劳，我这能算伟大吗？能算“圣人”吗？其实，我们所做的这些工作其实和庄子当日为了生活而奔忙的工作又有何不同？只要我们能够在这平凡的生活中修养自己的心灵，不让自己沉迷于物欲，保持一份超然的心情，我们也能在芸芸众生中活得更精彩。圣人就在平凡的人间世。文豪泰戈尔曾经说过：“天空虽不曾流下我的痕迹，但我已飞过。”有一份自信。一种坦然，就已足够。

抱朴守拙，藏行不露

“柔不致败。”

——王阳明

“盛时当做衰时想，上场当念下场时”，在志得意满时，一定要能够安于低调。用低调屏障保护自己，这样才能避免灾难性的后果。

在赣州和南昌的平叛战争结束以后，王阳明并没有真正受到朝廷的嘉奖，反而因此受到了各种各样的猜忌、诬陷和诽谤。面对这些恶意中伤、侮辱的言语和行为，王阳明深知爬得越高则可能跌得更重，他主动请求放弃官职，回归故乡。

众所周知，鱼不可脱于水，龙不可脱于渊，人不可脱于权。一个久握重权、身居高位的人，一旦失去权柄，就会惨不可言，即使想成为平民百姓，过着贫苦下贱的生活都不可能。在中国的历史舞台上，统治者与开国功臣之间常常玩起“兔死狗烹”的游戏，懂得了游戏规则，才能占据博弈中的主动权。

越王勾践卧薪尝胆，灭吴复国，这其中起了关键作用的是他的两大功臣：一个是范蠡，一个是文种。当勾践被围会稽山上，弹尽粮绝之时，是文种提出以乞和求降之计来保存性命，使勾践得以生还；当勾践被拘往吴国，是文种留在越国，救死抚孤，耕战自备，发愤图强。当勾践从吴国归来之后，是文种提出了破灭吴国的七种办法。

勾践打败了吴国，称霸一时。就在欢庆胜利的时刻，范蠡急流勇退，隐姓埋名，弃政经商去了。他出逃之后，曾给文种送来一封信说：“狡兔死，走狗烹；飞鸟尽，良弓藏；敌国破，谋臣亡。越王可与共患难，不可与共欢乐，你如果不赶快离开，将有大祸临头。”

文种以为范蠡太多心了，不过，从此以后他也不大过问国事了，终日称病在家。可是，勾践并没有放过他。于是，他借探病为名，来见文种，问他道：“先生曾以灭吴的七种手段指教过我，我只采用了其中的三种，便将吴国灭了，剩下四种，你打算再怎么去使用呀？”

文种说：“我看不出它们还有什么用处。”

勾践说：“请先生带了这四种手段，到九泉之下去辅佐我的先人吧！”说罢起身登车而去，留下了一把名为“属镂”的利剑。

文种明白，勾践容不下他了，便自刎而死。

“兔死狗烹”不只反映了历代功臣的悲剧命运，也揭示了最高掌权者的性格特征。不过勾践这个人杀功臣的手腕不大高明，他直率地表达了他对文种高明智谋的畏惧，而不像后代许多屠杀功臣的掌权者们，还要给受害者扣上“造反”“通敌”之类的大帽子，因此，他被后代视为忘恩负义的典型。其实，他比那些后来者要仁慈得多，他没有动用酷刑、凌迟之类的残忍手段，只留下一把宝剑，由文种自行就死，而且他也罪止文种一人，而没有大肆株连。所以，知晓“兔死狗烹”的游戏规则，不与人共富贵才能全身而退。

权势到手，确实令人身价百倍，也实在可以令人“荣华富贵，风光无限”。但是稍有不慎，大难临头，权力旁落，后果也就自然连普通百姓都不如。他们由于权力达到了极点，而给自己和家人带来了极大的灾祸。

因而，要想成为一个成功的人，一定要练就强大的韧性和足够的弹性，这样可以能最大限度地保护自己。在机会来临时，可以以最大的能量来挥洒自己的智慧和才干，赢得别人的敬重。在危机时，能够根据客观情况见机行事，这样可以更好的保全自己，进退自如。

对于一些掌权者来说鸟尽弓藏，有能力的人是他们的工具，用完了就不再希望他们与自己来分享胜利果实，只可共患难不可共富贵。因此，要吸取兔死狗烹的教训，适时功成身退。

浊者自浊，清者自清

“人若著实用功，随人毁谤，随人欺慢，处处得益，处处是进德之资。若不用功，只是魔也，终被累倒。”

——王阳明

王阳明平定宁王朱宸濠的叛乱之后，天下诽谤和议论他的人越来越多。有一天王阳明请学生说天下人诽谤他的原因。有的学生说王阳明的功绩越来越大，权势也越来越大，天下嫉妒之人就越来越多；有的学生说王阳明的学说越来越普及，所以为宋儒理学争辩的人越来越多，等等。王阳明听了他们的回答说，你们说的这些原因，相信都是有的，但是我自己内心体会到的，你们都还没有说啊。我在南都以前，心中尚有一些乡愿（指那些看似忠厚实际却没有一点道德原则，只知道媚俗趋势的人）的意思在，我现在相信自己的良知，是就是是，非就是非，按照良知去做事，没有遮遮掩掩，也没有畏畏缩缩，按照良知，该做什么就做什么，该怎么做就怎么做。我现在才是个狂者的胸怀，天下人说我也没关系。

谈到如何对待诽谤和别人的侮辱的问题时，王阳明说：“人若著实用功，随人毁谤，随人欺慢，处处得益，处处是进德之资。若不用功，只是魔也，终被累倒。”因而，总结来说，面对诽谤和侮辱，王阳明倡导既要有超然坦荡的心境，又要实实在在地用功，相信自己的良知，如果能脚踏实地、扎扎实实地痛下苦功，就能在诽谤和侮辱中得到益处。

浊者自浊、清者自清，这是常人面对诽谤惯用的方法。当诽谤来临的时候，不需要汲汲务求去澄清，只需要自己心境坦荡，谣言毁谤自然不攻自破。

“所谓夫大道不称，大辩不言，大仁不仁，大廉不嗛，大勇不忮。道昭而不道，言辩而不及，仁常而不成，廉清而不信，勇忮而不成”。这句话的意思是指，至高无上的真理是不必称扬的，最了不起的辩说是不必言说的，最具仁爱的人是不必向人表示仁爱的，最廉洁方正的人是不必表示谦让的，最勇敢的人是从不伤害他人的。真理完全表露于外那就不算是真理，逞言肆辩总有表达不到的地方，仁爱之心经常流露反而成就不了仁爱，廉洁到清白的极点反而不太真实，勇敢到随处伤人也就不能成为真正勇敢的人。

能具备这五个方面的人可谓是悟了做人之道。真理不必称扬，会做人不必标榜。真正有修养的人，即使在面对诽谤时也是极其具有君子风度的，以坦然心境面对诽谤。

苏轼因“乌台诗案”入狱，一年后，皇帝为了试探他是否有意谋反，是否有悔改，特意派一个太监装成犯人入狱和苏东坡同在一个监牢。白天吃饭时，小太监用言语挑逗他，苏轼牢饭吃得津津有味，答说："任凭天公雷闪，我心岿然不动！"夜里，他倒头睡，小太监又撩拨道："苏学士睡这等床，岂不可叹？！"苏轼不理不会，倒头就睡，而且鼾声大作。

第二天一大早，太监推醒他，说道："恭喜大人，你被赦免了。"要知道，那一夜可是危险至极啊！只要苏轼晚上有不能安睡的异样举动，太监就有权照谕旨当下处死他！

"君子坦荡荡，小人长戚戚"。苏东坡是君子，当然就能够坦坦荡荡了。而要能够做到坦荡却也不是一件容易的事，试问世人之中，有几个能够无愧于天地良心。宋神宗想出的测试办法也算经典，因为一个心中有愧的人是不可能做到倒头便睡的，而苏轼当然也不会想到，能够安睡倒救了他一命。我们也要做一个坦荡荡的君子，让自己能够在任何时候都能够踏踏实实的睡觉。

在现实生活中，言来语去，自难免失真之语。

诽谤就是失真言语中的一种攻击性恶意伤害行为了。俗语云：明枪易躲，暗箭难防。也许，在很多时候，诽谤与流言并非我们所能够去制止的，甚至是有人群的地方就有流言。而我们对待流言的态度则显得尤为重要，正如美国总统林肯所说："如果证明我是对的，那么人家怎么说我就无关紧要；如果证明我是错的，那么即使花十倍的力气来说我是对的，也没有什么用。"这与王阳明对待诽谤的态度——遇谤不辩，是如出一辙。

用坦然的心态来应对诽谤，浊者自浊、清者自清，诽谤最终会在事实面前不攻自破的。这是我们从圣人的思想中撷取的智慧之花，在现实生活中，做人拥有"不辩"的胸襟，就不会与他人针尖对麦芒，睚眦必报；拥有"不辩"的情操，友谊永远多于怨恨。

点一盏光而不耀的心灯

“心外无物，心外无事，心外无理，心外无义，心外无善。”

——王阳明

“心学”的创立，成就了王阳明攀上中国思想巨人高峰。但他的心学，不是在象牙塔里“悟”出来的，而是在极端艰难困苦的情况下，凭借其不屈不挠的坚强意志，冲出绝境的心灵足迹，构成“心学”大厦的一字一句。

“心学”这盏灯点明了王阳明的铁窗生涯。当初被贬下狱，他不断询问自己有什么力量可以让他度过这深悲大戚。他在不断找寻和磨砺之中，于内心种下了觉悟的种子。等他到达龙场，他终于顿悟“万物皆备于我”的道理，他明白了如何将不利的因素化解为有利条件，并在艰难的环境中成就了“心学”的明灯。这盏灯光而不耀，却能帮助他绝处逢生，化险为夷。王阳明恰恰一直在寻找的正是这种智慧。

点一盏心灯，从失败中挺立出来，再造辉煌的智慧，这是任何时代的人都需要的真正的人生智慧。然而这盏灯一定要光而不耀，否则太过耀眼又会灼伤自己。能够温柔笼罩却不会有灼伤的疼痛，才是最为温暖而朴素的人格。光而不耀，其实也正是内心从容、淡定，悠扬而飞的状态。万丈红尘，扑鼻迷眼，能够点亮自己的一盏心灯，让它散发出微弱而美好的光，实在是对尘世最大的贡献。

西汉武帝时，卫青因姐姐卫子夫受宠于汉武帝，被任命为大将军，封长平侯，率大兵攻打匈奴。

右将军苏建在与匈奴作战中全军覆没，单身逃回，按军律当斩。

卫青问长史、议郎等属官："苏建应当如何处置？"

议郎周霸说："大将军出兵以来，从未斩过一名偏将小校，如今苏建弃军逃回，正可斩苏建的头，来立大将军之威。"

卫青说："我因是皇上的亲戚而带兵出塞，并不怕立不起军法的威严，你劝说我杀人立威，就失掉了做臣子的本分。我的权限虽可以斩杀大将，然而我把专杀大将的权力还给皇上，让皇上来决定是否诛杀，来显示我虽在境外，受皇上宠爱，却不敢专权杀将，这不是更好吗？"

属官们都钦佩地说："大将军高见，属下等万万不及。"

卫青便派人把苏建押回长安，汉武帝怜惜其才，并未杀他，让他出钱赎罪，而对卫青的处置大为满意。

苏建后来又跟随卫青出塞攻打匈奴，他劝卫青说："大将军的地位是至尊至重了，可是天下的贤士名人没人夸赞传扬您的威名。古时的名将都向朝廷推荐贤良才能之士，自己的名声也传遍四海，希望大将军能学习古时名将的做法。”卫青摇头说：“你只知其一，不知其二。以前武安侯田蚡、魏其侯窦婴各自招揽宾客，结成朋党，以颂扬自己的名声，皇上常常恨得咬牙切齿。亲近贤士名人，进用贤良贬黜不肖，这都是皇上的权柄，我们做臣子的，只知道遵守国法，履行自己的职责而已。”

汉武帝特别宠爱卫青，谕令群臣见到卫青都要行跪拜礼，以显示大将军的尊贵。群臣都不敢抗旨，见到卫青无不匍匐礼拜，只有主爵都尉汲黯见到卫青，依然行平揖礼，有人好意劝汲黯：“对大将军行跪拜礼是皇上的意思，您这样做不怕皇上恼怒吗？”

汲黯昂然道：“跪拜大将军的多了，多我一个不多，少我一个不少。难道说大将军有一个平礼相交的朋友，就不尊贵了吗？”

卫青听说后，非常高兴，登门拜访汲黯，谦

虚地说："久仰大人威名，一直没有机会和大人结交，现在有幸承蒙大人看得起，请把我当做您的朋友吧。"

汲黯见他态度诚恳，不以富贵骄人，便破例地交了这个朋友。卫青以后凡有疑难问题，都虚心向汲黯请教。

汉武帝也很欣赏卫青的谦逊，也就不计较汲黯的抗礼了，对卫青的宠爱也始终不衰。

卫青谦和处世的道理，所谓"人外有人，天外有天"，这是再简单不过的，但是很多年轻人常因年少气盛，自以为才气逼人，所以心浮气躁。人们常说："地低为海，人低为王。"海成其大的最根本原因，就是它在最低处，所以陆地上的江河才流向海洋。人于凡世生存，假如能像大海一样将自己放在最低处，视己如尘世间的一粒尘土，方能如那些细流一样流入江海。

其实，一个人越是修为高，反而会表现得越谦恭，这是知识与修养给他带来的改变。有人曾问一位哲学家："像您这样的大哲学家为什么还要那么谦虚呢？"哲学家说："据我所知，人的知识就像一个圆圈，圆圈里面的是你已经知道的知识，圆圈外面代表的是你的未知。圆圈越大的人越会发现自己的知识不足。"越是成熟的稻穗越是往下弯腰，一个人的学问越高，也就越发显得谦虚。

儒家仁爱，道家智慧，佛家慈悲。能够用这些平凡而伟大的天地之理，点亮自己的人生，实在是难能可贵的品质。

第十六章
事上居下，到位不越位

不争才是最大的争

“君子求退勿迟。”

——王阳明

争与不争是两种处世的态度：争者摩拳擦掌；不争者平淡处之。关于不争，“水德”是对其最好的赞誉。在自然界的万事万物中，水利养滋润了万物，而又并不从万物那里争取任何有利于自己的东西。这种无私的表现为其赢得“以其不争，故天下莫能与之争。”

王阳明在中国哲学思想上取得惊人成就，也与其“为而不争，天下莫能与之争”有关。年少时的王阳明满怀雄心壮志，一心追求真理、成为圣人。然而由于他性格耿直，不愿屈从恶势力，结果招致祸殃。之后，王阳明的人生发生了一个重大的转折。他远离政治，潜心研究儒教、佛教、道家思想，他的“不争”并不是放弃眼前的一切，而是以不争今日之利争万世，不争当前之利争天下。因其“不争”，故而能静心悟道，并体悟许多以前百思不得其解的道理，进而攀登上中国哲学思想的高峰。

只有无争，才能无忧。利人就会得人，利物就会得物，利天下就能得天下。善利万民的人，如同水滋润万物而与万物无争，不求所得。所以不争的争，才是争的最高境界。做人成事也是同样的道理。

楚汉相争时，张良、萧何和韩信共同辅佐刘邦夺取天下。由于楚军强大，刘邦被项羽打败。公元前 205 年，刘邦率领残兵败将到了荥阳，才停下脚步做暂时的休整。此时汉军丞相萧何已经知道刘邦兵败退守荥阳的消息，就在关中地区大量征兵，送到荥阳。在东边打下齐国的韩信也得知了消息，可他不但不来增援，反而派人来向刘邦提出要求，希望同意他自立为“假齐王”。面对韩信的无礼要求，刘邦当即大怒，想马上派兵去攻打韩信。关键时刻，谋士张良提醒刘邦，在这危急关头，不如就同意韩信，先稳住他，以防小不忍而生大变。刘邦立刻改口骂道，“他韩信大丈夫南征北战，出生入死，要做就做个真王，哪有做假王之理，封他为齐王！”然后派张良带上印信，前往齐国，封韩信为齐王。韩信立刻带兵赶到，汉军兵力大增，又恢复了战斗的士气。

刘邦领悟了“不争”的智慧，使韩信断绝了非分之想，有效地稳定了军心，控制了复杂的局势。后来，韩信又帮助刘邦大争天下，最后“天下莫能与之争”，终成千古一帝。所以，不争不是无所作为、甘于堕落，不是要让人彻底断绝私心欲望，而是劝告世人要顺应大道，不要贪图眼前的小私，只有着眼于大局，才能得到最多的利益。

权力场上变化无常，欲免于忧患，就应保持一种“不争”的心情。与人无争，与世无争，看似消极避世，但实际上恰到好处的“与人无争”，是一种知晓进退规则之后的释然，也是一种不急功近利的心机。“与人无争”说到底是智慧的“退”，而“无人能与之争”则是聪明的“进”。

因而，我们在为人处世时，也应效法天道，把我们的智慧贡献出来，不辞劳苦，不计较名利，不居功，秉承天地生生不已、长养万物万类的精神，只问耕耘，不问收获，如能这样，则自然达到“为而不争，天下莫能与之争”的高境界。

低头是一种智慧

“士傲命蹇焉。”

——王阳明

在古越这片土地上，越王勾践卧薪尝胆最终报仇复国的精神最见越人气性。王阳明在为人作序时，落款常是“古越阳明子”“阳明山人”“余姚王阳明”等，他以生为越人为荣。王阳明自幼受古越民风滋润，也深悟“卧薪尝胆”的精髓。少年时的王阳明曾去居庸三关，了解古代征战的细节，思考御边方策，回来之后甚至还屡屡想上书朝廷献言献策，这种狂妄的想法得到了父亲的斥责。面对父亲的呵斥，王阳明并没有昂首怒目，反而经常出游，“考察”居庸三关，拜访乡村老人，询问北方少数民族的生活习俗，以探访各部落的攻守防御之策，为其“平安策”寻找可支撑的依据。最终写下著名的关于边防军队改革的奏疏，初显他卓越的军事才能。

有时候，俯首比昂首怒目更有威严，为了实现自己的梦想，短暂的低头并不是一种懦弱，韬光养晦之道实则是一种积极进取的精神。诚如梁漱溟先生所言：儒家虽然提倡温良恭俭让，但实质宣扬的却是一种积极进取的精神。换句话说，暂时的俯身就是“以退为进，以柔克刚”，是一种方圆处世的态度。

民间有句谚语，说“低着头的是稻穗，昂着头的是稗子；低头的稻穗充满了成熟的智慧，而昂头的稗子只是招摇着空白的无知”。大哲学家苏格拉底曾说：“天地只有三尺，高于三尺的人要想长久立于天地之间，就要懂得低头。”懂得低头便是一种智慧。

秦始皇陵兵马俑博物馆的“镇馆之宝”是一尊

跪射俑。许许多多出土的兵马俑都可以算作人间精品，但唯独是它享有了“镇馆之宝”的无上荣誉。

事实上，在出土、清理和修复的一千多尊各式兵马俑中，只有这尊跪射俑保存得最为完整，未经人工修复。如果仔细观察，还会发现这尊跪射俑身上的衣纹、发丝都清晰可见。

专家介绍说，这尊跪射俑之所以能够保存得如此完整，完全是得益于它自身的“低姿态”。原来兵马俑坑是地下通道式土木结构建筑，一旦棚顶塌陷、土木俱下时，高大的立姿俑自然是首当其冲遭受灭顶之灾，这样一来，低姿的跪射俑受到的损害就大大减小。此外，跪射俑呈蹲跪姿，右膝、右足、左足三个支点呈等腰三角形，完全支撑着上体，整个身体重心在下，增加了它的稳固性，这与两足站立的立姿俑相比，就避免了倾倒、破损。所以，秦始皇陵兵马俑中的跪射俑在经历了两千多年的岁月后，依然完整地呈现在我们面前，真可谓是“宝中至宝”。

综观中国历史，那些成熟的人，有成就的人，往往都具备了低头、忍让、不自高自大的品质。譬如，西汉的韩信，因忍受“胯下之辱”，专心研究兵法，练习武艺，终得到刘邦的重用。三国时期的刘备再三低头：从三顾茅庐到孙刘联合，每一次低头，都会迎来“柳暗花明又一村”，终于成就“三足鼎立”的辉煌。

当今社会，错综复杂，变幻莫测。因此，在人生的漫长跋涉中，我们就必须学会低头。好比当你陷入泥潭时，你最先做的是迅速地爬起来，并且远远地离开泥潭，而不是对着自己的鞋子说，我们可是出淤泥而不染的。

很多时候，低头都是为了追求长远利益而采取的策略。一个为了追求更大成功的人，面对暂时的困厄，不得不低头，通过忍耐甚至放弃尊严来保全自己。它需要很大的勇气，所以我们应当用平和的心态，像跪射俑那样，时刻保持着生命的低姿态，这样就一定会避开无谓的纷争，避免意外的伤害；

就能更好地保全自己，发展自己，成就自己。

老子说过，当坚硬的牙齿脱落时，你的柔软舌头却完好无损。柔软有时候是完全可以胜过强硬的。以柔克刚，以退为进，恰恰是人生的大智慧、大境界。

在其位，善谋其政

“众望莫负。”

——王阳明

中国自古就有“不在其位，不谋其政”的说法，其有四个方面的含义，即“在其位，谋其政”“在其位，不谋其政”“不在其位，谋其政”“不在其位，不谋其政”。其中“在其位，谋其政”，实际上是与“不在其位，不谋其政”相对应的，两个说法表面相反但内涵一致。

王阳明的一生，在竭尽全力地实践着“在其位，谋其政”的思想，他勤勤恳恳地为百姓办事，又鞠躬尽瘁地为朝廷排忧解难。在他以左佥都御史身份巡查江西南安、赣州，福建汀州、漳州等地时，途中遭遇起义农民拦阻。当商船集结阵势，扬旗鸣鼓，准备迎战时，那些走投无路的起义农民立即跪拜在岸边，陈述他们是灾民，希望得到救济。王阳明宣布停战，并且一到赣州，就派人救济灾民。

另外，在其为官时，他运用手中的权力行其“亲民”之道，让“明德”在民间“明”起来。因而，在他管制之下的地区百业兴旺，安居乐业。当其不为官时，他又能广为布道，广收弟子，运用“心学”的思想威力，教化民众。

在其位，善谋其政。对于领导而言，就是运用手中的权力，指挥其他人为一个目标而努力、而行动。一个领导手中有多大权力，就应该发挥多大的能力，否则就会出现孟子所说的“不能者”与“不为者”之间的矛盾。

一次，齐宣王问孟子：“不为者与不能者之形何以异？”即两者之间有什么差异？孟子答曰：“挟泰山以超北海，语人曰‘我不能’，是诚不能也，为长者折枝，语人曰‘我不能’，是不为也，非不能也。”意思是说，要人做背着泰山以超越北海的事情，如果他回答不能做到，那是真的不能，但是让他为长者鞠躬，他如果说不能，那就是有这个能力而不去做了。孟子是暗示齐宣王，你有施行仁政的权力和能力，不是做得到做不到的问题，只是你肯不肯做而已。正是在其位，就必须善用其权，该做的、必须做的，不仅要做，还要做好。否则，于人于己，于家于国，有害而无利也。

清代纪晓岚的《阅微草堂笔记》里记载了这样一个故事：一位官员死了之后去见阎王，自称清廉，所到之处只饮一杯水，不收一分钱，自认无愧于心。不料，阎王却大声训斥道：“不要钱即为好官，植木偶于堂，并水不饮，不更胜公乎？”官员辩解：“某虽无功，亦无罪。”阎罗王又言：“公一生处处求自全，某狱某狱，避嫌疑而不言，非负民乎？某事某事，畏烦重而不举，非负国乎？三载考绩之谓何？无功即有罪矣。”

古代庸官的形象在这则故事中被刻画得入木三分。这种形象放在今天，就是一杯茶一支烟，一张报纸看半天，不求有功、只求无过，办事拖拉、工作推诿，纪律涣散、政令不畅，虽然两袖清风，但却无所作为。它的害处在于其“在其位而不谋其政”，不能想群众之所想、急群众之所急，误国误民。想要成就一番事业的领导就必须剔除这种思想。

古人说：“坐而论道，谓之王公；作而行之，谓之士大夫。”为官者需要各司其职，各尽其能。明君、清官也好，为民办实事的县长、局长也好，或者是各个企业的领导也好，既然有了一个足以施展抱负的位子，那么就应该在位子上尽心尽力，出谋划策，将自己的本职工作做到最好。

上梁正，则下梁不歪

“舜只是自进于乂，以乂薰蒸，不去正他奸恶。”

——王阳明

正德初年，王阳明因冒言直谏触犯权贵，被贬至贵州龙场。到任不久，捕获了一个罪大恶极的强盗头目。这个强盗头目平时杀人抢劫、无恶不作。在接受审讯的时候他还摆出一副无赖的架势。强盗知道自己犯的是死罪，便说要杀要剐悉从尊便。王阳明面对他无礼的态度并无怒气，反而和气地告诉他既然这样就不用审判了，还劝强盗天太热，可以脱去外衣！这个强盗想到脱掉外衣还可以松松绑，就脱去了外衣。王阳明又说不如把内衣也脱掉吧！

强盗想了想又把内衣脱掉了。王阳明又劝他把内裤也脱掉吧，强盗着急了，他紧张起来，连声说“不方便。”王阳明看他如此紧张，就说这个强盗还是有廉耻心和道德良知的，并非一无是处。强盗看到王阳明这样说，便从实交代了自己的罪行。

王阳明善于从德化良知的角度来解决问题。他认为，德化良知能走入民心，更好地达到“其身正，不令则行”的目的。倡导“致良知”“知行合一”的王阳明一向注重德化的作用，他广泛布道，接纳弟子，传播“心学”。每到一地，他就普及文化，兴办学校，教百姓读书识字，宣传国家大政方针，防止民众违法犯罪。他希望通过这些措施上行下效，用文化和德政来教化当地百姓。王阳明认为舜自觉地采用安抚的手段感化象，而不是直接去纠正他的奸恶，就是德化的一种表象，是值得称道的做法。

中国有句俗话说：“上梁不正下梁歪。”指的是做父亲的如果管不好自己，给孩子树立起不好的榜样，孩子就会效仿，最后也成为像自己父亲一样的人。

《论语·子路》中，子曰：“其身正，不令而行；其身不正，虽令不从。”意思是说，当管理者自身端正，做出表率时，不用下命令，被管理者也就会跟着行动起来；相反，如果管理者自身不端正，而要求被管理者端正，那么，纵然三令五申，被管理者也不会服从的。这两段话都说明了一个道理：上行下效是一种风气。

上梁正，下梁则不歪。对于领导者而言，要想赢得下属的追随，就应当以身作则。三国时的曹操曾被人称为“治国之能臣，乱世之奸雄”。古今褒贬不一，虽然其功过不定，任由后人评说，但他在治国治军方面深得将士尊重，因为他深谙管理之道，正人先正己，以身作则。

麦熟时节，曹操率领大军去打仗，沿途的百姓因害怕士兵，躲到村外，无人敢回家收割小麦。曹操得知后，立即派人挨家挨户告诉百姓和各处看守边境的官吏，他是奉旨出兵讨伐逆贼为民除害的，现在正是麦收时节，士兵如有践踏麦田的，立即斩首示众，以儆效尤。百姓心存疑虑，都躲在暗处观察曹操军队的行动。曹操的官兵在经过麦田时，都下马用手扶着麦秆，一个接着一个，相互传递着走过麦地，没一个敢践踏麦子，百姓看见了，无不称颂。

但是，当曹操骑马经过麦田时，田野里忽然飞起一只鸟，坐骑受惊，一下子蹿入麦地，踏坏了一片麦田。曹操为服众立即唤来随行官员，要求治自己践踏麦田之罪。官员说："怎么能给丞相治罪呢？"曹操言道："我亲口说的话都不遵守，还会有谁心甘情愿地遵守呢？一个不守信用的人，怎么能统领成千上万的士兵呢？"随即抽出腰间的佩剑要自刎，众人连忙拦阻。此时，大臣郭嘉走上前说："古书《春秋》上说，法不加于尊。丞相统领大军，重任在身，怎么能自杀呢？"

曹操沉思了好久说："既然古书《春秋》上有'法不加于尊'的说法，我又肩负着天子交付的重任，那就暂且免去一死吧。但是，我不能说话不算话，我犯了错误也应该受罚。”于是，他就用剑割断自己的头发说：“那么，我就割掉头发代替我的头吧。”曹操又派人传令三军：丞相践踏麦田，本该斩首示众，因为肩负重任，所以割掉头发替罪。

古人云：“身体发肤，受之父母。”曹操深知军纪的重要性，正所谓，上梁正，下梁才不歪，要想让士兵发自内心地重视军纪，他自己就要遵守军纪。曹操割发代首，士兵看在眼里，心里必定会想：“丞相尚且如此，我等更应该严格遵守。”

要正人，先正己。领导是下属效仿的对象，只有自己以身作则才能更好地约束下属。美国前副总统林伯特·汉弗莱说：“我们不应该一个人前进，而要吸引别人跟我们一起前进，这个试验人人都必须做。”就是说，一个优秀的领导者应当以身作则，用自己的修养和思想影响身边的人，凡事自己起个好的带头作用，这样才能具有凝聚力，使下属自觉团结在自己周围。

与贪婪断交，与清风做伴

“贪心生，责此志，即不贪。”

——王阳明

人是身心的统一体，也是社会关系的总和。对于每一个人而言，维持内心的平衡与稳定是相当重要的。行经在尘世间，难免会有担忧、失落以及悲伤，这时的心灵就会处于一种失衡状态。如果心灵的平衡被打破，人就很容易到达崩溃的边缘。那么该如何对待心灵的失衡呢？

在佛家看来，“人生本来是苦的，苦的根源在于各种欲望。”很多时候，心灵的失衡都是欲望过强导致的，当人的欲望太多时，我们的情绪便很容易被这种贪欲左右。在不知足的状态下，金钱多了还想再多，官位高了还想更高，房子宽了还想更宽……贪欲就像一把干草，一旦点起，就容易成燎原之势，于是，对自我生存状态的否定以及盲目攀比的虚荣便阻断了我们快乐的根源。佛教认为要摆脱欲望之苦，唯一的方法就是修炼。只要从内心到行为，都按照一定的准则和要求进行修炼，禁止凡俗种种欲求，进入空门，就有望修成正果。

王阳明对佛家的这种看法无法深信。在他看来，普通人终身只是做一件事情，从少年到老年，从早上到晚上，不管有没有事，只做得一件事，就是必有事焉，即不管遇到什么事情，不要急于求成，用内心的良知去应付。面对贪欲也是一样，不要被毁誉得失给牵制住了。如果能实实在在地致良知，那么平日所见的善者未必是善，所说的不善者恐怕正是被毁誉得丧所控制，自己把自己的良知给埋没了。所以人要致良知，就必须学会看淡，“与贪婪断交，与清风做伴”，保持一片淡泊心境，豁达地看待生命的潮起潮落。

历史上受后人景仰的杰出政治家大多具备这一品质，明朝宰相于谦就是其中一位。

于谦打退瓦剌，保住了大明江山，位极人臣。但他并不以名利为本。他认为“钱多自古坏名节”，把钱财看得轻如鸿毛，从不聚敛，廉洁自守。他的俸禄用在自己身上的少，常常用以救济贫穷亲朋。平时自奉俭约，衣不锦绣，食不兼味，从不铺张浪费。当时达官贵人把生日看得极重，要大肆庆贺。但于谦过生日，谢绝一切贺客，拒收任何礼物，常常是独坐静思，回省自己的政务，激励自己。于谦执政，日理万机，“日夜分国忧，不问家产”，“所居仅蔽风雨”。“门前无列戟”，常被“错认野人家”，与他的职位极不相称。

正统年间，宦官王振专权，作威作福，肆无忌惮地招权纳贿。百官大臣争相献金求媚。每逢朝会期间，进见王振者，必须献纳白银百两；若能献白银千两，始得款待酒食，醉饱而归。而于谦每次进京奏事，从不带任何礼品。有人劝他说：“您不肯送金银财宝，难道不能带点土产去？”于谦潇洒一笑，甩了甩他的两只袖子，说：“只有清风。”他还特意写诗《入京》以明志：绢帕蘑菇与线香，本资民用反为殃。清风两袖朝天去，免得阎闾话短长！

这种两袖清风，有多少人能够做到？在于谦之后，明朝另一位杰出的政治家张居正，在推行改革时虽然倡清廉、反腐败，可惜自己却未能洁身自好。改革刚开始时，张居正确实是带头执行。他父亲过生日，派仆人骑驴回家送礼，特吩咐不得住驿站。但后来他回乡葬父，坐的是三十二抬的特制大轿，沿途地方官员郊迎郊送，还要呈上黄金，担负护卫任务的是比国家正规军装备还要精良的特殊卫队，弄得朝野上下议论纷纷。他反对别人受贿，而自己受贿却十分惊人。

铁打的衙门流水的官，每一个政治家都是这个舞台上的匆匆过客，他们的是非褒贬，逃不过后人的评论。嘉靖七年十一月二十九日王阳明病逝，远近百姓闻讯无不遮道哭送，人已远去，可是王阳明的英名以及事迹都让大家难以忘怀。为国为民的清官永远是百姓所敬仰的。即便没有什么惊天伟业，但是能造福一方百姓而清廉自守，足以让这一方的百姓铭记。

然而对我们这些普通人来说，活的简单一点，心里的负荷便会减少一些。眼前的繁华美景，不过是过眼云烟。与其辛苦地追名逐利，不如放下心头的贪欲，任世界斗转星移，沧海桑田，做一个安贫乐道、淡泊明志之人，这样心胸自然开阔，生活也快乐很多。

位高不自居，功高不自傲

“人生大病，只是一傲字。”

——王阳明

自正德十一年王阳明奉命平乱，至嘉靖七年病故于征战途中，辗转十二年，经历大小战役六次，数量虽不多，但是他从来没打过败仗。“位高不自居，功高不自傲”是王阳明累累赢得战争的重要因素。

对于赢得战争的人而言，一般都会享受加官晋爵、增加俸禄等待遇。但是王阳明把功名利禄看得很淡，他一生七次擢升官职，五次属于征战有功，但都辞官，因皇帝不批准，他才勉强继续官职。

王阳明认为人生的大病，只是一个傲字。作为子女的，如果骄傲的话，就必定不孝顺父母；作为臣子的，如果骄傲的话，就必定不忠于君主。一个人骄傲就是时时心中只有自己，而如果做到无我的境界，人就能够变得谦虚和容易进步。王阳明他把骄傲列为一个人所有恶劣品质中最恶劣的一种。

不居功、不自傲的王阳明经常穿梭于百姓之中，体察民生。作为朝廷命官，他只想为老百姓做事，实现他经国济世的抱负。

事实上，官大不招摇，功高不自傲，高调做事，低调做人，需要有较高的修为。这是一门精深的学问，也是一门高深的艺术。真正的智者，总是在声名显赫时藏锋敛迹，持盈若亏，从而在不显山不露水中成就一番大事业。明朝的开国功臣徐达就深谙这个道理。

徐达出生于濠州一个农家，儿时曾与后来做了大明皇帝的朱元璋一起放牛。他有勇有谋，为明朝的创建立下赫赫战功，深得朱元璋宠爱。

徐达虽战功累累，却从不居功自傲。他每年春天挂帅出征，暮冬之际还朝。回来后立即将帅印交还，回到家里过着极为俭朴的生活。

朱元璋曾对他说：“徐达兄建立了盖世奇功，从未好好休息过，我就把过去的旧宅邸赐给你，让你好好享几年清福吧。”

朱元璋口中的这些旧邸，是其登基前当吴王时居住的府邸，徐达不肯接受。

朱元璋请徐达到旧府邸饮酒，将其灌醉。徐达半夜酒醒问周围的人自己住的是什么地方，内侍说：“这是旧邸。”

徐达大吃一惊，连忙跳下床，伏在地上自呼死罪。朱元璋见其如此谦恭，心里十分高兴，即命人在此旧邸前修建一所宅第，门前立一牌坊，并亲书“大功”二字。

朱元璋曾赐予徐达一块沙洲，由于正处于农民水路必经之地，徐达的家臣以此擅谋其利。徐达知道后，立即将此地上缴官府。

1385 年，徐达病逝于南京。朱元璋为之辍朝，悲恸不已，追封徐达为中山王，并将其肖像陈列于功臣庙第一位，称之为“开国功臣第一”。朱元璋登基后，从1380年至1390年，因清洗丞相胡惟庸牵连被杀的功臣、官僚共达3万人；1393年，有赫赫战功的将领蓝玉及其有关的人士均被杀，先后牵连被杀的竟有15万多人；洪武十五年的空印案，洪武十八年的郭桓案，被杀者更多达8万之众。

朱元璋为强化其统治用严刑重刑，杀了包括功臣在内的10多万人，从小与朱元璋在一起的徐达，当然十分清楚“伴君如伴虎”的道理。因此，他虽功高过人，却仍恭谨谦和，最终换来了平安度日。

任何时候，任何人都不喜欢骄傲自大的人，即使这个人做出了巨大的贡献，创造出不俗的功业。任何时候，谦虚都是被人们喜欢的品质，因为谦虚就意味着对别人的尊重，没有人不喜欢被尊重。

王阳明贬骄斥傲，傲是一种可怜的自以为是，而谦虚才是一种竞争的优势，大凡有真才实学者无一不是虚怀若谷，谦虚谨慎的。当做出贡献的时候，需要知道并不是给领导做出功劳就可以高枕无忧，只有一边做出贡献让领导满意，一边又谦恭温顺不露出一丁点的骄傲，这样的成功者才不会惹来麻烦。

礼让功劳，不露锋芒得安身

“古先圣人许多好处，也只是无我而已。无我自能谦，谦者众善之基，傲者从恶之魁。”

——王阳明

《菜根谭》中有这样一段话：“完美名节，不宜独任，分些与人，可以远害其身；辱行污名，不宜全推，引些归己，可以韬光养德。”意思是说拥有完美名节，分些与人，无可厚非，而且还可以帮助自己远离祸害；当名誉受损的时候，不宜全部推脱责任，自己承担一些，可以帮助自己韬光养德。

行走人生，祸福总是相伴相生。面对功劳，要懂得礼让；面对祸害，要懂得承担。王阳明在为明政府扫清四处作乱的匪寇后，把功劳全部归于赏识他、为他工作扫除障碍的兵部尚书王琼。他讲求道德、气节，不在乎权势金钱，仅礼让功劳这一项就足为人们称道。

曾国藩也是一位知道礼让功劳的人。他明白要真正地赢得将士们的爱戴，名和利是最好的资本。因此，他从来都不独享功劳，而总是让功于人。他说，凡是遇到有名、有利的事情，都要注意和别人分享。

曾国荃围攻金陵久攻不下，但是又想独享大功，不愿意接受李鸿章的援军，曾国藩就写信开导说：

近日来非常担心老弟的病，初七日弟交差官带来的信以及给纪泽、纪鸿两儿的信于十一日收到，字迹有精神、有光泽，又有安静之气，言语之间也不显得急迫匆促，由此预测荃弟病体一定会痊愈，因此感到很宽慰。只是金陵城相持时间很久却还没有攻下，按我兄弟平日里的性情，恐怕肝病会越来越重。我和昌岐长谈，得知李少荃实际上有和我兄弟互相亲近、互相卫护的意思。我的意思是上奏朝廷请求准许少荃亲自带领开花炮队、洋枪队前来金陵城会同剿灭敌军。等到弟对我这封信的回信，我就一面上奏朝廷，一面给少荃去咨文一道，请他立即来金陵。

曾国藩在此委婉地向曾国荃表达了希望李鸿章能够与他一同作战，同立战功的想法。但是李鸿章一方面看到曾国荃并不想他插手金陵，同时也不愿意借此揽功，就上报朝廷，一方面上报朝廷说曾氏兄弟完全有能力攻克金陵，另一方面又派自己的弟弟前去帮助攻城。

攻下金陵后，李鸿章亲自前去祝贺，曾国藩带曾国荃迎于下关，说："曾家兄弟的脸面薄，全赖你了！"李鸿章自然谦逊一番。曾国藩一再声称，大功之成，实赖朝廷的指挥和诸官将的同心协力，至于他们曾家兄弟是仰赖天恩，得享其名，实是侥幸而来，只字不提一个"功"字。

他还上书朝廷把此次战功归于朝廷的英明和将

士们，不提自己和弟弟的辛劳。谈到收复安庆之事，他也是归功于胡林翼的筹谋划策、多隆阿的艰苦战斗。在其他战役中，曾国藩也总是把赏银分给部下，把功劳归于他人并加以保举，如此一来，既得到了将士们的心，鼓舞了他们的士气，也让朝廷对他放心。

“天下熙熙，皆为利来；天下攘攘，皆为利往。”如果没有利益的诱惑，有多少人会真心地在战场上卖命呢？没有一个领导者能够不得众而长久地居于高位，因而领导者都应深谙不独享功劳之道。曾国藩这种“有福同享，有难同当”的气魄展示了一个领导者的魅力，每一个将士都愿意跟随这样的领导者，乐于为他所用。

与曾国藩相对的是中国历史上另一个大将项羽。项羽力能扛鼎，一方称王，但在楚汉争天下的斗争中以失败而告终。韩信在分析他的性格时说：项王待人恭敬慈爱，言语温和，有生病的人，心疼得流泪，将自己的饮食分给他，等到有的人立下战功，该加官晋爵时，把刻好的大印放在手里玩磨得失去了棱角，舍不得给人，这就是所说的妇人的仁慈啊。将士的浴血奋战却没能得来应得的报酬，长此以往，项羽自然会失去军心；军心一失，失败早已注定。

对于生活中的我们来说，一件事情的完成，不可能只依靠个人之力，往往是凭借亲人、朋友或者同事等多方的努力。王阳明能够成为心学大师，是因为身边有志同道合的朋友，可以时常切磋，探讨学问；能够成为战场上的不败将军，是因为有忠心不二的部下。请务必将这件事牢记在心头。当自己活跃的表现，受到周遭人的赞赏时，更应该大度地说："这不是我一个人的功劳，是大家一起努力的成果。"这种肚量，能吸引周遭的人更乐于提供帮助。这样的良性循环，也便于工作和生活展得更顺利、更远大。

在低潮时进去，在高潮时退出

“大抵七情所感，多只是过，少不及者。才过，便非心之本体，必须调停适中始得。”

——王阳明

王阳明由兵部主事贬至龙场时，生活异常艰难。为了生计，他不得不耕作种田。他深知老百姓的智慧，不耻下问，询问其耕地种田之道，还咨询当地民风习俗等，深受老百姓爱戴。

他在讲学的时候也如此。他授徒的最大特点就是把门人当朋友，没有训诫、没有体罚，寓教于乐，教学相长。他认同学生的智慧，从不强加自己的观点给学生。在他逝世之后，明廷部分官员、门人为继承他的事业，宣传他的思想、观点、主张，纪念他的功绩，缅怀他对地方对人民的好处。

民间的智慧才是大智慧，王阳明虚心向百姓求教，谦卑与学生交谈，广纳四方意见，在学习和探讨中不断完善自己的哲学思想，这样的态度着实令人佩服。

《道德经》中说：“故贵以贱为本，高以下为基。是谓侯王自谓孤、寡、不毂。此非以贱为本邪？非乎？故致数誉无誉，不欲禄禄如玉，硌硌如石。”意思是说：贵要以贱为根本，高要以下为根基，因此，侯王自称为孤、寡、不毂，这不就是以贱为本吗？不是吗？所以最高的荣誉就是没有荣誉，作为侯王最好不要表现自己，不要像玉那样显示它的光亮文采，宁可像石头那样朴实无华。

侯王本是高高在上的人，但依然自称孤、寡、不毂。即使我高贵为侯王，但我依然孤独，依然德浅才疏，因此希望百姓来帮助我，大臣来支持我。这就是处下，就是高以下为根本，贵以贱为根基。

众所周知，“水能载舟，亦能覆舟。”意指事物用之得当则有利，反之必有弊害。我们把舟比喻为君王，把水比喻为百姓；舟在上位，水在下位。如果船上的高贵者经常想到船下面的水，认识到这是自己之所以能高贵、高高在上的根本和基础，常常居上思下、处尊思贱，就不会发生危险。如果忘了根本、失去了根基，那么就危险了。在《三国演义》中，有一个人就非常懂得“处下”的智慧，这个人就是刘备。

刘备是大汉皇叔，出身高贵，却与出身卑微的关羽、张飞结义，从此奠定了自己事业的基点。在后来的天下大乱、诸侯混战中，他也是采用“处下”的智慧，一步步充实自己的实力。他先是投靠公孙瓒，后来他解了徐州之围，并投靠了徐州刺史陶谦。因为他善于处下，结果陶谦三让徐州，最后刘备做了徐州牧。

再后来他又投靠曹操、袁绍、刘表，在“处下”中前进，在“处下”中积聚力量，在“处下”中百炼成钢。在这个过程中，最著名的当属刘备

"三顾茅庐"了。为了请出诸葛亮，刘备不惜降尊屈贵，带领关羽、张飞，三次登门拜访。

第一次去，看门的小童听说他们是来找自己主人的，回答说："先生不在家，早上就出门去了，也不知去了哪儿，更不知什么时候回来。"刘备只好失望地离开了卧龙岗。

过了些时日，刘备打听到诸葛亮已经回家，又和关羽、张飞一起顶着漫天的大雪去隆中。可是到了才知道，诸葛亮已在头一天和朋友云游去了，三人又扑了个空。

又过了些时候，刘备准备第三次去请诸葛亮，关羽和张飞都有些恼火，但刘备并不灰心，三人再次来到卧龙岗。听小童说诸葛亮在睡觉，刘备便恭恭敬敬地站在草堂的台阶下等着。过了很长时间，小童才出来把三人请进草屋。刘备终于见到了诸葛亮，诸葛亮见刘备谦虚诚恳，便说："荆州地势险要，是个用兵的好地方，刘表既然守不住它，将军应当取而代之。先占据荆州，站稳脚跟，再取益州，然后联合孙权，交好西南各族，待时机成熟，再向中原发展。那么，统一天下的大业就能够获得成功。”

诸葛亮的这一番话，果然让刘备豁然开朗，眼睛一亮。但是当他邀请诸葛亮立即一同前往新野时，诸葛亮没有答应，说自己一向乐意耕锄，不能奉承遵命。于是刘备哭起来，把衣襟袍袖都哭湿了。诸葛亮终于被其感动而出山。

这里，刘备为得人才而将“处下”的功夫表现得炉火纯青。处下是一种“虚怀若谷、吞吐万千”的气势风骨。处下不意味着低下，谦逊、尊贤，才能得到民众的爱戴。试想，王侯尚且如此，那么一般人更应该“处下”，并时刻保持谦虚谨慎的态度。脚踏实地、虚心向学、任劳任怨，你自然容易获得周围的人以及老板、领导、合作者、各路朋友的信任；你平易近人、尊重人、理解人、关心人、降尊纡贵，自然广受爱戴，由高处不胜寒变为高处春意暖。到那时，事业和成功自然是水到渠成。

方圆处世，左右逢源事事顺

“知轻傲物，便是良知；除却轻傲，便是格物。”

——王阳明

好的东西，每一个人都喜欢；越是好吃的东西，越是舍不得给别人，这是人之常情。要是你有远大的抱负，不要斤斤计较成绩的取得究竟你占有多少份，而应大大方方地把功劳让给你身边的人。王阳明不是一个喜欢独占功劳的人，但是平定宁王叛乱一事他不但没有得到嘉奖反而招致飞来横祸。

原来，正德皇帝感觉在宫里待着没什么意思，正想借着宁王叛乱之际体验一把“御驾亲征”的打仗瘾，却不料王阳明迅速就平定了叛乱。正德皇帝认为王阳明轻而易举地平定叛乱，是对自己的“大不敬”。有官员还乘机上奏，说王阳明与宁王串通一气，所以才会轻易将宁王俘获，正德皇帝立马龙颜大怒。无奈之下，王阳明只好假装把宁王放掉，让自称为“威武大将军”的正德皇帝率领大军“亲自”把宁王捉住。正德皇帝“亲征”之后还装模作样地宣布：御驾亲征大获全胜，平叛以胜利结束等。平叛宁王的功劳记在了正德皇帝和宦官身上。王阳明保全性命已属万幸，自然不敢再奢望什么功劳。

其实对于领导，与其消极地抵抗或一味地顺从，还不如用心地去“管理”一下更好。管理大师德鲁克曾说过：“其实管理上司并不难——一般而言，这比管理下属要容易得多。”管理领导，其实就是一个对领导施加影响的过程，但是这个影响一定要恰到好处。当你给予领导安全感的同时，他会回报给你成就感。否则，你就将成为权力的牺牲品。

东汉末年的许攸，本来是袁绍的部下，虽说是一名武将，却足智多谋。官渡之战时，他为袁绍出谋划策，可袁绍不听，他一怒之下投奔了曹操。曹操听说他来，没顾得上穿鞋，光着脚便出门迎接，鼓掌大笑道：“足下远来，我的大事成了！”可见当时曹操对许攸的重视。

后来，许攸在击败袁绍、占据冀州的战斗中，立下大功。他自恃有功，在曹操面前便开始不检点起来。有时，他当着众人的面直呼曹操的小名，说道：“阿瞒，要是没有我，你是得不到冀州的！”曹操在人前不好发作，只好强笑着说“是，是，你说得没错。”心中却已十分嫉恨。许攸并没有察觉，还是那么信口开河。

有一次，许攸随曹操进了邺城东门，他对身边的人自夸道：“曹家要不是因为我，是不能从这个城门进进出出的！”曹操终于忍耐不住，将他杀掉。

《三国演义》给许攸的评价是：“为人多傲，酷嗜财帛。”他帮助曹操取得了胜利，却把功劳全部安在自己的头上，给曹操以挫败感，结果引来杀身之祸。

许多领导最看不上那些自吹自擂的人，有了一点点成绩，就心高气傲、不思进取，这样的人是不会得到提拔和重用的。而作为下属，不管你的功劳有多大，千万不能在众人，尤其是领导的面前，夺了领导的光芒，否则你也会像许攸一样遭人摒弃。

王阳明总是反复告诫自己的学生：“知轻傲处，便是良知；除却轻傲，便是格物。”轻傲是浮躁浅薄、妄自尊大的表现，常常会招来旁人的嫉妒毁谤，所以，下属在与领导相处时，一定要掌握分寸。尽管有时领导在某一方面确实远不如你，作为下属的你还是要十分注意。在你与领导当面说话的时候，不要咄咄逼人，不要冷嘲热讽；背地里说话也不要评头论足；更不要让领导当众出丑，如芒在背。这些都是蔑视领导的行为，你很容易被领导认为是一个恃才傲物和喜欢顶撞权威的人，从而不信任你。

另外，下属还要学会在领导面前低头，将功劳让给领导。对领导让功一事绝不可到处宣传，如果你不能做到这一点，倒不如不让功的好。对于让功的事，让功者本人是不适合宣传的，自我宣传总有些邀功请赏、不尊重领导的味道，千万使不得，你让功的事只能由被让者来宣传。虽然这样做有点埋没了你的才华，但你的同事和领导总有机会设法还给你这笔人情债，给你一份奖励。因此，做善就要做到底，不要让人觉得你让功是虚伪的。

将自己的功劳归成领导的，把本该属于自己的镜头悄悄地让给领导，擅长处理上下级关系的人，都会将自己的功劳淡化，不显山不露水，必要的时候将一切功劳、成绩、好名声都归于领导。这样，你“平步青云”的日子也就不远了。

第十七章

成事在谋，谋事在断

勇而无谋是大忌

“凡谋其力之所不及而强其知之所不能者，皆不得为致良知。”

——王阳明

《论语·述而》中，孔子的弟子子路对孔子说："老师！假使你打仗，你带哪一个？你总不能带颜回吧！他营养不良，体力都不够，你总得带我吧！"孔子听了子路的话笑了，说："像你这种脾气，要打仗绝不带你，像一只发了疯的暴虎一样，站在河边就想跳过去，跳不过也想跳，这样有勇无谋怎么行？看上去一鼓作气，很英勇的样子，大有一副慷慨赴死的凌然气概，但是这种做法实在是去冤枉送死。真正成大事的人必须要有勇有谋才行。”

勇有谋才能成就大事，勇而无谋是大忌。王阳明作为一名大军事家，打仗靠的是勇谋结合，“君子斗智不斗力”。剿匪是很头疼的事，可他能把土匪搞得精神崩溃，主动投降。宁王造反，十万大军，王阳明手上没几个人，能马上召集一批民兵，轻而易举地捕获宁王。

王阳明对军事策略谈论最多的是《孙子兵法》，对孙子“上兵伐谋，第校之以计而制胜之道而已”很有感触。他认为，兵道的总原则就是：误人而不误于人，致人而不致于人。而实现这一点靠的就是万全的谋略。

英勇加谋略也成为王阳明屡战屡胜的秘密所在。一个人要想成就一番大事业，就要将勇和谋结合起来，既要胆识过人，又要善谋善断。

《三国演义》中最让人难忘的就是刘备的“哭”了，作为一个乱世英雄，整天哭哭啼啼或许会让人觉得失去了英雄风范。可是“哭”也是一种智慧。

赤壁大战后，刘备按诸葛亮的安排，用计策夺取了军事重镇荆州。周瑜气得金疮迸裂，决心起兵与刘备决一雌雄，经鲁肃劝说才罢兵言和。但周瑜认为刘备占据荆州是东吴称霸的心腹大患，便命鲁肃去向刘备讨回荆州。

最初，刘备以辅助侄儿刘琦为理由赖着不还。刘琦死后，鲁肃又去讨荆州，诸葛亮以“天下者天下人之天下，非一人之天下”来辩护，并立下文书，取了西川后再归还荆州。鲁肃无奈，只好空手而回。后来，刘备娶了孙权的妹子，做了东吴的乘龙快婿，孙权又要鲁肃讨还荆州，刘备此时心中已无计，只得问计于军师诸葛亮。

诸葛亮说道：“主公只管放声大哭，待哭到悲切处，我自出来劝解，荆州无大碍也。”

鲁肃来到堂上，双方互相谦让。

刘备说："子敬不必谦虚，有话直说。"

鲁肃说："小人奉吴侯军命，专为荆州一事而来，就算是一家人了，希望皇叔今日交还荆州为好。"

鲁肃说完后，专候刘备答复。哪知刘备无话可说，却用双手蒙脸大哭不已，哭得天昏地暗。鲁肃见刘备哀声嘶哭，泪如雨下，不禁惊慌失措，急忙问道："皇叔何如此？难道小人有得罪之处。"

那刘备哭声不绝于耳，哭得泪湿满襟，成了个泪人儿。鲁肃被刘备哭得胆战心寒。这时，诸葛亮摇着鹅毛扇从屏风后走出来说道："我听了很久了，子敬可知我的主公为什么哭吗？"

鲁肃说："只见皇叔悲伤不已，不知其原因，还望诸葛先生见教！"

诸葛亮说："这不难理解。当初我家主公借荆州时，曾经立下取得西川时便还给东吴的文书。可是仔细想想，主持西川军政大事的刘璋是我家主公的兄弟，大家都是汉朝的骨肉。若是兴兵去攻打西川，又怕被万人唾骂，若是不取西川，还了荆州无处安身；若是不还，那东吴主公孙权又是舅舅。我主处于这两难困境，子敬又三两次的来讨，因此泪出痛肠，不由得放声恸哭。”

孔明说罢，又用眼色暗示刘备，刘备耸肩摇膀，捶胸顿足，大放悲声。

鲁肃原是厚道之人，见刘备泪下，放声痛哭，心中动了恻隐之心，以为刘备真的是因无立足之地而哭，便起身劝道：“皇叔且休烦恼，待我与孔明从长计议。”

鬼谷子说：“摩者揣之术也。内符者揣之主也。用之有道，其道必隐。微摩之以其索欲，测而探之，内符必应。”寻找、琢磨那些外在表象的内在心理因素。揣摩之间，信息自然会被人察觉。刘备心思细密，在多次磨合中了解鲁肃的性情，掌握心理欲望的内在因素。这也是他保住荆州，赢得胜利的关键。人非草木，孰能无情。眼泪就是一种能够征服人心的绝妙武器。所以不可轻视眼中滚落的泪水，它能够流到人的心灵深处，打中人的恻隐之心，冲垮了心理防线，从而达成自己的目的。可见，刘备“哭”得高明，哭得巧妙。

人们常说，一件事情需要三分的苦干加七分的巧干才能完美。王阳明在《绥柔流贼》中说：“盖用兵之法，伐谋为先；处夷之道，攻心为上；今各瑶征剿之后，有司即宜诚心抚恤，以安其心；若不服其心，而徒欲久留湖兵，多调狼卒，凭藉兵力以威劫把持，谓为可久之计，则亦末矣。”王阳明作战首选以谋胜敌，认为既这样可以避免自己过多地伤亡，也可不那么过分地杀戮敌人。这既体现了王阳明的仁者之心，也体现了他以谋胜敌的思想。勇而无谋是大忌，谋略是勇气的朋友，我们在生活中如果也将英勇和谋略完美结合的话，就没有克服不了的困难，没有打不败的挫折。

当我们面对瞬息万变的社会时，要想把自己的事业做好，“勇”和“谋”这两者缺一不可。勇气是剑，谋略是术，懂剑术的人才能天下无敌。

用兵之法，攻心为上

“人心，则杂于人而危矣，伪之端矣。”

——王阳明

古人文子曰：“用众人所爱，则得众人之力，举众人之所喜，则得众人之心，故见其所始，而知其所终。”这段话的大意是说，只有“用众人所爱”，“举众人之所喜”，才能顺人心、得人心，自己才能有所成就。

对“得众人之心”，王阳明也有自己独到的见解。《大学》本是教国君成为君子的教材，然而王阳明认为“大学之道”的核心在于“亲民”二字。他将“亲民”作为区分真伪的实践性的标准，他认为只有在亲民的过程中才能体现知行合一，才能将三纲五常等“明德”落实到日常生活之中。如果做不到“亲民”，那么所有的说教都会沦为滑舌利口的恶谈。而有了亲民的境界，才会真正做到“老吾老以及人之老、幼吾幼以及人之幼”，才能有与天地万物为一体的心态，这样才能“尽性”。

在龙场期间，王阳明和贫苦百姓一起生活，深刻地体悟到百姓生存之艰。正德十五年时，王阳明在江西任职，因江西数月不下雨，七月之时，禾苗枯死。当地又经历了宁王朱宸濠叛乱，地方不够太平，王阳明就向正德皇帝上书，请求免去租税。王阳明能把百姓的疾苦如实奏闻正德皇帝，实在是难能可贵。更何况为百姓陈言侃切，如切肤之痛，不由得让人感慨，因而他也受到百姓的赞誉。

得人心者得天下，失人心者失天下。有些事仅靠我们自己的力量去完成，往往力不从心。密切联系人民大众，充分发挥他们的力量，帮助自己走向成功。明朝开国皇帝朱元璋在打天下的时候就已经认识到，众人的力量是取得最终胜利的保障。因此，他每到一处，便笼络人心，如此，他才成就了大明王朝。

朱元璋进兵江南的时候，占领了采石城。采石城是一个比较富庶的南岸城池，该城一破，红巾军千军万马顿时如潮水一般涌向城中的各个角落。对于这些忍饥挨饿多日的将士们来说，出现在他们面前的那些牲畜、粮食，比任何东西都珍贵。所以尽管军纪严明，将士们还是开始哄抢，采石城陷入了一片混乱之中。

朱元璋很有政治才能，他一边派人组成了纠缉队在街头巡逻，一边向将士们解释说："我们这支队伍要成大事，不能只图眼前的这点儿小利。前面就是太平城，那才是个富庶的去处，兄弟们到那里去，一起去大开眼界吧！"然后让大家饱餐了一顿，这样城中秩序才稳定下来。经过这一风波，朱元璋担心在太平城中再起波澜，便在军队出发以前命掌书记李善长紧急起草了《戒缉军士榜》，意在约束军队，防止扰民。果然，在太平城，战斗刚一结束，士兵们刚准备动手抢掠的时候，却见城中的大街小巷贴满了榜文，上面赫然写道：敢有抢掠财物、杀害百姓者，杀无赦。士兵们不敢违反军令，城中秩序井然，在战事结束后，朱元璋论功行赏，军士们都有份。朱元璋的高明做法，既得了人心，也稳住了军心。

在此后的战争中，朱元璋都明令要求部下不得妄行杀掠，这种情况迅速传到其他地方，各地民众都称颂朱元璋的军队是仁义之师，这给朱元璋带来很大便利。

与此同时，朱元璋还在自己的地盘上采取了一系列赢得民心的措施。比如，废除元朝苛政、减轻刑罚、宽减税役等；进行了免租和赈灾活动；实行“给民户田”的政策，支持农民夺取地主的土地和财产；任用当地德高望重的人做官，稳定民心。这些措施颁布后，大受当地民众的欢迎，有了人民的支持，朱元璋一步步实现了自己的理想。

不只是朱元璋，古今中外，很多事实都可以证明凡是在事业上有所建树的人，大都是有威望、有号召力的人，他受众人拥戴，依靠众人的力量成就了自己伟大的事业。如唐太宗李世民也正是由于他深谙民心的力量，得到了人民的支持，才赢得了一代明君的称号，开创了“贞观之治”的繁荣局面。

孟子曰：“得天下有道，得其民，斯得天下矣。得其民有道，得其心，斯得民矣。得其心有道，所欲与之聚之，所恶勿施尔也。”要想在事业上有所建树，就必须广得民心，而赢得人心的方法有很多，只要你用心去做，就一定能赢得众人的支持和信任，从而为自己事业的成功打下坚实的基础。

应时而变，兵贵在“活”

“儒者患不知兵。仲尼有文章，必有武备。区区章句之儒，平日叨窃富贵，以词章粉饰太平，临事遇变，束手无策此通儒之所羞也。”

——王阳明

用兵，要懂得活络。由于战场上情况瞬息万变，而且呈现在诸多方面，如双方力量对比的变化，战略战术的变化，军队情绪的改变，地形、气候、给养等等。因而，在通常情况下，没有一成不变的战略战术，作战计划要随着战场情况的变化而变化。如果军队统帅对此认识不充分，不能敏锐地发现新情况新变化，不能及时采取对策，就会陷入被动，甚至全军覆没。

纵观王阳明指挥的几个战役，灵活、机动，策略运用得十分娴熟。如宁王朱宸濠的叛乱，王阳明是在没有得到正德皇帝命令的情况下发兵的。当时形势紧急，宁王已率军沿长江南下，若不及时起兵，一旦攻破安庆，很快抵达南京称帝，形成南北对峙的局面，将会引起更大内乱。而若向正德皇帝禀告，待到其批复，时间拖延太长，为形势所不许。所以王阳明不得不冒着“造反”的风险起兵。

王阳明应时而变，“兵贵在活”的思想契合了孙子“涂有所不由，军有所不击，城有所不攻，地有所不争，君命有所不受”的军事策略。当形势发生了改变，不能按照原计划行事时，就必须采取灵活的战略战术。纸上谈兵的赵括之所以会失败，就在于在理论也需要随着形势的变化而变化，更何况战争并不会根据兵书一模一样地加以重新演绎，每一次的战争都会有自己的特点，无论是人数上、战争将领的特点或是谋兵布局之道。

三国时候，诸葛亮兵出祁山，连战连捷，所向披靡。魏主曹睿不得不“御驾亲征”，率军前往长安，抗拒蜀军。那时，出任新城太守的原蜀军降将孟达，想乘曹魏后方空虚之际，举兵谋反，直取洛阳再归降诸葛亮。

孟达此举若能成功，必将会与诸葛亮形成对曹魏前后夹击的战略攻势，陷曹魏于完全不利的境地。

孟达谋反的消息，被即将去往长安的司马懿得知了，在这危急时刻，他当机立断，一方面令大军向新城进发，并传令“一日要行二日之路，如迟立斩”；另一方面，他又派参军梁畿赍乘轻骑星夜先一步赶往新城，“教孟达等准备征进，使其不疑”，并制造司马懿大军已“离宛城，往长安去了”的假象。

孟达果然中计。结果几天之后，司马懿率大军突然出现在新城城下，以迅雷不及掩耳之势，一举平定了这场预谋的叛乱。

成大事不仅要有谋略，而且还要有在关键时刻随机应变、果断行事的能力，再加上出其不意、攻其不备的策略，一定能把难事办成、办好。如果想为突袭行动争取到极为宝贵的时间，就必须做到根据敌情果断灵活地实施指挥。但对一支军队来说，神速的行动，并不单单表现在部队的行动能力上，更重要的还体现在领导者当机立断的决策水平上。要想达到攻其不备的效果就得有当机立断的精神，要善于观察对方的动态，采取果断措施，如果犹豫不决就会一事无成。

王阳明说，遇到事情突变的时候，束手无策者应该感到羞耻。不论是战场还是官场，生活中处处都会有浅礁暗流，成功者就是那些懂得顺应时事而变化、及时调整自己步伐的人。

当然，应时而变是一种外在的处世态度和智谋策略。人们常说做人就要铁骨铮铮，不可轻易向他人低头。但是在人生路上，坎坷时常会出现，我们做事就必须多点柔韧性，学会适当地弯曲。

藏書

珍藏版

王陽明全集

李楠 主编

壹

民主与建设出版社

图书在版编目（CIP）数据

王阳明全集：全八册 / 李楠主编 . -- 北京：民主与建设出版社，2020.10（2023.8 重印）

ISBN 978-7-5139-3224-0

Ⅰ . ①王… Ⅱ . ①李… Ⅲ . ①王守仁（1472-1528）—全集 Ⅳ . ① B248.2-53

中国版本图书馆 CIP 数据核字（2020）第 182237 号

王阳明全集

WANG YANG MING QUAN JI

主　　编　李　楠
责任编辑　刘树民
总 策 划　李建华
封面设计　三石工作室
出版发行　民主与建设出版社有限责任公司
电　　话　（010）59417747　59419778
社　　址　北京市海淀区西三环中路 10 号望海楼 E 座 7 层
邮　　编　100142
印　　刷　三河市天润建兴印务有限公司
版　　次　2020 年 10 月第 1 版
印　　次　2023 年 8 月第 2 次印刷
开　　本　787mm × 1092mm　1/16
印　　张　112 印张
字　　数　710 千字
书　　号　ISBN 978-7-5139-3224-0
定　　价　1380.00 元（全八册）

前言

“为天地立心，为生民立命，为往圣继绝学，为万世开太平。”这是宋代大学者张载提出的儒家最高道德理想，以此来形容王阳明的一生亦不为过。

王阳明出生于明朝中叶，在那个社会动荡、政治腐败、学术萎靡的时代，他怀着成为圣贤的抱负，以天下苍生为己任，创下了令人瞩目的世功和学说。王阳明生平命途多舛，屡试未中，及第之后入朝为官，在任兵部主事时，因反对刘瑾等宦官为政，被贬谪为龙场的驿丞，后来受朝廷重用，平乱屡建世功，荣封“新建伯”，官至南京兵部尚书。在学术思想方面，他钻研朱熹“格物致知”的儒家思想，对“存天理、去人欲”之说产生了疑惑，认为朱子学说不是真正的圣人之学，“心学”才能解释其中的困惑，从而转学陆九渊的学说，并将其发扬光大。

纵观王阳明的生命历程，虽然一路坎坷，但他世功显赫，学名昭昭，成为中国历史上在立德、立功、立言三方面都有显著作为的大家。

著名学者郭沫若先生曾说："王阳明是伟大的精神生活者，他是儒家精神的复活者。"哈佛大学教授杜维明甚至认为，王阳明是近五百年来儒家的源头活水。可见，王阳明在中国传统儒家文化精神的传承和立新两方面的重要地位。王阳明的思想流传千古，响彻中外，不仅张居正、曾国藩、章太炎、康有为等人都从中受益，而有着"日本经营之圣"之称的稻盛和夫也将王阳明视为精神偶像，他的经营哲学中无不渗透着王阳明"致良知"的思想。

王阳明的思想，大致可分为三个部分：心即是理的人生论，知行合一的认识论，致良知的修养学说。

心是天地万物的主宰，心外无理、心外无物，是心学说的基本观点。王阳明认为人心是根本的问题，是产生善与恶的源头。任何外在的行动、事物都是受思想支配的，一切统一于心。

针对当时社会言行不一的弊病，王阳明提出了知行合一说，纠正了朱熹先知后行的知行观。他认为知和行是不能够相分离的，知是行的主意，行是知的功夫；知是行之始，行是知之成。总之，有知必有行，有行必有知。

王阳明摸索的致良知的道路，用他自己的话说是"从百死千难中得来"，是"千古圣贤相传的一点真骨血"。良知人人都有，致良知就是让心回到"无善无恶"明洁的本真状态，是通过主体的意识达到自我道德的修养，规范自我的行为。致良知被称为王阳明心学的核心部分。

王阳明的一生都在坚持自度度人、成己成人的原则。从良知出发，人人皆是平等的，凡人也可以成为圣人。只要维护心为本体，做到心外无物，追求透彻的本心，胸怀洒脱、超然入圣，便没有什么困难可言！这个思想一出世，便产生了振聋发聩的作用，打破了程朱理学的禁锢，为萎靡消沉的社会灌注了生机与活力，一时间心学占据了当时学术的主导地位。

王阳明的心学思想旨在呼唤人的本体意识，着重强调个体本身的价值和自我人性的修养。心学不仅对当时的社会产生了巨大的影响，而且对现在的社会也具有深刻的意义。

面对节奏越来越快、竞争越来越激烈的生活，疲惫不堪的人们精神生活逐渐荒芜，心灵也越发孤独。阳明心学高扬主体意识，强调内心的力量，追求透明本心、胸中洒脱，对改善现代人的精神状态有着积极的作用。同时，对现代人个性的发展、思想的自由解放、事业的开拓进取也都有着有益的启示，由此，国内外掀起了一股阳明热，但众多关于王阳明的图书或只是介绍他的一生，或只是介绍他的思想，或只是介绍他的著作，很难找到一本集三者于一体的图书，这对广大的王阳明爱好者来说不能不说是一个遗憾。实际上，王阳明的人生经历和思想是密不可分的，正是因为他一生几起几落，才促使他问道于儒释道三家，并最终成为一代心学大师。鉴于此，本书集众家之所长，辑成了这本迄今为止最全面、最系统地介绍王阳明及其思想的大型图书。

全书共分三个部分，上篇是王阳明的人生传记，详细介绍了他传奇的一生。中篇选取了二百多条王阳明箴言，并加以解析，从“立志由心，量力而行”“持纯粹心，做至诚人”“静察己过，不论他人是非”“入世心做事，出世心做人”等十九个方面阐释了王阳明在立志、修心、仁爱、至诚等方面修身处世的人生智慧。下篇《传习录》是王阳明门人子弟所记录的王氏讲学言论及其答友人弟子的论学书信的汇编。它包含了王阳明全部的哲学体系及基本主张，是研习阳明心学的最基本的著作。本书在原文的基础上加了注释和译文，以期帮助读者正确地理解王阳明的言论及其心学的基本宗旨。

一本书，既可以了解王阳明颇为传奇的一生，亦可以了解他流传千古、响彻中外的心学思想，还可以品读被奉为儒学经典的名著《传习录》。

目　录

上篇

大儒王阳明

王阳明（1472~1529）是中国明代的哲学家、教育家，精通儒释道三家之说，继承前人思想提出“心学”概念。

王阳明用毕生的精力追求圣贤之路，初入仕途受挫，但意志不消沉。他曾徘徊于佛道之间，后终在儒学中顿悟。王阳明收徒讲学、创办书院、戎马倥偬、平定叛乱，是中国历史上罕见的成就立德、立言、立功三不朽的大家。少年时期聪悟好学、青年时期满怀抱负、中年时期坎坷不平、晚年时期老当益壮，王阳明的一生跌宕起伏，充满了传奇色彩。

第一章

乘云降生——明朝出了个王阳明

有子生于彩云中

“山黯惨兮江夜波，风飕飕兮木落森柯。泛中流兮焉泊？湛椒醑兮吊湘累。云冥冥兮月星蔽晦，冰崚嶒兮霰又下。累之宫兮安在？……乘回波兮泊兰渚，故都兮独延伫。君不还兮郢为墟，心壹郁兮欲谁语！……”

五百年前的洞庭湖上，一叶扁舟逆水而行，一位青年站在船头低声吟诵。诗不仅是触景生情用来凭吊楚国大夫屈原，还是在凭吊自己。微风撩起了落在额前的散发，露出了一双明亮的眼睛，眼眸中透露出一路奔波的劳累，间或闪烁着些许忧郁，然而这忧郁又不同于哀伤、绝望，反而带着几分刚毅。

这位青年正是继二程、朱、陆后的又一位大儒——王阳明。

王阳明，本名王守仁，字伯安，号阳明。生于明宪宗成化八年（1472），卒于明世宗嘉靖七年（1529），浙江余姚人。因早年曾隐居在会稽阳明洞中，并创办过阳明书院，所以又被世人称为阳明先生。

王阳明的一生是智慧的一生，传奇的一生，他不但在明朝名动天下，对后世更是影响深远。他的大名甚至还远渡重洋，传到日本，为时人所敬仰。

王阳明出身官宦地主家庭，祖上可以上溯到晋代大书法家王羲之。两晋时期，战乱频繁、时局动荡，很多中原士大夫举家迁往江南。当时，位居东晋王、谢、桓、庚四大姓家族之首的山东大族琅玡王氏也在其中。

王氏一族为晋王朝立下过汗马功劳，身份地位超绝一时，南迁之后，王家烟火续传，后人一直过着半耕半读的逍遥生活，虽再未出过显赫人物，但也被视为书香门第，受到人们的尊重。

到了明朝的成化年间（1465~1487），王氏家族的王伦，品行高雅，喜爱读书，尤痴迷于竹。自认月下抚琴，竹林吟诗乃人生乐事。家人受其熏陶，也是爱读诗书，胸怀宽广，对于富贵名利，都看做过眼烟雨，不甚在乎。

据传，王阳明的出生颇富神话色彩。

成化八年（1472），王伦之子王华外出教书，儿媳郑氏身怀六甲，一家人欢天喜地地准备迎接孙儿的到来。可是，直到立秋之后，儿媳过了产期数月，仍然没有生产。日子一天天过去了，眼看着儿媳怀孕已经 14 个月了，还没有生产的迹象，王家上下焦急不已。虽然有哪吒的母亲怀胎 3 年，秦始皇在母腹中待 14 个月的传说，但这毕竟不能当真。

一天，王伦的妻子岑氏夜晚入睡做梦，梦境中自己到了云雾缭绕的天庭，天门向她敞开，四处缭绕着仙乐，令她感到美不胜收。这时，从云朵深处飘来一位绯衣女子，怀抱着一个模样乖巧的男婴，仙女笑盈盈地将手中的婴儿交给自己。岑氏高兴地从梦中醒来，却真正听得一阵阵婴儿嘹亮的啼哭声，赶紧下床来寻找，竟然是从儿媳妇的房中传出，她赶紧推醒睡梦中的丈夫王伦。

王伦醒来，听到这般嘹亮哭声，猜想一定是个男孩。这时，家里的仆人前来报喜。

岑氏迫不及待地进入儿媳屋内，抱起孙子，认真细看，竟发现同梦中的孩子一模一样。岑氏赶紧将孙子抱给门外的王伦看，并告诉他自己的梦境之事。王伦欢喜得不得了，直呼孙儿是上天赐的，来自天上的彩云中。

次日，王伦为孙子取名为：王云。

王伦的孙子来自彩云间的消息不胫而走，周围的人们也都纷纷前来道贺，大家端详着王云出生的那座小楼，越看越觉得是祥瑞之兆，于是将其称为“瑞云楼”。

王云一天天长大，一家人都视其为心肝宝贝，小心呵护，生怕有一点闪失。尽管如此，王云还是与正常的孩童不一样。孩子虽然长得白白胖胖、模样乖巧，可是直到5岁的时候，居然还是不会说话。王氏一家使出了浑身解数，仍然无法使王云开口说话，这可愁坏了王伦。遍访名医，却无法弄清其中的缘由。

一日，王云正在与一群孩童嬉戏，从远处走来一位衣衫褴褛的和尚，模样甚为丑陋。和尚看到一群孩子在玩耍，也被吸引住了，驻足观看。他的眼光久久地停留在王云身上，并走过去与他交谈，王云自然无法答话。于是，和尚怜惜地抚摸着王云，感慨地说这个孩子应该是个神童，只可惜“道破天机”。说完这“道破天机”四个字，和尚也未解释原因，就转身离去了。孩童们不知什么意思，一窝蜂捅到王云家，将此事告之王伦。王伦听了孩童们的话，却也不解和尚之意。

此后，和尚的话一直围绕在王伦的耳边。终于有一天他悟出了其中缘由：莫非云儿不说话，是在于名字？于是，王伦就为孙子取了另外一个名字“守仁”。之后奇迹出现了，王云不但能够口齿伶俐地说话了，而且还一字不差地背出了一篇王伦时常吟诵的文章。一家人都非常惊讶，而他只是说，平日里祖父吟诵，就记下来了。大家听后，惊喜万分，都夸他是个神童，日后定当有所作为。

书香门第，承继香火

王阳明的父亲王华是王伦的次子。于成化十七年（1481），进京参加殿试位居榜首，天下皆知。

王伦获知消息后非常高兴，这是王氏家族迁往浙东后中的第一个状元。受父亲王伦的影响，王华不仅饱读诗书、才华横溢，而且为人正直、极富同情心。这种品性在他很小的时候便显现了出来。

有一天，他与伙伴们在河边玩耍，一个喝得醉醺醺的人，脚步蹒跚地走到河边，随后又东倒西歪地走了。没过多久，伙伴们都相继返家，只剩下王华，正当他准备离开的时候却在醉汉待过的地方发现了一个包袱。他感到好奇，于是打开包袱来看，里面竟然有不少的银子。他猜想，包袱很有可能是刚刚那个醉汉遗失的，他心里想：不管是不是，把银子丢失的人肯定会回来找的，为了不让别人把包袱拿走，王华自己坐在河边，等着失主。

到了夜幕将要降临的时候，王华终于听到急匆匆的脚步声。一看，果然是那个醉汉。王华迎上前询问他是否丢了东西。醉汉激动地将他如何醉酒走到河边，如何丢失包袱一事讲给王华听。王华听后把包袱还给这个醉汉。那人打开包袱发现自己的银子分文不少，连声道谢，并拿出银子表示谢意。王华推辞了，并说，自己若是在乎银子，就应该早拿着包袱走人了，而不是在这等着他回来取。那人听后更为感激，执意跟随王华到家中，特向王华的家人道谢。王伦得知此事后，为儿子的行为感到骄傲。

王华14岁的时候，在余姚的龙泉山寺院读书，同窗的伙伴大多是富家子弟，平时常常仗着自家财大气粗，捉弄和欺负寺中的和尚。和尚们为了报复，便有意散布谣言，说寺中经常有鬼魂出入，并经常假扮鬼的模样来吓唬他们。果然，这招非常奏效，同伴们都被吓得仓皇离去，不再到寺院读书。只有王华若无其事地继续在寺内读书，和尚们实感惊奇。为了赶走王华，在一个雷雨交加的夜晚，和尚们故技重施，他们来到王华的屋外装神弄鬼，却发现王华丝毫不为所动，神气自若地在读书。

第二天，无计可施的和尚们跑来问王华，昨夜寺院被鬼闹出这样大的动静，他为什么不害怕呢？王华说：“我没有看到鬼，只是看到几个和尚在装鬼。”大家一听小小年纪的王华说出这样的话，非常惊讶，暗暗佩服王华的睿智和勇气。

王华的品学德行颇被当时浙江学政张时敏看重，恰逢浙江布政使宁良要为其子弟挑选老师，张时敏力荐王华前去宁家任教。王华到了宁家，被宁家的数千卷藏书所吸引。他白天认真教课，晚上则挑灯夜读。宁家的子弟中有几个颇为顽劣的，想要拉拢王华和他们一起玩乐。他们经常备上好酒，安排美色来引诱王华。王华倒是也颇爱饮酒，但是对于美色却全然不为所动。一日，饮酒归来的王华微微带着几分醉意回到江边房中，竟在自己的床上发现两名娇艳欲滴的女子，他想要退出房时又发现房门竟被锁上。慌乱中，王华卸下一扇门板，破窗而出。他就这样，拥着门板，随着江流而去。王华的这种坚持令宁氏子弟颇为敬佩。

在宁家3年的时间，王华学问大长，他差不多看完了宁家所有的藏书。因此，王华日后高中状元，在很多人看来也是意料之中的事情。王阳明年少的时候就经常听到大人们将父亲王华的逸事传为美谈，他也颇受影响。

少年得志

王华的光芒，对王阳明的成长产生了潜移默化的积极影响。

自宣宗宣德元年（1426）开始，内府便设立了内书堂，专门用来培训小宦官的参政能力。而在内书堂任教的翰林官日后则多会得到宦官们的关照，虽然并无直接资料证明王华曾在内书堂任职，但他的几位同僚却是教过正德朝的大宦官刘瑾，并还常向刘瑾推荐王华的人品和学问。

再加上王华高中状元，随着内阁地位的不断上升，新进士一入翰林，便被时人视为“储相”。基于此，王华在当时是被人刮目相看的。

但面对十里八乡亲友的道喜和祝贺，王伦却是淡然处之，依然表现得和平日无任何异样，儿子的风光似乎与他无关。这份不动声色的态度，对当时仅有 10 岁的王阳明来说，无疑是个触动。

虽说文人常言要淡泊名利，但生活在一个充满名利诱惑的社会环境中，又有谁能真的看空这一切呢？

虽然王阳明也为父亲高兴和自豪，但是他更多的还是攻读自己的书本，以学业为重。或许是受了祖父处世观的影响，王阳明不以一般的读书、作诗为满足。他有自己的志向，即通过读书成为圣贤。

一次，私塾先生对在座同学发问：“世上什么是第一等重要的事？”大家纷纷说登科及第最为首要。唯王阳明不以为然，他自认为仕途并非读书的最终途径，成为圣贤才是归途。

虽是想成为圣贤之人，但王阳明却并未像古往今来那些圣贤之人一样，循规蹈矩地恪守古训，安分守己地去攻读圣贤之书。他认为要成为圣贤，读死书是没有用的，需要从多方面来锻炼自己，增长才能，扩展知识。

这样才能成为圣贤，对于王阳明的这种心态，郭沫若如是说：“一种不可遏抑的自我扩充的努力明明是在他青春的血液中燃烧着的。他努力想成为伟人，他便向一切技能上去追求。人所一能的他想百能，人所十能的他想千能，人所百能的他想万能了。”（《郭沫若全集·王阳明礼赞》）

王阳明并不因为自己跋涉在追求圣贤的道路上，就恪守规矩。他天资聪颖，脑子灵活，所学知识一看就会，所以不愿意长期待在私塾，经常偷跑出去玩游戏。他最爱玩的是军事游戏。因为他对《孙子兵法》尤为感兴趣，每逢家里请来宾客时，王阳明便用果核与客人们摆兵阵。常常是客人们的兵阵刚摆出来，王阳明就立刻想出了克敌的阵势。虽然，为此事没少挨父亲的骂，但他依然乐此不疲。

少年天性，总是无法遏制。王阳明因为逃学偷玩之类的事情，没少受到父亲和祖父的责罚，但他依然不克制自己崇尚自由的天性。在他少年时候，还有一件传闻更加出格。

他13岁时生母去世，王华的妾便仗势常常欺侮、虐待他。他不堪忍受，便想出了一个前无古人的应对之法。

王阳明偷偷在街上买到一只叫长尾林鸮的怪鸟，放到父妾的被褥里。然后和一位神婆串通好，等那位妾被怪鸟惊吓，派人请来这位神婆做法时，神婆便依照王阳明之前教她的话说，说这只鸟是王阳明的生母化成的，是来惩戒她平日对王阳明的不好。

至此之后，那个小妾再也不敢对王阳明无礼了。而王阳明玩世不恭、豪迈不羁的名声也传了出去，但王阳明并不在乎外人对他的评论，他依然恪守当初自己立下的目标，要争当一位圣贤人。

但这样一个性格乖戾、不循规蹈矩的孩子，将会走上一条怎样的“成圣”之路呢？

锋芒乍现

王华在京任职，王阳明便一直跟随在祖父身边。虽不能时常见到父亲，但从乡亲和街坊的口中，王阳明还是能够听到有关父亲的一些消息。王华的成就让王阳明对自己的父亲深深敬重。

成化十八年（1482），王华任职翰林的第二年，王阳明得到了一个和父亲团聚的机会。王华在京城略有小成，他便差人前去家乡接父亲和儿子到京城生活。在尚未出过远门的王阳明看来，这简直是个天大的喜讯。得到消息后，他就日日盼着能够早日启程，这次上京，少年王阳明既领略了沿途风光，又见到了敬重的父亲。

王伦妥善安排完家里的事后，就带上孙儿，乘船前往京城。那时的河运已是非常发达了，北上的船只沿途所经之处，如杭州、苏州、无锡、扬州、淮安、德州、天津等地均是繁华的都城，这让王伦祖孙二人大开眼界。

王伦虽然饱读诗书，对各地的名胜古迹了如指掌，但是，经济上并不宽裕的他，却一直没有机会外出游览。趁这次往京城的难得机会，王伦亲临这些地方。而对于年幼的王阳明就更是难得，每到一处他都是兴奋不已。

一日，王伦一行到达镇江西郊的金山寺，这是传说中青、白二蛇和法海苦斗的地方。金山寺始建于东晋，是镇江的名胜古迹。到达时虽然天色已晚，但是寺中仍然人来人往，香火极旺。站在金山寺向远处望去，暮霭之中的群山、楼阁、树木都若隐若现，再加上天空中点点繁星与江上的灯火互相辉映，一阵风吹来，令人心旷神怡。大家游性正浓，兴致颇高时，有游客邀请王伦作诗来助兴。正当王伦冥思苦想，不知如何下手时，只听：

金山一点大如拳，打破维扬水底天。

醉倚妙高台上月，玉箫吹彻洞龙眠。

这让大家颇感意外，循声望去，竟是王阳明。众人齐声赞叹：好诗、好诗！见他如此才思敏捷，一位游客有意想要考考他，希望他以天上的明月和远处若隐若现的群山为题，再作诗一首。王伦听后生怕为难了王阳明，连忙以孩子年纪尚小，不会作诗为由推辞着。但是，王阳明却镇定自若，稍作思索，便吟诵道：

山近月远觉月小，便道此山大于月。

若有人眼大如天，还见山小月更阔。

好一个“人眼大如天”，小小年纪便能作出这般气势雄浑和耐人寻味的诗句来，是相当得不凡。顿时，喝彩声四起，大家纷纷向王伦道贺有如此聪明伶俐的孙子，日后定会成大器。

少年时期的聪悟，为王阳明以后的深入求学奠定了良好的基础。而王阳明却没有因此而扬扬得意，他依然坚持博览群书，勤于思考，不断深入地研究世人的思想。

何为人生第一等事

王伦祖孙二人一路游山玩水，好不自在。当船到达通县后，就转为乘车前往京城。关于京城这个有着说不完道不尽的历史文化名城，王阳明甚是好奇。一踏上京城的土壤，他就迫不及待地四处张望，宽阔的街道、宏伟的城楼、各式各样的服饰以及往来的牲畜都让他惊喜不已，他恨不得立刻去游览京城大街小巷。

久候多时的王华和父亲王伦寒暄几句后便着手安排儿子的生活。其实，在准备接儿子来京城起，王华就已经为儿子的一切做好了安排，起居饮食，包括学业。亲自调教儿子，是王华这次最为主要的目的。由于王华常年在外的缘故，儿子王阳明受祖父的影响极深，虽然王伦教育子女十分严格，但是对着这个孙子又多少有些溺爱，所以接到京城亲自管教对儿子的将来应该是最好的。

王阳明慢慢熟悉并且适应了京城的生活后，王华便安排他去家附近的私塾读书。这让尚沉浸在兴奋中的王阳明感到些许不满。毕竟，比起外面繁华的花花世界来，私塾里的《三字经》《百家姓》的确是枯燥乏味了一些，更何况，这些书本，他在家乡的时候就已经背得滚瓜烂熟了。

但是，王阳明不敢违背父亲的意愿，只得每日勉强前往私塾读书。时间久了，王阳明便在枯燥的生活中找到了新的乐趣，那就是四处游玩。因为王阳明在上学的路上，要经过一条很繁华的商业街，街面上吃喝玩乐，应有尽有，这让王阳明兴趣盎然。

他一有时间就和同学到街上游玩，尽情地在川流不息的人群中看小商小贩们叫卖，看各行各业的人在做自己的事情。

没多久，王华就发现了王阳明这个小秘密，他非常生气，并且严厉地训斥王阳明。但是王伦却认为孙子爱玩一些也不是什么坏事，只是孩童的天性使然，不需要过分束缚。他甚至觉得正是孩子聪明，才能够这样会玩。所以，王阳明倒也没有受到多大的责罚。靠着祖父，他更是为所欲为。

玩闹归玩闹，王阳明的思想却也随着年纪的增长而日趋成熟稳健，他并没有忘记当日立下要成圣贤人的目标。

一日，私塾先生与学生在讨论何为人生在世的第一等大事的时候，王阳明要成为一个圣贤人的心愿愈加强烈了。大家都说像他父亲那样，金榜题名，考取功名是大事。

但王阳明却无法认同他们，虽然大家言辞一致，不过，王阳明依然坚持自己的看法。古人云：万般皆下品，唯有读书高。按照常理，读书的目的就是要去参加科举，一旦金榜题名，就会有黄金屋、千钟粟、颜如玉。简而言之，读书考科举是自然也是必然的事。而小小年纪的王阳明竟口出狂言把“做圣贤”视为人生第一等事，在别人看来有些好笑，又有些张狂。

这件事情传到了王阳明家中，王华对儿子这种桀骜不驯的性格很是担忧。祖父王伦倒是非常兴奋，他没想到孙子小小年纪竟然有如此追求，他相信假以时日小孙子肯定会有大出息。

当时年仅 12 岁的王阳明是否真的明白圣贤为何物，这并不重要，重要的是这个人生的理想确实已经悄悄地在他的心中生根发芽。讲到做圣贤的理想，王阳明曾在晚年时回忆说，应该是受到一个街头相士的点拨。

有一天放学，王阳明像往常一样和伙伴们在大街上闲逛，偶遇一个相士，他看着王阳明留下一句“须拂颈，其时入圣境；须至上丹台，其时结圣胎；须至下丹田，其时圣果圆”便离去了。这句话被王阳明深深地记在心中，他常常深思这句话的含义。

何为人生第一等事？少年时期的王阳明能思考这样的问题，足以说明，他已经对人生开始进行思考。而且不是人云亦云，而是用属于自己的方式。

另类出走，试马居庸关

朝夕如流，一晃王阳明已经在京城居住两年有余，13岁的王阳明生活的年代，正是明朝中晚期，皇帝昏庸，贵胄沉迷酒色之中。黎民苍生正为了一条卑微的生路而拼死反抗。

华夏大地上，硝烟四起，刀枪血影。王阳明看到这连年的征战，不无感慨地对父亲说：“今天下波颓风靡为日已久，何异于病革临绝之时。”意思是说，现在天下纷然扰乱这么长时间，就像一个人久病快死亡了，这可怎么办呢？

与此同时，边关也不太平，明朝曾多年遭受周围其他部落的侵袭，先是蒙古瓦剌部的挑衅和掠夺，瓦剌衰落后，又被势力日渐升起的鞑靼所侵扰，民众苦不堪言。

英宗正统年间，瓦剌部落部长脱欢向明朝发动大规模进攻，竟然直取皇都，俘获了英宗皇帝，明朝耗资数以万亿的金银珠宝，才得以换回偌大江山的主人。日暮西沉，所生活的王朝此时已是建立100年了，经历了惊心动魄的开国时代，经历了五光十色的兴盛发展，而今留在王阳明眼中的，除了积弱，便是无奈。

眼看国不成国，虽然父亲王华一再督促他好好读书，以待将来考取功名，可王阳明却无法在这样的环境下安心只读圣贤书。终于，有一天，他偷偷地从家里马厩偷出一匹快马，策马狂奔，出了关外。

远离京城，王阳明不由得心事浩茫起来，一心追求圣贤之路的他，面对广阔的天地，不禁思绪翻涌。大明朝自开朝至今，多少圣贤人前仆后继地倒在了前行的道路上。

如果说圣人方孝孺的倒下是明朝文人悲剧的伊

始，那么贤人于谦之死则就是苍生沦陷的开始。方孝孺乃大义凛然，于谦则是众生活下去的契机。人，总是要有一些精神的支撑才能活下去的。

大义失去，还有活的希望，依然可以勉强地走下去，可是时至今日，内忧外患，那么脚下的路究竟还在何方？

王阳明正是在这无穷无尽的思索中慢慢成熟的，他不断地思考，不断地在复杂的环境中寻找自我的根本。在居庸关考察的那一个多月的时间里，他登长城，评古迹，思战略，经略四方之志在那个时候终于酝酿成熟。

边塞之行如果说是王阳明的任性为之，在回程途中，更是任性了一次。

他和随从正骑马往回走，迎面看到两个骑马的鞑靼人向他们走来，在那个谈“胡”色变的时代，王阳明不但不躲闪，反而迎上前去。双方大战几个回合，王阳明因为年纪太小，虽然伤了这两个鞑靼人，但未能取其性命，让他们逃走了。

但是这件事情后来流传开来，王阳明过人的胆略和勇气一时传为佳话。

一个月的行程王阳明收获到在京城养尊处优的生活中无法体验的感受，经过一趟关外之行，他身上少了一些斯文，增添了一些侠客的勇猛和威严。在回京的那天夜里，王阳明还做了一个梦。他梦见了自己特别崇拜的东汉将领马援，两人不仅相见，王阳明在梦中还作了一首诗：

卷甲归来马伏波，早年兵法鬓毛皤。

云埋铜柱雷轰折，六字题文尚不磨。

马援的一生经历过无数次的战争，建立过卓著的战功。他的事迹激励着后世许多人报效国家、血溅沙场。从这首诗中，可以看出王阳明对马援的崇拜，也可以看出小小年纪的他就已经有了要建功疆场的志向。

回到京城，王阳明内心深处的豪情被激发了出来。他更加关注天下事，并且表达自己的想法，甚至要把自己的想法和谋略上书给朝廷。这种幼稚的想法在父亲王华看来是不切实际的，王阳明的种种行为也遭到了父亲的阻挠。但是，这些都不妨碍已经有了“做圣贤”“立世功”这两大志向的王阳明继续洞察世事。

“竹”悟

宋儒朱熹的学说在明朝备受推崇，朱熹也被人们奉为继孔孟之后的又一大圣贤。因此，为做“圣贤”的王阳明在 17 岁的时候开始钻研宋代理学，找来朱熹的所有著作，认真阅读起来。

朱熹众多的思想中“格物致知”是非常流行的一种观点。关于“格物致知”，不同人有不同的解释。在朱熹看来，每个人每天都要与纷繁复杂的事物打交道，有些事情做起来可能已经熟能生巧，但却很少有人知道或探究其真正的道理。这样一来，事物本来的原理就很难被人们认识到。因此，朱熹提出“格物致知”，要求人们不仅要了解实物的表面，还要深入钻研，探究事物的原理。怎样“格物”

呢？“格物”就是同事物面对面，用理性去了解和彻悟事物的道理。只有不停地去“格物”，才能够弄明白事物的本质和规律，才能够达到“致知”的思想境界，才能够进入圣人的境界。

王阳明对朱熹的学说是深信不疑的，不仅从内心里非常推崇，奉为圭臬，而且也积极地将其付诸行动。王阳明有一个志同道合的钱姓好友，两个人总在一起探讨如何成为“圣贤”。一天，这位好友前去王阳明家中做客，两个人在一起探讨学问，谈到朱熹的学说，甚为兴奋。由于王阳明的祖父王伦喜爱竹子，所以在他家的园中有一片竹林。见到这片竹林，王阳明突然眼前一亮，提议道：既然朱熹认为一草一木都有它存在的至理，“格物”就能够“致知”，那么何不效仿一下，就从这个竹子开始探究。钱姓朋友听后，觉得很有道理，于是就跑到竹林去“格”竹子。寸步不离地面对着竹子整整 3 天，钱姓朋友积劳成疾，最后病倒了。王阳明心中暗暗地较劲：既然你倒下了，我亲自来。于是，王阳明也如钱姓朋友一般整天地在竹林里潜心地“格”，一天一天地过去了，越是想要“格”出些什么理，就越没有真正地“格”出。这样坚持了7天，王阳明最终也因耗尽了心力而病倒。事后，两位好友再见面的时候，都深深感叹格物的困难，成为圣贤的不容易。

“格”竹子的经历虽然失败了，但是这件事情却对王阳明产生了深远的影响。据后来王阳明的学生记载，先生像“格”竹子这样的经历还不止一次，他想从一个具体的事物身上悟出万物的道理，或许同朱熹所讲“格物致知”有一定的区别，但是从这一事件中可以看出王阳明想要做圣贤的心志，以及后来他从不断的失败中体验出做圣人或许可以另寻他路，而非通过“格物”。这就为他走上自己的学术探索之路，提出心学的观点打下了基础。

第二章
求学生涯——吾当上下而求索

新婚之夜不知去向

到了弘治元年（1488），17岁的王阳明从余姚来到父亲身边已经五六年了，刚到京城时那个乳臭未干的毛头小子如今已经长成气宇轩昂的大小伙了。

王华看着儿子长大成人，到了参加科举考试的年纪，十分欣慰。按照当时的规定，参加乡试是要回原籍的，所以王华打算让王阳明回老家。

就这样带着如何成圣的疑问，王阳明回到浙江老家。那时，他的生母郑氏早已去世多年，家乡虽还有一些旧时的亲朋，但毕竟时间太久，生疏远离，内心上无法做到真正的亲情接近。

王阳明回到老宅，睹物思人，再一次感受到人生一世，生死不由命的残酷。他再次觉得人生一场，不过是本来无一物的旅程。消极的情绪逐渐滋生，占满王阳明的内心，他开始刻苦地钻研道家思想。

说起回乡，王阳明还有任务在身，他还不能随心所欲地做他想做的，想他所想的。他这次返乡，还需要完婚，完成一个懵懂少年步入一个成年男子必经的程序。

他未来的岳父叫诸介庵，是本地人，是王华的至交好友，时任江西布政司参议。所以，这门亲事在王阳明很小的时候，两家人便已经说定了。此时，王阳明成人，可以娶妻生子了，他便需要完成双方家长定下的这个约定。

俗话说，人生有四喜：久旱逢甘霖，他乡遇故知，洞房花烛夜，金榜题名时。但王阳明对这人生之大喜却似乎并不感兴趣。在家人为了他的婚事忙翻了天的时候，他却还有心情在野外踱步思考，思考宇宙之奥妙。

一天，在野外散步思考时，王阳明猛一抬头，却发现自己早已不知道踱步到了哪里，他眼前出现一个道观，名为“铁柱宫”。

“铁柱宫”又叫万寿宫，是为了供奉为民除害的许逊而建的。这个许逊是东汉时期人，传说其英勇无比，曾带领百姓与猛兽孽龙搏斗，保护了一方百姓。之后又传言许逊修炼长生之术，大功告成后一家人都升天成仙。当地的百姓尊称他为“许真君”，还专门为其修建了庙宇，以供奉祀。

王阳明走进道观，发现道观里坐着一个闭目养神的道士，鹤发童颜，两个人便攀谈起来，越交谈越是觉得相见恨晚。两人从人生谈到世事，从世事又谈到养生。不知不觉中竟然到了深夜，尚不觉得尽兴，一直欢谈到了天亮，东方既白。这时，王阳明才猛然想起错过了自己的新婚，于是赶忙回府。

此时，府内上下早已经是闹翻天了，新婚当日，新郎官无故失踪不见，满堂宾客就这样看了一场大笑话。

诸老爷很生气，他派人四下寻找无果，正想要不要退婚之时，王阳明气喘吁吁地跑了回来。大家详细追问之下，得知新郎官居然与道士畅谈一夜，这种理由，让诸老爷好气又好笑，但既然回来了，亲还是要成的。

于是，有惊无险，王阳明完成了人生的一件大事。但鉴于这次教训，诸介庵为了防止这个“落跑新郎”到处乱跑，便让他到自己的官署上班，每日按时报到，处理公文。

而王阳明也算老实，没再做出让诸老爷心有余悸的事情来了。官署清闲，实在无事可做，每日的公文只需半个时辰就可以完成，实在无聊的王阳明便用练习书法来打发时间。

日积月累地练习，倒是让他的书法精进不少，明朝著名书法家徐文长在评价他的字时认为：王羲之以书掩人，王守仁以人掩书。

但王阳明毕竟是坐不住的人，久而久之，还是喜欢四处游荡，乡里乡亲评论他，多了些痞气，虽然诸老爷有些不满，但是看着眼前这个 15 岁就出居庸关玩命的年轻人，气又不知从何处出，也就没有深责他。

为此，王阳明心中更加感到愧疚，不仅是愧对宽容的岳父，还有他那新婚的妻子。后人有说王阳明“惧内”，却很少有人知道他惧内的原因，也许新婚之夜玩失踪正是原因之一。

苦心追求心学的境界

成婚第二年，王阳明带着妻子返回京城，途中经过上饶，特意下船拜访了大儒娄谅。

尚不更世事的王阳明，还没有经历过大风大浪，对于自己今后的人生有过很多的设想。其中最热心的莫过于他在年幼的时候朦朦胧胧定下的目标“做圣贤”，他认为这是人生的第一等事，为此他苦读书籍、潜心钻研。

除此之外他受到身处官场的父亲的影响，接触到了很多身在仕途的官员，因此他经常想象着自己建立功业、造福一方百姓的情景。

而他自己又非常喜爱兵事，幻想当一名侠客。

于是他熟读兵书，经常用一些石子等东西来模仿两军对阵，研究制胜之道，他又经常想象着如果自己能够指挥千军万马、纵横疆场又该是何等的辉煌。这样三个目标在他的头脑中交叉出现，不断推进着他此后的人生。

虽然他一心想要成为圣贤，却又找不着合适的途径。不过，人常常能够因为一些偶然的事件而使自己的人生有所改变。此次与娄谅的见面便是他人生更改的一次契机。

娄谅也是个怪人，他早年进京参加会试，走到杭州之时，却突然返回。大家问他缘由，他只是神秘地说："此行非但不第，且有危祸。"果然，没几天，会试的贡院起火，烧死了很多人，而他因为没去参加，逃过一劫。

这件事情后来在黄宗羲的《明儒学案》中经过论证，得出结论说这是因为娄谅"静久而明"有了神术。古人自有古人的理论之法，不管怎么说，娄谅的学问却是真材实料的。

早年，他四处拜访名师，为的也是能够成为圣贤之人，可是在遍寻天下儒士之后，他失望地发现，“都是些举子学，不是身心学”。他认为这些人都没有自己真正的想法，不过是在捧着一堆书本然后人云亦云。

所幸的是，他最终找到了江西临川的著名理学家吴与弼。吴将朱学视为正宗，自然影响了娄谅。娄氏认为“圣人必可学而至”，只要不断地努力，就可以成功。从儒学来讲，这个道理其实是通则，不过它正好解答了王阳明存在于内心多年的疑惑，也坚定了他想要成为圣贤的志向。

所以，王阳明与娄谅相见恨晚，二人相谈甚欢。

娄谅很是欣赏王阳明，因为他和自己年轻的时候有很大的相似之处，都有成圣的志向。娄谅接触过很多的年轻人，但是很多人做学问都是凭借一时兴起，难以真正静下心来，始终如一地做下去。看到王阳明之后，他心想：倘若王阳明能做到如此，那么也是天下一大幸事。

王阳明受到娄谅的影响，从他早期的一些思想就能够看出来，两人有很多共通之处。黄宗羲就曾经在《明儒学案》中讲，心学的始端来自娄谅。娄谅提倡“身心学”，反对“举子学”，这些也都是心学的思想。

娄谅对王阳明思想的点拨起了很大的作用，因此，王阳明十分敬重娄谅。这从后来王阳明平定宁王叛乱之后，按照礼数安葬娄谅的女儿就能够看出来。

落第的苦闷

拜访娄谅，使王阳明受益匪浅，尤其是萦绕在他心头很久的问题，即“如何才能成为圣贤”，得到了解答和贯通。在经过娄谅的点拨之后，王阳明如醍醐灌顶，顿时明亮。

弘治三年（1490），竹轩公王伦去世，祖父的死对于王阳明来说是个非常大的打击，他同祖父之间的感情非常深厚，甚至在他的身上都可以看到很多王伦的影子。

在家人的劝慰下，王阳明逐渐平复了心情，并且开始认真准备三年一度的科举考试。明朝时期的科举考试内容，主要是以宋儒朱熹等人对四书五经的解释为据进行阐释，有了之前对朱子学说的研习，这种论说方式对于王阳明来说可谓得心应手。

而后不久，王华回老家守丧，顺便给家族里的子孙们讲经解义，应对科举考试。王阳明便也一起随大家上课，背诵教材内容。闲暇之时，几位王家子弟相互切磋，但都以王阳明的功力为最深厚，大家都惊呼：“彼已游心于举业之外，吾辈不及也！”

在日渐刻苦的学习中，渐渐地，王阳明的变化越来越大，昔日那个性格开朗、活泼的人，变得一本正经，整日里端坐学习。大家在一起研讨的时候，他除了发表自己的观点之外就没有多余的话了。大家纷纷询问原因，王阳明解释道，他十分后悔过去太过于放任自己，所以从今以后要注意规范自己的行为，做到内敛、谨慎，不轻易为之动容。

可是，事与愿违，上天总是要对身担大任的人给以更多的考验和磨炼，所以，王阳明的前行之路，格外崎岖。

弘治五年（1492）秋天，科举考试结果见分晓，21岁的王阳明在浙江乡试中中了举人。之后，按照当时的定制，他得到了参加会试的资格。不幸的是，王阳明落榜了。

这个时候，父亲王华晋升为右春坊右谕德，为此招来一些阿谀奉承之人。在登门道喜的同时，大家对王阳明的落榜表示遗憾，安慰他下次科举考试肯定能够像父亲一样高中状元。王阳明倒也显得非常豁达，不太在意这次考试的结果，这却引来旁人的闲话，认为他目中无人。

其实，明朝那个时候的科举考试早已被格式化了，设立科举的本意，是为了求得圣人之道和朝政之势的有机结合。但是明朝中晚期，学术与政治从来都是不能两相融合的。

这也使得王阳明纵有一身的抱负和学问，但却无法在仕途上迈出第一步。

而且，王阳明成名过早，锋芒毕露，这样的人不是当权者所喜爱的。自古以来，露锋芒者必遭人嫉恨，所以，才有了那些身怀绝技，但却装作无知的人。他们一向懂得低调处事的道理，可惜，王阳明却不懂，他一再流露才华，非但没有为他走上仕途而加分，反而成了绊脚石。

3年后，王阳明第二次参加会试，再次落榜。一些嚼舌根的人道出了他落榜本质所在：“此子如中第，目中不会有我辈矣。”

所以，虽然这次会考是因为那场至今仍然扑朔迷离的“会试泄题案”。但落榜还是说明了王阳明从政的日子还未到来，“苦其心志，劳其筋骨”，王阳明在左冲右突、反反复复中磨炼。尽管当时很多人都觉得应该以落第为耻，但是王阳明却说“世以不得第为耻，吾以不得第动心为耻”。考取功名，落榜是正常的事，不需要对此过分在意。

话虽如此，但从小未经受挫折的王阳明依然感到有些心灰意冷，他回到了老家，组织了一个龙泉山诗社。

组建龙泉山诗社

考场失意，寄情于山水诗画之间，这是古代文人常常会做的事情。王阳明虽然认为谋事在人，成事在天，也说“世以不得第为耻，吾以不得第动心为耻”，但落榜大事，还是对他有所触动。

回到家乡后，他的龙泉山诗社热热闹闹地兴办起来，明朝的文人骚客多喜欢结诗社、办文会，以此能够与志同道合的人士畅谈、切磋学问。

他的诗社成员人数不多，没有名噪一时的文人，大家聚在一起，无非就是下棋饮酒，游山玩水。

余姚纯朴的民风，朴实的文人，同多年来在京城所感受到的浮夸的文人之风是大有区别的。在创办诗社的这一段时期中，王阳明以诗言志，抒发苦闷，佳句迭出。如：“我爱龙泉寺，山僧颇疏野。尽日坐井栏，有时卧松下。”在龙泉山清秀的环境中，王阳明度过了他人生中最为惬意悠闲的一段时光。

“君不见富贵中人如中酒，折腰解酲（醉酒）须五斗。未妨适意山水间，浮名于我亦何有！”这是他那时内心真实的感受，他毕竟是烈鸟，需要一片天空展翅高飞，一片山坳无法满足他内心高飞的渴望。

所以，渐渐地，王阳明发现这和他自己想要的生活越来越远。整日“吟诵风月，摆弄花草”，充其量不过是个诗人，是个名士，自己想要的是“做圣人”。为此，他开始反省，经常思考自己今后的人生该何去何从，如何才能一步步实现自己的理想。

虽然龙泉在余姚城里，算是一处风景秀丽的地方，山清水秀，空气清新，清静幽雅，如若在这里终老一生，也算不枉此生，可是王阳明在一段时间的沉寂之后，那颗看似平静的心逐渐蠢蠢欲动。他的这种心境在一首诗中表露无余：

学文须学古，脱俗去陈言。

譬若千丈木，勿为藤蔓缠。

又如昆仑派，一泻成大川。

人言古今异，此语皆虚传。

吾苟得其意，今古何异焉？

子才良可进，望汝师圣贤。

学文乃余事，聊云子所偏。

王阳明焦灼不安的心在这首诗中体现得淋漓尽致，他的人生并没有因为龙泉山诗社而终止。

在这首诗中，我们也已经看出他萌生出打通古今创心学的念头，“成圣贤”更是他内心最后的归属。他知道，自己虽然饱读诗书，但是两次科举考试失利也是不可争辩的事实。即使自己一向对于功名利禄并不在乎，但是如果不能在科举考试时崭露头角，那么即便是很小的理想和信念都无从谈起，更不用说实践。于是，他离开了龙泉山诗社，离开了余姚，于弘治八年（1495 年）再一次回到了京城。

在龙泉山诗社两年的生活，王阳明抛开了纷繁复杂的世俗，为自己提供了思考和反省的机会，为他今后的生涯积蓄了力量。

为圣路上两彷徨

回到京城之后，他的内心深处还是充满了彷徨和矛盾，一面是“做圣贤”的人生理想，一面是多年来追求的考科举，他的心一直在理想与现实之间徘徊。弘治九年（1496），王阳明第二次会试失败。

再次的打击让王阳明冷静了很多，他开始用心钻研兵法，继续孩童时代的乐趣，不过此时，他更多的是将其作为事业来研究。

每遇宾宴，经常“聚果核列阵为戏”，这时的王阳明已然是不想在仕途之上太过浪费时间，而是想成就一番统御之才。可惜的是，他虽有报效国家之心，国家却不给他这个机会。

弘治时期，明朝的军事防御能力已经接近于崩溃边缘，已不再具有主动出击的军事意志了。刀枪入库，兵士懒散，大明的统治者日日笙歌，夜夜买醉，想的无非就是今朝有酒今朝醉，明日再说明日事了。

然而，文恬武嬉局面，并未让王阳明放弃演习军法的热情，他对于兵法的钻研，日后还被他运用到了心学上。权谋策略的思想，与心学上的制敌之道有着异曲同工之妙。

透视兵学可以说是一种科举考试失败后反弹的情绪，在这种热情当中，王阳明成圣成雄的儒生念头燃得更加旺盛。他用属于自己的一种独特的方式探索着成为圣人的道路。一直到 28 岁那年，王阳明第三次参加会试，功夫不负有心人，这次总算榜上有名，他中了进士。

不过，不同的是，王阳明在中进士之后，并没有被朝廷直接授予官职，而是被派往工部观政，按照现在的话说就是实习，先让他去熟悉一下工部的事务。当时，工部正在建造威宁伯王越的坟墓。这是一位明朝的将军，在官兵中享有很高的声望，或许朝廷也是有意要考验一下这个看起来如此傲气的人的能力，于是就将监督工程的任务委派给了王阳明。

监督工程本来并不是一件烦琐的事情，但是王阳明非常希望能够在这件事上做出点成绩来，于是就颇费了一番心思，想到了用兵法之道来组织、管理民工。他把参与修建坟墓的民工视为士兵，采用军事化的管理，明确了各自的分工和职责，并统一制定了劳动和休息的时间，他将这种方法称为“什伍之法”。

同僚们对王阳明的做法感到新奇的同时又感到好笑，觉得他是多此一举。但王阳明却不理会这些，而是从容、淡定、一步步地按照自己预期的计划来实施。待到工程完工之时，王阳明的这种方法起到了非常好的效果，坟墓不仅建造得非常宏伟、壮观，且大大缩短了工期，提高了效率，那些怀疑他的人不由得对他另眼相看，王阳明的才华和能力也得到了大家的认可。

威宁伯的家人对坟墓的建造也非常满意，为了表达感激之情就赠送金银给王阳明，但是被他拒绝了。最后，打听到王阳明非常痴迷于兵法，就将威宁伯生前的佩剑送给王阳明以表谢意，他这才收下这份谢礼，并对这把宝剑爱不释手。

王阳明观政之时，非常繁忙。尽管如此，他想要成为“圣人”的愿望却越来越强烈。

平日里他都会挤出时间来钻研宋代理学，但是在这个过程中，他还是十分困惑，他想起娄谅先生所说圣人必可学而至，这是多么透彻的道理，可是真正落实到宋代理学的学习中来，又始终参悟不透。

他想起年少时“格竹子”，心想，或许是自己没有完全按照朱熹先生的要求来做，才没有循序渐进地找到方法和结果。于是，他再次尝试，沉思竹子之理，这一次又是没有收获，反而促发了他的老毛病，又一次病倒。

这年是王阳明思想冲突最为激烈的一年，他不得不怀疑朱熹的学说，他不再按照朱熹的套数来格物致知。他深深地感到，或许圣人不是人人都能够做到的。

第三章

初入仕途——挺身斗虎，遭人陷害

刑部里的名士

王阳明早年熟读兵书，这些基础在被委任督造威宁伯王越的坟墓一事中得到了充分的展示，如何运筹帷幄在统率民工中也有了很好的实践。

这件差使完成得相当漂亮，使得朝廷的其他同僚对他的统帅才能都刮目相看。而王阳明自己也切实地感受到了统御之权的作用，能够掌握实权才能够用众、服众，才能够干成大事。

弘治十三年（1500），王阳明完成督造威宁伯王越的坟墓的任务，观政期满，被授予刑部云南清吏司主事一职。这个职位是有实权的，在明朝，最高一级的行政机关是六部，每个部又都设置尚书，左右侍郎，在这下面便是清吏司。云南清吏司主事不是去云南，而是在北京的刑部分管来自云南的案件。当时处于边境的云南常发生暴力事件，王阳明进入刑部可以说是最能够体察民情，却也是最能够感受到腐败。

29岁的王阳明当时正是踌躇满志、期待能够建功立业的年龄。当时的他对朝中碌碌无为的同僚们甚是反感，他很希望能够通过自己的切实努力而有所作为。虽然是当官，不过道理其实和为学读书是一样的。如何做事？以何种标准来要求自己？这期间他也有深刻的感悟。公正判决、不徇私枉法等重重考验都要取决于执政者内心的想法和观念。

当时，刑部的设置中有提牢厅，厅中又设专管囚犯的狱吏数名，刑部的各司主事每个月都要轮流去提牢。十月，轮到王阳明。王阳明第一次巡视，正值牢狱晚饭时间，王阳明走了一圈后发现囚犯吃的竟然是拌着水的米糠。他很好奇，问随行的狱吏，狱吏回答说是缺粮。他又走了一圈，偶然听到猪的叫声，走近一看，竟有一个猪圈，几十头肥硕的猪正争吃食槽中的白面细粮。王阳明顿时明白了，牢狱不是缺粮，粮食都给了猪，哪里还有人吃的。

其实这种情形在当时没有什么大不了的，只是王阳明初入仕场，刚到刑部，见得少而已。从牢狱回来后，王阳明训斥了所有的狱吏，当场下令杀掉牢中养的猪，并分给囚犯吃。

这件事情如果从当时的官场来看，只道王阳明是个刚入官场的毛头小伙，不够成熟，但是从王阳明自身的思想来看，这便是他所提倡的良知。

王阳明的差使所要做的事情非常烦琐，尤其是秋决之时，各种变故弄得王阳明心力交瘁。一个月的当差结束后，他感到如释重负。

在刑部做事的第二年，王阳明被派往直隶、淮安等府与当地巡按御史一同审决重犯。他的职位虽然不高，但由于是从刑部来的，属于中央官员，在审判囚犯时也有很大的决议权，其他审判官自然也都得尊重他的意见。这使王阳明能够按照自己的判断，做出裁决。对于这个差使，王阳明感到莫大的兴奋。一向做事严谨认真的他，总要反复对照证据和当朝的法律条文才会做出判决。他的这段经历被学生们记载为“所录囚多所平反”，看来一向公平公正的王阳明应该平反了很多的冤假错案。忙完淮北的公事之后，王阳明终于可以忙里偷闲来修身养性了。于是，他来到了九华山。一登上山，就立即陶醉于眼前的青山秀水中，远离尘世的喧嚣、繁杂，内心极为宁静。寄情于山水，心情顿感愉悦，心性得以恢复，诗性也得以复归，他一口气竟写下 30 多首诗赋。

无拘无束的大自然正好能够衬出官场的束缚。为政或为学，王阳明的内心一直都在左右摇摆着。游刃于二者之间，却也激发了他的思考与豪情。两样看似截然不同的事情，如此相得益彰，也算是人生一大快事。不过名士有时只是一种风格，终究不是职业。正如他下山时所写的诗句：“明日归城市，风尘又马鞍。”

主持山东乡试

回到京城后，由于父亲王华的关系，王阳明被聘为山东乡试的主考官。一心想当圣人却总摸不着门径，如今有机会来到圣人的家乡，感受圣人的文化气息，王阳明兴奋不已。山东与江浙向来是文化教育的重地，人杰地灵，孔门的弟子，也多是出于这里。主持乡试，把王阳明从论禅学仙的心境中拉了出来，从他为考生们出的测试题中可以看出他和佛道已相去甚远。

他出的测试题都很大胆，就好像第一场《四书》的考试题“所谓大臣者以道事君不可则止”。以道事君，这是儒家所遵循的传统的纲常。

王阳明的这个题目在当时君主专制的体制中提

出，是非常冒险的，但是又可以看出王阳明的智慧，这个题目考的既是针对人的品节，又是一种特定场景下的做法，充满着儒学的色彩。他还提出“纲纪不振，由于名器太滥、用人太急、求效太速”“议国朝礼乐之制”“老佛害道，由于圣学不明”等问题，足以说明他已经开始思考当时与百姓生活、国家社稷密切相关的问题。尤其是《山东乡试录序》，映射出他从民生出发思考问题的良苦用心。

山东，古齐鲁宋卫之地，而吾夫子之乡也。尝读夫子《家语》，其门人高弟，大抵皆出于齐、鲁、宋、卫之叶，固愿一至其地，以观其山川之灵秀奇特，将必有如古人者生其间，而吾无从得之也。今年为弘治甲子，天下当复大比。山东巡按监察御史陆偁辈以礼与币来请守仁为考试官。故事，司考校者惟务得人，初不限以职任；其后三四十年来，始皆一用学职，遂致应名取具，事归外帘，而糊名易书之意微。自顷言者颇以为不便，大臣上其议。天子曰：“然，其如故事。”于是聘礼考校，尽如国初之旧，而守仁得以部属来典试事于兹土，虽非其人，宁不自庆其遭际？又况夫子之乡，固其平日所愿一至焉者。而乃得以尽观其所谓贤士者之文而考校之，岂非平生之大幸欤！虽然，亦窃有大惧焉。夫委重于考校，将以求才也。求才而心有不尽，是不忠也；心之尽矣，而真才之弗得，是弗明也。不忠之责，吾知尽吾心尔矣；不明之罪，吾终且奈何哉！

盖昔者夫子之时，及门之士尝三千矣，身通六艺者七十余人，其尤卓然而显者，德行言语则有颜、闵、予、赐之徒，政事文学则有由、求、游、夏之属。今所取士．其始拔自提学副使陈某者，盖三千有奇，而得千有四百，既而试之。得七十有五人焉。呜呼。是三千有奇者，皆其夫子乡人之后进而获游于门墙者乎？是七十有五人者，其皆身通六艺者乎？

夫今之山东，犹古之山东也，虽今之不逮于古，顾亦宁无一二人如昔贤者？而今之所取苟不与焉，岂非司考校者不明之罪欤？虽然，某于诸士亦愿有言者，夫有其人而弗取，是诚司考校者不明之罪矣。司考校者以是求之、以是取之，而诸士之中苟无其人焉以应其求、以不负其所取，是亦诸士者之耻也……

然则，司考校者之与诸士亦均有责焉耳矣。嗟夫！司考校者之责，自今不能以无惧，而不可以有为矣；若夫诸士之责，其不能者。犹可以自勉，而又惧其或以自画也。诸士无亦曰吾其箭哉，无使司考校者终不免于不明也。其无愧于是举，无愧于夫子之乡人也矣。

王阳明的这篇文章讲述了他以主考官的身份来到山东之后的所见所闻所感。他认为能够来到圣人的故乡主持乡试是生平一大幸事。王阳明怀揣着朝廷授以的重任，求贤若渴。想到昔日孔夫子三千弟子，有 70 余人精通六艺，而今王阳明也希望能从千百考生中挑出这精通六艺的人来。但是如今的山东竟显凋敝之势，怎样也找不出像过去圣人那样的人了。

王阳明认为朝廷求贤不得之是多方面导致的，其中科举的一些制度束缚就是一个很大的原因。在他看来，不仅主考的官员们要负起责任来，各位考生们也要自行努力，不放弃。这样才无愧于日日夜夜对科举考试的准备，以及同出圣人之乡。

整篇文章内涵丰富，同时又饱含情感，感人肺腑。他既反思自己，又对他人提出自己的殷切希望，还对古代山东的人文饱含赞誉之情，对当今山东的没落感到忧心忡忡，可以称得上是一篇完美的文章。从这篇文章也能够看出王阳明经世致用的观点，为他日后经营四方做好了文治上的准备。

负责山东乡试，王阳明也算是展露才华，但是因为没有附和某些势力，他心中所想并没有得到完全发挥。返回京城后，朝廷下达诏令，将他从刑部云南司主事调为兵部武选司主事。虽然两个职位都是正六品，但武选司是兵部四司之首，实际上是往前进了一步。可见王阳明的才能在当时已经得到了朝廷的重视，而此时的王阳明也正是朝气蓬勃。

言事下狱

王阳明结束了在山东主持乡试的差事后，返回京城。在这次乡试的主持中，他的才能已经受到了朝廷的关注，而王阳明自己虽然受到一些势力的干扰，但是总体来说也还收获颇丰，内心感到非常充实，隐隐约约地感觉到自己是在一点点地走在通向“圣贤”的道路上。

但是，天有不测风云，谁也没有料到，一心想要有所作为的王阳明很快就要面临一场改变他人生的变故。

弘治十八年（1505）五月，孝宗皇帝朱祐樘驾崩，时年36岁。当时只有15岁的皇太子朱厚照继承了皇位，年号改为“正德”。他就是明武宗，这位正德皇帝明武宗生性好动，同死去的老皇帝截然相反。

孝宗从小就胆小怕事，再加上体质不好，经常生病，因此朝中大事都交给文官们处理，自己很少过问。但是，他的儿子不喜文而是尚武，性格活泼，非常反感文官们的繁文缛节和喋喋不休的说教，总与一群喜爱玩枪舞刀的宦官们打成一片，喜欢打打杀杀，常常做出一些荒诞不经的事情，成为后世的笑柄。

两位皇帝截然不同的行事风格，让身在朝中的很多文官们感到非常不适应，尤其是当他们再用伺候孝宗皇帝的方式来对待新皇帝的时候，往往会遭到冷落和无端的呵斥。

自然，文官们的意见也得不到重视，更难以推行。地位一落千丈的文官们也无法容忍这种差距，于是他们联合起来，开始进行声势浩大的争斗。

这场不见硝烟的争斗以内阁大学士刘健、谢迁和户部尚书韩文为首，他们的目的非常明确，就是打压宦官参政，以此改变新皇帝的做法，重新确立文官们在朝中的地位。

但是皇帝在当时一些领头太监的扶持下，一点也不向文官们服软，而且还出现了杀鸡给猴看，杀一儆百的景象。大批文官因为进言，被辞退的辞退，挨打的挨打。

一时之间，朝廷内外是鸡飞狗跳，一片混乱。此时王阳明虽然在朝任职，担任着兵部主事的职位，但是比起朝廷中的那些重臣，此时的他还太不显眼，眼看着那些朝中大臣跑的跑，降的降，王阳明却并未做出任何举动，他在观察。

多年研究哲学理论的习惯，让他保持了一个良好的作风，那就是思索。在做每一件事情之前，他都会认真、完整地将整件事情思考全面。

王阳明并不是贪生怕死、没有原则的人，所以他在思索完毕之后，上了一道精彩绝伦的奏折——《乞宥言官去权奸以彰圣德疏》。

这道奏折写得很有水平，言辞婉转，用语考究，绝无对皇帝的冒犯，也没有对当事人的攻击。王阳明写这封奏折不过是想让皇帝警醒一下，看清楚身边的人，哪个值得信赖，哪个是奸邪小人。

可惜的是，王阳明虽然文采够高，智商够高，但是手段却还是不够狠。当朝大太监刘瑾岂是一个眼里容得下沙子的人！王阳明的这份奏折一送上去，就被他拦截，然后将态度柔和的王阳明扔进了监狱，让他吃牢饭去了。

在这场文官与宦官的争斗之中，显然宦官们占了上风，文官们的争斗无疑是以卵击石，因为他们虽然口口声声地反对宦官参政，实际上却是想要重新将皇帝置于他们的控制之下，这是非常艰难的。

与皇权争斗的最后结果就是以文官们的失败而告终，为首的文官们有的被迫终止了自己的仕途，而以刘瑾为首的宦官们则势力大增。很多人都卷入了这场争斗中，看似平静的朝廷，实则暗流涌动。

明朝时期，将南京作为留都，当遇到事关国家社稷的大事，言官要站出来表明自己的观点。一旦遇到皇帝对于言官所言之事置之不理的情况，北京、南京的言官可以相互支持，从而对皇帝施加压力。所以，当北京文官与宦官进行争斗处于下风之势时，南京的言官们开始声援，由于矛头直接对准了宦官，因此，宦官们恼羞成怒，将为首言官押到北京。

本是想要说句公道话的王阳明平白无故地被刘瑾关到牢里大概一个月的时间后，被处以“廷杖”30，并被免掉了兵部主事的职务。

从28岁中进士到被打入牢狱，这期间总共不过6年，经过多少年的努力，王阳明才走到这个地步，最后却因为一份并不激烈的上书而断送了前程，把自己送上了牢狱。王阳明左思右想都没能想个明白，大受打击。

这场变故使得王阳明的内心充满了忧郁和失落，但是他仍然坚持自己的理想和信念，立志做一番事业的雄心壮志并未就此消沉，反而对那些想要依靠暴力来打压对手的小人给予了无情的嘲讽。

30廷杖或许还是幸运的，没有丢掉性命，也没有致残身躯，那肉体上的疼痛终究能够愈合的。王阳明作为读书人为了表明自己的立场，伸张正义而受到酷刑，受到了人们的广泛赞誉，可以算作是这场风波当中唯一的胜利。

依赖心理化险为夷

王阳明是一个伟大的哲学家，但他却是一个不成熟的政客。在从政这么多年来，他还完全没有理清楚宦海中的规律和变数。他虽然有着精明的头脑和强大的逻辑能力，但是，他却并未意识到，在官场，一切权力都是不以常理来算的，所以这次，他输得很彻底。

面对刘瑾这样的人，是不能将他当做一般政客来对待的，因为他不是政客，只不过是一个混迹政坛的坏人罢了。

在文官发动了第一轮攻击的时候，骄横跋扈的刘瑾就居心叵测，借此机会将那些对他有意见的人一网打尽。刘瑾等人将包括王阳明在内的多达 53 人都列为奸党，以泄私愤。

并且将该名单在朝堂之上榜示，这份名单不仅昭示着 53 人的冤屈，同时也是当朝皇帝不作为的明证。这次事件被后人视为宦官专政、把持朝纲、打击朋党的恶例。

王阳明的“仗义执言”招来了刘瑾等人的注意，他们早就不满王阳明平日里的目中无人，所以这一次王阳明成了他们的猎物。

王阳明被投入监狱之后，家人和好友都焦急万分，日日盼着他平安无事，早日回家。王阳明虽然心有所忧，却并没有因此意气消沉、万念俱灰，而是谈笑自如、从容镇静。

身在狱中，王阳明心里明白，此次的遭遇除了宦官刘瑾作恶多端、排除异己的丑恶嘴脸之外，和当朝皇帝不辨是非，一味听信宠臣言论的做事风格以及懦弱的性格有很大的关系。一次性牵连这么多官员，皇帝却不明是非，不闻不问，任凭宦官随意处置，这种态度让人感到心寒。面对这种局势，王阳明深感无力扭转。

王阳明被关入大牢后，遭受的廷杖30大板对于本来就瘦弱的王阳明来说，并非那么轻易就能够挨过去的。待在监狱的那段时间正好是十二月，正值寒冬腊月，天寒地冻，黑暗的牢狱里王阳明冷得瑟瑟发抖，整夜里都不得安睡。有时心里还反复地自问，为什么要走仕途呢？如果像祖父那样，归隐山林，每日读书吟诗，抛开世俗的尔虞我诈，不也是人生的一大享受吗？那么又哪里需要在此遭这样的罪呢？

关于王阳明这段黑暗的牢狱生涯，在后来王阳明留下的诗中可以知晓一二。不过这些诗句都是他对牢狱中寒冷、失眠、孤独之苦的描述，肉体上的痛苦只字未提，一方面可以看出他不愿意被人看到这种痛苦，另一方面从这些诗歌中可以看到王阳明当时已经非常关注学术追求，即使在暗无天日的牢狱之中，仍然在讲学论道，他曾经在狱中写道“累累囹圄间……至道良足悦。”

王阳明的父亲王华也在朝为官，在王阳明身陷囹圄之时，王华得到权宦刘瑾多次的暗示，如果他能够替王阳明认错，在他面前服软，那么刘瑾就完全可以把王阳明无罪释放。但是生性倔强、自视清高的王华怎可能去屈尊求人呢？就连狱中的王阳明也不会答应的。所以，王阳明只得在狱中听凭发落。好在对王阳明的处罚很快就下达了，他被贬到贵州龙场驿当驿丞。这是当时的官吏等级中最低级的官吏，充其量就是个役吏而已，称官都有点夸张了。不过对于此时的王阳明来讲，也算是拨云见日了，终于可以摆脱牢狱之苦，至于今后的路到底去向何方，也只能听天由命了。

贬为驿丞，北风送南雁

牢狱之灾过后，王阳明被贬的文书很快就到了他的手里，他这次被贬到贵州龙场去做驿丞。这个地方位于现在贵州省修文县，属于偏远山区，经济条件比较落后，自然环境也不够优越，但在当时却是作为贵州通往川东官道上 9 个驿站之一。

离开京城之时，王阳明的出行显得有些落寞和冷清，毕竟，作为当权者的敌人，谁还敢来送行？除了几位至交好友汪抑之、湛若水、崔子钟等人前来送行，再无他人了。

春寒料峭之时，正是新一季生命生长的时候，不过却是王阳明仕途夭折之日，想来也是凄凉。

好友聚在一起，不知何时才能再相见，而且，王阳明此次路途遥远艰险，不免让友人为他担忧。

送行当日，大家对王阳明这次远赴贵州都感到了惋惜和遗憾，但是无奈自己力量的渺小。于是，千言万语都化作首首诗作，其中湛若水文采极好，他一挥而就，作诗曰：

皇天常无私，日月常盈亏。

圣人常无为，万物常往来。

何名为无为，自然无安排。

勿忘与勿助，此中有天机。

另一首：

天地我一体，宇宙本同家。

与君心已通，别离何怨嗟。

浮云去不停，游子路转赊。

愿言崇明德，浩浩同无涯。

此诗此景，王阳明无限感慨。于是，他也作诗以咏志，如：

洙泗流浸微，伊洛仅如线。

后来三四公，瑕瑜未相掩。

嗟予不量力，跛蹩期致远。

屡兴还屡仆，惴息几不免。

道逢同心人，秉节倡予敢。

力争毫厘间，万里或可勉。

风波忽相失，言之泪徒泫。

这一次毕竟是被贬，一个人要远赴人生地不熟的贵州，因此诗中充满了忧郁和感伤。拜别亲友后，他开始踏上了前往贬谪处的征程。孤苦无依的旅途中，他常常会想起这几位挚友所做的诗，反复品读，以慰藉孤苦的内心。

汪俊是王阳明于弘治六年参加会试时认识的，字抑之，号石潭，江西人。当年王阳明不幸落榜，但是汪俊却是第一名。汪俊为人正直，与王阳明十分要好，两人非常有默契。离开京城后，王阳明常常睡不着觉，有一天，在冰冷的夜晚，王阳明不禁想起了好友汪俊，并情不自禁写诗：

一日复一日，去子日以远。

惠我金石言，沉郁未能展。

人生各有际，道谊尤所眷。

尝嗤儿女悲，忧来仍不免。

缅怀沧洲期，聊以慰迟晚。(《怀抑之》)

后来的几天里，王阳明也经常想起京城的好友，竟然在梦中都会相见，他写的《梦与抑之昆季语》就能够看出他当时心中的不舍。此去贵州之路，他经常是夜不能寐，辗转反侧，恍惚间似乎又回到了与几位挚友畅所欲言的时刻。突然醒来，却发现自己是通向一个遥远的地方，身边是另一番凄凉的景象。

梦与故人语，语我以相思。

才为旬日别，宛若三秋期。

令弟坐我侧，屈指如有为。

须臾湛君至，崔子行相随。

肴醑旋罗列，语笑如平时。

纵言及微奥，会意忘其辞。

觉来复何有，起坐空嗟咨。

北风送南雁，在依依不舍中道别。往日里的深情，今后都只能够在梦中相见，此后的道路王阳明是否还会遇见这样的知己，一切都是未知数。

亡命天涯

王阳明此去贵州路途遥远，他有意选择自己经常走过的路，一来比较熟悉，即使有意外发生，也好有逃生的准备；二来沿途都是颇为繁华之地，能够接触到民风民情，借此放松一下心情。

本还打算前往余姚看望一下88岁的祖母，但是因为刘瑾的干扰，王阳明没能达成这个愿望。

刘瑾虽然在这次争斗中大获全胜，但是他依然不肯善罢甘休，坚决奉行斩草要除根的原则，对曾经对抗过他的文官们进行赶尽杀绝。于是，这些人打着皇帝的旗号列出了一个“奸党”的名单，一共53个人，都是反对过宦官的文官们。

不幸的是，王阳明也在名单之上。刚到杭州，王阳明就感觉被盯梢了，他知道刘瑾不会轻易放过他，为了避免连累家人，他只有叫家童先回余姚报信，自己则暂避城外胜果寺。

他先是痛恨这些宦官的无耻行径，痛恨之余，他并没有表现出怨天尤人的样子。想到自己是为了伸张正义而遭受此劫，反倒生出许些悲壮豪迈、慷慨激昂的斗志来。

夜里，他在床上辗转反侧，不能入睡，便起身来到屋子的一面墙壁前，大笔一挥，写下了《绝命诗》一首：

学道无成岁月虚，天乎至此欲何如。

生曾许国渐无补，死不忘亲恨不余。

自信孤忠悬日月，岂论遗骨葬江鱼。

百年臣子悲何极，日夜潮声泣子胥。

大作完成，王阳明便带上行李出门了，来到钱塘江边，他脱下外衣鞋子，然后上了一艘船。就这样王阳明随船漂泊，不想竟然来到了福建的福州。而那些杀手在进入他房间后，没见到人，只看到了墙上的遗言诗，然后他们又在江边找到了王阳明的衣服鞋子，便断定王阳明已投水自尽，于是匆忙返回，报告刘瑾。

王阳明乘坐的船好不容易靠岸之后，他就赶紧上岸。这时，天色已晚，四周都是荒山野岭，无奈之下他只能顺着山道走，走着走着，发现前面有一座寺庙。看到了能够居住的地方，他才感到心里踏实些，赶紧上前去敲门。却没有想到，开门的和尚上下打量了他一下，二话没说就关上门了。任他再怎么敲，也没有人再来开门了。

王阳明很气愤，原本以为佛门之地应该是以慈悲为怀，却没有想到如此不近情理。他只能离开这里，继续往前走。走了很久后，他看到不远处似乎又有一座庙宇。于是，他欣喜地跑过去，却发现这座庙已经废弃，四周都是残垣断壁，早已无人居住。但是，即便如此，也比露宿荒山要好，他就蜷缩在屋子的一角睡下了，心想可以到天亮再赶路。

由于一路的颠沛流离，王阳明很快就睡着了。

睡到半夜的时候，却听到耳边有野兽的咆哮之声，他被惊醒了，发现身边什么也没有后才又沉沉地睡去了。又不知过了多久，他听到身边有动静。醒来时，发现昨晚把自己拒之门外的寺院和尚站在了他的面前。

王阳明看到他，心中很是不满，倒是和尚带着愧疚之情，主动解释昨晚的事情。原来，这一带经常有歹徒之人行凶，因此寺庙一般不愿意接待生人。之后，和尚又假惺惺问他："不知昨夜你是否就在此处休息？"王阳明说："我一过路之人，你又不肯收留，当然只能在此处休息了。"和尚大为惊讶地说："施主真是福大命大，这座山上经常有老虎出没，这座破庙也早已成了虎穴，不知昨晚你是如何逃过一劫的？"

王阳明一听此话，就明白了这位和尚的歹毒用心，明明知道此处有虎，却仍然不肯收留，硬逼着自己在此处安身。他今天出现在此，不是担心我，而是看我有没有被老虎吃掉，真是虚伪的人！转念一想，王阳明决定来个将计就计，他装作非常不屑一顾的样子说：“昨夜的确有老虎出没，我刚刚睡下，就有猛虎咆哮之声由远及近，我心想，此时既然无法脱身，就干脆以静制动，于是就原地不动，与老虎相对。老虎竟然被吓得不敢近前，之后就跑了。你说这是何道理？”

和尚听后，非常吃惊，他再次上下打量着王阳明说：“你定然是个贵人，能够让猛虎惧怕的人，一定有过人之处！”说完，就一改之前冷冰冰的态度，非常殷勤地邀请王阳明到寺庙中歇息。

王阳明拗不过他，就跟随他来到寺庙。进入庙中，王阳明看到寺院内古树参天、环境幽雅，极其幽静，细细一看，发现这里居然是福州五大禅寺之一的千年古刹涌泉寺！王阳明顿时对这里增加了敬重之情，但是刚才那位和尚的卑劣行径，又让他感到世风日下的悲凉。

王阳明来到了寺中的一座大殿内，突然发现一位道士，当他正诧异庙中怎会出现道士时，又觉得这道士、这光景非常眼熟，可是又实在想不起来，不觉地停下了脚步，仔细琢磨起来。他再端详道士的面庞，一下子想到了这位道士正是20多年前南昌铁柱宫的那位道士！这让他感到万分惊喜。

王阳明发现这道士也在注视着他，四目相对，甚是感动！道士带着王阳明来到了一个僻静的屋子，王阳明将自己这些年来的情形细细地说来，道士非常认真地听完他的叙述后，问他有何打算。王阳明不免对前途感到失意，想要学祖父归隐山林。

道士听后，再三摇头，说王阳明如今已经是被朝廷贬谪，如何能够脱身？即便真的能够隐姓埋名，远走他乡，家人也难以逃脱，一走了之，不是最好的解决办法。

王阳明听后也为自己的任性感到愧疚，这才算是真正意识到自己的处境。他诚恳地向道士征询以后的去处，道士思索片刻，对他说，放弃志向也可全身而退，只是拥有这么深的学问，就这样放弃，岂不可惜。为了激发王阳明的斗志，道士特意为他占卜，以上天的旨意来鼓舞他的信心。两人促膝长谈后，王阳明心中的郁闷已经消解大半，他似乎又回到了那个英姿勃发、斗志昂扬的自己，看到案头备有笔墨，就挥笔写下了一首诗以咏志：

险夷原不滞胸中，何异浮云过太空。

夜静海涛三万里，月明飞锡下天风。（《泛海》）

看到这首诗，一旁的道士不由地为王阳明的志向而喝彩！关于这次奇遇，王阳明的弟子有不同详略的记载，真实性还有待考证，但是不管这次的奇遇是真是假，可以肯定的是王阳明前往贵州的道路是极为坎坷的。

第四章

贬谪贵州——龙场悟道，成为一代心学大师

偶得“阳明小洞天”

王阳明与道士告别后，心情豁然开朗，不再有其他的念头，于是继续前往龙场。当时的贵州，在明朝 13 个布政司中是设置最晚的，由于地理位置偏僻，交通不便，开发也是较晚的。因此，从中原通往贵州的通道也非常不便，人们主要通过两种路径到达贵州：一种是经关中、秦岭达到汉中，从汉中

经由巴蜀，到达贵州；另外一种是从湖南出发，经过湘江到达广西，再从广西经过云南，到达贵州。不管哪种路径，路途都是极其遥远，因此在当时的人们看来贵州是山高路远、偏僻落后的荒蛮之地。

王阳明这次要去的龙场，更是偏远，坐落在今贵州省贵阳市修文县，距离贵阳还有大概 80 里的路程。王阳明来到这里后，心里一下子仿佛跌入了冰窖，与自己之前的生活相比，可谓天上地下。龙场的四周都是高山叠嶂、树木茂盛，几乎看不到人烟。山高路远，险象环生，如果没有当地人带路，十有八九是要迷路的。而且，这里茂密的丛林中毒蛇、猛兽经常出没，人经常会受到侵袭。

王阳明到达这里后，所见到的人极其有限，天天在眼前出现的也就是自己带来的几个神情呆板的仆人。因为和当地人还存在语言上的障碍，所以很难沟通，更不要说达到心领神会的意境。再有就是，偶尔能够碰到苗人、彝人、瑶人路过此地，或者就是逃避官府抓捕的逃犯，这使王阳明感到了一种从未有过的孤独和寂寞，他也不知道这样的日子要过多久才能结束。

龙场驿是在明太祖洪武年间设立的，当时这里的一位彝族女首领奢香夫人为当地的稳定做出了很大的贡献。她的故事几乎是家喻户晓，王阳明来到这里以后，很快就知道了这位女首领。原来，奢香夫人虽然是女流之辈，但是识大体、顾大局，眼光长远，她带领当地的少数民族民众与朝廷派来的驻军统帅马晔进行了针锋相对的斗争。当时的马晔没有考虑到当地的现状，而是急功近利地实行明朝中央政府颁布的“改土归流”政策，向奢香夫人施加压力，引起了当地民众的反抗。奢香夫人丝毫不惧他的威逼利诱，而是义无反顾地带领部下到达南京，向皇帝陈述马晔的罪状，并从当地的实际情况出发，提出了自己的想法。她的胆略和见识受到了明太祖的褒奖，为此授予奢香很高的礼遇和官爵。同时，奢香还将马晔依法论处。她英明过人，带领民众修通了贵州通往川东的山道，并依次设立九个驿站，大大改善了当地的交通，也加强了贵州同中原的联系和往来，可谓功德无量。

但是，王阳明来到这里的时候，龙场驿已经名存实亡，完全没有了以前的热闹。这里的驿站已经是房倒屋塌，驿卒也已经走得差不多了，只剩下病残人员。王阳明被贬到这里，也根本没有官舍。不过王阳明倒是很快地转变了想法，鼓励仆人们自力更生，利用周围的树木自己建屋舍。

房屋虽然非常简陋，但是王阳明是个天性乐观之人，而且感觉十分愉悦。房子建好后，也就有了固定的居所，原本很难见到他人的地方，竟然经常会有当地的少数民族居民前来造访。王阳明和他们虽然言语不通，但是从表情、手势上来看，对方都是友善的。时间长了，人们相互之间的距离也就拉近了很多，这大大消解了王阳明的孤苦寂寞之感。

王阳明被贬到此，基本上脱离了以往政务繁忙的生活，每天都极为清闲。他是个生性好动之人，自然不可能呆坐在家中。于是，他就带着仆人四处游走，翻山越岭，常常会有新的发现，让他颇有心旷神怡之感。一日，他带着仆人四处游逛之时，竟然发现一处石洞，和老家余姚的石洞如出一辙。这个意外发现，使他感到非常兴奋，他当即就冒出了搬到这里居住的念头。于是，他带着三个仆人就回到住处，稍作收拾，就开始了石洞的居住生活。

这里的生活使他有了别样的感觉。经过几个月的相处，仆人们和王阳明之间培养出了患难与共的感情，因此，相互之间已经没有了主仆之间的尊卑之别。一次，高兴之余，大家就让王阳明为石洞取个别致的名字，王阳明随即就提出了“阳明小洞天”，此名一出，就受到了仆人的赞誉！

何陋轩与君子亭

王阳明主仆在“阳明小洞天”中的生活虽然新奇，但是好景不长，艰难的环境使得大家很快都感觉到了身体上的不适。原来，石洞阴冷潮湿，终日不见太阳，很容易滋生疾病。好在王阳明身体健硕，有抵抗能力，倒是苦了三个仆人，他们三个很快就病倒了，不得不卧床休息。王阳明天性善良，再加上和他们相处的日子里，可谓患难与共、生死相依，因此他每天只身到四周的山上采药，回来就生火熬制汤药给他们三人喝。仆人们哪里受到过如此待遇，心中自然是感激不尽。

但是，在王阳明看来，三人每日神情焦虑，病情也不见好转，于是他就再三询问其中的缘由。仆人们这才说出了他们内心的恐惧，原来当地的民众非常信奉诅咒蛊毒的法术。而人一旦生病，很可能就是被诅咒，这样一来即使药草也无法医治。王阳明得知后，也感到束手无策。如何才能消除他们内心的恐惧呢？忽然，王阳明计上心头，他想如果自己能够占卜算卦，三人肯定对他会崇拜有加。于是，他就装模作样地算卦，告之他们诅咒已经解除，不久就会痊愈。三人信以为真，病情也就好了一半。在王阳明的照料下，三人不久就康复了。

不知不觉，来到贵州已经有些日子了。这里虽然没有京城的繁华热闹，也比不上杭州等地的富饶喧嚣，但是此处草木葱茏、空气清新，是修身养性的好地方。王阳明也感觉到自己天天跋山涉水，无形中身体已经变得愈来愈健硕，心情也舒畅很多。他琢磨此处正是开园耕种的好地方。于是，三个仆人身体恢复后，王阳明就带着大家在石洞的四周开荒种地。如此每天汗流浃背，心里的包袱就能够卸下很多，大家倒也能够落得个自在轻松。

然而，即便每天想尽办法来使生活过得充实，但是这种生活还是与他饱读诗书、满腔抱负的个性格格不入，所以他满心的无奈和心酸，无人可以倾诉。

心地善良、平易近人的王阳明在龙场定居不久，便与在四周居住的苗人、瑶人、彝人熟识起来，慢慢地也能够用一些语言进行沟通。大家非常喜欢王阳明给他们讲中原发生的故事，认为王阳明是无所不知、无所不晓之人。

当大家看到这位能人居然住在冰冷潮湿的山洞里时，大家都商量着要给他建造一个舒适的居所，并且很快就破土动工了。动工之前，大家反复地征求王阳明的意见，力求建造的居室满足王阳明的起居、读书、处理政务的要求。

在大家齐心协力的帮助下，新居所居然不到一个月时间就建成了。虽然此屋难以与王阳明在京城的居所相比，但是在方圆几十里内，这已经是规模最大、构造最为齐全的房屋，包括居室、书房、客厅、凉亭，远远望去可称得上庄重大方、气势壮观。新居建成后，竟然成了当地的“知名”建筑，再加上王阳明的学识渊博，因此吸引了周围很多读书人前来拜访。

王阳明的生活随着新居的落成陡然间变得忙碌而充实，他经常要接待慕名前来求教的读书人。和他们一起畅谈学术，已经成为他的一大乐事。时间长了，大家都建议王阳明为新居取个名字，王阳明也欣然应允。因凉亭的四周树木葱茏、层峦叠嶂，常常有读书人在这里谈古论今，于是就将此亭命名为“君子亭”；而居室虽然简陋，没有名贵物品的点缀，却是窗明几净、朴实无华，就命名为“何陋轩”。

王阳明认为这里既为自己的居所，同时又是传播知识、畅谈学问之地，就将这个居所命名为“龙冈书院”，此名赢得了众人一致的称赞。王阳明也非常高兴，于是就作文一篇《何陋轩记》来抒发自己的感想：

昔孔子欲居九夷，人以为陋。孔子曰：君子居之，何陋之有？守仁以罪谪龙场，龙场古夷蔡之外，于今为要绥，而习类尚因其故。人皆以予自上国往，将陋其地，弗能居也。而予处之旬月，安而乐之。求其所谓甚陋者而莫得，独其结题鸟言，山栖羝服，无轩裳宫室之观、文仪揖让之缛，然此犹淳庞质素之遗焉。盖古之时，法制未备则有然矣，不得以为陋也。

夫爱憎面背、乱白黝丹、浚奸穷黠、外良而中螫，诸夏盖不免焉。若是而彬郁其容、宋甫鲁掖，折旋矩镬，将无为陋乎？夷之人乃不能此，其好言恶詈，直情率遂则有矣，世徒以其言辞物采之眇而陋之，吾不谓然也。

始予至，无室以止。居于丛棘之间，则郁也；迁于东峰就石穴而居之，又阴以湿。龙场之民老稚，日不视予，喜不予陋，益予比。予尝圃于丛棘之右，民谓予之乐之也，相与伐木阁之材，就其地为轩以居予。予因而翳之以桧竹，莳之以卉药，列堂阶、辩室奥。琴编图史，讲诵游适之道略具。学士之来游者亦稍稍而集，于是人之及吾轩者，若观于通都焉，而予亦忘予之居夷也，因名之日“何陋”，以信孔子之言。

嗟夫！诸夏之盛，其典章礼乐，历圣修而传之。夷不能有也，则谓之陋，固宜。于后蔑道德而专法令，搜抉钩絷之术穷，而狡匿橘诈无所不至，浑朴尽矣，夷之民方若未琢之璞、未绳之木，虽粗砺顽梗，而推斧尚有施也，安可以陋之？

斯孔子所谓欲居也欤，虽然，典章文物则亦胡可以无讲。今夷之俗，崇巫而事鬼，读礼而任情，不中不节，卒未免于陋之名，则亦不讲于是耳。然此无损于其质也。诚有君子而居焉，其化之也盖易，而予非其人也，记之以俟来者。

王阳明用自己亲身的经历，赞扬了当地人民质朴且乐于助人的品格，批驳了“陋”的说法。孔子曾居九夷，不以为陋；王阳明今居龙场，也不以为陋。相反，比起中原那些诡诈、无所不至的人来说倒是更加显得本真，像从未雕琢过。当然，这篇《何陋轩记》并非简单地描述居所本身，而是以此来表达自己对人生、社会的思考。王阳明出身书香门第，家境优越，衣食无忧，因此他自己从小到大并未直接接触过生活在社会最底层的人。之前自己对社会的理解和认识多是受到书籍的影响，很少有机会能够切实接触到社会的真实生活。因此，这次被贬到贵州来，虽然在物质生活上的确非常简陋，但是却是他人生中非常重要的阅历，为他提供了认识和理解社会最穷苦民众真实生活的机会，更加激励着他洞察世事、砥砺学问的志向。

王阳明从小在祖父的身边长大，祖父偏爱竹子，在居所的四周都有竹林，那里是王阳明儿时生活的乐园。长大之后，王阳明就意识到祖父爱竹不仅仅在于竹子本身，更在于竹子的品质。从小的耳濡目染，王阳明也对竹子有了特殊的爱好，所以他也在自己的居所四周种植了很多竹子，以此鼓舞自己要坚持不懈地砥砺学问，有所作为。他的精神也深深地打动了前来切磋学问的读书人。不过王阳明心里非常清楚，自己距离竹子的高洁品质，还有很大的差距，要再接再厉一步步接近竹子的境界。

龙场悟道，吾性自足

王阳明是想过自己的日子，但是偏偏还是无意得罪了人。一个在京师得罪了权贵被贬谪至此的驿丞，竟然明目张胆，有恃无恐地在这里传学论道，而且还得到了这么多人的拥护。这让当地的官员十分不满，他觉得王阳明来到他的地盘上，不但没有跟他打一个招呼，而且在做任何事情之前，都没有向他汇报，作为一个上级，他愤怒了。

作为报复，他开始找碴儿，针对王阳明做出了许多坏事情。他先是派人来砸场子，但是群众团结的力量大，他没有得逞。接着，他又偷偷找到贵宁道按察司副使毛应奎，进行各种挑拨离间的说辞，将王阳明说成了一个坏人。

但是，他还是低估了毛应奎的智商，毛应奎不是三两句话就能糊弄住的。毛应奎亲自找到王阳明，与他一番长谈之后，便被王阳明的人格魅力和学问所征服了，两个人成了好朋友。

这样一来，王阳明在当地的地位更加崇高了，大家无论有什么问题都喜欢来向他讨教，但王阳明并不为此而骄傲，他继续前行在追寻圣贤的道路上。为了更好地体会思想而不被人干扰，他专门找寻了书院附近的石洞来自省，甚至还为自己做了一个石头的棺材，他常常躺进去，闭目沉思，进入一个忘我的境界，体会死亡的感受。

王阳明从小就对术士产生了浓厚的兴趣，并且自己长期以来对佛、道两家都极为关注，因此他对《周易》产生了浓厚的兴趣。尤其是自己在遭遇到失意之时，常常用占卜来预测自己的吉凶。他这次惨遭牢狱之灾，更是醉心于《周易》来预知自己日后的命运。

不仅在牢狱之中潜心攻读《周易》，就连在被贬来贵州的途中也将此书带在身上，片刻不曾离开过。到达被贬之地后，也时常在钻研易理，希望能够提前预知自己未来的去向。

可见，王阳明即使在被贬之地，他也仍然在思考着人生和万物、人性和宇宙之间的关系。这也是时常萦绕在他心中的问题，究竟自己所谓的“吾心”和“物理”，二者之间看似简单、实则纷繁复杂的关系到底是什么呢？

对这个问题，很多圣贤之人都有思考，先是孔子最初提出来，但是尚未给出清晰的答案。他的学生则认为：“夫子之文章，可得而闻也。夫子之言性与天道，不可得而闻也。”后世的读书人也在进行着思考，尝试着给出明确的答案，但是不经意间竟然陷入了错综复杂的境地，以至于成了专门的学问。后来，宋代的朱熹，潜心钻研，终于悟出了其中的道理，给出了令人信服的解释。

王阳明一心想要实现做圣贤的梦想，这个问题自然也是不能绕开的，他希望能够站在前人的肩膀上有更大的突破。当然，这个突破是很艰难的，要抛开世俗的功名利禄，苦苦思索，心无旁骛。

功夫不负有心人。王阳明日日思索、反复推敲，终于看到了希望。一天，他突然意识到自己一直在思索的人性与天道之间并不存在鸿沟，而是能够联为一体的！所谓的天道，也就是宇宙万物每时每刻的变化规律或原理，而这些并不是不可认识、不可理解的，人天生就具备了体察万物的本能，天道是人能够体悟到的。看似复杂、抽象的天理、物理，其实都在个人的心中。而通往圣贤的路上，也就需要不断挖掘自己的内心、精神境界方可达到："圣人之道，吾性自足，不假外求。"

"圣人之道，吾性自足，不假外求"，认识到这些使得王阳明惊喜万分。当时正在深夜，仆人已经沉沉地睡着了，王阳明近似癫狂的叫声惊醒了他们。看到主人失态的狂喜，嘴里说着他们无法明白的话，仆人们都感到莫名其妙。

王阳明悟出了"圣人之道，吾性自足"的道理，就想通过对五经《诗》《书》《礼》《易》《春秋》内容的解释进行验证。无奈身边没有书本，他只好凭借记忆进行解释，结果完全行得通，五经都得到了近乎完美的解释。而与朱子的注解进行一一对照时，却发现完全是自相矛盾。这使他更加坚信朱子误读了五经，而自己通过长期坚持不懈地努力终于与圣道吻合了。

对于自己这个追求圣贤的心路历程，可以在他十年后所著的《朱子晚年定论》序言中得到解释。王阳明体悟到圣道的历程充满了艰辛和挫折，走了很多弯路，但是他从年少时树立做圣贤的雄心壮志之后，虽然屡屡遭遇到挫折，但从未放弃，而是苦苦探索。即使被贬到荒蛮之地，也一如既往地潜心钻研，终于悟到“圣人之道，吾性自足”。

从此之后，王阳明的生活发生了变化，正如他所讲“常快乐才是真功夫”，艰难的环境下王阳明怀着快乐的心去领悟生命，实践思想。

贵州讲学，提倡知行合一

王阳明被贬到龙场的遭遇极其坎坷，一般人常常会因个人生活境遇的巨大落差而感到心灰意冷，也会很难适应当地恶劣的生活环境。但是，王阳明在逆境中就显示出了他与其他人不一样的地方。王阳明并没有被眼前的困难所吓倒，他即使身处逆境，也没有放弃自己想要做圣贤的宏伟理想。而这件看似失意的事情，也被他经营得有声有色，充满了生机。不仅如此，他的学问也在这个时期远离了繁华、喧嚣得以沉静下来。

王阳明在龙场适应了一段时间之后，就开始在当地讲学。他把自己对人生的理解和思考以及对个人人生际遇的反思都讲给自己的仆人，尽管他们听得似懂非懂，不大明白这个官员为何和其他的官员不一样，但是还是能够体悟到王阳明的善良和淳朴，治学的执着和信念。与此同时，一些读书人也不远千里，来到贵州追随自己。这使得王阳明大为兴奋，他太需要和弟子们一起讲学，来畅谈自己的感悟。于是，他经常和弟子们一起跋山涉水来体悟当地的实际生活状况，也经常和弟子们一起到农田里感受大自然的气息，弟子们也经常会被恩师的这种乐观、执着的心境所感染，更加敬重他的为人。

“讲习有真乐，谈笑无俗流；缅怀风沂兴，千载相为谋。”这也是王阳明当时的潇洒写照。但是弟子们毕竟都有自己的事情，再加上当地的条件较为落后，也使很多人难以适应，在此居住两三天后就要返回，每每到返回之际都增加了王阳明的失落和沮丧。

王阳明在内心里非常希望这些弟子也能够不被物质生活的安逸和奢华所诱惑，不管外在的物质环境是优越还是贫寒，都能够保持住内心的宁静和对治学的孜孜不倦。遗憾的是，真正能够达到这种境界的，毕竟是寥寥无几。

王阳明在龙场讲学、悟道的事情已经传播得相当远。当时的很多读书人都希望能够与他当面切磋，相互交流。在正德四年（1509）的一天，贵州提学副使席书来到了龙场，他慕名前来，并且提出了一个问题“朱陆异同”，希望王阳明能够就此问题做出回答。这里所说的朱是指朱熹，陆是指陆九渊，这两位都是南宋时候的大思想家，但二人之间的思想观念存在很大的差异，这个问题也是后世的读书人非常希望能够得到解释的问题。

对于这个问题，王阳明当然不可能没有考虑过，他已经有自己的观点了。但是，当有人专门就此进行请教的时候，王阳明并没有直接给予明确的回答。而是提出了自己的见解，他将自己的见解称为“知行合一”。初次听到这个观点，席书并没有马上信服，而是带着狐疑返回。回去之后，他对此观点进行彻夜反思，有所感悟之后再来请教。如此经过几个回合后，终于意识到了这个观点的精髓所在，兴奋之情难以掩饰，对王阳明的敬重也是与日俱增。为此，他特地邀请王阳明到贵阳书院讲学，想着能够把他的学问传播给书院里的读书人，王阳明欣然应允。

正德四年（1509），王阳明到贵阳书院讲学，前后将近有一年的时间。王阳明的这一举动在《明史》上有记载，并认为他的讲学达到了“贵州士始知学”的境界，这无疑是对王阳明的赞誉和褒奖。王阳明在贵州书院所讲的正是当初他在龙场悟出的思想，即“知行合一”的学说。

千古奇文《瘗旅文》

正德四年秋，一位从京城赶赴就职之地的官吏，中途经过龙场，跟随他前来的还有他的儿子和一位仆人。

天有不测风云，这位官员突然死了，他的儿子因为伤心过度，也死了。第三天，他们的仆人也死了。这三人的死亡被汇报到王阳明那里，让他大为惊讶。

他心里十分感伤，于是就命两名仆人将三人的遗体掩埋。这两位仆人并不是十分情愿前去，唯唯诺诺的。王阳明见此情景，并没有发怒，而是感慨道：“其实，想想看我们三人的命运和这位官员父子主仆也很相似啊！”两位仆人听后，也感到心里一阵酸楚，于是便去把三人的尸体埋葬了。王阳明仍然难以平复心情，就写下了《瘗旅文》。这篇文章被后世广为传诵：

呜呼伤哉！緊何人？緊何人？吾龙场驿丞余姚王守仁也。吾与尔皆中土之产，吾不知尔郡邑，尔乌为乎来为兹山之鬼乎？古者重去其乡，游宦不逾千里。吾以窜逐而来此，宜也。尔亦何辜乎？闻尔官吏目耳，俸不能五斗，尔率妻子躬耕可有也，乌为乎以五斗而易尔七尺之躯？又不足，而益以尔子与仆乎？

呜呼伤哉！尔诚恋兹五斗而来，则宜欣然就道，胡为乎吾昨望见尔容蹙然，盖不任其忧者？夫冲冒雾露，扳援崖壁，行万峰之顶，饥渴劳顿，筋骨疲惫，而又瘴疠侵其外，忧郁攻其中，其能以无死乎？吾固知尔之必死，然不谓若是其速，又不谓尔子尔仆亦遽然奄忽也。皆尔自取，谓之何哉！吾念尔三骨之无依而来瘗尔，乃使吾有无穷之怆也。

呜呼伤哉！纵不尔瘗，幽崖之狐成群，阴壑之虺如车轮，亦必能葬尔于腹，不致久暴露尔。尔既已无知，然吾何能违心乎？自吾去父母乡国而来此，二年矣，历瘴毒而苟能自全，以吾未尝一日之戚戚也。今悲伤若此，是吾为尔者重，而自为者轻也。吾不宜复为尔悲矣。吾为尔歌，尔听之。歌曰：

连峰际天兮，飞鸟不通。
游子怀乡兮，莫知西东。
莫知西东兮，维天则同。
异域殊方兮，环海之中。
达观随寓兮，奚必予宫。
魂兮魂兮，无悲以恫！

又歌以慰之，曰：

与尔皆乡土之离兮，
蛮人之言语不相知兮。
性命不可期。
吾苟死于兹兮，
率尔子仆来从予兮。

吾与尔遨以嬉兮，

骖紫彪而乘文螭兮，

登望故乡而嘘唏兮。

吾苟获生归兮，

尔子尔仆，尚尔随兮，

无以无侣悲兮。

道旁之冢累累兮，

多中土之流离兮，

相与呼啸而徘徊兮。

餐风饮露，无尔饥兮。

朝友麋鹿，暮猿与栖兮。

尔安尔居兮，

无为厉于兹墟兮！（节选）

为官就意味着将自己奉献给了皇帝和朝廷，即使因故被贬也是没有办法的事情。又为何要和自己过不去呢？作为一名吏目，每个月的俸禄是五斗米。倘若和家人一起耕田种地，也应该衣食无忧，又怎么会为了这些可怜的俸禄而客死他乡，还使得儿子和仆人也搭上了命？倘若真的很在意这个官职，就应该心情舒畅，又为何神情充满凄容呢？而途经此地，地势险峻，常有野兽毒蛇出没，环境恶劣，又加上内心忧郁，才会导致命丧此地呀。王阳明想到自己被贬到这里也有两年，自己之所以身体康健，就在于心情舒畅，没有整天怨天尤人。

由此可见，精神力量对于一个人来说是很重要的。王阳明从个人的境遇出发，在教导他人的同时，也是在鼓励自己。但是，如果要让自己的学说广泛传播出去，实现自己从小就确立的“做圣贤”的愿望，就不能常年在这荒蛮之地了。

王阳明来到这里的第三年年底，终于守得云开见明月。他接到了来自吏部的一道文书，调任他前往江西吉安府庐陵县任知县。王阳明无限感慨，宦海沉浮，个人很难预料到自己今后的仕途究竟前景如何。不管怎样，自己也总算是能够离开这个被贬之地。当然，他虽然非常想要离开这个地方，但是临走之时还是充满了无限的留恋，因为自己在这里两年，远离了喧嚣和繁华，能够潜心冥想，学问上有很大的收获，并且能够切实体悟到最穷苦的人的真实生活，这些都是自己人生一笔宝贵的财富。

第五章

仕途转机——守得云开见月明

西辞龙场东归去

王阳明接到吏部的文书后，于正德四年（1509）年底，结束了自己的被贬生涯，向当地的父老乡亲辞行，众人依依不舍地送走了这位学问精深、平易近人的饱学之士。

对于王阳明自己而言，他尚未完全做好前去庐陵任知县的准备，他对自己的仕途充满了疑惑，也无法预知前方等待他的是福是祸。他在前去的途中，思绪也常常在飘荡，来反思自己的人生。途中，恰逢正德四年的除夕夜，他感慨良多，写下了：

扁舟除夕尚穷途，荆楚还怜俗未殊。

处处送神悬楮马，家家迎岁换桃符。

江缪信薄聊相慰，世路多歧谩自吁。

白发频年伤远别，彩衣何日是庭趋。

远客天涯又岁除，孤航随处亦吾庐。

也知世上风波满，还恋山中木石居。

事业无心从齿发，亲交多难绝音书。

江湖未就新春计，夜半樵歌忽起予。（《舟中除夕二首》）

王阳明已经经历了仕途的起起落落，心态变得比较淡定、从容，不会再为一时的得失而心潮跌宕。他能够用豁达、圆融的心态来面对自己身边的事物。想想当初自己被贬之时，心情怅然，到了被贬之地后，反倒能够修身养性，孜孜不倦地做学问。历经两年的磨炼，自己已经变得从容、豁达，对今后的人生也变得坦然了。即使今后再有什么风吹浪打，也能够依靠自己的力量来从容应对。

王阳明乘坐的船只顺江漂流而下，行驶顺畅，很快就过了黔阳，泊溆浦，即将到达辰州府的治所沅陵（今属湖南）。他打算在这里登岸，因为他惦记着挚友杨名父，想要和老友倾诉衷肠相会。而他在龙场时的几位当地学生冀元亨、蒋信、刘观时，从他人那里打听到自己的恩师要将在辰州上岸，都非常想要和恩师相见，倾听他的教诲，他们是王阳明在龙场时慕名前去投师的。

辰州是湘西非常值得一去的地方，也是当时从湖广进入贵州的必经之地。这天，王阳明乘坐的船只刚刚到岸，他还正在盘算着如何与老友、学生们相见，就有一仆人前来询问。王阳明一听，居然是自己的学生冀元亨等人派来的。这些学生们早早就来到了这里，以便守候着恩师登岸。见到恩师到达，众学生都非常兴奋，终于见到了日思夜想的恩师。

弟子一见王阳明的面就嘘寒问暖，把老师簇拥在中间，好不热闹。攀谈片刻后，弟子们非常清楚恩师的偏好，特意带着王阳明来到龙兴寺，这个寺庙位于虎溪山前。

王阳明虽然不再一味地沉溺于佛道，却仍然乐于与僧道论道，这已经成为王阳明人生一大乐事。每次论道，都能够让他有所觉悟。所以，他对学生们这次的安排非常满意，也明白这些学生已经在一定程度上和自己是心心相通了。

被贬两年之后，见到昔日的老友使王阳明十分高兴。大家在一起畅谈过去几年的生活，而王阳明的经历也带给了大家很多的惊奇。王阳明所住的龙兴寺有不可小觑的历史渊源，始建于唐贞观年间，可谓名副其实的千年古刹。其地理位置也相当优越，背靠虎溪山，面临沅江水，又与对面的笔架山隔江相望，引得无数文人墨客前来拜访。

王阳明信步来到了山顶，远远望去，对面的山峦起伏，甚是壮观。他的心头不由一热，想到这里曾经是自己来过多次的地方，一草一木仍然是那么熟悉，而被贬两年时间里也带给自己很多凄苦和痛楚。

王阳明在等待杨名父的几天时间里，又细细端详了这里的一草一木。他期待着与老友重逢的喜悦，可是左等右等始终不见老友到来。王阳明再也待不住了，只好继续赶路。

王阳明离开辰州，又一路前行。所经之地都有自己曾经留下的足迹，这些足迹带给了他久违的感动。他的学生冀元亨想要跟随老师前去，以便有足够的时间向老师请教，探讨学问。王阳明看到学生如此勤奋好学，也欣然应允。

两人途径桃源县，陶渊明笔下的千古名篇《桃花源记》和《桃花源诗》就是在这里有感而发的。此地风景迤逦、民风朴实，王阳明本想停舟登岸，但是想到要赶赴就任，也就罢了。

师生二人经过常德后，见到了烟波浩渺的洞庭湖。想到爱国大夫屈原在这里慷慨激昂地表明自己的志向，王阳明心里在与屈大夫进行对话：古往今来，即使世事浑浊，也不是你屈大夫一个在孤独前行，即使世人皆醉，也不是你屈大夫一个人有清醒的头脑，我王阳明也立志成为一个品行高洁的饱读之士。当然，屈大夫早已离去，不可能听到王阳明的话，但是，此刻萦绕在他心头的话却仍清晰如在耳边：

嗟夫！予尝求古仁人之心，或异二者之为。何哉？不以物喜，不以己悲。居庙堂之高则忧其民，处江湖之远则忧其君。是进亦忧、退亦忧。然则何时而乐耶？其必曰：“先天下之忧而忧，后天下之乐而乐”欤。

北宋范仲淹的千古名篇《岳阳楼记》，成为后世很多文人表明心志的不朽著作。而其中的“不以物喜，不以己悲”“居庙堂之高则忧其民，处江湖之远则忧其君”“先天下之忧而忧，后天下之乐而乐”也成为后世为官者的志向。的确，古人有言：君子坦荡荡，小人长戚戚。作为一个七尺大丈夫就应该坦坦荡荡，屹立于天地之间。岂能因为个人一时的得失荣辱而斤斤计较呢？想到这里，王阳明顿感胸中热血沸腾，一瞬间，似乎又回到了那个英姿勃发、踌躇满志的少年时代。

王阳明来到庐陵时，想到自己在两年前奔赴贵州途中风餐露宿的情景，心中充满了酸楚，不仅感慨物是人非，这时他就萌生了前去看看的念头。王阳明弃舟登岸，见到曾经熟悉的寺庙、僧人和朋友。

不知不觉已经到了江西。王阳明对这里非常熟悉和留恋，这里很多地方都留下了他的足迹。这使他倍感亲切，产生初回故里的感触。

安民于庐陵

在正德五年（1510）三月，王阳明经过一路的跋山涉水，终于来到了江西吉安府庐陵县就任。吉安府治就是庐陵，因此这个地方会聚了吉安府各地的民俗风情，非常具有代表性。如果能够将其治理得井井有条，对整个吉安府都是有很大影响的。

王阳明到任后，他的治理之道与其他人并不一样。他没有忙于应酬当地的地方豪强，也没有埋头去处理那些积压已久的案子。而是认为要用教化的方式来烧新官上任的三把火。他已经深入地了解到当地百姓深受镇守中官的剥削，民不聊生。因此，在王阳明看来，解决这个问题是当务之急。镇守中官是在明朝成祖永乐年间开始的，由朝廷向边镇派驻宦官，之后，内地地方上也逐渐设有这个职位，这些人的权力不受巡抚文官和镇守武官的制约，专门搜刮民财，向宫廷进贡，百姓苦不堪言。

王阳明首先撰写了题为《庐陵县为乞蠲免以苏民困事》的报告，发给吉安府和江西布政使司，要求当地的镇守中官免除加给本地的过重税负。他深知地方百姓与官府之间因为过重的赋税以及各项摊派，已经造成了很大的怨气，百姓的怒火可谓一触即发。如果再有点风吹草动，极可能会引发造反暴乱的后果。正当他还在思考如何解决这个大难题的时候，就发生了大批的民众群情激愤怒气冲冲地要与他这位知县理论的事情。

王阳明一看到这个阵势，就明白多年来积压的矛盾终于爆发了，但是对于呼天抢地的混乱场面，他并没有乱了阵脚，而是处理得从容、镇静。

他先让村民们将自己遭受的不合理摊派讲述清楚，当听到那些名目繁多的苛捐杂税后，王阳明情绪也非常激动，他果断地说道：“各位父老乡亲们，本知县到任时间不长，但是对于各种苛捐杂税繁多的事情已经有所了解，我一定会为民做主，申告上司，进行蠲免。”

这些村民们已经习惯了官员的相互推诿，这次也并没有寄希望于这位新任知县，他们只是想要发泄心中的不满，因此对于王阳明的话都感到非常意外，也深受感动，表示愿意相信王阳明做出的承诺。果然，王阳明很快就发布了正式的公文，宣布豁免一切加派的银两。这个公文使得当时的县城内外处于一片兴奋之中。

大概是王阳明一向刚正不阿、做事执着的秉性早已被人所熟知，当时的江西镇守中官竟然对于王阳明的这个要求没有表示异议，默许了这个提议。这也大大出乎了王阳明的意料。但是，不管怎样，自己在庐陵的第一件事总算完成得相当不错。而王阳明在老百姓心中的威望一下子树立起来了，人们奔走相告。但是也引发了一些人将一些鸡毛蒜皮的小事告之县衙的，并且这些人还经常纠结很多不明真相的群众掺杂其中，企图扩大事端，造成天下大乱的景象。王阳明对此种情况已经有所了解，他为此撰写了告示，先在百姓中造成舆论的影响：

庐陵文献之地，而以健讼称，甚为吾民羞之。县令不明，不能听断，且气弱多疾。今与吾民约：自今非有迫于躯命、大不得已事，不得辄兴词。兴词但诉一事，不得牵连，不得过两行，每行不得过三十字。过是者不听，故违者有罚。县中父老谨厚知礼法者，其以吾言归告子弟，务在息争兴让。呜呼！一朝之忿，忘其身以及其亲，破败其家，遗祸于其子孙。孰与和巽自处，以良善称于乡族，为人之所敬爱者乎？吾民其思之。（《告谕庐陵父老子弟》）

在这份告示里，王阳明主要是表达自己为百姓解决问题的心意。他劝告百姓不要闹事，否则只会招来官府的惩罚，也无法解决问题。如果有冤屈，就有秩序地向他呈表，他自会一一解决。

告示发布后，有些民众已经了解了王阳明的治理之道，再加上王阳明在减免赋税上已经显示出了雷厉风行、刚正果断的作风，当地百姓也不敢轻易地闹事了。

但是，当地争讼风气的形成由来已久，单凭一个张告示并不能解决深层次的问题，为此王阳明制定了一整套的措施用来教化百姓。

王阳明将之前已经基本停滞的申明亭和旌善亭，重新兴起，提出里老要担负起教化乡民的责任，同时各家的户主也要管教自家的子弟。而对已经名存实亡的里甲制度，也重新恢复起来，要求将各家各户都形成一个相互制约、相互影响的大单元，县城内十户为一甲，乡村就以各村为单位，相互帮助，相互支持，减少打架、斗殴等事件的发生。通过乡民这种自我管理、自我约束的方式，当地的社会秩序有了很大的改善，民风也逐渐趋于淳朴。

王阳明在庐陵县的时间并不长，但是在近半年的时间里，做了很多影响深远的事情，仅就诉讼的事宜来说，就大大平息了当时的混乱情形，而这段经历也是充分得到认可的，他的弟子对他这段经历也有所记载。王阳明去世后，他的好友湛若水在为其所作的墓志铭中也提到他的功绩，认为他在庐陵“卧治六月而百务具理”。从王阳明的治理效果来看，完全是名副其实。

刘瑾伏诛，仕途出现转机

沉浮的官场总是会出现很多意想不到的因素影响着个人的前途命运。对此，王阳明早已经看得很淡，他也见惯了同朝为官的人中起伏不定的宦海命运。对于自己的前途，他也从不愿意去过多计较。

令他没有想到的是，自己在任庐陵知县期间仕途上居然会发生很大的转机。而昔日一向嚣张跋扈的宦官刘瑾多行不义，竟锒铛入狱，不久就被处以死刑。刘瑾落得如此下场也是王阳明没有想到的。

原来，刘瑾一直仗着自己在皇帝身边，深得皇上宠信的优势，一手遮天，做了很多贪赃枉法的勾当。朝中很多大臣对此早已是愤恨不已，但是由于惧怕证据不足不仅扳不倒他，反而会被其陷害，所以只好装聋作哑，任由其胡作非为。王阳明曾经在诗中说过“世事验来还自领”，的确，这句话在刘瑾身上得到了应验。作恶太多，其实就是在自掘坟墓。刘瑾的倒台和他曾经陷害的杨一清有着很大的关系，杨一清曾经遭到了刘瑾的百般诬陷并且被投入大牢，遭受了皮肉之苦，所以他对刘瑾恨得咬牙切齿。但是，吉人自有天相，后来很多大臣为杨一清鸣不平，集体上书朝廷，这才使他得以重新启用。为此，杨一清一直在悄悄地搜集刘瑾的罪证，希望有朝一日能够为民除害，也为自己申冤。

这个机会很快就有了，导火线就是刘瑾对军屯的土地课以重税，他派去的差役也狗仗人势，常常随意地殴打欠税的民众。不料一日，差役竟然殴打了安化王封地的人。安化王早就对朝廷不满，因此他就以此事为理由要造反，他将刘瑾的罪状尽数并传到各边镇，后来有巡抚檄文上报朝廷安化王造反，引来了朝廷的大举镇压。

杨一清即是朝廷的大军统帅，在结束镇压后，他遂搜集了刘瑾的罪证，上书朝廷力陈刘瑾的种种罪恶，指出后者是引发了安化暴乱的罪魁祸首。皇帝在证据面前，不得不下令对刘瑾抄家，果然从刘瑾那里查抄出来大量的金银财宝以及很多违禁品。于是，刘瑾被凌迟处死，很多曾经遭受其陷害的人总算出了一口怨气。

刘瑾的倒台也引发了官场的很大变动，王阳明也出乎意料地迎来了仕途上升迁较快的时期。他在庐陵担任知县半年后，要进京朝觐。这次进京也使他得以有时间与昔日的老友们重聚，畅谈一下离别后的心得。大兴隆寺是他曾经讲学的地方，那里聚集着他很多志同道合的好友，因此，他请好友这次仍然给他安排在那里居住。

就在王阳明等待着朝觐期间，吏部下达了晋升的委任书，王阳明从地方知县升为南京刑部四川清吏司的主事。他接受委任书后，心里感慨万千，自己曾经在十年前就担任过刑部云南清吏司的主事，没想到过了十年，竟然又升迁到南京刑部四川清吏司主事的位置，而之后发生的一系列升迁更让他有些无所适从。

还未前往南京就职，吏部又下达了新的任命，改任命王阳明为吏部验封司主事，分管掌封爵、袭荫、褒赠、吏算等事，为吏部的第二司。不久，王阳明迎来了再次的升迁，他被升任为吏部文选司员外郎，掌管着文职官员和吏员的升迁、改调等事。而正德七年三月，又从升吏部考功司郎中，上升为南京太仆寺少卿，进入了当时的正四品行列。

短短的两年时间里，王阳明从一个正七品升为正四品，升了三品六级，不禁使得同朝为官的同僚们艳羡不已，就连他自己也没有料到自己时来运转能够获得如此重用。

传道于京师

王阳明多年来一直坚持着自己想要成为“圣贤”的梦想，也非常渴望能够与志同道合的友人一起谈论学问。他的很多朋友都是他在一步步靠近圣贤路上的良师益友，湛若水就是其中之一。他在弘治十八年考中进士，被朝廷任命为翰林院庶吉士，有了与王阳明相识及长期接触的机会。两个人之前就已经有很深的接触，彼此对对方的学问、人品都非常敬仰，因此能够经常见面谈古论今，自然是人生一大乐事。王阳明为了能够方便与他切磋学问，也搬到了湛若水的住处附近。

当时，王阳明在京师讲学的地点就设在大兴隆寺。大兴隆寺兴建于明英宗时期，原本是皇帝要为自己祈福所建的，可是工程浩大，劳民伤财，官府四处征用民夫来修建，导致很多家庭妻离子散、家破人亡，一时间民怨四起。修建的第二年就发生了土木之变，蒙古瓦剌部与明英宗的军士发生了激烈的战争，明朝军队战败，英宗被俘。原本寄希望能够带来福音的大兴隆寺，不但没有带来福音，而且为造寺者带来了灭顶之灾。但是即便是这样，大兴隆寺还是成了很多寻常老百姓的好去处，进京赶考的举子、走南闯北的商人、讲学的儒者都会汇集到这里来。

王阳明对大兴隆寺的氛围非常喜欢，这里充满了谈学论道、切磋学问的气氛。如今重返北京，又住大兴隆寺，可以与挚友湛若水等人通宵切磋，这对于王阳明来说是何等的兴奋。与王阳明交往较多、关系最为密切的自然是湛若水，再有就是浙江的黄绾。

黄绾是经由著名学者、致仕户部侍郎储巏介绍与王阳明认识的。黄绾对于结识、接触王阳明及湛若水这两位学术精深的人物内心充满了感激、兴奋之情。当然，这位黄绾年少轻狂，难免带有夸大、炫耀的成分在里面。但是他对王阳明能够留在北京还是发挥了一些作用的。当时王阳明被发配到贵州，内心凄苦，就写诗抒发自己内心的苦闷，并将诗文如《忆昔答乔白岩因寄储柴墟三首》《夜泊石亭寺用韵呈陈娄诸公因寄储柴墟都宪及乔白岩太常诸友》等寄给好友乔宇等人。

当时乔宇担任户部侍郎，王阳明和乔宇两人在学问方面有很多共同之处，还经常在一起探讨，前者对于后者的观点十分在意。王阳明觉得，学问的道路上有乔宇相伴，实为平生幸事。

王阳明认为，做学问应该贵在专、贵在精、贵在正。这些观点都得到了乔宇的赞同。乔宇在谈到因为专心圣贤之道而不把下棋、文章等放在心上时，询问王阳明这是否妥当，王阳明对此也表示了欣赏。

王阳明认为专于圣道才算是专，精于圣道才算是精。专心下棋而不专于圣道，这种专是沉湎；精于文章而不精于圣道，这种精是癖好。圣道是既广又大的，文章技能虽然也是从圣道中来，但是只卖弄文章和技能，这就离圣道太远了。所以非专便不能精，非精便不能明，非明便不能诚，所以古书说“唯精唯一”。精是精粹，专是专一。精然后明，明然后诚，所以明是精的体现，诚是精一的基础。一，是天下最大的本体；精，是天下最大的功用。

听了他的这番见解，乔宇既佩服，又觉得有些气馁，责怪自己为什么没有早点明白这个道理。王阳明怕他受了挫折，对他大加勉励了一番。

两人的切磋有着共同的学术志趣，充满了智慧和兴奋，彼此都从中受益匪浅。而在大兴隆寺的讲学和谈经论学也吸引了全国很多读书人，但凡有机会进京，比如进京赶考都希望能够到这里体悟一下这种治学的氛围。

打通朱陆

大兴隆寺的畅谈学问的确令王阳明感到了钻研学问的人生意境，但是好景不长，朝廷任命乔宇为南京礼部尚书，大家不仅要离别，就连王阳明平日在京城中说话行事都要注意一些，因为乔宇一走，王阳明等于在朝廷失去了靠山，无人再能帮他讲话。再加上身为天子的皇帝和那些拼命捍卫朱学的士大夫们不可能容忍有人在自己的眼皮底下肆意地闹腾。因此，王阳明本无所指的切磋学问就变得非常敏感起来。

王阳明的为学之道也深深地影响到他的弟子。弟子们平日里熟读古籍，对朱学、陆学常常会有自己独特的见解，对此王阳明非常赞许每个人都有自己的想法，他常常鼓励弟子们之间展开激烈地争辩，因为真理往往越辩越明。

而对于王阳明自己来说，他也常常陷入思考中，对朱学与陆学产生的冲突、矛盾，如何进行评判也是他自己想一直寻求的答案。王阳明虽然在表面上表明这两种学说各有优势，但是经常还是在字里行间显示出他推崇陆学的想法，而对于朱学则是表现出了不满的态度。时间一长，弟子们就已经不能满足与王阳明含糊地回答了，而是希望王阳明能够旗帜鲜明地表明自己的立场。

而王阳明其实也希望能够借助于弟子们的争辩来表明自己的观点，为此他特意给自己的弟子写信，来清楚地表明自己的想法。王阳明认为，陆学宣传尊德行，同时也提倡应该深入到实践生活中，不断感知、体悟到真理的存在，而多多阅读书籍也能够增长个人的知识和提升思想境界。他的观点已经非常明确，自己是非常推崇陆学的。王阳明的这个观点，使得很多弟子恍然大悟，原来陆学的精髓在这里。王阳明的这个观点也使很多人对陆学的误解有所消除。

当时，朱学非常受到社会的推崇，在这种情况下贬低朱学容易招致很多人的不满。因此，王阳明对朱学的批评自然也非常小心、谨慎。他在给弟子的一封信中，用非常含蓄、委婉的方式来表达自己的真实想法。而他对后人只注重朱熹注解中细枝末节的探讨，从而忽视了朱学中颇为重要的精华感到遗憾。在信中，王阳明还流露出对陆学的高度评价，认为过去人们对陆学缺少深入、准确的评判，有失公允。朱学在明朝备受推崇，王阳明此番对朱学的抨击，必然会招致其信奉者的抨击。其中也包括很多王阳明过去的挚友，他们对王阳明的观点非常不满，公开表示反对。反对声一片也招致了朝中当权者的警惕，他们不仅对朱学遭受攻击而感到不安，也为王阳明公开讲学的做派感到不安。他们就想方设法要来打击一下王阳明的狂妄，所以大兴隆寺对讲学的三种学术主讲人施行分离的做法，避免他们再聚在一起，散布不利于他们的言论。

王阳明志同道合的友人湛若水受朝廷命令出使安南，分开之时彼此的心中都充满了无限的伤感，不知何时才能够再聚首。湛若水带给了王阳明很多思想上的启发和领悟，对此王阳明心里一直非常感激。为了表达自己对好友的深厚情谊，王阳明特作文《别湛甘泉序》，既是对自己治学经历的反思和剖析，也充满了对好友的敬意和深情：

颜子没而圣人之学亡。曾子唯一贯之旨传之孟轲，终又二千余年而周（敦颐）、程（颢）续。自是而后，言益详，道益晦；析理益精，学益支离无本，而事于外者益繁以难。

的确，人生难得一知己，知音难觅，能够在治学的路上相互切磋、相互探讨真是一大幸事，如今面临分别，怎么能不感慨呢？

原来这才是《大学》

在王阳明的弟子中，他对大弟子徐爱尤其器重，徐爱不仅与他有着姻缘关系，是他的妹夫，而且王阳明对徐爱为人厚道、积极追求进步的品质非常看好。徐爱拜他为师的时候，正是在他被朝廷贬往贵州之时，当时很多人担心他贬谪官员的身份祸及自身，所以唯恐避之而不及。而唯独这位徐爱仍然坚持要公开拜师，这一举动给当时四面楚歌的王阳明带来了很大的心理安慰，能够在这个时候还坚持力挺自己的人是何等难得呀。

其实，说到师道，王阳明也感到很惭愧，因为自己这几年四处奔走，很少有机会能够为这位徒弟授课。他也在一直寻找机会，能够有所弥补。

正德七年年底（1513年初），王阳明前往南京任职，恰好徐爱也到京城接受考核，并且被朝廷晋升为南京工部员外郎，天赐机缘，恰好能够同行，圆了两人要切磋学问的梦想。

王阳明看着眼前这位仍显稚嫩的弟子，不禁感慨起来。几年不见，26岁的徐爱这个时候虽然已官至五品，但是那汲汲于求学的性情却依旧没有改变，在王阳明看来仍然是个尚带稚气的青年。只是不知道分别的这几年时间里，这位弟子的学业进展如何？是不是因为缺少了老师的督促就懈怠了呢？想到这里，他有意想要考一下这位弟子的学问。也许是心有灵犀，徐爱心里也在嘀咕着，与老师分开五年，师生好不容易能够重聚在一起，老师肯定也想知道自己的学业进展。他自己自认为这几年还是丝毫不敢懈怠，所以还是颇有底气的。

于是，王阳明就让徐爱将《大学》经文诵读一遍，这对于徐爱来说，简直是不费吹灰之力，自己早在十多岁时已将其背得滚瓜烂熟了。于是他就随口诵背起来。王阳明听完后，问道："你的确非常熟悉，可曾想过这篇经文有哪些错误？"

这一问使得徐爱非常吃惊，他满腹狐疑，难道自己把经文背错了吗？不可能，所以他思索片刻，仍然不明白老师话里的意思。

王阳明则微微一笑，说道："这个错误不在于你，而在于这两位宋朝的大儒程颐和朱熹，他们自认为对孔孟学说的解释是最权威的，但是他们也曾误读，例如孔子谈到'修己以安百姓'。所谓的安百姓就是要亲民，教化民众，但是这两位宋朝的大儒却认为是'新民'，而不是'亲民'，这难道不是错误吗？"

王阳明的解读一下子使得徐爱愣住了，他自小所接受的教育中都将程颐和朱熹奉为经典、权威，从来没有丝毫的怀疑。如果真如老师所说，自己接受的程朱学说岂不是被误导了吗？所以，这也促使徐爱开始反思程朱学说，他后来将自己与老师之间的对话，详细地记载在阳明语录即《传习录》的序言中：

先生于《大学》“格物”诸说，悉以旧本为正，盖先儒所谓误本者也。爱始闻而骇，既而疑，已而殚精竭思，参互错纵以质于先生，然后知先生之说若水之寒，若火之热，断断乎百世以俟圣人而不惑者也。先生明睿天授，然和乐坦易，不事边幅。人见其少时豪迈不羁，又尝泛滥于词章、出入二氏之学，骤闻是说，皆目以为立异好奇，漫不省究。不知先生居夷三载，处困养静，精一之功固已超入圣域，粹然大中至正之归矣。

爱朝夕炙门下，但见先生之道，即之若易，而仰之愈高，见之若粗，而探之愈精，就之若近，而造之愈益无穷，十余年来竟未能窥其藩篱。世之君子，或与先生仅交一面，或犹未闻其謦欬，或先怀忽易愤激之心，而遽欲于立谈之间，传闻之说，臆断悬度，如之何其可得也？从游之士，闻先生之教，往往得一而遗二，见其牝牡骊黄而弃其所谓千里者。（《传习录上》）

徐爱对老师的质疑也是钦佩之至，这使他想到了孟子曾经谈过，尽信书不如无书。凡事都要有敢于质疑的勇气，才能促使自己的反思，不断提升自己的学问。否则只能是沉浸在对古人、权威的迷信中，故步自封。徐爱也深知老师的学问并非信口开河，而是经过卧薪尝胆的苦心钻研而获得的。而对于其他人来说，对于王阳明敢于挑战经典、权威的做法则是非常反感，很多人对王阳明的解读不能接受，王阳明自己也因此遭受到了很多的批评和指责。的确，挑战明朝已经存在一百多年的权威并非一朝一夕的事情，需要人们一个漫长的接受过程，更需要社会实践的不断检验。

因此，这一路对徐爱来说，可谓是收获颇丰，王阳明也对这个弟子非常喜欢，师生之间难免惺惺相惜。但是，遗憾的是，天妒英才，徐爱英年早逝，年仅31岁。

第六章

巡抚新命——文攻武卫，屡建战功

在滁州的岁月

朝廷任命王阳明为南京太仆寺少卿后，王阳明由于诸多事情的牵绊，一直到10个月之后，也就是正德八年（1513）十月才来到滁州。

到任之后，王阳明发现这个差使的确是清闲，经常有大把的时间无事可做。他这个南京太仆寺少卿，主要是负责马政，但是当时朝廷对于马匹的管理相当松懈，马匹的数量也日益减少，因此这也是个闲职。

当然，朝廷之所以将王阳明安置在这个位置上，也是有意在冷落他，因为王阳明对政事经常发表自己的观点，口无遮拦，难免会触及一些实权派甚至是皇帝的软肋，因此调配他到这里就是为了打击一下他的气焰。而这个安排对于王阳明来说，心里的确非常失意，一度陷入深深的失落中，难道自己满腔的抱负就要荒废在这马匹的管理中吗？但是，反过来又想，事情既然已成定局，悲观失望、唉声叹气都无济于事，这个差使正好清闲，可以用来潜心做学问，去除自己过去浮躁不安的性情，也并非都是坏事。

自古以来，很多仁人志士的成功之路都并非是一帆风顺的，磨难、挫折都是难免的。而真正决定个人发展的并非这些外在的条件，而是取决于自己的内心。一时的失意反倒能够促使有志之士提升对个人意志的磨炼和人生的感悟，从这个角度来说，反倒是件好事。

滁州距离大都市南京虽然仅有二百里，但是由于交通不便，因此经济发展相对落后，也就显得冷清一些。这对于王阳明来说，正好可以远离喧嚣与繁华，潜心钻研学问。因此他在这里也开始了讲学的生活，经常与弟子传授学问，也自得其乐。

滁州虽然经济并不发达，难以与南京这些大都市相比，但也是很多文人墨客向往之地。这个与宋代欧阳修的那篇著名的《醉翁亭记》有很大关系。欧阳修是当时的一代大文豪，受到了天下很多读书人的敬仰，因此很多人就是慕名前来，亲自体会琅玡山的风景。

琅琊山位于滁州城西南十里，树木葱茏、郁郁葱葱，环境清雅。欧阳修来到这里之后就陶醉于当地的美景，他尤其爱好饮酒作诗，因此自称为“醉翁”。他的千古名篇《醉翁亭记》就是在这里作出的。王阳明也多次来到琅琊山，非常陶醉于山中的美景，留下了与此有关的十多首诗，但是他却没有提及欧阳修及其著作。不得不使人怀疑他对这位大文豪很可能并不认同。欧阳修沉湎于饮酒的做法，他并不认可。但是他也不愿意表示明确的反对，而是保持缄默，不置可否。

王阳明在滁州的政事颇为清闲，所以他大多时间是与慕名前来的读书人切磋学问，在切磋学问之余，也经常游山玩水，自得其乐。远离了尘世的纷纷扰扰，能够沉浸在大自然的美景之中。王阳明此时的内心的确已经摆脱了朝廷政事的繁杂，而是沉浸在自己的心学意境之中。

王阳明在滁州闲适的生活并没有持续很长时间，在这里待了半年之后，朝廷就将他晋升为南京鸿胪寺卿，这是礼部的分支机构，负责掌管朝会、宾客、吉凶仪礼等事务。虽然南京的鸿胪寺并没有多少具体的事物可做，但毕竟有所提升，而且南京比起滁州来，其政治性还是要重要很多。所以，王阳明心情也豁然开朗，积极准备着前往南京任职。

桨声灯影，布道金陵

王阳明来到南京，就任鸿胪寺卿后不久，就意识到自己目前的差事仍然是个闲差。和自己一同任职的那些人都在想方设法调离这个部门，王阳明自然不会如此行事，他对自己的仕途并非毫不在意，只是他内心追求的“成为圣贤”的目标一直激励着他在学问上更进一步。所以，他显得非常超脱，专注于讲学和谈经论道。

王阳明并不甘心在碌碌无为中荒废大好时光，因此他就专注于心学的历练，他的心学就是要超脱世俗的功名利禄，追求内心的高远境界。当然，身为朝廷官员也并非完全能够自由自在，也有一套机制进行激励和约束。

在当时，作为朝廷的官员都要接受考察，王阳明在南京任职半年后也要接受考察，他对自己过去半年的政事显然是非常不满的，但是，自己也感到非常无助，为此他也时常流露出放弃从政、归隐山林的念头，所以他索性上书朝廷《自劾乞休疏》，要求还乡。当然，当时的王阳明也并非真的看破红尘，这个奏折也仅能理解为他对于长期身居闲职无所作为的状况的不满。对此，皇帝似乎也看得很明白，所以他也将王阳明的这份奏折置于一旁，并不理睬。王阳明却没有完全放弃，而是再次上书《乞养病疏》，不过这次又是石沉大海，对此王阳明除了遗憾，也只能寄情于做学问了。

他在南京的两年半时间里，在政事上难以有所作为，于是就潜心要在学问上有大的进步。他每天要做的事情几乎就是读书，思考，讲学，与朋友、弟子们一起探讨学问，每每与人探讨的时候，他经常会有豁然开朗的时刻，似乎自己在一步步地接近于心学的精髓了。当他有这种思想感悟的时候，他除了与身边的弟子、友人们分享之外，还会挥笔写信，向远方的友人、弟子们分享这种感悟，所以他的很多真知灼见都能够在他与别人的信中得到体现。

王阳明在内心冥想的时候，常常习惯于静坐。他在贵州龙场的时候就已经形成了这种方式，多年来他一直认为静坐能够使人心境平和、静心冥想，而且还经常会在静坐中，体悟茅塞顿开之感、在学识上有所收获。所以，他也教学生学习静坐，用意念来克服内心的私心杂念。

王阳明在南京任职后，有很多学生也一直追随他前往。而他的得意弟子徐爱这时也在南京任工部员外郎，徐爱非常热心于帮助这些师兄弟们安排具体的事务。他自愿给大家当起了“学长”，主动安排老师的授课时间，以及其他的事务性工作。对此，王阳明是非常满意的，这些烦琐的事情的确需要有人做，而徐爱是再合适不过的人选。

而王阳明的这些学生中，天赋差异很大、秉性也各不相同、勤勉程度也不一样，因此每个人的学问长进也不同。有些人一点即通，有很高的悟性，还能常常带给王阳明很大的启发；有些不仅难以有所长进，还将老师的教诲完全抛弃，做事背叛师门，也让王阳明痛心不已。

王阳明常常教导他的学生，世事无常，每个人都会遭遇到难以预料的变故，可能会对个人遭受非常大的打击，这时客观事实已经无法改变。只有用心学的理念来战胜外在的苦难，用自己的心境来提供强大的支持，逐渐达到心境的至高境界。

任南赣汀漳御史巡抚

正德十一年（1516）九月，王阳明接到朝廷新的任命：都察院左佥都御史巡抚南赣汀漳等处，这个任命也是王阳明没能想明白的。原来，当时的皇帝朱厚照懦弱无能，又依靠一些宦官当政，令一些正直、有才能的大臣颇为不满，文武官员的明争暗斗自然会影响到对百姓的治理，天灾人祸，民不聊生，匪患四起，尤其是江西、湖广、福建、广东四省交界的地区，土匪、恶霸、盗贼非常猖獗，百姓苦不堪言。而这些地方又地处深山地区，地势险要，易守难攻。为此，朝廷多次派兵，都不能给这些匪患以威慑，反而匪患更加嚣张，更为肆无忌惮。

朝廷多次派兵前去围剿，但是都遭到了山贼们的顽强抵抗，官兵难以与山贼们相抗衡，反倒助长了山贼的嚣张气焰。而这次任命王阳明为“都察院左佥都御史巡抚南赣汀漳等处”，可以说是临危受命，对他还是寄予了很大的希望。

王阳明对这四省边境地区活跃的山贼进行了翔实的调查，发现这些山贼多是农民出身，聚集在一起占山为王，经常掠夺百姓牲畜、财物，有时甚至围攻县衙，以此来获取物资供其挥霍，这一带的百姓深受其害。

当然，王阳明心里非常明白自己此时的升迁要面临着很大的压力，一旦自己剿匪不力，就会授人以柄，给那些排斥自己的人抓住了把柄。所以，他前思后想，还是不接这块烫手的山芋，他接到朝廷命令后上书请求辞去这个职务。当然，他也陈述了自己的三个理由：体弱多病，难以应对繁重艰苦的作战任务；自己天性愚钝，缺乏军事指挥才能；祖母年事已高，要尽孝道，返乡侍奉。而他的这些托词，在皇帝看来，其实都是没有很强说服力的，只是表露出来王阳明对这个职位不是很满意。因此，皇帝并没有批准他的奏折。一方面是王阳明对要求辞去这个职位的理由都不够充分；另一方面也是朝中的确难以选拔出更为合适的人选。于是，朝廷非但没有批准他的奏折，反而再次下发了敕谕，催促他尽快赴任。

而王阳明在接到这个敕谕后，仍然是迟迟没有动身，似乎仍然在寄希望于朝廷批复他的请求。此时，恰好发生了另外一件事，朝中一位大臣也被派去剿匪，他也同样上书请求辞去，结果没有得到批复，反倒贻误了剿匪时机受到了朝廷的惩罚。于是，朝廷就以此作为前车之鉴要求王阳明及早去赴任。这次，他不敢再有懈怠，第二天就踏上了前去江西的征程。

王阳明在行进的途中，竟然也遭到了当地盗贼的袭击，当时盗贼的嚣张气焰可见一斑。王阳明对此并不紧张，他只是把船只进行了编队，形成了强大的气势，旌旗开道，颇具威严之气。这些盗贼见此情景，就意识到这是位高人，居然就此吓破了胆子，跪下讨饶。王阳明也并没有想将他们赶尽杀绝，而是登岸对他们讲明大义，劝其改邪归正。这些盗贼一来惧怕这位官员的惩治，二来也并非心甘情愿成为盗贼，而是被一时的生活所迫，因此对王阳明的劝解也心服口服，纷纷表示愿意金盆洗手。

这只是南行当中的一个小插曲，王阳明此去江西令他没有想到的是，这成为他人生的一个重要转折点，是他今后军旅生涯的开始。

漳南战役

当王阳明还是懵懂少年的时候，就有满腔抱负要为朝廷平息暴乱贡献力量，他还曾经幼稚地上书朝廷。多年之后，他已经退去了年少的轻狂和幼稚，成熟和稳健了很多，如今被朝廷任命为南赣汀漳巡抚，也正圆了自己年少时的梦想。因此，对于平定赣州动乱他还是满怀信心的。

南赣当地多发动乱，朝廷多次出兵剿灭都难以平息。也有很多官员跃跃欲试，想要借此施展才华，可惜都难以如愿。王阳明尚在前往赣州途中，就得知福建、广东两省的巡抚都御史、巡按御史下令将士分头围剿漳南山区的山贼。王阳明得知后，就心存疑虑，因为两省兵分两路，很难统一行动，而山贼盘踞之地地形复杂，又个个彪悍善战，这次行动未必能够得胜。结果，正如王阳明所料，两省的行动皆以失败而告终。

前车之鉴，让王阳明对此次平定南赣之地的动乱也格外小心。这些地方的匪患已经存在有十余年，百姓遭受迫害、困苦不堪，朝廷也多次出兵，均以失败而告终，深陷剿匪的泥潭中难以自拔。朝廷的镇压不力，反倒促使山贼们更加猖狂。那么王阳明这次率兵前来又会是什么样的情形呢？

王阳明来到当地之后，首先做的工作就是通过多种途径，尽快掌握了山贼翔实的资料。对他们盘踞的位置、地形状况、民俗风情等都有所了解。这些各占山头的山贼们以江西和广东交界的横水、桶岗、浰头势力最为强大，也最难以对付。他经过周密的分析后，决定先对势力相对较弱的地方下手，继而再啃那些硬骨头。

当时山贼们的密探、暗哨也较为普遍，他们经常潜伏在官兵的队伍中，可以通过多种方式来打探到官兵的行动，并且迅速密报给山贼的首领。对此，王阳明决定不打草惊蛇，而是采取将计就计的方式来巧妙地利用这些人。他假意要从漳南山区撤兵，暂时不再出兵。这个消息传出后，山贼们就各自采取应对措施，而放松了对漳南地区的防范。而王阳明这边安排将士秘密行动，以迅雷不及掩耳之势来狠狠打击山贼。这些猝不及防的山贼们自然无力抵抗，节节败退，只能向福建漳州府南靖县平和乡的象湖山退守。王阳明运筹帷幄，打算一鼓作气，彻底剿灭这些山贼。他从容镇静，指挥官兵分为三路挺进象湖山。但是，这场战斗打得相当艰辛，官兵们毕竟不熟悉地形，而山贼们善于凭借天险，将早已布置的滚木巨石纷纷用来对抗官兵，致使官兵伤亡惨重。王阳明为此改变策略，趁山贼难以顾及的时候，命人从山间小道潜入对方的后方，山贼们腹背受敌，难以抵抗，官兵趁势追击。

王阳明指挥的平定漳南山贼的战役进行了近3个月，由于当地地势险峻，气候多变，因此战斗过程非常艰辛。但是，王阳明最终还是取得了丰硕的成果，剿灭2700余名山贼，1500余人被俘虏，还有难以计数的人跌落山谷毙命，四千多名山贼被招抚。这一次王阳明还彻底将山贼的老巢捣毁，官兵们焚烧了山贼们占据的至少有3000多间房屋，可以说是大获全胜，一举剿灭了为害一方的山贼之患。

捷报传来，朝廷也非常震惊，因为朝廷十多年派兵无数，均以失败而告终，此次在朝廷尚未发兵之前能够获得如此大的胜利，也充分显示了王阳明非凡的军事才能。正当王阳明捷报频传之计，久旱的福建南部也连降三场大雨，被人称为“久旱逢甘霖”，有人建议就将王阳明的临时行台的大堂命名为“时雨堂”，王阳明欣然应允。

提督南赣军务

首次打仗就取得了胜利，这使得屡战屡败的官兵精神大为振奋，意识到眼前的这位将领不再是之前那些碌碌无为的无能之辈了，剿灭匪患指日可待。王阳明在将士们心中的威望自然也树立起来了，这让王阳明颇感欣慰。

王阳明一向心思缜密、善于观察，所以他对这次初战的结果还是很满意的，也对将士们进行了嘉奖和鼓励，大大提升了军中的士气。然而，王阳明也发现了军队中存在的问题，而且亟待整顿，原来军队的纪律性很差，士兵们作战很随意，如果长期这样下去，那么再英明的指挥官也无法指挥这支没有战斗力的军队取得胜利。

所以，王阳明在初战告捷后，就开始整顿军队，希望能够通过一系列的整顿措施，大大提升军队的战斗力和凝聚力。他对自己的整顿措施还没有十分的把握，于是就先开始进行试点，如果方法得当，效果显著，再大面积地推广到其他军队中去。

王阳明将这次作战的一支军队作为试点，改变了过去的编制，将二十五人组成一个“伍”，设置伍长；两个“伍”可以合并为“队”，设置队长；四队合并为一“哨”，设置“哨长”；两哨合并为一“营”，设置营长以及两个“参谋”；三个营合并为一“阵”，设置偏将；二阵合并为一“军”，设置副将。偏将、副将的设置可以依据实际情况灵活机动地设置。而高一级的长官有权力处置下一级的长官，这样一来上下联动，就能够有力地加强对整支队伍的管理。

为了加强各个部分之间的联络，及时有效地传递军情，王阳明还为军队相应地特制了“伍符”“哨符”“营符”。

而这些措施运用起来，将士们发现在军队演练的时候确实比过去先进多了，所以也就自觉地遵照实施。王阳明自己也没有想到，自己年少时阅读兵书的秘籍还真能够派上用场。王阳明初战告捷的消息传到朝廷，皇帝和大臣们也颇为兴奋，之前多年频传失利的消息，已经有多年没有胜利的消息传来，怎能不令人振奋？王阳明也趁机将今后的作战方案详细禀告朝廷，并要求赋予更大的权力。他指出了两种作战的方略，并且详细分析各自的利弊，请求朝廷不要规定剿匪的期限，也给自己充分的主动权力，能够自己确定作战的时间、措施，这样一来不仅朝廷无须耗费过多的粮饷，也减少百姓遭难。

王阳明的奏疏递上去之后，在朝中议论纷纷，大臣们既对他的功劳刮目相看，也难免嫉妒之意，另一方面也对他的狂妄自大感到愤怒。于是，在这个问题上形成了两派针锋相对的意见，为此双方争执不下，竟然拖延了3个月，才下达了朝廷的委任书，内容并不复杂：“王守仁著提督南、赣、汀、漳等处军务，换敕与他。……钦此。”由于当时的军队中，只有“提督军务”才有权力调动军队。所以内阁又继而起草了敕谕，对这个委任进行补充说明。这样一来，王阳明的权力大大增强了，自己有了很大的自主权力，他可以根据军情来确定作战方略，也可以对地方官进行督促，还能够对不听号令者“俱听军法从事”，至于军马钱粮等事宜，一般情况下都能够自行确定，只有遇到大的事情，才需要请求朝廷裁决。

而后来的捷报频传也表明朝廷的这个决定是非常英明的，这也给当初持反对态度的大臣们以有力的回击。

用兵横水、桶岗

王阳明为发动横水、桶岗战役做了一系列的准备，因为他对这场战役有可能遭遇到的困难有充分的考虑，面对的敌人是江西、福建、湖广、广东四省以及相邻省份的人，人员混杂，难以琢磨；而当地地形险峻，通向盗贼们盘踞的地方更是险要，盗贼们凭借天险就能够截断官兵们的去路，可以说是易守难攻。此外，当时正值雨季，当地的天气变化无常，官兵们的战役可能将会面临着冒雨进行的难题，加上地势陡峭，将会面临着更大的伤亡。为此，他要组织动员充足的兵力投入这场艰苦的战斗中，他除了部署江西军队外，还组织湖广的军队按照拟定的日程前来增援。为此，他在充分估计到战争局势的情况下，制定了周密的军事部署计划。

横水、左溪、桶岗这些地方主要在江西省南安府境内，其中盘踞在桶岗的敌人势力最为强大，地形也最为险要，为此，王阳明的属下们一致认为将桶岗作为首取之地，然后再进攻横水、左溪。对此，王阳明则有自己独到的看法，他认为先攻横水、左溪，那么就可以去掉心腹之患，对桶岗形成包围之势，这样一来就胜券在握。属下们对王阳明的分析也颇为信服，于是就采取王阳明的作战部署方案。

于是，在王阳明的周密部署下，战争打响了，王阳明命令官兵从江西向湖广方向开进。于是，攻打横水、左溪的主力军自然就是江西各府县的军队。他根据敌人的情况，采取各个击破的方案，将军队分为十个部分，规定了各个部分攻打不同对峙的敌人，将敌人的兵力打散，坚决不能让对方纠结在一起。这样一来，对方就处于分散作战的状态，难以相互支持，处于孤立无援的境地，官兵再集中优势兵力将其打败。王阳明极具天才的军事指挥才能再次得到了证实。他之前的战争局势分析几乎都在实际的战争中得到了验证。聚集在横水、左溪的山贼们根本无力应对，在他们尚未反应过来之际，王阳明指挥的官兵已经将其制服。但是，也正如王阳明所料，官兵们打得非常艰辛，并且伤亡也较为惨重，因为当地处处是悬崖峭壁，不熟悉地形的官兵们稍不留意就跌入了万丈深渊，为此而伤亡的官兵很多。

在横水之战进行得异常激烈的时刻，在左溪的战争也已经打响，官兵士气高涨，冲入山贼阵营，对方立即就四散逃窜。战争原本可以早早结束，但是，王阳明想到如果不在对方溃败之时，趁机将其一网打尽，则很有可能留下了后患。到时候，再去剿灭对方就要付出更大的代价，因此他就命令士兵追击山贼，不可放过一个。当时，天降滂沱大雨，道路泥泞，兵士们几乎是在泥浆中同这些负隅顽抗的山贼们搏斗。令人振奋的是，盘踞在横水、左溪一带的山贼们很快就被剿灭了，王阳明命令手下官兵一鼓作气挺进桶岗。

由于事前的舆论都认为此次进攻是先对准桶岗，所以当地的盗贼们颇为紧张，紧锣密鼓地部署应对，但是却发现官兵迟迟不来，反倒先进攻横水、左溪，这使他们都放松了不少，战备上自然也放松了警戒，这对于官兵的进攻恰恰是非常有利的。

然而，正如王阳明之前勘察的情况一样，桶岗的地理位置非常险峻，通向山贼窝点的道路仅有五条小道，并且山贼们也早已部署好了，处处是陷阱。如果硬攻，很可能会带来更大的伤亡而且也难以获取胜利。对方处于易守难攻境地，就必须要另辟蹊径。这时，王阳明想到了一个计策，可以尝试一下，这就是劝降。虽然山贼严阵以待，但是对方毕竟人数不多，并且信心不足，如果能够选出与其首领有所交往的人前去劝降则可能不费吹灰之力就能取得胜利。于是，王阳明就派之前俘获的人中与其首领有所交往的一个人前去。对方一见到有人前来劝降，顿时也军心大乱，争执不下，自然也就无心部署防范。王阳明趁机命令官兵全力攻打，终于官兵们一步步攻入对方的老巢。其首领在混乱中被官兵杀死，异常艰苦的桶岗之战宣告大获全胜。

王阳明对这次战斗颇为满意，他并未一个人沉浸在胜利的喜悦中，而是给朝廷上书请求嘉奖参加战斗的所有官兵。王阳明仅仅用了不到三个月的时间，就一举肃清了盘踞在江西境内多年的匪患，朝廷对王阳明这次的战斗非常满意，于是对他的请求也非常快地给予了批准。而在当地百姓的眼中，王阳明几乎等同于神明，他带领军队经过任何一地，都会受到当地百姓的顶礼膜拜，甚至有地方建立了生祠对其进行供奉。

不久，王阳明上书朝廷建议在横水设立新的县治，改变过去朝廷行政力量无法企及当地的状况，彻底改变匪患滋生的社会环境，这一建议很快也得到了朝廷的批准。

智取三浰

王阳明在指挥“漳南战役”与“横水、桶岗战役”时，可谓声势浩大、风卷残云之势。他乘胜追击，想要一举击破广东惠州府龙川县境内的浰头大巢。

对于这个浰头大巢，王阳明心里很清楚，摆在自己眼前的挑战非常之大，只可智取，不可硬攻，否则将会置自己于险境。浰头包括广东龙川县境内的山区，地势险要，层峦叠嶂。藏匿于大山里的匪首名叫池仲容（绰号池大鬓），为人极其险恶，他手下的土匪们个个彪悍勇猛，又占据天险，易守难攻，因此，朝廷曾经数次派兵前来剿灭，都以失败而告终。王阳明来之前，也早已清楚围剿浰头绝非易事。

但是，他并没有被浰头的嚣张气势所吓倒，而之前几次战役的频频告捷也让他信心倍增。

王阳明为此日思夜想，他多次察看地形，反复钻研地图，想要寻找攻克这个难题的方法。但是，连日来，他都没有丝毫的进展，这令他感到了很大的挑战。看来，采取平常的策略难以解决，是不是可以摸索到一些捷径呢？这时，他突然脑子里蹦出来一个人，这个人就是之前来向他投诚的浰头小头领。可不可以在这些人身上找到突破点呢？经过一番冥思苦想后，一个周密的计划在他的头脑中形成了，如果计划成功，就可以以最小的损失来获取成功。

王阳明找到之前来投诚的黄金巢，对他给予了优厚的待遇，并指示黄金巢写信给池仲容向他传达几点意思：一层内容是要告诉他王阳明的兵强马壮，连告大捷，势如破竹，对浰头也是势在必得；另一层意思是自己优待俘虏，如果对方前来投诚，那么能够减少杀戮。池仲容收到信后，有所动摇，但是又不甘心就此败下阵来。所以，他表面愿意投诚，为了取得王阳明的信任，他派自己的弟弟池仲安率领两百人面见王阳明。但是，在暗地里，他也在加紧战备，准备决一死战。王阳明一见到前来投诚的人，心里就明白了对方的阴谋，因为来的一批人老弱病残，根本没有战斗力。其实，这看似弱势的队伍里，也暗藏着杀机，时刻准备里应外合来战斗。当然，他善于分析敌情，将计就计，对于敌人的阴谋观察分析透彻，但是又具有身为大将的从容镇定，不漏声色，善于麻痹敌人，诱使敌人放松警惕，乘虚而入，击中敌人的要害。

王阳明一面假意接受对方的投诚，另一方面也在积极准备应对之策，做好军事部署。他心里很清楚，浰头这里的土匪熟悉地形，又勇猛善战，而自己的军队要战胜他们需要非常精心的计划。

他打算将计就计，派得力手下带上丰厚的慰问品深入浰头进行慰劳。这些人冒着风险，面见池仲容，一方面是为了探明对方的用意，另一方面也是为了观察当地的地理位置和军事设施，为战略部署做充分的准备。更为重要的是，王阳明传达给对方一个非常重要的信息，池仲容的死敌卢珂在赣州。池仲容信以为真，也逐渐降低了对王阳明的戒备心理。兵家之道，擒贼先擒王，顺利攻取浰头的关键问题在于将其首领池仲容调离浰头。王阳明成功地利用池仲容与死敌卢珂之间的矛盾，诱使池仲容离开了他的老巢浰头。而池仲容到达赣州之后，就四处打探卢珂的情况，以此来试探王阳明的真实用意。不料他的一举一动都在王阳明的监视之下。毫无疑问，池仲容虚假投诚的真实目的充分地暴露了出来，王阳明此时仍然不动声色。在攻占浰头的各路兵马到位之后，王阳明就名正言顺地将其杀掉。头领被杀，致使浰头军心大乱，而之前又缺乏严密的准备，因此，按照王阳明之前周密的部署，浰头的所有地区非常容易地被攻占了。

“浰头战役”顺利结束，这场战斗不仅剿灭了当地的土匪，使老百姓的生活免除了灾害，而且大大减少了兵力的损耗，王阳明可谓劳苦功高，为此他在当地普通百姓中的声望也日渐高涨。王阳明并没有因为眼前的成绩而居功自傲，他深切地体会到当地百姓的生活艰难，所以他特地向朝廷建议免除和平县三年的全部租税赋役，以休养生息，繁荣地方经济。这一建议又得到了批准。

王阳明不仅心系民生，关心百姓疾苦，而且也深深地意识到功高震主的为臣之道，而且他也的确多年来积劳成疾，身体状况大不如从前，因此他向朝廷上书，请求卸甲归田、颐养天年。但是，朝廷没有批准他的请求，还需要他继续发挥才智为社稷谋福利。

设平和、崇义、和平三县

王阳明在浰头剿匪行动出奇制胜，为朝廷、百姓扫除了一大障碍，可谓劳苦功高。浰头匪患的消除，大大打击了整个南、赣、汀、漳、潮、惠等地土匪的嚣张气焰，这些地方的山贼要么悄悄退出，要么也心中有所惧怕，不敢轻举妄动，当地的治安状况有了很大的改善。

王阳明手下的官兵也从剿匪中缴获了很多战利品，对此王阳明亲自过问，想了解一下这些嚣张跋扈的山贼们真实的生活状况。原以为山贼们的生活会奢侈无度，但是看到官兵们缴获的战利品，王阳明这才知道他们中有很多人的生活过得很拮据，更令他大感意外的是两千余名的山贼居然平均每人只有一件衣服，很多人竟然不名一文。顿时，怜悯之情油然而生。当然，王阳明也并非是毫无原则地一味怜悯。他有着更为长远的考虑，因为这些地方的匪患解决之后，并不算大功告成，还要考虑到这些地方今后如何治理，才能长治久安。这些山贼们虽然有罪，但是也没有达到要诛杀的地步。

对此，王阳明先是令手下认真核实山贼们的真实状况，以便采取不同的策略进行管理。这些山贼，一类是与官府为敌的惯犯，他们往往是由于触犯法令而被官府追缴，从而逃入山中负隅顽抗，对此，王阳明上书朝廷，予以斩杀；一类是来自沿海地区如广东、福建的流民，大多是由于遭受当地豪强的压迫难以为生，被迫当了山贼，这些人无意对抗官府，也基本上是一些小喽啰，对此，王阳明请求朝廷赦免，愿意回当地的就回去，并且可以免除其所欠下的赋税，愿意就地安置的也可以成为当地百姓。王阳明此举，把原本铁板一块的山贼瓦解为不同的群体，安抚人心，稳定了当地的社会秩序。安抚了山贼之后，长期遭受匪患的地方如何管理，也是一大难题。当地的一些读书人建议在本地增设县治，以加强对当地的治理，如此则能够保障当地的长治久安，杜绝匪患。王阳明也早有此意，如今得知很多人都倾向于增设县治，于是就上书朝廷，力陈其中的原因：

臣观河头形势，实系两省贼寨咽喉。今象湖、可塘、大伞、箭灌诸巢虽已破荡，而遗孽残党，亦宁无有逃遁山谷者？旧因县治不立，征剿之后，浸复归据旧巢，乱乱相承，皆原于此。今诚于其地开设县治，正所谓抚其背而扼其喉，盗将不解自散，行且化为善良。不然，不过年余，必将复起。(《添设清平县治疏》)

王阳明的分析鞭辟入里，非常到位，也切合了朝廷的利益。朝廷也很惧怕虽然暂时剿灭了山贼，但是潜藏在暗处的山贼们很有可能不甘心，他们也在加紧聚集力量，企图卷土重来。一旦他们得逞，那么再要想剿灭他们可能要付出更大的代价。而王阳明的这个奏折，恰到好处地替朝廷解决了这个难题，所以很顺利地得到了批准。经过两年的积极筹备，第一个福建南部的新的县治开始正式设立，取名为“平和”。为了加强对当地的治理，王阳明还将原本设在河头的巡检司迁移到枋头，从而杜绝了山贼的死灰复燃。之后，王阳明又相继在江西上犹县崇义里的横水设崇义县县治、闽粤赣三省交汇处设置和平县。并且都将当地的巡检司迁移至县城。这些地方原本是人烟稀少、交通不便、朝廷的行政管理尚未达到的地方，缺少官府的治理，自然就很容易成为山贼们聚集的地方，并且为害一方百姓。增设县治，就很好地解决了这个困扰朝廷以及当地官府的老大难问题。

王阳明的这一系列举措，既顺乎民心，也符合朝廷的利益，增加了朝廷对于这些偏远地方的管理和控制。王阳明的雄心壮志、意气风发也表露了出来，为此他也有自己更为深远的考虑，就是破除人们心中的“山贼”，使当地百姓安居乐业。

举乡约，办社学，衙门成了书院

南赣，这个在当时令很多官员望而生畏的地方，王阳明仅用一年半的时间，就率兵剿灭了这里的匪患，可谓劳苦功高。朝廷为了表彰王阳明的功绩，将其从正四品都察院佥都御史晋升为正三品右副都御史，并且王阳明的养子正宪也因此被封为锦衣卫百户。

就在朝中很多人都为王阳明的晋升而唏嘘感叹的时候，王阳明并没有沉浸于自己昔日的功绩中，而是已经开始思考如何治理，才能让百姓安居乐业。的确，剿灭匪患可以在一两年之内完成，然而要想训导当地百姓安分守己，本本分分地为人处世，却并非一朝一夕能够实现的。因为，在当地很多普通的百姓心中法制的观念相当淡薄，缺少礼制的教化。为此，王阳明已经暗下决心要用“圣贤”之道来教化当地百姓。他多年来饱读诗书，立志成为“圣贤”，那么，当下就正好可以验证一下自己的理想。

南赣之地幅员辽阔、人口众多，仅靠自己的力量是万万不可做到的。而能够承担起教化百姓的当属地方的父母官。但是，长期以来，官吏人浮于事、营私舞弊的事实已经使官吏在百姓心中威风扫地。而当地之所以长达几十年来惨遭匪患的影响，地方官员的责任不可为不重大。想到这些，王阳明内心不免增添了些许惆怅。但是，不能因噎废食，经过这一年的接触，王阳明也了解了其实有很多官员是希望能够有所作为的，倘若能够建立完善的治理途径，为每个官员教化百姓都制定一个模式，那么就能够有效地降低官员个人素质对治理的影响。

王阳明做事向来雷厉风行，一旦他经过深思熟虑认为可行的事情，就会全力以赴地去完成。教化百姓、为官一方对他来说也并非是第一次，之前他在庐陵做知县时期已经积累了很多经验。他首先是把自己的治理之策告知手下的官员，痛陈利弊，尤其强调当地的社会风气不良很大责任在于官员的不作为。由于一年多来，这些官员跟随王阳明风餐露宿、同仇敌忾共同剿灭了为害一方的匪患，因此，王阳明已经无形中树立了崇高的威望，对他这次的治理之策，官员们自然也是心服口服。很多人都已经暗下决心要跟随王阳明干出一番事业来。

为了郑重起见，王阳明自己发布了一份告谕，命人前往南安、赣州等府分发，各府衙门要据此翻印。然后，各县必须依据十家牌，将告谕发放到各家各户，务必做到妇孺皆知。看到王阳明这次如此大动干戈，各府县官员也意识到了巡抚对此事非常重视，因此，也丝毫不敢马虎，都立刻派人翻印。就这样，在很短的时间内，王阳明治理的地方几乎都出现了他的告谕。百姓们看到几乎从没有过这种情景，都在相互告知告谕的内容。

王阳明的告谕直接明了，先是向百姓们分析了民风不淳的缘由，他说道：“告谕百姓，风俗不美，乱所由兴。今民穷苦已甚，而又竟为淫侈，岂不重自困乏？夫民习染既久，亦难一旦尽变，吾姑就其易改者，渐次诲尔。”正是由于百姓中间长期以来都风行的奢靡、浪费的习气。普通人家平时里节衣缩食，但是如果有红白喜事，往往都讲排场、好面子，肆意挥霍掉多年的积蓄。久而久之，就会有很多人在生活困顿的时候，无以为继，只得为非作歹，沦落为盗贼。基于此，这位巡抚才要兴利除弊，强制要求当地百姓改变过去的习俗，他将其内容做了明确的界定，如提倡厚养薄葬，提倡节约办事，提倡求医问药，禁止举行浪费大量人力物力的城乡迎神赛会。

其实，王阳明的这些规定早已有之。在儒家思想里就有大加宣扬勤俭节约的内容，而历朝历代的皇帝也都倡导这些社会风气。王阳明之所以将此作为切入点，是因为当地百姓中，相互攀比，奢靡、挥霍的风气很盛，很多家庭因此而倾家荡产、妻离子散。所以，人心思安，王阳明的做法也正是人心所向。他提倡的社会风气很快就被老百姓所接受，并逐渐开始效仿。

移风易俗只是王阳明治理地方的突破口，之后他又推出了一系列的改革措施。他亲自草拟了一份《南赣乡约》。通过告谕的形式，提倡百姓的自我管理、自我约束，从而使得礼制深入人心。其中，他提倡一村或者族为单位，公开推举德高望重之人来记录众人的起居、劳作状况，以此来提升民众相互监督的意识。

王阳明的改革措施切中时弊，受到了当地百姓的欢迎，进展也颇为顺利。这些措施的实施都是自上而下推行的，对百姓的约束也是由外到内的，尚未在民众内心深处扎根发芽。这使王阳明意识到，要想从根本上恢复当地的社会秩序，就必须要清除百姓心中的“贼”，改变人们的思想观念。而要达到这个目标，就需要兴办学校，对百姓进行传统道德教育，使老百姓能够遵守礼制。于是，王阳明就先后在南安、赣州全面恢复社学，同时也开始兴建书院。

在明代，社学兴起的时间很早，早在太祖洪武八年（1375 年）时期就要求各地官员要在乡村创办社学，使普通人家的子弟也能够接受系统的教育。之后，在英宗天顺、宪宗成化、孝宗弘治时期，都不断地强化兴办社学的制度法令。就读期间的费用，则往往是官府负担一部分，学生个人负担一部分，这使得原本较为贫寒人家的子弟也有机会去读书。

但是，从长远来看，由于多方面的原因这种性质的学校往往难以持久，但是，即便情况不够乐观，王阳明还是觉得一旦自己下定决心后，不管有多么艰难，都要坚持把事情做好。在设学这件事上，他也实施了一系列措施，在社学校舍的问题上，他效法前任的做法，把一些不合时宜的寺庙改造为学堂。接着就是聘请教师的难题，王阳明对师资力量非常重视，特意聘请了福建市舶司副提举舒芬来主持社学事务，并且动员自己优秀的学生前来任教。对各地的官员下令一定要解决教师的薪资问题，要保证教师能够领取到应得的薪金。条件都准备成熟之后，王阳明对社学的办学方向、授课内容等提出了自己的看法。明确指出社学要将歌诗、习礼、读书同时并举，大力提升学生的综合素养。在王阳明的大力提倡和推动下，南安、赣州各地的社学相继兴起，并且取得了显著的实效。

王阳明在担任赣州巡抚期间，不仅大力兴办社学，使得很多贫寒人家的子弟从中受益，而且，他也身体力行地讲学，将自己多年积淀的学问亲自传授给弟子。众多弟子也从恩师的讲学中，感受到了其学问功底的深厚，而且也对恩师的为人敬佩之至。于是有很多弟子就一直追随着他，王阳明在何地任职，就往往会有一批弟子不远千里地追随到这里。王阳明也被弟子们的诚心所打动，他把自己的巡抚衙门变成了传道授业的书院。可是，前来求教的弟子越来越多，偌大的巡抚衙门已经难以容纳，于是王阳明就在赣州建立书院，他对宋儒周敦颐钦佩有加，所以就用他的号来为书院命名，即“濂溪书院”。

在王阳明的悉心指导下，一大批的弟子，诸如欧阳德、何廷仁、黄弘纲等人，都取得了很好的成绩，有的在科举考试中崭露头角，入朝为官；有的效法王阳明向人讲授、传播心学。他们都为王阳明思想的发扬光大做出了贡献。

第七章

皇城闹剧——自古英雄多磨难

宁王挑起了反旗

明朝武宗时期，整个王朝机器真正运作到了无法运行下去的地步了。不仅百姓的生活困苦，连王府也是久缺钱粮。

作为宁王府的第三代亲王的朱宸濠，受曾祖朱权的影响，文学素养较高，平日也爱舞文弄墨，自诩为文人能士，如若在太平盛世，这位王爷一定是为国出力的能手。

可是如今国不成国，王爷心中也有几分恼火，好端端的大明朝就这样拆毁了，如若是自己当上皇帝，必然不会是这样的结果。

此想法一出，便拦也拦不住了，久而久之，当皇帝的念头也就兴起了。朱宸濠是个明白人，他知道，想要对皇位取而代之，就先得有大量的拥护者。于是，他开始结交大臣将士以及能人异士，一场精心策划的夺权斗争正紧锣密鼓地进行着。

但世上没有不透风的墙，宁王府的各种举动多多少少被传到了京城。大臣纷纷要求严惩朱宸濠。武宗下令调查，查找证据，但终因证据不足，只是给了朱宸濠一个警告。

正德十四年（1519）六月十三日，这一天是朱宸濠的生日。京城的密探抵达南昌时，王府里正大摆宴席，十分热闹。宴席一散，朱宸濠立刻召集所有的谋士进行商量，听到朝廷派来宣旨的人是驸马后，大家都建议朱宸濠不要再按原计划于八月十五日，也就是全国举行秋试时行大事。因为按照惯例，只有抄家全拿时，才会派驸马亲自来宣旨。

六月十四日，朱宸濠宴请的官员们按照礼俗，应该进府回贺、谢宴。等人全部到齐后，府中所有的通道都被封锁，所有的官员都被朱宸濠当场扣押，并以奉太后之旨为由胁迫他们服从。

都御史孙燧见众人被这个场面吓得直发愣，便带头发难。质疑此次叛乱是否是奉太后的旨意。朱宸濠见人群当中已经有了骚乱，为了稳定局面，便命人将这些不服从的人杀掉。在场的官员再无人敢反抗，都附和着朱宸濠呼喊、举事。随后，朱宸濠的护卫、军队开始正式出动。

宁王起事这一天，王阳明刚好离开。当时，福建发生军官的叛乱，兵部尚书王琼派其前往处理这一事宜。这一举动使得王阳明躲过了为朱宸濠贺寿，免受胁迫一事。起事的第二天，王阳明得知了这件事情。虽然之前对于朱宸濠的动静早有怀疑和警觉，但还是感到惊讶，特别是朱宸濠还杀了都御史与朝廷公开对抗。

朱宸濠早就想拉拢王阳明，但都未能成功。一旦发起大事，自然也不会忽略了他，所谓顺者昌，逆者亡，船开到丰城时，有人告知宁王谋反一事后，王阳明立刻改变了原来的行程，一来警惕朱宸濠的追杀，二来也可以赶紧往回召集军马，同叛军周旋。

与宁王交战

朱宸濠叛乱的消息一起，人心惶动。正德十四年（1519）六月十九日、二十一日，王阳明紧急上奏朝廷。这个时候，朱宸濠已经率兵出鄱阳湖，并对安庆进行围攻。局势越来越严峻和复杂，安庆若是被攻破，那么整个南京就会十分危险。可是忧心如焚也无济于事，因为当时作为南赣汀漳巡抚的王阳明身负的差事是平定福建的兵变，对于这次的事情并没有处理的权力，所以他的手中没有一兵一卒。

不知如何是好的王阳明，在向邻省请求发兵的同时，还冒险写假的文书和书信来虚张声势，以此搅乱朱宸濠的军心。一连串的假公文、假情报确实是乱了朱宸濠的分寸，使得他不敢轻举妄动。趁此机会，王阳明聚集了江西境内各府县的军队。

七月十八日，王阳明誓师北上。朱宸濠对安庆进行围攻，虽久未成功，但安庆城里的官兵已经是精疲力竭，坚持不了多久。所以，支援安庆，解除安庆的围困是当务之急。为了获取具体的进军方案，王阳明召开军事会议，征集各领兵官员的意见。会上很多人都建议立即率军救援安庆。虽然解救安庆是首要的任务，但是王阳明认为，如果直接增援安庆，可能会引来正面的冲突。本来围困安庆的军队会反击我军，朱宸濠还很有可能会派军从背后夹击。按照现在的军势和实力，是万万不能的。最后，王阳明做出了一个冒险的决定，攻占南昌。

虽然王阳明的军队同朱宸濠的军队在素质上相比有很大的不足之处，但是叛军留守南昌城中的人数并不多。而且，王阳明的军队是从各地招募来的忠义之士，在气势上是有一种要压反的正义。王阳明认为只要攻克南昌，就相当于攻克了朱宸濠的作战基地。不仅能够从侧面解除安庆被围困的境地，还可以反过来牵制朱宸濠，解除南京的危险。

统一好作战思想后，王阳明开始进行紧密的筹划和战前的各项准备。在对南昌发动进攻之前，王阳明向南昌城里的百姓发了即将要攻城的告谕。并说明朱宸濠谋反的罪行，百姓大可不要惊慌，而从逆的人或官员，只要开门投诚，帮助抚慰百姓，都可得到一条生路，否则只有死路一条。

七月十九日夜，先头部队到达南昌的广润门外。王阳明亲自到广润门外誓师，颁布并申明了严格的军纪。部队听鼓声而行动，一鼓附城，再鼓登城，三鼓不克诛伍长，四鼓不克斩将。第二天黎明，准备好的各路军队随着一阵阵鼓声的响起，发起了对南昌的总攻。

早已经被告谕和投降书弄得军心涣散的守城军队，虽做了抵抗，但奈何不了王阳明的军队大规模的进攻。到了中午时分，整个南昌城被占领。宁王府的人一听到南昌城失守的消息后，便纵火自焚。霎时间，疯狂的火势蔓延到了周围的民居，在王阳明的控制和指挥下，攻城的士兵立即投入到救火和安抚居民当中去。混乱的局面得到了控制，一切变得有条不紊起来。

这边，朱宸濠正在指挥军队准备强攻安庆，却得到王阳明攻占南昌的消息，于是马上下令回师南昌。这个时候，朱宸濠的谋士李士实和刘养正得知朱宸濠的决定后，立即劝阻他，并告诉他，南昌不是当务之急，南京才是。朱宸濠觉得安庆都如此难攻，攻取南京又谈何容易。攻下来还好，若攻不下来，还赔失南昌，那可如何是好。于是，立即派部队支援南昌，自己则率领大部队随后而来。

朱宸濠的迅速回兵令王阳明有些诧异。虽然王阳明早就派出部队阻击朱宸濠的先遣军，但是朱宸濠带领大部队火速回击，这是王阳明招架不住的。因为，此刻他的全部军队，仍旧是先前从各地召集起来的两三万人，那些他不断请求的援兵不见踪影。这种情况下，很多官兵都劝王阳明应该退守南昌城，等待援军的到来。

但王阳明却认为，退守南昌，只会把自己推向被动。虽然从各方面分析，朱宸濠都占了上风，但是自己这边也是占有优势的。首先，朱宸濠本来就是做贼心虚，南昌被占领，此刻他应该是心急如焚，急躁不已。这个时候，更应该抓住他的弱点主动出击，而不是等待他来进攻。他立刻进入到战争状态中，再一次统一思想，强调军纪，部署军事。

七月二十三日，朱宸濠的先遣部队已经逼近南昌城，来势汹汹。二十四日一早，朱宸濠所率领的大军已经到达城外的王家渡。王阳明派吉安知府伍文定率领军队同朱宸濠的军队进行正面的进攻。初战之时，伪装败走，把敌人引入早已设伏的地带，奋力追赶的敌人便和大队伍拉开了距离，前后也就不能相顾。这个时候，伏兵从四处出击，围包朱宸濠的军队。这一战下来，朱宸濠的军队损失惨重，不得不又从九江、南康等地调集军队。

王阳明得知朱宸濠将九江、南康二城的守城军队调出的消息后，立即派兵前往这两座城市，并迅速收复，这为王阳明最后能够生擒朱宸濠打下了基础，扫清了道路。

决战宁王朱宸濠

正德十四年（1519）七月二十五日，这一天，北风兴起，朱宸濠率领军队准备再次攻击。王阳明知道初战失利的朱宸濠必定会尽全力攻击，这一战将会是一场恶战。

天微亮，王阳明率军顺江而下，准备迎击朱宸濠。由于受到风势的影响，战争开始时，王阳明的军队被敌方的阵势所吓倒，一时退却，乱了阵脚，死伤不少。王阳明见此状况，下令全军，不许后退，严格遵守号令，擅自主张者一律斩。

吉安知府伍文定见王阳明稳住了阵脚，便带头向敌方的船队冲去，他立在船头，迎着炮火，即便是燃烧了头发、胡须，他也岿然不动，不后退半步。

伍文定的拼死奋力，使得军队气势上涨。这时，王阳明命人在其指挥船上升起一块写着“宁王已擒，我军毋得纵杀！”的大白布。朱宸濠的军队看到这个不知是真是假的消息后，立时阵脚大乱，一时间没有了作战的心思。伍文定见状，乘势追击，敌方的战船瞬时被炮火包围，朱宸濠下令，所有船只后退，朱宸濠的军队在一阵哗乱中狼狈败走，退至樵舍。

站在船头，看着顺江而下的死尸时，朱宸濠失声痛哭。在旁人的劝慰下，朱宸濠渐渐平息下来，将停摆在大江上的船只连成一体，结成方阵，准备再战。布置好一切后，朱宸濠走进妃嫔们的船舱。当初，带着妃嫔儿子们起兵，是为了在南京登基册封做准备，没有想到，转了一圈，又回到了南昌。特别是在未起兵之时，其妃子娄妃就劝他不要有这样的非分之想，朱宸濠觉得妇人之仁不可听，现在想来，后悔都已经来不及。妃嫔们看着现在这个局面，哭作一团。只有娄妃明白，成为王，败为寇，已经到了这个地步，再说也无益。她拿出自己所有的钱财首饰，交给了朱宸濠。其他妃子也明白了用意，纷纷将首饰取出。朱宸濠命人将这些首饰分给了将士们，算是为这最后一战打气。

七月二十六日天刚亮，朱宸濠正准备下令进军时，上游王阳明的军队炮声隆隆地杀来。带火的弓箭如雨点般坠入朱宸濠的战船，整个船阵顿时成为一片火海。士兵们，逃命的逃命，投降的投降，乱作一团。朱宸濠的妃嫔、丫鬟等人，也纷纷投水自尽。此时，朱宸濠大势已去。慌乱中，他乔装打扮，跳上一条小渔船，想要趁机逃跑。却不知，小渔船早已经被王阳明所控制，朱宸濠就这样被王阳明活活地抓住。朱宸濠的谋士以及当初被胁迫的官员们除了被杀的之外也都被活捉。

朱宸濠处心积虑了10多年的战争，却只用了42天便化为乌有。当朱宸濠被押至王阳明面前时，胸中愤恨难解，他大声喊叫：“朱家自己的事，何烦你王阳明这般周折费心。”又说：“你尽管拿去我的头衔，家财，只恳求留我一条命，贬为庶民。”王阳明见朱宸濠嚣张的气焰有所缓和，才冷冷地回答他，自有国法在。

朱宸濠知道局面根本无法挽回，到了最后他诚恳地请求王阳明帮助他收敛娄妃的尸体。朱宸濠的这位妃子，是著名大儒娄谅的女儿，听闻非常贤惠端庄，知书达理。而娄谅还和王阳明有过师友之情，曾一起讨论过“格物致知”之说。看在娄先生的情面上，王阳明立即派人去寻找，并且按照礼数进行了安葬。

震惊朝野的宁王朱宸濠起兵谋反一事，在王阳明的指挥下，迅速被平定。七月三十日，王阳明将整个平叛的过程写成书面文件，作为一份捷报报告给朝廷。同时还罗列了这次战争中的立功人员，希望能够得到朝廷的嘉奖。随后，王阳明像往常结束战争一样，投入到了战后安抚军民、安置俘虏、遣散军队、恢复正常生活等工作中去。但是在这个时候，从朝廷却传来一个令人震惊的消息：对于朱宸濠叛乱，明武宗朱厚照决定“御驾亲征”。王阳明的捷报送达朱厚照手上时，皇帝率领的这支队伍刚刚浩浩荡荡地离开京城没多久。

按理说，宁王朱宸濠已经被活捉，那就没有在征战的必要，皇帝应该领军回京。可是，如此兴师动众地“御驾亲征”怎么能够就此了事。所以，朱厚照没有打道回府，而是以扫除余党为由继续进军。皇帝的这一行为使得王阳明陷入了即将要到来的一系列困境之中。

荒唐皇帝荒唐事

朱厚照的胡闹是出了名的。

这位胡闹皇帝非常享受打仗的快感，正德十三年（1518）七月，他从边境地区调军队到京城进行集体操练，并下达旨意由威武大将军镇国公太师总兵官朱寿统领三军巡边。

朱寿是朱厚照给自己起的别名，大将军是他的自称，他常常觉得穿上将军服，站在人群中，十分威武，过瘾。在大臣们看来，皇帝的这种自封简直就像个恶作剧，但是又无人能违抗。

这之后，为了长期体验这种快感，满足将军的威风，朱厚照竟然在皇宫里建了一支由太监们组成的军队，称为“中军”。每天，朱厚照都率领这支军队在皇宫里进行操练，呼喊声震天动地。

所以，当朱宸濠谋反的消息传来，朱厚照那点兴致又被挑起，好不容易能够亲自操刀上阵，怎么能够轻易就放过。再加上平日里和自己舞刀弄枪的将士们的不断唆使和他自己想要去江南游玩的心理，于是他决定要“御驾亲征”。

朱厚照这样的心思，是王阳明如何也猜想不到的。皇帝“御驾亲征”的消息传到王阳明耳中时，他以为是捷报在路上有所耽搁，皇帝才会继续进军，却不知朱厚照在率军离开京城的第二天就已经收到了王阳明发来的捷报。八月十七日，王阳明再次上书，讲明战争已经结束，请求皇帝返回京城。至于朱宸濠及其他俘虏，他会亲自押解送往京城。然而，连续的上书令朱厚照及他身边那群想要立大功的将领们实感不快。甚至爆出王阳明同宁王朱宸濠之间是早就勾结好的，不然怎么会有那么多的巧合让王阳明迅速平定了叛乱。不管是为了弄清楚王阳明和朱宸濠之间的关系，或是继续扫清余党，或是南下游玩。最后，朱厚照下令，王阳明军队等候御驾。

这个时候，王阳明才意识到问题的严峻性和复杂性。这一次的对手不再是山寇，也不再是谋反的宁王，而是当今的皇帝。以往在面对任何一次战争时，王阳明都能够镇定自若地去运筹帷幄，唯独在听到皇帝坚持要“御驾亲征”的消息之后，王阳明忧心忡忡，心中方寸大乱。

皇帝朱厚照南下，所到之处，各地官员都大摆筵席为皇帝和朝中权贵们接风，这正是王阳明所担忧的。江西人民因为战争的缘由，已经是极其困苦了，皇帝来这一遭，可管不了这些，他只管满足自己那颗猎奇、玩乐的心。而附和在他身边的那些人，也是些只顾在沿途猎艳猎物猎财之流，经过战乱的百姓怎么能够又经得起这样的折腾。王阳明并没有遵照旨意等候御驾到临。在处理完战后恢复的一系列工作后，王阳明于九月十一日押解着朱宸濠等俘虏从南昌起程。

争夺宁王朱宸濠

朱宸濠叛乱之前，就已经用各种钱财宝物不断贿赂当朝的权贵，当闻得朱宸濠被捕时，每个人都想得到这块肥肉，一来从他身上得到更多的珍宝，二来还可以邀功。而皇帝朱厚照更是想要显摆自己的能力，亲自抓获宁王朱宸濠。

带着这些目的，当时的钦差提督军务御马监太监张忠和威武副将军朱泰先于皇帝的大部队带领着数千名朝廷禁军前往南昌。而此时在南昌的王阳明已经亲自押解朱宸濠等一干人前往杭州。

皇帝坚持“御驾亲征”，张忠马不停蹄直驱南昌，又加之当时很多不利于王阳明的谣言四处流传，王阳明深知如果朱宸濠落入与自己并不和的张忠等人手中，可能更不利自己，还不如将朱宸濠交给在浙江为皇帝打前站的太监张永，让他邀功的同时也为自己说说好话。张永虽然是以刘瑾为首的“八虎”之一，但是为人还算正直。

当队伍到达广信时，王阳明接到张忠发的公文。大致意思是说要求王阳明快速将俘虏带回南昌，听候圣旨。王阳明收到这份充满傲慢之气的公文时，并没有返回南昌，而是继续押解俘虏前行。虽然，王阳明知道张忠所发的公文是真的，但他还是写信给兵部，要求检验这份公文的真实性，主要是表明自己的立场和态度。

张忠得知王阳明不肯遵照他文书中所提的要求实行后，连忙派人到广信通知王阳明不仅要即刻把宁王朱宸濠带回南昌，还应将其释放，等待圣驾，也就是说让皇帝亲自抓获朱宸濠。这等荒唐的决定，张忠就算再得宠，再张狂，也不可能擅自主张。也就是说，这应该是皇帝的旨意。王阳明冒着违抗圣旨的危险，拒绝了张忠。为了避免更多的麻烦，王阳明下令连夜从广信出发，往杭州进发。

十月初，王阳明押解着朱宸濠等俘虏到达杭州后，便去见张永，却吃了个闭门羹。虽然张忠等人的作为张永一向不太满意，但是他对皇帝的心思却摸得十分清楚，他知道皇帝此次南行的目的。所以，在朱宸濠这一事件上，二张的态度是一致的。对于张永的为人，王阳明事先就有所了解，当张永不见自己时，王阳明甚是不解。他推开卫士，挺身闯进张永的居住处，并且大声叫嚷，找张公公是关乎国家大事，为什么躲着不见？这一大义凛然的喊叫倒也震慑住了张永。其实关于朱宸濠的事，张永只是不想给自己惹上多余的麻烦，在内心深处他还是有一些自己的看法和主张的。于是，张永接待了王阳明。

王阳明先是向张永说明了自己的来意，希望张永能够劝服皇帝，带军返京。因为江西的百姓长期受到宁王的毒害，这次战乱后又有旱灾，如果皇帝再来折腾一番，百姓可真是经不起了。张永被王阳明的一番侃侃而谈感动了，他告诉王阳明只要顺着皇帝的性子来，事情也还会有挽回的机会。十月初九，王阳明将朱宸濠等俘虏交付给张永。

王阳明那颗提到嗓子眼的心终于能够放下，身心疲惫的他暂时住到了杭州西湖湖畔的净慈寺，一边休养，一边等待张永的消息。王阳明认为，皇帝的目标是朱宸濠，现在只要张永把朱宸濠交给皇帝，御驾就应当会返回京城了。而张永的官又高于张忠等人，有他压着，或许不会有太大的问题。

但是形势的发展并不像王阳明想的那么顺利。王阳明在净慈寺住了一段时间后，没有等到皇帝返京的消息，反而听说皇帝御驾继续南下。一听到这个消息，王阳明便拖着病体离开杭州，赶往皇帝当时所停留的扬州，想要当面劝阻皇帝。当他到达镇江的时候，却得到皇帝任命王阳明为江西巡抚的旨意。至此，王阳明只好逆水而上，赶往南昌。

十一月，王阳明到达南昌，仅仅两个月，整个南昌城却陷入水深火热当中。当初，王阳明刚一走，张忠、江彬等人率领的军队就到达南昌，上万人挤进城内，拥堵不堪。这支从北方赶来的队伍，目的就是要满载而归，可是来到这座城市，看到的不是繁华，不是富有，而是战后的疮痍，多少有些失望和愤怒。于是，他们除了抢夺钱财之外，还滥杀平民，捏造是非，诬陷王阳明。尽管王阳明心中满是激愤，但是他认为不能因小失大，而应当从大局出发，安抚这些从北方来的军兵，并想办法让他们离开南昌，这样才能恢复百姓的正常生活。

在王阳明耐心的安抚下，北方的军人对他刮目相看，甚至敬佩起来。到了冬至这个传统祭祀亡灵的日子，王阳明命人挂上白幡以祭奠祖先，祭奠亲人。这激起了那些远离故土的北方军人的思乡之情，纷纷要求回家。

张忠等人看到这种状况，知道没有在南昌继续待下去的可能了，但又觉得不甘心。为了出心中的那口气，要求和王阳明比箭法。在他们看来，王阳明一介文官，箭术怎么是他们的对手。王阳明婉言谢绝多次无果，最后只好勉强答应。校场之上，令所有人大开眼界的是，王阳明连发三箭，每一箭都直中靶心。

十二月，驻扎在南昌的军队撤离，望着渐渐远去的队伍，王阳明大松一口气，整个南昌人民也大松一口气。但是皇帝朱厚照的“御驾亲征”却还在路上，王阳明要承受的还尚未结束。

让功给皇帝

正德十四年（1519）十一月二十六日，皇帝一行到达南京，比起素有烟花之地之称的扬州，南京的繁华让朱厚照大开眼界。这座昔日的帝都除了有令人流连忘返的山水之外，那笙歌悠扬、莺歌燕语的秦淮河更是牵住了天性爱玩的朱厚照的心。直到正德十五年（1520）的夏天，皇帝仍然住在南京，这一住就差不多是10个月。

张忠等人带着满腹的怨恨和不甘来到了南京。面见皇帝自然少不了要在背后嘀咕王阳明的是非。此时已经转移注意力的朱厚照对王阳明提不起多大的兴趣来，再加上这段时间张永在身边不断为王阳明说好话，对于传言王阳明同朱宸濠勾结一事皇帝已经不再相信。为此张忠等人又兴了个主意。让皇帝下旨召王阳明到南京来，如果他真的和朱宸濠勾结，肯定会害怕，不敢前来面见皇帝。朱厚照对于这个游戏很是感兴趣，于是下旨命王阳明火速赶往南京。

早就想同皇帝面谈的王阳明得到消息后便立刻启程，并派人前去报告自己的行程。这出乎了张忠等人的预料，因为在这之前，他们多次以皇帝的名义下旨，让王阳明来南京，但都被他发觉是假的。他们以为这次王阳明肯定也会这么认为，却不知道张永早在之前就已经把确切的消息告知王阳明。

得知王阳明行踪的朱厚照向张忠等人炫耀这次游戏的胜利，王阳明哪有不敢来南京见他。事后又派人传旨阻止了正在途中的王阳明，让他原地待命，等待皇帝下的新旨意。想要见皇帝，却始终见不到的王阳明内心十分苦闷，无可奈何之下，他又一次上了九华山。本爱山水的王阳明这一次在山上一住就是半个月，重返自然，悠闲自在，心中的郁结多少得到些抚平。

平定朱宸濠叛乱差不多已经整整一年，皇帝却因此而出军的队伍仍旧逗留在南下的路上。这个时候张永捎来口信，让王阳明再上书一封平定宁王叛乱的捷报，这次的功归于皇帝，并要尊称他为大将军。王阳明知道张永是出于好意，但是他对于这样的要求既感到好笑，又感到为难。王阳明曾在平定朱宸濠叛乱之后，连续两次上了书。不仅把整个平定叛乱的过程写得非常详细，就连有功的文武官员们的名单都已罗列出来。后来皇帝亲征，王阳明还上奏《请止亲征疏》。

皇帝不是不知道，只是当初怀抱各种原因执意要出征。这一次，到了南京，更是留恋舍不得走。出征一年，就这样回京又不知该如何向朝中文武百官交代。所以说，为了顺着皇帝的性子，最好的办法就是给他一个面子，这样他才能够早日带着队伍离开南京，回到京城去。

虽然荒唐，但却是当下最好的办法。王阳明只好听从张永的建议，再上告捷疏，并且说明此次平定叛乱完全是奉旨行事，皇帝即“总督军务威武大将军总兵官都督府太师镇国公”是最大的功臣。

看了这个捷报，皇帝兴奋不已，他自己才是指挥这场战争胜利的幕后主角。为了向天下人昭示，这年闰八月初八，朱厚照在南京举行了盛大的仪式，收服俘虏朱宸濠。

4天之后，朱厚照率领军队离开南京，风风光光地返回北京。用心良苦的王阳明却因为这道顾全大局的奏疏，遭到了其他正派官员的耻笑和责备。

不给待遇的“新建伯”

正德十六年（1521 年）三月，明武宗朱厚照因病逝世，他的堂弟朱厚熜即位，就是后来的明世宗嘉靖皇帝。这个年仅 15 岁的小皇帝上位不久就下旨令王阳明赴京。原来，王阳明的大名朱厚熜早有耳闻，他不仅讲学天下，还能够带兵打仗。因此，对这位传奇的文人十分感兴趣。

再上告捷疏后的王阳明遭受着各处的浊水，新皇帝的这道旨意让他看到了希望，身上的冤屈终于能够得到洗刷的机会，就好像一个崭新的时期就要到来了。这之前，有关平定朱宸濠叛乱一事，朝廷都没有个交代，甚至任何的抚恤都没有给予。

六月二十日，王阳明奉特旨上京，去京的路上他还回了趟老家探望久别的父亲，可见当时的心情是多么激动和快意，过去多少年的坎坷和磨难似乎终于要守得云开见月明。但是，事情往往就是这样，说变就变，人算远远不如天算。当朝的那些同王阳明对立的官员们听到新皇帝要召王阳明进京的消息后，开始有所担忧。更何况王阳明的才能与学问确实是无人能及的，他一旦来京城，那定会形成竞争。当时的朝廷新皇帝刚刚即位，一切都还处于混乱当中。尽管皇帝十分赏识王阳明，毕竟他手中的实权还不够大，为了稳定局面，只好下旨让王阳明继续待在南昌，其他一切事宜再等朝廷消息。

刚到老家的王阳明就接到了皇帝的旨意，满心的欢喜再一次变成了泡影。到了正德十六年（1521）七月二十八日，王阳明接到了南京兵部尚书任命书。但是，有关平叛一事还是没有任何动静。直到十一月初九，朝廷才终于有了动静。在平叛乱中有功的人员都受到封赏，王阳明也因此而被封为“新建伯”，但是这个爵位的名称仅仅是个空号，如果按照当时的规定，新建伯是应该有薪资的，可是王阳明却没有得到。

等了整整两年，最后等到这样一个结局。王阳明没有坚守住“外不着相，内不动心”的原则，他向皇帝呈上了一封奏疏——《辞封爵普恩赏以彰国典疏》。奏疏中，王阳明以“承蒙圣恩，才能在短时间内平灭叛乱”“功在那些冲锋陷阵的人，而不在己”“身体每况愈下”“父亲久病在身”等原因恳请朝廷收回授予“新建伯”的成命。奏疏虽然写得婉转，但是不满的情绪却也显现了出来，朝中也无人能驳。最后朝廷又下了一道诏书，封王阳明祖上三辈都为新建伯。这份荣誉在当时人看来是相当高的，因为明朝自从开国以来，除了跟随明太祖打天下的功臣之外，获此殊荣的文臣也不过只有两位。但这对于王阳明来说其实没有多大的用处，只是在墓碑上可以多刻一行字而已。

获封新建伯时，王阳明正好在老家为父亲庆祝生日，很多亲朋好友前来祝寿的同时还祝贺王阳明获此荣誉。父亲王华当是了解儿子的心情，他冷静地说：“儿子在外打仗平乱五年，这期间我们父子没有见过一面，我没有任何怨言，因为这是他的职责，我只是担心他的身体。这么多年，经过大大小小的事情，人人都羡慕我儿的幸运，还有我王家的荣光。但是，所谓福祸相依，我只希望我儿应时刻记住人以为荣，我以为惧也。”

老父亲的一席话不仅说服了王阳明，还使得在场的人都啧啧称道。没过多久，父亲王华便逝世，王阳明留在家中为父亲守孝三年。